HISTOIRE ILLUSTRÉE

DU

SECOND EMPIRE

COULOMMIERS. — TYPOGRAPHIE PAUL BRODARD.

HISTOIRE ILLUSTRÉE

DU

SECOND EMPIRE

PAR

TAXILE DELORD

Membre de l'Assemblée nationale

TOME DEUXIÈME

AVEC 84 GRAVURES DANS LE TEXTE

Et 12 têtes de chapitre ou culs-de-lampe.

NOUVELLE ÉDITION

PARIS

LIBRAIRIE GERMER BAILLIÈRE ET Cie

108, BOULEVARD SAINT-GERMAIN, 108

Au coin de la rue Hautefeuille

Tous droits réservés

HISTOIRE DU SECOND EMPIRE

CHAPITRE PREMIER

LA PREMIÈRE LÉGISLATURE DE L'EMPIRE (1852-1857)

La Constitution du 14 janvier 1852. — Attributions du Sénat. — Son président est choisi à chaque session par le chef de l'État. — Les généraux sont en majorité au Sénat. — L'organisation du Conseil d'État. — Il prend une part plus grande au pouvoir législatif que le Corps législatif lui-même. — Le vice-président du Conseil d'État entre au Conseil des ministres. — M. Baroche, vice-président du Conseil d'État. — Le Prince-président fait enlever la tribune de la Chambre des députés. — Le nombre des députés est réduit à 261. — Le Corps législatif est en réalité formé par l'Empereur. — Les ministres sont exclus par la Constitution du Corps législatif. — Le parti républicain s'abstient en général dans les élections législatives. — Composition du Corps législatif. — Installation des grands corps de l'État. — Discours du Prince-président. — 29 mars 1852, ouverture de la session du Sénat. — Discours du président Jérôme Bonaparte. — Discours de M. Billault, président du Corps législatif. — Premières discussions. — Rapport de M. Troplong sur les modifications à faire à la Constitution. — L'Empereur prendra le nom de Napoléon III. — Le sénatus-consulte fixe les conditions de l'hérédité. — Le sénatus-consulte rétablissant l'Empire est adopté à l'unanimité moins une voix. — Liste civile et dotation de la famille impériale. — La dignité de sénateur et le mandat de député cessent d'être gratuits. — L'Empereur a le droit de fixer les tarifs par décret. — Nouveau mode de présentation du budget. — Le règlement du Corps législatif approprié à la Constitution impériale. — Inauguration des grands corps de l'État du nouvel Empire. — Discours de l'Empereur. — Discussion du budget. — Révision des articles 86 et 87 du Code pénal. — Session de 1854. — Mesure pour obvier à la cherté du blé. — La Caisse de la boulangerie. — L'Empereur annonce la guerre d'Orient. — Vote d'un emprunt par souscription publique. — Abolition de la mort civile. — Les bagnes et la transportation. — Modification dans un sens restrictif de la loi de 1850 sur l'instruction primaire. — Nouvelles sévérités dans la législation du livret. — Présentation du budget. — Discussion sur la subvention des théâtres. — Demande en autorisation de poursuites de M. de Montalembert. — Lettre de M. de Montalembert. — La Chambre accorde l'autorisation de poursuites. — Session de 1855. — Loi sur le recrutement. — Conditions de l'exonération. — Caisse de dotation de l'armée. — La loi municipale. — Le rapport sur le budget de 1856. — L'emprunt du gouvernement ottoman. — L'impôt sur les chiens. — M. de Morny devient président du Corps législatif. — Naissance du prince Impérial. — M. Fould annonce la signature de la paix. — Lutte entre le libre échange et la protection. — Discussion sur les sucres. — La question des bulletins électoraux. — Le tarif des lettres et la taxe des imprimés. — Emprunt de 50 millions par le département de la Seine. — Loi sur les sociétés en commandite. — Session de 1856. — Dotation du maréchal Pélissier. — Le nouveau Code militaire. — Renouvellement du privilège de la Banque de France. — Les paquebots transatlantiques. — Rapport sur le budget de 1858. — Vote d'un droit de transmission des titres et valeurs. — Le chemin de fer le Grand Central. — La loi du contingent. — Publicité incomplète des débats du Corps législatif. — Inexpérience des conseillers d'État. — Le sénatus-consulte sous la régence. — Le Sénat se réunira-t-il de droit après la mort de l'Empereur?

La Constitution du 14 janvier 1852 fixait ainsi les attributions du Sénat :

ART. 25. — Le Sénat est le gardien du pacte fondamental et des libertés publiques. Aucune loi ne peut être promulguée avant de lui avoir été soumise.

ART. 26. — Le Sénat s'oppose à la promulgation : 1° des lois qui seraient contraires ou qui porteraient atteinte à la constitution, à la religion, à la morale, a la liberté des cultes, à la liberté individuelle, à l'égalité des citoyens devant la loi, à l'inviolabilité de la propriété et au principe de l'inamovibilité de la magistrature; 2° de celles qui pourraient compromettre la défense du territoire.

ART. 27. — Le Sénat règle par un sénatus-consulte : 1° la constitution des colonies et de l'Algérie; 2° tout ce qui n'a pas été prévu par la Constitution et qui est nécessaire à sa marche; 3° le sens des articles de la Constitution qui donnent lieu à différentes interprétations.

ART. 29. — Le Sénat maintient ou annule tous les actes qui lui sont déférés comme inconstitutionnels par le gouvernement, ou dénoncés, pour la même cause, par les pétitions des citoyens.

ART. 30. — Le Sénat peut, dans un rapport adressé à l'Empereur, poser les bases des projets de loi d'un grand intérêt national.

ART. 31. — Il peut également proposer des modifications à la Constitution; si la proposition est adoptée par le pouvoir exécutif, il y est statué par un sénatus-consulte.

ART. 33. — En cas de dissolution du Corps législatif, et jusqu'à nouvelle convocation, le Sénat, sur la proposition du président de la République, pourvoit par des mesures d'urgence à tout ce qui est nécessaire à la marche du gouvernement.

Le Sénat était donc redevenu, comme sous le premier Empire, le gardien de la Constitution; car il maintenait ou annulait tous les actes qui lui étaient déférés comme inconstitutionnels, par le gouvernement;

les actes du pouvoir législatif lui étaient soumis pour qu'il les jugeât à ce point de vue; il pouvait lui-même s'opposer à la promulgation de toutes les lois contraires ou portant atteinte aux grands principes dont il avait la garde; il était seul investi du droit de recevoir les pétitions des citoyens. On concevait que le Sénat pût dissoudre le Corps législatif, quand c'était lui qui le nommait; mais ce droit et celui de casser les jugements des tribunaux, motivé sous le premier Empire par certaines décisions judiciaires en matière de biens nationaux, n'avaient plus leur raison d'être. Le Sénat du premier Empire, considéré comme en état de permanence, était présidé par l'empereur, ou par celui des titulaires des grandes dignités de l'Empire, qu'il désignait, ou par un sénateur nommé président pour un an; le nouveau Sénat avait pour président un sénateur choisi par le chef de l'État pour chaque session, et assisté de vice-présidents. Deux sénateurs choisis par Napoléon Ier veillaient, sous le titre de questeurs, aux détails de l'administration intérieure de l'ancien Sénat; les questeurs étaient remplacés dans le Sénat du second Empire par un sénateur portant le titre de grand référendaire, moins romain et plus conforme aux traditions de l'ancien régime.

La Constitution de l'an VIII avait déclaré tout sénateur à jamais inéligible à toute autre fonction publique; le sénatus-consulte organique du 16 thermidor an X permit aux sénateurs d'être consuls, ministres, inspecteurs de l'instruction publique, employés dans des missions extraordinaires et temporaires; les grands dignitaires de l'Empire étaient de droit membres du Sénat. La Constitution de 1852 accorde également ce privilège aux princes de la famille impériale, aux cardinaux, aux maréchaux, aux amiraux; elle ne crée ni incompatibilité ni catégorie : liberté illimitée de choix pour le souverain. L'armée fournit le contingent le plus élevé au nouveau Sénat : presque le tiers des sièges. Des magistrats, des administrateurs, d'anciens ministres occupèrent les deux autres tiers. Le nouveau Sénat ne comptait à sa création que deux préfets en activité de service, nombre encore trop considérable aux yeux de plusieurs sénateurs, humiliés de siéger à côté de collègues amovibles comme préfets, inamovibles comme sénateurs, exposés comme fonctionnaires à recevoir les réprimandes d'un ministre inférieur à eux en dignité.

La dignité de sénateur, d'après la Constitution, ne donnait droit en principe à aucun traitement, mais en fait le président de la République, s'était réservé d'accorder à des sénateurs une dotation personnelle, ne pouvant excéder 30 000 francs; trois catégories de dotations à 30 000, à 20 000 et à 15 000 furent donc établies [1]. Les nouveaux sénateurs ne portaient pas de droit, comme les anciens, le titre de comte, transmissible à leur descendance directe et légitime, naturelle ou adoptive de mâle en mâle, par ordre de primogéniture, en se présentant devant le prince archichancelier de l'Empire et en constituant un majorat d'une valeur de 30 000 francs; ils ne pouvaient pas non plus instituer de leur vivant, en faveur de leur fils aîné ou puîné, un majorat auquel était attaché le titre de baron. Plus d'un sénateur de 1852 souhaitait le rétablissement des majorats et regrettait le titre de comte; aucun d'eux, probablement, ne réclamait le privilège d'être enterré avec la pompe sénatoriale dans un caveau spécial de l'église de Sainte-Geneviève.

La Constitution nouvelle avait réorganisé le Conseil d'État, redevenu, comme sous le Consulat et sous l'Empire, la cheville ouvrière du gouvernement. Rédiger les projets de loi et en soutenir la discussion devant le Corps législatif; proposer des décrets qui statuent sur les affaires administratives, dont l'examen lui est déféré par les dispositions législatives ou réglementaires, sur le contentieux administratif, sur les conflits d'attributions entre l'autorité administrative et l'autorité judiciaire; donner son avis sur tous les décrets d'administration publique ou qui doivent être rendus dans la forme de ces règlements; connaître des affaires de haute police administrative à l'égard des fonctionnaires, dont les actes sont déférés à sa connaissance, par l'Empereur; enfin donner son avis sur toutes les questions qui lui sont soumises par l'Empereur et par les ministres : telles étaient ses nombreuses attributions.

Le Conseil d'État, chargé de rédiger les lois et d'en soutenir la discussion devant le Corps législatif, avait indirectement une part plus grande de la puissance législative que l'Assemblée élective, réduite à n'exercer le droit de discussion et d'amendement que sous les restrictions les plus sévères. Le traitement de 25 000 francs par an alloué au conseiller d'État en faisait un personnage bien supérieur au député, qui recevait une indemnité moindre de moitié. Le *veto*, borné à certains cas fixés par la Constitution, ne donnait pas au Sénat, sur la confection des lois, une influence égale à celle du Conseil d'État.

Le Conseil d'État, aux attributions que nous venons d'énumérer,

---

1. Ils reçurent bientôt tous la même *dotation* de 30 000 francs par an.

Fig. 1. — Napoléon se rend dans l'enceinte du Corps législatif et décide la suppression de la tribune et de l'un des deux rangs de tribunes (page 9).

joignait le contrôle administratif direct par la création des inspections de préfecture confiées à ses membres. Les journaux du gouvernement vantèrent cette création comme une réminiscence des institutions de Charlemagne. Cette admiration aurait pu se comprendre si la France eût ressemblé à ces immenses possessions formant à peine une agrégation, que des historiens ont décorées du nom d'empire, vastes territoires sans liens politiques, presque sans communications matérielles les uns avec les autres, qu'il fallait gouverner plutôt qu'administrer. Les *missi dominici* de Charlemagne, souverains voyageurs, avaient tous les droits de la royauté. MM. Vaisse, Carlier, Stourm, Dariste, J. Boulay (de la Meurthe), Boulatignier, Frémy, conseillers d'État en mission dans les départements, jouissaient de prérogatives moins étendues. Ces *missi dominici* devaient, dans une tournée de quelques mois, inspecter douze ou quinze départements, et constater spécialement les effets du décret relatif à la décentralisation administrative. On appelait ainsi le décret de 1852, qui conférait aux préfets le droit de nommer certains fonctionnaires et d'étendre leur juridiction sur un plus grand nombre d'intérêts. Singulière décentralisation qui ne donnait pas une attribution de plus aux conseils représentant la commune, l'arrondissement et le département.

Le Conseil d'État se divisait en six sections : section de législation, justice et affaires étrangères; section du contentieux; section de l'intérieur, de l'instruction publique et des cultes; section de l'agriculture, du commerce et des travaux publics; section de la guerre et de la marine; section des finances. Une septième section fut formée, celle des conseillers en service ordinaire hors section pouvant assister avec voix délibérative aux assemblées générales du Conseil d'État.

Le 21 juillet 1852, on lisait dans le *Moniteur :* « Le Prince-Président a décidé que M. Baroche, vice-président du Conseil d'État, prendrait part aux travaux du conseil des ministres, » expression presque inconstitutionnelle, puisque la Constitution déclarait que les ministres ne formaient plus un conseil responsable, composé de ministres solidaires; il est vrai qu'un conseil peut exister sans être responsable. Le président du Conseil d'État assistait donc aux séances du conseil des ministres sans être lui-même ministre, et il fallait qu'il en fût ainsi, car autrement la Constitution lui aurait interdit l'entrée des Chambres. Le rôle du vice-président du Conseil d'État, placé entre le souverain et les corps délibérants, pouvant servir d'intermédiaire entre eux, ne manquait pas d'importance.

M. Baroche, ancien avocat, deux fois bâtonnier de l'ordre, entra dans la vie politique sous les auspices de M. Odilon Barrot; candidat de l'opposition au collège électoral de Nantes, il échoua trois fois. Le colonel Dumas, aide de camp de Louis-Philippe, nommé général en 1847, se trouvait soumis à la réélection; les électeurs de Rochefort lui demandaient des explications sur ses votes, il ne voulut pas en donner. M. Baroche fut nommé à sa place, grâce à l'appui de M. Bethmont. Le député de Rochefort vint à la Chambre juste à temps pour signer l'acte d'accusation rédigé contre les ministres de Louis-Philippe par M. Odilon Barrot; il put donc, avec raison, se vanter en 1848 d'avoir devancé la justice du peuple. M. Baroche, le 24 février, accompagnait Odilon Barrot dans sa promenade équestre sur le boulevard. Il croyait sans doute qu'un ministère de gauche serait le dénouement de la crise; bientôt détrompé, il prit son parti de la chute de la monarchie. Son ancien ami, M. Odilon Barrot, président du conseil des ministres du président de la République Louis Bonaparte, le nomma procureur général près la Cour d'appel de Paris. Les procès politiques ne manquaient pas en ce temps-là : haute Cour à Bourges, haute Cour à Versailles. M. Baroche soutint devant la première, l'accusation contre Barbès, Albert, Blanqui, Sobrier, de Flotte et tous les accusés du 15 mai; il porta la parole devant la seconde contre les accusés du 13 juin, Ledru-Rollin, Considérant, Boichot, Félix Pyat, etc. M. Baroche, fonctionnaire actif, agressif, violent, magistrat sans élévation de pensée ni de langage, quitta la direction du parquet de Paris en 1850, pour devenir ministre de l'intérieur. Il hésita d'abord à recevoir ce portefeuille des mains du président de la République. M. Thiers, pour le décider et pour faire taire ses scrupules royalistes, dut lui adresser ce petit billet :

« J'apprends que vous devenez ministre de l'intérieur ; je me hâte de
« vous dire que cette nouvelle nous cause à tous le plus grand plaisir.
« Vous êtes un homme d'esprit et de cœur, que nous appuierons de
« toutes nos forces; comptez sur moi en particulier. Dans des temps
« comme ceux-ci, on doit son concours aux hommes qui savent se
« dévouer. »

M. Louis Bonaparte eut lieu de s'applaudir de son choix : M. Baroche, bientôt converti au bonapartisme, fut pour lui un ministre précieux et dévoué. Laborieux, souple, habile à se mettre au niveau de toutes les questions en les rabaissant, prêt à parler sur tout et partout, inépuisable, vulgaire, M. Baroche était le meilleur intermédiaire que le gouvernement pût choisir entre lui et le Corps législatif.

Le Corps législatif venait après le Conseil d'État dans la hiérarchie des corps constitués.

Le 16 janvier 1852, le Prince-président, suivi d'un aide de camp, descendait de sa voiture, devant la petite porte du palais Bourbon, dans la rue de Bourgogne; la nuit tombait sur les décombres de la salle où il

Fig. 2. — Le Corps législatif comptait comme hommes de lettres MM. Jubinal et Belmontet (page 12).

avait siégé comme représentant du peuple. Il entra dans l'ancienne chambre des députés en traversant le salon d'attente de Louis-Philippe et la salle où se dressent les statues de Mirabeau, de Foy, de Bailly. Après un rapide coup d'œil jeté sur cette enceinte déserte, où avaient retenti tant de voix éloquentes, il en sortit lentement et tout pensif. Le lendemain, il décida que la tribune des députés serait supprimée, que les journalistes n'auraient plus de place spéciale. Quant au public, il n'osa pas le bannir des séances, parce que celles du Corps législatif du premier Empire étaient publiques; mais il n'y avait place dans la salle que pour deux cents personnes : une publicité de ce genre fut réservée au Corps législatif nouveau, car les deux rangs de tribunes furent réduits à un seul.

La nouvelle Constitution portait que tout Français âgé de vingt et un ans était électeur, à la condition de jouir de ses droits civils et politiques, d'habiter la commune depuis six mois. Chaque département comptait un député par 35 000 électeurs; à chacun des départements dans lequel le nombre excédant des électeurs dépassait le chiffre de 25 000, un député de plus était accordé. Le nombre des électeurs fournissait 261 députés élus pour six ans; ni les colonies, ni l'Algérie n'étaient représentées au Corps législatif. Dans chaque commune, le maire dressait seul la liste électorale.

Le Corps législatif, choisi par le Sénat sous le premier Empire, n'était en réalité qu'une émanation de l'Empereur, comme le Sénat lui-même. Sous la nouvelle Constitution, il émanait à la vérité du suffrage universel; mais le gouvernement, en désignant lui-même les candidats aux électeurs et en pratiquant le système des candidatures officielles, substituait en quelque sorte au choix du Sénat celui de l'administration.

La Constituante de 89, croyant assurer le salut de la liberté en séparant aussi nettement que possible le pouvoir exécutif et le pouvoir législatif, décida, malgré Mirabeau, que les ministres ne seraient point membres de l'Assemblée; l'ambition qu'on lui supposait le rendait suspect dans cette question. La nouvelle Constitution reprit sur ce point les traditions de la Constituante, mais pour assurer la prépondérance du pouvoir exécutif sur le pouvoir législatif; les ministres ne pouvaient donc point paraître devant le Corps législatif : toutes les affaires entre cette assemblée et le gouvernement devaient se traiter par l'intermédiaire de commissaires pris dans le Conseil d'État.

Napoléon Ier demandait qu'on lui fît un Corps législatif trop faible pour pouvoir rien exiger de lui, et pourtant assez fort pour lui être utile; il voulait réduire le pouvoir législatif à n'être plus à craindre, et se soustraire à l'alternative de le supprimer ou d'être renversé par lui. Pendant dix ans, il crut avoir réussi; la campagne de Russie lui prouva qu'il se trompait. L'auteur de la Constitution de 1852 s'était évidemment posé le même problème que l'auteur de la Constitution de l'an VIII. Serait-il plus heureux? Ne viendrait-il pas un jour où, moins préoccupé d'éviter l'apparence même de l'opposition contre le pouvoir exécutif, le pouvoir législatif éprouverait le besoin de sortir de sa réserve et de faire valoir ses droits? L'avenir seul pouvait répondre à cette question, que s'adressaient les rares personnes qui, en 1852, s'intéressaient encore aux questions politiques.

Le scrutin pour l'élection des députés au Corps législatif donna presque l'unanimité des suffrages aux candidats officiels.

Les partis vaincus, pour justifier leur faiblesse, inventent des systèmes qui ne sont que la constatation de cette faiblesse elle-même. Le système d'abstention, en vertu duquel la meilleure opposition à faire au gouvernement est de n'en pas faire du tout, berçait le découragement d'une partie de ceux qui avaient le plus profondément ressenti la chute de la République et qui, attristés, abattus, ne se sentaient point encore en état de se livrer de nouveau à l'activité politique. L'homme le plus ferme, quand il éprouve un grand mécompte, se laisse aller quelquefois au découragement et au doute : les partis ressemblent aux hommes. Ce découragement, qui privait les masses de leurs chefs, ne parvint pas à tarir le fonds d'activité et d'ardeur qui est en elles; abstention et abdication sont pour le peuple un seul et même mot; il refusa d'abdiquer. Le parti républicain dressa une liste de candidats que le *Siècle* inscrivit en tête de ses colonnes : trois de ces candidats, MM. Cavaignac, Carnot et Hénon, furent nommés, les deux premiers à Paris, le troisième à Lyon.

Les autres partis n'engagèrent pas la lutte. M. de Larochejaquelein, dans une lettre adressée à la *Gazette de France*, crut devoir déclarer qu'il refusait la candidature qu'on lui offrait, disait-il, de tous côtés. Il avait été question de la candidature de M. de Morny à Paris; mais l'échec de ce personnage eût été grave; le gouvernement aima mieux mettre en avant des noms inconnus ou n'ayant qu'une notoriété de cité et même de quartier : des hommes modestes pouvaient seuls, en effet, accepter la candidature au moment où le *Constitutionnel* traçait ainsi aux futurs députés la mission qu'ils auraient à remplir : « Renoncez à chercher l'in« fluence que vous aviez sous le régime parlementaire, acceptez une situa« tion modeste et occupée; renoncez au fracas de ces séances théâtrales « où l'on parlait pour des femmes oisives, pour des clubs, pour des cafés, « pour des journaux, pour son ambition, pour sa vanité, pour sa rancune, « pour sa haine, pour sa vengeance. » Le *Constitutionnel* disait ensuite aux électeurs qui se plaignaient de l'intervention du pouvoir : « Vous avez « besoin d'être dirigés; félicitez-vous que les préfets vous désignent les « candidats les plus disposés à seconder le président, puisqu'ils vous four« nissent comme une occasion naturelle de voter une seconde fois pour lui. »

Le gouvernement, en somme, eut le Corps législatif qu'il voulait avoir, c'est-à-dire une sorte de conseil général de la France, composé de grands industriels, de grands manufacturiers, et surtout de grands propriétaires ; plus d'un tiers des députés figurait dans la catégorie des maires urbains et ruraux ; douze députés étaient attachés à la maison du Prince. Le Corps législatif comptait comme hommes de lettres : MM. Granier de Cassagnac, Achille Jubinal, Arthur de La Guéronnière, Véron et Belmontet. M. de Montalembert représentait sur ses bancs les orateurs des anciennes Assemblées.

L'installation des grands corps de l'État eut lieu, le 29 mars 1852, dans la salle des Maréchaux. Le Prince-président, salué par une salve de cent vingt et un coups de canon, et par les acclamations des sénateurs, des députés, des conseillers d'État, prononça un discours écouté avec l'attention et la curiosité les plus vives. L'Empire semblait à tout le monde l'inévitable conséquence de la Constitution : l'opinion s'attendait à trouver dans le discours quelques indications, sur la façon dont le Prince-président comptait opérer la transition ; elle fut désappointée. Le chef de l'État se contenta de dire que, s'il avait désiré rétablir l'Empire, cette transformation serait accomplie depuis longtemps. « Ni les moyens ni les occasions, « ajouta-t-il, ne m'ont manqué. Ainsi, en 1848, lorsque six millions de « suffrages me nommèrent en dépit de la Constitution, le simple refus « d'acquiescer à la Constitution pouvait me donner un trône. Mais une « élévation qui devait entraîner de graves désordres ne me séduisit pas. « Au 13 juin 1849, il m'était également facile de changer la forme du « gouvernement : je ne le voulus pas. Enfin, au 2 décembre, si les con- « sidérations personnelles l'eussent emporté sur les graves intérêts du « pays, j'eusse demandé au peuple, qui ne me l'eût pas refusé, un titre « pompeux. Je me suis contenté de celui que j'avais. »

Ces appréciations historiques, susceptibles de graves objections, étaient suivies d'une menace aux partis : le Prince-président rejetait d'avance sur eux la responsabilité du changement qu'il serait obligé de faire subir à la forme de l'État, « si, par leurs sourdes menées, ils cherchaient à saper les « bases du gouvernement ; si, dans leur aveuglement, ils niaient la « légitimité de l'élection populaire ; si enfin ils venaient sans cesse, par « leurs attaques, mettre en question l'avenir du pays. » Le discours se terminait ainsi : « Conservons la République, elle ne menace personne, elle peut rassurer tout le monde. » L'existence de la République dépendait, aux yeux de l'orateur, de trop de conditions pour que son vœu pût être exaucé. Le nom seul de République importune d'ailleurs le pouvoir absolu. Napoléon Ier ne put endurer de voir son effigie à côté de celle de la République sur une pièce de monnaie. La monarchie seule permet les grandes largesses, les grands traitements au moyen desquels on récompense les grands dévouements, fort nombreux autour des Princes, et attendant leur salaire. Louis-Napoléon devait se faire empereur pour ne pas se montrer ingrat.

Le prince Jérôme Bonaparte, ancien roi de Westphalie, président du Sénat, ouvrit la session de cette assemblée le 29 mars 1852, par un discours reproduisant les théories de l'école bonapartiste, et se résumant en ceci : « Rien ne peut être fondé en dehors du suffrage universel; les seules institutions que n'ait pas renversées le peuple sont celles que le suffrage universel a consacrées en l'an XII; elles se sont même perpétuées sous les autres gouvernements; tous se les ont plus ou moins appropriées. Le peuple, en 1848, a proclamé la République; mais, pour l'organiser, il fallait revenir nettement à ces institutions, qui réalisent seules l'union de l'ordre avec la liberté; le peuple a rappelé un prince du nom de Napoléon pour relever ces institutions, et pour se donner à lui-même une revanche des malheurs et des trahisons de Waterloo. » Les membres du Sénat témoignèrent du plaisir qu'ils éprouvaient à entendre développer ces idées surannées.

M. Billault, président du Corps législatif, inaugura la session par un discours contenant l'éloge des institutions consulaires et la critique du régime parlementaire, critique un peu usée, mais à laquelle le passé de M. Billault rendait un certain piquant. « Nous n'aurons plus, dit-il,
« autour de l'urne législative, les évolutions des partis tenant sans cesse
« le ministère en échec, le forçant de s'absorber en un soin unique, celui
« de sa défense, et n'aboutissant trop souvent qu'à énerver le pouvoir. »
M. Billault, ancien parlementaire converti au pouvoir absolu après avoir passé par le socialisme et par le droit au travail, esprit médiocre, mécontent, sans s'en douter peut-être lui-même, des démentis qu'il donnait à son passé, semblait gêné au fauteuil de la présidence; ni sa physionomie ni son caractère ne se prêtaient à ses nouvelles fonctions.

Le général Cavaignac, MM. Carnot et Hénon ne répondirent pas à l'appel de leur nom; ils se contentèrent d'adresser au président du Corps législatif cette lettre collective :

« Les électeurs de Paris et de Lyon sont venus nous chercher dans
« notre exil ou dans notre retraite; nous les remercions d'avoir pensé

« que nos noms protestaient d'eux-mêmes contre la destruction des
« libertés publiques et les rigueurs de l'arbitraire ; mais ils n'ont pas
« voulu nous envoyer siéger dans un Corps législatif, dont les pouvoirs ne
« vont pas jusqu'à réparer les violations du droit ; nous repoussons la
« théorie immorale des réticences et des arrière-pensées. »

Les trois signataires de cette lettre furent déclarés démissionnaires.

Les légitimistes étaient nombreux au Corps législatif ; tous prêtèrent serment sans la moindre protestation. Cependant l'un deux, M. Bouhier de L'Ecluse, ancien représentant de la Vendée à la Constituante et à la Législative, nommé au Corps législatif en opposition avec le candidat officiel, souleva un incident assez vif dans la première séance, consacrée à la vérification des pouvoirs. M. Bouhier demandait l'annulation de l'élection de M. de Sainte-Hermine. « Ce n'est pas, dit-il, une question
« politique que je viens soulever ; je laisse passer les événements accom-
« plis pour ne m'occuper que des grands intérêts de mon pays...... Ces
« événements, c'est à l'histoire qu'il appartient de les juger, c'est à Dieu
« d'en fixer le terme et d'en assurer les résultats pour la France dans
« sa miséricorde ou dans sa colère...... J'espère que ce sera *dans sa*
« *miséricorde.* »

M. LE PRÉSIDENT BILLAULT. Je ne puis pas vous laisser dire cela.

M. BOUHIER. C'est dit.

Et M. Bouhier continua la discussion à l'occasion d'un pamphlet publié au moment des élections contre M. l'abbé de L'Epinay, candidat légitimiste, dans lequel on prétendait que l'abbé de L'Epinay, en raison de la gravité de son caractère, refuserait de prêter serment, et que l'élection serait à recommencer. Ne fallait-il pas au contraire, puisqu'on reconnaissait la gravité et la loyauté du caractère de cet ancien représentant, admettre qu'il n'avait accepté la candidature au Corps législatif qu'après en avoir pesé mûrement toutes les conséquences et reconnu qu'il pouvait en remplir toutes les obligations. « Quant à moi
« c'est ainsi que j'ai agi..... Si ce matin, à la séance d'ouverture des
« Chambres aux Tuileries, j'ai, sur l'observation faite à haute voix, à
« l'appel de mon nom, par M. le Ministre de l'instruction publique For-
« toul, que je ne prêtais pas serment, semblé, en levant la main,
« acquiescer au serment au Président de la République, qu'on a demandé
« aux sénateurs et aux députés, d'une manière si imprévue, sans mise en
« demeure ni avis préalable, contrairement à tout antécédent et, selon
« moi, contrairement à notre Constitution républicaine, c'est que je

« savais bien que ce serment me laissait entièrement moi, entièrement
« moi pour le passé, entièrement moi pour l'avenir, comme aussi qu'il me
« laissait la faculté de faire toujours ce que je croirai être le plus utile à
« la France, car au-dessus de tout, la Constitution place la volonté natio-
« nale. »

M. le président Billault crut devoir protester contre ces paroles et l'incident fut clos.

La réforme des monnaies, question politique au fond, sacre du visage, prise de possession de l'esprit par le regard, occupa les premières séances du Corps législatif. La loi sur la réhabilitation des condamnés devint l'occasion d'un amusant tournoi d'éloquence entre M. Granier de Cassagnac et le docteur Véron. Le premier voulait assimiler le droit de réhabilitation au droit de grâce, et le second repoussait cette augmentation d'attributions accordée au chef de l'État. Une modification au Code d'instruction criminelle sur les crimes commis à l'étranger, la loi relative aux interdictions de séjour dans le département de la Seine et dans les communes de l'agglomération lyonnaise, armes nécessaires pour suppléer à l'arbitraire dictatorial, la prorogation du monopole des tabacs jusqu'en 1863, furent l'objet des délibérations des députés jusqu'à la discussion du budget.

Le rapporteur du budget proposait une diminution de 18 millions, prise sur l'armée et sur les gros traitements, il ajoutait que, l'époque trop avancée de la session à laquelle le budget lui était soumis, ne lui permettant pas de pénétrer dans l'examen des divers chapitres, ni même d'user des moyens que la Constitution donne aux députés de faire connaître leur opinion par le renvoi au Conseil d'État des articles qu'ils n'adoptent point, la commission était restée au-dessous de ses vœux d'économie. Il y avait là une interprétation de la Constitution contre laquelle le ministre d'Etat crut devoir protester par une lettre adressée à M. Billault, dans laquelle il reprochait à la commission de méconnaître les dispositions formelles de l'article 40 de la Constitution et de l'article 51 du décret du 22 mars, aux termes desquels les amendements doivent être considérés comme non avenus, lorsque le Conseil d'Etat ne les adopte pas. Dans ce cas, le Corps législatif n'a pas le droit de les reproduire; mais il peut rejeter le chapitre tout entier auquel ils se rapportent. Le ministre d'État terminait ainsi sa lettre :

« Le président de la République est convaincu que le Corps légis-
« latif, qui a déjà donné tant de preuves de sagesse, ne s'engagera pas

« dans une voie qui aboutirait à la violation du pacte constitutionnel.

« Il importe à l'affermissement de nos institutions nouvelles, surtout la « première fois où elles fonctionnent, que les grands pouvoirs de l'État se « renferment religieusement dans les limites qu'elles ont posées. C'est « ainsi qu'ils se conformeront au mandat que la France leur a confié. »

Ce rappel sévère à la Constitution fut entendu. Les membres de la commission, pas plus que le rapporteur, n'avaient l'intention de porter atteinte au pacte constitutionnel; la discussion générale du budget se termina en une séance. M. Audren de Kerdrel, député légitimiste, et M. de Montalembert, prononcèrent deux discours qui affectaient une certaine allure politique. M. de Montalembert parla de tyrannie, d'institutions faussées, etc. La vivacité de son langage s'accrut encore pendant la discussion du budget des dépenses, à propos des décrets relatifs aux propriétés de la famille d'Orléans. M. de Montalembert, inscrit sur la liste des membres de la commission consultative, cherchait une occasion de rupture avec le gouvernement, issu d'un coup d'Etat, qu'il n'avait que trop approuvé[1]. Le budget n'en fut pas moins adopté à l'unanimité, moins une voix.

1. On se rappelle sa lettre quelques jours après le coup d'État :

« 12 décembre 1851.

« Je commence par constater que l'acte du 2 décembre a mis en déroute tous les révolutionnaires, tous les socialistes, tous les bandits de la France et de l'Europe. C'est, à mon gré, une raison plus que suffisante pour que tous les honnêtes gens s'en réjouissent et pour que les plus froissés d'entre eux s'y résignent.

« Je me dispense d'examiner si le coup d'État, que chacun prévoyait, pouvait être exécuté dans un autre moment et par un autre mode. Il me faudrait pour cela remonter aux causes qui l'ont amené et juger des personnes qui ne peuvent aujourd'hui me répondre.

« Je ne prétends pas plus garantir l'avenir que juger le passé. Je ne m'occupe que du présent, c'est-à-dire du vote à émettre de dimanche en huit.

« Il y a trois partis à prendre : le vote négatif, l'abstention, le vote affirmatif.

« Voter *contre* [*] Louis-Napoléon, c'est donner raison à la révolution socialiste, seule héritière possible, quant à présent, du gouvernement actuel. C'est appeler la dictature des rouges à remplacer la dictature d'un prince qui a rendu depuis trois ans d'incomparables services à la cause de l'ordre et du catholicisme. C'est, en admettant l'hypothèse la plus favorable et la moins probable, rétablir cette tour de Babel qu'on appelait l'Assemblée nationale, qui, malgré tous les hommes distingués et honnêtes qu'elle comptait en si grand nombre, s'était profondément divisée au milieu de la paix et de l'ordre légal, et serait à coup sûr impuissante devant la crise formidable qui nous domine. »

L'écrivain combat ensuite longuement la politique d'abstention et arrive au troisième parti à prendre.

« Reste donc le troisième parti, le vote affirmatif. Or voter *pour* Louis-Napoléon, ce n'est pas approuver tout ce qu'il a fait; c'est choisir entre lui et la ruine totale de la France. Ce n'est pas dire que son gouvernement est celui que nous préférons à tout; c'est dire simplement que nous préférons un prince qui a fait ses preuves de résolution et

[*] Les mots en italiques sont soulignés dans l'original.

Le Prince-président annonça le 28 juin, par un message au Corps législatif, la clôture de la session de 1852 ; il déclarait dans ce document que « l'épreuve qu'on venait de faire d'une Constitution d'origine fran- « çaise démontrait que la France possédait toutes les conditions d'un « gouvernement fort et libre ».

Un grand changement s'était opéré entre la session de 1853 et la précédente. Le Prince-président n'avait pas jugé à propos de conserver la République. « La nation, dit-il dans son message du 4 novembre lu au « Sénat par le ministre d'Etat, vient de manifester hautement sa volonté « de rétablir l'Empire ; si le Sénat adopte ce changement, il sera sans « doute d'avis que la Constitution de 1852 doit être maintenue, sauf quel- « ques modifications qui ne toucheront pas ses bases fondamentales. »

Le Sénat s'empressa de nommer une commission chargée de proposer ces modifications. Le rapporteur de cette commission, M. Troplong,

---

d'habileté à ceux qui font aujourd'hui les leurs par le meurtre et le pillage. Ce n'est pas confondre la cause catholique avec celle d'un parti ou d'une famille ; c'est armer le pouvoir temporel, le seul pouvoir possible aujourd'hui, de la force nécessaire pour dompter l'armée du crime, pour défendre nos églises, nos foyers, nos femmes contre ceux dont les convoitises ne respectent rien, qui *tirent à l'habit*, qui visent au propriétaire, et dont les balles n'épargnent pas les curés. Ce n'est pas sanctionner d'avance les erreurs ou les fautes que pourra commettre un gouvernement faillible comme toutes les puissances d'ici-bas : c'est déléguer au chef que la nation s'est déjà une fois choisi le droit de préparer une Constitution qui ne sera certes pas plus dangereuse et plus absurde que celle dont les neuf cents représentants élus en 1848 ont doté la France et contre laquelle j'ai eu le bonheur de voter. . . . .

« Je viens de relire les lignes que vous m'avez permis d'insérer dans l'*Univers*, comme un cri de ralliement à nos frères ébahis, le 27 février 1848, trois jours après la chute soudaine du trône. J'y trouve ces mots : « le drapeau que nous avons planté en dehors « et au-dessus de toutes les opinions politiques est intact... La cause catholique, telle « que nous l'avons toujours défendue, n'est identifiée à aucun pouvoir, à aucune cause « humaine... Cette souveraine indépendance des intérêts religieux aidera les catholiques « français à comprendre et à accepter la nouvelle phase sociale où nous entrons. Nul « d'entre eux n'a le droit d'abdiquer. »

« Je n'ai rien à ajouter ni à retrancher à ces paroles ; je me permets de croire qu'elles conviennent encore au lendemain d'un jour qui n'a été que la revanche de l'armée et de l'autorité contre la révolution du 24 février...

« Si Louis-Napoléon était un inconnu, j'hésiterais, certes, à lui conférer une telle force et une telle responsabilité. Mais, sans entrer ici dans l'appréciation de sa politique depuis trois ans, je me souviens des grands faits religieux qui ont signalé son gouvernement, tant que l'accord entre les deux pouvoirs a duré : la liberté de l'enseignement garantie ; le pape rétabli par les armes françaises ; l'Église remise en possession de ses conciles, de ses synodes, de la plénitude de sa dignité, et voyant graduellement s'accroître le nombre de ses collèges, de ses communautés, de ses œuvres de salut et de charité !

« Je cherche en vain hors de lui un système, une force qui puisse nous garantir la conservation et le développement de semblables bienfaits. Je ne vois que le gouffre béant du socialisme vainqueur. Mon choix est fait. Je suis pour l'autorité contre la révolte, pour la conservation contre la destruction, pour la société contre le socialisme, pour la liberté *possible* du bien contre la liberté *certaine* du mal ; et dans la grande lutte contre les deux forces qui se partagent le monde, je crois, en agissant ainsi, être encore, aujourd'hui comme toujours, pour le catholicisme contre la révolution. »

membre de l'Académie des sciences morales, pair de France, nommé, le 22 février 1848, président de la Cour royale de Paris par Louis-Phillipe, était, sans retard et sans scrupule de vieux libéral, passé de l'orléanisme au bonapartisme. Il fit preuve de zèle, et il put lire son rapport au Sénat dans la séance du 6 décembre. Le prince Jérôme, président du Sénat, « obéissant à des scrupules personnels, et jaloux d'écarter jusqu'aux « apparences d'une participation qui n'aurait pas exclusivement en vue « les grands intérêts de l'Etat », crut devoir laisser à un autre le soin de diriger la discussion du rapport de M. Troplong. Ce document abondait en lieux communs. M. Troplong, en déclarant que le prince Louis-Napoléon était le représentant de deux siècles et de deux esprits, du passé et du présent, de la royauté et du peuple, en un mot l'incarnation de la démocratie organisée, renouvelait-il un vieux paradoxe et appliquait-il au neveu, ce que l'oncle avait répété à satiété de lui-même? Le rapporteur du Sénat, en ajoutant que la France est monarchique par ses habitudes, ses instincts, et démocratique par ses mœurs, que l'Empire, contenant la monarchie et la république, est la synthèse du pouvoir, et qu'enfin la France est trop vaste pour former une République, rééditait en outre les banalités et les non-sens qui faisaient le fond de la polémique des journaux royalistes. Comment des habitudes et des instincts monarchiques pouvaient-ils produire des mœurs démocratiques, et comment des mœurs démocratiques favorisaient-elles à leur tour les habitudes et les instincts monarchiques? Par quel mystère non moins étonnant que le dogme de la Trinité, la Monarchie, la République, l'Empire se trouvaient-ils ne plus former qu'un seul et même gouvernement? Le rapporteur n'avait garde de le dire, il se contentait d'accepter dévotement la théorie des hommes providentiels, et de chanter à la fois la gloire du vainqueur d'Actium et du vainqueur de Marengo. Descendant ensuite des hauteurs de la philosophie de l'histoire, il se demandait si le futur Empereur des Français, pour rattacher son règne à celui de Napoléon le Grand et à celui de son fils, proclamé constitutionnellement, sans avoir cependant occupé le trône, ne devait pas prendre le nom de Napoléon III, et il se prononçait pour l'affirmative. Le rapporteur, après avoir établi l'hérédité d'après la loi salique, proposait que le droit d'adoption, à défaut d'enfant mâle, s'exerçât dans la descendance légitime et masculine des frères de Napoléon Ier, sans préjudicier aux enfants mâles de Napoléon III nés après l'adoption. Dans le cas où il ne laisserait aucun héritier direct, légitime ou adoptif, il devait régler, par un décret organique adressé au Sénat et déposé dans les archives, l'ordre de succession au trône. A défaut de tout héritier légitime de Napoléon III et de ses successeurs en ligne collatérale, un sénatus-consulte, proposé au Sénat par les ministres formés en conseil, avec l'adjonction des présidents en exercice du Sénat, du Corps législatif et du Conseil d'État, nommerait l'Empereur et réglerait dans sa famille l'ordre héréditaire de mâle en mâle, à l'exclusion des femmes et de leur descendance. Ce sénatus-consulte devait être soumis à l'acceptation du peuple.

Les membres de la famille de Louis-Napoléon éventuellement appelés à l'hérédité, et leur descendance des deux sexes font, dit le rapport, partie de la famille impériale ; un sénatus-consulte règle leur position. Ils ne peuvent se marier sans l'autorisation de l'Empereur, sous peine de perdre, ainsi que leur descendance, tout droit à l'hérédité. Si toutefois il n'existe point d'enfant d'un tel mariage, en cas de dissolution pour cause de décès, le prince qui l'a contracté retrouve ses droits d'hérédité. Le rapporteur, en stipulant avec soin les conditions de l'hérédité, dans le cas où l'Empereur n'aurait pas d'enfant, exprima le vœu, partagé par la commission tout entière, que, « dans un avenir non éloigné, une « épouse vînt s'asseoir sur le trône, et qu'elle donnât à l'Empereur des « rejetons dignes de ce grand nom et de ce grand pays; car, puisque « l'Empire était fait en vue de l'avenir, il devait porter en lui toutes les « conséquences légitimes qui préservent cet avenir des incertitudes et des « secousses. » Le sénatus-consulte confirmait toutes les dispositions de la Constitution qu'il n'abrogeait pas, et déclarait qu'il n'y pourrait être apporté de changement que dans les formes voulues par la Constitution elle-même. L'Assemblée vota le sénatus-consulte rétablissant l'Empire à l'unanimité, moins une voix, celle de M. Viellard, ancien précepteur du prince Louis-Napoléon.

Un nouveau sénatus-consulte fixa, le 2 décembre, la liste civile de l'Empereur. Douze millions de liste civile pouvaient suffire à la rigueur à un roi comme Louis-Philippe ; mais il n'eût pas semblé convenable au Sénat d'accorder moins à Napoléon III qu'à Napoléon Ier, lequel touchait vingt-cinq millions par an. Le revenu des forêts de la couronne ajoutait à cette somme trois millions par an, à charge, il est vrai, d'entretenir les palais et les manufactures. Les princes impériaux obtinrent un million et demi, que l'Empereur était chargé de répartir à son gré. Le douaire de l'Impératrice devait être fixé par le Sénat au moment même du mariage de l'Empereur, sans qu'il pût donner lieu à un accroissement quelconque de la liste civile fixée pour la durée du règne. En vertu de la tradition monarchique, les biens appartenant à l'Empereur au moment de son avènement étaient de plein droit réunis au domaine de la couronne [1].

Les traités de commerce faits en vertu de l'article 6 de la Constitution devaient désormais avoir force de loi pour les modifications de tarifs qui y sont stipulées. Cette disposition alarmait fort les protectionnistes, qui se voyaient sans garantie contre les réductions de tarifs, introduites dans les conventions diplomatiques ; le gouvernement les calma par des promesses qui allèrent, s'il faut les en croire, jusqu'à l'assurance d'un prolongement du système prohibitif pendant dix ans. Ces promesses et ces engagements ne suffirent pas à les rassurer, car sept voix au Sénat protestèrent contre l'article du sénatus-consulte relatif aux modifications de tarifs. L'article portant que : « Tous les travaux d'utilité « publique, toutes les entreprises d'intérêt général, sont ordonnés et « autorisés par l'Empereur; une loi ratifiera l'engagement ou le crédit « si ces travaux exigent une allocation du Trésor. S'il s'agit de travaux « exécutés pour le compte de l'État et ne pouvant devenir l'objet de con- « cessions, les crédits pourront être ouverts suivant les mêmes formes que « les crédits extraordinaires, et seront soumis au Corps législatif dans sa « plus prochaine session, » introduisait de graves changements dans l'organisation de nos finances ; la forme de l'examen du budget en subit de bien plus graves.

Le budget, présenté jusqu'alors au Corps législatif avec des subdivisions administratives par chapitres et par articles, devait désormais être voté par ministère ; un décret de l'Empereur, rendu en Conseil d'État, réglait la répartition par chapitres, du crédit accordé pour chaque ministère. Des décrets spéciaux, rendus dans la même forme, pouvaient autoriser des virements d'un chapitre à un autre, disposition applicable au budget de 1853. Cette révolution financière, quelle que fût alors la prostration des esprits, excita des craintes qui se trahirent par des murmures ; M. Troplong se chargea de les calmer. « Ne faut-il pas, dit-il, « que le monarque ait toute possibilité de mesurer les mouvements sur « les nécessités imprévues d'une vaste administration, pour passer du « domaine des prévisions au domaine des faits? Agir autrement, ce serait

---

1. Le sénatus-consulte réglant la liste civile et la dotation de la couronne porte la date du 2 décembre. Le décret fixant l'ordre de succession au trône parut le 18. Les modifications à la Constitution du 14 janvier furent promulguées le 23.

« diminuer la prérogative de la couronne. » M. Troplong, pour répondre à ces petits esprits qui trouvaient excessif le droit du gouvernement, une fois le chiffre du budget d'un ministère voté, de le dépenser et de le répartir à son gré entre les divers chapitres, ajoutait : « La bonne gestion

Fig. 3. — Le 14 février 1853 eut lieu l'ouverture de la session. L'empereur debout devant le trône, entre le prince Jérôme et le prince Napoléon, lut un discours d'inauguration (page 22).

« des affaires ne dépend pas d'un budget émietté en parcelles infinies. Le
« temps est venu de résister à des préjugés impuissants ! L'expérience a
« démontré le néant de ces abus de précautions malveillantes. La France
« ne veut pas qu'on garrotte par des liens d'une suspicion mesquine un
« pouvoir posé par elle sur la puissante assise d'une confiance sans pré-
« cédent. » L'autorisation, rendue applicable au budget de 1853, d'opérer des virements d'un chapitre à un autre par décrets spéciaux, enlevait

même la ressource d'une observation fondée sur le principe général de la non-rétroactivité. Le sénatus-consulte diminuait considérablement, on le voit, l'action du Corps législatif ; mais M. Troplong répondait à ceux qui se permettaient de s'en plaindre, par cette phrase de son rapport : « Ce « ne serait pas la peine d'ériger des monarchies, si c'était pour lier les « mains du Prince dans d'indignes liens ! »

La dignité de sénateur et le mandat de député cessèrent d'être gratuits, en vertu du sénatus-consulte. Une dotation de 30 000 francs par an était affectée à chaque sénateur. Chaque député touchait une indemnité de 2500 francs par mois pendant la durée des sessions ordinaire ou extraordinaire ; le Sénat n'avait pas eu grand'chose à faire pour approprier le Corps législatif aux nécessités du gouvernement impérial ; cette Assemblée, réduite à la seule fonction de voter les lois et l'impôt, communiquant avec le public au moyen du compte rendu officiel, rédigé par les soins de son président sans qu'il fût permis aux journaux d'en insérer un autre, était en outre dépouillée de toute initiative par l'interdiction d'introduire aucun amendement dans une loi, si ce n'est du consentement du Conseil d'État ; le Corps législatif ne trouvait plus dans la discussion de l'Adresse l'occasion de traiter les questions de politique générale ; tout au plus pouvait-il les aborder indirectement au moment de la discussion du budget.

L'ouverture de la session législative de 1853 eut lieu le 14 février. On l'attendait avec une certaine curiosité, parce qu'elle devait, disait-on, fixer l'étiquette, le cérémonial, les règles de rang et de préséance adoptés par la cour. La princesse Mathilde se tint à la droite de l'Impératrice, la comtesse de Montijo à sa gauche ; l'Empereur, debout devant le trône, entre le prince Jérôme et le prince Napoléon, lut un discours destiné à célébrer la prospérité nationale, les progrès de notre colonisation, les succès de nos armes en Afrique, l'entreprise de grands travaux, l'Empire reconnu par l'Europe et dans lequel se trouve le passage si souvent invoqué sur le couronnement de l'édifice : « Ces résultats « (nous venons de les énumérer) n'ont pas coûté de grands efforts, parce « qu'ils étaient dans l'esprit et dans les intérêts de tous. A ceux qui mé- « connaîtraient leur importance, je répondrais qu'il y a quatorze mois à « peine le pays était livré aux hasards de l'anarchie. A ceux qui regret- « teraient qu'une part plus large n'ait pas été faite à la liberté, je répon- « drais : La liberté n'a jamais aidé à fonder d'édifice politique durable ; « elle le couronne quand le temps l'a consolidé. »

Le public ne retint de tout ce discours, que la phrase sur le couronnement de l'édifice.

Le Corps législatif était chargé de dépouiller les votes du scrutin pour la ratification par le peuple du sénatus-consulte rétablissant l'Empire. Un avocat de Metz avait envoyé à M. Bouhier de l'Ecluse une protestation contre ce qui s'était passé dans un des arrondissements de la Moselle lors du vote de l'Empire. Il prétendait qu'on avait fait voter des Belges et des Polonais. M. Bouhier engagea là-dessus un débat très vif dans le premier bureau. M. Billault n'en déclara pas moins valables, sans consulter l'Assemblée, tous les votes examinés par ce bureau. « Je vous ferai « observer, monsieur le Président, dit M. Bouhier, que vous venez de « déclarer valables, toutes les opérations électorales examinées par le pre- « mier bureau sans consulter l'Assemblée. Je vous demande si vous « entendez continuer à procéder ainsi. Si telle est votre intention, dès à « présent je déclare que, loin de consentir à valider les opérations, je pro- « teste contre toutes : 1° *en fait*, parce que je n'y reconnais pas le carac- « tère de liberté et d'indépendance nécessaire, pour un pareil acte ; 2° *en* « *droit*, parce que le roi de France existe. » Le silence le plus complet de l'Assemblée accueillit ces paroles. M. le Président Billault le constata en s'exprimant ainsi : « En présence de 8 000 000 de voix qui ont élevé « au trône le Prince Napoléon et d'une individualité qui proteste, il suffit « de l'écouter en silence, c'est ce que vous avez fait... et de passer outre, « c'est ce que je vous propose.... »

M. Bouhier de l'Ecluse, ces deux sessions du Corps législatif terminées, vint à Paris siéger, à la troisième session du Corps législatif, qui s'ouvrait au mois de février 1853..... Cette fois encore, pour l'ouverture des Chambres, on convoqua le Sénat et le Corps législatif aux Tuileries... Prévenu par ce qui s'était passé la première fois, il ne voulait plus s'exposer à ce qu'un ministre, remplissant, comme M. Fourtoul, vis-à-vis de lui, les fonctions d'huissier, fît observer tout haut, de nouveau, qu'il ne prêtait pas serment, et ne se rendit pas à cette convocation. Il sentait bien quelles en devaient être les conséquences et à quoi il s'exposait le lendemain de la part de M. le Président Billault. Mais il était déterminé à ne pas prêter serment et à saisir l'occasion solennelle qui se présentait de protester contre l'Empire. Il écrivit donc au Président et au Corps législatif une lettre qu'il communiqua avant la séance à plusieurs de ses collègues en les priant d'en demander la lecture. Il espérait ainsi rendre sa protestation publique, en assurant l'insertion de sa lettre au

Moniteur, comme on le faisait d'ordinaire pour toutes les pièces dont il avait été donné lecture à la tribune, et, d'un autre côté, ne pas s'exposer à être appréhendé au corps comme Manuel.

M. Bouhier de L'Écluse avait fait remettre sa lettre à M. le Président Billault à l'ouverture de la séance du 15 février 1853. Voyant que la séance s'avançait sans que sa lettre fût lue, il se plaça près de la tribune et resta là une demi-heure environ. Le Président Billault commença à procéder au tirage des bureaux.... C'est par là d'ordinaire que l'on termine les séances. Encore quelques minutes, la séance allait être levée. Il prit la parole sans la demander.

— Monsieur le Président, j'ai adressé une lettre au Corps législatif par votre intermédiaire ; je demande que ma lettre soit lue.

M. Billault prit alors sa lettre, l'examina, puis demanda au Corps législatif de permettre que, avant de la lui lire, il en prît personnellement connaissance... Cette lecture finie, il se leva et déclara que la lettre ne serait pas lue, attendu qu'elle était conçue en de tels termes et qu'elle contenait de tels principes, qu'il ne pouvait pas permettre de tenir au Corps législatif un pareil langage.

M. Bouhier protesta très énergiquement contre les prétentions du Président de se faire seul juge d'une pareille question quand il s'adressait, non à lui, mais au Corps législatif, et il demanda de nouveau avec instance que sa lettre fût lue et que l'Assemblée fût appelée à statuer sur les questions soulevées.

L'Assemblée gardait le silence. M. Bouhier se retira, pour laisser à ses collègues toute leur liberté. A peine sorti de la salle des séances, M. Billault, de son chef, le déclara démissionnaire.... Prévenu de ce fait par un député, M. Bouhier rentra, malgré l'opposition du chef des huissiers, dans la Chambre, et protesta vivement en mettant son droit sous la protection du Corps législatif ; il sortit une seconde fois de la salle des séances.

A peine arrivé dans le salon des conférences, M. Bavoux, l'un des membres du Corps législatif, lui annonça que M. le Président Billault venait une seconde fois de son chef, et sans consulter l'Assemblée, de le déclarer démissionnaire.

M. Bouhier adressa une nouvelle lettre au Corps législatif, en lui faisant connaître à la hâte qu'il n'avait pas donné sa démission. Sur le vu de cette lettre, que lui remit à l'instant même un huissier de la Chambre, M. le Président Billault révoqua les sentences de démission qu'il avait prononcées contre lui et déclara que, aux termes de la loi, il avait quinze

Fig. 4. — M. Billault, président du Corps législatif, impuissant à empêcher M. Bouhier de l'Écluse de faire entendre à tous ce qu'il veut dire, lui déclare, de guerre lasse, que tant qu'il parlera il fera sonner la sonnette (page 27).

LIV. 82   II. — 4

jours pour prêter serment, mais que, faute par lui de le prêter dans ce délai, il serait déclaré démissionnaire.....

Ces quinze jours expiraient le 5 mars 1853 ; pendant ce temps, on empêcha M. Bouhier de voter, ou plutôt, comme il avait voté malgré l'avis que monsieur le Président avait cru pouvoir lui faire donner par le chef des huissiers, trois fois il supprima ses votes comme inconstitutionnels.

On vit alors une lutte étrange entre le député qui prend la parole pour exprimer son opinion et le président qui s'efforce, pour couvrir sa voix, de faire sonner sa sonnette pendant qu'il parle, une fois, deux fois, et qui, impuissant à l'empêcher de dire et de faire entendre à tous ce qu'il veut leur dire, lui déclare de guerre lasse que, tant qu'il parlera, il fera sonner la sonnette. Des démarches étaient faites cependant près de M. Bouhier pour l'engager à prêter serment[1]. Le jour qui avait été assigné pour la prestation du serment, c'est-à-dire le 5 mars 1853, arrive ; plusieurs fois déjà, M. le Président Billault avait envoyé le Secrétaire de la présidence M. Valette, chez M. Bouhier pour le prier de ne pas faire de scandale. « Je n'en ai pas besoin, répondit-il ; mais vous « pouvez dire au président de l'Assemblée que je ne lui reconnais pas « le droit de me déclarer démissionnaire et que, s'il le fait, je retour- « nerai siéger au Corps législatif et ne céderai que devant la force. »

Le 5, lorsque M. Bouhier se présenta à la porte de la salle d'attente pour se rendre à la salle des séances, aucune sentence de démission n'avait encore été prononcée ; il la trouva fermée ; un gardien la retenait à l'intérieur ; M. Bouhier voulut entrer ; il s'y opposa, par ordre du Président, qui, quelques instants après, le déclarait démissionnaire.

---

1. Monseigneur Sibour se mit de la partie ; il invita M. Bouhier à venir discuter la question du serment en présence de M. le curé de Saint-Eugène, alors son secrétaire, discussion à laquelle M. Bouhier mit fin par ces mots : — Monseigneur, le serment que vous m'engagez à prêter, est-il, oui ou non, la négation des droits de Henri V ?
— Monseigneur Sibour. Je ne puis vous répondre.
— Monseigneur, toute la question est là ; veuillez me répondre par oui ou par non.
— Monseigneur Sibour. Je ne puis pas vous répondre.
— Alors, Monseigneur, je ne prêterai pas serment.
— Monseigneur Sibour. Vous serez par ce fait cause d'un mauvais choix.
— C'est possible, monseigneur, c'est même probable, car j'ai eu pour concurrent un voltairien ; mais Dieu me dit : *Fais ce que dois*, et j'ai assez confiance en Dieu, monseigneur, pour lui laisser le soin du reste.
— Monseigneur Sibour. Vos électeurs seront mécontents.
— Non, monseigneur, loin de m'engager à rester, ils m'engagent à quitter le Corps législatif, et déjà quelques personnes me comparent, pour ne l'avoir pas fait, à M. le comte de Pastoret qui vient d'être fait sénateur.
— Monseigneur Sibour. Et vous ne voulez pas monter aussi haut ?
— Non, monseigneur ; dans ma position, ce serait un opprobre.

Le 11 mars 1853, jour de la première séance publique qui se soit tenue au Corps législatif après celle du 5 mars, dans laquelle M. Bouhier de L'Ecluse avait été déclaré démissionnaire par M. le Président Billault, M. Bouhier de L'Ecluse se présenta à l'ouverture de la séance pour siéger au Corps législatif, ainsi qu'il l'avait annoncé....

Comme il venait d'entrer au palais de l'Assemblée, le Président lui envoya en effet le chef des huissiers en grand costume, épée au côté, tricorne à la main, qui lui remit l'ordre écrit suivant :

« Corps législatif. Paris, le 11 mars 1853.

« M. Bouhier de L'Ecluse ayant cessé d'être député par suite du refus de serment, monsieur le Président m'a donné l'ordre de l'empêcher d'entrer dans l'enceinte du Palais législatif.

« *Le chef des huissiers,*
« Pougny. »

« Remis ledit jour ci-dessus à M. Bouhier de L'Ecluse, au moment où il se présentait pour assister à la séance.
« Pougny. »

Ainsi se termina cette longue lutte, dans laquelle M. Bouhier représentait le principe de la souveraineté nationale, à laquelle aucun serment ne peut être imposé sans qu'on mette des bornes à sa puissance, c'est-à-dire sans qu'on la viole.

Le Corps législatif, pensant sans doute, comme le Sénat, qu'il entrait dans sa mission d'alimenter le luxe et de se faire honneur du traitement de ses membres, décida qu'à son tour il offrirait un grand bal à l'Impératrice. Rien de plus simple jusqu'ici ; mais les députés, depuis quelque temps, se plaignaient beaucoup de la négligence des ministres, qui oubliaient fréquemment de les inviter à leurs fêtes ; le Sénat allait donner son bal ; le bruit courut dans la salle des conférences qu'un semblable oubli était à craindre de la part de ce corps de l'État : les têtes parlementaires s'échauffaient, les députés les plus ardents menaçaient d'user de représailles et de ne pas inviter les sénateurs au bal du Corps législatif. Que deviendrait l'harmonie entre les grands corps de l'État ? M. Billault prit des informations officieuses ; les bruits mis en circulation n'avaient aucune cause réelle ; les députés étaient couchés sur la liste des invités du Sénat ; le calme revint dans les esprits. Les préparatifs du bal avaient recommencé, lorsqu'on apprit tout à coup que la commission renonçait à les poursuivre, tant les dépenses étaient effrayantes. Les commissaires parlaient en effet de convertir tout le palais Bourbon, y compris la salle des séances, en salle de bal ; décors, toiles, statues, tous les ornements du bal devaient sortir des mains des meilleurs artistes ; et on devait faire ensuite une loterie dont les billets ne pourraient être pris que par les députés. Le gagnant ferait hommage de son lot au musée de son département. Projet grandiose, mais qui nécessitait un budget énorme : la commission hésitait à l'ordonnancer et demandait de nouveaux pouvoirs. La danse comptait des adversaires au sein du Corps législatif ; l'un d'eux demanda si un banquet monstre ne serait pas mieux en harmonie qu'un bal avec la dignité du Corps législatif. Le banquet souriait évidemment à plus d'un député ; le président intervint : « Un bal a été offert et accepté. Il ne saurait être question d'autre chose. » Ces mots mirent fin à la discussion.

L'habit noir comptait encore d'obstinés partisans. La veille du bal, une note des journaux officieux exhortait donc les invités à s'y présenter en habit habillé. Quatre mille habits habillés, c'est-à-dire brodés, passementés, dorés, répondirent à cet appel. L'Empereur et l'Impératrice, du haut de leurs fauteuils placés sur une échelle de gradins, virent défiler devant eux tout ce que la capitale compte d'habits à la française. Certains ordres de chevalerie se donnent, les autres s'achètent ; ceux-ci existent encore un peu, ceux-là n'existent plus ; mais tous confèrent à leurs membres le droit de porter un habit rouge, bleu ou jaune, mais toujours doré. Cette chevalerie remplit surtout la salle des conférences, transformée en buffet. L'Empereur et l'Impératrice se retirèrent à minuit ; le buffet était vide, et le bal finit à quatre heures du matin.

Le Corps législatif se composant de 261 membres, il leur en coûta 460 francs par tête, dont il faut déduire cependant la souscription que M. de Montalembert refusa de payer et dont il envoya le montant à une association de jeunes apprentis fondée à Besançon. Le maire de cette ville, pensant qu'il est plus utile de faire danser les Parisiens que de venir en aide aux pauvres, crut devoir, au nom des jeunes apprentis, refuser le don de M. de Montalembert.

Le Corps législatif, après quelques jours employés à faire disparaître les traces de la fête, reprit le cours de ses travaux. On se rappelle les plaintes exprimées lors de la suppression de la deuxième section de l'état-major général sur terre et sur mer, et de la mise à la retraite d'une foule de vieux officiers généraux. L'Empire tenait trop à favoriser l'armée pour ne pas rétablir cette section ; mais, en ce qui concerne la marine, il posa le principe sans fixer la limite d'âge pour le passage d'une section dans l'autre. Un nouveau projet de loi assimilait les officiers généraux de mer à ceux de terre. Sur 216 votants, la loi rencontra 31 opposants. Jusque-là, tous les projets de loi avaient été votés à la presque unanimité.

La législation de 1848 sur les prud'hommes accordait une certaine prépondérance aux ouvriers ; le gouvernement la remania, ainsi que la loi de 1850 sur la caisse de retraite pour la vieillesse et le décret du 7 août 1848 sur la formation de la liste du jury : il était urgent en effet de remplacer cette organisation trop démocratique par une autre qui laisserait le plus d'influence possible au pouvoir central. La session devait être close le 10 mai ; elle fut prorogée de quinze jours. Le Corps législatif aborda la discussion de la loi sur les pensions civiles. Cette loi, étendant le droit à la pension à 80 753 fonctionnaires nouveaux, centralisait au Trésor les recettes et les dépenses relatives aux pensions, supprimait en conséquence les caisses spéciales de retraite, diminuait le taux de la pension et rendait plus difficiles les conditions de service et d'âge. La discussion dura six jours ; l'article 1er, consacrant le principe de la loi nouvelle, ne fut voté que par 132 voix contre 100. Enfin, la Chambre en vint au budget.

Le budget des dépenses, en vertu du sénatus-consulte du 25 décembre 1852, devait être présenté au Corps législatif avec ses subdivisions administratives par chapitres, par articles et par ministère. La répartition par chapitres du crédit accordé pour chaque ministère était réglée directement par l'Empereur, par décret approuvé par le Conseil d'État ; des décrets spéciaux rendus dans la même forme pouvaient autoriser des virements d'un chapitre à un autre. L'application de ces règles nouvelles soulevait de graves objections. A quoi sert le droit d'amendement, si son adoption ne peut pas entraîner le rejet des dépenses applicables à l'ensemble d'un département ministériel ? A quoi sert même la discussion des chapitres, si, outre le droit de virement et de répartition des crédits, l'Empereur a la faculté de modifier les dispositions du budget de concert avec le Conseil d'État ? M. Schneider, rapporteur du budget, passant ces questions sous silence, s'empressa de déclarer que le sénatus-consulte du 25 décembre 1852 n'avait ni modifié ni circonscrit le champ des prérogatives de la Chambre, et que la commission pouvait porter ses regards sur toutes les parties du budget. M. Schneider était dans la joie et l'admiration que lui inspiraient la richesse et la prospérité du pays ; une seule crainte lui

restait. « L'esprit d'entreprise touche à la spéculation, disait-il; la spécu-
« lation touche au jeu; n'est-il pas à craindre que la hausse rapide de
« toutes les valeurs, l'abondance des capitaux, les facilités de crédit,
« l'exemple des fortunes subites, n'excitent outre mesure les imagina-
« tions et n'occasionnent des entraînements et des excès regrettables? »
A quoi bon s'élever contre les effets d'un mal dont on accepte les causes? Le moraliste financier condamnait la spéculation; mais comment, dans chaque famille, satisfaire à des dépenses sans cesse accrues, sans la spéculation, sans la possibilité de faire une fortune rapide? M. Schneider, critique et moraliste également inconséquent, blâmait dans son rapport l'excès de la centralisation et la fréquence de l'intervention de l'État, sa substitution à l'initiative privée, le trop grand nombre des fonctionnaires, après avoir applaudi à la fondation d'un des gouvernements les plus centralisés du monde, puisqu'il reposait sur la volonté d'un seul homme.

Une seule séance suffit à la discussion générale du budget. M. de Flavigny y prit part, et son discours, fort mesuré dans la forme et dans le fond, fut néanmoins taxé d'acte violent d'opposition.

Aux nombreuses tâches imposées au gouvernement se joignait celle de raviver l'esprit littéraire et de ramener le siècle de Louis XIV. Le docteur Véron proposa donc, pour venir en aide au pouvoir dans cette noble mission, de créer un comité de publication et de voter un crédit spécial consacré à l'impression des œuvres de mérite produites par des littérateurs pauvres et inconnus.

Le débat sur le budget des recettes n'aurait pas été plus animé que celui du budget des dépenses, si M. de Montalembert n'eût refusé de sanctionner en le votant le sénatus-consulte du 25 décembre 1852 et les décrets du 22 janvier de la même année, contre la famille d'Orléans.

M. Guizot, qui se servait, lorsqu'il était ministre, de certains hommes pour certaines besognes et qui les récompensait largement, se serait fort récrié pourtant si l'un de ces auxiliaires lui avait demandé de patronner sa candidature auprès d'un collège électoral. M. de Persigny, beaucoup moins scrupuleux, avait fait de M. Granier de Cassagnac un membre du Corps législatif. Il crut l'occasion favorable pour lui témoigner sa reconnaissance. Le rédacteur ultra-orléaniste du *Globe* et de l'*Époque* se levant pour répondre à M. de Montalembert et pour justifier la spoliation des princes d'Orléans, quel spectacle!

La réforme de la législation applicable au crédit foncier, la révision des articles 86 et 87 du Code pénal relatifs aux attentats politiques, ainsi que la conversion des dettes des départements et des communes, restaient encore à voter. Le Gouvernement provisoire, dans un de ses élans de générosité qui furent souvent des actes de bonne politique, avait supprimé la peine de mort en matière politique ; ce décret était en contradiction avec l'article 86 du Code pénal, qui condamnait à la peine des parricides les auteurs d'attentat commis contre la vie ou la personne du chef de l'État, et à la peine de mort les auteurs d'attentat contre la vie ou la personne des membres de la famille régnante. L'attentat dont le but est, soit de changer, soit de détruire l'ordre de successibilité au trône, soit d'exciter les citoyens à s'armer les uns contre les autres, était puni de mort par l'article 87, modifié par le décret de 1848 abolissant la peine de mort. Il s'agissait de mettre un terme à cette anomalie, de lever tous les doutes des juges sur l'application de l'article 87, et de frapper de mort tous les attentats politiques, en les replaçant sous le coup de l'article 86. La commission chargée d'examiner le projet ne voulait pas aller aussi loin : elle se bornait à demander la peine des parricides, c'est-à-dire la mort avec voile noir et poing coupé, pour les gens convaincus d'attentat contre la vie ou la personne de l'Empereur ; la mort pour les accusés coupables d'attentat contre la vie des membres de la famille impériale ; la déportation dans une enceinte fortifiée devait remplacer la mort pour le cas d'attentat contre la personne des membres de la famille impériale et pour les crimes prévus par l'article 87 du Code pénal. Un seul député, M. Caffarelli, se leva pour regretter qu'on n'eût pas adopté le projet du gouvernement.

M. Achille Jubinal, rapporteur du projet de loi sur la propriété littéraire, fit entendre, au moment où le Corps législatif allait se séparer, une vive protestation contre les retards qu'éprouvait la discussion de ce projet de loi, dont il demandait le vote immédiat. Vingt-quatre heures doivent s'écouler entre le dépôt et la discussion d'un projet de loi ; vingt-deux heures s'étaient passées, il y avait du temps encore pour la séance de nuit que demandait l'orateur ; ses collègues, trop fatigués, repoussèrent sa demande. M. Jubinal les accusa « de commettre une barbarie législative ».

Les débuts de la première session du Corps législatif sous l'Empire passèrent aussi inaperçus que ceux de la session précédente. L'opinion publique de plus en plus affaissée, les relations du Corps législatif avec la presse, et par conséquent avec le public, de plus en plus nulles : tout contribuait à ce résultat. M. Billault, dans les premiers jours de mai, s'était rendu chez l'Empereur pour l'informer que la Chambre serait loin d'avoir terminé les travaux à l'époque fixée pour sa clôture. L'Empereur lui répondit qu'il était décidé à ne pas emprisonner la session dans le délai qu'im-

Fig. 5. — M. de Persigny, beaucoup moins scrupuleux que M. Guizot, fait de M. Granier de Cassagnac un membre du Corps législatif (page 31).

pose la Constitution et qu'un décret spécial y pourvoirait. Il y avait là une déclaration implicite d'une prorogation de la session; le public ne connut la réponse de l'Empereur que trois jours après.

Le compte rendu analytique jetait très peu de lumière sur les séances du Corps législatif; la Constitution défendait absolument de parler de ce qui se passait dans les commissions. Le mystère planant sur le palais Bourbon n'était un peu éclairci que par le rapport publié par le *Moni-*

teur après chaque session, dans lequel le président du Corps législatif énumérait au chef de l'État, qui les avait lui-même proposées, le nombre et le but des lois votées dans la session.

La session de 1854 du Corps législatif, impatiemment attendue à cause des préoccupations que faisaient naître les affaires d'Orient, s'était ouverte le 2 mars.

Le discours de l'Empereur roulait sur l'insuffisance des récoltes et sur la guerre. Dix millions d'hectolitres environ, représentant la valeur de près de 200 millions de francs, manquaient à la quantité de froment nécessaire à la consommation du pays. Le gouvernement, au lieu d'acheter lui-même ces dix millions d'hectolitres sur tous les marchés du globe, avait mieux aimé s'adresser directement au commerce, seul capable de mener à bonne fin une si grande opération. Ce déficit ne permettait pas de se soustraire à l'inconvénient du prix élevé du blé; car, si ce prix eût été inférieur en France à celui des pays voisins, il est évident que les marchés étrangers se seraient approvisionnés aux dépens des siens. La charité, ajoutait le discours impérial, ou le travail peut seul adoucir les misères causées par la cherté de la principale nourriture du pauvre. L'ouverture de crédits spéciaux, le concours des communes et des compagnies, amèneront une masse de travaux évaluée à plus de 400 millions, sans compter 200 millions affectés aux établissements de bienfaisance par le ministre de l'intérieur.

Une *caisse de la boulangerie*, destinée à faciliter dans les années de mauvaise récolte les moyens de donner le pain à bon marché, sauf à le faire payer plus cher, dans les années fertiles, avait été créée à Paris. L'Empereur recommandait fort l'emploi, dans les grands centres de population, d'une institution qui, disait-il, grâce à la supériorité du nombre des bonnes récoltes sur les mauvaises, au lieu de gagner d'autant plus que le pain est plus cher, est intéressée, comme tout le monde, à ce qu'il devienne bon marché. Malgré cet éloge, il était permis de douter du succès d'un système qui compte principalement sur les deux qualités dont le peuple manque le plus, la science économique et la résignation. Le système des bons de pain, déjà pratiqué en 1846 et en 1847, paraissait préférable à cette compensation entre les années maigres et les années grasses. Pour se résigner à payer le pain plus cher une année, parce qu'on l'a payé meilleur marché, les années précédentes grâce à la caisse de boulangerie, il fallait faire un effort de mémoire et de raisonnement dont les masses ne sont pas toujours capables.

L'assurance donnée par l'Empereur, que sept millions d'hectolitres de froment avaient été déjà livrés à la consommation, et que des quantités non moins considérables étaient en route ou dans les entrepôts, rassura le public, plus que la caisse de la boulangerie.

« La disette à peine finie, la guerre commence. » A ces mots de l'Empereur, il se fit dans la salle un grand silence d'attention. L'orateur se hâta de montrer l'Angleterre resserrant chaque jour davantage les liens d'une alliance intime avec son ancienne rivale, l'Autriche prête à en faire autant, et le reste de l'Allemagne renonçant à de vieilles méfiances contre la France :

« Voici la question telle qu'elle s'engage. L'Europe, préoccupée de
« luttes intestines depuis quarante ans, rassurée d'ailleurs par la modé-
« ration de l'empereur Alexandre en 1815, comme par celle de son suc-
« cesseur jusqu'à ce jour, semblait méconnaître le danger dont la mena-
« çait la puissance colossale qui, par ses envahissements successifs,
« embrasse le nord et le midi, qui possède presque exclusivement deux
« mers intérieures, d'où il est facile à ses armées et à ses flottes de
« s'élancer sur notre civilisation. Il a suffi d'une prétention mal fondée
« à Constantinople pour réveiller l'Europe endormie. Nous avons vu en
« effet en Orient, au milieu d'une paix profonde, un souverain exiger
« tout d'un coup de son voisin plus faible des avantages nouveaux, et,
« parce qu'il ne les obtenait pas, envahir deux de ses provinces. Seul,
« ce fait devait mettre les armes aux mains de ceux que l'iniquité
« révolte ; mais nous avions aussi d'autres raisons d'appuyer la Tur-
« quie. La France a autant et peut-être plus d'intérêt que l'Angleterre
« à ce que l'influence de la Russie ne s'étende pas indéfiniment sur
« Constantinople, car régner sur Constantinople, c'est régner sur la
« Méditerranée, et personne de vous, messieurs, ne dira, je le pense,
« que l'Angleterre seule a des intérêts dans cette mer qui baigne trois
« cents lieues de nos côtes. D'ailleurs, cette politique ne date pas d'hier ;
« depuis des siècles, tout gouvernement national en France l'a soutenue,
« et je ne la déserterai pas. »

L'Empereur, au milieu des applaudissements, ajouta que la France allait à Constantinople avec l'Angleterre et avec l'Allemagne : avec l'une pour défendre la cause du Sultan, les droits des chrétiens, la liberté des mers, et sa juste influence dans la Méditerranée ; avec l'autre pour l'aider à conserver le rang dont on voulait la faire descendre et pour assurer ses frontières contre la prépondérance d'un voisin trop puissant. Ce n'était plus la France, mais l'Europe, en quelque sorte, qui faisait la guerre à la Russie. La guerre, ainsi présentée, paraissait sans danger au Corps législatif; le discours contenait d'ailleurs plus d'un passage propre à le rassurer.

« L'Europe sait maintenant, à n'en pas douter, que si la France tire « l'épée, c'est qu'elle y aura été contrainte. Elle sait que la France n'a « aucune idée d'agrandissement : elle veut uniquement résister à des « empiétements dangereux; aussi, j'aime à le proclamer hautement, le « temps des conquêtes est passé sans retour. Ce n'est pas en reculant « les limites de son territoire qu'une nation peut désormais être honorée « et puissante; c'est en se mettant à la tête des idées généreuses, en « faisant prévaloir partout l'empire du droit et de la justice. »

Jamais assemblée française ne fut plus conservatrice que le Corps législatif du second Empire. Les légitimistes, qui formaient le fond de la majorité, se rappelaient avec douleur que leurs pères, en 1814, avaient salué comme un sauveur le père de celui qu'une armée française allait peut-être renverser de son trône; le drapeau russe ne flottait-il pas à côté du drapeau blanc dans cette journée de Navarin, toujours citée comme une des plus belles pages de l'histoire des derniers Bourbons? La Restauration avait espéré un moment faire oublier les tristesses de son origine en rendant, grâce au concours de la Russie, les rives du Rhin à la France. Le czar Nicolas, resté fidèle aux souvenirs de 1814, ressentant la révolution de Juillet presque comme une insulte personnelle, avait, par sa conduite à l'égard de Louis-Philippe, procuré aux vaincus la satisfaction d'humilier leur vainqueur. Abaisser en retour un monarque associé longtemps à leurs souvenirs et à leurs espérances, c'était une dure nécessité pour les légitimistes. Une autre pensée préoccupait les conservateurs : l'Europe, par suite des événements imprévus que peut amener une grande guerre, n'était-elle pas exposée à voir la révolution réoccuper la scène? M. de Montalembert exprima ces alarmes à la tribune; mais le Corps législatif ne s'était pas associé seulement à la politique de l'Empire, il émanait de lui; tous ceux qui en faisaient partie, orléanistes, légitimistes, cléricaux, avaient jeté leur bouclier dans la mêlée, pour se mettre aux pieds de César. Le temps des conquêtes était passé, rien de plus vrai ; mais l'action à l'extérieur n'en était pas moins la loi d'un gouvernement obligé de comprimer l'esprit libéral à l'intérieur.

La guerre rendait un emprunt nécessaire; une loi fut présentée à ce sujet au Corps législatif. Les placements en rentes sur l'État avaient pris

Fig. 6. — Une nouvelle loi imposait le livret aux ouvriers de tous les états et des deux sexes (page 43).

depuis quelques années un développement immense : M. Bineau, dans le rapport précédant le projet de loi sur l'emprunt, les évaluait à 664 millions, dont plus de la moitié dans les départements ; près d'un cinquième de ces placements était représenté par un coupon qui ne dépassait pas 20 francs. La Consolidation des bons du Trésor avait considérablement accru le nombre des rentiers ; il eût été absurde de livrer l'emprunt à tel capitaliste ou à telle institution de crédit, et de lui faire encaisser sur la négociation de l'emprunt un bénéfice qui pouvait fort bien profiter au public. Le projet d'emprunt de 250 millions fut voté le lendemain de l'ouverture du Corps législatif ; la Chambre voulut que son président, M. Billault, fût le rapporteur de la commission ; elle se rendit tout entière aux Tuileries pour présenter à l'Empereur la loi adoptée par elle, dans sa seconde séance.

Le gouvernement eut donc recours à la souscription publique, dont le succès dépassa l'attente générale : la souscription, ouverte du 14 au 25 mars, s'éleva bien au-dessus de 468 millions, répartis entre 99 224 souscripteurs. La Chambre apprit cette victoire financière en même temps que la déclaration de guerre des puissances alliées à la Russie. La voix de M. Baroche, chargé d'annoncer ces deux événements, fut couverte par les plus vives acclamations ; le Corps législatif vota, dix jours après, un projet de loi qui élevait de 80 000 à 140 000 hommes le contingent de la classe de 1853.

Le projet de loi sur la mort civile était un des plus importants que le Corps législatif eût à discuter dans cette session. L'homme frappé de mort civile n'existe plus aux yeux de la loi ; ses héritiers se partagent ses biens sous ses yeux ; s'il acquiert d'autres biens après sa condamnation, l'État s'en empare ; sa femme peut rester auprès de lui, mais le mariage est rompu, elle n'est plus que sa concubine : telle était la loi d'après le Code Napoléon. Plus d'une voix s'était élevée au sein des assemblées contre cette législation barbare. Une loi nouvelle remplaça en 1850, pour le condamné à la déportation, la mort civile par la perte des droits civils et l'interdiction légale ; le condamné aux travaux forcés à perpétuité partagea cet adoucissement jusqu'au moment de la suppression des bagnes en 1853. Le condamné à mort encourant seul la mort civile, le débat perdait beaucoup de son intérêt ; la mort civile fut abolie, du moins nominalement, car, sauf la dissolution du mariage, la privation des droits civils et l'interdiction légale entraînent à peu près les mêmes conséquences.

L'exécution de la peine des travaux forcés soulevait également depuis longtemps de vives controverses. Le condamné subira-t-il sa peine dans les bagnes du territoire, ou bien l'enverra-t-on dans des établissements pénitentiaires d'outre-mer? Le gouvernement s'était prononcé en faveur de ce dernier système, et un projet de loi rédigé dans ce sens fut soumis aux délibérations du Corps législatif. Le bagne trouva encore des défenseurs; ils soutenaient que la transportation des condamnés amoindrit la peine des travaux forcés et la supprime en quelque sorte; ils ajoutaient que les condamnés des maisons centrales, plus dangereux peut-être que les galériens, restent en France, et que les autres condamnés, loin de contribuer à la prospérité des anciennes colonies ou au développement des nouvelles, les ruineraient. La Chambre ne partagea point ces craintes; elle vota le projet à la presque unanimité.

La loi de 1850 sur l'instruction publique créait des embarras nombreux et sans cesse renaissants au gouvernement; il résolut de la modifier : les quatre-vingt-six rectorats institués par cette loi furent réduits à seize. L'établissement au chef-lieu départemental d'un conseil d'instruction publique, présidé par un préfet, investi des attributions confiées au recteur par la loi du 15 mars 1850 et par le décret du 9 mars 1852, remettait la direction de l'instruction primaire publique ou libre aux mains du préfet. Les catholiques voyaient dans cette partie du projet de loi la suppression pure et simple de la liberté de l'enseignement. Les autres dispositions de la loi, ayant pour but d'organiser l'enseignement supérieur et de créer un budget spécial subventionné par l'État pour les établissements chargés de la collation des grades, n'éveillaient pas de bien grandes susceptibilités; les recettes de ce budget devaient être alimentées par les droits d'examen et de diplôme : des caisses semblables existaient déjà pour les Invalides et pour la Légion d'honneur. C'est ce que répondit le gouvernement à ceux qui considéraient la création d'un nouveau budget lannexe comme une dérogation aux règles financières et une violation de l'unité budgétaire.

La législation du livret des ouvriers datait de 1791; le gouvernement, pour l'adapter, dit-il, aux nécessités sociales, économiques et industrielles de notre époque, présenta un projet qui augmentait le nombre des professions assujetties au livret et qui frappait d'une peine, l'ouvrier rebelle à cette formalité et le patron négligent à la faire remplir. L'arrêté consulaire du 9 brumaire an XII restreignait la nécessité du livret aux *compagnons* et *garçons* ; ces désignations surannées permettaient du moins de soustraire à l'obligation du livret un très grand nombre d'ouvriers.

Fig. 7. — M. Dupin aîné, ancien président de la Chambre des députés, aimait à prendre des airs rustiques, à endosser la blouse, à chausser les sabots et à adresser aux paysans morvandiots des harangues de politique rurale (page 44).

La loi nouvelle l'imposait aux ouvriers de tous les états et des deux sexes; hommes et femmes devaient à l'avenir être munis d'un livret délivré, à Paris par le préfet de police, à Lyon par le préfet, dans les autres villes par le maire. Les chefs d'établissement ne pouvaient employer désormais aucun ouvrier sans livret. Le livret doit-il rester dans les mains du patron ou dans celles de l'ouvrier? Le gouvernement se prononça pour le patron, la commission également; le Conseil d'État, frappé des arguments produits en faveur de l'autre système, y revint ; la commission, éclairée en même temps de nouvelles lumières, en fit autant. L'ouvrier garda donc son livret, en droit, comme il le gardait presque toujours en fait.

Le budget fut présenté pour la première fois, dans cette session, selon la forme indiquée par l'article 12 du sénatus-consulte du 15 décembre 1852. L'ancienne division, comprenant la dette publique, les dotations et dépenses du Corps législatif, les services généraux des ministères, des frais de régie et de perception, des remboursements, restitutions, non-valeurs, primes et escomptes, était remplacée par la division par ministère. Le rapporteur, M. Paul de Richemont, rédigea promptement son rapport; la discussion générale et la discussion par articles prirent deux jours à la Chambre, le temps de constater l'équilibre établi entre les recettes et les dépenses par les efforts réunis de la commission du Corps législatif et du Conseil d'État. Les dépenses de la guerre menaçaient de compromettre singulièrement cet équilibre, comme le fit observer M. Guyard-Delalain. Ce député demanda d'abord au rapporteur s'il ne craignait pas que les recettes évaluées au point de vue du maintien de la paix ne diminuassent sensiblement pendant la guerre? Il constata ensuite que pendant cette année encore, on avait suspendu l'action de l'amortissement et qu'on devait à cette mesure une augmentation anormale de 87 millions dans l'ensemble des ressources. M. Guyard-Delalain s'informa également auprès du gouvernement s'il comptait toucher chaque année les 10 millions, produit d'une vente d'immeubles qui était venue grossir le budget des recettes? Des réponses peu concluantes furent faites à toutes ces questions.

L'administration de l'Algérie, les autorisations de sociétés anonymes, l'organisation des budgets départementaux, l'état des routes, suscitèrent des critiques et des observations. M. Belmontet prit la parole à propos de l'augmentation de la subvention des théâtres. M. Belmontet, sans attaquer cette augmentation, en déplorait l'emploi au Théâtre-Français. L'orateur, rappelant le goût décidé de Napoléon Ier pour la tragédie, l'estime qu'il faisait des auteurs tragiques, sa déclaration que, si Corneille avait vécu de son temps, il l'aurait fait prince, protestait contre l'abandon de la tragédie; il adjurait le gouvernement de relever l'autel de Melpomène et de faire passer la direction des Beaux-Arts, des attributions du ministère d'État, dans celles du ministère de l'instruction publique, de telle sorte que le Théâtre-Français servît désormais à compléter l'éducation de la jeunesse.

Un incident vint un moment, troubler le calme de cette session. M. Billault, président du Corps législatif, reçut de M. Rouland, procureur général près la Cour impériale de Paris, une lettre dans laquelle ce magistrat demandait à la Chambre l'autorisation de poursuivre un de ses membres, M. de Montalembert. Grand étonnement à cette demande. De quel crime accusait-on le député du Doubs? Las de son inaction, désespérant de l'influence de sa parole, s'était-il jeté dans quelque conspiration ténébreuse? Le gouvernement avait-il mis la main sur la société secrète dite de la *fusion?* L'émotion se calma lorsqu'on sut que M. de Montalembert était prévenu de diffamation et de calomnie contre M. Dupin aîné. L'ancien président de la Chambre des députés et de l'Assemblée législative aimait à prendre des airs rustiques, à endosser la blouse, à chausser les sabots, et à adresser aux paysans morvandiots des harangues de politique rurale, toujours un peu agaçantes pour ceux qui savaient où tendait cette fausse rusticité. M. Dupin, profitant du comice agricole de Corbigny, avait donné cours à sa verve pseudo-agricole de façon à remuer plus encore que de coutume la bile de M. de Montalembert, qui, prenant la plume, répondit d'inspiration à l'ancien ami de Louis-Philippe. M. de Montalembert, chemin faisant, rencontrant les institutions et les hommes du nouvel Empire, se permit de leur dire leur fait. M. Dupin répliqua. La lettre de M. de Montalembert tomba, par hasard ou autrement, entre les mains d'un journal catholique de Liége, très empressé à la communiquer à ses lecteurs; l'*Indépendance belge*, trouvant ce morceau de haut goût, en avait également régalé ses abonnés. Les spéculateurs en scandales ne manquaient pas, dans ces temps où les marchandises littéraires prohibées avaient un bon débit; la lettre de M. de Montalembert circula donc en brochure. Curiosité vaut estampille : la brochure avait fait son chemin, il était un peu tard pour l'arrêter; mais, à défaut des colporteurs, on pouvait toujours s'en prendre à l'auteur. Le titre de député le mettait à l'abri des coups du parquet. M. Rouland ne doutait pas d'obtenir l'autorisation de poursuivre; il se trouva cependant cette fois que les membres de la commission ne furent pas de l'avis du gouvernement. M. Perret, maire du VIII° arrondissement de Paris, son rapporteur, conclut au rejet de la demande officielle; il lui semblait que M. le procureur général n'entourait pas, selon

Fig. 8. — M. de Montalembert, dans une séance du Corps législatif, ne nie pas l'authenticité de sa lettre publiée dans l'*Indépendance belge*, mais il déclare sur l'honneur n'en avoir ni directement, ni indirectement autorisé la publication (page 45).

lui, cette demande de raisons suffisantes. M. de Montalembert ne niait pas l'authenticité de sa lettre, mais il déclarait sur l'honneur n'en avoir ni directement ni indirectement autorisé la publication. Les opinions étaient partagées dans la Chambre; les uns pensaient qu'un membre du Corps législatif devait être cru sur parole par ses collègues; les autres soutenaient que le principe de l'égalité devant la loi était fait pour les députés comme pour tout le monde, et qu'il n'y avait là qu'une question politique, celle de savoir si, poursuivre un de ses membres, c'était porter atteinte à l'indépendance de la Chambre. La discussion dura deux jours, soutenue par MM. Baroche et Rouher, ayant pour auxiliaires M. Remacle, futur préfet, M. Langlais, futur conseiller d'État, et M. Nogens-Saint-Laurent. MM. Perret, rapporteur, de Flavigny, A. Lemercier, Chasseloup-Laubat, d'Andelarre, défendirent les conclusions de la commission ; M. Belmontet leur prêta le concours de sa poétique éloquence. Les souvenirs du passé, les lettres de M. de Montalembert en faveur du prince Louis-Napoléon, parlaient plus haut que l'éloquence même de M. Belmontet. L'accusé prit la parole. Il faut lui rendre cette justice qu'il ne négligea rien pour détruire le bon effet de ce qu'on avait dit pour le défendre; il attaqua le gouvernement, et prononça le mot de despotisme. Sa mise en accusation fut prononcée par 154 voix contre 51. Le public s'attendait donc à la lecture prochaine d'un procès intéressant, à moins cependant que le président de l'audience ne jugeât utile d'interdire la publicité des débats; mais le gouvernement, usant de clémence ou craignant de faire un martyr, ne poussa pas jusqu'au bout son avantage contre M. de Montalembert. La chambre des mises en accusation mit fin à cet incident par une ordonnance de non-lieu.

La première loi présentée à la session de 1855 concernait le recrutement. La loi du 31 mars 1832 sur l'armée consacrait le régime de remplacement militaire et ne contenait aucune disposition sur la constitution de l'armée et de la réserve ; le gouvernement s'appuya sur ces deux motifs pour créer une dotation de l'armée et organiser le rengagement, le remplacement et les pensions militaires sur de nouvelles bases. Rien n'était changé aux dispositions de la loi de 1832 concernant les appels, les conditions et la durée du service ainsi que la formation des contingents.

Les compagnies de remplacement versaient dans l'armée 28 pour 100 de l'effectif, c'est-à-dire une masse d'éléments bien inférieurs à ceux provenant des appels ; il était urgent de les éliminer de l'armée; mais par quel système remplacerait-on l'ancien? Fallait-il proclamer le service obligatoire à tous les citoyens? ou bien compter soit sur le rengagement comme moyen principal, soit sur le remplacement et le rengagement combinés? Le premier de ces systèmes paraissait alors au gouvernement incompatible avec les mœurs et les idées de la France ; le second offrait d'assez grandes difficultés en pratique. Le rengagement n'est pas chose aisée dans les sociétés modernes, où la vie civile offre plus d'avantages et plus d'agrément que la vie militaire ; il fallait donc les compenser par de nouveaux encouragements donnés aux rengagements. Le gouvernement, pour stimuler les soldats, voulait faire du service militaire une carrière à la fin de laquelle l'homme de guerre pût trouver une pension de retraite suffisante pour ses besoins. Le projet de loi portait donc, que tout militaire contractant un premier rengagement, après sept ans de service, toucherait : 1° 1000 francs payables à diverses échéances; 2° une haute paye de 10 centimes par jour, qui s'élévera à 20 centimes sans autre prime au second rengagement. Les engagements pour moins de sept ans donnaient droit pour quatorze ans de service : 1° à 100 francs par année, 2° à la haute paye de dix centimes ; le minimum et le maximum de la pension après vingt ans de service, fixés par la loi du 11 avril 1831, seraient augmentés par les sous-officiers et soldats des corps se recrutant par la voie des appels.

L'exonération du service personnel pouvait être obtenue par les jeunes gens compris dans le contingent annuel, en échange d'une prestation dont le gouvernement fixerait chaque année le taux. Si le nombre des engagements et des rengagements après libération, comparé à celui des exonérations, était insuffisant, il pourvoirait au complément de l'effectif par des remplacements effectués par voie administrative, et il augmenterait, selon les circonstances, les avantages déjà énumérés ; une caisse de la dotation de l'armée recevrait, sous la surveillance et la garantie de l'Etat, le montant des prestations payées pour exonération du rengagement et du remplacement administratif.

Ce nouveau système perpétuait tous les inconvénients de l'ancien ; il en avait même de nouveaux : le plus grave était d'obliger l'Etat à exercer l'industrie peu populaire des compagnies de remplacement militaire et à redevenir raccoleur ; il perpétuait ce recrutement de mauvais soldats, toujours punis, qui envahissaient de plus en plus l'armée. Le service militaire a besoin d'illusion et même d'un certain idéal de dévouement que la prime faisait disparaître. La nouvelle loi menaçait de donner à la France une armée permanente, dans le plus mauvais sens du mot : c'est-à-dire une armée ne se renouvelant plus, ne se retrempant plus dans la nation, se séparant chaque jour davantage d'elle ; composée de soldats rentiers, asservis à leurs aises, sachant le fort et le faible de la gloire ; remplaçant le bâton de maréchal de France dans leur giberne par une fiole d'eau-de-vie ; goguenards, se moquant de leurs chefs, insensibles aux beaux sentiments, les narguant même ; disciplinés par habitude ou se faisant une discipline à côté de la discipline ordinaire insensiblement modifiée par eux ; une armée de miliciens en un mot. Le gouvernement s'exposait à ce danger sans nécessité évidente ; il changeait la constitution de l'armée pendant la guerre même. La Chambre ne parut nullement frappée de ces graves inconvénients. M. de Montalembert et d'autres orateurs se contentèrent de signaler les vices financiers du projet de loi, qui n'en fut pas moins adopté par 204 voix contre 46.

Une loi d'urgence, destinée à parer aux nécessités du moment, avait organisé provisoirement en 1852 l'administration municipale. La Constitution, dans son article 57, déclarait qu'une loi spéciale pourvoirait en temps et lieu à cette organisation ; le Corps législatif fut donc saisi d'un projet de loi divisé en quatre parties. La première partie réglait la composition et le mode de nomination du corps municipal : ce corps était formé du maire, de un ou de plusieurs adjoints et de conseillers municipaux ; les maires et les adjoints, dans les chefs-lieux de département, d'arrondissement et de canton, dans les communes de 3000 habitants et au-dessus, étaient nommés par l'Empereur, dans les autres communes par le préfet ; les maires et les adjoints pouvaient être pris en dehors du conseil municipal ; ils devaient être âgés de vingt-cinq ans et inscrits dans la commune au rôle d'une des quatre contributions directes ; leur mandat durait cinq ans ; un arrêté préfectoral pouvait les suspendre ; un décret impérial était nécessaire pour les révoquer.

La deuxième partie de la loi réglait la tenue des assemblées municipales : quatre sessions de dix jours étaient obligatoires ; le préfet et le sous-préfet restaient maîtres d'autoriser d'autres sessions ; le maire présidait le conseil avec voix prépondérante en cas de partage ; l'adjoint appelé à le remplacer jouissait du même privilège ; les adjoints pris en dehors du conseil n'y siégeaient qu'avec voix consultative ; les séances n'étaient pas publiques.

La troisième partie décrivait les formalités nécessaires pour la convocation des assemblées électorales, dénombrait leurs opérations, et indiquait les voies de recours ouvertes contre le résultat du scrutin : le conseil de préfecture et le Conseil d'État jugeaient ces contestations.

La quatrième partie décidait que, dans les chefs-lieux de département dont la population dépasse 40 000 âmes, les fonctions de préfet de police, telles qu'elles ont été réglées par l'arrêté du 12 messidor an VIII, seraient remplies par le préfet, à l'exception de certaines attributions laissées aux maires sous la surveillance du préfet. Chaque année, les

Fig. 9. — La nouvelle loi menaçait de donner à la France une armée permanente dans le plus mauvais sens du mot (page 47).

conseils municipaux de ces communes votaient, sur la proposition du préfet, les allocations nécessaires aux attributions dont les maires étaient déchargés ; ces dépenses étaient obligatoires et, en cas de refus, inscrites d'office au budget par le préfet, le Conseil d'État entendu. La loi du 21 mars 1831, les dispositions spéciales du décret du 3 juillet 1848 et de la loi du 7 juillet 1852 étaient abrogées.

Les membres des conseils municipaux étaient élus par le suffrage universel ; plusieurs membres de la commission combattirent cette disposition de la loi : il ne leur suffisait pas que par le droit de nommer, de révoquer, de suspendre les maires et les adjoints, de les prendre partout où il le trouverait bon, la liberté municipale, comme toutes les libertés, fût placée sous la main du pouvoir, et, en réalité, anéantie ; les opposants voulaient encore priver les électeurs du droit de choisir les conseillers, sans songer à l'anomalie qui résulterait de la position d'un citoyen déclaré capable de nommer un député et incapable de choisir un conseiller municipal. Le Conseil d'État tint bon pour le suffrage universel ; il fut maintenu.

Le gouvernement, tenant compte des plaintes soulevées par la présentation tardive du budget, soumit celui de 1856 au Corps législatif dès le 22 février ; deux membres par bureau formèrent la commission, qui nomma M. Paul de Richemont son rapporteur. Les premières lignes de son rapport étaient parfumées d'encens en l'honneur du gouvernement et « de notre vaillante armée ». Le rapporteur, entrant ensuite dans la question, déclarait que l'ensemble des découverts, après la liquidation de 1854, était de 839, 347, 623 francs ; il s'empressait, il est vrai, d'ajouter : « Le gouvernement comprend comme vous la nécessité « de réduire la dette flottante et surtout d'en prévenir l'accroissement ; « nous en avons acquis la certitude de la bouche même de M. le prési- « dent du Conseil d'État. »

Le budget de 1856 mentionnait une nouvelle augmentation de 140 000 francs pour la subvention de l'Opéra, ce qui la portait à 800 000 francs. Le gouvernement avait eu sans doute à cœur de répondre à une observation suivante, du rapporteur du budget précédent : « C'est « ici le lieu de vous dire que votre commission ne croit pas devoir dis- « simuler le regret qu'elle éprouve de ne pas retrouver, dans certains de « nos grands théâtres, cet ensemble complet que l'art lui-même exige et « que notre juste orgueil national réclame à bon droit. »

Le gouvernement ottoman avait besoin d'argent, mais il n'était guère probable qu'il en trouvât sans la garantie de ses alliés. Le ministère anglais, pour avoir promis celle du gouvernement britannique, fut sur le point d'être renversé ; le gouvernement français, plus généreux, accorda la sienne sans se faire prier. La commission néanmoins tint à honneur de modifier l'article unique du projet de loi en y inscrivant le chiffre de l'emprunt qu'on avait oublié de mentionner.

Une modification importante, obtenue par la commission du budget, avait trait aux crédits supplémentaires accordés en l'absence du Corps législatif pour des services prévus au budget, et aux crédits supplémentaires pour dépenses urgentes et imprévues qui n'auraient pas été couverts par des virements de chapitres. Le lecteur se rappelle les débats soulevés dans la session précédente par cette question. La commission du budget obtint que les décrets autorisant les crédits supplémentaires seraient soumis à la sanction législative, ceux-ci dans les premiers mois de la session, suivant l'ouverture des crédits extraordinaires, ceux-là dans les deux premiers mois de la session, suivant la clôture de chacun des exercices sur lesquels les suppléments auraient été accordés. Ces suppléments ne pouvaient être employés avant leur régularisation législative aux virements de chapitres effectués en exécution de l'article 12 du sénatus-consulte du 25 décembre 1852.

M. de Remilly, maire et député de Versailles, s'était fait, sous le dernier règne, une certaine célébrité par sa persistance à demander l'établissement d'un impôt ou plutôt une taxe municipale sur les chiens. Il crut un moment, en 1847, toucher au but de ses efforts ; la majorité de la Chambre, après une discussion fort longue et fort approfondie, semblait s'être rangée à sa proposition ; on put croire que la race canine allait enfin être taxée : elle fut sauvée de l'impôt à une voix de majorité. L'année suivante, la monarchie tombait et la révolution de Février ouvrait le champ à d'autres préoccupations ; l'infatigable M. de Remilly revint, deux ans après, à sa pensée favorite, et, cette fois encore, il crut que le but de sa vie était atteint : sa proposition échoua lors de la troisième lecture. Quatre ans s'étaient écoulés depuis cet échec ; une révolution nouvelle avait eu lieu. M. de Remilly, découragé, ne songeait plus aux chiens, lorsque le gouvernement, frappé du développement de la race canine, résolut de s'opposer à sa trop grande multiplication ; un impôt de 5 francs en moyenne pouvait produire ce résultat, en ajoutant 6 ou 7 millions au budget des communes. Il proposa donc d'établir, à partir du 1er janvier 1856, dans toutes les communes de France et à leur profit, une taxe sur les chiens ne pouvant excéder 10 francs. L'impôt fut voté, et les chiens n'en ont pas moins continué à multiplier. L'homme, pour une question d'argent, n'a pas voulu rompre l'alliance avec ce gardien fidèle, qui s'est le premier rallié à lui ; les pauvres ont payé l'impôt avec autant d'empressement que les riches.

M. de Morny, qui avait remplacé M. Billaut dans la présidence du Corps législatif, annonça le 15 mars à cette assemblée que l'Impératrice entrait dans les douleurs de l'enfantement ; l'assemblée se déclara en permanence. Des bruits alarmants circulèrent bientôt dans la salle des conférences : l'accouchement, disaient les nouvellistes, est laborieux ; l'enfant se présente par la tête sans pouvoir sortir et court risque d'être étouffé. Les alarmistes ajoutaient : « Il est question de chloroformiser la patiente, et le médecin de la reine d'Angleterre, arrivé dans la nuit aux Tuileries, se tient prêt ; mais la crainte d'accidents nerveux plus graves empêche de recourir à ce moyen. »

L'Impératrice, au moment des grandes douleurs, serrait dans sa main un reliquaire que lui avait prêté l'Empereur et dont il ne se séparait jamais. Les douleurs, commencées à quatre heures du matin, s'apaisèrent ensuite de façon à lui permettre de communier une seconde fois. Les princes et les princesses de la famille impériale et de la famille de l'Empereur avaient été prévenus dès six heures du matin. Le prince Napoléon et le prince Lucien Murat étaient désignés pour assister à l'accouchement. Les douleurs reprirent vers trois heures ; elles duraient encore à six heures du soir.

Les députés, rentrés au palais législatif après avoir pris leur repas, se préparaient à y passer la nuit ; mais une dépêche, en date de dix heures du soir, prévint M. de Morny que « l'état de Sa Majesté l'Impératrice ne laissait pas prévoir un accouchement prochain ».

M. de Morny, le lendemain, à huit heures du matin, prit place au fauteuil : « Ce matin, à trois heures, Sa Majesté l'Impératrice est accouchée d'un prince impérial ; en cette circonstance, je suis sûr que vous participerez tous, à la joie de la France entière. » Les cris de : Vive l'Empereur ! vive l'Impératrice ! vive le prince impérial ! lui répondirent. Un député fit la proposition à ses collègues de se rendre en masse aux Tuileries, un autre de remercier le Ciel par des prières publiques. M. de Morny leur fit remarquer que tout le monde pouvait se rendre au château, mais que la réception officielle était fixée par le programme et que l'archevêque de Paris avait pourvu aux prières par son mandement.

Les députés invités à l'ondoiement du Prince impérial s'aperçurent que le fer avait laissé sur la figure de l'enfant quelques traces de meurtrissure. La cérémonie eut lieu dans la chapelle des Tuileries, en présence des grands dignitaires de la maison impériale, des cardinaux, du curé de Saint-Germain-l'Auxerrois, du premier aumônier et de ses chapelains. L'abbé Desplaces, prédicateur de la station quadragésimale à la cour, prononça une allocution. Le nouveau-né fut apporté avec le cérémonial prescrit, et les grands dignitaires signèrent l'acte d'ondoiement de Jean-Joseph-Napoléon, « enfant de France; » le pape, son parrain, s'appelait Jean, et la reine de Suède, sa marraine, Joséphine.

L'expression d' « enfant de France » excita dans le public une certaine surprise. L'Empereur crut devoir s'en expliquer dans sa réponse aux félicitations que les grands corps de l'État lui offrirent le 18 mars. « Vous avez salué comme un événement heureux, dit-il au Sénat, la « venue au monde d'un enfant de France. C'est avec intention que je « me sers de ce mot. En effet, l'empereur Napoléon, mon oncle, qui « avait appliqué au nouveau système créé par la Révolution tout ce que « l'ancien régime avait de grand et d'élevé, avait repris cette ancienne « dénomination des enfants de France. C'est qu'en effet, messieurs, lors- « qu'il naît un héritier destiné à perpétuer un système national, cet « enfant n'est pas seulement le rejeton d'une famille, mais il est vérita- « blement encore le fils du pays, et ce nom lui indique ses devoirs. Si « cela était vrai sous l'ancienne monarchie, qui représentait plus exclu- « sivement les classes privilégiées, à plus forte raison aujourd'hui que le « souverain est l'élu de la nation, le premier citoyen du pays et le repré- « sentant des intérêts de tous. »

L'Empereur répondit ensuite à M. de Morny :

« J'ai été bien touché de la manifestation de vos sentiments à la « naissance du fils que la Providence a bien voulu m'accorder. Vous « avez salué en lui l'espoir dont on aime à se bercer de la perpé- « tuité d'un système, qu'on regarde comme la plus sûre garantie des « intérêts généraux du pays; mais les acclamations unanimes qui entou- « rent son berceau ne m'empêchent pas de réfléchir sur la destinée de « ceux qui sont nés dans le même lieu et dans des circonstances analo- « gues. Si j'espère que son sort sera plus heureux, c'est que, confiant « d'abord dans la Providence, je ne puis douter de sa protection en la « voyant relever par un concours de circonstances extraordinaires tout « ce qu'il lui avait plu d'abattre il y a quarante ans, comme si elle avait

« voulu vieillir par le martyre et par le malheur, une nouvelle dynastie
« sortie des rangs du peuple. Ensuite l'histoire a des enseignements que
« je n'oublierai pas. Elle me dit, d'une part qu'il ne faut pas abuser des
« faveurs de la fortune, de l'autre qu'une dynastie n'a de chance de sta-
« bilité que si elle reste fidèle à son origine, en s'occupant uniquement
« des intérêts populaires pour lesquels elle a été créée. Cet enfant que
« consacrent à son berceau la paix qui se prépare, la bénédiction du
« Saint-Père apportée par l'électricité, une heure après sa naissance, enfin
« les acclamations de ce peuple français que *l'Empereur a tant aimé*,
« cet enfant, dis-je, sera digne des destinées qui l'attendent. »

Ainsi donc, à en croire Napoléon III, les Bourbons remontés sur le trône, la France vaincue à Waterloo, le duc de Berry assassiné, Charles X exilé, Louis-Philippe sept fois exposé aux coups des assassins, la guerre civile de juin, la Providence n'avait fait assister le monde à ces événements que pour consacrer la dynastie des Bonaparte !

Les discours furent suivis du défilé des corps constitués devant le nouveau-né, couché dans un berceau qui avait été offert par la ville de Paris, et sur lequel s'étalait le grand cordon de la Légion d'honneur. Mme l'amirale Bruat, « gouvernante des Enfants de France, » Mme de Brancion et Mme Bizot, sous-gouvernantes, se tenaient debout derrière le berceau.

Les munificences traditionnelles accompagnèrent la naissance de l'héritier de la couronne : billets pour retirer les effets du mont-de-piété, distributions de secours, spectacles gratuits, doublement des appointements du mois à toutes les personnes attachées à la maison impériale. L'usage monarchique qui donne, aux enfants nés le même jour que le Dauphin, le roi et la reine pour parrain et marraine, fut soigneusement observé. Les généraux Canrobert et Bosquet apprirent à table, de la bouche même de Napoléon III, leur élévation à la dignité de maréchal. Des croix d'honneur furent largement distribuées; mais, quelque considérable qu'ait été le nombre des élus, il est certainement resté bien au-dessous de celui des solliciteurs, car le chiffre des demandes dépassa quatre-vingt mille.

Un message dont M. Fould, ministre d'État, donna lecture, annonça le 31 mars la signature du traité de paix au Corps législatif : « Messieurs, je
« viens vous annoncer par ordre de l'Empereur que, hier à une heure, les
« plénipotentiaires de la France, de l'Autriche, de la Grande-Bretagne,
« de la Prusse, de la Sardaigne, de la Russie et de la Turquie, ont
« apposé leur signature au traité qui met fin à la guerre actuelle et qui,

« en réglant la question d'Orient, assoit le repos du monde sur des
« bases solides et durables. L'échange des ratifications aura lieu à Paris
« dans quatre semaines, ou plus tôt, si faire se peut. L'Empereur, en
« portant cette nouvelle à votre connaissance, me charge de vous remer-
« cier du patriotique concours que vous lui avez constamment donné,
« et qui, avec l'admirable dévouement des armées et des flottes alliées,
« a si puissamment contribué à l'heureuse issue de la guerre. »

Le Corps législatif vit ensuite recommencer le duel entre les deux
vieilles ennemies : la liberté industrielle et la protection, à propos d'un
certain nombre de décrets sur les mesures douanières prises dans l'intervalle des sessions, selon le droit du gouvernement. Les libres échangistes,
excités par certains dégrèvements de tarifs, destinés à faciliter l'arrivage
des denrées alimentaires, avaient depuis quelque temps le verbe haut; les
protectionnistes, pour les mêmes motifs, n'étaient pas moins échauffés.
Le Corps législatif en finit vite avec les tarifs, pour passer à la question de
principe. Les partisans de la liberté absolue des échanges ne déployèrent
pas entièrement leur drapeau ; ils se bornèrent à soutenir que l'administration pouvait, sans compromettre l'intérêt manufacturier, se lancer
plus hardiment, au nom de l'intérêt agricole, dans la voie des dégrèvements de tarifs. Les partisans de la protection, effrayés par la concurrence étrangère, supplièrent le gouvernement de ne rien faire pour la
favoriser : ils demandèrent purement et simplement le *statu quo*. Le
rapport de la commission conclut à sanctionner les décrets, mais à
respecter le système protecteur comme l'arche sainte de la prospérité
publique. Le gouvernement tint la balance égale et fit du juste milieu :
« Fermement protectrice, prudemment progressive, telle a été la politique de la France depuis la paix; nous ne nous en écarterons pas. »
Ces paroles de M. Fould, adressées en 1851 aux partisans de la proposition faite par M. Sainte-Beuve à l'Assemblée législative, servirent
encore, dans la bouche des commissaires du gouvernement, de réponse
aux libres échangistes de 1855 : la majorité vota la loi avec les rema-
niements de tarifs qu'elle comportait. Les protectionnistes et les libres
échangistes eurent l'occasion de lutter encore une fois lors de la discussion du projet de loi sur les sucres coloniaux, suite de l'antique et solennel
débat entre la betterave et la canne, entre les partisans du sucre gaulois
et du sucre d'outre-mer, entre les ennemis de la législation maritime et
les surtaxes de navigation et leurs partisans. Le tarif de faveur accordé
pendant quatre ans à la canne comme dédommagement de l'abolition de

Fig. 10. — L' « enfant de France » dans le berceau offert par la ville de Paris (page 55).

l'esclavage devait-il être prorogé de cinq ans, sauf à en diminuer le taux annuel de façon à établir par degrés l'égalité de traitement entre les deux rivales? Le gouvernement résolut la question par un projet de loi attaqué par tout le monde et voté par tout le monde, comme toutes les mesures de transaction.

Le droit d'interpellation n'existait plus. Quelques députés essayèrent de le ressusciter à propos d'une question de la plus haute importance pour l'avenir du suffrage universel. La loi du 24 août 1849, affranchissant les électeurs des entraves apportées à la distribution des écrits par les lois de 1830 et de 1834 sur l'affichage et sur le colportage, avait été remplacée par l'article 10 de la loi du 16 juillet 1850 : « Pendant les « vingt jours qui précéderont les élections, les circulaires et professions « de foi signées des candidats pourront, après dépôt au parquet du pro- « cureur de la République, être affichées et distribuées sans autorisation « de l'autorité municipale. » Or, à l'époque des élections municipales, des citoyens avaient été poursuivis, en vertu des articles de la loi sur le colportage, pour distribution et colportage de bulletins portant le nom de candidats, sans avoir obtenu l'autorisation du préfet. Ce jugement, annulé en appel, était revenu devant la Cour de cassation, qui, toutes chambres réunies, décida que l'article 16 de la loi du 27 juillet 1849 sur la presse, portant interdiction de distribuer des *livres, écrits, brochures,* sans autorisation du préfet, devait s'étendre aux bulletins électoraux. L'admission de M. de La Bédoyère comme député de la cinquième circonscription de la Seine-Inférieure parut à M. de Montalembert une occasion excellente de revenir sur cette question; mais comment y parvenir sans interpeller le gouvernement? On s'en tira par une équivoque; M. de Morny voulut bien consentir à prendre les interpellations de M. de Montalembert pour de simples observations. M. de Montalembert put parler, mais à la condition que le gouvernement ne serait pas tenu de lui répondre et que le président userait de son droit d'interrompre l'orateur, s'il sortait du cercle que lui traçaient les convenances. M. de Montalembert démontra sans peine que la jurisprudence de la Cour de cassation, appliquée aux élections du Corps législatif, porterait un coup fatal au libre exercice du suffrage universel, soumis en quelque sorte à la censure préalable, et ramènerait la France aux institutions du premier Empire, au temps où le Sénat nommait le Corps législatif et où les préfets désignaient les conseillers municipaux. M. Baroche répondit que le Corps législatif n'avait pas le droit de reviser les arrêts judiciaires, et que l'arrêt conforme au texte de la loi de 1849, ne portait nulle atteinte à la liberté électorale; personne plus que le gouvernement, ajouta M. Baroche, ne tient à cette liberté : la loi de 1850, qui, pendant les vingt jours précédant l'élection, autorise le candidat à distribuer par tous les moyens les circulaires et professions de foi portant son nom, n'en est-elle pas la preuve ?

M. Baroche, en invoquant la loi de 1850, invitait en quelque sorte M. Chasseloup-Laubat, son rapporteur, à l'expliquer.

M. Chasseloup-Laubat déclara que, dans la pensée du législateur de 1850, les bulletins pouvaient être distribués, sans autorisation du préfet; il constata que la Cour de cassation, saisie d'une question relative à une élection municipale, n'avait point tranché la question des élections politiques. M. Baroche, pour clore le débat, réserva le droit absolu du gouvernement dans les élections municipales et autres, dans les limites qu'il venait d'indiquer. Le Corps législatif n'avait point de vote à émettre, mais les déclarations de M. Baroche ne le rassuraient qu'à demi. Une circulaire adressée par le ministre de l'intérieur aux préfets, pour les engager à user, dans la distribution, d'une tolérance « qui ne devait cesser que devant le danger d'un trouble public », fut la seule satisfaction donnée au Corps législatif et à l'opinion.

L'année précédente, lors de la discussion du budget des recettes pour 1856, une série de mesures libérales avaient transformé le tarif pour le transport des lettres ; mais les dispositions relatives à la taxe des imprimés, éparses dans des lois, des ordonnances et des décisions ministérielles, inapplicables au temps présent et souvent contradictoires, avaient besoin d'être mises en harmonie avec les besoins de l'époque. Le gouvernement, en présentant cette année un projet de loi modifiant les taxes postales sur le transport des imprimés, des échantillons et des papiers d'affaires, n'avait pas tenu grand compte de ces besoins ; le projet de loi diminuait bien le tarif des imprimés de certaines catégories en convertissant en tarif au poids, l'ancienne taxe de dimension; mais il fallait, pour profiter de la diminution fiscale, diminuer en même temps le poids des livres, en employant un papier plus léger, et par conséquent moins durable : l'existence de deux minimums de taxe, l'un pour les écrits non politiques, l'autre pour les écrits politiques, et celui-ci plus fort que celui-là, créait en réalité un supplément de taxe postale pour la presse. M. de Montalembert prit la parole contre le projet. « A l'absence de tout frein a « succédé, dit-il, l'excès de frein, et la France, qui ne peut jamais « sommeiller complètement, s'est précipitée de la politique dans la spé-

« culation, au grand détriment de la morale publique. La véritable source
« de tout mal, c'est l'anéantissement de l'esprit politique en France. »

Des orateurs de la majorité critiquèrent la taxe différentielle qui frappait les journaux de départements : le projet n'en passa pas moins à l'unanimité, moins une voix, celle de M. de Montalembert, dont le discours ne parut que tronqué et incomplet dans le compte rendu officiel. L'orateur, à l'occasion de la lecture du procès-verbal de la séance, se plaignit de ces mutilations. M. Reveil, vice-président, après avoir défendu l'impartialité du compte rendu officiel, approuvé par les présidents des sept bureaux de la Chambre, ajouta que ce compte rendu ne devait être qu'un résumé des discours. Mais pourquoi un résumé? N'était-il pas plus convenable de publier *in extenso* les discours, comme cela s'était fait jusqu'ici, et quel danger cela offrirait-il à la chose publique? Ces observations de M. de Montalembert restèrent sans réponse.

M. de Montalembert ne prit pas la parole dans la discussion du projet de loi relatif aux pensions des grands fonctionnaires de l'Empire, déjà si richement dotés. Le chef de l'État réclamait le droit d'accorder par décret à leurs veuves et à leurs enfants des pensions du maximum de 20 000 francs; le Corps législatif, qui paye, tenait à ne pas se dessaisir du droit de voter ces pensions. Cela s'était toujours fait, et l'on ne voyait pas pourquoi cela cesserait de se faire. « Plus le prince est grand et
« généreux, dit M. Legrand dans son rapport, plus la sagesse commande
« de le garder contre les obsessions des solliciteurs de pensions, toujours
« si ingénieux à rehausser leurs services et à dissimuler leurs ressour-
« ces. » Le Conseil d'État repoussa tous les amendements; la Chambre se soumit. L'Empereur resta maître de pensionner qui bon lui semblait, à la condition que les pensionnés seraient notoirement sans fortune et ne cumuleraient pas la pension impériale avec d'autres pensions et traitements payés sur le trésor; le fonds des pensions devait former chaque année un article spécial de la loi de finances, et le total général de ces pensions ne pouvait excéder 500 000 francs.

La discussion du budget de 1857 n'offrit rien de remarquable. Le rapporteur, M. Alfred Leroux, constata que le découvert s'élevait à 900 millions environ; il établit la différence qui existe entre les crédits supplémentaires et les crédits extraordinaires. Le gouvernement interrogé par lui sur ce qui restait de disponible des emprunts dernièrement contractés, répondit que toutes les dépenses connues de la guerre et de la marine étaient payées et que 300 millions provenant des derniers emprunts restaient libres. Le gouvernement, avec cette somme et les accroissements probables du revenu, espérait subvenir aux dépenses de la guerre, au transport de l'armée et à sa réintégration sur le territoire français.

Le vieil esprit parlementaire donnait de temps en temps signe de vie. Les lecteurs du résumé analytique des débats parlementaires apprirent un jour que le Corps législatif avait repoussé un projet de loi! Heureusement, il ne s'agissait point d'un projet politique. Le gouvernement voulait imposer une taxe municipale sur les chevaux et les voitures circulant dans Paris. M. O'Quin traita cette taxe d'impôt somptuaire et la combattit comme contraire à l'égalité, puisque la capitale seule y était soumise. M. Baroche répondit que des charges lourdes grevaient la ville de Paris; que les omnibus et les fiacres pourraient se plaindre à leur tour de la violation des principes de 89, puisqu'ils payaient une redevance dont le coupé et la calèche étaient exempts; pouvait-on, d'ailleurs, assimiler à un impôt somptuaire une taxe qui ne produirait pas plus de 6 à 700 000 francs par an? 179 voix contre 55 votèrent contre cet impôt, qui ne fut pas promulgué.

La session devait être close le 21 juin; un décret la prorogea jusqu'au 1er juillet; la Chambre avait à s'occuper d'une loi de finances départementales. Le département de la Seine demandait l'autorisation d'emprunter 50 millions et de s'imposer extraordinairement pendant trente ans 10 centimes additionnels, pour l'extinction d'une partie de sa dette et pour le service de la caisse de la boulangerie. Le régime de la *compensation* et celui des *bons de pain* se trouvaient de nouveau en présence; les partisans et les adversaires de ces deux régimes reproduisirent les arguments qui s'étaient fait jour dans la session de 1854, où le Corps législatif, à une grande majorité, vota pour la compensation, plutôt par nécessité de payer une dépense faite que par préférence pour ce système.

La commandite bravait les censeurs, qui lui reprochaient ses mensonges, son audace, sa dépravation; le gouvernement cependant crut devoir prendre des mesures contre ses excès; la presse fut accusée de s'associer à la commandite et de transporter la réclame de la page d'annonces à la page du premier-Paris. Un député proposa d'interdire la publication des prospectus de la commandite. Le Corps législatif repoussa cette motion, par respect pour la liberté.

La loi défendit aux sociétés en commandite de diviser leur capital en actions ou coupons d'actions de moins de 100 francs lorsque ce capital n'excédait pas 200 000 francs, et de moins de 500 francs lorsqu'il était supérieur. La société en commandite ne serait légalement constituée désormais qu'après la souscription de la totalité du capital social et le versement par chaque actionnaire du quart au moins des actions par lui souscrites; les membres du conseil de surveillance devenaient responsables dans certains cas comme les gérants. L'avenir montra bientôt l'insuffisance de ces garanties; les plus grandes affaires de spéculation se sont faites depuis cette loi.

Le corps législatif enterra les projets de loi sur les marques de fabrique et sur le retrait des prohibitions inscrites au tarif des douanes. Le gouvernement avait présenté ce dernier projet, le lendemain des inondations qui causèrent de si notables préjudices aux usines et aux fabriques. La grande question du tarif et des prohibitions fut soumise aux conseils généraux, aux chambres de commerce et à une haute commission spéciale, présidée par M. Baroche. Le *Moniteur* inséra une note destinée à calmer les alarmes causées par cette question. Elle portait que la levée des prohibitions n'aurait lieu qu'en 1861, pour donner à l'industrie française le temps de se préparer au nouveau régime commercial.

L'émotion produite par l'assassinat de l'archevêque de Paris était à peine calmée, lorsque la session s'ouvrit le 16 février. M. Schneider remplaçait au fauteuil présidentiel M. de Morny, chargé d'une mission en Russie.

Le libre échange et la protection engagèrent une escarmouche dès les premières séances. Il ne s'agissait que de convertir en lois les décrets rendus en matière de tarifs, décrets dont l'utilité n'était pas contestée; mais le gouvernement avait trop clairement manifesté l'intention de lever les prohibitions pour que les protectionnistes ne dressassent pas l'oreille. La commission, par l'organe de son rapporteur M. Randoing, député de la Somme, crut devoir faire une grande manifestation et protester contre toute atteinte portée au régime protecteur. Le libre échange ne jugea pas à propos d'engager la bataille; l'agriculture se borna, par l'intermédiaire de M. de Kergorlay, à présenter quelques observations sur les tarifs des machines à fabriquer les tuyaux de drainage, et sur la taxe différentielle qui frappait le guano à l'importation; M. de Kergorlay demandait que ces articles fussent admis à de meilleures conditions, et qu'on ouvrît les portes de la frontière à l'exportation de l'écorce à tan.

Le ministre d'État avait présenté un projet de loi relatif à une dotation annuelle de 100 000 francs pour le maréchal Pélissier, duc de

Malakoff. L'opinion publique se demandait pourquoi le gouvernement tenait à cœur de récompenser les grands faits de guerre plutôt que les grands faits de littérature, de science ou d'art. Le gain d'une bataille contribue sans doute à la gloire d'une nation et met quelquefois en lumière le génie d'un homme; mais à quoi se réduit la question du siège de Sébastopol et de tous les sièges? A faire arriver le plus promptement le plus grand nombre de troupes sur un point, soit pour l'attaquer, soit pour le défendre; le talent des officiers du génie retarde quelquefois le dénouement d'un siège, mais ne l'empêche jamais. Or on savait depuis longtemps que la France et l'Angleterre pouvaient mieux pourvoir aux dépenses d'hommes, de matériel et d'argent nécessitées par les besoins de l'attaque, que la Russie aux frais de la défense; la victoire à Sébastopol n'était qu'une question de temps et d'argent. La Restauration avait pris Alger, et la monarchie de Juillet Anvers, sans décerner aucune récompense pécuniaire aux auteurs de ces grands faits d'armes. L'honneur d'attacher son nom à un siège mémorable, devait suffire au maréchal Pélissier, qui d'ailleurs touchait déjà près de 100 000 francs par an de l'État. Ces sentiments, exprimés assez ouvertement dans le public, ne trouvèrent pas d'écho au Corps législatif. La dotation fut votée.

Les lois pénales militaires appelaient depuis longtemps une révision. En attendant que cette réforme, commencée sous la Restauration, interrompue par la révolution de Juillet, fût menée à bonne fin, les anciennes lois pénales avaient été adoucies. Le meilleur adoucissement, c'était un code. Le gouvernement en fit élaborer un en 227 articles, par une commission spéciale; une question des plus importantes aurait pu être soulevée par la discussion de ce code : Le soldat doit-il avoir d'autres juges que les citoyens? Mais cette question était d'avance tranchée par la loi qui reconnaît au plus petit fonctionnaire le droit de se soustraire à la juridiction commune; les militaires français ne pouvaient, disait-on, être responsables de leurs crimes et délits que devant la juridiction spéciale des conseils de guerre. Ce privilège n'existe pas en Angleterre, où le gouvernement, chaque année, soumet au vote du Parlement un projet de loi autorisant les autorités militaires à appliquer aux soldats certaines dispositions d'une loi spéciale.

L'ancien code militaire français contenait presque à chaque ligne la peine de mort et les châtiments infamants ; ces peines étaient plus rares dans le code nouveau, mais l'arbitraire y tenait toujours une grande place. Le président du conseil de guerre pourra-t-il admettre des mili-

Fig. 11. — L'Empereur présente le prince impérial aux grands dignitaires de l'Empire (page 54).

taires au rôle de défenseurs, ou sera-t-il obligé de les prendre exclusivement parmi les avocats et les avoués? Un long débat engagé à ce sujet se termina par l'adoption de l'article qui sanctionnait le droit du président de choisir des militaires. Le colonel Reguis demanda l'admission des circonstances atténuantes ; il fut appuyé par M. Riché. Les généraux Allard et Niel, commissaires du gouvernement, ce dernier surtout, se prononcèrent contre l'introduction des circonstances atténuantes dans le code militaire. M. Niel s'appuya sur cette singulière raison que la peine des travaux forcés était infamante, et que la peine de mort ne l'était pas toujours. Les circonstances atténuantes ne furent donc pas admises, et la nouvelle loi, malgré ses adoucissements, n'en resta pas moins une loi à la marque du passé.

Le privilège de la Banque de France n'expirait que dans dix ans ; on avait donc du temps devant soi pour le renouveler. Le gouvernement, craignant cependant d'être pris au dépourvu, proposa brusquement à la Chambre, un projet ainsi conçu : « Le privilège de la Banque de France « est prorogé du 1er janvier 1867 au 31 décembre 1897, c'est-à-dire « de trente ans ; la Banque verse dans les caisses du trésor, 100 mil- « lions, en échange de la quantité de rentes 3 pour 100 nécessaires pour « former la contre-valeur de ce versement. »

Ce projet arrivait au moment même où la Chambre allait se séparer ; elle l'accueillit avec une certaine méfiance. Lier l'Etat avec la Banque jusqu'à la fin du siècle et sans intervalle fixé où l'on pourrait résilier le bail, c'était grave. La commission proposa un amendement qui fut repoussé par le Conseil d'Etat ; M. Devinck, député de la Seine, financier habile à montrer les inconvénients des mesures qu'il finissait presque toujours par voter, soutenait le projet à contre-cœur ; son rapport, peu fait pour échauffer la majorité, devait être discuté, en même temps que la loi, le lendemain même du jour où il avait été distribué ; c'était aller en besogne plus vite que la Chambre n'aurait voulu.

M. Kœnigswarter, également député de la Seine, attaqua le projet. M. Devinck lui répondit avec mollesse et en déplorant la non-adoption des amendements de la commission ; M. Vuitry, commissaire du gouvernement, s'efforça de prouver que la mesure était aussi bonne pour l'Etat que pour la Banque ; M. Baroche, qui lui succéda, ne parvint pas aisément à démontrer que le droit donné à la Banque d'élever, au-dessus de 6 pour 100, le taux de ses escomptes et l'intérêt de ses avances, était compatible avec la loi de 1807 relative à la fixation du taux de l'intérêt. Prorogation de trente ans; doublement du capital; attribution des actions nouvelles aux détenteurs des anciennes; versement de 100 millions en 1859 dans le trésor public en atténuation des découverts; inscription sur le grand livre de la dette, de rentes 3 pour 100 nécessaires pour représenter ces 100 millions; transfert des rentes à la Banque au cours moyen du mois qui précédera chaque versement, sans que ce prix puisse être inférieur à 75 francs; autorisation à la Banque de faire des avances sur les obligations émises par la Société du crédit foncier, d'élever au-dessus de 6 pour 100 le taux de ses escomptes et l'intérêt de ses avances, et d'abaisser à 50 francs la moindre coupure de ses billets : tels sont les principaux articles de la loi votée par 225 voix contre 15. Les premières dispositions de la Chambre faisaient prévoir un autre résultat.

Une commission était chargée depuis 1855 de préparer le cahier des charges d'un système complet de navigation transatlantique; son travail servit de base au projet, par lequel le ministre des finances était autorisé à s'engager, au nom de l'Etat, au versement annuel d'une subvention ne pouvant dépasser 14 millions, pour l'exploitation de trois lignes de bateaux à vapeur entre la France et : 1° New-York; 2° les Antilles, le Mexique, Aspinwal et Cayenne; 3° le Brésil et Buénos-Ayres.

Le projet de loi fut mieux accueilli que le cahier des charges. La Chambre craignait qu'en voulant satisfaire à la fois Le Havre, Bordeaux et Nantes, en les faisant têtes de ligne de New-York, des Antilles et du Brésil, on ne rendît irréalisable une affaire de cette importance; aussi, en présence de l'antagonisme des ports, elle adopta le projet sans que cette adoption impliquât l'approbation du cahier des charges.

Le préfet de la Seine continuait à démolir Paris; l'Empire voulait une capitale neuve et stratégique : boulevards et casernes, c'était le mot d'ordre; il exigeait beaucoup d'argent; où le prendre? dans la caisse municipale ou dans le trésor public? Le gouvernement décida qu'on puiserait dans ce dernier 12 millions et demi pour l'achèvement du boulevard de Sébastopol et de la rue des Écoles. M. Desmolles soutint que la France ne devait pas payer les embellissements de Paris, et qu'il n'y avait aucune utilité à dépeupler les campagnes pour concentrer tous les ouvriers dans une seule ville; M. Lanquetin, député de la Seine, le réfuta par des considérations de patriotisme et d'honneur national. La majorité n'aimait pas beaucoup Paris; mais M. Roulleaux-Dugage, rapporteur, parvint par un ingénieux artifice, à faire accepter le boulevard de Sébastopol et la rue des Écoles comme des routes impériales, à la création desquelles l'État était obligé de participer.

M. Alfred Leroux, ancien agent de change, paraissait préposé par la Chambre à l'examen des budgets. Son rapport sur le budget de 1858, optimiste d'un bout à l'autre, insinuait cependant que « l'excédant final était obtenu par des éléments de recettes transitoires qu'il serait peut-

Fig. 12. — M. Baroche.

être difficile de continuer dans les exercices prochains ». En effet, on ne pouvait pas considérer comme des recettes permanentes, la réserve de l'amortissement encore suspendu pour 1858 et le montant des impôts créés pendant la guerre et dont le gouvernement demandait le maintien pour une année encore. Le Corps législatif voulait entraver la spéculation sur les valeurs de bourse ; le gouvernement admit donc dans le projet de budget un droit de transmission des titres et valeurs des sociétés ou entreprises industrielles quelconques. Le produit de ce droit était estimé à 11 millions. MM. de Beauverger et Leroy de Beaulieu demandèrent en outre l'allégement des charges de la propriété foncière. « Je suis surchargée d'impôts, dit la propriété foncière, dégrevez-moi. » La propriété immobilière répondit : « Je le suis aussi ; si vous me grevez encore, vous frappez l'esprit d'association et d'entreprise, la vraie force du monde moderne. » Un orateur, oubliant l'engagement pris par l'Etat envers ses prêteurs, soutint que la rente devait être imposée. L'impôt était voté en principe ; mais le Corps législatif voulait simplement affirmer ses tendances en matière d'impôt et rassurer la fortune immobilière. MM. Gouin, de Belleyme, Alfred Leroux, André, du Miral, Lequien, Chasseloup-Laubat s'y employèrent de leur mieux et prouvèrent que le Corps législatif, gardien de toutes les propriétés, n'entendait pas sacrifier l'une à l'autre. Après cette discussion académique, chaque député, pour ainsi dire, parla en faveur de ses pauvres : M. Paul Dupont pour les employés, dont les appointements n'étaient pas à la hauteur du prix des denrées ; MM. de Champagny, Leroy de Beaulieu, de Piré, Dalloz, pour les employés des préfectures et sous-préfectures ; le colonel Reguis, pour les officiers en retraite décorés : 138 députés se joignirent à lui et réclamèrent pour ces officiers, le traitement que le décret du 22 janvier attribue aux divers grades de la Légion d'honneur. La propriété foncière et la propriété immobilière firent valoir leurs prétentions à l'occasion de l'impôt sur la rente.

Le Corps législatif vota la loi sur les marques de fabrique, sur le défrichement des landes de Gascogne et la fusion du chemin de Lyon avec celui de la Méditerranée. Une charge assez lourde fut imposée à cette Compagnie : MM. de Pourtalès et de Scraincourt, propriétaires des mines d'Aubin, avaient chargé deux ingénieurs d'étudier un projet de chemin de fer de Clermont à Montauban passant par leurs mines. MM. de Pourtalès et de Scraincourt, gens en grand crédit, mirent à la disposition de leurs ingénieurs, les cartes des ponts et chaussées de l'état-major, et même les dessinateurs de ce corps. M. de Pourtalès, ces études terminées, forma une société en vue d'obtenir la concession de ce chemin, qui donnait un débouché sur ses mines. Le gouvernement ayant refusé les subventions et les garanties d'intérêt qu'il demandait, M. de Scraincourt et son associé eurent l'idée de construire 300 kilomètres de chemins sans subvention et sans garantie, à condition que le gouvernement accorderait en cinq ans, 600 autres kilomètres dont il solderait les terrains, les terrassements et les travaux d'art. M. de Morny se chargea de faire réussir sa demande : il forma une compagnie anglo-française, en se réservant le droit d'en nommer les administrateurs. Telle fut l'origine du Grand-Central, dont les actions firent à la Bourse une prime de 70 à 80 francs, avant qu'on eût donné un seul coup de pioche aux travaux. Ce chemin, après bien des vicissitudes, était tombé en déconfiture, et pour l'honneur des compagnies, il fallait à tout prix le sauver. Les chemins d'Orléans et de Lyon y étaient directement intéressés ; ils prirent les sections du Grand-Central et se les partagèrent. Les grands industriels de l'époque cessèrent d'être choqués, par la vue de ce misérable chemin ruiné ; le Grand-Central fut absorbé, malgré les efforts de M. Anatole Lemercier, qui s'effrayait de voir diminuer le nombre des compagnies et augmenter les grands monopoles.

Le gouvernement traitait, à cette époque, une grave affaire aux États-Unis : l'Empire et le célèbre industriel Barnum se trouvaient en concurrence, pour l'achat de la maison où mourut Napoléon. L'Empire se faisait fort d'évincer son concurrent avec la somme de 80 000 francs : « L'habitation de Longwood a été appropriée aux convenances d'une « exploitation agricole. La maison que Napoléon habitait a été convertie « en un bâtiment de ferme ; une grange se rencontre sous les voûtes « où il dictait sa pensée ; la chambre où il a rendu le dernier soupir est « aujourd'hui une étable. Son tombeau a également subi de déplo-« rables transformations ; le terrain appartient à un particulier, et la « spéculation américaine en dispute la possession au patriotisme de la « France. » Ainsi s'exprimait M. Conti dans son rapport. Le Corps législatif vota d'enthousiasme les fonds demandés ; Barnum recula devant une surenchère.

Le gouvernement proposait cette même année de voter 100 000 hommes pour le contingent, au lieu de 80 000, et de considérer à l'avenir ce chiffre comme normal ; il était question aussi d'organiser une réserve. M. Legrand s'efforça de prouver que rien ne forçait la France à tenir une armée de 600 000 hommes sur pied, et qu'avant de créer la réserve, il convenait d'attendre du moins que les autorités militaires se missent d'accord. Le général Allard persista dans ses demandes au nom du gouvernement ; il fallait augmenter, ou la durée du service, ou le contingent. L'intérêt des familles conseillait le premier moyen ; l'appel de 100 000 hommes fut accepté à l'unanimité. Le gouvernement fit valoir, en faveur de ce vote, cette considération que, grâce au système des réserves, les appelés pourraient n'être astreints qu'à deux ans de présence sous les drapeaux, et que ce système élèverait de 1 à 2 pour 100 le chiffre des exemptions accordées aux soutiens de famille.

La session fut déclarée close le 28 mai 1857.

Le Corps législatif touchait à la fin de son existence légale ; ses mem-

bres se vantaient d'avoir expédié rapidement les affaires du pays. C'était là sans doute un bon résultat; mais tout le mérite d'une Assemblée délibérante n'est pas la rapidité dans l'expédition des affaires. Le Parlement est la grande école où les citoyens apprennent à s'occuper des affaires publiques; il est un des plus féconds producteurs d'idées du pays; il fournit des sujets aux livres et aux journaux : quand la source tarit, les courants expirent. La méditation solitaire, les grands efforts de la pensée humaine, ont sans doute leurs résultats sous tous les régimes, mais le mouvement ordinaire des idées s'accomplit surtout au moyen de la discussion parlementaire. Le Corps législatif, privé des droits qui faisaient la force et l'utilité générale des anciens parlements, dépourvu de toute initiative, ne pouvant produire sa pensée, soit par la discussion d'une adresse, soit par l'interpellation, était encore entravé dans l'humble sphère qui lui était laissée par le défaut de publicité de ses séances. La loi n'interdisait pas au public l'entrée de ses tribunes; un compte rendu de ses séances était rédigé et publié tous les jours pendant la session; mais il n'y avait là que l'apparence de la publicité : la publicité véritable, dans les sociétés modernes, ne s'obtient que par la presse. Quelques curieux dans les tribunes, un froid résumé où le rédacteur du procès-verbal prenait la parole à la place de l'orateur et parlait successivement au nom de tous, cela n'était ni un public ni une publicité. L'orateur, pour publier son discours *in extenso*, avait besoin de l'autorisation formelle de la Chambre. Une chose non moins essentielle que la publicité, manquait au Corps législatif : une contradiction sérieuse. Des conseillers d'Etat, souvent très inexpérimentés et ayant à se créer une autorité personnelle, faisant leur stage en défendant les projets du gouvernement, n'étaient pas des adversaires bien propres à exciter l'émulation des députés : « Rien n'est plus affligeant,
« rien n'affaiblit plus la dignité, l'autorité du gouvernement, que le
« triste spectacle d'un conseiller d'État défendant par les plus pauvres
« arguments d'une voix hésitante et intimidée, le projet de loi qu'il est
« chargé de soutenir. Je ne veux nommer personne, mais j'ai assisté
« plus d'une fois en séance publique à un pareil spectacle. Que du
« moins le titre et les fonctions de conseiller d'État ne deviennent
« pas monnaie courante de faveur ou de récompense pour services
« rendus [1]! »

« Il ne manque au Corps législatif que du jour et de la lumière; la

---

1. *Quatre ans de règne, où en sommes-nous ?* par le docteur L. Véron, député de la Seine.

Fig. 13. — Des symptômes de mécontentement se manifestaient dans la salle des conférences du Corps législatif par suite de l'inexactitude des comptes-rendus des séances de la Chambre (page 76).

« publicité de ses séances n'est que crépusculaire. Les analyses et les
« procès-verbaux du *Moniteur*, sans mouvement, sans vie, ne mettent
« en relief aucune des impressions que ressent le Corps législatif, nivel-
« lent tous les orateurs, font de la Chambre un corps sans âme, privé
« du sens moral, insensible au mal et au bien, à la vérité comme à
« l'erreur. M. Denis-Lagarde, qui prend le titre officiel de secrétaire-
« rédacteur, chef du service des procès-verbaux, est dans le *Moniteur*
« le rédacteur ordinaire et unique de la Chambre ; je le tiens certai-
« nement pour un homme d'esprit et de talent, mais il remplit une diffi-
« cile et triste tâche, celle de disséquer les discours, de les dépouiller de
« leurs muscles, de leurs nerfs, de leur sang artériel et vivifiant. On a,
« pour ainsi dire, fait de M. Denis-Lagarde un costumier chargé de
« mettre un uniforme à la langue française [1]. »

Le Corps législatif, composé de conservateurs, convaincus que la sécurité du règne tient à l'infériorité politique des corps délibérants et à la cessation de cette guerre de portefeuilles qui était l'unique raison d'être, disaient-ils, du régime parlementaire, avait en définitive le régime qu'il méritait. Mais telle est la logique des choses, que déjà cette assemblée se sentait atteinte d'un certain malaise ; elle manquait d'air et de lumière ; elle aurait voulu appeler l'attention du public sur ses travaux, et prouver qu'elle savait quelquefois faire entendre des paroles d'indépendance : il y avait quelques orateurs sur ses bancs, s'il fallait en croire les vagues rumeurs qui se répandaient quelquefois, et partout les orateurs veulent être entendus.

D'autres causes engendraient un certain mécontentement, qui se faisait jour dans la salle des conférences, où des plaintes s'élevaient principalement sur les heures fixes des audiences ministérielles, qui obligeaient souvent les députés à quitter les commissions et les séances publiques, pour se rendre soit dans les bureaux, soit chez les ministres. Ce qui semblerait indiquer que sous le régime représentatif, se perpétuaient certains abus du régime parlementaire. Les députés ayant appartenu aux anciennes assemblées, ne pouvaient s'empêcher de regretter le temps où, à la place d'un conseiller d'État sec ou poli, ils trouvaient sur le banc ministériel, un collègue souriant et toujours prêt à leur répondre. L'accumulation des projets de lois fournissait un autre sujet de réclamation. Le premier mois de chaque session n'était que du temps perdu, à cause

---

1. *Quatre ans de règne, où en sommes-nous ?* par le docteur L. Véron.

des retards produits par la présentation de ces projets ; les commissions, surchargées de rapports, à la fin de la session, étaient obligées de les rédiger au galop, pour éviter des sessions supplémentaires, gênantes et fatigantes pour la Chambre.

Le Corps législatif comptait non seulement, comme on l'a vu, des solliciteurs, mais encore des ambitieux, « habiles à se faire nommer présidents de bureaux et membres des commissions [1] », comme si l'on était encore au temps où le gouvernement avait besoin de faire des conquêtes individuelles. Qui sait même si le Conseil d'État ou le Sénat n'excitait pas au sein du Corps législatif quelques convoitises?

Le Corps législatif n'était plus qu'une espèce de conseil général ; mais tous ses membres ne se résignaient pas à cette diminution : plusieurs d'entre eux en gémissaient même dans les conversations intimes de la salle des conférences : là s'épanchaient « quelques âmes découragées, « quelques cœurs abattus, se souvenant du passé, inquiets de l'avenir, « inquiets d'une politique cloîtrée, dans un cercle étroit et intime, inquiets « d'une politique qui ne peut guère donner accès aux opinions désinté- « ressées venant du dehors, qui ne peut élargir ni fortifier la haute sphère « du pouvoir par l'élévation d'hommes nouveaux [2]. » La résignation apparente du Corps législatif cachait donc un sourd mécontentement. Les membres de cette assemblée murmuraient d'en être réduits à fonctionner à huis clos, sans cloche, dans un lieu qui était la retraite la plus sûre pour se faire oublier, à voir les influences les plus utiles et les plus légitimes annulées, l'émulation anéantie! Quelques-uns se permettaient même d'attaquer cet uniforme, imposé aux corps constitués, qui les transforme, disaient-ils, en légion où toute individualité se perd : inconséquence familière aux hommes et qui est une des forces mystérieuses du progrès! Les députés ne s'apercevaient pas que leur rendre ce qu'ils demandaient, c'était rétablir ce qu'ils avaient voulu détruire.

La Constitution avait jugé nécessaire de couvrir d'un voile impénétrable les séances du Sénat. La France savait bien que cette assemblée était chargée de veiller à ce qu'aucune atteinte ne fût portée à la Constitution, à la religion, à la morale, à la liberté des cultes, à la liberté individuelle, à l'égalité des citoyens devant la loi, à l'inviolabilité de la propriété, à l'intégrité du territoire et au principe de l'inamovibilité

---

1. *Quatre ans de règne, où en sommes-nous?* par le docteur L. Véron.
2. *Idem.*

de la magistrature; mais elle ignorait si l'occasion de protéger l'un de ces grands principes s'était présentée. Le Sénat lui-même ne se rendait peut-être pas bien compte des moyens qu'il pourrait employer, le cas échéant, pour rendre cette protection efficace. Investi du pouvoir constituant, il cherchait surtout les occasions d'exercer le pouvoir législatif; dominé par les vieilles habitudes de ses membres, au lieu d'examiner si le projet de loi ne menaçait aucun des grands principes énumérés plus haut, il s'obstinait à en discuter les dispositions particulières, trouvant injuste d'être condamné à approuver silencieusement une loi qu'il trouvait mauvaise.

Les orateurs du gouvernement avaient beau dire au Sénat : Il ne s'agit pas de savoir si la loi qu'on vous présente est bonne ou mauvaise mais si elle est constitutionelle ou si elle ne l'est pas; le Sénat se rendait à ces observations pour de petites lois sans importance; mais, en présence de lois de premier ordre, comme par exemple celle de M. Fortoul sur l'instruction publique, il voulait dire son avis. Cette loi modifiait profondément l'ancien programme de l'enseignement secondaire; les cléricaux lui reprochaient d'être hostile au clergé; l'un des cardinaux-sénateurs ne put s'empêcher de l'attaquer. M. Troplong, qui n'avait pas interrompu le cardinal « par courtoisie », pouvait-il interdire la parole à M. Fortoul? Un sénateur avait déjà émis cette maxime alarmante qu'il est de jurisprudence parlementaire de répondre à un ministre, que jamais Chambre ne s'y est opposée. La jurisprudence parlementaire ! les vieilles hérésies se réveillaient donc? Les sénateurs échangeaient les plus bruyantes interpellations ! Le Sénat allait se rendre coupable d'une violation de la Constitution ! Heureusement, le président du Conseil d'État, sommé de s'expliquer au nom du gouvernement, eut la présence d'esprit de refuser de prendre part à la discussion ; la Constitution était sauvée ; mais on côtoyait l'abîme, et les bureaux du Sénat devenaient le théâtre de discussions de plus en plus vives et ardentes ; les rapporteurs s'amusaient à démolir article par article les lois dont ils ne combattaient cependant pas la promulgation. Il était temps d'aviser.

Le *Moniteur* du 11 janvier 1856 publia un article *ex professo*, dans lequel le gouvernement invitait le Sénat, sur un ton assez raide, à oublier désormais les prérogatives de la Chambre des pairs, pour se souvenir un peu plus des siennes, dont il n'avait seulement pas l'air de se douter. La surprise générale fut grande à la vue d'un *avertissement* aussi public, donné à un corps aussi secret ; les sénateurs le subirent en silence. M. Drouyn de Lhuys seul donna fièrement sa démission, pour rentrer, il est vrai, au Sénat peu de temps après.

La session avait été assez féconde en émotions. Le Sénat se ressentait encore de ces émotions lorsque le sénatus-consulte organique sur la régence fut soumis à ses délibérations le 8 juillet 1856.

L'histoire démontre l'inutilité des lois de régence en général. Ce sont cependant celles qu'on discute avec le plus de passion, car elles cachent des méfiances particulières et semblent toujours dirigées contre quelqu'un. Un motif particulier rendit encore plus vive, la discussion de la loi de régence du second Empire.

Aucun sénateur n'ayant cru devoir prendre la parole sur l'ensemble du sénatus-consulte, le Sénat passa tout de suite à l'examen des deux premiers articles, qui furent adoptés à l'unanimité :

« ART. 1er. — L'Empereur est mineur jusqu'à l'âge de dix-huit ans accomplis.
« ART. 2. — Si l'Empereur mineur monte sur le trône sans que l'Empereur son père ait disposé de la régence de l'Empire, l'impératrice-mère est régente et a la garde de son fils mineur. »

L'article 3 portait que l'Impératrice-Régente ne pouvait contracter un second mariage. La commission pensant qu'il n'était pas possible d'introduire dans le sénatus-consulte, par exception au droit commun, un empêchement dirimant au mariage, proposa de remplacer l'article primitif par celui-ci : « L'Impératrice-Régente qui convolerait en secondes noces, ne conserverait ni la régence ni la garde de son fils mineur. »

Ce changement souleva un débat assez vif entre M. Portalis, rapporteur de la Commission, et le général de Cramayel. Ce dernier soutint que l'interdiction du second mariage s'adressait à la régente et non à la veuve, qu'aucune raison ne motivait un changement dans la rédaction du gouvernement, et que celle de la Commission portait atteinte à la dignité de l'Impératrice, en ce sens qu'elle lui imposait en quelque sorte une destitution à la place d'une démission. L'orateur reprocha ensuite au projet, de ne point organiser la transmission de la régence de l'Impératrice, au régent qui lui succéderait, et de ne point fixer quelle autorité aurait la mission de retirer le pouvoir à l'Impératrice pour en investir le nouveau titulaire. Il voulait qu'on ajoutât à l'article 3 du projet quelques mots pour dire que l'Impératrice n'était nullement mise en dehors du droit commun, mais qu'elle ne pouvait se remarier avant d'avoir renoncé formellement à la régence et à la garde de l'Empereur mineur. Il termina en faisant observer que sa proposition n'était qu'un retour aux dispositions adoptées par l'empereur Napoléon Ier.

L'amendement du général de Cramayel n'étant pas appuyé par cinq sénateurs, le Président allait mettre aux voix l'article du projet, lorsque M. Bonjean déclara qu'en s'associant au rejet de l'amendement il reconnaissait néanmoins que les principales critiques qu'on venait d'adresser à l'article 3 lui semblaient justifiées par la rédaction de la commission : « L'Impératrice régente qui convolerait à de secondes noces ne *conserverait* ni la régence ni la garde de son fils mineur. » Ce conditionnel, dit l'orateur, n'est pas conforme au style législatif. La loi, quand elle règle les conséquences d'un fait, parle au *présent* ou au *futur*, jamais au *conditionnel*. A quel moment précis l'Impératrice remariée cesse-t-elle d'être investie de la régence ? Faut-il, pour lui retirer ses pouvoirs, l'intervention d'une autorité quelconque, du Sénat par exemple ? La commission entend sans doute, que par le seul fait du mariage, les pouvoirs de l'Impératrice cessent à l'instant; pourquoi donc alors ne pas dire nettement : « L'Impératrice régente qui convole à de secondes noces perd de *plein droit* la régence et la garde de son fils mineur ? »

Cette rédaction, acceptée par la commission, fut adoptée.

Le Sénat passa ensuite à l'examen de l'article 4.

« ART. 4. — Au défaut de l'Impératrice, la régence, si l'Empereur n'en a autrement disposé par acte public ou secret, appartient au premier prince français, et, à son défaut, à l'un des autres princes français dans l'ordre de l'hérédité de la couronne. »

Le droit monarchique, à défaut de la mère du souverain mineur, décernait la régence à son plus proche parent. L'Empereur, par cet article, était investi du pouvoir de donner la régence à qui bon lui semblerait, à l'exclusion même du premier prince français et des princes de sa famille. M. de Flahaut ouvrit la discussion sur cet article en protestant qu'aucun motif d'exclusion personnelle n'avait guidé les membres de la commission, et que, loin de borner le choix du prince, ils cherchaient à écarter toutes les entraves, qui pouvaient gêner sa liberté. M. de Flahaut fit ensuite remarquer que l'article 2 assure la régence à l'Impératrice ; l'article 4 déclare que la régence appartient au premier prince français, et, à son défaut, à l'un des autres princes français dans l'ordre de l'hérédité de la couronne, mais que la loi ne prévoit pas le cas où l'Impératrice, appelée à la régence à la mort de l'Empereur, vient à décéder quelque temps après. L'article 4 s'applique-t-il à ce cas, et le gouvernement et la commission entendent-ils que l'Empereur ait le droit de désigner dans un acte secret, déposé aux archives du Sénat, le régent destiné à remplacer l'Impératrice si, pour une cause quelconque, la régence venait à cesser ?

Le Sénat attendit avec un mouvement très vif de curiosité la réponse du président du Conseil d'État. M. Baroche maintint que le droit de l'Empereur de disposer de la régence, non seulement pour le moment de son décès, mais encore pour toutes les éventualités qui pouvaient se réaliser pendant la minorité de son fils, se trouvait parfaitement constaté par le texte et par l'esprit du projet de sénatus-consulte.

M. de La Rochejacquelein soutint que l'article 4 n'était pas assez explicatif, qu'il ne coupait pas court aux prétentions d'un prince français qui viendrait, cet article à la main, réclamer ce qu'il croirait être son droit. L'article 4, renvoyé à la commission, reçut cette rédaction définitive :

« Art. 4. — A défaut de l'Impératrice, qu'elle ait ou non exercé la régence, et si l'Empereur n'en a autrement disposé par acte public ou secret, la régence appartient au premier prince français dans l'ordre de l'hérédité de la couronne.

« L'Empereur peut, par acte public ou secret, pourvoir aux vacances qui pourraient se produire dans l'exercice de la régence pendant la minorité. »

L'article 5 contient la disposition suivante : « Immédiatement après la mort de l'Empereur, le Sénat est convoqué par le Conseil de régence. » Cette disposition ne paraissait pas suffisante à M. de La Rochejacquelein. Il aurait voulu que le Sénat, convoqué de droit, se réunît de droit. « Si « les ministres, dit-il, trouvaient plus convenable de réunir le Sénat « après avoir pris toutes les précautions qui pourraient leur convenir, « quel serait pour le Sénat le moyen de se réunir ? Il n'en aurait aucun. « Il pourrait n'être convoqué que dans deux ou trois mois. » Ces observations ayant été accueillies par des rumeurs et par des réclamations [1], M. de La Rochejacquelein répondit qu'elles s'adressaient aux ministres de l'avenir et non à ceux du présent. Le général de Lawœstine ne put contenir sa frayeur à la seule idée du Sénat se réunissant de sa propre volonté. « La réunion du Sénat sans convocation est une très mauvaise chose ; on a vu un Sénat se réunir ainsi, et chacun se rappelle ce qu'il a fait (*sensation*) [2]. » M. Boulay (de la Meurthe), partageant les appréhensions de son collègue, s'écria « qu'il ne saurait se défendre de signaler dans la proposition de M. de La Rochejacquelein une possi-

---

1. *Procès-verbaux des séances du Sénat*, t. IV, 1856, chez Ch. Lahure, imprimeur du Sénat et de la Cour de cassation.
2. *Procès-verbaux des séances du Sénat*, t. VI, 1856.

Fig. 14. — Retour des troupes de Crimée. Les Turcos stationnant dans les rues de Paris sont couverts de fleurs (page 95).

bilité de révolution, une chance pour un changement de dynastie.... »
Le maréchal Magnan, plus calme, proposa de dire : « Dans les vingt-
« quatre heures qui suivront la mort de l'Empereur, le Sénat est con-
« voqué par le Conseil de régence. Dans le cas où il ne serait pas con-
« voqué, le Sénat se réunira de plein droit après les vingt-quatre heures
« expirées depuis la mort de l'Empereur. » Ces précautions ne paraissant pas suffisantes au général Lawœstine et à ses amis, l'amendement
fut rejeté.

La suppression de la mention de faire respecter le Concordat dans
la formule du serment de régence, avait d'autant plus vivement ému les
partisans de ce traité, que le clergé ne cessait de le battre en brèche,
ainsi que les lois organiques qui en découlent. Les sénateurs ne se
rappelaient-ils pas d'ailleurs que la Reine-Régente d'Espagne, Marie-
Christine, grâce au mystère dont un prêtre complaisant put entourer
le mariage religieux, avait gardé, malgré la loi de l'État, la régence
et la tutelle de sa fille, quoiqu'elle eût convolé en secondes noces avec
un garde du corps et qu'elle eût des enfants de cette union. La vérité
ne fut connue, que le jour où Marie-Christine, pour marier en France
une des filles nées de son second mariage, se vit obligée de constater
son état civil.

L'Impératrice Eugénie s'était posée, depuis son avènement au trône,
comme la protectrice des prétentions ultramontaines. Peu préparée par son
passé mondain, à pénétrer au fond des questions religieuses, elle les abor-
dait avec le zèle maladroit d'une femme peu instruite et d'une Espagnole
fanatique. Le parti clérical, intolérant, haineux, mesquin, avait trouvé en
elle une auxiliaire à la hauteur de ses petites passions et de ses petites
rancunes ; elle signalait à son mari et aux ministres les livres et les articles de journaux, écrits par des libres penseurs qu'elle ne lisait pas, mais
qui lui étaient désignés par son entourage de dévots ; elle poussait à la
suppression de certaines feuilles, et elle mettait dans ses demandes l'ardeur tracassière d'une femme, qui croit assurer son salut et son trône
en punissant l'incrédulité religieuse. Ces dispositions alarmaient un
assez grand nombre de partisans de la dynastie : M. de La Valette,
ancien ambassadeur de France à Constantinople, demanda formellement que la partie du serment relative au Concordat fût rétablie,
afin que, si la conscience de l'Impératrice lui inspirait des scrupules
sur son maintien, sa conscience lui fît aussi un scrupule de le détruire.

L'amendement de M. de La Valette fut appuyé par un grand nombre de sénateurs. Le cardinal Gousset, archevêque de Reims, ne mettait pas d'obstacle à ce que, dans la formule du serment, fût compris pour l'Impératrice-Régente ou le régent, l'engagement de faire observer le Concordat ; mais il n'en pouvait être de même des articles organiques, qui, selon lui, n'étaient pas obligatoires. Le cardinal Morlot s'associa complètement aux paroles de son collègue. Il ne pouvait, ajouta-t-il, voir sans une inquiétude, que partagerait peut-être le pays, l'addition proposée précisément sur le point le plus délicat ; il y avait là quelque chose qui ressemblait à de la défiance et une défiance mal justifiée.

M. Portalis, rapporteur, défendit la rédaction de la commission par des arguments tirés de la différence des temps entre 1813 et 1856 ; les principes de tolérance ont jeté, dit-il, de telles racines dans les esprits depuis le premier Empire, que le progrès de la raison publique les défend mieux que toute sanction législative. M. Charles Dupin, malgré les cris : *Aux voix ! aux voix !* voulut répondre aux considérations de M. Portalis. « Non, dit-il, il n'est jamais inutile, quand on prête un serment de cette « nature, de comprendre sous sa protection les grandes et nobles idées « comme la liberté des cultes. La proposition était apparue tout d'abord « sous un autre aspect ; pourquoi à cette première impression semble- « t-il y avoir succédé un entraînement si marqué en sens contraire ? « Prenez garde au vote que vous allez émettre ; s'il est négatif, il sem- « blerait en résulter qu'on aurait proposé de mettre dans le serment la « liberté des cultes, que le Sénat ne l'aurait pas voulu. »

Le Président consulta le Sénat sur l'amendement de M. de Lavalette ; deux épreuves par assis et levé furent déclarées douteuses. Il fallut procéder à un scrutin qui donna les résultats suivants :

Bulletins blancs pour l'adoption, 56. Bulletins bleus contre, 64.

Le Sénat en conséquence n'adopta pas l'amendement.

Les sénateurs qui votèrent contre la proposition de M. de Lavalette donnèrent pour prétexte qu'il ne convenait pas de témoigner à l'Impératrice une méfiance injuste sur des questions de religion. Mais le serment de fidélité à son fils imposé à l'Impératrice, n'est-il pas une marque de méfiance ? Prendre des garanties contre la mère et négliger d'en formuler contre la dévote ; supposer la première capable de méconnaître les intérêts de son fils, et déclarer la seconde incapable de violer la liberté des cultes, c'était tomber dans une étrange inconséquence.

Faisons quelques pas en arrière, et embrassons d'un seul coup d'œil les quatre années écoulées depuis la proclamation de l'Empire.

CHAPITRE II

LES PREMIÈRES ANNÉES DE L'EMPIRE

Prise de possession de la Nouvelle-Calédonie. — L'emprunt de 930 millions par souscription publique. — Avances de l'Empereur à l'Angleterre. — Rétablissement de la garde impériale. — Visite de l'Empereur à Londres. — Visite de la reine Victoria à Paris. — Rentrée des troupes de Crimée. — La fièvre de l'agiotage. — Fluctuations soudaines des fonds publics. — Ses dangers. — Cupidité universelle. — Le gouvernement a l'air de combattre cette cupidité. — Lettres de l'Empereur à M. Ponsard et à M. Oscar de Vallée. — La spéculation et l'agiotage redoublent d'ardeur. — Embarras général du commerce et de l'industrie. — La Banque de France élève son escompte à 6 pour 100. — Insuffisance de la récolte en céréales. — Crise monétaire et financière. — Enchérissement des substances alimentaires. — Souffrances des classes bourgeoises et des classes pauvres. — Crise des loyers. — Avènement de M. Haussmann à la préfecture de la Seine. — Voyage de l'Empereur dans les départements. — Paris césarien. — Corruption des mœurs. — Affluence des princes étrangers dans la capitale. — Baptême du Prince impérial. — L'impératrice reçoit la rose d'or. — Les inondations.

L'année 1853 vit naître les premières alarmes au sujet de la guerre. L'Europe était couverte de camps. La France en comptait deux : l'un à Helfaut, l'autre à Satory. L'Empereur, en levant le dernier camp, prononça un discours dans lequel il vantait outre mesure « l'esprit militaire, si nécessaire à une grande nation. » Ce qui, selon lui, soutient les

empires, ce sont « ces réunions d'hommes armés, tirés du peuple, façon-
« nés à la discipline, animés du sentiment du devoir et qui conservent
« au milieu de la paix, où généralement l'égoïsme et l'intérêt finissent
« par tout énerver, ce dévouement à la patrie, fondé sur l'abnégation de
« soi-même, cet amour de la gloire, fondé sur le mépris des richesses. »

Les armées ne se garantissent pas mieux que les autres classes de la société, des suggestions de l'intérêt et de l'égoïsme, l'histoire de tous les peuples et surtout la nôtre sont là pour le prouver. L'armée du premier Empire ne fit guère preuve de ce mépris des richesses dont Napoléon III fait l'apanage de toutes les armées en général. Les largesses, les gratifications, dotations, pensions lui furent prodiguées plus qu'à toute autre armée. Ses chefs, comblés de richesses, sacrifièrent, au besoin de les conserver, la fidélité qu'ils devaient à celui qui leur avait fourni les moyens de les acquérir. Est-ce par désintéressement que tous ces généraux, dont on payait les dettes, qu'on gratifiait de sommes scandaleuses, avaient joué et fait jouer à l'armée, un si déplorable rôle dans les journées de décembre ?

L'Empire, c'est la paix ! Cette déclaration pouvait-elle se concilier avec la glorification perpétuelle de l'esprit militaire ? Il y avait entre ces deux faits une contradiction flagrante qui inquiétait vaguement les esprits. La nation n'était pas initiée aux correspondances diplomatiques qui annonçaient le réveil de la question d'Orient ; mais les démonstrations militaires dont elle était témoin, l'instinct secret de la nécessité où se trouvait l'Empire d'exercer son action à l'extérieur, tenaient l'opinion publique dans l'attente de quelque grave événement.

Une occasion favorable se présenta d'augmenter le nombre de nos colonies, et de prendre possession de la Nouvelle-Calédonie ; elle fut saisie immédiatement. La première occupation européenne de cette île, qui avait été découverte par Cook, eut lieu en 1843 ; une mission catholique française vint s'établir à Balade, mais en présence des mauvaises dispositions des naturels, les missionnaires durent se réfugier en 1847 à l'île des Pins. Plus d'une fois le gouvernement français avait eu la pensée de fonder un établissement dans ces parages, lorsqu'un événement vint précipiter cette résolution. En 1851, le capitaine de l'*Alcmène*, M. d'Harcourt, ayant envoyé à terre un détachement de quinze hommes sous la conduite de deux jeunes aspirants de marine, la petite troupe fut surprise par une bande de plusieurs centaines de Canaques et massacrée de la façon la plus cruelle.

L'*Alcmène* tira d'abord une vengeance terrible de cet acte de barbarie ; puis l'amiral Febvier des Pointes fut envoyé pour s'emparer de l'île dont il prit possession le 1er mai 1853. La baie de Nouméa sur la côte occidentale fut choisie, à cause de la sécurité de son mouillage, pour devenir le centre de la colonie. Il fut décidé que la Nouvelle-Calédonie deviendrait le siège d'une colonie pénitentiaire et remplacerait la Guyane.

La récolte avait été fort mauvaise en France et dans l'Europe presque tout entière. Il fallut recourir à des mesures exceptionnelles, comme en 1847, où l'on avait employé le système des bons de pain. Le conseil municipal aima mieux décider que le prix minimum du pain ne s'élèverait pas au-dessus de 50 centimes par kilogramme et que la ville de Paris rembourserait aux boulangers la différence entre ce minimum et le prix réel du pain. La ville, pour rentrer dans ses déboursés, devait, lorsqu'une baisse dans le cours des grains se produirait de façon à fixer le prix du pain au-dessous de 40 centimes par kilogramme, frapper le pain d'une taxe supérieure. Ce système de compensation fut complété le 27 décembre par l'organisation de la caisse de la boulangerie, chargée de payer pour le compte des boulangers et de recouvrer sur eux le montant de leurs achats de blé et de farine, de leur avancer la différence en moins pouvant exister entre le prix du pain fixé par la taxe municipale et le prix du pain réglé par la mercuriale.

L'année 1854 avait mal débuté. La guerre était proche. La France, après s'être demandé si elle était juste et utile, avait fini par l'accepter, grâce surtout à la maladresse du Czar et à sa persévérance à s'aliéner l'opinion publique en Europe. Un emprunt de 250 millions [1] fut présenté et voté dans la seconde séance du Corps législatif (7 mars). Il devait avoir lieu par voie de souscription publique. C'était une innovation. Le Crédit mobilier et plusieurs banquiers n'avaient pas pu obtenir de souscrire seuls, la totalité de l'emprunt.

L'Empereur, décidé à faire la guerre, affectait de montrer les intentions les plus pacifiques ; il décréta le 8 mars 1854, quelques jours après l'ouverture de la session, qu'une exposition universelle de produits agricoles et industriels, à laquelle toutes les nations seraient admises, s'ouvrirait à Paris le 1er mai 1855 [2]. A cette nouvelle, quatre mille négociants de la

---

1. C'est le premier de cette série d'emprunts qui devait porter le budget de l'État au chiffre de deux milliards. Les quatre budgets de la République ne s'élevèrent guère, et celui de 1851 fut réglé à 1448 millions. Le budget de 1853 fut réglé à 1566, mais un emprunt de 500 millions changea ce chiffre le 27 décembre 1854.

2. L'Impératrice entendait bien ne pas l'être pour les Français seulement. Elle voulait

Cité de Londres firent remettre à Napoléon III une adresse dans laquelle ils s'applaudissaient de l'heureuse entente qui existait entre les Anglais et les Français pour le repos du monde. L'Empereur s'empressa de répondre à cette manifestation : « Je suis extrêmement touché de cette entente. « Elle me fortifie dans la confiance que m'a toujours inspirée le bon sens

Fig. 16. — L'archevêque Sibour.

« de la nation anglaise. Pendant le long séjour que j'ai fait en Angle-
« terre, j'ai admiré la liberté dont elle jouit, grâce à la perfection de
« ses institutions. Un moment cependant, j'ai craint, l'année dernière,
« que l'opinion ne fût égarée sur le véritable état de la France et sur ses

être admise sur le pied d'égalité par les souverains de l'Europe et surtout par leurs femmes. Cela n'était point facile. Une femme d'esprit conseilla, dit-on, à l'Impératrice de faire décréter une exposition universelle qui permettrait d'offrir à la reine d'Angleterre une hospitalité que celle-ci ne pourrait pas refuser. C'est ce qui eut lieu en effet. La crainte de paraître une parvenue ne cessa pas, dit-on, de tourmenter l'Impératrice au point de la rendre importune à son mari, quelque flegmatique qu'il fût, et de l'obliger à chercher ailleurs des distractions, ce dont sa femme se montrait si fort irritée. C'est cette vanité qui lui fit souhaiter que son fils eût le pape pour parrain et qui la fit travailler avec tant d'ardeur au mariage du prince Napoléon qu'elle détestait. Ce mariage lui donnait pour cousine une princesse de la maison de Savoie.

Fig. 17. — Enterrement de Lamennais. Le corps est descendu dans la fosse commune en présence de quelques amis, les troupes ayant, sur le parcours du convoi, dispersé à plusieurs reprises, les citoyens qui voulaient se joindre à eux.

« sentiments envers la Grande-Bretagne. Mais on ne trompe pas long-
« temps la bonne foi d'un grand peuple, et la démarche que vous faites
« auprès de moi en est la preuve éclatante. Depuis que je suis au pou-
« voir, mes efforts tendent constamment à développer la prospérité de la
« France. Je connais ses intérêts : ils ne sont pas différents de ceux de
« toutes les autres nations civilisées. Comme vous, je veux la paix, et,
« pour l'affermir, je veux, comme vous, resserrer les liens qui unissent
« les deux pays. »

Le lendemain, la députation de la Compagnie anglaise pour la jonction des deux Océans par le canal de Nicaragua, projet sur lequel M. Louis Bonaparte avait publié une brochure, se présenta devant l'Empereur pour solliciter son appui en faveur de cette grande entreprise. Ce fut pour le chef de l'État une nouvelle occasion d'exprimer ses sentiments pacifiques. Le gouvernement anglais était dans l'enchantement, et les rapports entre les cabinets de Londres et de Paris en étaient, le mois suivant, à ce point de courtoisie, que le gouvernement anglais remettait au gouvernement français le testament de Napoléon Ier, déposé à la cour des *Common doctors*.

L'Empereur décréta deux mois après, le 25 mai 1854, le rétablissement de la garde impériale, malgré une commission d'officiers généraux opposée à son adoption. Les inconvénients d'une troupe pareille avaient déjà frappé plus d'un bon esprit du temps même des grandes guerres du premier Empire. L'élan de la garde était irrésistible ; mais Napoléon Ier craignait de la prodiguer ; les hommes de fer qui formaient cette troupe lui coûtaient cher à fabriquer, et naturellement il cherchait à les épargner ; les officiers qui les commandaient étaient obligés de compter avec des vétérans exigeants et grognards qui excitaient la jalousie des autres corps, et amenèrent des dissensions dans l'armée. Napoléon Ier créa la garde lorsque les souvenirs de la maison du roi n'étaient pas éteints ; l'existence d'un corps privilégié se comprenait encore ; la Restauration eut une garde précisément pour rappeler les corps privilégiés ; cependant, au moment du danger, à quoi cette garde avait-elle servi à Napoléon et à Charles X ?

La commission oubliait, en faisant valoir ces arguments contre le rétablissement de la garde, que les traditions de la garde impériale avaient puissamment contribué à la popularité du premier Empire. Le soldat qui ne fait que passer quelques années au régiment oublie ce temps de service quand il est devenu père de famille ; le vétéran n'a pas d'autres souvenirs que ceux du drapeau. Les débris de la vieille garde formèrent dans les villes et dans les campagnes une légion de rapsodes qui chantèrent pendant quinze ans la gloire de l'Empire ; propagandistes d'autant plus dangereux que leur propagande était involontaire, les vétérans de l'Empire, formant sous la Restauration une société secrète au grand air, pour ainsi dire, organisèrent la conspiration de la tonnelle et du cabaret, plus redoutable que les autres. La garde fut donc rétablie au nom des traditions de l'Empire ; elle fit ses premières armes en Crimée à côté de la garde anglaise.

Une nouvelle combinaison ministérielle mit en 1855 M. Billault à l'intérieur, M. Magne aux finances, M. Rouher aux travaux publics, M. Walewski aux affaires étrangères, en remplacement de M. Drouin de Lhuys. Le 2 mars de la même année, on apprit la nouvelle de la mort du czar [1].

L'Empereur se rendit à Londres, le 16 avril 1855, avec sa femme. La reine Victoria fit le plus aimable accueil à ses hôtes. Ayant nommé l'Empereur chevalier de la Jarretière, elle voulut, assistée du prince Albert, attacher de sa main au genou gauche de Napoléon III la Jarretière, que lui présentait le roi d'armes ; elle lui passa de sa main le collier au cou en lui donnant l'accolade ; la Cité de Londres se distingua par l'éclat de sa réception : le lord maire à Guildhall, remit à Napoléon III le diplôme de bourgeois de la Cité. Les journaux officieux français ne laissèrent ignorer aucun des nombreux détails de ces fêtes ; ils désignèrent la place qu'occupaient dans la salle du festin les portraits du prince Jérôme et de la reine Hortense, et apprirent de combien de pieds on avait exhaussé la taille des géants Gog et Magog.

De grandes questions, on le verra plus tard, furent abordées dans ce

1. La France, au milieu de l'émotion causée par la mort de Nicolas, le 2 mars 1855, apprit le même jour la fin de celui qu'elle appelait le vertueux Dupont (de l'Eure), parce qu'il représentait une chose plus rare en ce monde que le génie, la probité politique. Député, ministre, président du Gouvernement provisoire, il terminait à quatre-vingts ans une carrière d'honneur et de dévouement à la liberté. Les gens qui se croient habiles demandent parfois quels services la vertu politique peut rendre aux partis : elle leur rend celui de leur fournir des hommes capables de se faire entendre d'eux et de les dominer dans les moments où ils sont le plus disposés à ne s'en rapporter qu'aux décisions de la force. Des hommes comme Lafayette et comme Dupont (de l'Eure) rendent les révolutions possibles en leur prêtant leur nom et les contiennent par leur adhésion : on le vit en 1830 et en 1848. Dupont (de l'Eure) pouvait dire : « Maire, accusateur public, juge de paix, député, j'ai rempli toutes les fonctions créées par la Révolution ; magistrat, j'ai résisté à Fouché, le puissant ministre de la police de l'Empire ; envoyé par mes collègues de la Chambre des représentants au camp des alliés, j'ai réclamé pour mon pays, devant les souverains, le droit d'être libre ; j'ai rédigé quelques jours après, avec Lanjuinais, la protestation contre la clôture de cette Chambre. Partout j'ai fait mon devoir de citoyen. »

voyage. L'Empereur se donna jusqu'au plaisir de dater de Windsor le décret nommant Hamelin à la place de Ducos.

La France, qui en attendant, ne savait plus rien de ses affaires que ce que l'Empereur voulait bien lui en apprendre, aspirait à l'ouverture de l'Exposition universelle de l'industrie et des arts : il lui semblait que c'était là une occasion toute naturelle de fournir au pays quelques

Fig. 18. — M. Charles Dupin.

renseignements sur la paix ou sur la guerre ; le discours d'inauguration, prononcé le 15 mai, resta muet sur ce point.

La reine Victoria et le prince Albert rendirent à l'Empereur la visite qu'ils venaient de recevoir de lui et arrivèrent à Paris le 15 août. Depuis l'époque où la fille de Henri VI, grelottant dans le Louvre, tenait sa fille au lit, faute d'un fagot, et où la femme de Jacques II promenait les petits chiens de Mme de Maintenon à Versailles, on n'avait pas vu de reine d'Angleterre à Paris. Victoria y était connue et respectée. La France, pays romanesque, savait l'histoire des amours et du mariage de la royale jeune fille avec son cousin. La reine Victoria, jolie et gracieuse dans sa jeunesse, ne portait plus sur son visage que la trace des fatigues d'une maternité féconde. L'empressement du public pour la voir fut prodigieux [1]. Le général Lawœstine, commandant la garde nationale, au nom du neuvième bataillon, de service à la gare, offrit un magnifique bouquet à la reine. Le cortège mit longtemps à se former et à défiler sur les boulevards; il était neuf heures du soir lorsque Victoria put serrer la main de l'Impératrice et de la princesse Mathilde, qui l'attendaient au bas de l'escalier du palais de Saint-Cloud [2]. Le matin de ce jour-là, le *Moniteur* avait publié un article de haut mysticisme politique, qui se terminait de la façon suivante : « Il ne reste plus à l'esprit qu'à s'incliner « devant la Sagesse suprême, dont la grandeur seule est immuable et « qui soumet nos passions les plus opiniâtres à l'harmonie de ses desseins « providentiels. »

Le mari de la reine d'Angleterre passait, comme tous les princes allemands, pour être un peu trop dans les intérêts de la Russie ; reproche bien mal fondé. Le prince Albert, esprit libéral et sensé, comprenait la nécessité de l'alliance de l'Angleterre avec la France ; ses observations et ses instances même n'avaient pas été inutiles pour décider la reine à passer le détroit. Victoria, pendant son séjour à Paris, resta toujours un peu triste, comme il convient à une mère de famille et à la reine d'un pays où la guerre désole le cœur des mères ; elle voulut, au grand dîner qui eut lieu à Saint-Cloud en son honneur, que le général Canrobert fût à sa gauche, à cause de sa réputation d'humanité pour le soldat. La reine, recevant une députation des élèves de l'École polytechnique qui avaient eu des parents tués en Crimée, versa d'abondantes larmes ; la reine et le prince Albert ne mirent le pied dans aucun petit théâtre. L'opinion leur sut gré d'avoir pris la France au sérieux.

C'est pendant le séjour de la reine à Paris qu'eut lieu l'échauffourée de la *Marianne*. Quelques centaines d'ardoisiers des Ponts-de-Cé marchèrent sur Angers dans l'intention de s'en emparer. Le ridicule fit justice de cette échauffourée, qui donna lieu à un procès dans lequel le minis-

---

1. Des curieux payèrent un balcon de l'hôtel des Capucines 2000 francs, et un cabinet de restaurant 600 francs; les boutiques et les maisons des restaurateurs, marchands, fournisseurs, enguirlandées, ornées de devises, de drapeaux, regorgeaient de spectateurs.
2. L'étiquette à employer dans les rapports entre lui et ses hôtes préoccupa beaucoup l'Empereur. On lui soumit une note à ce sujet. Depuis le camp du drap d'Or, aucun monarque anglais n'était venu visiter le souverain de la France. Les précédents manquaient. On chercha des exemples dans le cérémonial suivi par le roi de Prusse pour recevoir la reine Victoria. Une grave question était celle de savoir si le mari de la reine serait tout simplement traité en prince. L'Empereur irait-il au-devant de la reine, et jusqu'où irait-il ? On délibéra longtemps, et le résultat final de ces délibérations fut que tout serait réglé de la façon la plus conforme à l'agrément particulier de la reine.

tère public se montra plus prodigue de déclamations contre les sociétés secrètes que de renseignements précis sur la *Marianne*, dont il s'agissait pourtant de dévoiler les trames.

Les troupes de Crimée firent leur entrée à Paris le 2 décembre. L'Empereur se rendit sur la place de la Bastille, où il adressa aux vainqueurs de Sébastopol cette emphatique allocution. : « Je viens au-devant de vous, « comme autrefois le Sénat romain allait, aux portes de Rome, au-devant « de ses légions victorieuses. Je viens vous dire que vous avez bien « mérité de la patrie. » Les applaudissements du peuple sur leur passage devaient plus toucher les soldats que ces réminiscences romaines, qui n'étaient plus de notre temps. Rien du reste n'avait été épargné pour rendre le spectacle plus pittoresque et plus émouvant. Le général Canrobert s'avançait seul à quelque distance des troupes. « Allez, lui avait dit l'Empereur, vous mettre à la tête de cette armée que vous avez conservée à la France. » Cette explication, donnée par le *Moniteur*, d'un honneur si extraordinaire, ne réussit pas à faire cesser l'étonnement du public.

Généraux, officiers et soldats mutilés, formant l'avant-garde, drapeaux en lambeaux de la garde et de la ligne, se succèdent devant la foule émue; musique bizarre des turcos, animaux marchant en tête de presque chaque régiment forment un spectacle des plus émouvants. L'Empereur assistait au défilé au pied de la colonne Vendôme; l'Impératrice, du haut du balcon du ministère de la justice. Les troupes poussaient des acclamations en passant; l'École polytechnique, rangée à côté de l'Empereur, gardait le silence; un banquet dans leur caserne et des représentations gratuites dans les théâtres attendaient les soldats.

Le général Pélissier, nommé maréchal de France, recevait en outre le titre de duc de Malakoff, en vertu d'une tradition du premier Empire qui n'était propre qu'à blesser l'amour-propre et la dignité des nations belligérantes. A quoi bon perpétuer par des titres, le souvenir d'une victoire? Le vainqueur d'aujourd'hui n'est-il pas le vaincu de demain? Que devaient penser de leurs titres les maréchaux de l'Empire entrant dans Paris à la suite des souverains étrangers?

La France, depuis le rétablissement de l'Empire, se livrait à la spéculation et à l'agiotage avec une ardeur qui, en 1856, était devenue une véritable fièvre : 80 millions de francs en titres de rentes 4 1/2 et 3 pour cent jetés en moins de dix-huit mois sur la place; emprunts des départements et des communes pour subvenir aux travaux d'embellissement et d'utilité entrepris sur tous les points du territoire, emprunts des chemins de fer pour l'exécution des nouvelles lignes.

Les gens d'affaires usaient des moyens d'influence que donnent l'intrigue et la corruption pour obtenir des concessions de chemins de fer ou tout autre privilège de nature à être mis en actions et escompté à la Bourse. Le marché, surchargé d'un poids énorme d'actions et d'obligations, écrasait la rente. Les fonds publics, soumis aux fluctuations les plus soudaines, ruinaient le public et enrichissaient les spéculateurs audacieux, qui, après avoir exploité pendant la guerre les bruits diplomatiques, les incidents du siège de Sébastopol, s'apprêtaient à moissonner dans le vaste champ de la commandite.

Le peuple qui sacrifie sa liberté perd la force de se plaindre de l'esclavage et quelquefois de le sentir. Il en voudrait même à ceux qui lui feraient sentir qu'il souffre. Les Romains des Césars supportaient plutôt la famine que l'absence de jeux. Les Parisiens semblaient avoir pris quelque chose de ces mœurs. Qui eût dit, en voyant tous les lieux de plaisir pleins, que Paris était en proie à la double crise de la cherté des vivres et des loyers? La nouvelle société, monde bizarre, composé de hauts fonctionnaires à triples appointements, de financiers enrichis, de traitants, de sous-traitants, d'intrigants et de courtisanes, répandait l'or à pleines mains et vivait en fêtes perpétuelles. Le Pactole coulait à la Bourse. Le fleuve d'or semblait-il baisser, l'émission des actions d'une nouvelle compagnie en faisait remonter l'étiage. Jamais les courtisanes de l'ancienne Rome n'avaient déployé un faste plus insolent que celles de Paris, grâce à l'or des agioteurs et des financiers [1].

Un pouvoir improvisé, ainsi que l'Empire, comme un changement de décor, ne rallie que les intrigants en disponibilité rebut des règnes précédents. L'Empire aurait bien voulu se débarrasser de leurs intrigues et de leurs convoitises; mais les mesures les plus sévères restaient sans résultat. M. Billault signala vainement au préfet de police « certains « individus se vantant de l'influence qu'ils n'ont pas et réussissant à en

---

[1]. Deux des principaux banquiers de Paris, au moment de la répartition des actions du chemin de fer de Lyon, présentèrent la liste des personnes favorisées qu'ils voulaient gratifier d'un certain nombre d'actions de la Compagnie au pair; le banquier anglais Bäring, en voyant des noms de femmes, former en majorité cette liste privilégiée, ne put s'empêcher de manifester un vif étonnement; ses collègues lui répondirent en riant qu'il venait de lire les noms des plus célèbres courtisanes de Paris. Le financier puritain les raya de la liste, prétendant que ses deux collègues ayant, l'un vingt-cinq mille actions, l'autre dix mille, ils pouvaient par conséquent être généreux pour leur compte.

Fig. 19. — L'impératrice signalait sans cesse à son mari les livres et les articles de journaux écrits par les libres penseurs qui lui étaient désignés par son entourage de dévots (page 83).

« faire commerce. Il est temps de mettre un terme à cet abus, non
« pas pour défendre l'administration, qui est au-dessus de tout soupçon,
« mais pour affranchir les soumissionnaires des grandes entreprises de
« cet impôt prélevé sur leur crédulité. » Le préfet de police, invité à
prendre tous les moyens pour mettre fin à cette exploitation, crut devoir
à son tour adresser une lettre aux commissaires de police ; ces précautions ne rassurèrent personne. Le *Moniteur* avait déclaré qu'aucune
entreprise donnant lieu à une émission de valeurs nouvelles ne serait
autorisée dans le cours de l'année. Mais que pouvaient le préfet, les
commissaires de police et le *Moniteur* contre la ligue permanente de
l'intrigue et de la cupidité ? L'amour de l'or était devenu le sentiment
dominant des classes élevées de la société, de celles-là même qui se vantaient d'avoir pour uniques règles dans la vie, le désintéressement et
l'honneur. Le ministre de la guerre fut obligé de publier une circulaire
pour empêcher les officiers de l'armée de s'adresser trop souvent à l'Empereur pour avoir de l'argent. L'empereur tenta lui-même de calmer
cette fièvre ; il prit la plume pour féliciter M. Ponsard, qui venait de
faire représenter avec succès à l'Odéon une comédie intitulée *La
Bourse*[1].

Le gouvernement n'autorisait pas de nouvelles entreprises, mais les
sociétés en commandite pouvaient se créer sans son autorisation. D'ailleurs, en autorisant l'organisation de puissantes machines financières
comme le Crédit mobilier, n'avait-il pas pris l'engagement de leur fournir
en quelque sorte la matière propre à les alimenter ? La spéculation se
sentait soutenue par la logique du règne ; aussi répondit-elle à toutes ces
mesures par un redoublement d'animation qui se ralentit seulement
devant la baisse des valeurs, amenée par les embarras généraux du com-

---

1. « Palais de Saint-Cloud, 15 juin 1856

« Monsieur, vous avez cru devoir, après la première représentation de *La Bourse*, vous
dérober aux félicitations du public et aux miennes. Aujourd'hui, l'envoi de votre pièce me
donne l'occasion de vous les adresser, et je le fais bien volontiers, car j'ai été vraiment
heureux de vous entendre flétrir de toute l'autorité de votre talent, et combattre par
l'inspiration des sentiments les plus nobles, le funeste entraînement du jeu. Je lirai donc
votre pièce avec le même plaisir que je l'ai vu jouer. Persévérez, monsieur, votre nouveau
succès vous y engage, dans cette voie de moralité, trop rarement peut-être suivie au
théâtre, et si digne pourtant des auteurs, appelés comme vous à y laisser une belle réputation. Croyez à mes sentiments.

« NAPOLÉON. »

Une autre lettre de félicitation et d'approbation, adressée deux ans plus tard à M. Oscar
de Vallée, avocat général à la Cour impériale de Paris, sur son livre *Les manieurs d'argent*,
n'eut pas plus de succès.

merce et de l'industrie, par l'élévation des reports, et par les mesures restrictives adoptées par la Banque de France.

La Banque voyait, malgré ces mesures, diminuer sa réserve métallique. La récolte insuffisante des céréales et des soies en France, obligeait les négociants français de payer en numéraire, le supplément acheté à l'étranger; la monnaie d'argent était la seule qui eût cours dans l'Inde et dans la Chine. L'exportation métallique de la France, en 1856, atteignit près de 5 millions de francs. La Banque, pour combler ce vide et pour conserver son encaisse métallique, achetait chaque mois à l'étranger, moyennant des primes élevées, l'énorme quantité de lingots dont elle avait besoin. Crise financière, crise monétaire à la fois; que serait devenu le crédit public, si la continuation de la guerre avait nécessité l'émission d'un nouvel emprunt?

Les denrées alimentaires, la viande de boucherie récemment taxée à Paris, le sucre, montèrent rapidement : la cherté se fit sentir sur les principaux articles de consommation; les classes pauvres souffraient et rendaient largement les gros salaires dont elles étaient comblées. Les départements, les villes, avaient contracté des emprunts pour payer les dépenses dans lesquelles la politique du gouvernement les poussait; le service et le remboursement de ces emprunts rendaient nécessaire l'augmentation des droits d'octroi et des taxes locales, cause nouvelle de renchérissement.

Paris, Lyon, Marseille jetaient leurs vieux quartiers à bas, et la diminution du nombre des habitations causait une hausse prodigieuse sur les loyers. Les ouvriers, les petits rentiers de Paris et des grandes villes murmuraient contre ces embellissements, dont ils payaient les frais. Le gouvernement répondit aux plaintes des Parisiens par une note du *Moniteur*, d'où il résultait que, le nombre des maisons construites dépassant celui des maisons démolies, une baisse prochaine ne pouvait manquer de se produire sur les loyers. Les habitants pauvres, en attendant, ne savaient où se caser. Le gouvernement fut obligé d'affecter de fortes subventions au logement des ouvriers : inutile palliatif. Le mal tenait à la transformation improvisée de Paris. M. Berger, préfet de la Seine, ne comprenait ni le sens ni la portée de son rôle et de sa mission essentiellement politique et qui demandait un fonctionnaire d'une trempe particulière, capable de mettre en pratique le principe que la fin justifie les moyens. M. Berger fut subitement remplacé par M. Haussmann et nommé sénateur le 2 juillet 1854. L'homme qui devait attacher son nom à l'œuvre de la transformation de Paris prit possession de l'administration du département de la Seine.

Le jeune clerc Haussmann, destiné par sa famille aux honneurs du notariat, s'ennuyait de remplir les fonctions de deuxième clerc de notaire à Paris, lorsque la révolution de 1830 éclata. Il se souvint alors qu'il avait un grand-père conventionnel et un père lié avec les membres influents du parti libéral, notamment avec les frères Baudoin, libraires, très influents au *Constitutionnel ;* il sollicita une sous-préfecture, l'obtint, et resta sous-préfet pendant très longtemps, sans que rien vînt révéler ses futures aptitudes administratives. Le président Louis-Napoléon, qui avait besoin de fonctionnaires dévoués, lui fit franchir enfin la barrière; M. Haussmann devint successivement préfet du Var, de l'Yonne, de la Gironde, et prit le titre de baron. M. Fremy, le directeur du Crédit foncier, était représentant de l'Yonne. Le représentant et le préfet de ce département, tous les deux anciens sous-préfets, se convinrent. M. Fremy, chargé en 1853, d'organiser sur de nouvelles bases le ministère de l'intérieur, parla de son ami à l'Empereur, en quête d'un remplaçant à M. Berger. M. Fremy eut grand'peine à faire passer M. Haussmann de Bordeaux à Paris ; il était protestant, et l'orthodoxie de l'Impératrice s'alarmait à la pensée qu'un hérétique pût être placé à la tête du département qui a la capitale pour chef-lieu. Elle finit cependant par céder aux instances de M. Fremy.

Le premier soin de M. Haussmann en arrivant à la préfecture de la Seine fut de renverser le budget préparé par son prédécesseur; plusieurs membres du conseil municipal se récrièrent contre ce procédé; le fonctionnaire chargé de la comptabilité et des finances de la ville de Paris donna sa démission. Le public, habitué encore à régler ses jugements d'après ses souvenirs, crut que le nouveau préfet succomberait devant une opposition si déclarée; le bruit courut même que M. Siméon était désigné pour le remplacer. M. Haussmann resta cependant à l'hôtel de ville, et au bout de peu de temps, les charpentes des Tuileries et du Louvre tombaient, les Champs-Élysées étaient transformés, la rue de Rivoli et le boulevard de Strasbourg prolongeaient leurs perspectives, le bois de Boulogne montrait les traits principaux de ses embellissements, et l'avenue qui mène de l'Arc-de-Triomphe à ce parc, était inaugurée en présence de l'Empereur et de l'Impératrice, qui accordait au préfet de la Seine, l'autorisation de lui donner son titre. Paris, malgré ses misères cachées, étonnait par sa splendeur, les têtes couronnées qui se succédaient dans cette capitale. C'était tous les jours une nouvelle revue au Champ de Mars et une nouvelle fête aux Tuileries. La cérémonie du baptême du Prince impérial [1] fut célébrée le 14 juin, avec toute la pompe monarchique, à Notre-Dame. L'église contenait près de cinq mille invités. Le cardinal Patrizzi, évêque d'Albano, légat du pape, et la grande-duchesse de Bade, représentaient, l'un Pie IX, parrain du Prince, et l'autre sa marraine, la reine de Suède. Les curieux se pressaient, comme toujours, sur le passage du cortège. Le légat, précédé de son porte-croix, s'avançait dans un carrosse traîné à huit chevaux ; les maréchaux Canrobert et Bosquet chevauchaient aux portières du carrosse de l'enfant ; les autres maréchaux entouraient la voiture impériale. Le légat, au moment du baptême, voulut faire un discours ; mais, comme il ne figurait pas sur le programme, la musique étouffa sa voix.

L'Empereur et l'Impératrice, après la cérémonie, se rendirent à l'hôtel de ville, où les attendait un banquet auquel quatre-vingt-six évêques prirent place ; l'Empereur et l'Impératrice décidèrent, selon la tradition monarchique, qu'ils seraient parrain et marraine des enfants nés le même jour que leur fils. Le nombre de ces enfants s'éleva pour la France à plus de quatre mille. Les élèves des écoles primaires reçurent leur part des dragées du baptême. Cinquante mille sacs de bonbons leur

---

[1]. Voici le budget du baptême du Prince impérial :

Médaillons en diamants	25 000 fr.
Allocation aux médecins	62 000
Allocation à la sage-femme	6 000
A la Société des auteurs dramatiques	10 000
A la Société des gens de lettres	10 000
A la Société des artistes dramatiques	10 000
A la Société des artistes musiciens	10 000
A la Société des peintres, sculpteurs, etc.	10 000
A la Société des inventeurs, industriels	10 000
A la Société des médecins du département de la Seine	10 000
Aux bureaux de bienfaisance de la Seine et des communes où sont situés les biens de la couronne	93 000
Layette	100 000
Gratifications de quatre mois de traitement aux agents du service intérieur de l'Impératrice	11 000
Spectacle gratis du 18 mars 1856	44 000
Secours aux parents des enfants nés le 16	50 000
Médailles aux auteurs et compositeurs des cantates et vers adressés à Leurs Majestés, médailles aux troupes et aux élèves des lycées	85 000
Brevets adressés aux parents des filleuls de Leurs Majestés	20 000
Cortège du baptême. Service des écuries	172 000
Gratifications aux gagistes de la maison de Leurs Majestés	60 000
Total	798,000

furent distribués. Quelques jours après cette fête, un rosier d'or au-dessus duquel s'élevait une rose bénie par le Pape fut déposé, en présence de toute la cour, sur l'autel de la chapelle des Tuileries. Le légat, après avoir lu le bref papal qui conférait à l'Impératrice la rose consacrée, la prit et la lui remit de sa main. Une souscription, dont le chiffre était limité entre cinq et vingt centimes, s'ouvrit à Paris sous l'impulsion des maires et de nombreux comités, dans le but d'offrir à l'Impératrice et à son fils, un témoignage de l'amour de la population. Soixante mille francs furent recueillis. Cette somme, augmentée par l'Empereur d'une rente de trente mille francs, servit à la fondation de l'orphelinat du Prince impérial.

Le fléau des inondations, attribué par plusieurs évêques, dans leurs mandements, à la non-observation du dimanche, avait, au printemps de l'année 1856, porté la désolation dans les départements du Rhône, de la Saône et de l'Allier. La vallée du Rhône et celle de la Loire formaient deux immenses lacs : Lyon, Tours, Orléans, Blois étaient envahis par les eaux. L'Empereur se rendit sur les lieux du désastre, parcourut en barque les villes et les campagnes inondées, vida des sacoches pleines d'or sur son passage, et adressa de Plombières, le 19 juillet 1856, une longue lettre au ministre des travaux publics, dans laquelle il recommandait diverses mesures propres, selon lui, à empêcher le retour de semblables malheurs. Les journaux du gouvernement célébrèrent à l'envi ce voyage ; les peintres et les dessinateurs en reproduisirent les scènes principales. Napoléon III fut salué par les officieux comme la providence visible du pays.

CHAPITRE III

LES PROCÈS POLITIQUES

Mort et convoi de Lamennais. — Défense aux journaux de publier l'heure des funérailles. Les proscrits s'organisent en Comité. — Manifeste du *Comité révolutionnaire*. — Manifeste de la société *La Révolution*. — Manifeste du Comité Jersey. — Erreur de ces Comités. — Le complot de Lille. — Le complot de la *Reine Blanche*. — La machine infernale de Marseille. — La société des *Invisibles*. — Nouvelles arrestations à Paris. — Complot de la *Commune révolutionnaire*. — Plaidoirie de Jules Favre. — Interdiction du compte-rendu des débats. — Les prévenus sont tous condamnés. — Affaire de l'Hippodrome. — Complot de l'Opéra-Comique. — Procès des accusés. — Ce procès est suivi d'arrestations dans les départements et à Paris. — Procès de la *Commune révolutionnai e*. — Attentat de Pianori. — Procès et exécution de Pianori. — Arrestation de Tibaldi. — Mazzini et Ledru-Rollin sont condamnés à mort.

Lamennais mourut le 27 février 1853, à huit heures du matin, dans la maison n° 12, rue du Grand-Chantier, au Marais. Une affiche de la préfecture de police placardée la veille à dix heures du soir au milieu des rumeurs du mardi gras avait signifié à la population de Paris que les parents et les exécuteurs testamentaires de Lamennais seraient seuls admis à suivre la dépouille mortelle au cimetière. Le lendemain cependant, mercredi des cendres, un assez grand nombre de citoyens, aux aguets pour ainsi dire, attendaient dans la rue enveloppée de brouillard, que le corbillard des pauvres et les deux voitures de l'administration des pompes funèbres se missent en marche. Le convoi dans lequel se trouvait un prêtre, se trouva au bout de la rue en présence d'une rangée de sergents de ville : « Sergents de ville, faites sortir cet homme, sa place n'est pas ici, » s'écria un officier de paix dont aucun signe ne décelait les fonctions. Il montrait

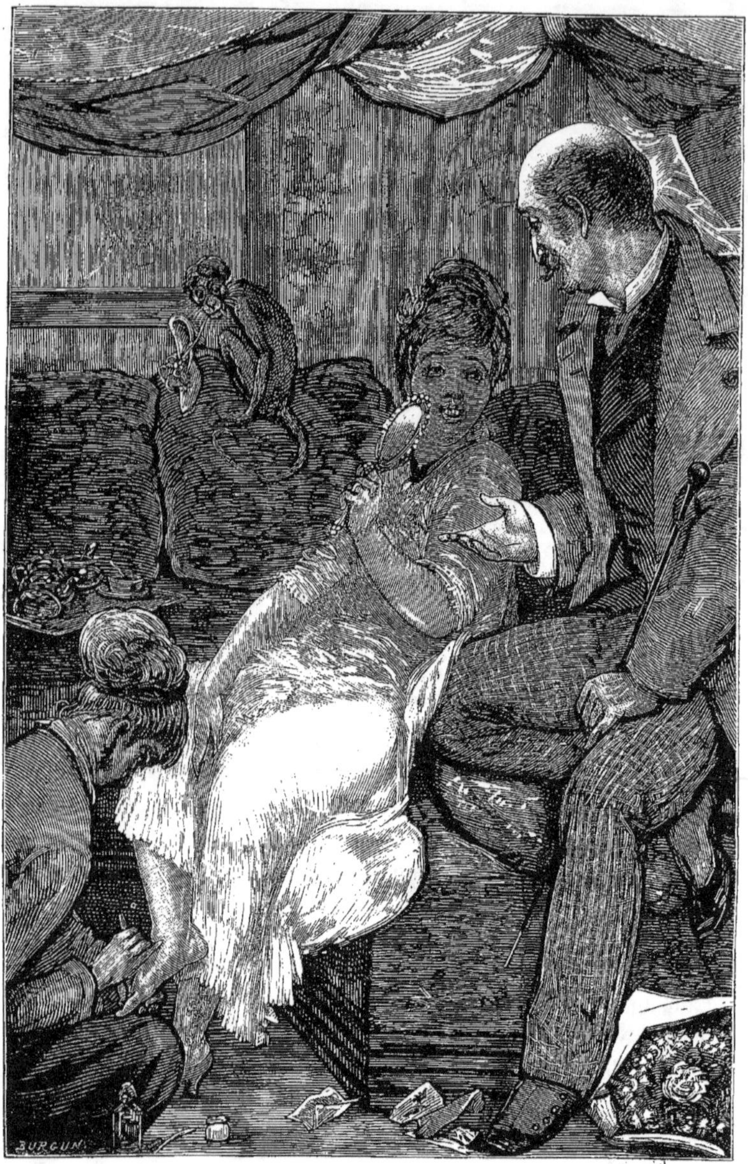

Fig. 20. — La corruption se répandait dans les classes moyennes et l'influence des courtisanes devenait prépondérante.

en même temps le prêtre. Les agents de police se jetèrent sur lui tandis qu'il essayait de protester ; en un clin d'œil, il fut enlevé.

Les journaux avaient reçu l'ordre de ne publier ni le jour ni l'heure des funérailles de Lamennais, mais à mesure que son nom se transmettait de bouche en bouche, les ouvriers se joignaient au convoi. Leur nombre grossit en traversant le faubourg Saint-Antoine. Parvenus à la rue de Charonne, un officier de paix cria : « Coupez la queue ! » Les sergents de ville barrèrent brusquement la rue. La même manœuvre fut répétée trois fois. Les ouvriers tentèrent de s'y opposer : une rixe s'engagea entre eux et les sergents de ville ; le bruit en venait jusqu'à l'entrée du cimetière du Père-Lachaise, dont les portes ne s'ouvrirent que devant MM. Montanelli, David (d'Angers), Henri Martin, Carnot, Henri Barbet. Béranger ne put les franchir ; M. E. Forgues, chargé par Lamennais de la publication de sa correspondance, parvint avec peine à fléchir la consigne. Le cercueil fut descendu, selon la volonté du mort, dans une de ces longues tranchées où l'on enterre les pauvres. Des troupes en occupaient les abords, deux régiments avaient pris position sur les hauteurs du cimetière. Le cercueil y glissait lentement. Lorsqu'il fut recouvert de terre, le fossoyeur demanda : « Faut-il une croix ? » Non, répondit l'un des exécuteurs testamentaires de Lamennais [1], qui se retirèrent ensuite. Quelques étudiants et quelques ouvriers restèrent seuls devant la fosse.

« Que faites-vous ici ? leur cria un individu en paletot noir. — Nous pleurons nos morts, répondit l'un des étudiants ; n'avons-nous plus ce droit ? — Au nom de la loi, retirez-vous, » leur dit-il d'un ton menaçant, en ouvrant son paletot, qui laissa voir l'écharpe d'officier de paix.

Les jeunes gens descendirent la butte et se dirigèrent vers la grande allée qui conduit à la principale porte du cimetière. Ils la trouvèrent occupée par les soldats et prirent une autre voie sur la gauche ; poursuivis par des agents de police vêtus en bourgeois, ils parvinrent cependant à s'échapper en se glissant le long des tombes ; sortis du cimetière, ils parcoururent quelques rues en criant : « Respect aux morts ! » et même en chantant la *Marseillaise ;* mais les cabarets pleins de masques avinés ne comprenaient pas ce qu'ils voulaient dire, et les boutiques se fermaient sur leur passage. — Défense absolue fut faite aux journaux de dire un mot de cet enterrement.

---

1. Lamennais avait dit dans son testament : « On ne mettra rien sur ma fosse. »

Les proscrits avaient organisé en Angleterre deux centres de résistance au gouvernement du coup d'Etat : le *Comité révolutionnaire* et la *Révolution*, à Londres; un troisième à Jersey. Ces trois comités publièrent dans le courant d'octobre 1852 les trois manifestes que voici :

« Citoyens,

« La démocratie a dû s'imposer quelques mois d'attente et de souffrance avant de frapper le brigand qui souille notre pays, afin de se réorganiser, malgré la terreur bonapartiste.

« Soyez donc prêts à tout et à chaque instant. Tâchez de vous voir et de vous rassembler souvent par deux, par quatre, par six, par dix, s'il est possible; formez des groupes et des centres qui communiquent entre eux de vive voix. Conspirez enfin avec courage et prudence, car la persécution doit rendre ardents ceux qu'elle voudrait anéantir. Quand la grande nouvelle vous arrivera, qu'elle vous trouve debout, sans vous surprendre comme celle du 2 décembre ; rappelez-vous que, ce jour-là, vous avez attendu en vain un signal de la part des traîtres ou des lâches qui se disaient vos chefs; ne soyez donc plus des moutons qu'on mène, soyez des hommes.

« Aussitôt que vous apprendrez que l'infâme Louis Bonaparte a reçu son juste châtiment, quel que soit le jour ou l'heure, partez de tous les points à la fois pour le rendez vous convenu entre plusieurs groupes, et de là marchez ensemble sur les cantons, les arrondissements et les préfectures, afin d'enfermer dans un cercle de fer et de plomb tous les vendus, qui, en prêtant le serment, se sont rendus complices des crimes de leur maître. Purgez une bonne fois la France de tous les brigands qu'elle nourrit et qui la rongent. Depuis quatre ans, vous avez appris à les connaître. Lorsque luira le jour de justice, que ni votre cœur ni votre bras ne faiblissent, car vos ennemis généreusement épargnés redeviendraient bientôt vos persécuteurs et vos bourreaux. En punissant les pervers, le peuple devient le ministre de la justice de Dieu!...

« N'oublions pas aussi que la France est chargée des malédictions de la démocratie européenne qui attendait de notre initiative son signal de délivrance. Malgré nos faiblesses et nos défaillances, la nation lève encore vers nous leurs mains enchaînées et leurs yeux, où brille un dernier rayon d'espoir; montrons-nous dignes de la sublime mission de progrès et d'avenir que le monde entier semble nous avoir confiée; ouvrons aux peuples le chemin de la république universelle par la révolution démocratique et sociale de la France! »

« Le Comité révolutionnaire.

« Octobre 1852. »

« Citoyens,

« L'exercice de la souveraineté n'est qu'une abominable trahison et la plus triste des comédies humaines quand la liberté ne tient pas les urnes ; or qui les tient aujourd'hui? La dictature de l'assassinat, le 2 décembre!

« Le vote au scrutin, même secret, n'est que le vol organisé quand c'est le mensonge qui dépouille, sous les auspices et sous les faisceaux de la force. Or qui les dépouille aujourd'hui ces bulletins effacés, tombés dans l'urne sous l'œil des gendarmes? Le mensonge incarné, le parjure hypocrite et sanglant, le système du 2 décembre !

« Un peuple peut voter pour ou contre, sur l'impôt, sur la paix, sur la guerre et sur les formes relatives de la souveraineté, quand elles n'engagent pas le fond; mais sur l'existence elle-même de cette souveraineté, sur le droit inaliénable, éternel, sur le principe et l'essence de la vie, *tout vote est un crime; on ne doit répondre que par les armes!*

« Quelle est, aujourd'hui, la question posée ? L'Empire, l'Empire héréditaire ! c'est-à-dire l'abdication de la souveraineté se couchant dans la servitude éternelle comme un soleil éteint dans la mer, l'aliénation à perpétuité de soi-même et de ses enfants, la mort volontaire, sans réveil et déshonorée.

« Citoyens, vous ne commettrez pas cet attentat horrible; vous n'étendrez pas, comme un suaire, sur la tombe de la République scellée par vous, la pourpre souillée d'un César de carrefour; vous ne porterez pas une main impie sur vos révolutions, sur vos trophées, sur vos espérances, sur la civilisation qui ne vit que de liberté, sur vos enfants et sur vous-mêmes !

« Vous ne consommerez pas ce grand meurtre de l'honneur et du devoir : vous ne voterez pas !

« Laissez la police et les parasites de tous les temps travailler à la guirlande impériale, et vous, préparez le chanvre vengeur.

« Oui, la nuit, le jour, au milieu des foules comme dans l'ombre, reconnaissez-vous, organisez-vous, fortifiez-vous. Que chacun vive dans tous et tous dans chacun ; qu'une foi commune vous anime, la foi révolutionnaire, implacable, persévérante, hardie comme celle de nos pères de 92, et toujours prête à se lever, à frapper.

« Citoyens, devant un tyran, un parjure, un assassin des libertés publiques, voilà le seul grand devoir à remplir.

« La Société LA RÉVOLUTION.

« Octobre 1852. »

« Citoyens,

« L'Empire va se faire. Faut-il voter? Faut-il continuer de s'abstenir ? Telle est la question qu'on nous adresse.

« Dans le département de la Seine, un certain nombre de républicains, de ceux qui jusqu'à ce jour se sont abstenus, comme ils le devaient, de prendre part, sous quelque forme que ce fût, aux actes du gouvernement de M. Bonaparte, sembleraient aujourd'hui ne pas être éloignés de penser qu'à l'occasion de l'empire une manifestation opposante de la ville de Paris, par la voie du scrutin, pourrait être utile, et que le moment serait peut-être venu d'intervenir dans le vote. Ils ajoutent que, dans tous les cas, le vote pourrait être un moyen de recensement pour le parti républicain ; grâce au vote, on se compterait.

« Ils nous demandent conseil.

« Notre réponse sera simple; et ce que nous dirons pour la ville de Paris peut être dit pour tous les départements.

« Nous ne nous arrêterons point à vous faire remarquer que M. Bonaparte ne s'est pas décidé à se déclarer empereur sans avoir au préalable arrêté avec ses complices le nombre de voix dont il lui convient de dépasser les 7 500 000 de son 20 décembre. A l'heure qu'il est, 8 millions, 9 millions, 10 millions, son chiffre est fait. Le scrutin n'y changera rien. Nous ne prendrons pas la peine de vous rappeler ce que c'est que « le suffrage universel » de M. Bonaparte, ce que c'est que les scrutins de M. Bonaparte. Manifestation de la ville de Paris ou de la ville de Lyon, recensement du parti républicain, est-ce que cela est possible ? Où sont les garanties du scrutin ? où est le contrôle ? où sont les scrutateurs ? où est la liberté ? Songez à toutes ces dérisions. Qu'est-ce qui sort de l'urne ? La volonté de M. Bonaparte ; pas autre chose. M. Bonaparte a les clefs des boîtes dans sa main, les *Oui* et les *Non* dans sa main, le vote dans sa main. Après le travail des préfets et des maires terminé, ce gouvernement de grands chemins s'enferme tête-à-tête avec le scrutin et le dépouille. Pour lui, ajouter ou retrancher des voix, altérer un procès-verbal, inventer un total, fabriquer un chiffre, qu'est-ce que c'est ? Un mensonge, c'est-à-dire peu de chose ; un faux, c'est-à-dire rien.

« Restons dans les principes, citoyens. Ce que nous avons à dire, le voici :

« M. Bonaparte trouve que l'instant est venu de s'appeler *Majesté*. Il n'a pas restauré un pape pour le laisser à rien faire; il entend être sacré et couronné. Depuis le 2 décembre, il a le fait le despotisme ; maintenant il veut le mot, l'empire. Soit.

« Nous, républicains, quelle est notre fonction? quelle doit être notre attitude?

« Citoyens, Louis Bonaparte est hors la loi; Louis Bonaparte est hors l'humanité. Depuis dix mois que ce malfaiteur règne, le droit à l'insurrection est en permanence et domine toute la situation. A l'heure où nous sommes, un perpétuel appel aux armes est au fond des consciences. Or, soyons tranquilles, ce qui se révolte dans toutes les consciences arrive bien vite à armer tous les bras.

« Amis et frères, en présence de ce gouvernement infâme, négation de toute morale, obstacle à tout progrès social; en présence de ce Gouvernement meurtrier du peuple, assassin de la République et violateur des lois, de ce Gouvernement né de la force et qui doit périr par la force, de ce Gouvernement élevé par le crime et qui doit être terrassé par le droit, le Français digne du nom de citoyen ne sait pas, ne veut pas savoir s'il y a quelque part des semblants de scrutin, des comédies de suffrage universel et des parodies d'appel à la nation : il ne s'informe pas s'il y a des hommes qui votent et des hommes qui font voter, s'il y a un troupeau qu'on appelle le Sénat et qui délibère, et un autre troupeau qu'on appelle le peuple et qui obéit; il ne s'informe pas si le pape va sacrer, au maître-autel de Notre-Dame, l'homme qui — n'en doutez pas, ceci est l'avenir inévitable — sera ferré au poteau par le bourreau; en présence de M. Bonaparte et de son Gouvernement, le citoyen digne de ce nom ne fait qu'une chose et n'a qu'une chose à faire : charger son fusil et attendre l'heure.

« Vive la République!

« Les proscrits démocrates-socialistes de France résidant à Jersey, et réunis en assemblée générale le 31 octobre 1852.

« Pour copie conforme :

« *La commission.*

« Victor Hugo, Fombertaux, Philippe Faure. »

Le gouvernement issu des trois conspirations de Strasbourg, Boulogne et Paris pouvait-il être renversé par une conspiration? Les exilés, habitués pour la plupart à conspirer sous Louis-Philippe, répondirent à cette question par l'affirmative. Le gouvernement de Bonaparte leur parut attaquable à la fois par les conspirations militaires et par les conspirations civiles.

L'armée ne s'était pas ralliée tout entière et sans répugnance au coup d'État. La citadelle de Lille avait servi de lieu de prison à un grand nombre d'officiers détenus pour refus de serment. Les exilés crurent donc d'abord à la possibilité de faire servir l'armée à leurs desseins; ils comptaient particulièrement sur l'armée d'Afrique, et le dictateur sembla prévoir le danger, qui pouvait lui venir de ce côté, en insérant dans le décret d'expulsion des représentants : « bannis du territoire français *et de l'Algérie* ». Quelques proscrits affectaient de compter sur le général Bosquet; cet officier devait son avancement à la République, mais ce n'était pas là une garantie bien sérieuse, l'exemple de bien d'autres l'avait déjà prouvé, de son attachement au gouvernement tombé.

Cependant quelques-uns de ses compagnons d'armes, restés ses amis, espéraient profiter de son influence dans leurs tentatives contre l'Empire. Un plan de conspiration militaire a-t-il été tracé, des préparatifs sérieux ont-ils eu lieu pour le mettre à exécution? L'histoire ne peut que le soupçonner, tant que les correspondances de plusieurs généraux de cette époque n'auront pas été publiées. Le nom du général Cavaignac pouvait être utilement invoqué devant les soldats, mais n'était-ce pas déjà trop pour la France, que l'armée se fût associée une fois à un coup de main contre le pouvoir? Le général Cavaignac en était trop sincèrement convaincu pour servir de point de ralliement aux conspirateurs de l'armée. Le bruit de la découverte d'un complot militaire à Saint-Omer circula cependant, à la veille de la proclamation de l'Empire. Des officiers de la garnison de Lille formèrent, dit-on, le projet de frapper le dictateur dans un bal donné en son honneur à l'hôtel de ville. Ces complots, s'ils ont jamais été sérieux, ne trouvaient guère alors que des incrédules.

Le dictateur se tenait sur ses gardes. Quinze cents billets d'un bal organisé à l'École militaire, ayant disparu du tiroir où ils étaient renfermés, la crainte d'un complot fit changer la couleur des cartes d'entrée. Une réunion dont les membres se rassemblaient dans une maison isolée de la rue de la Reine-Blanche, presque en face des Gobelins, ne tarda pas à être dénoncée. La police, en y pénétrant, trouva cinq ou six individus occupés à entourer des tubes en fonte, de toile de coutil goudronnée, destinés à remplir l'office de canons; des perquisitions à leur domicile amenèrent la découverte d'une association ayant, d'après les feuilles du gouvernement, les plus vastes ramifications; de nombreuses arrestations furent opérées. Le *Moniteur* déclara cependant qu'il ne fallait pas attacher une trop grande importance au complot de la *Reine-Blanche*. Le tribunal de police correctionnelle n'en prononça pas moins, le 18 septembre 1852, des condamnations rigoureuses contre une quinzaine de citoyens qui montrèrent une grande fermeté pendant les débats; ils accueillirent le jugement aux cris de : *Vive la République!*

Le Prince-président allait commencer dans le Midi son voyage à la recherche d'une couronne: M. Sylvain Blot, préfet de police à Marseille, met aussitôt la main sur une machine infernale, se composant de 250 canons de front, plus de quatre canons de tromblon divisés en 28 assemblages, déposés dans une maison du grand chemin d'Aix. La police s'introduit et s'empare de deux hommes : Baekler et Gaillard. Ce dernier s'échappe. Des arrestations ont lieu à Paris et dans toute la France.

Les journaux du gouvernement apprennent à leurs lecteurs, que la machine infernale de Marseille a été fabriquée par les membres d'une société secrète dite des *invisibles*, dont le but est la mort du chef de l'État, le pillage et la ruine de la société. Les projets incendiaires des invisibles vont se dérouler devant la cour d'assises, car, ajoutent-ils, Gaillard a été entouré, pris et garrotté à Saint-Étienne dans le bureau même du commissaire de police où il est venu chercher un passeport. Les journaux officieux s'étendent sur l'arrestation de cet homme et sur ses révélations. Le lendemain, ils sont obligés de se rétracter : l'homme en prison à Saint-Étienne n'est qu'un faux Gaillard, le vrai est en fuite, mais on ne tardera pas à l'arrêter. La machine infernale, en attendant, est déposée au greffe de la cour d'assises d'Aix, qui a commencé l'instruction de l'affaire. Le plébiscite pour le rétablissement de l'Empire ayant été adopté à une majorité considérable, la machine infernale fut mise de côté.

Blanqui s'étant échappé de Belle-Isle, et quelques troubles ayant eu lieu à Paris à l'enterrement de l'ouvrier Lebon, de nouvelles arrestations désolèrent les familles dans différents points de la France.

Bientôt l'attention publique fut attirée sur une nouvelle conspiration. La police venait de s'emparer des émissaires du comité de la *Commune révolutionnaire* de Londres, venus à Paris pour contracter un emprunt, et munis d'une liste de gens auxquels ils pouvaient s'adresser. Les persécutions redoublèrent contre les républicains. Le préfet de Vaucluse lança des circulaires pour autoriser les maires à fixer le nombre des personnes autorisées à suivre un convoi dans leur commune; les quêtes de bienfaisance passèrent pour des quêtes politiques et les commissaires de police en saisirent les produits. Les prisons se remplirent de nouveau; la police prétendit avoir trouvé chez certains individus arrêtés des *diplômes* de « membres de la sainte cause ».

Ces précautions étaient-elles justifiées? La vérité est que, la misère étant grande parmi les réfugiés à Londres, le comité de la *Commune révolutionnaire* eut l'idée d'émettre des bons à un franc, qui, joints au produit de la vente de divers manifestes républicains sortis de la plume de Félix Pyat, viendraient en aide aux familles des proscrits. La police mit la main sur les émissaires partis de Londres pour placer à Paris ces bons et ces manifestes. Elle découvrit une partie de leurs papiers dans la boutique d'une fruitière de la rue Neuve-des-Augustins, la veuve Libersalle; elle groupa les personnes arrêtées en diverses catégories, forma un

Fig. 21. — Victor Hugo fait paraître ses deux ouvrages *Napoléon le Petit* et les *Châtiments.*

faisceau isolé, et les débats de l'affaire de la *Commune révolutionnaire* s'ouvrirent le 22 juillet 1853 devant la police correctionnelle; vingt et un individus étaient inculpés. Les plus connus étaient : Félix Pyat, Boichot, Caussidière, L. Avril, Raoul Bravard, Berlier.

MM. F. Pyat, Caussidière, Boichot, L. Avril, Rougée, François Bardot et Victor Desenfants étaient absents.

Raoul Bravard, suivi par la police depuis son départ de Londres, avait pris un passeport sous un nom étranger; le président lui en faisait un crime. Il répondit : « J'étais condamné pour délit de presse; on parlait « d'une amnistie pour tous les délits de ce genre. Quelques réfugiés placés « sous les mêmes conditions s'étaient présentés à la frontière, la gendar- « merie les renvoya avec une feuille de route portant ce mot : *Refoulés*. « Voilà pourquoi j'ai pris un passeport qui n'était pas le mien. »

L'interrogatoire de l'un des accusés, Berlier, jette un jour nouveau sur la façon de procéder des commissions mixtes. Le président lui rappelle qu'il a été condamné à huit jours de prison pour outrage à un magistrat. « Oui, à un maire, mon parent, à l'élection duquel j'avais contribué. On « se plaignait dans la commune de la mauvaise répartition du pain aux « indigents. J'en parlai au maire; les membres du conseil municipal s'en « mêlèrent : le maire m'assigna devant la police correctionnelle sous pré- « texte que je l'avais appelé voleur. Les débats durèrent deux jours; on « entendit dix-huit témoins. A la seconde audience, je demandai au bou- « langer quand il faisait une livraison de 200 pains quel bon il recevait. « Sur l'interpellation de M. le président, il avoua qu'il recevait un bon « de 400. Je fus renvoyé des fins de la plainte. En appel, on m'a con- « damné à huit jours de prison. Plus tard, cela m'a valu d'être expulsé. »

L'attitude ferme et républicaine de la plupart des prévenus augmentait encore pour les défenseurs les embarras d'une tâche déjà rendue très difficile par l'extrême susceptibilité des magistrats. M. Jules Favre, avocat de Raoul Bravard et de la veuve Libersalle, prit le premier la parole pour répondre à l'ensemble du réquisitoire :

« Ma situation est difficile : si l'on envisage isolément les faits, il est complètement impossible de leur imprimer le caractère de la criminalité et d'en faire sortir un texte de condamnation. Il faut, pour arriver à cette conséquence, les réunir, les colorer, et j'ose dire que ce travail n'a été fait par le ministère public que dans la première partie de son réquisitoire, dans le jugement qu'il a porté sur la politique du pays en général, et tant sur l'opinion des prévenus qui sont sur ces bancs que sur les opinions de ceux avec lesquels ils sont intimement liés. C'est là une sorte de fantôme qui s'est dressé au seuil de la prévention et qui a projeté ses ombres sur le tout. S'il était possible de faire disparaître ce fantôme, il ne resterait plus que des faits de colportage d'écrits séditieux qui sont constants, mais qui ne permettraient pas au ministère public de maintenir ses réquisitions dans toute leur étendue.

« Or ce travail, qui a été facile pour le ministère public, l'est beaucoup moins pour la défense. Dans les affaires politiques aujourd'hui, — s'il y a encore des affaires politiques, — les positions ne sont plus ce qu'elles étaient. Messieurs les avocats impériaux me paraissent se tromper de temps et de lieu; ils parlent comme si nous étions sous un régime qui permît le libre essor de la pensée publique. Cependant M. le substitut l'a reconnu par un mot, en disant que la publicité ne devait pas éclairer ce débat. Comme il n'y a plus de publicité, il n'y a plus de liberté; non pas que je veuille dire que les magistrats mettront des limites à ma défense, à Dieu ne plaise, mais la constitution de notre pays proscrit la défense de certains actes, de certains faits sur lesquels le ministère public, qui n'est gêné par rien, peut s'exprimer librement, de telle sorte qu'il est bien difficile d'arriver à la manifestation de la vérité.

« Que veut-on encore que je réponde à ces attaques si ardentes, dirigées contre les proscrits politiques avec lesquels le ministère public suppose que les prévenus sont en complète intimité? Messieurs, je l'avoue, — et je n'aurai pas de peine à être cru du tribunal, — c'est avec une douleur véritable que j'ai entendu les paroles qui sont tombées des lèvres de l'organe de la loi : et, quelque étroite que soit la limite dans laquelle je veuille et je doive m'enfermer, il ne m'est pas possible de ne pas protester contre elles au nom de l'honnêteté et de la vérité.

« Les proscrits auxquels vous avez fait allusion, monsieur l'avocat impérial, ne méritent pas de telles incriminations. Que parmi eux se soient glissés des hommes ardents, téméraires; qu'on fasse circuler sous leur nom des écrits dont personne ne veut assumer la responsabilité; ah! je serai le premier à le reconnaître. Mais les flétrir en masse comme vous l'avez fait, les représenter aux yeux de la société tout entière comme des hommes qui ont renié toute espèce de morale et de vertu, qui veulent déchaîner sur leur patrie — d'où ils ont été chassés — les fléaux du meurtre, de la destruction, du pillage; c'est là une exagération inqualifiable, et M. l'avocat impérial aurait dû, ce me semble, se souvenir que, parmi les hommes qu'il attaquait avec si peu de ménagement, il s'en rencontrait qui avaient été proscrits pour avoir fait ce que je me glorifie d'avoir fait moi-même, pour avoir défendu la loi contre la force .. M. l'avocat aurait dû se souvenir encore qu'il en est d'autres qui ont été proscrits par des pouvoirs occultes dont j'ai eu le regret de trouver le nom dans la bouche de l'organe de la loi; par des commissions mixtes, qui ont bien pu exercer le rôle de victorieux vis-à-vis des vaincus, mais qui n'ont pu prononcer de condamnation... Rayez ce mot-là de votre réquisitoire, car nous sommes aux pieds de la justice;... il n'y a pas de condamnations là où il n'y a pas de juges.

« Ah! vous avez prononcé un mot que je regrette amèrement, et qui, j'en suis sûr, n'était pas au fond de votre cœur; vous avez dit que ces hommes avaient cessé d'être nos frères.... Non! non! vous avez beau faire, il ne vous est pas donné d'effacer de leurs fronts le sceau que Dieu y a mis.

« Ils n'auraient pas cessé d'être nos frères parce qu'ils seraient égarés; ils n'ont pas cessé davantage d'être nos frères parce qu'ils sont malheureux!

« Ces hommes qui sont ainsi chassés de leur pays, est-ce que vous ne comprenez pas tout ce qu'ils doivent souffrir? Est-ce que vous ne savez pas qu'ils doivent aspirer à la patrie avec toute l'ardeur d'un cœur profondément blessé? Ces douleurs, ces irritations, ne sont-elles pas l'histoire de toutes les émigrations? Est-ce qu'il ne peut pas se glisser dans ces âmes souffrantes des sentiments d'exagération?...

« Vous avez dit que ces hommes sont des ennemis, qu'ils campent sur nos frontières. Ah! il n'y a qu'un moyen de les ramener à d'autres sentiments que ceux que vous leur prêtez, c'est de leur ouvrir les portes de leur pays.

« Quant à ces exagérations que vous avez signalées, elles sont la conséquence inévitable, elles sont le résultat fatal de mesures rigoureuses et qui se prolongent indéfiniment.

« Mais ce sont là, direz-vous, des considérations étrangères ou privées. Je recherche la cause de ces publications, et je rencontre cette cause dans les persécutions politiques qui produisent toujours des fruits si amers. Du reste, si j'examine ces publications elles-mêmes, qu'est-ce que je trouve? la *Lettre au peuple français*... Elle n'est ni plus ni beaucoup moins violente que beaucoup d'autres écrits dont nous sommes inondés,... et ce déluge d'imprimés de toutes sortes n'est-il pas, lui, un fait forcé de la situation dans laquelle nous sommes?...

« Il y a des erreurs, il y a des exagérations au fond de la société. Quand on s'oppose à ce qu'elles se produisent au grand jour qui les confondrait, savez-vous ce qui arrive ? Elles minent souterrainement cette société; et le travail mystérieux de leur destruction marche avec une rapidité effrayante. A la surface, pour un œil confiant, tout est calme, tout est bien; mais, si l'on va au fond des choses, quel changement! Ce que je pense et ce que je veux dire, c'est que les institutions de ce pays conspirent contre son propre repos, et qu'un jour il se pourra faire que sur ce sol qu'on croyait si parfaitement uni il y a un gouffre ouvert dans lequel nous descendons sans nous en douter.

« Parmi les hommes pour lesquels vous vous êtes montré si sévère, monsieur l'avocat impérial, les uns ont été condamnés, mais les autres ont été proscrits par la politique, et je proteste contre cette proscription. Vous vous étonnez que leurs écrits ne soient pas empreints du calme le plus parfait; vous vous étonnez qu'on y trouve des choses qui vont jusqu'à blesser les règles de la raison; mais tout cela n'est pas nouveau. Je n'avais pas lu la *Lettre au peuple français*, je ne la connais que par ce que M. l'avocat impérial en a lu. Est-ce qu'il pense, par hasard, que cette théorie sur le gouvernement personnel est dangereuse?

« M. l'avocat impérial s'est indigné de la phrase sur l'armée.

« L'armée? est-ce que je ne peux pas me demander : et Cavaignac! Qu'est-ce que ce nom de Cavaignac? son épée, vous l'avez bénie.... Elle est brisée !... Et Lamoricière ; et Bedeau ; et Changarnier, qui a été l'idole de tous les fonctionnaires....

Ceux-là, ils ont été fidèles à leur serment. Est-ce qu'il y a deux drapeaux, est-ce qu'il y a deux serments?...... Ce dont je suis sûr, c'est qu'il n'y a pas deux consciences.

« Je ne veux pas user de tous mes avantages contre M. l'avocat impérial... Ces discussions générales vers lesquelles il a fait un retour sont désormais impossibles; elles manquent de grandeur, d'éclat et de sincérité..... L'avocat qui se laisserait aller aux inspirations de son cœur courrait à chaque instant le risque d'être interrompu, et même, s'il n'était protégé par des magistrats dévoués à leurs devoirs, on requerrait contre lui, parce qu'il aurait dit la vérité. »

Le gouvernement, jaloux d'étouffer tout ce qui pouvait réveiller les âmes, trouva un complice dans le président du tribunal; le compte rendu des débats fut interdit. La noble protestation de M. Jules Favre ne dépassa point l'étroite enceinte du tribunal. Le devoir de l'histoire est de la produire au grand jour, comme une preuve que même dans ces temps de morne silence et d'affaissement, la voix de la justice et de la vérité se faisait quelquefois entendre.

Le jugement fut prononcé le 24 juillet. Aucun des prévenus n'échappa à une condamnation sévère. La veuve Libersalle, cette fruitière vieille et infirme, dont la police avait voulu faire une héroïne de conspiration, n'en fut pas quitte à moins de six mois de prison.

Cependant le gouvernement se plaignait toujours de la persistance des sociétés secrètes, d'autant plus dangereuses, disait-il, qu'elles étaient insaisissables ; il était pourtant parvenu à mettre la main sur une de ces sociétés, dite le *Cordon sanitaire ;* elle ne se composait pas précisément de gens d'action, disaient les agents, mais de membres des anciennes sociétés secrètes, hommes d'expérience révolutionnaire, sachant, à les en croire, organiser et diriger un mouvement. Deux autres sociétés, celle des *Consuls du peuple*, et celle des *Deux cents*, composée d'étudiants, avaient fusionné avec la première. Les trois sociétés avaient en caisse 150 francs, recueillis par souscription et destinés à fabriquer des canons ; il s'agissait, il est vrai, de canons de zinc entourés de cordes faisant corps avec le métal au moyen de colle forte et de goudron. Ce qui valait mieux que des canons, ils avaient une presse clandestine fournie par Jean Bratiano, jeune réfugié moldave, dont le frère faisait partie du comité central européen à Londres. Les conjurés se réunissaient dans les fossés des fortifications.

L'Empereur devait se rendre le 7 juin de Saint-Cloud à l'Hippodrome. L'occasion parut favorable aux conspirateurs pour frapper un coup, mais l'attention de la police était éveillée : ses agents remarquèrent que les abords du théâtre présentaient, le jour indiqué, un aspect inaccoutumé ; des groupes placés de distance en distance échangeaient des signaux ; des individus parcouraient ces groupes et semblaient leur donner des instructions. La police prit aussitôt des précautions qui firent comprendre aux chefs que le complot était découvert. Les conjurés persistèrent cependant dans leurs projets, dont l'exécution fut ajournée.

Ruault et plusieurs affiliés du *Cordon sanitaire*, les chefs des *Deux cents*, tinrent le lendemain une sorte de réunion dans le jardin du Luxembourg ; Ribault de Laugardière, Laflize, étudiants en médecine, et Arthur Ranc, étudiant en droit, s'y trouvaient. Il fut question dans cette réunion de s'emparer de l'Empereur le jour où il se rendrait à l'exposition de la Société d'horticulture. Projet hardi et difficile à exécuter, mais les conspirateurs ne doutent de rien. Ruault, mis en rapport avec les étudiants par un médecin de l'hôpital militaire de Lille, ne comptait-il pas sur sa promesse de livrer la citadelle de cette ville et de faire marcher le 1er régiment d'infanterie qui s'y trouvait en garnison ? Le complot était mûr pour la police. L'heure d'arrêter Ruault ainsi que son principal complice Lux avait sonné. Les deux conjurés furent pris dans la nuit du 8 au 9 juin. La police s'empara de l'imprimerie clandestine chez Bratiano.

Ces mesures semblaient devoir couper les fils de la conspiration, mais un Belge nommé de Meren parvint à les renouer et à organiser une nouvelle tentative contre la vie de l'Empereur. Il s'agissait de le frapper à sa sortie de l'Opéra-Comique ; toutes les précautions étaient prises par les conjurés. De Meren avait même averti le docteur Follot, demeurant dans la même maison que lui, de se rendre avec sa trousse aux abords de l'Opéra-Comique pour soigner les blessés.

Le 6 juillet 1853, vers dix heures du soir, à la suite d'une échauffourée dont le public n'avait pas pu comprendre la nature et qui s'était produite d'ailleurs sur un terrain fort circonscrit, les sergents de ville et les agents accourus, en proie à une émotion fort grande, avaient immédiatement interdit toute circulation de la rue de Richelieu à la Chaussée-d'Antin, où toutes les voitures venant des Champs-Élysées étaient tenues de s'arrêter par ordre de la police ; un fort peloton de cuirassiers et de guides, massé devant l'Opéra-Comique, attendait l'Empereur, qui assistait à la représentation d'ouverture après la restauration de la salle ; des escouades de sergents de ville sillonnaient les boulevards en jetant des regards soupçonneux sur les groupes et sur les fenêtres. Le bruit ne tarda pas à se répandre qu'une tentative d'attentat sur la personne de l'Empereur motivait ce déploiement de forces. Ce bruit était exact, une tentative contre la vie de l'Empereur avait eu lieu réellement. Voici comment les choses s'étaient passées : l'entrée de la loge impériale donne sur la rue Marivaux ; trois individus, par leur persistance à stationner devant cette porte, avaient attiré les soupçons. Les trois individus suspects furent arrêtés avec plusieurs autres qui essayaient de les délivrer ; les prisonniers, conduits à la préfecture, et fouillés, sont trouvés armés. Laugardière, Arthur Ranc, Laflize attendaient à l'estaminet du *Grand Balcon* le moment de « jouer un rôle plus actif aussitôt que l'assassinat aurait ouvert la porte à l'insurrection »[1]. L'Empereur mort, Paris devait se couvrir de barricades ; les conjurés proclamaient la République et plaçaient Blanqui à la tête d'un comité de salut public.

Un journal officieux prétendit que le révélateur du *Complot de l'Opéra-Comique* était un prêtre qui en avait reçu la confidence en confession ; un autre journal ajouta que le prince de Joinville en avait informé lord Palmerston en le priant d'en faire part ; des papiers importants et

---

1. Voyez l'acte d'accusation.

de mystérieuses correspondances avec l'étranger étaient saisis; des mouvements simultanés devaient éclater dans les Bouches-du-Rhône et dans la Drôme; mille autres bruits du même genre circulèrent dans Paris. L'instruction, tout de suite entamée, fut menée rapidement. La presse officieuse en connut les diverses phases, et elle profita de l'occasion pour s'élever comme à l'ordinaire contre les sociétés secrètes, contre les tristes extravagances révélées, disait-elle, par l'instruction. La saisie d'une tête de mort sur laquelle les prévenus faisaient d'affreux serments devint pour elle une source féconde de déclamations.

Louis Folliet, employé au chemin de fer de Strasbourg; Joseph Ruault, tailleur de pierres; Canivet; Auguste Montchirond, teneur de livres; Lanoix, marchand de futailles; Joseph Lux, fabricant de chaussons à la mécanique; Alix, professeur; Thirès, cordonnier; Bratiano, propriétaire à Bucharest; Gérard, tailleur; Deney, tailleur; Copinot, papetier; de Meren dit le Belge, comptable; Baillet, cordonnier; Mariet, papetier; Mazelle, menuisier; Turenne, tailleur; Gabrat, tailleur; Jaud, bijoutier; Commès, mécanicien; Joiron, cordonnier; Baudy, cordonnier; Follot, médecin; Ribault de Laugardière, étudiant en médecine; Arthur Ranc, étudiant en droit; Laflize, étudiant en médecine; Martin, étudiant, comparurent devant la cour d'assises, comme accusés d'avoir concerté et arrêté entre plusieurs personnes une résolution ayant pour but : 1° de commettre un attentat contre la vie de l'Empereur; 2° de détruire ou changer le gouvernement, laquelle résolution a été suivie d'actes commis ou commencés, crimes prévus par les articles 86, 87, 89 du Code pénal, et par la loi du 10 juin 1853. Deux accusés, Jaubert et Poisson, étaient absents.

Le président de la Cour d'assises, M. Zangiacomi, portait un nom tristement célèbre dans l'histoire de la justice politique sous le règne de Louis-Philippe, il ne négligea rien pour accroître cette célébrité.

M. Rouland, chargé de soutenir l'accusation en qualité de procureur général, avait passé par tous les emplois du parquet : substitut et procureur du roi de première instance, substitut et avocat général de cour royale, puis avocat général à la cour de cassation, député sous Louis-Philippe, il n'avait du magistrat que le nom et de l'homme politique que la phraséologie. Le gouvernement de Louis Bonaparte fut trop heureux, dans sa disette d'hommes, de lui rendre la place d'avocat général à la cour de cassation qu'il avait perdue après la révolution de Février et de le placer ensuite à la tête du parquet de Paris ; M. Rouland, violent, borné de langage et d'esprit, abondant en paroles, convenait au poste de procureur général à cette époque.

Le gouvernement, cherchant à tenir l'opinion publique dans cet état d'alarme qui contribua si puissamment au succès du coup d'État, ne

Fig. 22. — M. Rouland.

perdait aucune occasion de signaler Londres comme le foyer d'une conspiration permanente contre la vie de l'Empereur. M. Rouland, qui porta lui-même la parole dans l'affaire de l'Opéra-Comique, tout en convenant que le complot ne pouvait être rattaché directement aux menées de Londres, chercha néanmoins à insinuer que les réfugiés y avaient une part. La présence de M. Bastide, « qui fut longtemps, dit M. Rouland,

« un membre actif des sociétés secrètes et l'ami des principaux réfugiés
« de Londres », dans une réunion d'étudiants où figuraient quelques-uns
des accusés, lui parut tenir sa place, « au premier rang, des considérations
« qui permettraient de rattacher le complot de Paris à une origine loin-
« taine, à une organisation redoutable et puissante. Ce qui est du
« moins bien certain, c'est que, par leurs œuvres et par leurs écrits, les
« éternels ennemis de l'ordre social ont pesé sur les imaginations, sur
« les esprits, sur les actes des conjurés ; que si aujourd'hui les Ruault,
« les Gérard et tant d'autres ont un compte terrible à rendre devant la
« justice de leur pays, la réprobation qu'ils ont encourue doit remonter
« à leurs corrupteurs, aux écrits infâmes, aux doctrines sanguinaires des
« hommes qui composent le *Comité révolutionnaire* européen, le
« *Club de la révolution*, la *Commune révolutionnaire*. »

M. Rouland termina son réquisitoire par ces mots : « La justice ne fail-
« lira pas à sa haute et sainte mission ; elle saura venger et défendre le
« Souverain que la France s'est choisi, les institutions qu'elle s'est don-
« nées, l'édifice tout entier de la civilisation, encore une fois menacé par
« les barbares. »

Les débats de ce procès méritent d'être lus dans la *Gazette des tribunaux* ou dans le *Droit ;* ils fournissent de nombreux arguments aux adversaires du système judiciaire français, qui transforme souvent le président de la cour d'assises en adversaire de l'accusé, dont il devrait être le protecteur. M. Zangiacomi, changeant l'interrogatoire en acte d'accusation, achevant la phrase commencée par l'accusé, déposant pour ainsi dire à sa place, n'épargnant rien pour l'amener à trahir les autres ou à se trahir lui-même, était plutôt un accusateur qu'un président. C'est ainsi que, lorsque le tailleur Deney accuse Gérard de l'avoir perdu en lui faisant lire l'*Événement* et paraît disposé à faire des aveux, M. Zangiacomi lui dicte lui-même ses paroles :

« *D*. Il faut tout dire ici. Ayez du courage ; c'est du vrai courage. Nous savons les menaces qui ont été faites ; parlez, la justice est assez puissante pour vous protéger : dites comment les choses devaient se passer. — *R*. J'ai entendu dire qu'au cri de : *Vive l'Empereur !* on se précipiterait sur la voiture de l'Empereur et qu'on l'assassinerait.

« *D*. On devait aussi renouveler le hideux spectacle donné à une autre époque à la population ou plutôt à la populace. On devait traîner...? — *R*. Ah ! oui ; on devait traîner le corps de l'Empereur sur les boulevards.

« *D*. Et proclamer la république rouge ? — *R*. Oui. »

Est-ce l'accusé qui répond ou le président?

Le gouvernement n'aurait pas été fâché de compromettre M. Goudchaux, ancien ministre des finances sous la République, et de lui donner un petit rôle dans le complot; il fallait que Deney secondât les efforts de l'accusation.

« *M. l'avocat général Mongis.* N'est-ce pas à vous, Deney, que Gérard a dit qu'il avait fait ouvrir un crédit aux étudiants chez le banquier Goudchaux?

« *Deney.* C'est un étudiant qui avait dit ça à Gérard; il devait se faire ouvrir un crédit pour la même chose.

« D. Quelle même chose? — R. Pour avoir de l'argent, afin d'avoir des hommes pour commettre l'attentat.

« *Gérard.* C'est faux.

« *M. le président.* Prenez-y garde, Gérard; tout ceci est grave, et votre position est désespérée; il vient d'être dit un mot très grave... On peut changer le titre d'une accusation... Prenez-y garde; asseyez-vous. »

Les natures énergiques peuvent seules résister à de telles insinuations et à de telles menaces. Les natures faibles cèdent, mais après avoir cédé elles reviennent quelquefois sur leurs aveux. M. Zangiacomi redoublait alors d'efforts pour les pousser à une nouvelle rétractation, et, si l'accusé persistait, il lui reprochait d'avoir peur.

« *M. le président à Copinot.* Eh bien! Copinot, voilà un exemple que vous donne Deney. Vous avez d'abord nié; puis, voyant que d'autres parlaient, vous avez dit : « Je vois qu'il n'y a pas ici un homme de cœur pour garder un secret. » Et vous avez parlé. Vous avez fait partie d'une société secrète?

« *Copinot.* Quelle société?

« D. Qu'est-ce que c'est que cette question? Avez-vous fait partie d'une société quelconque? — R. Oui.

« D. Ah! nous ne vous demandons pas laquelle, nous le savons. On ne sait pas assez combien ces sortes de société sont percées à jour. Quel était le but de cette société à laquelle vous apparteniez? — R. D'attenter à la vie de l'Empereur et de faire une insurrection. Mais je ne savais pas qu'il s'agissait de ça; je croyais qu'il s'agissait de résister à une attaque légitimiste-orléaniste.

« D. Vous auriez donc défendu l'Empire? — R. Non; j'aurais fait comme en 1848, j'aurais défendu la République.

« D. Ah! vous auriez fait comme en 1848! Ça découvre un homme, cela. Vous êtes allé à l'Hippodrome? — R. Oui.

« D. Qu'y alliez-vous faire? — R. Assister à une expérience en ballon dirigeable.

« D. Vous êtes allé le lendemain au Luxembourg? — R. Oui.

« D. Quoi faire? — R. Chercher des livres à relier.

« D. C'est bien. Et il n'a pas été question d'attenter à la vie de l'Empereur s'il venait à l'exposition d'horticulture? — R. Non.

« D. Allons, vous vous étiez relevé un instant en disant la vérité : maintenant vous avez peur. Asseyez-vous.

« D. Mariet, vous avez connu le complot? — R. Oui.

« D. Vous avez su qu'il devait y avoir un attentat? — R. Il ne devait rien se commettre contre Bonaparte.

« M. le président. Le mot dont vous vous servez n'est pas le mot convenable. Quand on parle du chef de l'État, il faut lui donner la qualité en vertu de laquelle il est reconnu par la loi. Vous vouliez proclamer la république et par conséquent attenter à la vie de l'Empereur? — R. Nous voulions la république.

« D. Mais il n'y a pas de république sans attentat. — R. Un républicain n'assassine pas.

« D. Oh! arrêtez! Et d'abord nous ne vous permettrons pas de poser ici. Vous n'êtes pas sur un piédestal. Vous avez dit dans votre interrogatoire que vous étiez entré dans la société pour attenter à la vie de l'Empereur? — R. Je n'ai pas dit ça.

« D. C'est-à-dire que vous revenez par peur sur vos aveux. Vous revenez, mais à quel prix? En accusant un magistat de mensonge. Vous avez parlé de deux sociétés, l'une de l'attaque, c'était la vôtre. Vous êtes allé à l'Hippodrome? — R. Oui, monsieur.

« D. Qu'y alliez-vous faire? — R. J'y allais sur convocation.

« D. Vous étiez armé? — R. Par pure ostentation, par parade.

« D. Vous avez dit au juge d'instruction que vous étiez philosophe matérialiste. — R. Je lui ai dit cela en conversation.

« D. Vous dites que vous étiez sous les armes pour le cas où l'Empereur serait assassiné. — R. Ou emprisonné.

« D. Bien! Par les légitimistes ou les orléanistes? — R. Ou par une fraction du parti dominant. Il ne m'appartient pas de vous expliquer cela. Je voulais, dans tous les cas, m'opposer au triomphe des légitimistes et des orléanistes.

« D. Vous avez su qu'on faisait des canons? — R. Oui.

« D. Vous avez dit qu'ils ne serviraient que si l'armée ne tournait pas. Vous vous attendiez donc à la voir fidèle? — R. Il faut s'attendre à tout.

« D. Et l'imprimerie? — R. On devait me la remettre.

« D. Dans quel but et chez qui était-elle? — R. Je ne peux le dire.

« D. C'est dire que vous êtes coupable. — R. Je ne me proclame pas innocent. Je ne voulais pas l'effusion du sang; je suis homme de foi.

« D. Nous ne savons ce que vous entendez par un homme de foi. — R. En effet, dans ce siècle, il y en a si peu! J'ai toujours refusé l'effusion du sang, parce que ça ne cimente pas le parti qui s'en sert.

« M. le président. Allons, taisez-vous et cessez cette indigne comédie... Vous ne voulez pas l'effusion du sang... et vous armez vos complices! »

L'accusé Turenne déclare, qu'en le conduisant chez le préfet de police les agents lui ont dit qu'on allait le fusiller. Le président l'interrompt avec colère, et traite son assertion de fable. Tous les moyens lui sont bons contre les accusés. L'accusation ne craint pas d'évoquer contre Thirez, l'immorale déposition de certains membres de sa famille qui le traitent « d'homme aussi astucieux que méchant, qui parvient à se tirer de tous les mauvais pas ». Quand un accusé se défend avec adresse comme Lux, M. Zangiacomi lui interdit la parole :

« Le juge d'instruction fait placer des agents qui ne me reconnaissent pas, et le juge d'instruction a dit : « Comment, c'est Lux, et vous ne le reconnaissez pas! »

« D. Allons, nous ne vous permettrons pas d'insulter un magistrat. — R. Je n'injurie pas, j'explique les choses.

« D. Je vous dis de vous taire. — R. Si je ne peux pas parler, condamnez-moi innocent.
« D. On ne vous condamnera pas innocent, mais je ne vous laisserai pas insulter un magistrat.

Alix, auquel le procureur général reproche d'avoir consacré son patrimoine à l'étude des escargots sympathiques, se permet-il de dire : « M. le juge d'instruction, que je regrette de ne pas voir ici... »

« D. Ah ! permettez. — R. Mais permettez aussi.
« D. Je ne permets rien contre le juge d'instruction ! — R. Vous permettez tout ce qui est la vérité. J'ai dit que j'avais été arrêté en juin 1849 pendant quelques instants ; on a cru que j'avais été arrêté en juin 1848. J'ai protesté, et M. le juge d'instruction, ne tenant pas compte de ma rectification, a mis que j'étais un insurgé de juin. »

De Meren essaye-t-il d'expliquer une de ses réponses au juge d'instruction :

« D. Vous avez dit un mot grave qui a été écrit sous votre dictée : « On ne sait pas comment je suis entré là dedans ; je ne suis qu'un « instrument ». Instrument de qui ? Vous arrivez de Londres... ce ne serait pas difficile à deviner. — R. Je n'ai pas dit ce mot. En me parlant de Londres, l'instruction m'a tendu un piège où je ne suis pas tombé.
« *M. le président.* Non, c'est le juge d'instruction qui l'a inventé. Taisez-vous si vous n'avez rien autre chose à dire. »

M. Zangiacomi use de l'intimidation sur les témoins : il reproche à l'un d'eux d'avoir un frère déporté ; il ne veut même pas que l'on prononce le mot de citoyen :

« D. On a dit, ce que vous avez signé, qu'à la réunion il a été question d'une insurrection qui devait avoir lieu après un attentat. Vos souvenirs sont peu exacts. Vous êtes frère d'un ancien représentant déporté. — R. C'est vrai, j'ai cet honneur-là.
« D. Prenez garde, ce mot n'est pas heureux. En tout cas, ceci explique beaucoup de choses.
« *M. le président.* Laflize, votre situation est la même que celle de Ranc.
« *Laflize.* Je n'ai jamais fait partie de sociétés secrètes.
« D. Êtes-vous allé à l'Hippodrome ? — R. Non.
« D. Vous êtes démenti par Mariet.
« *Mariet.* Pardon, j'ai vu Alavoine ; quant à ces citoyens...
« *M. le président.* Qu'est-ce que c'est que ça ?...
« *Mariet.* Pardon ! Si ce mot est de trop, je le retire. J'ignorais que ce mot ne fût pas dialectique. »

M. Frédéric Morin, un des professeurs de philosophie les plus distingués de l'Université, démissionnaire par refus de serment après le 2 décembre, auteur de plusieurs ouvrages remarquables, figurait au procès comme témoin. Il assistait quelquefois à des réunions d'étudiants. Le président Zangiacomi lui reproche un plus grand crime : « *D.* On a trouvé chez vous des pièces d'or à l'effigie de Napoléon avec un trou au cou. Il faut prendre garde à ces choses-là. Ce n'est pas chez un professeur qu'on devrait trouver de pareils objets. — *R.* Si presque toutes les pièces qui circulent sont marquées ainsi, qu'y puis-je? »

La pensée d'abaisser le caractère d'un ministre de la république en le mêlant à des complots de jeunes gens n'était pas étrangère à la comparution de M. J. Bastide. M. Zangiacomi profite de l'interrogatoire pour lui faire la leçon du haut de son fauteuil :

« *M. le président.* Vous connaissez un sieur Morin?

« *M. Bastide.* Oui, monsieur.

« *M. le président.* Il vous aurait conduit dans une réunion de jeunes gens où il était question d'économie politique?

« *M. Bastide.* Oui, monsieur le président.

« *M. le président.* Vous rappelez-vous ce qui s'est passé dans la réunion Barjaud, d'abord?

« *M. Bastide.* Je suis allé un jour avec Morin rendre une visite à un de ses amis. Je crois qu'on a parlé d'économie politique, mais il y a si longtemps que je ne me rappelle pas ce qui a été dit.

« *M. le président.* On a parlé d'organisation de la magistrature?

« *M. Bastide.* C'est possible. On a passé d'un sujet à l'autre... Je crois avoir parlé des affaires d'Italie et avoir raconté des anecdotes.

« *M. le président.* Des anecdotes... des anecdotes importantes! car il a été question de faits qui auraient peut-être dû rester dans les cartons de l'État et n'être pas divulgués à des jeunes gens. Il a été question du siège de Venise, d'armes fournies, et puis, et puis... d'autres choses qu'il ne fallait pas livrer à la curiosité indiscrète de jeunes gens... Un ancien homme d'État a des devoirs; vous comprenez ce que je veux dire?

« *M. Bastide.* Je le comprends si bien, que je ne répondrai pas à votre question, précisément pour observer ce devoir dont vous me parlez. »

M. Zangiacomi, non content de diriger les débats avec tant d'âpreté, rendit la tâche des avocats presque impossible. L'accusé Bratiano avait pour défenseur Mᵉ Jules Favre. L'habileté de parole de cet orateur, ses précautions de langage, ne le mirent pas à l'abri des interruptions et des avertissements du président. Mᵉ Jules Favre, après s'être efforcé de démontrer que le ministère public se trompait en rangeant Bratiano parmi ces réfugiés qui portent le trouble dans les pays qui leur donnent l'hospitalité, crut pouvoir ajouter :

« Ah! certes; le ministère public a eu raison de le faire remarquer, rien n'est plus coupable que la conduite de ces hommes qui, sur le territoire français, abusant de la protection que leurs malheurs leur ont méritée, viennent se mêler à nos discordes civiles, et jettent dans les rangs du peuple les brandons d'une éloquence de carrefour; ceux-là sont condamnables. Mais votre police, — vous en avez fait assez souvent l'éloge pour que nous puissions y croire, — elle a cent yeux; elle a beaucoup plus de bras: elle voit tout, elle sait tout, elle décachette les correspondances et les lettres...

« M. le président. Nous n'admettons pas cela.

« Mᵉ Jules Favre. Nous en avons vu beaucoup décachetées.

« M. le président. Pourriez-vous en donner des preuves? Dans les instructions criminelles, cela s'est fait, cela s'est vu, cela doit être; mais nous n'admettons pas que la police décachette les lettres.

« Mᵉ Jules Favre. L'arrêt de la cour de cassation est là.

« M. le président. Il y avait une instruction.

« Mᵉ Jules Favre. Mais, d'après l'arrêt, le préfet de police, qui n'appartient pas à l'ordre judiciaire...

« M. le président. Arrivez à l'imprimerie Bratiano. Vous êtes à la barre de la Cour d'assises, et, je l'ai déjà dit, la barre de la Cour d'assises n'est pas une tribune politique. Vous avez à défendre un homme chez lequel on a trouvé une imprimerie. A tort ou à raison, on rattache la présence de cette imprimerie à un complot. Voilà le terrain; maintenant entrez-y et discutons, car, s'il y a toujours des excursions dans le domaine politique, dans le domaine des droits judiciaires, il n'y a pas de raison pour que nous ne restions pas ici indéfiniment.

« Mᵉ Jules Favre. Si nous sommes ici, ce n'est pas notre faute.

« M. le président. Pas de plaisanterie, maitre Jules Favre! Soyons tous sérieux.

« Mᵉ Jules Favre. Si je ne puis répondre....

« M. le président. Vous savez bien que vous pouvez répondre et vous savez comment vous devez répondre.

« Mᵉ Jules Favre. Je n'engagerai pas une lutte qui serait inutile. »

M. Rouland, ayant insisté dans son réquisitoire sur cette coïncidence que les caractères trouvés chez Bratiano ont été vendus par l'imprimeur Saintin et que Saintin est créancier d'Alix, M. Jules Favre répond :

« Oh! voilà quelque chose de bien fort! Le ministère public s'en est emparé. Que voulez-vous? Quand on n'a rien, on prend ce qu'on peut, et M. l'avocat général, en acceptant ceci comme une preuve, a atteint les dernières limites du zèle et du dévouement...

« M. le président. Arrêtez-vous, Mᵉ Favre, vous venez de dire une chose que vous n'avez pas le droit de dire. Tâchez donc de respecter quelque chose.

« Mᵉ Favre. Monsieur le président, je respecte la vérité, et je la rétablis quand elle est obscurcie.

« M. le procureur général. Vous n'avez pas le droit de dire ici tout ce que vous y dites. Nous avons le droit, nous, d'intervenir dans cet incident pour vous empêcher de dire, à propos d'une argumentation qui, à tort ou à raison, a pu vous déplaire, que le magistrat du ministère public a atteint les dernières limites du zèle et du dévouement. Nous vous dirons, pour parler net, que c'est une insulte déguisée sous les artifices du langage.

« M. le président. C'est bien cela.

« Mᵉ Favre. Ce n'était nullement dans ma pensée, je le déclare hautement. Tout ce que j'ai voulu dire, c'est que M. l'avocat général, en se servant de cet argument, a atteint la limite du zèle comme magistrat, la limite du zèle et du dévouement dans le devoir.

« *M. le président.* Ah! comme magistrat! Bien! bien! c'est entendu; cette explication était nécessaire.

« *M. le procureur général.* Il est désormais bien entendu que M⁰ Favre est éloigné de toute insinuation mauvaise et a voulu seulement parler de l'accomplissement d'un devoir. La rectification est complète. Que M⁰ Favre continue sa plaidoirie.

« *M⁰ Favre.* J'avais fini. »

L'avocat se tut. Il avait raison, la défense n'était pas libre.

M. Jules Favre ne fut pas seul à s'en apercevoir. Le ministère public, dans son réquisitoire, se faisait un argument contre Laflize des opinions politiques de son père et de la peine de l'internement à laquelle ce dernier avait été soumis après le coup d'État. M⁰ Martin (de Strasbourg) voulut combattre ce moyen d'accusation. M. Zangiacomi se hâta d'intervenir.

« *M. le président.* Il est entendu, M⁰ Martin, que M. Laflize père n'a en aucune façon à répondre des opinions de son fils.

« *M l'avocat général.* Le ministère public n'a pas dépassé la limite de son droit. Il maintient ce qu'il a dit.

« *M⁰ Martin.* Ah! vous maintenez ce que vous avez dit. Eh bien! je réponds : Quant à la surveillance, c'est une erreur, et vous devez regretter de l'avoir commise. Quant à la mesure judiciaire, M. Laflize a été, il est vrai, interné à Metz pendant quelque temps : c'était par décision administrative, dont l'autorité n'est pas, pour l'honneur de la justice...

« *M. le président.* Je ne vous laisserai pas dire cela ici! L'autorité de ces décisions...

« *M⁰ Martin.* Je maintiens le droit de dire sur ces décisions ce que j'ai à en dire. Je ne veux pas élever ici une tribune politique...

« *M. le président.* Et ce n'est pas très utile pour les accusés, je vous en avertis.

« *M⁰ Martin.* Je dis que ces décisions sont sans autorité juridique.

« *M. le président.* Ce mot ne peut être admis. Il ne reste aux débats que sous réserves.

« *M⁰ Martin* continue sa plaidoirie et arrive à ce qui a été dit de M. Goudchaux dans le réquisitoire. Les quittances qu'on a trouvées chez lui constatent les secours nombreux qu'il accorde...

« *M. le président.* C'est entendu sur ce point; tout est dit, mais encore sous toutes réserves, car il y a une instruction commencée.

« *M⁰ Martin.* Je me tais, si mes explications sont admises.

« *M. le président.* Sous toutes réserves, toujours. »

Les interruptions que M. Zangiacomi fait subir à la plaidoirie de M⁰ Maillard, défenseur de Lux, donnent encore mieux l'idée des écueils qui se dressent à chaque instant devant la défense.

« *M⁰ Maillard.* Quiconque a lu l'acte d'accusation, quiconque a lu les charges relevées contre Lux, condamné trois fois pour cause politique, a dû être convaincu de la culpabilité de Lux. Vous l'avez été vous-mêmes, messieurs les jurés. Je l'ai été moi-même d'abord; mais ensuite j'ai compris que ma conviction ne devait se faire qu'après les débats.

Fig. 23. — Procès de l'Opéra-Comique, interrogatoire de M. Ranc.

« L'avocat examine ensuite les faits reprochés à Lux par l'accusation et discute les charges. Il récuse le témoignage de Folliet, qui, dans cette affaire, a voulu faire du zèle par ses aveux : « Si j'étais à l'Hippodrome, si j'avais poussé le cri, a dit Lux, on aurait dû m'arrêter. » Ce mot a frappé le défenseur, qui trouve que l'administration, instruite du complot, l'aurait arrêté avant le 7 juin s'il y avait eu complot. L'administration, qui était instruite…..

« *M. le président*. Elle ne l'était pas, elle veillait.

« *Me Maillard*. Elle était prévenue depuis le mois d'avril ; elle a donc eu un mois et quelques jours pour veiller.

« Quoi qu'il en soit, on dit que, si Alix n'avait pas été arrêté à l'Hippodrome, on l'avait suivi jusqu'à son domicile pour savoir son nom ; mais son nom, un agent a dit qu'on le savait depuis le 6 juin.

« Quoi qu'il en soit encore, Lux a été arrêté le 8. Pourquoi ? L'administration avait été avertie qu'il se tramait quelque chose ; elle s'est émue ; elle a pris les dossiers des hommes les plus gravement compromis, et elle les a fait arrêter.

« *M. le président*. Nous ne laisserons pas dire que l'administration arrête arbitrairement.

« *Me Maillard*. Je n'accuse pas l'administration ; mais je demande à rappeler un fait : je veux parler du complot de Marseille. A la nouvelle de cette affaire, l'administration s'est fait apporter les dossiers, et elle a fait arrêter à Paris un grand nombre de personnes qui ont été mises en liberté deux jours après.

« *M. le président*. Je ne laisserai pas dire que l'administration arrête des citoyens innocents ; que c'est sur le vu de dossiers qu'on arrête des citoyens. La justice, et non l'administration, — la justice, il faut dire le mot, — ne provoque l'arrestation que des personnes contre lesquelles s'élèvent des charges suffisantes. Ne parlez pas, vous Me Maillard, de l'affaire de Marseille.

« *Me Maillard*. M. le président vient de dire : Me Maillard, ne parlez pas de l'affaire de Marseille. C'est vrai, j'ai été arrêté pour avoir pris part au complot de Marseille ; mais j'ai été mis en liberté. Pourquoi ? Parce que, de loin ni de près, je n'avais pris part à ce complot.

« *M. le président*. N'engagez pas votre personnalité dans ce débat.

« *Me Maillard*. Qui donc l'y a engagée ? Je suis défenseur, monsieur le président, et je veux rester défenseur. »

Me Hubbard, défenseur de Commès, cherche à expliquer la présence de cet accusé dans le complot, par l'ardeur d'une imagination trop facile à l'émotion et à l'entraînement : « Commès a été excité, on lui a parlé de la république, du 2 décembre, de la terreur qui régnait à cette époque….. »

« *M. le président*. Qu'est-ce que cela ?

« *Me Hubbard*. C'est Commès qui parle.

« *M. le président*. Vous vous êtes mis sur un diapason que vous ne pourrez pas garder… Il est impossible de voir un contraste plus frappant que celui qui existe entre vos jeunes confrères qui avaient été désignés d'office et vous, Me Hubbard, qui avez été aussi désigné d'office.

« *Me Hubbard*. C'est vrai, monsieur le président, et je vous en remercie.

« *M. le président*. Vous n'avez pas à m'en remercier.

« *M. de Mongis, avocat général* : Vos jeunes confrères vous avaient donné un exemple que nous espérions vous voir suivre.

« *M⁰ Hubbard.* Que M. le président me permette de le lui dire, quand j'ai accepté la défense d'office qu'il a bien voulu me confier, je m'en suis chargé avec la résolution bien arrêtée de suivre les inspirations de ma conscience de défenseur. J'ai communiqué avec l'accusé. Il m'a fait part de son système de défense ; ce que je vous répète ici, c'est Commès qui vous le dit. Je vais vous le dire. (*Mouvement.*)

« *M. le président.* Qu'est-ce que cela ? Il y a des gardes ici ! S'il y a un seul murmure, faites évacuer la salle. »

Les questions posées au jury étaient au nombre de 82 ; il rentra dans la salle à trois heures du matin, et son président prononça son verdict dans la forme ordinaire.

Étaient déclarés non coupables :

« Thirez, Bratiano, Baudi, Ranc, Laflize et Martin. »

Les autres accusés, déclarés coupables, furent condamnés :

« Ruault, Lux, Gérard, Copinot, de Méren, Mariet et Gabrat, à la peine de la déportation ; Monchirond, à dix ans de détention ; Maltz, Mazille et Turenne, à sept ans de détention ; Deney, Mailliet, Jaud, Commès et Joiron, à cinq ans de détention ; Olliet, Decroix et Alix, à huit ans de bannissement ; Laugardière, à cinq ans d'emprisonnement ; Follot, à trois ans d'emprisonnement. »

Les accusés acquittés furent retenus en prison pour répondre à une prévention nouvelle, celle du délit de société secrète, qui devait les amener, ainsi que leurs coaccusés, le 10 janvier suivant, devant la police correctionnelle.

M⁰ Hubbard, arrêté chez lui quelques jours après ce jugement, est conduit et écroué à Mazas. Son emprisonnement met le palais en émoi. La plaidoirie du jeune avocat n'était pas cependant, comme on le crut d'abord, la cause de son arrestation. Un des témoins l'avait reconnu à l'audience et signalé à la justice comme la personne accompagnant chez Bratiano le porteur de la presse qui avait joué un rôle dans les débats. Le procureur impérial l'accusait d'être le complice de son client, et de faire partie d'une société secrète, dont étaient membres les accusés du premier procès et dix-neuf nouveaux prévenus qu'on leur adjoignit.

M. Hubbard, atteint subitement d'une maladie grave, ne put être jugé que le 22 mars. Il fut, malgré l'éloquente plaidoirie de Berryer, condamné à trois ans de prison et 500 francs d'amende, comme chef fondateur de la société secrète, et à 10 000 francs d'amende et à six mois de prison, se confondant avec les trois ans ci-dessus prononcés, plus cinq ans d'interdiction des droits civiques comme détenteur d'une presse clandestine.

Ce procès fut suivi d'une certaine agitation que le gouvernement chercha d'abord à grossir : Arrestation à Paris de M. Delescluze, ancien commissaire général de la République dans le département du Nord ; arrestation à Nantes du docteur Guépin; visites domiciliaires dans cette ville chez MM. Mangin père et fils, journalistes, et chez M. Rocher, ancien commissaire de la République dans les cinq départements de l'Ouest; arrestations à Tours et à Lyon, alerte et doublement des postes dans cette ville. On aurait dit qu'une insurrection était à la veille d'éclater, mais tout à coup le gouvernement se ravisa, et le journal officiel réduisit les choses à leur juste valeur. Aucun désordre ne s'est produit ; on n'a doublé les postes à Lyon que sur de fausses indications qui n'exigeaient pas tant de précautions. « Nous ne sommes plus, ajoute « le *Moniteur*, au temps où une poignée de perturbateurs suffisait à « inquiéter les esprits; les éléments de si faciles désordres n'existent « heureusement plus en France. »

Le gouvernement, par ses agents secrets et par les accusés qu'il savait intimider ou corrompre, était initié d'avance aux complots et guidé dans leur répression, mais il aurait voulu découvrir la source où les comités de Londres puisaient le peu d'argent qu'ils avaient à leur disposition : il crut enfin l'avoir trouvée. Les républicains proscrits et leurs familles avaient besoin de secours. M. Goudchaux, ancien banquier, ministre des finances de la République, homme de cœur et de dévouement, se chargea de recueillir des souscriptions : dès le matin, il sortait de chez lui et commençait sa quête ; rien ne l'arrêtait ; il frappait à toutes les portes, montait quelquefois trente étages en un jour et recommençait le lendemain ; tant de fatigues altérèrent sa santé, et l'on peut dire qu'il est mort quelques années plus tard, martyr de la charité.

M. Goudchaux, réveillé le 4 octobre à quatre heures du matin, se lève ; il demande le nom de la personne qui se présente ainsi chez lui avant le jour. « Vous ne me connaissez pas, mais il est indispensable que je vous entretienne un moment. » Goudchaux, sur cette réponse, ouvre sans défiance, et le visiteur lui dit en montrant son écharpe : « Je suis le commissaire de police, remettez-moi vos clefs. » Le gouvernement, qui croyait trouver chez Goudchaux des fonds considérables, pour ainsi dire le trésor de la révolution, ne saisit que 142 liasses de papier, formées pour la plupart de reçus de secours portant la signature des proscrits ou de femmes de proscrits. Le commissaire de police, après quatre heures de perquisition, crut indispensable de s'assurer de la personne de M. Goudchaux. L'arrestation de ce citoyen, entouré de l'estime universelle, produisit sur l'opinion publique, en ce moment bien peu susceptible pourtant, une si fâcheuse impression que le gouvernement le fit mettre en liberté. M. Goudchaux en fut quitte pour une journée passée au dépôt de la préfecture de police, en compagnie des voleurs et des honteux rebuts de la population parisienne.

Le premier procès de la *Commune révolutionnaire* nous a révélé les tentatives de son comité pour imprimer une direction au parti révolutionnaire. Des comités de la même société furent organisés à Paris. Ces comités, trompés par une illusion bien étonnante, s'imaginèrent en 1854, au moment même où la guerre de Crimée commençait, que l'heure d'agir avait sonné. M. Boichot, chargé par ses collègues de s'assurer si les rapports des comités de Paris étaient exacts, quitta Londres secrètement et se rendit d'abord en Hollande, puis en Belgique, d'où il pénétra en France. Il fut convaincu, à peine arrivé à Paris, de l'exagération des renseignements transmis au comité de Londres sur les forces insurrectionnelles. La seule apparition du proscrit dans la demeure de ses amis y jetait le trouble et l'effroi. Le premier chez lequel il se présenta, refusa de lui donner un logement, le second offrit de le conduire hors de Paris. La terreur du 2 décembre pesait encore sur les imaginations, le proscrit parvint enfin à trouver un asile dans le faubourg du Temple. Pendant trois jours, il visita un grand nombre de républicains; il se rendit dans les casernes de la banlieue; et, bien vite convaincu de l'impossibilité d'un appel aux armes, il résolut de retourner à Londres. La veille de son départ, il rencontra par hasard un démocrate qui l'engagea fortement à venir le lendemain, à onze heures, chez lui, où il le mettrait en rapport avec un groupe d'anciens montagnards. M. Boichot se rendit sans défiance à l'invitation et, après la séance, deux amis dévoués vinrent le chercher pour le conduire à Plaisance, où l'attendaient, disaient-ils, un grand nombre de citoyens affiliés à la *Commune révolutionnaire*. L'idée lui vint en passant devant la maison d'un peintre son vieil ami, de profiter de l'occasion pour lui serrer la main; la frayeur de son hôte le força d'abréger sa visite. Des ouvriers en blouse l'abordèrent dans la rue : « Vous êtes découvert et nous sommes chargés de vous cacher. » Il les suit, non sans méfiance, mais comment s'échapper? Deux des prétendus ouvriers dirigent chacun un pistolet sur sa poitrine, pendant que les autres se précipitent sur lui, l'entraînent et le jettent dans un fiacre. Le préfet de police Piétri suivait le fiacre dans sa voiture et semblait donner des ordres sur son passage. Le prisonnier, amené d'abord à la préfecture, fut écroué vers quatre heures à Mazas [1].

M. Boichot avait été condamné par défaut à la déportation, pour tentative de renversement de la République et de la Constitution, à la suite des événements du 13 juin. Le temps légal pour purger sa contumace n'étant pas encore expiré, il aurait dû être traduit de nouveau devant la haute cour. Les violateurs de la constitution n'osèrent pas poursuivre un citoyen sous l'accusation d'un crime dont eux-mêmes se sont rendus coupables le 2 décembre 1851, et ils se bornèrent à le traduire en police correctionnelle.

Le représentant Boichot n'était pas seul prévenu dans cette affaire.

Marie-Antoinette Vanderwale, femme Coingt, cinquante-trois ans, rentière, et Félix-Édouard Poirier, vingt et un ans, mécanicien, comparurent le 24 août 1854, devant le tribunal de police correctionnelle présidé par M. d'Herbelot. Les autres accusés, Félix Pyat, Rougée, Vallière, Colfavru, Alavoine et Bianchi étaient absents.

La prévention reproche à tous les accusés d'avoir fait partie de la société connue sous le nom de *Commune révolutionnaire*, et à Marie-Antoinette Vanderwale, femme Coingt, ainsi qu'à Poirier, d'avoir commis le délit de distribution d'imprimés sans autorisation, en distribuant trois brochures intitulées : l'une, *Lettre à l'armée;* l'autre, *L'Empire, la famine et la honte;* la troisième, *Lettre à la bourgeoisie;* brochures qui auraient été écrites et qui leur auraient été envoyées par les autres prévenus, et d'avoir, en les vendant ou distribuant, commis les délits d'attaque contre la constitution; d'excitation à la haine et au mépris du gouvernement; de provocation à des militaires pour les détourner de leurs devoirs; d'attaque contre les lois; d'excitation au mépris et à la haine des citoyens les uns contre les autres; d'outrages à la religion; d'offenses à l'Empereur; de provocation à la guerre civile; de provocation à l'assassinat non suivie d'effet; de provocation à l'attentat contre la vie de l'Empereur non suivie d'effet; et enfin de provocation à détruire la forme du gouvernement actuel.

Les autres prévenus qui ont écrit et envoyé les brochures sont considérés comme complices de ces délits par le ministère public.

---

1. *Souvenirs d'un prisonnier d'État sous le second Empire*, par A. Boichot. Leipzig, C. Muquardt, 1869.

Les gardes de Paris amènent Poirier et Mme Coingt. Poirier a une figure d'enfant qui ne manque ni d'intelligence ni de régularité. Mme Coingt est une femme de cinquante ans qui ne paraît pas avoir son âge. Sa figure brune ne manque ni de finesse ni de douceur. Unie depuis longues années par d'étroits liens à l'un des accusés, elle avait, comme elle le dit elle-même, plus d'affection encore que d'opinion. Sa mise était simple, sa tenue modeste et ferme. Les auditeurs se demandent où est le principal prévenu Boichot, qui a été amené le matin au dépôt de la préfecture. Le président du tribunal, après avoir rappelé à Poirier et à Mme Coingt les délits qui leur sont imputés, ajoute : « Boi-« chot a refusé de comparaître. Un huissier a été commis par nous à « l'effet de le sommer de se présenter à l'audience. Le procès-verbal de « l'huissier constate que Boichot a déclaré qu'il ne comparaîtrait pas, « ne reconnaissant pas le tribunal appelé à le juger, et qu'il protestait « d'avance contre tout ce qui serait fait à son égard. »

Conformément à ces conclusions, le tribunal déclare qu'il sera passé outre aux débats et qu'on statuera en l'absence de Boichot, à qui lecture sera ensuite faite par le greffier du procès-verbal de l'audience et du jugement.

Mme Coingt refusa de répondre à l'interrogatoire, elle s'en tint à ce qu'elle avait dit au juge d'instruction. Le président d'Herbelot se laissa aller envers elle jusqu'à la grossièreté :

« *D...* (à Poirier). Qui vous avait engagé à vous mettre en rapport avec cette femme?
— *R.* C'est une personne séparée de son mari, pour laquelle on faisait une loterie; je suis allé chez madame pour lui chercher des billets. Elle m'a parlé des misères des exilés, et je me suis chargé de vendre des brochures dont le produit leur était destiné.
« *D.* Vous vendiez la *Lettre à la bourgeoisie* 40 à 50 centimes? — *R.* Oui.
« *Le président* (à la dame Coingt). Ainsi, voyez, il y a quelque chose de déplorable dans votre conduite; voilà un malheureux enfant que vous compromettez, que vous chargez de distribuer ce poison....
« *La prévenue* : Je n'ai rien à répondre.
« *Le président* : Vous n'avez pas plus de cœur que de réponse. Asseyez-vous. »

M. Duprez-Lassalle, substitut, rappelle qu'un jugement du 22 juillet 1853 a déjà frappé les chefs et fondateurs de la *Commune révolutionnaire*, ainsi que plusieurs de ses affidés. « Si douze voleurs de profession étaient choisis dans les bagnes pour produire un plan de société politique conforme à leurs habitudes et à leurs passions, ils ne trouveraient certainement pas mieux que le programme de la *Commune révolutionnaire.* » Telle était alors la violence du langage de la magistrature.

Le tribunal rend un jugement qui déclare les prévenus coupables des délits qui leur sont imputés et condamne : Boichot, Félix Pyat, Rougée, Vallière, Colfavru, Alavoine et Bianchi, à cinq ans de prison, 10 000

Fig. 24. — M. Berryer.

francs d'amende et dix ans d'interdiction des droits civiques ; Marie-Antoinette Vanderwale, femme Coingt, à deux ans de prison, 500 francs d'amende ; Poirier, à un an de prison, 500 francs d'amende et cinq ans d'interdiction.

Les mesures de précaution pour la vie de l'Empereur étaient poussées à un tel point de sévérité dans ce temps-là, que M. Pagnerre, libraire, ancien secrétaire du gouvernement provisoire et de la commission exécutive, homme honorable et des plus modérés, quoique ferme dans ses opinions républicaines, fut obligé de quitter Dieppe par ordre de la police pendant le séjour de Napoléon.

Ces précautions furent cependant mises en défaut à Paris. Le 29 avril 1855, l'Empereur, vers cinq heures et demie du soir, remontait à cheval le côté droit de l'avenue des Champs-Elysées, entre ses deux aides de camp Ney et Valabrègue. Arrivé à la hauteur des terrains Beaujon au coin de la rue Balzac, un homme, qui stationnait depuis un moment devant le Château des fleurs, s'approche et décharge son pistolet sur lui sans l'atteindre. Un agent de la brigade corse servant de garde personnelle à Napoléon III s'élance, le poignard à la main, sur l'inconnu et le blesse au moment où il va tirer une seconde fois. L'assassin est conduit à la barrière de l'Étoile; on trouve sur lui un revolver et des papiers constatant son origine romaine et son nom de Liverani. Il portait en dessous un second habillement destiné à faciliter sa fuite; une jeune femme avait été vue sur le trottoir opposé à celui où se commettait le crime, tenant la main sur la portière d'un fiacre, prête à l'ouvrir.

Le ministre de la justice Abbatucci et le préfet de police Piétri soumirent Liverani à un premier interrogatoire. Le meurtrier répondit que, réfugié à Londres après la chute de la République romaine, il avait résolu de la venger par la mort de son destructeur. Les renseignements arrivés d'Italie apprirent bientôt au magistrat instructeur de l'affaire que Liverani était un faux nom inscrit sur un passeport sarde, et que l'assassin s'appelait Pianori, natif de Faenza, cordonnier de son état, ancien volontaire de Garibaldi, et âgé de vingt-huit ans. Les informations du chargé d'affaires de France constataient que Pianori était marié, père de deux enfants, et réfugié à Genève, « d'où il revenait souvent dans son pays pour y commettre de nouveaux crimes. » D'autres renseignements émanés de la police romaine le donnaient comme condamné à douze ans de bagne comme assassin et comme incendiaire.

Les journaux officieux s'empressèrent de faire retomber sur le parti républicain la responsabilité du crime de Pianori. Ce crime, à les en croire, était attendu d'avance par les révolutionnaires, qui sur divers points du territoire, à Toulouse notamment, avaient déjà mis les sociétés secrètes sur pied. M. Turgot, ambassadeur de France en Espagne, avait écrit, dit-on, de Madrid à l'Impératrice qu'il se tramait quelque chose contre l'Empereur; le pape avait été prévenu de l'attentat par une lettre anonyme.

Les débats du procès s'ouvrirent le 1er avril et firent cesser tous ces bruits. M. Benoît-Champy, membre du conseil de l'ordre, désigné pour présenter d'office la défense de Pianori, avait figuré sous Louis-Philippe dans les rangs du parti républicain ; ami de Lamennais, ministre de la république française en Toscane, il montra dans ce poste une très vive sympathie pour la cause italienne. Le choix d'un tel défenseur répondait à la situation particulière de l'accusé. Tout le monde avant l'audience s'attendait à une plaidoirie chaleureuse dans laquelle l'avocat chercherait, sinon à excuser, du moins à expliquer le crime de l'accusé par l'excès d'un patriotisme mal compris ; Pianori lui-même invoquait ce sentiment. Quel ne fut pas l'étonnement des membres du barreau et des spectateurs présents aux débats en écoutant le défenseur, qui, oubliant son rôle, vint en aide à l'accusation et transforma sa plaidoirie en réquisitoire contre son client! Le scandale fut grand. Le prétendu défenseur de Pianori, exclu du conseil de l'ordre des avocats à l'époque de son renouvellement, reçut en revanche du gouvernement la croix d'officier de la Légion d'honneur et le fauteuil de président du tribunal de première instance de la Seine.

Pianori, dans un patois baroque, composé de mots français et italiens, protesta contre les crimes qu'on voulait faire peser sur sa mémoire et déclara qu'il mourait pour la liberté de son pays. Il fut condamné à la peine des parricides.

Le condamné, resté à la Conciergerie contrairement à l'usage, subit dans cette prison des interrogatoires fréquents. La justice espérait de lui des aveux sur ses complices, mais il ne cessa de protester qu'il avait seul conçu l'idée de son crime. Il fallait en finir. Le 13 mai, à dix heures du soir, une voiture cellulaire, escortée par des gardes à cheval, franchit la grille de la prison de la Roquette : Pianori en descendit pour être conduit dans la cellule des condamnés à mort. L'échafaud se dressait presque en même temps devant la prison.

Le parquet comptait que l'approche de l'exécution ferait fléchir le condamné. Un des substituts du procureur général fut introduit, à trois heures du matin, dans la cellule où Pianori dormait, sous la surveillance d'un gardien de la prison, d'un soldat de la ligne et de deux agents de police : le gardien l'éveilla ; il apprit qu'il ne lui restait plus qu'une heure et demie à vivre. « C'est bon, dit-il, je suis prêt ; que l'on fasse de moi ce que l'on voudra. » Il se lève et met ses vêtements. Le substitut l'adjure une dernière fois, mais en vain, de décharger sa conscience et de nommer les instigateurs de son crime. Le gardien l'avertit de la visite de l'aumônier de la prison ; il fait un mouvement de tête en ajoutant : « C'est inutile, je prierai bien tout seul. » Cédant enfin aux exhortations, il cause pendant quelques instants avec le prêtre avant d'entrer au greffe, où se fait la toilette des condamnés. L'aumônier lui demande s'il veut prendre quelques aliments; il répond : « Je n'ai besoin de rien. »

L'exécuteur s'empare du condamné, coupe ses cheveux et lui fait revêtir une espèce de blouse blanche; il se dispose à jeter sur sa tête le voile noir du parricide : « Je ne veux pas cela, s'écrie Pianori, j'irai bien sans cela, je n'en veux pas. — C'est la loi, » dit l'exécuteur. Pianori se tait; le voile est attaché; on lui retire ses chaussures.

Cinq heures du matin sonnent au moment où les portes de la prison s'ouvrent; le condamné, pieds nus, voilé, paraît entre deux aides de l'exécuteur. Le pied sur la première marche de l'échafaud, il crie d'une voix forte : « Vive la République ! » — L'exécuteur veut le faire taire; Pianori, debout sur la plate-forme, répète : « Vive la République! » Un huissier audiencier lit l'arrêt de condamnation. Pianori essaye de parler ; mais l'exécuteur, serrant le voile sous son menton, paralyse sa voix. La lecture de l'arrêt terminée et le voile enlevé, les aides de l'exécuteur le jettent sur la bascule. Le couteau tombe. Quelques minutes après, une voiture recouverte conduite en poste emporte les restes du supplicié, et les témoins de l'exécution, au nombre d'un millier tout au plus, car la police gardait les avenues du lieu du supplice, se retirent en silence. Il était six heures du matin.

Le *Moniteur* annonça l'exécution de Pianori en quatre lignes. Les autres journaux reçurent du ministère de l'intérieur l'injonction de se borner à la reproduction de la note officielle.

Pianori est-il le premier individu qui ait tenté isolément d'assassiner Napoléon III ? Il est plus facile de poser cette question que de la résoudre. La justice ordinaire n'intervenait pas dans la répression de tous les attentats politiques; ainsi près d'un an après le 2 décembre, on put lire dans les journaux ce fait divers communiqué par la préfecture de police : « Dans un cabaret de Montrouge, une lutte terrible s'est engagée entre « des forçats en rupture de ban et des agents du service de sûreté qui « ont dû faire usage de leurs armes. Force est restée à la loi. »

Les trois hommes arrêtés *n'étaient pas des forçats libérés*, mais deux Italiens et un Français dénoncés à la police comme arrivant de Londres. On avait donné l'ordre de s'emparer d'eux, coûte que coûte.

Le Français s'appelait Frédéric Kelsch, et il était lieutenant d'infanterie, démissionnaire. Ils déjeunaient chez un marchand de vin de Montrouge, dans l'arrière-boutique, séparée de la pièce principale par une cloison vitrée. Les agents de police cernèrent la maison; les plus hardis entrèrent le pistolet au poing. Que se passa-t-il alors? Kelsch, transporté à l'Hôtel-Dieu, affirmait que les agents de police avaient fait feu au moment même où ils ouvraient la porte. Ce qui est certain, c'est que Kelsch et l'un des Italiens, blessés, couverts de sang, passèrent à travers vingt hommes et purent se croire un instant sauvés! Mais l'Italien, à bout de forces, s'abattit vingt pas plus loin, et Kelsch, suivi à la trace de son sang, fut arrêté une heure après chez un de ses frères.

Les deux Italiens s'appelaient, l'un Rassini, l'autre Galli. Il n'y eut pas cette fois de procès. Les trois individus à peine guéris, furent embarqués pour Cayenne. Il paraît que Kelsch obtint, peu de temps après son arrivée, d'être mis en liberté. Il est mort en 1869 en Chine, où il servait en qualité d'officier instructeur. Rassini et Galli ne sont pas sortis de Cayenne [1].

Pianori trouva bientôt un imitateur.

L'Empereur devait assister à la représentation de clôture de la troupe italienne au théâtre Ventadour. La loge impériale a une entrée réservée donnant sur la rue Marsollier. Le bâtiment des décors s'élève en face de la grille : la rue est assez déserte ; un homme posté sous le bec de gaz du trottoir et dissimulé dans l'ombre attendait là depuis l'ouverture des bureaux. Au roulement de la première voiture de la cour, qui débouchait dans la rue, il s'avança et tira un coup de pistolet sur la glace de la berline occupée par trois dames d'honneur de l'Impératrice et par un chambellan de l'Empereur; une des dames fut égratignée par les éclats du verre. Les sergents de ville accoururent et s'emparèrent de l'homme, qui tenait encore à la main l'arme dont il venait de se servir, un pistolet dit *coup de poing*. C'était un cordonnier nommé Bellemarre, âgé d'une vingtaine d'années, enfermé pendant quelque temps comme aliéné à Bicêtre. La police profita de cette tentative pour faire de nouvelles arrestations dans le parti républicain, qu'elle essayait de rendre complice de l'acte d'un fou.

M. Arthur Ranc, qui figurait dans le complot de l'Hippodrome, fut

---

1. Ces détails sont tirés d'une brochure périodique *Le diable à quatre*, et signés A. Ranc. Un nommé Griscelli, agent de la police secrète de l'Empire, raconte le même fait dans ses *Mémoires*, publiés à Bruxelles en 1868.

arrêté l'un des premiers. Il a raconté lui-même les suites de son arrestation [1].

L'enterrement de la mère du représentant Dornès, tué en cherchant à rétablir l'ordre dans les journées de juin, fournit à la police l'occasion de nouvelles captures. M. Guinard, ancien commandant de l'artillerie de la garde nationale parisienne en 1848, très connu pour la loyauté de son caractère, fut arrêté à cette cérémonie ainsi que plusieurs ouvriers; son arrestation produisit un effet non moins fâcheux que celle de M. Goudchaux. Le gouvernement prétendit pour s'excuser que M. Guinard avait été arrêté pour payement des frais du procès de Bourges.

Le mois d'août 1855 fut également fécond en arrestations. Les jour-

[1]. « Cela se passait à neuf heures; à minuit j'étais arrêté; à la même heure on arrêtait un ouvrier cordonnier, Pascal Lange, qui, lui aussi, avait connu Bellemarre à Sainte-Pélagie. Lange fut interrogé une fois par M. le juge d'instruction Brault, puis il n'entendit plus parler de rien; moi je ne fus pas interrogé du tout. J'étais du reste fort tranquille, n'ayant absolument rien fait qui pût me compromettre, et certain que Bellemarre était incapable de porter contre moi une accusation fausse. En effet, plus tard, lorsque j'allai en Afrique, un de mes gendarmes me montra ma feuille signalétique, et j'y vis qu'on me reprochait seulement « d'avoir connu les projets de Bellemarre ».

« Néanmoins les jours se suivaient et se ressemblaient au dépôt de la préfecture. On ne m'interrogeait pas, mais je ne sortais pas pour cela; un jour, j'appris que Bellemarre, « reconnu atteint d'aliénation mentale, » avait été conduit à Bicêtre. Donc il n'y aurait pas de procès! donc j'allais être mis en liberté!

« Ah bien oui! Les semaines s'écoulèrent sans que rien fût modifié dans ma situation. Enfin un jour, au bout de trois mois, je fus mandé à la préfecture; je descendis et je me trouvai en face d'un commissaire de police qui me lut un arrêté de M. Billault, ministre de l'intérieur, portant en substance que, vu le rapport de M. Piétri, préfet de police, vu le décret du 8 décembre 1851, vu le jugement du tribunal correctionnel qui m'avait condamné à un an de prison pour société secrète, j'allais être transporté à Cayenne.

« Cet arrêté était fort en règle; le décret du 5 décembre très formel : il n'y avait rien à dire. Je me bornai donc à demander au commissaire de police quand aurait lieu le départ et si j'aurais le temps de faire quelques préparatifs. Le commissaire, fort poli du reste et presque ému, me répondit qu'il l'ignorait et de m'enquérir auprès de M. le préfet. Je m'adresse au préfet, pas de réponse. Cela sentait mauvais, et me voilà m'attendant à être enlevé le soir même, sans pouvoir embrasser ma mère, sans voir mon père, qui était en ce moment absent.

« Heureusement, nous n'étions à Paris que deux politiques en partance, et l'on ne pouvait pas faire pour nous seuls les frais du transfèrement. On attendit qu'il y eût à la Roquette assez de forçats disponibles pour emplir une voiture cellulaire. Grâce à ce répit, ma famille put se mettre en campagne. Une parente de ma mère, qui connaissait quelques personnes du monde officiel, s'employa avec cette activité que savent mettre les femmes quand on en appelle à leur dévouement, et elle parvint à faire changer Cayenne en Lambessa. Je lui en fus profondément reconnaissant, surtout pour les miens, dont la douleur et les inquiétudes étaient ainsi allégées de moitié, car, pour moi, j'ai la vie dure et j'ai idée que je me serais tiré de Cayenne comme de Lambessa.

« Enfin, un soir, on m'emmena à la Roquette. Je trouvai au greffe Pascal Lange qui arrivait de Mazas. Lui aussi s'était attendu, pendant deux mois, tous les jours, à être mis en liberté; lui aussi on l'avait mandé devant un commissaire de police qui lui avait lu un arrêté de transportation. Seulement sa pauvre vieille mère, sa mère infirme, qu'il soutenait de son travail, n'avait pas de relations en haut lieu, et il s'en allait à Cayenne!

« A la Roquette on nous rasa, on nous coupa les cheveux, on nous déshabilla, et l'on

naux citèrent parmi les prisonniers le frère de Pianori et un autre Italien arrivés ensemble à Biarritz, où se trouvait alors l'Empereur.

La cour d'assises de Douai jugeait pendant ce temps les accusés d'un complot découvert de la façon suivante à Perenchies, village à 10 kilomètres de Lille. La pluie ayant amené quelques dégâts sur le chemin de fer et enfoncé l'un des rails, les surveillants découvrirent, en faisant leur ronde, une boîte de fer enfouie que le dernier orage laissait à fleur de terre. Cette boîte, d'après l'instruction, était une machine infernale destinée à éclater au prochain passage de l'Empereur sur le chemin de fer de Lille à Calais. Les deux frères Jacquin, mécaniciens, accusés d'avoir fabriqué la machine et organisé le complot, se réfugièrent en Belgique; le gouvernement belge refusa leur extradition. Huit accusés comparurent devant le jury; la cour en condamna deux [1].

nous revêtit de l'habit gris, l'habit des condamnés pour vol. Le lendemain, nous partions pour Marseille et Toulon, en voiture cellulaire : trente-six heures de route, par un froid glacial, les fers aux pieds! Je m'arrêtai à Marseille; Lange continua sa route jusqu'à Toulon. On sait par le récit que M. Delescluze a publié dans le *Réveil* comment les choses se passaient dans cette dernière ville. Quant à moi, sans vouloir insister et sans donner de détail, j'affirme — car il faut que ces choses-là soient sues — que de Marseille jusqu'au jour de mon arrivée à Lambessa je vécus en promiscuité absolue avec quatre forçats, couchant sur le même lit de camp, mangeant à la même gamelle, accouplé avec l'un d'eux quand nous traversions une ville, enchaîné par les pieds à la même barre sur le bateau. Je dois dire, du reste, que ces quatre malheureux étaient fort convenables, discrets et que je n'eus aucunement à m'en plaindre. Pascal Lange ne resta pas à Cayenne jusqu'à l'amnistie; il fut transféré en Algérie. Mais, hélas! son séjour à la Guyane dura assez pour qu'il y ait contracté les premiers germes d'une cruelle maladie; et maintenant Pascal Lange, un des esprits les plus libres et les plus joyeux, un des cœurs les plus dévoués et les plus généreux que j'aie connus, qui de Cayenne et d'Algérie trouvait le moyen d'envoyer à sa mère un peu d'argent, Lange est brisé par la souffrance : il est paralysé des membres inférieurs. Il a trente-six ans à peine, il a conservé toute son intelligence, toute sa volonté, et il est condamné à l'inaction, à l'immobilité presque absolue.

« De Bellemarre on n'a jamais entendu parler. Est il mort à Bicêtre? vit-il dans quelque cabanon? Nul ne le sait. » (Lettre de M. A. Ranc, *Procès de l'Hippodrome*, par A. Ferme).

1. M. Alphonse Gent, représentant du peuple à la Constituante, homme intelligent et énergique, avait formé en 1849 une vaste organisation politique, dite du *Sud-Est*, embrassant tous les départements compris dans la région qui s'étend de la Saône aux Alpes et à la mer et destinée à s'opposer au coup d'État que le Prince-président ne pouvait manquer, selon des prévisions déjà fort répandues, de tenter contre la République. Les délégués de cette association, les délégués du comité de résistance de Paris, dix représentants de la Montagne, parmi lesquels figurait Michel (de Bourges), se réunirent à Mâcon en septembre 1850, le jour même de la foire de cette ville. Les délégués du Jura, de l'Alsace, d'Orléans, de Nantes et de plusieurs autres villes assistaient également à la réunion où la résolution fut prise d'étendre au reste de la France l'association du *Sud-Est*. MM. Bruys et Alphonse Gent se rendirent en Suisse pour rallier l'émigration à la pensée de la nouvelle association. M. Alphonse Gent, de retour à Lyon le 23 octobre, fut arrêté accusé de complot, et condamné à la déportation à Nouka-Hiva. Une autre société secrète dite de la *Montagne* existait également à cette époque. Les nombreux cercles, cafés et cabarets de la *Montagne*, donnaient une idée peut être un peu exagérée de la puissance de la société à laquelle ils empruntaient leur nom. Elle n'en comptait pas moins un certain nombre d'adhérents qui entrèrent dans l'organisation du *Sud-Est*. Les membres de cette association,

On n'entendait plus parler de complots depuis quelque temps, lorsque, à la fin d'août 1855, Paris apprit avec étonnement par le *Moniteur* que dans la nuit du 26 au 27 août 1855, une bande armée de cinq à six cents hommes, forçant et saccageant la caserne de gendarmerie de Trélazé, s'était jetée dans Angers par la rue du Faubourg Bressigny. Cette bande, croyant surprendre la ville, avait été chargée et dispersée par les soldats, les gendarmes et les agents de police. Les auteurs de l'échauffourée étaient, d'après les journaux officieux, des ouvriers des ardoisières de Trélazé et des Ponts-de-Cé, affiliés depuis peu à la *Marianne*.

Les prisonniers faits dans la bagarre furent enfermés dans le château d'Angers. Quand on leur demandait : « Qu'est-ce que la *Marianne*? qu'alliez-vous faire à Angers? » ils répondaient : « La France est en insurrection ; la République démocratique et sociale est proclamée, leur aurait dit un de leurs chefs, d'après l'acte d'accusation ; voici le moment de tuer et de voler ; celui qui refusera de marcher sera fusillé. » Le gouvernement prit à Angers des précautions comme s'il s'agissait de dompter une Vendée démocratique. Les armes, déposées chez les armuriers, furent démontées ou transportées au château. Une forte garnison occupa la ville et la forteresse. La moitié des accusés se composait d'hommes faits ou vieux, presque tous ayant de bons antécédents, très peu sachant lire ; le ministère public, lorsqu'ils comparurent devant la cour d'assises de Maine-et-Loire convoquée extraordinairement, n'en attribua pas moins leur conduite à des lectures dangereuses.

Les bruits d'assassinat sur la personne de l'Empereur se renouvelaient souvent. La nouvelle courut en septembre 1855 qu'un cent-garde avait tiré un coup de pistolet sur lui. Les cent-gardes demandèrent une enquête. L'Empereur répondit que l'esprit du corps était trop connu pour qu'on le supposât capable de pareilles actions.

Les arrestations ne cessaient pas ; dès le premier mois de l'année 1856, elles devienent de plus en plus nombreuses dans la Charente, la Charente-Inférieure, la Dordogne et quelques autres départements. La *Marianne* servait de prétexte à ces mesures, qui portaient la terreur dans les familles et donnaient lieu à mille petites persécutions locales dont les victimes n'osaient même pas se plaindre.

Il n'était question cependant d'aucun complot, lorsque au commence-

après la condamnation d'Alphonse Gent, fondirent leurs cadres dans ceux de la *Montagne*. Des groupes nouveaux s'étendirent de ramifications en ramifications sur la France entière, et formèrent une association sous ce nom : *la Marianne*, qui désignait la République.

ment du mois de juillet de l'année suivante, la police française, toujours en éveil, du côté de l'Italie, saisit, dans le commencement du mois de juillet 1857, trois lettres de Mazzini : l'une à Campanella son ancien collaborateur à la *Gazzetta del popolo*; l'autre à Massarenti ; la troisième, un simple

Fig. 25. — M. de Flahaut et M. de Morny dans leur loge à l'Opéra.

billet, était adressée à Tibaldi, ouvrier opticien demeurant à Ménilmontant. Mazzini recommandait dans ce billet à Tibaldi de finir au plus tôt « l'affaire de Paris » ; il lui adressait en même temps deux hommes d'action : Bartolotti et Grilli, capables de l'aider dans sa besogne.

Les agents de police pénètrent dans le logement de Tibaldi, s'emparent de sa personne et découvrent chez une de ses voisines une caisse renfermant cinq poignards et vingt pistolets. Les poignards sont empoisonnés, dirent les journaux officieux ; on reconnut bientôt qu'ils étaient enduits seulement d'une substance grasse.

Une souricière dressée devant la maison de Tibaldi amena la prompte capture de Bartolotti et de Grilli. Bartolotti fit tous les aveux que pouvait désirer l'instruction. Il prétendit que Massarenti l'avait amené d'York à Londres en lui payant son voyage; arrivés dans cette dernière ville il s'était rendu immédiatement chez un homme *très maigre ;* ils le trouvèrent en conférence avec un homme *très gros* qui l'appelait Mazzini. Lorsque l'homme gros partit, l'homme maigre lui dit : *Bona-sera, Drou-Rolline !* Bartolotti, du reste, n'entendit rien de la conversation entre l'homme gras et l'homme maigre. L'ancien membre du gouvernement provisoire fut donc englobé avec Mazzini, Massarenti, Campanella, Tibaldi, Bartolotti et Grilli dans une accusation de complot contre la vie de l'Empereur, « le dit complot ayant été suivi d'un acte commis ou commencé pour en réparer l'exécution. »

Un sieur Adolphe Géraux, condamné pour société secrète à quatre années d'emprisonnement, appelé aux débats pour confirmer les assertions de Bartolotti, déclara sur le ton du plus profond repentir que, cinq ans auparavant, Ledru-Rollin l'ayant chargé de remettre 500 francs à un individu qu'il trouverait sur la place de la Madeleine et qui lui dirait *Je suis Beaumont,* il s'était acquitté de la commission. Cette déposition singulière servit de texte au président pour s'élever contre l'ignorance dans laquelle vivaient les exilés au sujet des véritables dispositions d'esprit de leurs compatriotes. Il invoqua même à ce sujet l'autorité de ce malheureux Kelsch, dont nous avons raconté la tragique aventure. En 1853, un sieur Kelsch a été poursuivi pour un fait de même nature que celui dont il s'agit aujourd'hui. Il convint avoir reçu de Londres 500 francs, et ajouta qu'il voulait tuer l'Empereur, mais que la réflexion l'avait fait renoncer à ce projet. Cet homme a déclaré ceci : « il faut savoir ce que c'est que l'exil; on ne sait rien de ce qui se passe en France. Je croyais l'Empire impossible ; mais quand j'ai vu ce qui se passait ici, j'ai changé d'idée. Il y a une foule d'hommes de cœur qui changeraient aussi d'idées s'ils connaissaient la vérité. »

Si des poursuites avaient eu lieu contre lui, comme l'affirmait le président, elles étaient restées bien secrètes

Plusieurs lettres saisies chez Tibaldi étaient écrites dans un langage convenu que la police déchiffra tout de suite : *guérir le malade* voulait dire assassiner l'Empereur, *mon oncle* voulait dire Mazzini, *Drou-*

Rolline Ledru-Rollin. La cour d'assises, siégeant sans jury, ayant admis ce système de traduction, Mazzini, Massarenti, Campanella, Tibaldi et Ledru-Rollin furent condamnés à la déportation; Bartolotti et Grilli, à quinze ans de réclusion. L'*Indépendance belge* annonça quelques jours après, que Bartolotti et Grilli renvoyés de France, avaient reçu de l'argent pour faire leur route.

Ledru-Rollin protesta contre sa condamnation; il offrit de se faire juger par un jury anglais. Tibaldi, qui s'était enfermé dans un mutisme complet à l'audience, partit pour Cayenne [1].

Les tentatives du parti républicain soit pour renverser le gouvernement par un coup de main, soit pour ranimer les esprits par la propagande, entretenaient bien une certaine agitation à sa surface, mais cette agitation n'en atteignait pas le fond. Les républicains retenus par l'obligation de prêter le serment constitutionnel, et découragés d'avance par les difficultés de la lutte sur le terrain légal, ne se présentaient guère aux élections pour les assemblées départementales et municipales. Les membres de ce parti étaient presque tous résignés à l'abstention.

1. On lit dans le *Journal d'un transporté*, par Charles Delescluze :
« Des divers compagnons que j'avais rencontrés à l'île du Diable, celui pour lequel j'avais le plus de sympathies, le seul que je visse le plus habituellement, c'était Tibaldi. La douceur de son caractère, la distinction de ses manières et la dignité de sa conduite l'avaient, autant que son infortune, désigné tout spécialement à mon estime et à mon affection. Jeune encore, Tibaldi portait dans les yeux l'énergie et la douceur, et sa belle et noble figure respirait la forte et digne résignation qui se retrouve chez tous les hommes habitués au sacrifice. Sans nouvelles de sa famille, n'entendant plus parler de ses amis de France, il n'accusa jamais personne; jamais plainte ni regret ne sortit de sa bouche. Son empressement à obliger, l'égalité de son humeur, étaient de nature à le faire aimer partout, et, ce qui le prouve mieux que toutes les paroles, c'est qu'à l'île du Diable, où les caractères n'étaient pas empreints d'une excessive aménité, il avait beaucoup d'amis et pas un ennemi. »

CHAPITRE IV

LA LÉGITIMITÉ. — L'ORLÉANISME. — LA FUSION

Le parti légitimiste. — Manifeste de Wiesbaden. — Le duc de Lévis, le duc des Cars, le marquis de Pastoret, le général de Saint-Priest, Berryer, désignés comme ses mandataires par le comte de Chambord. — Manifeste du comte de Chambord. — La majorité du parti légitimiste se rallie à l'Empire. — Défection de MM. de La Rochejacquelein, de Mouchy, de Pastoret. — Mesures du gouvernement français contre les correspondants légitimistes — Arrestations de MM. de Saint-Priest, René de Rovigo, de La Pierre, Villemessant, Virmaître, Aubertin, de Coetlogon, de Mirabeau. — Le gouvernement, pour tenir la balance égale entre les partis, fait arrêter MM. Théodore Pelloquet, Eugène Chatard, Charles Monselet, Vergniaud, Charreau père, Étienne, Gérard. — Procès des *Correspondants*. — Poursuites contre les légitimistes dans les départements. — Le complot de Vincennes. — La *Ligue fédérale*. — Décadence du parti légitimiste. — Le Jockey-Club et la légitimité. — Le comte de Chambord et le Crédit foncier. — Les légitimistes et la Russie. — L'orléanisme et la légitimité. — Les orléanistes et les républicains. — Le stathoudérat. — Procès du *Bulletin français* à Bruxelles. — Les décrets du 22 janvier au Conseil d'État. — Démission de M. Reverchon, conseiller d'État. — Procès de M. Bocher. — La fusion. — Son origine. — Entrevue entre le comte de Chambord et le duc de Nemours à Vienne. — Brochures bonapartistes contre la fusion. — M. Troplong descend dans la lice. — La reine Marie-Amélie et le comte de Chambord à Nervi. — La fusion est rompue. — La duchesse d'Orléans s'y dit toujours opposée.

Le parti légitimiste était en proie à des dissensions qui dataient du règne de Louis-Philippe; une fraction de ce parti, représentée par la *Ga-*

zette de France, visait à reconstituer la monarchie héréditaire légitime sur la base du suffrage universel par une sorte de fusion mystique entre le droit divin et la souveraineté populaire. Les partisans du droit divin pur n'attendaient qu'une occasion solennelle pour faire condamner cette hérésie par le représentant même du principe de la légitimité.

Le comte de Chambord s'était rendu en 1849 à Ems, où M. de La Rochejacquelein, alors en grande faveur auprès du prétendant, avait présidé une sorte de congrès légitimiste. L'année suivante, pendant le mois d'août, l'héritier des Bourbons de la branche aînée, profitant de la prorogation de l'Assemblée législative, établit de nouveau sa résidence à Wiesbaden; il y était à peine installé qu'un journal [1] publia cette note : « De tous « les points de la France, des hommes représentant les diverses positions « sociales accourent avec un religieux empressement pour présenter leurs « hommages au petit-fils de Henri IV. Les membres royalistes de l'As- « semblée législative se sont fait un devoir de se rendre les premiers à « Wiesbaden; le comte de Chambord les a reçus chacun en particulier, « afin de se faire une idée exacte du mouvement des esprits et des divers « intérêts des populations dans chaque département. Le comte de Cham- « bord, dans ces différents entretiens, s'est montré constamment préoc- « cupé de la ligne de conduite qu'en ce moment plus que jamais il « importe de suivre avec ensemble pour activer le progrès des opinions « légitimistes et maintenir en même temps les principes au-dessus de « toute atteinte. »

Cette note s'adressait évidemment à M. de La Rochejacquelein et à ses amis les rédacteurs de la *Gazette de France* et à leurs adhérents. Les amis du comte de Chambord lui conseillèrent, pour corroborer et préciser le sens de la leçon, de publier une déclaration qui marquerait le but et les résultats de son voyage.

La déclaration parut avec la signature de M. de Barthélemy; elle se terminait ainsi :

« M. le comte de Chambord a déclaré qu'il se réservait la direction de la politique générale.
« Dans la prévision d'éventualités soudaines et pour assurer cette unité complète de vue et d'action qui seule peut faire notre force, il a désigné les hommes qu'il déléguera en France pour l'application de sa politique.
« Cette question de conduite devait nécessairement amener l'appréciation définitive de la question de l'appel au peuple.

---

1. *L'Union.*

« Le comte de Chambord condamne formellement le système de l'appel au peuple, comme impliquant la négation du grand principe national de l'hérédité monarchique.

« Il repousse d'avance toute proposition qui, reproduisant cette pensée, viendrait modifier les conditions de stabilité qui sont le caractère essentiel de notre principe et doivent le faire regarder comme l'unique moyen d'arracher enfin la France aux convulsions révolutionnaires.

« Le langage de M. le comte de Chambord a été formel, précis ; il ne laisse aucune place au doute, et toute interprétation qui en altérerait la portée serait essentiellement inexacte.

« *Tous* ceux qui sont venus à Wiesbaden ont connaissance de cette décision; *tous* ont entendu M. le comte de Chambord se prononcer avec la même fermeté, tandis que l'émotion profonde et l'expression du vrai bonheur qu'il pouvait remarquer sur *tous* les fronts semblaient lui promettre que cette déclaration venue de l'exil serait désormais une règle *absolue* pour *tous* les légitimistes de France. Mettre fin à toutes ces dissidences qui l'ont si vivement attristé et qui n'aboutissent qu'à notre amoindrissement; abandonner sincèrement, *absolument*, tout système qui pourrait porter la moindre atteinte aux droits dont il est le dépositaire ; revenir à ces honorables traditions de discipline, qui seules peuvent relever, après tant de révolutions, le sentiment de l'*autorité* ; rester inébranlable sur les principes, modéré et conciliant pour les personnes : tel est le résumé de toutes les recommandations qu'il nous a adressées et qui, nous en avons la confiance, seront fécondes en heureux résultats.

« Ce qui en ressort incontestablement, c'est que, la direction de la politique générale étant réservée par M. le comte de Chambord, aucune *individualité*, soit dans la presse soit ailleurs, ne saurait désormais être mise en avant comme représentation de cette politique. En dehors de M. le comte de Chambord, il ne peut y avoir aux yeux des légitimistes que les mandataires qu'il a désignés, et qui sont : MM. le duc de Levis, le général de Saint-Priest, Berryer, le marquis de Pastoret, le duc des Cars.

« De retour en France, j'aurai comme par le passé l'honneur de vous transmettre leurs instructions, et j'ai la confiance que vous voudrez bien me continuer votre précieux concours et me tenir au courant de la situation de votre département. »

Les principes consacrés par cette déclaration étaient peu faits pour rallier les esprits à la monarchie du droit divin. Le comte de Chambord, averti de leur mauvais effet, publia un manifeste sous la forme d'une lettre de félicitation adressée à M. Berryer sur son discours dans la séance du 16 janvier 1851. Il se tut jusqu'au 27 octobre 1852, date à laquelle il lança encore un manifeste qui finissait par cet engagement solennel : « Fidèle aux lois du royaume et aux traditions de mes
« aïeux, je conserverai religieusement jusqu'à mon dernier soupir le
« dépôt de la monarchie héréditaire dont la Providence m'a confié la
« garde et qui est l'unique port de salut où, après tant d'orages, cette
« France, objet de tout notre amour, pourra retrouver enfin le repos et
« le bonheur. »

Cette protestation, lancée du fond d'un château de la Bohême, n'éveilla point d'échos. Le gouvernement la fit insérer dans le *Moniteur* du 15 novembre 1852. Mais, comme s'il eût voulu à tout hasard en empêcher l'effet, il chargea M. Troplong de répondre au manifeste légitimiste. Le président du Sénat s'acquitta de ce soin en publiant sous le nom de Prieur une brochure intitulée *Du principe d'autorité depuis* 1789, qui eut également les honneurs de l'insertion au *Moniteur*. Les deux branches de la maison de Bourbon offraient, selon Prieur, des figures historiques, mais non les hommes capables de dompter la révolution et de continuer comme Napoléon III la tâche de Napoléon Ier, consistant à restaurer le principe d'autorité sans s'écarter des principes de 89.

La majorité du parti légitimiste semblait plus disposée à suivre l'exemple du clergé, devenu bonapartiste, qu'à se rallier à la voix de l'héritier des Bourbons. La politique du gouvernement à l'intérieur n'était point faite pour lui déplaire. La célébration officieuse de l'anniversaire du 21 janvier, l'empressement des plus hauts fonctionnaires à contremander leurs fêtes ce jour-là, l'engagement de rendre à la noblesse son ancien lustre et de poursuivre les usurpateurs de titres, le projet de tailler en Algérie des espèces d'apanages au profit des serviteurs du règne, la publication de brochures parlant complaisamment du rétablissement du droit d'aînesse et du mariage religieux, engageaient beaucoup de légitimistes à se rapprocher de l'Empire. Qu'est-ce, après tout, que le droit divin? Un dogme religieux qu'il faut bien se garder de confondre avec le principe dynastique. L'histoire démontre que les races et les familles s'éteignent; les derniers Mérovingiens, tondus et jetés au cloître, n'avaient-ils pas fait place à une nouvelle dynastie à laquelle le pape conféra la légitimité par le sacre de Charlemagne? L'Eglise conférant la légitimité, le premier Napoléon a donc pu être investi régulièrement de ce droit par la cérémonie du sacre. Le comte de Chambord, d'ailleurs, n'ayant pas d'enfant, où trouver un rejeton du tronc bourbonien? Sur la branche usurpatrice d'Orléans, sur la branche de Naples, d'Espagne ou de Parme? La greffe risquait fort de ne pas prendre. Ne valait-il pas mieux se rallier tout de suite à la dynastie des Bonaparte?

La grande masse du parti légitimiste se prononça pour l'affirmative. S'il y eut de notables exceptions, si des hommes d'honneur continuèrent à défendre les opinions royalistes dans la presse, si d'autres refusèrent le serment comme maires ou membres d'un conseil général, le plus grand nombre se laissa aller à accepter les postes administratifs de l'Empire, à solliciter les honneurs de la candidature officielle au Corps législatif, et les emplois de la cour. Les légitimistes, grands décentralisateurs en apparence, mais au fond connaisssant les avantages de la centralisation et sachant la faire fonctionner à leur profit, peuplèrent, grâce à l'appui du pouvoir, les conseils généraux, les conseils d'arrondissements et les conseils municipaux.

Le Sénat faillit compromettre cependant la bonne intelligence entre les légitimistes et les bonapartistes en « rétablissant » l'Empire. Ce verbe *rétablir*, employé par les auteurs du sénatus-consulte du 4 novembre 1852, semblait reléguer les règnes de Louis XVIII et de Charles X au rang des faits purement révolutionnaires. La démission de M. Audren de Kerdrel, député de Rennes, montra combien cette expression blessait la conscience de certains légitimistes hésitants. « S'il ne s'agissait, dit-il, dans « une lettre adressée au président du Corps législatif, que de contribuer « librement à la confection des lois de mon pays, je verrais ce que j'aurais à « faire; mais, appelé à proclamer l'Empire je n'hésite plus et je donne ma « démission. » Le Président de la République, dans son discours d'acceptation du trône, calma ces scrupules en proclamant la solidarité des règnes. La démission de M. Audren de Kerdrel ne fut point imitée; le gros du parti resta fidèle à l'alliance conclue avec l'Empire. Un homme qui s'imaginait avoir une grande situation dans le parti de la légitimité, parce qu'il portait un grand nom de légitimiste, M. de La Rochejacquelein, accepta subitement un siège au Sénat; il crut se justifier en déclarant dans une brochure qu'il ne voulait pas contribuer à une nouvelle usurpation orléaniste, et que, ne pouvant arriver à la monarchie traditionnelle, il se rattachait à l'Empire en restant légitimiste. M. le duc de Mouchy et le marquis de Pastoret suivirent l'exemple de M. de La Rochejacquelein; le *Constitutionnel* eut beau dire que ces trois noms représentaient l'alliance de la France féodale et chevaleresque avec l'esprit moderne, la réconciliation du passé avec l'avenir, l'opinion publique ne vit rien de chevaleresque dans cette triste défection.

Le gouvernement, en publiant dans le *Moniteur* le manifeste du comte de Chambord, avait voulu prouver son dédain pour les actes du prétendant et pour son parti. Il se ravisa bientôt. L'évêque de Luçon et M. de Vogué l'apprirent en voyant le procureur impérial de Fontenay se présenter chez eux, escorté de la brigade de gendarmerie commandée par un lieutenant, et se livrer aux perquisitions les plus sévères. D'autres perquisitions eurent lieu en Vendée. Des légitimistes de Douai et de Bourges, traduits devant les tribunaux sous la prévention d'avoir fait circuler la protestation du comte de Chambord, ayant été acquittés à

Fig. 27. — Un commissaire de police, escorté d'un piquet de gendarmerie, se présente chez l'évêque de Luçon et se livre à une perquisition des plus sévères, dans l'espoir de trouver les traces d'un complot légitimiste (page 152).

la suite d'une plaidoirie de Berryer, le gouvernement se promit de prendre les légitimistes en flagrant délit de société secrète.

Les journaux officieux ne tardèrent pas en effet à révéler au public l'existence de la *Ligue fédérale*. Un libraire, un compositeur de musique, un passementier, un ex-greffier, un papetier, un médecin et un invalide composaient cette association, « essentiellement militaire », au dire des journaux officieux, sans doute à cause de la présence d'un invalide dans ses rangs. La police avait depuis longtemps les yeux sur la *Ligue fédérale*. Le 14 mai 1853, elle saisit chez un corroyeur du quai Saint-Michel des brevets portant au milieu d'un cachet : « *Liberté, égalité, fraternité!* » et en exergue : « *Justice aux provinces. Tout pour le peuple et par le peuple.* » En tête de ces brevets brillait la devise : « *Fides robur sic normannis victoria semper*, » puis ces mots : « *France, Deus, rex, patria, récompense.* » Ces brevets, destinés aux « officiers, contenaient cette note : « Nourriture : viande, légumes, pain « blanc, 1 kilo; vin, 1 litre, ou 2 litres de cidre pur; tabac, 16 grammes; « eau-de-vie, 3 petits verres. En campagne, le nombre des rations augmentera selon les règles établies pour tous les grades. Les jours de fête, « la broche. »

Un certain Adjutor Dubuisson expulsé de Turin pour la publication du prospectus d'un journal intitulé *l'Étendard*, et ensuite réfugié en Belgique, dirigeait la *Ligue fédérale* et comptait principalement sur un papetier du passage Choiseul nommé Jeanne pour recruter l'armée royale. « Travaillez le plus possible, lui écrit-il, le roi et la reine ont « déclaré qu'à la première occasion ils monteraient à cheval et se « feraient tuer ou qu'ils entreraient à Paris. Donc nous devons redoubler de travail pour avoir une belle armée pour les recevoir. Excitons « Poissy : envoyez-moi le plan de Vincennes; il faut embaucher l'officier « de Vincennes ; je vous autorise à promettre grades et faveurs; tâchons « de nous créer un parti à Vincennes ou au Mont-Valérien. Il faut que « nous enlevions ces deux forts. » Adjutor Dubuisson, dans sa correspondance, se montrait parfois peu respectueux pour certains chefs du parti légitimiste. « Pastoret se conduit mal, aussi je vous recommande de ne « rien dire au gros... Il y en a que vous croyez excellents et qui sont « plus canailles que Pastoret. L'ordre est de rien dire au gros [1], il faut se « méfier d'eux comme de reptiles; le patron les connaît bien, aussi ce « sont ses instructions que je vous transmets. »

1. M. de La Rochejaquelein était remarquable par son embonpoint.

Le papetier Jeanne, chargé d'enlever Vincennes et le Mont-Valérien, s'alarmait des bruits répandus sur la réconciliation entre les deux branches de la maison de Bourbon. L'idée d'une fusion répugnait à sa conscience; Adjutor Dubuisson s'empresse de le rassurer : « Jamais de « fusion; le patron aimerait mieux ne jamais revenir. Il accordera le « pardon, si on le lui demande, rien de plus. Pour le patron, la fusion « est seulement une soumission de la part des Orléans, et il a une tête à « lui. Il prétend qu'après Louis XIX, c'est Henri V qui a été roi, et non « pas Louis-Philippe l'usurpateur. »

Les conspirateurs se méfiaient aussi de la noblesse. « Il n'est que trop vrai, leur répond Adjutor Dubuisson, la noblesse est gangrénée, mais patience! on l'anéantira. » Ce qui le préoccupait encore plus que l'avenir de la noblesse, c'était la possession de Vincennes; il lui faut cette forteresse : « Tout est là. Le patron veut débuter par Paris en maître, et moi « je tiens à lui assurer une retraite en cas de malheur. Personne ne doit « connaître les intentions du patron; il a secoué son indifférence apparente, et à présent il parle en maître et en roi qui est disposé à imiter « Henri IV, et cela très prochainement. » Dubuisson pressait d'autant plus le papetier Jeanne de s'emparer de Vincennes que des rapports sûrs lui faisaient connaître, disait-il, que les Orléans étaient à la tête d'une immense organisation, que leur parti se tenait prêt à agir, et qu'il fallait, officiers et soldats, se tenir sur le qui-vive pour profiter de la victoire.

Cette conspiration ridicule finit, comme on devait s'y attendre, par l'arrestation des malheureux conjurés; Adjutor Dubuisson ne comparut pas devant la cour d'assises; la police se garda bien de mettre la main sur lui. Parmi les accusés, on remarquait deux jeunes ouvriers, Sicart et Germain, qui figuraient dans une lithographie publiée à l'époque du voyage de Wiesbaden, et représentant le comte de Chambord présidant la table royale, ayant à ses côtés une paysanne bretonne et M. Berryer. Un nommé Piégeard, ancien employé de la police en 1830, et un certain Jamet, que M. de La Rochejacquelein avait fait nommer directeur du théâtre des Délassements, figuraient parmi les accusés. Ce Jamet, avant de devenir directeur de spectacle et conspirateur, avait arraché des dents « dans l'intérêt légitimiste », dit l'accusation. M. de La Rochejacquelein, interrogé sur le compte d'Adjutor Dubuisson, répondit : « Je déclare que moi, qui ai joué un assez grand rôle dans le parti légitimiste, je ne connais pas Dubuisson. J'ignore même s'il existe. » M. de Blamont, adjudant-major à l'hôtel des Invalides, ne savait rien sur les opinions politiques de l'invalide Avarez. Les invalides causent beaucoup entre eux, ajouta-t-il, mais nous avons un tiers de nos pensionnaires qui ne savent ce qu'ils disent. Ce ridicule procès accéléra la chute de M. de Maupas et la suppression du ministère de la police.

Les défections augmentaient chaque jour dans le parti légitimiste militant. La messe annuelle d'actions de grâces pour la naissance du duc de Bordeaux n'avait réuni en 1853 qu'un petit nombre de fidèles, peu de chefs marquants, point d'ouvriers. Le clergé, qui forme une des fractions importantes du parti, se rattachait chaque jour plus étroitement à l'Empire : l'évêque d'Arras, Mgr Parisis, s'était mis en quelque sorte aux pieds de l'Empereur à son voyage en Flandre, au mois de septembre 1853. Quelques rares pèlerins allaient chercher à Frohsdorf un mot d'ordre qu'on ne pouvait pas leur donner. Les conseillers du comte de Chambord étaient divisés. M. de Lévis proposait de rester dans une politique expectante; le duc des Cars et le marquis de Saint-Priest auraient voulu un peu plus de mouvement et d'action : des dons aux communes, aux écoles, aux églises. Pourquoi le comte de Chambord ne publierait-il pas en outre un livre sur une des questions économiques, politiques, financières, philosophiques, soulevées depuis cinquante ans? Un prétendant essayant de reconquérir son royaume par l'économie politique, c'était une tentative nouvelle assurément.

Une grande victoire vint enfin compenser les échecs de l'opposition légitimiste. Le *Jockey-Club* et le *Club de l'Union*, les deux cercles les plus aristocratiques de Paris, renouvellent leur bureau chaque année. L'habitude est d'en réélire les membres. Le président du *Club de l'Union*, M. de Crouseilhes venait d'être créé sénateur, en même temps que M. Delamarre, président du *Jockey-Club;* ils furent l'un et l'autre remplacés par des légitimistes. La lutte fut si vive et l'on attachait tant d'importance au résultat, que les membres du *Jockey-Club*, aides de camp, officiers d'ordonnance ou écuyers de l'Empereur, abandonnèrent leur service à Saint-Cloud pour mettre leur bulletin dans l'urne. Le gouvernement, alarmé sans doute par cet échec, redoubla de surveillance et de précautions contre les légitimistes. Le comte de Chambord ayant demandé à emprunter au Crédit foncier 800 000 francs sur le domaine de Chambord, le directeur de cet établissement ne crut pas pouvoir, sans en référer au chef de l'État, conclure une affaire « qui pouvait devenir une sorte d'assurances contre les éventualités politiques ».

La police faisait de temps en temps des razzias d'emblèmes légitimistes

dans certains magasins du faubourg Saint-Germain; mais le gouvernement semblait se préoccuper moins des faits et gestes du parti légitimiste, lorsque tout à coup les journaux du gouvernement jugèrent à propos, au moment de la guerre de Crimée, d'accuser les légitimistes de rester indifférents aux succès de nos armes. M. de La Rochefoucauld, duc de Doudeauville, protesta contre ce qu'il appelait une insigne calomnie : « Française avant tout, l'opinion légitimiste ne vit que d'abnégation et de dévouement, elle chérit la patrie, et s'il est permis de ne pas partager ses sentiments, il ne l'est pas de les méconnaître. » M. Léo de Laborde prit à son tour la plume pour déclarer qu'il n'avait pas attendu si longtemps pour remercier Dieu d'avoir rendu à son pays le rang qui lui appartient dans le monde : « Il y a plus de vingt-cinq ans je bénissais
« la Providence, quand le drapeau français flotta sans partage sur les
« murs d'Alger la guerrière, deux mois après qu'un ministre de Charles X
« avait porté à l'Angleterre menaçante, l'éclatant défi de s'y opposer, et
« j'ajoute avec orgueil, et à l'impérissable mémoire du gouvernement
« légitime, que la France était libre au dedans, quand son roi la fit
« grande et glorieuse au dehors. »

Le comte de Montemolin avait cru devoir, à l'exemple de son cousin le comte de Chambord, lancer un manifeste à la nation espagnole pour l'engager à rétablir « dans toute son intégrité et dans son ancienne splendeur cette gloire incomparable qui, dans d'autres temps, faisait des Espagnols un sujet d'envie pour l'univers. » Le comte de Montemolin ajoutait : « Pour atteindre ce but, trois choses suffisent : un trône à l'abri des tempêtes populaires, des hiérarchies et des classes modératrices qui éclairent le trône, le défendent de leurs bras et sont une représentation nationale véritable et indépendante. » M. de Montemolin offrait aux Espagnols son nom « comme une consolation et une espérance »; il les embrassait « comme un ami, comme un père, avec l'accent de la vérité et avec la voix de l'histoire. » Le gouvernement espagnol eut bientôt réprimé les tentatives d'insurrection, en Catalogne et en Navarre, à la suite de la publication de ce manifeste. Les journaux légitimistes se plaignirent avec une certaine hauteur de la conduite du gouvernement français, à l'égard des carlistes espagnols; la presse officieuse se hâta de leur répondre en termes très vifs : « Le mouvement insurrectionnel
« espagnol s'est organisé en France, les légitimistes français sont les
« complices des légitimistes espagnols, le comte de Montemolin et le
« comte de Chambord s'entendent; MM. des Cars et Chapot, leurs agents

« communs, se sont rendus en Russie, où le duc de Lévis les a précédés,
« et ils ont eu une entrevue avec le prince Gortschakoff pour décider le
« czar à subventionner la guerre civile en Espagne, d'où ils espéraient
« lui faire bientôt gagner la France. »

La police française avait en effet saisi chez le général espagnol Elliot, un rapport écrit de sa main, exposant que M. le duc des Cars et M. Chapot, porteurs d'une lettre du comte de Chambord pour le czar, étaient parvenus, après beaucoup d'efforts, à obtenir un entretien du prince Gortschakoff. Le ministre des affaires étrangères russe avait vu quelque temps auparavant le duc de Lévis, mais ce dernier, n'étant muni d'aucun pouvoir, il n'avait pu entamer de négociations avec lui. Il n'y paraissait du reste guère porté, car, le duc des Cars étant arrivé avec une lettre du comte de Chambord, le prince Gortschakoff hésita longtemps à la recevoir d'abord, et ensuite à la remettre au czar. Il désirait être informé d'avance du contenu, qui lui fut sans peine révélé. Une diversion en Espagne ne déplaisait pas au gouvernement russe. Le parti légitimiste ne demandait que quelques millions. Qu'était-ce donc que quelques millions de plus ou de moins quand on avait l'Europe sur les bras et qu'on en dépensait des centaines ? Le parti légitimiste se crut, un moment, sûr du succès de sa démarche. Cabrera n'attendait qu'un signal pour rentrer en Espagne ; ce signal ne fut pas donné. Le comte de Montemolin, s'apercevant bientôt qu'il ne pouvait pas compter sur la Russie, ne songea plus qu'à se procurer d'autres subsides par un emprunt souscrit par lui, l'infant, le duc de Modène, le comte de Chambord et « la Berry ». C'est le mot dont se sert le général Elliot.

Tel est le récit des faits présenté par le gouvernement. Le duc des Cars et M. Chapot protestèrent avec force contre le rôle qu'on leur attribuait dans la pièce saisie par la police ; mais l'insulte faite à quelques-uns des membres les plus marquants de l'opposition légitimiste, accusés de menées anti-patriotiques, n'empêcha point le gros du parti légitimiste de rester fidèle à son alliance avec le gouvernement. La légitimité loin d'être un danger pour l'Empire, contribuait donc puissamment au contraire à sa sécurité et à son éclat en lui assurant le concours de l'aristocratie.

L'orléanisme était-il un ennemi plus redoutable pour l'Empire ?

La bourgeoisie, après avoir abandonné Louis-Philippe le 24 février, s'était en partie rattachée au général Cavaignac qu'elle abandonna bientôt sauf quelques exceptions trop peu considérables pour former un parti, par peur du socialisme et s'était ralliée au bonapartisme. Cependant, dès que la nouvelle du coup d'Etat fut connue à Londres le 3 décembre dans l'après-midi, le prince de Joinville, le duc d'Aumale, le comte de Paris et le duc de Chartres s'embarquèrent le soir même à Folkestone. Le lendemain ils étaient en France et ils se dirigèrent sur Paris par la Picardie. Le prince de Joinville, atteint d'une indisposition grave, fut obligé de s'arrêter à Ham, où d'ailleurs il espérait se mettre en relation avec les généraux prisonniers dans la forteresse et faciliter leur évasion. Le duc d'Aumale et ses deux neveux s'arrêtèrent aux portes de Paris, dans la maison de campagne d'un serviteur dévoué de leur famille, dans l'intention de faire appel à l'armée. Les princes d'Orléans comptaient sans doute un grand nombre d'amis particuliers dans l'armée, mais l'armée elle-même était-elle orléaniste ? L'armée, comme tous les grands corps, n'obéit guère, ainsi que nous l'avons dit, qu'à ses propres intérêts. Menacée de changements radicaux dans son organisation, par le triomphe des républicains, elle assura celui du bonapartisme. L'arrestation des généraux Cavaignac, Lamoricière, Changarnier, Bedeau, Le Flo lui causa sans doute un certain mécontentement ; elle sentit bien qu'en emprisonnant ses chefs les plus glorieux, elle avait rempli une tâche peu honorable ; mais ne devait-elle pas donner des gages et prouver son adhésion au nouveau régime ? Les généraux du coup d'État y étaient rivés : le général Canrobert, qui s'était engagé à donner sa démission, avait accepté le titre d'aide de camp de Louis Bonaparte, pour l'aider, disait-il, à sauver la société. Le colonel Espinasse, tiré par le duc d'Aumale des mains des Arabes, ne marchandait pas l'expression de sa reconnaissance à son sauveur, mais il gardait son dévouement pour l'homme qui avait arraché la France à l'anarchie. Le pays avant tout. Les chefs de l'armée, même ceux qui entretenaient des correspondances avec les princes d'Orléans, croyaient justifier leur défection par ce prétexte. Toute tentative de séparer l'armée du bonapartisme était inutile ; les princes d'Orléans regagnèrent l'Angleterre.

La magistrature de l'Empire était celle de la monarchie de Juillet. Sa participation aux mesures du coup d'Etat, formait une complicité qui la liait à l'Empire. Le décret du 2 mars 1852, en vertu duquel les magistrats parvenus à une certaine limite d'âge, étaient mis de droit à la retraite était un moyen sûr de peupler les cours et les tribunaux de ses créatures. L'application du décret du 2 mars 1852 sur la limite d'âge, atteignit deux conseillers à la Cour de cassation, six premiers présidents de cour

Fig. 28. — Un papetier, du passage Choiseul, nommé Jeanne, donne rendez-vous aux conspirateurs, qui doivent enlever le fort de Vincennes au profit du parti légitimiste (page 155).

d'appel, douze présidents de chambre, soixante-deux conseillers, vingt et un présidents de chambre dans les tribunaux de première instance, huit vice-présidents, quarante-six juges. Les magistrats mis de plein droit à la retraite restaient cependant, aux termes du décret, en possession de leur charge jusqu'à ce qu'il fût pourvu à leur remplacement. Démissionnaires de droit, ils devenaient amovibles de fait. La dynastie de Juillet comptait cependant encore, parmi les magistrats, un certain nombre de personnages qui lui devaient leur fortune, et que l'inamovibilité protégeait contre tout danger. Le public s'attendait à des protestations éclatantes de leur part, mais tous, sauf deux ou trois placés sous le coup du décret du 2 mars, se rendirent le 4 avril à l'Élysée, pour prêter le serment prescrit par la Constitution entre les mains du président. MM. Portalis, Dupin, Matter, Delangle, Plougoulm, Dessauret, Poulle, Chegaray, Amilhau, Barthe, Merilhou, dont les noms sont mêlés si intimement à l'histoire de Louis-Philippe, M. Franck-Carré lui-même [1], le procureur général qui avait demandé sa tête à la cour des pairs, jurèrent de lui être fidèles.

Le petit noyau de la bourgeoisie resté dans l'opposition, surveillé, épié [2], donnait à peine signe de vie et n'était pas en mesure d'inspirer de bien graves inquiétudes au gouvernement.

1. Voici une phrase du discours qu'il lui adressa, comme premier président de la cour d'appel de Rouen : « Vous prouvez à tous qu'une prédestination mystérieuse réserve au grand nom de Napoléon, la gloire de sauver deux fois la France du désordre et de l'anarchie. »
2. La circulaire suivante prouve de quel réseau d'espionnage le gouvernement impérial enveloppait la société française :

« Monsieur le commissaire de police,

« Je vous adresse une première instruction dont je vous invite à méditer l'esprit et la lettre.

« Vous devez correspondre directement avec moi pour tout ce qui concerne la police générale de la sûreté de l'Etat.

« Vous ne devez donner à qui que ce soit, communication de nos dépêches, portant en titre le mot *confidentielle*.

« A partir du 1er avril prochain, vous m'adresserez régulièrement un rapport le 1er et le 15 de chaque mois.

« Vous me ferez connaître avec la plus grande exactitude, les noms, demeures et professions de tous les individus, sans distinction de rang, de fonctions ou de professions, qui par des paroles, des actes, des écrits, des menées ou des provocations quelconques, manifesteront, soit à l'égard du gouvernement, soit envers la personne du chef de l'Etat, des *opinions* hostiles ou des *intentions* malveillantes.

« Vous m'adresserez ensuite l'état nominatif, avec indication de la résidence de tous les fonctionnaires actuellement en exercice, dans l'étendue de votre arrondissement.

« L'état général comprendra : le clergé ; — les officiers généraux ; — les officiers de recrutement ; les officiers et sous-officiers de gendarmerie ; — les magistrats, juges et conseillers ; — les juges de paix ; — les greffiers ; — les huissiers ; — les notaires ; — les avoués ; — les commissaires-priseurs ; — les membres du conseil général ; — les maires des cantons et des communes ; — les adjoints ; — les conseillers municipaux ; — les professeurs et instituteurs ; — les ingénieurs et conducteurs des ponts et chaussées ; — les

Le « grand parti de l'ordre », voyant dans le camp opposé, les deux principales forces qui lui servaient autrefois d'appui, la magistrature et l'armée, faisait céder ses rancunes à ses craintes, et se résignait à subir l'Empire pour éviter la République. L'entente entre les membres de ce parti n'avait point d'ailleurs survécu au coup d'État. M. de Montalembert rallié à la dictature, expiait sa faute, sous les coups de l'Orléanisme militant [1]; M. de Falloux se tenait dans une espèce de réserve. Les journaux des deux partis se livraient les uns contre les autres à d'amères récriminations qui, au lieu de cesser devant la confiscation des biens de la maison d'Orléans, s'envenimèrent à cette occasion. « L'*Assemblée natio-*
« *nale*, c'est la *Gazette de France* qui parle, contient une élégie sur
« une prétendue collection de tableaux ayant appartenu au duc d'Orléans
« et que sa veuve fait vendre à la criée. Le décret du 22 janvier, qui sert
« ici de prétexte à cette vente, ne s'opposait nullement à ce que madame
« la duchesse d'Orléans fît venir à Eisenach ou à Claremont les tableaux
« choisis par son mari pour l'instruction de son fils. Le souvenir d'un
« époux et d'un père devait rendre cette collection plus précieuse pour
« madame la duchesse d'Orléans que les quelques cent mille francs qui
« résulteront de cette vente. Le sujet est donc assez mal choisi par
« l'*Assemblée nationale* pour une élégie sentimentale. Que n'y joignait-
« on aussi des doléances sur le malheur de ces princes faisant vendre
« à Dreux les fleurs qui décoraient les tombes de leurs parents, et jus-
« qu'à la cloche de la chapelle funèbre, afin de pouvoir ajouter quelques
« mille francs à leur fortune encore colossale... »

employés des finances ; — les employés des contributions directes et indirectes ; — les employés des poids et mesures ; — les administrateurs des hospices, des bureaux de bienfaisance et de caisse d'épargne ; — les médecins et officiers de santé ; — les pharmaciens et sages-femmes ; — les employés des caisses de retraite, des compagnies d'assurance, des entreprises de messageries, etc., etc.
« *Signé* : De Rancé. »

1. « M. de Montalembert peut durer encore quelque temps avant que son personnage s'évanouisse, comme c'est la destinée de tous ceux qui, dans la vie politique, n'ont eu de l'homme d'Etat que l'apparence et la vanité ; mais l'heure est marquée où il doit à son tour disparaître dans cette ombre qui a déjà reçu tant de fonctionnaires depuis 1848. Et là, qu'est-ce qui subsistera de lui? La mémoire de quelques jolies impertinences, de quelques postiches littéraires, et d'un bon nombre d'étourderies. » L'auteur de ce portrait ajoutait pour compléter la physionomie : « Nous n'avons jamais pensé qu'il lui manquât une certaine conviction de son choix ; il n'a pas été inutile à la cause de l'ordre, toutes les fois qu'elle offrait un thème commode à ses passions, et nous le prendrions volontiers pour le meilleur chrétien du monde, si la plus vive reconnaissance qu'il sente en lui-même à l'égard de Dieu n'était pas de lui avoir donné tout l'esprit qu'il a. Mais M. de Montalembert n'a point l'âme noire ; ceux qui l'en soupçonnent n'en jugent que par les dehors ; au fond, c'est un étourdi, mais, répétons le mot, et comme l'on disait aussi du temps de la Fronde, un important : les deux vont assez bien ensemble. » (*Bulletin français* du 8 janvier 1852, Bruxelles.)

M. de Falloux, sortant de la réserve dans laquelle, comme nous l'avons dit, il s'était tenu jusqu'alors, avait publié, précisément à la veille de l'apparition du décret du 22 janvier, une lettre favorable au gouvernement ; de là une surprise très pénible aux amis du comte de Chambord et des princes d'Orléans. Le *Bulletin français* se fit l'interprète de l'irritation des orléanistes : « Quelles que soient les qualités person-
« nelles et toutes viriles de M. de Falloux, il lui manque la plus indispen-
« sable peut-être de celles qu'il faut, pour mener une politique : il n'a pas
« l'esprit sûr. Il est quelqu'un par lui-même, par sa contenance, par son
« sang-froid ; mais il s'efface trop vite devant les faits accomplis et s'amuse
« à les commenter au moyen des lieux communs d'une philosophie super-
« ficielle, plutôt qu'il ne les domine avec le simple bon sens d'un homme
« d'État. » Ce commun déboire, au lieu de rapprocher les deux partis, fut suivi de polémiques irritantes. De meilleures relations existaient entre les orléanistes et les républicains. Le colonel Charras avait écrit à M. de Sévigny, comme conseiller général du Puy-de-Dôme, une lettre de refus de serment qui se terminait ainsi : « Pour les républicains, il n'y a qu'un engagement à prendre, et celui-là, je l'ai déjà pris : c'est de hâter de tous leurs efforts le moment où la France brisera le joug qui lui a été imposé en un jour de surprise et de défiance... » Le *Bulletin français* ajoutait, après avoir reproduit cette lettre : « Les anciens républicains honnêtes et sensés, comme le colonel Charras, comprennent, selon ses propres paroles, qu'ils n'ont plus maintenant « qu'un engagement à prendre ; c'est celui qu'ils peuvent prendre avec nous et que nous pouvons prendre avec eux : l'engagement sacré de travailler à la délivrance du pays. » Des pourparlers eurent lieu pour amener une action commune entre les deux partis sur le terrain d'un pouvoir personnel à vie, sorte de stathoudérat décerné à l'un des princes d'Orléans en dehors de la loi de l'hérédité ; mais ces pourparlers n'eurent pas de résultat.

L'orléanisme, composé de grands industriels, de riches propriétaires et négociants, de gens appartenant aux professions libérales, est un parti de tactique plutôt que de conspiration. C'est par la tactique parlementaire et par la presse qu'il était parvenu à ébranler la république. Celle-ci avait accordé à ses ennemis le champ libre et le *fair play*. L'Empire se montra moins généreux ; il se hâta de supprimer la liberté de la presse ; sans cette liberté, l'orléanisme ne pouvait plus rien.

Un procès attira un moment l'attention sur ce parti. Le lendemain de la révolution de Février, les biens de la famille d'Orléans avaient été frappés d'un séquestre provisoire. M. Jules Favre demanda l'annulation de l'acte du 7 août 1830, par lequel le nouveau roi avait fait passer ses biens sur la tête de ses enfants, ainsi que l'avait fait Charles X, sans qu'aucune mesure ait été prise pour annuler l'acte de ce dernier. Cette proposition, renvoyée au comité des finances de l'Assemblée constituante où siégeaient en grande majorité des républicains, ne fut pas prise en considération. Louis-Napoléon Bonaparte, moins scrupuleux, reprit la proposition et l'appliqua, comme on le sait, par trois décrets insérés au *Moniteur* le 23 janvier 1852, et rédigés par M. Teste, ancien ministre des travaux publics, condamné comme concussionnaire et subissant sa prison, qui seul consentit à se charger de cette besogne et qui obtint sa mise en liberté pour prix de ce service.

Ces décrets devaient être soumis à l'examen du Conseil d'Etat. M. Reverchon, chargé par M. Maillard, président de la section du contentieux, de prendre la parole au procès en qualité de commissaire du gouvernement, reçut un matin, quelques jours avant l'audience, la visite inattendue de M. le président du Conseil d'État. M. Baroche amena bientôt la conversation sur l'importante affaire qui occupait tous les esprits. « Je suis magistrat, dit M. Reverchon ; je ne dois faire connaître mon opinion qu'à l'audience. » M. Baroche protesta qu'il n'avait nullement l'intention de pénétrer dans la conscience du juge, qu'il parlait à un collègue et à un ami. M. Reverchon convint de son intention de conclure contre les décrets. M. Baroche aussitôt de lui insinuer qu'il ferait sagement de laisser le dossier passer entre les mains d'un autre. Il s'agit d'abord d'un conseil et bientôt d'un ordre. M. Reverchon refuse de livrer le dossier et va rendre compte de sa conduite à M. Maillard, qui le félicite de sa résistance ; mais, à peine rentré chez lui, il reçoit de ce même M. Maillard une lettre dans laquelle il lui redemande le dossier pour le confier à M. Magne. M. Baroche s'était rendu chez le président de la section du contentieux, et sa visite avait amené ce brusque changement.

Neuf conseillers d'État devaient, dit-on, voter contre le décret ; huit en effet déposèrent un vote négatif ; le neuvième devait être M. Waïsse, ancien préfet de Louis-Philipppe, ancien ministre de l'intérieur dans le cabinet provisoire de la fin de 1851 ; on lui fit comprendre qu'il s'agissait d'un acte politique et qu'il allait se prononcer pour ou contre le prince. Son choix ne fut pas douteux ; il ne tarda pas à en être récompensé par la préfecture de Lyon et plus tard par le titre de sénateur.

M. Bocher, ancien préfet et représentant du peuple à l'Assemblée législative, appelé à continuer la liquidation et l'administration des biens de la famille d'Orléans, ne pouvait laisser sans réponse les décrets du 22 janvier qui portait une si rude atteinte à la mémoire de Louis-Philippe et aux intérêts de ses enfants; il se contenta de réunir en brochure et de publier la lettre de démission que M. le procureur général Dupin avait écrite aussitôt qu'il eut eu connaissance de ces décrets, une lettre de MM. Dupin, de Montalivet, Scribe, Laplagne-Barris, de Montmorency, exécuteurs testamentaires du roi, et une consultation judiciaire signée des principaux avocats du barreau de Paris. Les journaux anglais admis en France avaient donné à ces documents une publicité considérable. M. Bocher crut donc pouvoir adresser leurs articles aux principaux membres du clergé, aux chefs de l'armée, à la magistrature et au barreau; il eut recours pour ses envois dans Paris, à une maison dont l'industrie consiste à distribuer des imprimés. M. Bocher fut arrêté au moment où il se rendait chez cet industriel, dont les employés subirent les interrogatoires les plus rigoureux; il comparut en police correctionnelle pour répondre à la prévention de distribution d'écrits prohibés.

M. Odilon Barrot, qui involontairement sans doute, avait tant contribué à ouvrir au prince Louis-Napoléon Bonaparte le chemin du trône, défendit avec beaucoup d'éloquence la famille d'Orléans menacée dans sa fortune, dit-il, « par un... décret, par un... jugement... comment appellerais-je cet acte? » — M. le substitut : « C'est une loi. » — M. Odilon Barrot vivement : « Non, ce n'est pas une loi, car la loi ne s'applique qu'à des « droits généraux et règle l'avenir. Il n'y a pas de loi qui frappe préventive- « ment une famille dans son patrimoine, dans son bien; ce n'est pas non « plus un jugement motivé, comme le serait un jugement émané de votre « justice, car il manque de toutes les conditions qui constituent un décret « judiciaire; il dépouille une famille, il annule le plus respecté des actes de « droit civil : le partage d'une succession faite par un père à ses enfants... »

Le président du tribunal n'avait pas usé du droit, dont il était investi par la nouvelle loi sur la presse, d'interdire la publicité de ce procès; mais le soir même un commissaire de police vint prévenir les journaux que toute reproduction des débats entraînerait une suspension immédiate. La condamnation de M. Bocher comme coupable d'une contravention à la loi du colportage voilà tout ce que le public put savoir. Le ministère public fit appel *a minima* et la cour aggrava légèrement la peine [1].

---

[1]. Un des membres les plus en vue du parti orléaniste, M. d'Haussonville, fut sur le point de succéder à M. Bocher sur les bancs de la police correctionnelle. L'ancien rédac-

La confiscation des biens de la famille d'Orléans avait créé de sérieux embarras au Président de la République, au moment où il cherchait à convertir d'avance les gouvernements étrangers au changement qu'il méditait dans la forme du gouvernement de la France. L'opinion publique ne perdait aucune occasion de témoigner sa répugnance contre cette mesure; mais si le procès de M. Bocher fit naître une certaine agitation, elle ne fut pas de longue durée. L'orléanisme se vit bientôt réduit à recommencer dans les salons une opposition qui n'avait guère plus de portée que celle du parti légitimiste.

Les anciennes divisions subsistaient entre les deux partis, aussi ardentes et aussi vivaces qu'autrefois. Cependant lorsque dans les derniers mois de l'Assemblée constituante, le parti de l'ordre eut décidé que la durée de la République était incompatible avec le maintien de la société, il fallut bien chercher un principe capable de la sauver; le général Lamoricière, causant un jour, après le coup d'État, à Bruxelles avec un de ses collègues au ministère sous la République, lui dit à propos de l'Empire : « Ceci « durera-t-il? Je n'en sais rien. Vous autres républicains vous êtes violents, « intolérants, il n'y a pas moyen de rien faire avec vous; la royauté seule « a des chances, mais la famille royale est représentée par deux branches, « par deux chefs; il lui faut un seul représentant. Or quel est le chef des « deux branches de la famille royale? le comte de Chambord, n'est-ce pas? « Je suis donc pour l'union des deux branches sous le comte de Cham- « bord. » Cette idée en apparence si simple et si naturelle, s'était présentée à un assez grand nombre d'esprits distingués dans les deux partis, au lendemain de la chute de Louis-Philippe; que des hommes comme le duc de Valmy et M. Laurentie, directeur de l'ancienne *Quotidienne* devenue l'*Union*, l'adoptassent pleinement, cela n'a rien de trop extraordinaire : « Nous avons deux monarchies, la monarchie de droite et la monarchie « de gauche, disait un jour M. Laurentie à M. de Valmy; et, vous voyez, « elles sont éternellement en bataille. Pendant ce temps, la révolution « s'avance entre l'une et l'autre, et ceci est sans fin. — Eh bien, le remède? « demanda vivement M. de Valmy. — Le remède! il est simple; il s'agit « de réunir ce qui est divisé... — Je vais vous embrasser, s'écria le duc

---

teur du *Bulletin français* conduisait son fils au catéchisme. Son fiacre est arrêté au coin du pont Royal par la file des voitures des sénateurs et des députés se rendant aux Tuileries à l'ouverture de la session. Il se décide à gagner l'église à pied et dit en marchant : « Voilà bien de l'embarras pour un homme. » Un agent de police l'entend et le dénonce à un sergent de ville, qui le conduit au poste. Le commissaire de police eut le bon sens de faire relâcher le prisonnier.

« de Valmy, pour cette bonne parole ; et tout à l'heure, s'il le faut, je pars
« pour porter vos conseils à la duchesse d'Orléans. » Que des hommes
comme MM. Guizot, Salvandy, Sauzet, l'acceptassent avec le même empressement, on pouvait à la rigueur, le comprendre, mais ce qui avait de quoi

Fig. 29. — M. de La Rochejacquelein.

surprendre c'était de voir des hommes d'un libéralisme sincère [1], considérer la fusion comme l'unique moyen d'assurer le repos de la France et
de l'Europe. « Que fait le roi ? » demandait un ancien ministre de Louis-
Philippe à M. Guizot revenant de Londres — Le roi sait fort bien ce

[1]. Entre autres M. Charles Desnoyer, le courageux rédacteur du *Censeur* sous la première Restauration et pendant les Cent-Jours.

qu'il y aurait à faire, répondit l'ancien président du conseil, mais il ne le fera pas. » M. Guizot voulait parler de la fusion. Tout en s'éclairant sur la révolution, dit le même personnage dans ses mémoires, le roi ne s'en était pas entièrement affranchi. Quelque éclairé qu'il fût au dire de M. Guizot, sur la révolution, Louis-Philippe ne semblait nullement disposé à demander pardon de son règne et à faire amende honorable au droit divin.

Rien de plus opposé à la fusion que la politique de la maison d'Orléans telle qu'elle est formulée par Louis-Philippe lui même :

« Les ducs d'Orléans intriguer! les ducs d'Orléans conspirer! Ah! ça « n'a jamais été leur politique ni dans le présent, ni dans le passé, ni « sous la première République, ni sous l'Empire, ni sous la Restauration. « Leur politique à eux que le hasard de la naissance avait placés à deux « pas du trône, a toujours été une politique expectante. Ce n'est pas « qu'elle attende dans l'indifférence ou dans l'incurie : loin de là, elle est « attentive aux péripéties du présent, et, le regard fixé sur l'avenir, elle « s'efforce de n'être jamais au-dessous ou en dehors des circonstances. « C'est cette politique que j'avais coutume de définir la politique d'*ido-« néité*. On peut dire des d'Orléans qu'ils se sont toujours appliqués « d'être en mesure de donner à leur patrie, au jour et à l'heure voulus « par l'intérêt général, leur dévouement, leur épée, leur intelligence et « leur vie. Mais qu'on ne les accuse pas d'avoir jamais hâté ni devancé « les événements, l'accusation porterait à faux. Seulement, quand les « besoins et la volonté du pays réclament les services de la famille d'Or- « léans, elle est là. »

Ce qu'il y a de plus singulier, c'est que chez certains fusionnistes le désir de revenir à l'ancienne famille royale n'impliquait l'abandon d'aucune de leurs prétentions. Ils se replaçaient tout simplement sur le terrain le plus favorable, selon eux, à l'accomplissement des réformes libérales qu'ils demandaient en 1789 et avant; invoquer en faveur d'une restauration nouvelle la doctrine du droit divin d'un droit de domination sur la France inhérent à la personne même des princes de l'ancienne famille royale indépendamment de tout sentiment public, leur paraissait une grave imprudence. Plus la destruction de l'ancienne royauté leur semblait avoir été funeste, et plus sa restauration leur semblait désirable, moins il leur paraissait juste d'en demander le rétablissement au nom d'un droit abstrait et vide de sens [1], mais inhérent à la personne de l'héritier du trône

---

1. *Le second Empire et une nouvelle Restauration*, par Charles Desnoyer. Londres, 1864.

ancien, le suivant partout et dont la conséquence semblerait être que la France et son peuple sont la propriété d'une famille. Ces fusionnistes d'un genre particulier, n'admettaient pas non plus qu'on restaurât la monarchie au nom de la souveraineté populaire ; demander pour la restauration la consécration du suffrage universel, qu'ils appelaient une simagrée d'élection populaire, bonne pour des usurpations de fraîche date obligées de cacher leur origine sous le nombre des adhésions, c'était la plus grande absurdité du monde. Il suffisait à les en croire que la France trouvât le moyen et l'occasion de faire comprendre qu'elle entend que la violence cesse et que l'exercice de l'ancienne autorité détruite sans raison, reprenne pacifiquement son cours [1]. Ce raisonnement a de quoi surprendre de la part de ceux qui le tenaient ; on ne fonde un gouvernement et on ne le restaure qu'au nom d'un principe. Ce n'est que par une sorte d'illusion volontaire qu'ils pouvaient se tromper là-dessus.

Les hommes n'ont pas toujours l'intention de se tromper les uns les autres, mais ils obéissent souvent à des idées qui les trompent eux-mêmes. Les légitimistes étaient certainement de bonne foi, en recherchant l'alliance des orléanistes, mais les bases de l'alliance manquaient. « Donnons un enfant à ce père, donnons un père à cet orphelin, » disait Berryer en parlant du comte de Chambord et du comte de Paris. Paroles touchantes, mais adoption dont les conditions n'étaient pas faciles à régler. Les fusionnistes, en demandant au fils de Louis-Philippe de renoncer à la politique de l'idonéité, c'est-à-dire à leurs chances personnelles en vue de l'hérédité lointaine et douteuse du comte de Paris, leur proposaient en somme de s'annuler et de travailler pour le comte de Chambord.

L'*Assemblée nationale*, organe des rancunes et des haines du parti conservateur, qui regrettait de n'avoir pu faire à son profit le coup d'État du 2 décembre, défendait seule la fusion dans la presse orléaniste. M. de Salvandy, l'un des patrons de cette feuille, se présenta le premier à Wiesbaden au comte de Chambord ; il lui offrit son dévouement et son concours pour préparer les voies à la réconciliation entre les deux branches de la maison de Bourbon. M. de Salvandy s'imagina que cette réconciliation était faite parce que le comte de Chambord avait assisté à Wiesbaden à un service funèbre en l'honneur de Louis-Philippe, et qu'il avait invité tous les Français à s'y rendre. Un autre événement redoubla cette illusion : le duc d'Aumale, par suite de la mort du prince de Salerne, son beau-père,

---

1. *Le second Empire et une nouvelle restauration*, par Charles Desnoyer. Londres 1864.,

fut obligé de se rendre à Naples avec sa femme ; le duc et la duchesse de Parme firent à la même époque dans la capitale des Deux-Siciles un voyage qu'ils n'auraient pas entrepris sans l'agrément du comte de Chambord. Le duc d'Aumale et le duc de Parme ainsi que leurs femmes se rencontrèrent dans la loge royale, au théâtre d'*Il Fundo*. C'était la première fois depuis 1830 qu'un prince de la branche aînée de la maison de Bourbon et un prince de la branche cadette se montraient ensemble.

M. Berryer, M. Benoist d'Azy, le général de Saint-Priest s'étaient rendus à leur tour à Londres auprès de la reine Marie-Amélie pour l'amener à la fusion. Ce n'était pas bien difficile ; l'espoir de voir renaître les Bourbons devait suffire à convertir la femme de Louis-Philippe. Il ne pouvait en être de même de la duchesse d'Orléans. Le testament de son mari à la main, elle protestait contre toute idée d'une rupture entre la révolution et son fils ; ses conseillers et ses amis, MM. Thiers, de Rémusat, Jules de Lasteyrie, l'encourageaient dans une résistance que semblaient approuver aussi ses beaux-frères le duc d'Aumale et le prince de Joinville. Le duc de Nemours montrait plus d'empressement à se réconcilier avec son cousin.

L'opinion publique avait conçu contre le duc de Nemours des préventions que rien ne justifiait, assurent ses amis, si ce n'est un port de tête un peu dédaigneux et une tournure raide quoique distinguée. Les personnes qui ont gardé la mémoire des petits événements du temps du règne de Louis-Philippe se rappellent l'obligation de prendre la culotte courte, imposée aux personnes invitées aux soirées particulières du duc de Nemours ; il n'en fallut pas davantage pour détruire sa popularité. Personne en France ne s'étonna donc de le voir plus enclin que ses frères à une réconciliation avec la branche aînée ; mais tout était difficile et délicat dans la négociation qui devait la précéder. Quel titre donner au comte de Chambord en lui écrivant ? *Mon cousin*, c'est bien froid ; *M. le Comte*, c'est bien cavalier. M. de Jarnac, ancien chargé d'affaires de France à Londres, se rendit à Frohsdorf pour s'entendre avec M. de La Feronnays sur les moyens de régler définitivement toutes les difficultés qui s'opposaient à la fusion. Les deux diplomates essayèrent de jeter sur le papier quelques mots pour servir de base à une sorte de traité ; impossible d'y parvenir. Il est des choses qui ont besoin d'être brusquées. Le duc de Nemours, pensant que dans la chaleur d'une première entrevue les deux intéressés parviendraient plus facilement à s'accorder, proposa de se rendre chez son cousin. L'offre fut acceptée. M. Reille, chef d'escadron, son aide de camp, de concert avec M. Lévis, régla les préliminaires de la visite. M. de Monti, aide de camp du comte de Chambord, attendit le duc de Nemours à quatre lieues de Frohsdorf et le conduisit dans cette résidence. La maison du comte de Chambord était réunie pour recevoir le fils de Louis-Philippe dans un cabinet précédant le grand salon; le comte de Chambord en sortit et s'avançant vers son hôte, il lui prit la main en disant : « Mon « cousin, combien je me félicite de votre bonne visite. » — A quoi le duc de Nemours répondit : « Mon cousin, je ne saurais vous exprimer com- « bien je suis heureux de cette démarche, que je voulais faire depuis long- « temps en mon nom et au nom de mes frères ; je vous déclare que nous « ne reconnaissons plus en France d'autre royauté que la vôtre, et que « nous hâtons de tous nos vœux le moment où l'aîné de notre maison « s'assoira sur le trône. »

L'histoire, en recueillant cette réponse dans les correspondances des journaux légitimistes, doit faire remarquer qu'elle est un peu solennelle pour la circonstance ; il semble que de pareilles paroles n'aient pas besoin d'être échangées, la simple démarche suffit. Les deux princes restèrent seuls ensemble pendant trois quarts d'heure. Le duc de Nemours se retira dans son appartement, laissant son cousin et la comtesse de Chambord ainsi que les serviteurs de la maison enchantés de lui, surtout le comte de Montbel qu'il félicita de sa fidélité, et qui vantait fort l'à-propos avec lequel le duc de Nemours avait rappelé que, le jour de l'entrevue, était l'anniversaire de sa nomination au grade de colonel de chasseurs par Charles X. Le duc de Nemours demanda, dit-on, à présenter sa femme et ses enfants au comte de Chambord, qui lui répondit : « Nous parlerons à Vienne de votre séjour ici. »

Le comte de Chambord ne tarda pas à rendre dans cette ville, une visite à son cousin, et, par égard pour lui, il voulut bien prendre le deuil de la reine de Portugal, sœur de la princesse de Joinville. Le duc de Nemours fut très complimenté sur sa conduite par l'empereur d'Autriche et surtout par sa mère l'archiduchesse Sophie. Le comte de Chambord vint l'année suivante en Angleterre, et son premier soin fut d'accourir à Claremont auprès de la reine Marie-Amélie. L'entrevue fut très affectueuse : Ma tante ! Mon neveu ! Ces mots employés dans la conversation, rappelaient les liens de famille qui existaient entre la reine et le comte de Chambord et coupaient court à toute difficulté d'étiquette.

Le duc de Montpensier voulut à son tour, l'année suivante, déposer ses hommages aux pieds du chef de la maison de Bourbon. Il arriva subitement à Vienne le 29 août 1855. Le ministre d'Espagne lui remontra les inconvénients de cette démarche. Le prince répondit qu'il avait de trop graves questions dynastiques à traiter avec le comte de Chambord pour tenir compte de ces observations. Le cabinet de Madrid blâma sa visite, et la reine d'Espagne lui ordonna de se rendre immédiatement en Suisse.

Le duc de Nemours et le comte de Chambord avaient beau échanger des politesses, la fusion, tant que le Comte de Paris n'y avait pas donné son assentiment, semblait peu solide. La duchesse d'Orléans, qui vivait retirée à Eisenach, avait reçu la visite du roi et de la reine de Prusse ; l'attention publique s'était depuis ce moment fixée sur elle plus que d'habitude. Elle ne tarda pas, après le départ de ses hôtes, à publier une lettre où, faisant allusion à la fusion, elle déclarait n'avoir pris et ne vouloir prendre aucun engagement au nom de son fils mineur.

Le public regardait ces allées et venues des princes de la maison de Bourbon avec curiosité, mais sans y attacher aucune importance. Il ne prenait pas la fusion au sérieux [1]. Le gouvernement s'en préoccupait beaucoup au contraire et faisait publier contre elle, brochures sur brochures ; le *Moniteur* lui-même en inséra une toute entière, qui était intitulée : *Du principe d'autorité depuis* 1789 et qui portait pour signature le nom de Prieur, pseudonyme de M. Troplong, président du Sénat.

Les progrès de la fusion étaient d'autant plus lents que les fusionnistes eux-mêmes formaient deux camps : celui de la fusion pure et simple au nom des sentiments de la famille et des intérêts de la politique, et celui de

---

1. Le parti de la fusion avait un ennemi intraitable dans la personne du baron de Richemont, dont le procès en usurpation de titre eut un si grand retentissement sous le règne de Louis-Philippe. Il figurait parmi les détenus à Sainte-Pélagie à l'époque où un grand nombre de républicains y étaient renfermés à la suite des journées de juin 1832. Le faux Louis XVII, toujours très préoccupé des soins de la table, ne dédaignait pas quelquefois de prendre lui-même la casserolle, quoique fils de Louis XVI et légitime héritier du trône de France et de Navarre. « Sire, lui disait Marrast qui partageait alors sa captivité, nous mangerions bien volontiers une de ces omelettes que la main de Votre Majesté retourne avec une grâce vraiment royale. » D'autres prisonniers moins polis s'amusaient à lui dire : « Capet ! un bifteck pour ce soir. »

La condamnation de cet aventurier comme faux Louis XVII n'empêchait pas beaucoup de gens d'être cependant convaincus qu'il disait vrai en parlant de son auguste origine ; plusieurs légitimistes s'étaient cotisés pour lui fournir une pension ; il avait trouvé des fonds pour fonder un journal, *l'Inflexible,* dont la mission principale était de défendre ses droits. Le faux Louis XVII, en 1848, avait eu la singulière idée de proposer au gouvernement provisoire de le reconnaître comme dauphin. Lorsque les bruits d'une fusion entre les Orléans et les Bourbons se répandirent dans le public, le duc de Richemont s'étonna fort de n'avoir pas été consulté sur un acte qui ne pouvait être valable sans lui, et qu'il désapprouvait du reste formellement. La mort mit fin à ses protestations et délivra les fusionnistes d'un de leurs plus ardents adversaires.

la fusion du pardon. Le passé était oublié dans un des cas ; on se contentait de l'amnistier dans l'autre. Les pièces officielles publiées par certains journaux levaient parfois le voile sur les obscures négociations des diplomates fusionnistes, sans mettre fin à l'incertitude sur leur résultat. Une lettre du Comte de Paris, protestant contre la fusion, circula dans le courant du mois de juillet 1856 ; le comte de Chambord proclama son accomplissement, en chargeant M. Pageot, le 25 décembre de la même année, d'être son interprète auprès de la veuve et des enfants de Salvandy dont il venait d'apprendre la mort : « Personne n'apprécie plus que moi cet « homme de bien de tant d'intelligence, de talent et de cœur. Je n'ai pas « oublié surtout que c'est lui qui le premier est venu me voir avec vous « à Wiesbaden, et, en m'apportant les franches et nobles assurances de « son entier dévouement, m'offrir le concours de son zèle et de ses cons- « tants efforts pour préparer les voies à cette réconciliation désirée, qui « depuis s'est heureusement accomplie et que la France est en droit d'en- « visager aujourd'hui comme une des plus fermes garanties de l'avenir. »

Le public se demandait lequel du Comte de Paris ou du Comte de Chambord avait raison au sujet de la fusion, lorsque la reine Marie-Amélie vint passer l'hiver de 1857 à Nervi, sur les bords de la rivière de Gênes. Le comte de Chambord, habitant alors Parme, ne pouvait se dispenser de faire une visite à la reine, un grand dîner lui fut offert par Marie-Amélie. Il prit place à côté d'elle. Mon neveu, ma tante, ces deux mots paraient aux difficultés de l'entretien entre la femme de Louis-Philippe et le fils du duc de Berry, mais non à celles qui pouvaient s'élever entre les personnes de leur suite. Le repas fini, l'entretien s'engagea entre elles. « La *comtesse de Neuilly*, dit M. de La Feronnays, a vraiment bon visage. » Le docteur Guéneau de Mussy, sans se douter, peut-être, qu'il allait faire un acte politique, répondit : « Oui, la santé de *la reine* ne laisse rien à désirer. » M. de La Feronnays reprit : « Ce climat convient à la *comtesse de Neuilly*. » M. Guéneau de Mussy, averti par le ton de M. de La Feronnays, reprit en insistant sur le mot : « La *reine* s'en trouve en effet très bien. » La conversation cessa ; les deux interlocuteurs comprirent qu'ils ne devaient pas aller plus loin ; ils se séparèrent poliment. Le duc de Nemours était à Nervi avec sa mère. Averti de ce qui venait de se passer, entre le docteur Guéneau de Mussy et M. de La Feronnays, il ne tarda pas à écrire à son cousin une lettre qui ne devait pas être très favorable à la fusion, si l'on en juge par la réponse suivante du comte de Chambord :

« Mon cousin,

« J'ai lu votre lettre avec un profond sentiment de tristesse et de regret. J'aimais à penser que nous avions compris de la même manière la réconciliation opérée entre nous il y a quatre ans. Ce rétablissement de nos rapports politiques et de famille, en même temps qu'il plaisait à mon cœur, semblait à ma raison un gage de salut pour la France et une des plus fermes garanties de son avenir.

« Pour justifier mon espérance, pour rendre notre union efficace et digne tout ensemble, il ne fallait que deux choses qui étaient bien faciles : rester de part et d'autre également convaincus de la nécessité d'être unis, nous vouer une confiance inébranlable en nos mutuels sentiments.

« Je n'ai pas douté de votre dévouement au principe monarchique. Personne ne peut mettre en doute mon attachement à la France, mon respect de sa gloire, mon désir de sa grandeur et de sa liberté ; ma sympathique reconnaissance est acquise à ce qui s'est fait pour elle, à toutes les époques, de bon, d'utile et de grand. Ainsi que je n'ai cessé de le dire, j'ai toujours cru et je crois toujours à l'inopportunité de régler dès aujourd'hui et avant le moment où l'obéissance nous en imposerait le devoir des questions que résoudront les intérêts et les vœux de notre patrie. Ce n'est pas loin de la France et sans la France que l'on pourra disposer d'elle.

« Je n'en conserve pas moins la conviction profonde que c'est dans l'union de notre maison et dans les efforts communs des défenseurs des institutions monarchiques que la France trouvera un jour son salut ; les plus douloureuses épreuves n'ébranleront pas ma foi. »

La fusion était donc rompue par celui des princes d'Orléans qui s'en était montré jusqu'alors le plus chaud partisan. Une adhésion indispensable lui avait d'ailleurs toujours manqué, celle de la duchesse d'Orléans : « Sur une question qui ne pouvait avoir au plus qu'un intérêt d'avenir éloigné, elle a parlé autrement que quelques-uns de ses amis et que les conseillers naturels auxquels elle aurait le plus volontiers cédé sur tout, sauf sur ses devoirs, tels qu'elle les envisageait. Deux idées ont dirigé toute sa conduite, l'une à l'égard de son pays, l'autre à l'égard de ses enfants. Vis-à-vis de son pays, de cette partie du moins qui n'avait pas voulu le 24 février, elle se croyait engagée par le pacte de 1830, qui confiait à la famille d'Orléans le dépôt de ses libertés ; vis-à-vis de ses enfants, elle se croyait le devoir de garder leur avenir intact et sans engagement. Elle ne se croyait pas libre de disposer de ce qu'elle regardait comme un dépôt entre ses mains jusqu'au moment où elle en rendrait compte à ses fils. »

Quelques fusionnistes persévérèrent dans leur foi ; mais le parti de la fusion, créé dans l'intention d'unir les forces de l'orléanisme et de la légitimité, ne servait qu'à les diviser. Les légitimistes, et les orléanistes militants étaient donc bien moins que les républicains en mesure de lutter contre l'Empire appuyé sur l'armée, sur le clergé et sur la grande majorité du parti légitimiste et du parti orléaniste.

CHAPITRE V

LE JOURNALISME (1848-1857)

La presse devant l'opinion publique. — La presse anglaise et la presse française. — Causes du peu de sympathie d'une partie du public français pour la presse. — La presse à bon marché. — L'annonce et la presse. — Conséquences de la réforme de M. de Girardin. — M. Charles Duveyrier. — Il fonde la régie générale des annonces. — Le roman feuilleton. — La presse au lendemain du coup d'État. — La nouvelle législation sur la presse. — Précautions prises par le gouvernement contre les journaux français et étrangers. — Les journaux autorisés. — Journaux du gouvernement. — M. Mirès achète le *Constitutionnel* et à M. de Morny et à M. Véron leur part de gérance du *Constitutionnel* au prix de douze cent mille francs. — Effet produit sur le public par l'énormité de cette somme. — M. Arthur de La Guéronnière, désigné par M. Mirès, est agréé par le gouvernement comme directeur politique du *Constitutionnel* et du *Pays*. — M. Arthur de La Guéronnière. — La *Patrie*. — M. Delamarre, rédacteur en chef de la *Patrie*. — Journaux de l'opposition. — Le *Siècle*. — M. Havin, directeur politique du *Siècle*. — Le *Journal des Débats*. — MM. Armand Bertin, Saint-Marc Girardin, de Sacy. — L'*Assemblée nationale*. — La *Gazette de France*, M. Lourdoueix. — L'*Union*. M. Laurentie. — Journaux religieux : l'*Univers*, M. Veuillot. — Situation spéciale de la *Presse*. M. Émile de Girardin. — Les avertissements. — Les journaux ministériels n'en sont pas exempts. — Le journalisme sous le régime administratif. — Le *Figaro*, M. de Villemessant. — Rôle de la chronique et de la presse cléricale. — M. de Villemessant et M. Louis Veuillot. — Hypocrisie du gouvernement à l'égard de la presse. — Les avertissements. — Arrestation des correspondants légitimistes. — Le journalisme réfugié. — Le *Bulletin français*. — *La Nation*. — *Le Proscrit*. — *Le Nouveau-Monde*. — *L'Homme*.

Les petits peuples de l'antiquité, pour être libres, n'avaient besoin que d'une tribune ; aux nations modernes il faut le journal. La liberté de la presse est la mère de toutes les autres libertés : liberté individuelle, liberté de conscience, liberté d'enseignement, liberté du commerce et de l'industrie, toutes les libertés viennent d'elle et se maintiennent par elle. Cependant la liberté de la presse naît avec peine et se développe difficilement chez tous les peuples; c'est que ce privilège que s'arroge le premier venu de discuter les actes du gouvernement et des citoyens paraît exorbitant à ceux-là mêmes qui en profitent et qui n'aperçoivent point les relations secrètes, qui unissent la liberté de la presse à la sûreté de la société et à la dignité des individus, ni les compensations par lesquelles l'équilibre se maintient entre ses avantages et ses inconvénients.

La presse française n'a point grandi peu à peu comme la presse anglaise, elle est sortie tout armée du front de la révolution. A peine née, elle attaque non seulement le pouvoir, mais encore les partis, ce qui est plus dangereux peut-être; le pouvoir veut la dominer, les partis cherchent à se venger d'elle; les esprits les plus modérés et les plus violents se livrent aux mêmes colères contre elle. Barnave donne le premier, à la tribune de l'Assemblée constituante, l'exemple de ces sorties contre le journalisme, dont les Assemblées modernes nous donnent encore de temps en temps le spectacle. La liberté de la presse vient à peine de naître que des ennemis dont les plus ardents peut-être figurent dans les rangs des amis de la révolution, surgissent contre elle. Lacroix propose à la Convention de mettre les représentants journalistes, en demeure d'opter entre leurs fonctions législatives et leurs occupations de « folliculaires ». Thuriot leur reproche de voler l'indemnité qu'ils reçoivent de la nation, à laquelle ils doivent tout leur temps; Duhem les traite « d'êtres immondes », un de ses collègues consent « à ce qu'on laisse ces vils insectes coasser dans la fange », mais à la condition qu'on leur enlèvera la place qu'ils occupent à la Convention. « Je viens attaquer les vrais assassins de la patrie, s'écrie
« Talot dans la séance du 5 brumaire an V, au conseil des Cinq-Cents;
« je viens dénoncer une trentaine de gredins qui s'emparent de l'opinion
« publique et déchirent chaque jour le gouvernement... Les clubs ont
« rendu des services dans les commencements de la révolution, bientôt ils
« ont fini par se corrompre et par devenir dangereux, eh bien! chaque
« journal est un club ambulant [1] prêchant la révolte et la désobéissance aux
« lois. Il est impossible qu'un gouvernement subsiste et rétablisse l'ordre
« au milieu d'éléments aussi destructeurs. Il faut une loi qui réprime

---

1. La comparaison de Talot a souvent servi depuis.

« enfin la liberté de la presse, ou bien permettre à chacun de se servir
« de la même liberté pour *presser* les omoplates de son calomniateur. »

La liberté de la presse n'eut donc pas à se louer beaucoup de la révolution ; les partis lui firent porter la peine de leurs propres excès et la livrèrent sans défense aux attaques et vengeances du pouvoir. On sait comment elle fut traitée sous le Consulat et sous l'Empire. Dans un pays comme la France, où la crainte de voir de près ou de loin porter la moindre atteinte au droit de propriété met tout le monde en éveil, l'opinion publique ne s'émut pas le moins du monde, le jour où l'Empereur, par un simple décret, réunit la propriété d'un journal au domaine de l'Etat et en distribua les parts à ses favoris, conseillers d'Etat, maîtres des requêtes, chambellans, préfets du palais, secrétaires des ministères, etc. Ces dons furent acceptés par les nobles de l'Empire avec aussi peu de scrupule que les produits de la confiscation par les gentilshommes de l'ancien régime. Napoléon Ier, qui, dans l'éclat de sa puissance, s'arrogea ce droit d'aubaine sur la presse, lui fit, il est vrai, amende honorable à l'heure de ses revers : les évènements procurent de ces satisfactions aux défenseurs de la liberté de la presse, mais elles durent peu, comme les conversions inspirées par l'intérêt qui les leur ont procurées.

La bourgeoisie parut comprendre l'utilité du journalisme, lorsqu'elle put prendre part à la direction de ses affaires ; la liberté de la presse parut sous la Restauration acceptée de tous. La fortune des journaux ne dépendait pas alors de l'annonce ; leur polémique était circonscrite aux idées et aux besoins du moment. La classe moyenne craignait la révolution, elle était bien obligée de se défendre contre l'ancien régime encore debout et menaçant ; mais, au fond, les journaux rédigés par des hommes sortis de ses rangs, dévoués à ses intérêts, plaisaient à la bourgeoisie plus que la liberté de la presse elle-même. On le vit bien quelques années plus tard, lorsque la question sociale fut soulevée ; tandis que le bourgeois anglais, familiarisé avec la libre discussion, lisait sans s'émouvoir les attaques les plus violentes des radicaux et des chartistes contre la Constitution de son pays, le bourgeois français se crut perdu parce que quelques journaux exposaient sur le rôle de la démocratie des idées plus larges que les siennes. Une autre cause se joignit à celle-ci pour créer des adversaires souvent involontaires et par cela même plus dangereux à la liberté de la presse. La presse avait trop grandement contribué à la révolution de Juillet pour que le gouvernement qui en était sorti, n'appelât pas beaucoup de journalistes aux emplois, et cela fit un grand tort au journalisme dans un pays comme la France, où le public, poussé par un sentiment très vif d'égalité, n'aime pas que les fonctions publiques aient l'air d'être réservées à une seule classe de la société, même quand cette classe est la mieux préparée à les remplir. Les ennemis du journalisme affectaient de demander si la plume remplaçait le parchemin, et si le droit de l'écritoire était substitué à celui de la naissance, comme si l'on pouvait être surpris que, sous un régime de discussion, on arrivât à tout par le talent de discuter?

Les gouvernements comme les individus ont des passions, des haines, des rancunes; ils emploient des journalistes pour les satisfaire; les gens qui prodiguent l'injure, savent se la faire payer. Des subventions sur les fonds secrets, des privilèges de théâtres, d'autres faveurs lucratives sont le prix avéré de certains dévouements. Le gouvernement de Louis-Philippe, qui compta des défenseurs honnêtes et désintéressés, en eut aussi d'un genre opposé. Le mépris, mérité par quelques journalistes vendus, rejaillit sur le journalisme tout entier et servit de thème au parti de la réaction, après 1848, pour faire des lois qui, sous prétexte de moraliser la presse, contribuèrent à la déconsidérer et à la livrer sans défense aux coups du bonapartisme, qui la traita, en décembre 1851, comme il l'avait traitée cinquante ans auparavant.

Le prix d'abonnement aux journaux, depuis 1814 jusqu'à 1836, n'avait guère varié. Son élévation n'empêchait pas le nombre des abonnés d'être très considérable : le *Constitutionnel* comptait sous la Restauration plus de vingt mille souscripteurs. M. de Villèle, voulant justifier une augmentation de timbre sur les journaux, produisit à la tribune le bilan du *Constitutionnel*, qui accusait un bénéfice de 800 000 francs, somme qu'aucune feuille à beaucoup près n'a depuis encaissée annuellement. Le journalisme comme industrie se trouvait dans des conditions florissantes et normales qui assuraient son indépendance, lorsqu'on vit s'annoncer le grand mouvement industriel dans lequel la France allait entrer. M. Emile de Girardin le prévit en même temps que le développement de l'annonce, et il créa en 1836 la *Presse* à 40 francs qui repose sur ce système : regagner par l'annonce ce qu'on perd sur l'abonnement. Les anciens journaux n'avaient point d'annonces ou très peu; la *Gazette de France*, à partir de 1818, et seulement deux fois la semaine ou trois au plus, les reléguait dans un supplément; la *Presse* à 40 francs comptait au contraire sur l'annonce pour vivre, mais l'exploitation directe de sa publicité par le journal lui-même offrait des difficultés et des inconvénients graves.

M. Emile de Girardin ne s'était pas seul préoccupé de l'avenir réservé à l'annonce. M. Charles Duveyrier, un des disciples préférés du père Enfantin, esprit actif, pénétrant, habile à prévoir les situations, philosophe dans l'industrie, industriel dans la philosophie, poète, orateur, publiciste, auteur dramatique, apôtre au besoin, prodigue d'idées, inven-

Fig. 30. — M. Guizot.

teur désintéressé d'une foule d'entreprises qui ont enrichi les autres, avait compris quels bénéfices l'annonce pouvait procurer à celui qui parviendrait à en avoir le monopole. Les frères Pereire et un négociant de Lyon, M. Arlès Dutour, tous les trois anciens saint-simoniens comme Charles Duveyrier, mirent des fonds à sa disposition pour s'assurer la possession de ce monopole. Duveyrier fonda la Compagnie générale des annonces en 1845, et commença par affermer les annonces du *Journal des Débats*, du *Constitutionnel* et de la *Presse*. La Compagnie réalisait de gros bénéfices, lorsque la révolution de Février la soumit à une épreuve dont elle se serait aisément tirée, si son fondateur, tout entier à la politique, n'avait oublié l'annonce pour s'occuper à refaire la société. Duveyrier eut cependant des successeurs qui ont étendu peu à peu son monopole et qui disposent aujourd'hui encore de la publicité d'un nombre considérable de journaux.

La *Presse* à 40 francs a eu certainement pour résultat d'accroître le nombre des lecteurs de journaux, mais elle en a changé le caractère. Tout journal doit sans doute faire une part dans sa rédaction à la curiosité, à l'information, à la nouvelle. Mais le journal à 40 francs alla plus loin : il publia des romans, et se transforma pour ainsi dire en cabinet de lecture ambulant ; si dans les anciens journaux la partie réservée à la curiosité ne menait pas directement le lecteur à la politique, du moins elle ne l'en éloignait pas; le roman, au contraire, faussa l'éducation publique ; il fit de plus en plus de la France une nation romanesque, avide d'émotions. Le succès des journaux ne dépendit plus des rédacteurs politiques, mais des romanciers. Un roman d'Eugène Sue, le *Juif errant*, remit à flot la barque du *Constitutionnel*, sur laquelle s'embarquèrent, remorqués par le roman, M. Thiers et les membres du tiers-parti. Lorsque la presse, après avoir vécu pendant quinze ans sur l'annonce et sur le roman, se trouva subitement en face du coup d'Etat, la réforme de M. de Girardin était jugée : elle n'avait, au point de vue politique, produit que de tristes résultats; la considération du journal liée à l'annonce avait baissé. Le journal aurait peut-être eu beaucoup de peine à vivre même avec l'annonce et le roman, si le décret de janvier 1852, en imposant l'autorisation préalable à tout nouveau journal, n'avait créé un monopole au profit des journaux autorisés.

Les chefs de l'expédition de Rome à l'intérieur ne bornaient pas leur plan de campagne à la suppression du suffrage universel ; la presse était depuis longtemps l'objet de leurs rancunes et de leurs haines les plus ardentes ; ils voulaient en finir avec cette vieille ennemie.

C'est par la liberté des autres qu'on se sent vraiment libre. La bourgeoisie française est malheureusement portée à croire que l'usage que les autres font de la liberté contre elle ne peut être qu'un mauvais usage. La presse n'était donc point en faveur auprès des membres du parti conservateur ; l'Assemblée se vantait d'avoir moralisé le suffrage universel, elle voulut aussi moraliser la presse. La loi Tinguy imposa la signature aux journalistes. Cette obligation est-elle favorable ou défavorable aux intérêts particuliers de l'écrivain? C'est une question à débattre ; mais, à coup sûr, rien ne pouvait être plus funeste à l'honneur des journaux que les arguments employés pour défendre la loi nouvelle. Les orateurs de la droite traitèrent le journal de tribunal vœhmique, désignant ses victimes à des exécuteurs masqués, de barricade d'où le journaliste tire à l'abri d'un mur contre le soldat qui s'avance à poitrine découverte : juges du poignard, gens d'embuscade, prenant à leur solde un homme de paille, un gérant pour insulter leurs ennemis, ils n'épargnèrent aucune injure aux écrivains de la presse. Sans compter les éternels reproches adressés au journalisme de former un État dans l'État, de tenir école de scandale et d'être un club à domicile.

La presse justifiait-elle ces accusations? Sans doute, la presse contribue aux révolutions, comme le livre et comme la tribune, mais son influence sur l'opinion publique ne résulte que de cette opinion elle-même ; la moralisation de la presse dépend du public et non d'une signature. Erostrate et Catilina auraient-ils reculé devant la signature de leurs articles? Les journaux manqueraient-ils jamais de signataires de paille? Les auteurs de la loi savaient bien que non ; mais, en imposant la signature au journaliste, leur but était de détruire la personnalité du journal. Cette loi qui frappait d'un timbre non seulement le journal, mais encore son feuilleton, quand il contenait un roman, reçut le surnom de loi de haine ; elle le méritait bien.

Les déclamations du parti conservateur sur la nécessité de *moraliser* le journalisme le minaient lentement. Personne ne se doutait, en le voyant si vivant en apparence, au lendemain de la révolution de Février, qu'il était frappé d'une maladie mortelle : « Qui n'eût écouté que les journa-
« listes eût pu se croire au sein de la nation la plus passionnée pour ses
« libertés et la plus occupée des affaires publiques [1]. Jamais leur langage
« n'avait été plus enflammé, leurs clameurs plus vives, qu'au moment où
« ils allaient se taire pour quinze ans. Si l'on veut connaître la vraie puis-
« sance de la presse, il ne faut jamais faire attention à ce qu'elle dit, mais
« à la manière dont on l'écoute. Ce sont ses ardeurs mêmes qui quelque-
« fois annoncent ses faiblesses et présagent sa fin. Ses clameurs et ses
« périls ont souvent la même voix. Elle ne crie si haut que parce que son

---

1. Lettres de M. de Tocqueville.

« auditoire devient sourd, et c'est cette surdité du public qui un jour « permet de la réduire impunément au silence. » Le coup d'État se chargea de démontrer la vérité de cette réflexion.

Les journalistes de 1851, à la première nouvelle de l'attentat du 2 décembre, se rappelèrent la protestation des journalistes de 1830; désireux de se réunir, ils prirent, vers midi, sans mot d'ordre, et comme d'instinct, le chemin de l'ancien hôtel Colbert, situé rue du Croissant, n° 16, où presque tous les journaux républicains fondés depuis la révolution de 1830, le *National*, le *Bon Sens*, le *Charivari*, la *Réforme*, ont été imprimés. Le *Siècle* occupait seul en 1851 cet hôtel, dans lequel il laissait un coin au *Charivari*. Les ateliers étaient déserts, la cour silencieuse, la porte du cabinet du rédacteur en chef du *Siècle* ouverte; c'était une grande pièce dans laquelle cinquante personnes pouvaient tenir à l'aise; elle se remplit peu à peu de journalistes de toutes les opinions, orléanistes, légitimistes, républicains, réunis par le malheur commun. On proposa de rédiger une protestation et de la faire signer par tous les membres présents à la réunion. Cette proposition fut accueillie avec une certaine froideur. La polémique des journaux conservateurs contre la révolution de Février s'était souvent inspirée de ces pamphlets électoraux dont des fragments ont été publiés dans le volume précédent; ces outrages saignaient encore comme des blessures au cœur des républicains; leur conscience s'indignait à l'idée de mettre leurs noms à côté de ceux de leurs insulteurs et de protester contre le coup d'État avec les représentants des partis qu'ils accusaient d'en être la cause. Cependant on leur demandait d'oublier le passé; ils s'y résignèrent; la protestation fut bientôt rédigée, et, pendant qu'on la signe, la porte s'ouvre, et M. Émile de Girardin, tombant au milieu de la réunion, demande à quoi l'on songe. Il s'agit bien de perdre son temps en protestations inutiles; il n'y a qu'une chose à faire, ajoute-t-il: marcher sur la Bourse et la fermer [1]. Le silence d'étonnement de la réunion en réponse à cette

---

[1]. M. de Girardin avait, dit-il, rédigé le 5 un nouvel appel à l'insurrection; mais l'impossibilité de le porter à la connaissance du peuple en présence des deux dragons qui montaient la garde, le pistolet au point, à l'entrée de l'imprimerie de la *Presse*, l'avait bientôt porté à renoncer au projet de recommencer la lutte. M. Napoléon Bonaparte se résignait moins aisément à cette nécessité. Pendant que M. de Girardin prêtait l'oreille aux observations de ses collaborateurs, M. Napoléon Bonaparte, ouvrant tout à coup la porte du bureau de la rédaction, s'écria : « Vous acceptez donc ce qui se fait? — Et vous, lui demanda un des rédacteurs de la *Presse* en montrant la proclamation, signerez-vous cette pièce? — Ma position ne me le permet pas, répondit M. Napoléon Bonaparte. — Ne conseillez pas alors aux autres ce que vous ne voudriez pas faire vous-même. »
M. de Girardin jeta ses épreuves au panier.

Fig. 31. — Entrevue du comte de Chambord et du duc de Nemours, à Frohsdorf (page 173).

proposition excite le dédain du rédacteur en chef de la *Presse*, qui promène un regard méprisant sur ses confrères et disparaît sans ajouter un mot.

La protestation des journalistes signée, il s'agit de l'imprimer. Les ateliers du *Siècle* chôment et sont surveillés, mais on peut y pénétrer : il est étonnant que des hommes que l'habitude constante de voir pratiquer l'art typographique aurait dû avertir de leur erreur, se soient imaginés qu'il suffit de quelques brosses et de quelques cornets de papier remplis de caractères enlevés aux casses des compositeurs pour improviser une imprimerie? Les journalistes qui avaient compté sur ces moyens en comprirent bien vite l'inutilité : la protestation des journalistes n'a jamais été imprimée.

Le décret de 1852 sans abroger la juridiction ordinaire, plaça les journaux sous la juridiction administrative. En dehors des avertissements, la police correctionnelle seule à la place du jury était désormais chargée de réprimer les délits de presse. Une seule condamnation encourue dans l'année pour crime commis par la voie de la presse, deux condamnations pour délits et contraventions, entraînèrent de plein droit la suppression du journal. Le gouvernement, même après une seule condamnation pour crime ou pour délit, se réserva deux mois pendant lesquels il restait maître de prononcer la suspension ou la suppression ; une simple décision ministérielle suffisait d'ailleurs pour suspendre un journal pendant deux mois après deux avertissements. La suspension, à moins que le journal ne fût supprimé par mesure de sûreté générale, devait toujours précéder la suppression ; cette dernière ne pouvait, en aucun cas, être ordonnée que par un décret spécial du chef de l'État inséré au *Bulletin des lois*.

Le ministre de l'intérieur eut seul le droit de désigner le rédacteur en chef d'un journal, sur la présentation des propriétaires, et de le destituer. Le moindre changement dans le personnel des gérant, rédacteur en chef, administrateur et propriétaire d'un journal ne s'opéra plus sans l'autorisation du ministre. La distribution des annonces judiciaires, enlevée aux tribunaux, devint entre les mains des préfets une véritable subvention au profit de certaines feuilles. L'augmentation du cautionnement et du timbre aurait rendu désormais impossible la publication de feuilles politiques à bon marché, lors même que la nécessité de l'autorisation préalable ne se fût pas opposée à leur apparition.

La dictature trouva bon de laisser un organe à chacune des grandes fractions de l'opinion : les républicains eurent le *Siècle* et le *Charivari ;* les orléanistes, le *Journal des Débats ;* les légitimistes, l'*Union* et la *Gazette de France ;* les fusionnistes, l'*Assemblée nationale.* Sous la direction de M. Émile de Girardin, la *Presse* put suivre une politique toute personnelle ; le *Constitutionnel,* la *Patrie* et le *Pays* furent admis à l'honneur de défendre le gouvernement.

Le *Constitutionnel* était moribond en 1842 ; M. Véron, fondateur de la *Revue de Paris* et directeur de l'Opéra, l'acheta. Il suffisait alors pour créer, ou pour ressusciter un journal, d'avoir beaucoup d'argent et de commander un roman à l'un des trois ou quatre romanciers en vogue. M. Véron paya cent cinquante mille francs le *Juif errant* à M. Eugène Sue, et ce roman remit le *Constitutionnel* à flot. Le *Constitutionnel* se fit remarquer en 1848 par l'éclat de son adhésion au gouvernement provisoire et par la vivacité de sa reconnaissance pour les combattants de février. Cet enthousiasme dura peu. M. Véron, légitimiste rallié à la monarchie de Juillet, plein d'une secrète rancune contre ce dernier régime, qui n'avait trouvé en lui que l'étoffe d'un directeur de théâtre, furieux contre la République, qui se passait de ses conseils, se jeta dans le bonapartisme.

Si la France, comme le prétendait M. Véron, ne pouvait trouver la fortune et la prospérité que sous un Bonaparte, il n'en était pas de même du *Constitutionnel.* Ce journal, dès le lendemain du coup d'État, perdit non seulement ses abonnés, mais encore il apprit par deux avertissements reçus coup sur coup que le despotisme permet encore moins la discussion à ses amis qu'à ses ennemis. Le *Constitutionnel* n'était point, comme on l'a vu, le seul journal officieux du gouvernement. Le *Pays,* propriété du financier Mirès, et la *Patrie* lui faisaient une redoutable concurrence. La *Patrie* n'était pas à vendre, M. Véron voulut acheter le *Pays.* « Je ne vends pas mon journal, lui répondit Mirès ; mais, si vous voulez, j'achète le vôtre. »

Cette proposition ne sonna point mal aux oreilles de M. Véron, mais la propriété du *Constitutionnel* se divisait en deux parts : commandite et gérance. M. de Morny ayant acheté moyennant la somme de cent mille francs la moitié des droits de M. Véron comme gérant, il fallait son consentement pour vendre le *Constitutionnel.* M. Mirès courut chez M. de Morny et ne le quitta qu'après avoir échangé contre la somme de cinq cent mille francs sa moitié de gérance. Un bénéfice de 400 000 francs pouvait à la rigueur suffire à M. de Morny ; mais le docteur Véron, gérant et de plus rédacteur du *Constitutionnel*, se payait richement ses articles ; il n'avait pas de traitement fixe, mais il touchait 1000 francs par mois dont il ne rendait compte à personne. Il entendait bien être indemnisé de tout cela. « Soit, lui dit M. Mirès, vous aurez 180 000 francs de plus que M. de Morny, et si, rendu aux loisirs de la vie privée, vous éprouvez le besoin de faire valoir votre argent, je vous apporterai des affaires à choisir. » M. Mirès, qui ne lésinait sur rien, offrit en outre 4000 francs par action du *Constitutionnel ;* un acheteur ordinaire n'en aurait pas donné 1000 francs. Le marché ne pouvait manquer de se conclure.

Un journal payé un tiers de plus que sa valeur, une place de gérant estimée à près de douze cent mille francs et ne rapportant que mille francs par mois, il y avait là de quoi donner à penser au public et lui inspirer des doutes sur la pureté de la source où les journalistes puisaient leurs bénéfices. Le nouveau propriétaire du *Constitutionnel* et du *Pays* se souciait médiocrement de l'opinion publique ; il n'eut rien de plus pressé que de mettre ses deux journaux à la disposition du gouvernement, qui s'empressa d'accepter leur concours et de les placer sous la direction de M. Arthur de La Guéronnière.

M. de La Guéronnière avait fait ses premières armes dans un journal de Limoges fondé par les légitimistes de l'endroit, l'*Avenir national*. Journaliste de vingt ans il mêlait l'ode à l'article ; dédiait sa prose à Henri V et ses vers à Lamartine. Le poète ayant rompu avec la légitimité, le jeune publiciste de Limoges le suivit dans son évolution et devint l'un des collaborateurs du *Bien public* fondé par Lamartine à Mâcon. Ce journal, bientôt à l'étroit dans une préfecture de troisième classe, vint en 1846 se fixer à Paris, dont le climat malheureusement ne lui fut point favorable. M. Arthur de La Guéronnière, après la mort du *Bien public*, prit place parmi les collaborateurs de M. Émile de Girardin, et il fut un de ceux qui dans la *Presse* se signalèrent le plus par leur opposition contre Louis Bonaparte et par son mépris pour les « décembraillards au moment où la *Société du 10 décembre* se livrait sur la place du Havre aux prouesses qu'on a pu lire dans le premier volume de cette histoire. M. de La Guéronnière lança un article foudroyant *L'Empire au gourdin* qui produisit une très vive sensation. Lamartine allait fonder le *Pays*, il en confia la rédaction en chef à son ancien collaborateur du *Bien Public*. M. Arthur de La Guéronnière y peignit d'un pastel bienveillant les personnages du moment : le prince Louis-Napoléon, le prince de Joinville et le comte de Chambord, etc. : « La figure de Napoléon III est douce et calme, mais elle n'est que le masque d'une vie intérieure forte et puissante. » Le prince de Joinville « reflète le fatalisme sur son visage comme l'ombre mystérieuse d'une destinée humaine ». Quant au comte de Chambord : « sa beauté physique n'est sur ses traits que le reflet de la beauté morale ». Le peintre faisait-il amende honorable à la société du 10 Décembre, passait-il à l'orléanisme, ou revenait-il au culte de sa jeunesse ? Non. En distribuant la louange à tous les prétendants, il restait fidèle à ses convictions républicaines. « Le fourbe ! s'écria-t-il le 2 décembre sur la place de la Concorde en parlant du Président de la République, au milieu d'un groupe de représentants du peuple et de journalistes, comme il nous a trompés ! »

M. de La Guéronnière s'indignait à la pensée seule qu'on pût croire un des siens capable de servir le gouvernement du coup d'État. Il écrivit pour démentir la nouvelle de l'acceptation d'une place de sous-préfet pour son frère, une lettre qui n'a pas été imprimée en France, mais dont de nombreuses copies circulèrent dans Paris. Ce républicain farouche ne tarda pas cependant à se réconcilier avec le nouveau régime ; il eut sa vision de Damas. L'ami de Lamartine, le démocrate de la *Presse*, l'adversaire du coup d'État, élu, par la grâce de l'administration, devint député au Corps législatif et directeur du *Constitutionnel* et du *Pays* ; il essaya, en se drapant dans sa phrase brodée de grands mots, de faire oublier la mouvante légèreté de ses opinions.

La *Patrie* formait avec le *Constitutionnel* et le *Pays* le trio des journaux chargés de la défense officieuse du gouvernement. M. Delamarre, ancien garde du corps de Charles X, devenu banquier, avait quitté la finance pour le journalisme. L'ambition d'être un homme politique lui étant montée au cerveau, comme au docteur Véron, il acheta la *Patrie*. La révolution de Février le surprit, mais il voulut bien s'intéresser à elle et donner quelques conseils au ministre des finances de la République, celui entre autres de pourvoir à la pénurie du trésor en frappant une contribution nationale sur les principaux banquiers de Paris, dont il lui donna la liste avec le chiffre de leur fortune. M. Goudchaux ayant repoussé ce conseil avec indignation, M. Delamarre passa dans le camp bonapartiste. Il se croyait destiné à devenir ministre des finances ; grand interrogateur de tables tournantes, il évoquait les esprits à volonté et vivait en perpétuelle communication avec le monde invisible. Des relations plus utiles le liaient aux principales administrations de la ville de Paris qui lui réservaient la primeur de leurs informations. Ce privilège était bien dû à l'homme qui dans les journées de décembre transforma les bureaux de son journal en corps de garde pour les agents de police. La *Patrie* était la feuille de Paris la mieux fournie de ces crimes, catastrophes et accidents qui intéressent un si grand nombre de lecteurs; les nouvelles politiques que le gouvernement voulait porter à la connaissance du public, jointes à ces informations, faisaient de la *Patrie* un journal très lu, mais sans influence.

Le *Siècle* servait d'organe à l'opinion démocratique. La suppression de ce journal avait été prononcée au moment du coup d'État. M. de Morny s'étant fait l'interprète et le défenseur des intérêts de ses actionnaires, on lui permit de reparaître. La logique de la situation contribua pour le moins autant à sauver le *Siècle* que la protection de M. de Morny; le gouvernement, laissant un organe à toutes les opinions, ne pouvait pas faire une exception pour l'opinion républicaine.

M. Havin, fils de conventionnel, député de la Manche pendant dix-huit ans, était entré à la Chambre dans les premiers jours de la monarchie de Juillet, à la limite d'âge, c'est-à-dire à trente ans, et il était l'un de ses doyens, non par les années, mais par la durée du service. Membre de la gauche dynastique, parlant peu, chargé de rapports importants, tacticien politique, actif, habile, sachant agir sur les hommes et les grouper, qualités qui ne sont pas communes, il passait pour un des meilleurs lieutenants d'Odilon Barrot.

Les bancs de la gauche dynastique, sous la monarchie de 1830, étaient en grande partie occupés par des gens nés à la politique pendant les Cent-Jours. Un gouvernement comme celui de Louis-Philippe n'était qu'à demi leur fait; ils le virent tomber avec résignation. La formation d'un ministère Barrot aurait sans doute fait plus de plaisir à M. Havin que l'avènement du gouvernement provisoire; il accepta franchement la République. M. Ledru-Rollin le pria de la servir. Il accepta les fonctions de commissaire dans le département de la Manche [1].

L'Assemblée constituante choisit M. Havin pour un de ses vice-présidents. Très ferme et très courageux devant les barricades de juin, ses votes avaient compromis sa réélection dans son département dominé par la réaction; il entra au Conseil d'État dont les membres étaient alors élus par le pouvoir législatif. Membre depuis longtemps du conseil de surveil-

---

1. Il les remplissait à la satisfaction de tous, lorsqu'un beau jour il vit arriver de Paris à Saint-Lô un républicain de la veille envoyé pour le seconder, un peu aussi pour le surveiller. Ce républicain était M. Viellard, ancien précepteur du fils aîné de la reine Hortense et ensuite du second. M. Havin n'eut pas de peine à s'entendre avec ce démocrate farouche; ils furent envoyés tous les deux à l'Assemblée constituante.

lance du *Siècle*, il fut par des considérations d'administration intérieure, obligé d'en prendre subitement la direction politique. Le 2 décembre le trouve occupé à se tirer des difficultés de ses nouvelles fonctions, plus pour lui qu'un autre, car, connaissant fort peu les hommes et les choses de la presse, il avait à se débattre au milieu des prétentions d'un monde difficile; quant à la partie de ses fonctions consistant à se tirer des pièges d'une législation plus que sévère, à prévoir les avertissements, à les conjurer, à en adoucir les conséquences, il était fort propre à les remplir, car si en sa qualité de Normand, on était disposé à lui accorder plus de finesse que d'esprit, il avait en réalité autant de l'un que de l'autre.

Le directeur politique du *Siècle*, sans renier ce qu'il y avait dans son passé de républicain, ne portait cependant pas le deuil de la République; il voyait même, avant qu'il fût question du couronnement de l'édifice, l'horizon se colorer des feux d'un nouvel acte additionnel. Que la France avec la gloire, reconquît la liberté dont elle jouissait sous Louis-Philippe, M. Havin ne demandait rien au delà. Homme pratique, peu disposé à admettre les raisonnements d'une nuageuse abstention, il poussait le parti démocratique à l'action, et il y entrait lui-même, avec l'heureuse confiance de ceux qui croient aux sommeils alternatifs et aux réveils de la France. Indifférent à tout ce qui, dans la politique, ne touche pas uniquement à l'intérêt du moment, au débat quotidien; dévoué à la Révolution, comme il l'entendait, homme d'honneur, incapable de trahir les devoirs que sa situation lui imposait, mais voulant les remplir à sa manière, M. Havin était bien l'homme qui convenait en ce moment à la direction politique du *Siècle*.

Le *Journal des Débats* avait traversé, sous le règne de Napoléon Ier, des épreuves plus dures que celles qui l'attendaient sous le règne d'un nouveau Napoléon. M. Armand Bertin, rédacteur en chef de ce journal, avait pu apprendre de son père et de son oncle l'art de subir la force sans y céder. M. Armand Bertin, très ferme dans ses opinions libérales quoique comptant parmi ses proches parents et parmi ses associés dans la propriété du *Journal des Débats* des serviteurs et des amis du gouvernement, groupait autour de lui MM. Saint-Marc Girardin, Sylvestre de Sacy, Louis Alloury, John Lemoine, écrivains éminents [1].

---

[1]. Le gouvernement s'était mis en frais de coquetterie pour M. Saint-Marc Girardin, à qui il offrit vainement une place dans le conseil de l'instruction publique. M. de Sacy, étoile lointaine et voilée du journalisme conservateur, dont les rayons ne brillaient que sur un public d'élite, restait dans une sorte de clair obscur. La renommée, cette déesse bruyante, entrait chez lui discrètement : elle le trouvait blotti dans le nid qu'on lui avait

Fig. 32. — Les membres de la Cour de cassation viennent prêter serment à l'Empire, y compris M. Franck-Carré, le procureur général qui avait demandé sa tête à la Chambre des pairs (page 163).

L'*Assemblée nationale* représentait, sans grand éclat, le parti de la fusion. Le parti légitimiste conserva ses principaux organes. La légitimité comptait, à Bordeaux, à Lyon, à Toulouse, à Marseille, à Nîmes, à Rennes, etc., des journaux que la révolution de Février avait laissé subsister. Les journaux légitimistes venaient de faire une brillante campagne contre la République; ils n'étaient pas un obstacle, ils pouvaient même devenir des auxiliaires. Le coup d'État les respecta. M. de Genoude, rédacteur en chef de la *Gazette de France*, avait créé un système de droit divin, mélangé de suffrage universel, effroi des partisans de la légitimité pure; M. de Lourdoueix continua la tradition de son prédécesseur. M. Laurentie, entouré de MM. de Riancey, Poujoulat, Nettement et d'autres écrivains distingués, eut toute latitude pour démontrer dans le journal l'*Union* que la liberté émane du droit divin et ne peut fleurir qu'à l'abri du trône et de l'autel.

La presse cléricale, représentée par l'*Univers*, avait passé depuis le 24 février 1848 par des phases bien diverses et bien opposées.

L'*Univers*, en 1848, accueillit avec enthousiasme la chute de la monarchie : « Immorale avec Louis XIV, scandaleuse avec Louis XV, « despotique avec Napoléon, inintelligente jusqu'en 1830, astucieuse, « pour ne pas dire plus, jusqu'en 1848, la monarchie succombe sous le « poids de ses fautes... La monarchie meurt de gangrène sénile... Elle « attend à peine qu'on lui dise : Nous ne voulons plus de toi, va t'en. Le « coup n'est pas nécessaire, le geste suffit..... Qui songe aujourd'hui en « France à défendre la monarchie? Qui peut y songer? La France croyait « encore être monarchique, et elle était républicaine. » Il ne suffit pas à l'*Univers* que la France soit républicaine, il faut que l'Europe le devienne : « La destruction du vieil édifice européen est aujourd'hui con- « sommée, elle sera complète et irrémédiable. Sur quoi ce vieil édifice « repose-t-il en partie? Sur l'Autriche; cet appui ne durera pas longtemps. « Personne ne sait en France si, à l'heure où nous écrivons, l'empereur « d'Autriche est encore sur le trône; ce que tout le monde sait très bien, « c'est qu'il n'y est pas pour longtemps. Un tel pouvoir ne tombera pas à « demi. Dans tous les cas, cette grande puissance de la maison d'Autri- « che, ce joug qui étouffait tant de nationalités, est à jamais brisé. »

L'*Univers*, devançant le *Siècle* dans la défense du principe des natio-

---

ménagé dans une des bibliothèques de Paris. La République se garda bien de l'y troubler. Élu à l'Académie, comblé de toutes les faveurs et de toutes les récompenses du parti libéral, rien ne faisait présager qu'il serait un jour sénateur de l'Empire.

nalités, reconnaissait « le droit de la Sicile à se soustraire à la domination napolitaine ». Les journaux démocratiques attaquaient fort cette domination ; mais il n'était venu à la pensée d'aucun d'eux d'accuser Ferdinand II d'avoir voulu faire mourir les Siciliens par la peste. L'*Univers*, moins scrupuleux, assure que le roi de Naples « voulut et réussit à faire présent à la « Sicile de ce dernier fléau. Violant par la force les lois sanitaires, et cela « malgré les réclamations et les protestations des autorités locales, il fit « aborder à Palerme un bâtiment chargé d'uniformes de soldats portés « par les militaires morts à Naples du choléra, et il eut ainsi la satis- « faction cruelle d'inoculer à la Sicile cette maladie terrible qui moissonna « dans la seule ville de Palerme quarante mille habitants. »

L'*Univers*, loin de se jeter dans la réaction après les journées de juin, n'a qu'une crainte, c'est « qu'on ne fasse expier à la liberté le crime des factions ». Le socialisme ne l'effraye point ; il remarque même qu'il vient du christianisme : « Un certain nombre de socialistes ont été élevés dans les séminaires. En perdant la foi, ils avaient à choisir entre divers systèmes d'erreurs ; ce qui restait de christianisme dans leur âme les a entraînés de ce côté. Qui s'en étonnerait ? » Plusieurs socialistes, les phalanstériens entre autres, demandaient que le gouvernement leur fournît de l'argent pour mettre leurs théories en pratique ; l'*Univers* veut qu'on leur ouvre les coffres de l'État : « La France est généreuse, elle paye « volontiers la gloire et la folie de ses enfants ; nous ne lui reproche- « rons jamais d'employer en pure perte les millions qu'elle employera à « éclaircir un problème dont dépend le sort des travailleurs. Elle fera pour « le phalanstère de M. Considérant ce qu'elle a déjà fait pour les ateliers « nationaux de M. Louis Blanc, elle s'exécutera de bonne grâce. Que « M. Considérant demande une lieue carrée de terrain, et elle ne lui sera « pas refusée, pas plus que d'autres secours si c'est nécessaire. »

L'*Univers*, sur le terrain de certaines idées, ne va pas moins loin que les journaux révolutionnaires les plus avancés ; il est d'avis que « le droit d'insurrection peut être le plus saint des devoirs dans certains cas ». A ses yeux, « tout principe illibéral est anti-chrétien ; le refus de la liberté de la presse est un scandale. » Quant à la liberté de conscience, son dévouement à ce principe est absolu : « liberté d'association et liberté de conscience, voilà notre mot d'ordre et de ralliement... Nous exigeons une adhésion franche et absolue à ces deux principes qui peuvent seuls relever la France et sauver la république. » Interrogez l'*Univers* sur la liberté des cultes, il vous répondra : « La liberté des cultes est chose sacrée pour nous, nous l'avons toujours demandée dès 1846, et, si nous la revendiquons en notre faveur, nous la voulons au même titre pour toutes les sectes dissidentes. » Comment l'*Univers* ne serait-il pas dévoué à la démocratie ? « Le grand mouvement démocratique qui agite l'Europe et qui vient de s'épanouir glorieusement en France a eu son berceau dans Rome, où la démocratie, cette héroïne sauvage, a reçu le baptême des mains de Pie IX. »

Pourquoi d'ailleurs l'*Univers* redouterait-il la liberté ? « Plus la monarchie est forte, plus l'Église est asservie. L'Église n'est tout à fait libre que dans la grande et glorieuse République des États-Unis. » Aussi à peine voit-il surgir le bonapartisme qu'il frémit et s'indigne.

Ne lui parlez pas de l'ordre rétabli par Bonaparte : « L'Empire n'était pas une monarchie, c'était un despotisme ; le despotisme n'est autre chose qu'une forme de l'anarchie, une halte durant laquelle le désordre régularise et fortifie son action. » Louis Bonaparte « court après une dictature qui ne sera jamais qu'une parodie. »

L'*Univers* cependant en 1850 perd tout à coup sa ferveur républicaine. Le voilà légitimiste : « A moins d'un miracle qui change nos mœurs, qui efface nos souvenirs, qui transforme les défauts de notre caractère national, nous ne pourrions revenir à l'ordre, que par la monarchie avec la branche aînée des Bourbons. Voilà le terrain où toutes les espérances, où toutes les volontés doivent se réunir. » Mais, pour que ces espérances se réalisent, il faut que les membres de la famille des Bourbons commencent par se réconcilier ; l'*Univers* prêche donc la fusion avec ardeur : « L'un des plus grands maux de la société consiste « dans l'atteinte qui a été portée aux lois, aux droits de la famille. La « famille des Bourbons, la première de la France et du monde, n'est « pas dans l'ordre, il faut qu'elle y rentre. Il faut que toute division soit « bannie de son sein, que toute contestation cesse. Voilà l'exemple que « les Bourbons doivent au monde, le devoir qu'ils ont à remplir, la seule « politique dont ils puissent attendre des résultats qui ne fassent pas gémir « la justice et qui n'ensanglantent pas l'humanité. »

Un an s'est à peine écoulé depuis le jour où il tenait ce langage, et l'*Univers* est à genoux devant le coup d'État : « Si jamais, depuis un « siècle, on a pu espérer une restauration sociale, c'est tout à l'heure, « c'est en ce moment. Devant quelle entreprise de pacification politique « et intellectuelle se sentirait-il trop faible, le pouvoir privilégié qui a le « profit de tout ce que Napoléon Ier a fait de grand et d'utile, qui n'a la

« responsabilité d'aucune de ses fautes, et à qui une expérience de qua-
« rante années permet de les corriger? Il ne peut rien redouter sérieuse-
« ment de ses ennemis révolutionnaires, dont les doctrines font horreur,
« ni de ses adversaires parlementaires, dont les entêtements font pitié.
« Contre cette troupe en désarroi, deux armées se donnent la main pour
« sa cause, au sein du peuple qui les a fournies et qui l'aime : l'une
« composée de quatre cent mille hommes de guerre, pleins de discipline
« et de jeunesse dans le vieil honneur de leur drapeau ; et l'autre, celle
« que Napoléon Ier n'eut pas, et qu'aucun peuple n'eût jamais peut-être
« vue si florissante et si belle, l'armée de charité, forte de quarante mille
« prêtres et de cinquante mille religieuses. »

L'homme qui, tour à tour républicain, légitimiste, fusionniste, bonapartiste, allait devenir le chef du parti clérical, était un ancien employé
du bureau de l'esprit sous Louis-Philippe, nommé Louis Veuillot, journaliste nomade, commis voyageur de l'ordre public, allant de département
en département prêter à tant par mois, le secours de sa plume aux feuilles
de préfecture ; secrétaire de M. Bugeaud, chef du bureau de la presse
au ministère de l'intérieur, rien dans divers romans assez criallards publiés
par lui, n'annonçait un penchant bien vif au sentiment religieux ; il prétendit s'être converti à la vue des cérémonies de la semaine sainte à
Rome ; il ne composa plus, dès lors, que de petits livres mystiques et
des cantiques. Nommé chef de bureau au ministère de l'intérieur en récompense de ses services dans la presse officieuse, il donna sa démission pour entrer à l'*Univers* comme simple rédacteur. Il y reprit sans
trop d'éclat la vieille guerre d'injures du parti ultramontain contre les
écrivains du dix-huitième siècle. La haute bourgeoisie ne songeait pas
encore à se rallier au catholicisme ; attaquer Voltaire, Montesquieu,
J.-J. Rousseau, c'était alors perdre son temps. Quand le coup d'État eut
opéré la conversion des libres penseurs de la monarchie de Juillet, les articles de M. Louis Veuillot trouvèrent un nouveau public chez les vol-
tairiens apostats. Rien n'agrée plus à un nouveau converti que d'entendre insulter les dieux qu'il vient d'abandonner. M. Louis Veuillot
permit aux néophytes du jour, de goûter cette puissance ; sa prose sotti-
sière et tapageuse fit le succès de l'*Univers*, dont il devint le rédacteur
en chef ; le parti clérical le mit à sa tête ; la cour de Rome l'adopta tout
de suite, et nous verrons dans le chapitre suivant l'épiscopat français
obligé de s'incliner devant lui. Quelques pages d'injures contre les libéraux de la politique et de la religion, avaient suffi pour élever M. Louis

Veuillot à ce rôle de chef du parti clérical, peu difficile du reste à jouer, car ce parti, ne voyant dans la religion qu'une institution politique, n'a qu'un dogme, le pape, et qu'une manière de prouver que si l'autorité est infaillible, c'est parce qu'elle est l'autorité.

La *Presse*, comme nous l'avons dit, suivait, sous la direction de M. Emile de Girardin, une voie particulière, mélange singulier de bon sens et de témérité, de logique et de sophistique, se jetant dans toutes les questions, et croyant les résoudre alors même qu'il ne parvient pas à les exposer, devançant l'heure ou ne l'entendant pas sonner, oubliant le lendemain ce qu'il a dit la veille, insensible aux démentis qu'il peut recevoir des autres et de lui-même, fameux révolutionnaire quand il se croit conservateur, et conservateur quand il s'imagine être révolutionnaire, partisan de la liberté illimitée de la presse et soutenant parfois les lois les plus opposées à cette liberté, comme le compte rendu uniforme des débats législatifs, l'obligation de la signature imposée aux journalistes. Le rédacteur en chef de la *Presse*, plus célèbre qu'influent, et plus lu qu'écouté, n'était pas lui-même un opposant, quoique son journal, avec des rédacteurs comme MM. Alphonse Peyrat, Eugène Pelletan. Nefftzer, fût certainement un journal d'opposition. M. de Girardin, depuis longtemps en relations intimes avec le prince Napoléon, facile à séduire par l'audace heureuse, voyait passer devant lui le défilé des expédients du règne, laissant à ses collaborateurs la liberté de les apprécier, et regardant les événements sans s'y mêler. Fatigué cependant du rôle de rédacteur en chef honoraire, qu'il s'était donné à lui-même, il se décida à vendre sa part de propriété de la *Presse* à un homme d'affaires fameux, M. Millaud, moyennant 800 000 francs.

MM. Alphonse Peyrat et Eugène Pelletan quittèrent ce journal, à la grande surprise de M. de Girardin, qui déclara, dans une lettre rendue publique, qu'il ne comprenait pas la conduite des deux écrivains démissionnaires. « Depuis la loi Tinguy, chacun, dans un journal, n'est res-
« ponsable moralement, légalement, politiquement, que de ce qu'il a
« signé ; il y a responsabilité, il n'y a plus de solidarité. MM. Proudhon et
« de Céséna pourraient écrire dans la même feuille sans que le rapproche-
« ment de leurs articles impliquât, comme en 1848, communauté d'idées. »

La loi Tinguy, en imposant à l'auteur d'un article l'obligation de le signer, rendait au contraire l'homogénéité d'idées entre les rédacteurs d'un journal, encore plus nécessaire. Avant cette loi, on avait vu, assure-t-on, des hommes écrire à la fois dans des journaux d'opinions opposées ; le seul avantage de la signature était de rendre ce scandale impossible, et d'accroître les liens de la solidarité en la rendant publique. M. de Girardin donnait à cette solidarité le nom de communisme. « Si « le journal où personne ne signe, où chacun répond pour tous, où « tous répondent pour chacun, où il est impossible de reconnaître et « de séparer ce qui appartient à l'un de ce qui appartient à l'autre, « où la responsabilité ne se divise point et ne s'individualise pas ; si un « tel journal n'est pas le communisme déguisé sous le faux nom d'unité, « qu'est-ce donc que le communisme? » Le communisme, c'est la règle imposée ; la solidarité, c'est la responsabilité librement acceptée ; la règle fait les couvents, la solidarité les partis.

La surveillance des journaux était dans les attributions du ministère de la police. M. Latour-Dumoulin y fut le premier chargé de la division de la presse. Au bout d'un an, quatre-vingt-onze avertissements à la presse et trois suspensions avaient frappé les journaux, arrêts motivés par les causes les plus subtiles : tantôt par une « critique acerbe du décret du 29 mars 1852 sur les sucres », tantôt par un article dans lequel Napoléon Ier est traité de missionnaire de la révolution, « article qui outrage la vérité autant que le héros législateur auquel la France reconnaissante a dû son salut, le rétablissement de la religion, sa législation, et son organisation modèle. » Le ministre de la police donne aux journaux des leçons de philosophie de l'histoire, et il entre volontiers en discussion. Aujourd'hui, il répond à un journal légitimiste qui « s'attache avec une regrettable partialité à représenter la souveraineté nationale en France comme aboutissant fatalement soit à l'anarchie, soit au despotisme, qui sont des faits accidentels inhérents à la fragilité des hommes bien plus qu'au vice des institutions » ; le lendemain, il redresse une autre feuille qui se permet d'assimiler la chute de Charles X et de Louis-Philippe à celle de Napoléon : « L'histoire démontre, au contraire, que « si le trône des Bourbons a été renversé par des mouvements popu« laires, Napoléon n'a succombé, après des efforts héroïques de la part de « l'armée, que devant la coalition étrangère ; et les événements contempo« rains attestent combien la France est restée fidèle à la mémoire du grand « homme, et si elle a jamais été complice de la chute de l'Empereur. »

La police est très orthodoxe ; elle n'entend pas que les journaux s'expriment librement sur la religion catholique. Un ministre protestant écrit-il dans un journal religieux : « Cinq personnes viennent d'abjurer à Édimbourg les erreurs du catholicisme romain ; » ce journal reçoit

Fig. 33. — Entrevue du comte de Chambord et de la reine Marie-Amélie, à Claremont.

aussitôt un avertissement. Le ministre ne se contente pas de réprimer les écarts politiques de la presse, il veille également sur ses écarts littéraires ; les préfets sont chargés de faire son éducation au point de vue de la politesse et du bon goût : L'*Ami des salons* de Béziers est rappelé à l'ordre pour un feuilleton dramatique « qui contient une appréciation aussi injuste que malveillante d'un acte de l'autorité municipale et qui dépasse les bornes d'une critique convenable et modérée » ; le *Papillon* d'Agen, à cause de « sa persistance dans sa polémique acrimonieuse contre les personnes », l'*Union bretonne* et l'*Espérance du peuple*, parce que, dans une polémique récente, ces deux feuilles ont « dépassé les bornes du bon goût ». Quelquefois le préfet ne prend pas la peine de motiver l'avertissement. L'*Indicateur du Nord* est averti « vu les articles publiés dans ses numéros des 4 et 11 de ce mois ».

Le gouvernement ne perdait aucune occasion de tonner contre l'agiotage, et le ministre de la police mandait de temps en temps dans son cabinet les rédacteurs de la partie financière des journaux, pour les avertir qu'il avait l'œil ouvert « sur tout ce qui pourrait ressembler, de près ou de loin, à des exagérations intéressées, » et que, « le cas échéant, il n'hésitera pas à faire de sévères exemples ». Ces grands mots ne protégeaient au fond que les agioteurs eux-mêmes. Les grands exploiteurs financiers du moment, au moindre mot hostile d'un journaliste, accouraient au ministère et déposaient leurs plaintes ; le journaliste recevait le lendemain l'invitation de se rendre au cabinet du directeur de la division de la presse ; il y trouvait soit le directeur en personne, soit un chef de bureau, quelquefois un simple commis qui, debout devant la cheminée, une jambe croisée sur l'autre, le pouce dans l'entournure de son gilet, voulait bien prendre la peine de le prémunir contre le danger de servir involontairement d'instrument à des manœuvres illicites... de se livrer à des attaques qui pouvaient paraître intéressées... Des hommes connus par une longue vie de probité s'entendaient ainsi accuser indirectement de cette ignoble industrie qui s'appelle le *chantage* par des fonctionnaires complices salariés des financiers véreux. L'administration ne se contentait pas de veiller sur l'honneur de Turcaret, elle protégeait aussi le talent de Camargo. Le feuilleton de théâtre a été plus d'une fois averti d'avoir à prendre garde à ses opinions sur les pirouettes de certaines demoiselles du corps de ballet de l'Opéra !

La direction de la presse ne tarda pas à passer aux mains de gens ouvertement mêlés à tous les tripotages financiers. C'est de la bouche de ces fonctionnaires vénaux que d'honnêtes journalistes, habitués à ne vivre que du produit de leur travail, recevaient les mercuriales blessantes dont nous venons de parler. Non contents d'user de la presse au profit de leur fortune, les serviteurs de l'Empire, jaloux les uns des autres, s'en servaient dans l'intérêt de leurs rancunes. Dans cette guerre civile de fonctionnaires, la presse française et étrangère était une armée puissante au profit de l'un ou de l'autre parti. Collet-Meygret, le chef de la sûreté générale et en même temps de la division de la presse, dictait les attaques de la presse anglaise et allemande contre MM. de Morny, Fould, Rouher, Haussmann, contre Pereire et contre le ministre de l'intérieur, M. Billault lui-même. A l'époque de la lutte entre M. Haussmann et M. Piétri, il prit parti contre le premier, dont il convoitait la place [1]. Dans les rivalités qui divisaient aussi les spéculateurs financiers de l'époque, la direction de la presse pouvait peser d'un grand poids ; aussi, mêlé aux affaires des asphaltes de Seyssel, de l'éclairage au gaz de la ville de Paris, de Graissessac et à une foule d'autres, Collet-Meygret se faisait-il payer chèrement son appui, si chèrement qu'il est arrivé plus d'une fois que le financier soumis à son tarif n'ait pas pu ou n'ait pas voulu s'y soumettre. Si, comme c'était toujours le cas, le financier récalcitrant avait un concurrent, Collet-Meygret passait dans le camp de ce dernier et poursuivait l'autre de ses vengeances.

La division de la presse était alors une grande école de cette science qu'on nomme vulgairement le *chantage*. Quel meilleur instrument de chantage que le journal ? Mais le gouvernement seul accordait l'autorisation non seulement de créer des journaux, mais encore de modifier la propriété des journaux existants. Les journaux à vendre étaient à cause de cela même fort chers. La *Vérité*, journal, il faut le dire, sans abonnés, cherchait pourtant un acquéreur. Collet-Meygret se donne à lui-même l'autorisation de l'acheter. Il se le fait adjuger sous un nom d'emprunt. Le financier Mirès lui fournit les 50 000 francs du cautionnement. L'intention de Collet-Meygret en achetant la *Vérité* était de l'offrir à Morny et d'entrer ainsi dans ses combinaisons. Voyant ses avances repoussées, il veut vendre la *Vérité* au financier Millaud, qui consent à payer une prime de 300 000 francs, outre le prix d'acquisition. Mirès, qui a une part dans la propriété de ce journal, s'oppose à la conclusion de cette affaire, qui mettrait aux mains de son ancien associé une arme qu'il pour-

---

[1]. Voir l'enquête des papiers des Tuileries.

rait tourner contre lui. Un autre de ces joueurs enrichis sur le tapis vert de la bourse, nommé Proust, se propose à Collet-Meygret comme acquéreur ; il est accepté, et de la *Vérité* il fait le *Courrier de Paris*, feuille d'opposition dans laquelle débute un homme qui devait devenir un jour le favori de l'Empereur et transformer l'Empire [1].

Après la suppression du ministère de la police, la direction de la presse avait été rendue au ministre de l'intérieur. M. de Persigny, dans l'espace d'un an, du 10 juin 1853 au 20 juin 1854, frappa les journaux de Paris et des départements de trente-deux avertissements. Le premier est adressé à la *Gazette de Languedoc* « pour avoir publié sous ce titre : « *A Mgr le Comte de Chambord*, une pièce qui, n'empruntant en rien « la forme ordinaire des articles de presse, est un véritable manifeste dans « lequel le signataire, parlant au nom d'une collection d'individus, déclare « que ce parti est uni de pensée et de sentiment pour espérer que le « comte de Chambord serait le sauveur de la France. » Le spéculateur Mirès, propriétaire du *Constitutionnel*, en abandonnant au gouvernement la direction politique, s'était réservé la direction financière, et dans son bulletin de bourse il attaquait naturellement les spéculations rivales et vantait les siennes. Les concurrents de Mirès criaient au scandale. M. de Persigny avertit le *Constitutionnel*, attendu que, « sans tenir compte « des avis officieux qui lui ont été donnés, ce journal persiste, dans un « but de spéculation privée, à exalter systématiquement certaines affaires « industrielles et à en déprécier d'autres en les discréditant à l'aide « d'appréciations erronées et malveillantes. » Mirès se tut un moment et reprit le cours de ses appréciations erronées et malveillantes. Le *Journal des Economistes*, malgré son incontestable réputation d'honnêteté, fut également averti, « attendu que, dans un article sur la taxe du pain et sur le service de la caisse de la boulangerie, ce journal cherche à discréditer, au profit d'intérêts privés, une institution d'intérêt public. »

Le *Progrès du Pas-de-Calais*, ce journal dont l'Empereur avait été le collaborateur, ne put lui-même échapper à l'avertissement qu'avait attiré sur sa tête un article sur le service de la remonte et « ses tendances générales, qui ont fait naître à plusieurs reprises de vives réclamations de la part des autorités religieuses et judiciaires. »

Que le *Siècle*, pour s'être élevé contre l'arrestation d'un membre du

---

[1]. M. Clément Duvernois.

barreau de Paris, reçoive un avertissement, « attendu qu'en dénaturant un acte de la justice ordinaire, il tend à exciter à la haine et au mépris de l'autorité publique, » rien de plus naturel; mais qu'on frappe d'une semblable peine un journal officieux, la *Patrie*, cela surprend. Quelle est donc sa faute? Il a publié des nouvelles de Constantinople « probables », mais « non officielles ». La presse ne peut pas même traiter librement la question des engrais. Le préfet des Côtes-du-Nord, Rivaud de La Raffinière, donne un avertissement au *Journal de Loudéac :* « Considérant que la polémique ouverte dans ce journal, au sujet « des engrais industriels, est de nature à infirmer la valeur et les résul- « tats des mesures de vérification prises par l'administration, et qu'elle « ne peut porter que l'indécision dans l'esprit des acheteurs. »

M. Billault remplace M. de Persigny le 23 juillet 1854, mais la pluie d'avertissements ne cesse pas; elle tombe surtout sur les journaux qui publient des articles « contenant des attaques contre des gouvernements alliés à la France ». Il ne faut pas oublier que l'on est au début de la guerre de Crimée. Le ministre ne surveille pas seulement les articles politiques, la *Presse* est avertie à cause d'un feuilleton de George Sand, *Daniella*, dans lequel le ministre a découvert des passages offensants contre le pape; l'*Echo agricole* n'attaque pas le pape, mais, « nonobstant « les avertissements officieux qui lui ont été donnés, ce journal n'a pas « cessé de peser sur les transactions en matière de subsistances par une « polémique systématiquement alarmante et de nature à produire une « hausse factice. » L'*Observateur de la Corse* est averti de ne plus discuter la question de la vaine pâture, « cette polémique pouvant exciter le mécontentement d'une classe de citoyens. » Le *Phare de la Loire* imprime-t-il dans son compte rendu de la séance d'ouverture de la session : « L'Empereur a prononcé ensuite le discours que nous avons publié et qui, *d'après l'Agence Havas*, a provoqué à plusieurs reprises les cris de : Vive l'Empereur, vive l'Impératrice! vive le Prince Impérial! » ce journal est averti, « considérant que cette formule dubitative est inconvenante en présence de l'enthousiasme si éclatant que les paroles de l'Empereur ont inspiré aux grands corps de l'Etat et à tous les bons citoyens ». Voilà donc les journaux prévenus du danger qu'il y a pour eux à se servir de cette formule *d'après l'Agence Havas*. Les avertissements ne sont malheureusement pas toujours aussi clairs : témoin celui que s'attire l'*Union du Var*, « attendu que cet article est très inconvenant et très malveillant pour les actes du gouvernement. »

Les années se suivent sans apporter aucun adoucissement au régime de la presse. Le *Correspondant*, une revue sérieuse, ayant, dans son numéro du 25 avril 1857, inséré un article intitulé : *De l'appel comme d'abus*, portant la signature de M. de Montalembert, le ministre lance aussitôt un avertissement contre ce recueil, « considérant que cet article contient une excitation au mépris des lois et tend à semer la discorde entre l'Etat et l'Eglise. » Le gouvernement se montre encore plus susceptible à l'approche des élections de 1857. Le *Siècle* se faisant l'organe des craintes des amis de la révolution, en présence de l'alliance entre le gouvernement et les cléricaux, déclare-t-il, que voter pour les candidats officiels, c'est porter atteinte indirectement aux principes de 1789, cet article, signé par son directeur politique, attire sur lui un troisième avertissement, qui, aux termes de la loi, le menaçait de la suspension ; heureusement le gouvernement, désireux d'avoir l'air de laisser à la lutte électorale la plus grande latitude, refusa de « frapper aux derniers jours de cette lutte même l'un des organes les plus vifs et les plus agissants d'une opposition dont l'opinion publique appréciera la portée ». La *Revue de Paris*, moins favorisée, avait été frappée d'une suspension de deux mois, le 24 janvier 1857. L'*Echo de l'Aude* eut son tour le mois suivant : ce journal annonça, en recevant le décret de suspension, qu'il cessait de paraître. L'année 1857 fut marquée par trois suspensions, celles de l'*Assemblée nationale*, de la *Foi bretonne*, de la *Presse* et par la suppression de la *Gazette du Languedoc*, feuille légitimiste non ralliée à l'Empire.

Le gouvernement, outre l'*avertissement*, qui constituait une pénalité, s'était réservé le droit de répondre aux journaux sous forme de *communiqué*. Le *communiqué*, ne portant aucune signature, rédigé presque toujours en termes cassants, souvent impolis, devait être inséré en tête du journal avant tout autre article. L'administration lui donnait toutes les formes, même celle du réquisitoire : le sous-préfet de Cherbourg termine un *communiqué* adressé au journal de cette ville par ces mots : « L'article suivant ne pourra être précédé ni suivi d'aucune rectification, d'aucun commentaire, ni même du présent *réquisitoire*. » Le *Journal de la Côte-d'Or*, qui avait publié le mémoire de M. Bocher sur les biens de la famille d'Orléans, s'était vu forcé de reproduire les articles publiés par M. Granier de Cassagnac dans le *Constitutionnel*, pour justifier cette mesure ; l'*Union* fut également contrainte d'insérer la réponse officielle faite à un article de M. Anot de Mézières, inspecteur d'Académie à Versailles, destitué lui-même pour le fait de sa publication. Les ministres et les préfets n'étaient pas seuls à envoyer des *communiqués* aux journaux; les fonctionnaires de tout ordre se croyaient le droit de leur en adresser, et ils en usaient largement.

L'opinion publique, qui fait la force de la presse, ne lui revenait cependant qu'avec lenteur. La France était lancée en plein dans un mouvement industriel, cause de fortunes et de ruines nombreuses. Le journalisme par l'annonce prenait une part active à ce mouvement. Toutes les précautions étaient sans doute prises dans les journaux pour s'opposer à la grande influence de l'annonce : elle obéissait complètement aux ordres de la politique, et se soumettait au visa du rédacteur en chef; mais un homme a-t-il la conscience bien libre pour exercer cette censure lorsque sa fortune, celle de ses actionnaires, de ses collaborateurs, de ses ouvriers, dépendent des recettes d'une compagnie qui a pris à bail sa page d'annonces? Voilà ce que demandait un public défiant, comme si le mouvement industriel auquel il s'associait lui-même avec tant d'ardeur n'était qu'une conspiration de la filouterie et de l'annonce. Le mouvement industriel a produit de bonnes et mauvaises entreprises, mais les meilleures elles-mêmes n'auraient pu se constituer sans le secours de la publicité des journaux; malheureusement, le public français veut que tout le monde le protège, et son journal a beau lui dire : « Je n'accepte pas la responsabilité de mes annonces; » s'il perd de l'argent dans une affaire, il s'en prend aux autres plutôt qu'à lui. La présence de financiers célèbres à la tête de plusieurs journaux, le bruit répandu tous les jours de nouvelles fortunes faites par certains journalistes les rendaient tous suspects au public. Vainement la *Patrie* publia-t-elle cette note :

« Le public s'est ému de la présence trop fréquente à la bourse de
« plusieurs personnes attachées au journal la *Patrie;* en cela le public a
« eu raison : un journal ne peut mériter sa confiance qu'à la condition de
« ne donner lieu à des soupçons d'aucun genre.

« En ce qui nous concerne personnellement, nous croyons pouvoir
« déclarer, et le public le sait d'ailleurs, que jamais nous ne nous sommes
« livrés à aucune spéculation de bourse; mais ce n'est pas assez, et nous
« considérons comme indispensable qu'il en soit de même de toutes les
« personnes qui sont sous nos ordres.

« Par ces considérations, nous avons dû faire quelques modifications
« dans le personnel attaché au journal, et le public peut être assuré qu'au
« besoin les mesures les plus sévères seront prises ultérieurement pour

Fig. 34. — Taxile Delord, rédacteur du *Siècle*.

« qu'il ne lui reste aucun motif de défiance sur les nouvelles qui lui seront
« transmises par la *Patrie*. »

Le public croyait peu à ces protestations. Frappé de voir après le coup d'Etat des journaux habitués à s'occuper de politique, de littérature, d'histoire, de philosophie, consacrer leur *Premier-Paris* à des affaires industrielles, il lui semblait que, par un accord tacite entre la presse et le pouvoir, celle-ci eût accepté la facilité de s'enrichir.

Une autre cause nuisait à la considération du journalisme. La liberté crée l'opinion publique ; sans esprit public, point d'esprit individuel. Le Français, si la liberté ne l'aide pas à s'élever au-dessus de lui-même, tombe au-dessous de ce qu'il est réellement. La conversation vit de passions et d'idées, la société nouvelle ne l'alimentait plus que de cancans. Des journaux se fondèrent donc pour recueillir les bruits du jour. La chronique se mit à écouter aux portes, à rôder dans les antichambres et dans les boudoirs des femmes que leur indignité même aurait dû protéger contre la publicité. Les courtisanes devinrent, grâce à cette presse qui prit si mal à propos le nom de littéraire, l'objet de l'attention, non seulement du public désœuvré, usé, blasé, qui foisonne dans les grandes villes, riches étrangers, chevaliers d'industrie, faux écrivains, faux artistes, écume des estaminets, des foyers et des coulisses, mais encore des bourgeois honnêtes. Une curiosité malsaine fausse les ressorts de l'intelligence. La société française, ne s'occupant plus des grandes questions politiques qui la remuaient autrefois, désintéressée par conséquent de ses affaires les plus importantes, uniquement occupée de stériles médisances, de frivoles bavardages, ne savait plus que passer son temps à commenter la chronique scandaleuse de la ville et de la cour.

L'exemption du timbre accordée aux feuilles littéraires facilitait leur succès, leur permettait de se répandre ; l'indulgence intéressée du pouvoir leur permettait de déployer parfois sur les choses du temps une hardiesse qui dépassait de beaucoup celle des feuilles politiques. La chronique pouvait répondre à ceux qui s'étonnaient de son audace : « Je suis un
« dérivatif, un instrument de règne ; en fournissant à la France son scan-
« dale quotidien, je l'empêche de s'ennuyer. Je tiens boutique de révéla-
« tions, j'imprime les mémoires des filles, les lettres de leurs galants, l'his-
« toriette des hommes marquants. Je conduis le public chez eux, dans tous
« les coins et recoins de leur existence intime, car il n'y a pas de mystères
« pour moi. Que m'importe que cette lettre soit destinée à rester secrète.
« Je l'imprime au risque de forcer deux hommes honorables à mettre

« l'épée à la main, je raconterai le duel, et je vendrai mille exemplaires de
« plus de mes feuilles ; la vie privée autrefois était murée, aujourd'hui c'est
« la vie publique ; le pouvoir me livre la première en échange de la seconde.
« J'ai patente pour le commerce des scandales. »

La chronique allait quelquefois si loin, qu'il fallait lui retirer sa patente et que les tribunaux se voyaient obligés d'intervenir ; voilà le journal littéraire, menacé de périr étouffé entre deux procès, souple, insinuant, sachant s'humilier à propos, frapper à toutes les portes, et profiter de toutes les occasions, déposant sa demande en grâce sur la toilette d'une maîtresse ou dans le berceau d'un prince nouveau-né ; il était rare qu'il ne parvînt pas à sauver sa vie.

Le *Figaro*, sous la direction d'un certain de Villemessant, homme d'un passé obscur et suspect, mais joignant à un manque complet de scrupules l'audace, l'expérience, que donne le frottement de la vie parisienne, grandit au bout de peu de temps dans d'étonnantes proportions. Le journal de M. de Villemessant et celui de M. Louis Veuillot se partagèrent l'influence sur la société de l'Empire. Le gouvernement voulut s'attacher personnellement ce dernier en lui offrant une place de conseiller d'État : grande faute, car en aucune place, il n'aurait pu lui rendre autant de services qu'il lui en rendait alors dans son journal, comme insulteur quotidien des hommes restés debout en face du césarisme. M. Louis Veuillot refusa. Il ne pouvait être question d'une place pour M. de Villemessant ; il se contenta de la protection et de la complicité du pouvoir.

Les esprits enclins à la sévérité et au découragement reprochaient au journalisme d'accepter la vie dans les conditions que l'on connaît et de consentir à jouer un rôle dans cette comédie de la discussion qui avait remplacé la discussion réelle d'autrefois ; ne valait-il pas mieux, plutôt que de mener cette vie sans honneur, rejoindre par un suicide éclatant les journaux frappés au 2 décembre ? C'était l'abstention sous une forme particulière. Si la politique repousse l'abstention, les intérêts la comprennent bien moins ; des journaux nouveaux auraient sollicité les privilèges abandonnés par les anciens ; le gouvernement se serait empressé de les accorder. A quoi eût servi leur sacrifice ? Les journalistes de l'opposition, ceux-là mêmes qui se faisaient le moins d'illusion sur leur dure position, s'y résignèrent donc par honneur : ils avaient demandé à la presse puissante la renommée et l'influence, ils ne marchandèrent pas le dévouement à la presse vaincue ; le journalisme retrouvera un jour la liberté et la considération auxquelles il a droit ; mais les journalistes qui ont traversé le second Empire garderont de ces tristes temps une tristesse poignante, puisée au souvenir de leurs humiliations, et une crainte vague que l'avenir ne réserve en France de nouvelles déceptions à leurs continuateurs.

Le rôle de moralisateur que le gouvernement prétendait jouer auprès de la presse, était ce qu'il y avait de plus humiliant pour elle dans sa position. Le gouvernement ne se contentait pas de la morigéner à huis clos, il dénonçait publiquement ses vices.

M. Billaut fit part aux préfets, le 1er juillet 1860, de la douleur que lui causait l'immoralité du roman-feuilleton : « Monsieur le préfet, ce n'est « pas seulement pour le maintien de l'ordre que l'administration a reçu « de la loi sur la presse des pouvoirs spéciaux, c'est aussi pour la défense « de la morale publique. Le roman-feuilleton, qui, dans les colonnes inté- « rieures d'un journal, blesse les sentiments honnêtes fait autant et peut- « être plus de mal que les excitations qui, dans les colonnes supérieures, « tenteraient d'agiter les esprits. » M. Billaut ne se contentait pas d'attaquer le roman-feuilleton des grands journaux : « A côté des feuilles politiques « lui prêtant leur publicité en échange des abonnements qu'elle peut « attirer ou retenir, nous avons vu surgir une foule de petites publications « uniquement destinées à l'exploitation de cette littérature malsaine et « la livrant chaque semaine à vil prix, par centaines de mille exem- « plaires, à l'avidité des lecteurs. Pour qui conserve encore quelque res- « pect de la décence et du bon goût, un tel débordement est déplorable. « L'intelligence du peuple a droit à des aliments meilleurs, et il ne faut pas « plus laisser corrompre les cœurs que pervertir les esprits. »

Une presse libre aurait répondu à ces déclamations hypocrites : « La « plus grande part de responsabilité dans cette démoralisation ne revient- « elle pas au gouvernement qui protège, en l'exemptant du timbre et du « droit de poste, cette petite presse qui ne vit que de cancans, de romans « ignobles, et qui la comble de ses faveurs parce qu'il espère avec la petite « presse détruire la grande, en commençant par la déshonorer ? »

L'année 1860 fut dure pour les journaux. La *Presse*, la *Gazette de France*, l'*Univers*, le *Correspondant*; la *France centrale*, la *Gironde*, l'*Union de l'Ouest*, l'*Océan de Brest*, l'*Indépendant de l'Ouest*, l'*Écho de la Frontière*, frappés de deux avertissements; le *Siècle*, l'*Opinion nationale*, le *Courrier du dimanche*, le *Journal des Villes et des Campagnes*, le *Mémorial de l'Allier*, l'*Espérance de Nantes*, le *Mémorial de Niort*, l'*Espérance de Nancy*, l'*Écho de l'Aveyron*, avertis une fois; la *France centrale* et le *Journal de la Guadeloupe*, suspendus; l'*Univers*, la *Gazette de Lyon*, la *Bretagne*, l'*Algérie nouvelle* supprimés, étaient là pour témoigner des sévérités de l'administration.

La suppression de l'*Univers*, qui avait eu lieu dans les commencements de l'année, excita peu de pitié. Ce journal n'avait-il pas déclaré que « le « bras séculier des gendarmes est de beaucoup le meilleur défenseur de la « liberté? » Ne s'était-il pas fait une joie de répondre aux partisans de la monarchie constitutionnelle et de la République qui déploraient la perte de la liberté : « Quant à nous, nous sommes suffisamment libres? » Non content d'approuver la législation sur la presse, calquée, disait-il, sur celle de l'Église à laquelle l'avertissement et la suppression étaient empruntés, n'avait-il pas déclaré : « Quand je suis le plus faible, je vous demande la liberté parce que tel est votre principe; mais quand je suis le plus fort, je vous l'ôte parce que tel est le mien? » Que pourrait-il répondre le jour où le gouvernement lui dirait en le frappant : « Quand j'ai besoin de vous, je vous donne la liberté, parce que tel est mon intérêt, et quand je n'en ai plus besoin, je vous l'ôte s'il m'est utile de vous l'ôter? »

Le gouvernement faisait surtout la guerre aux journaux démocratiques. Cependant la bonne harmonie existant entre le gouvernement et le parti légitimiste, le rendait plus sensible aux attaques des royalistes dissidents embusqués derrière les journaux étrangers. Le gouvernement commença par épurer la domesticité du château et par renvoyer les gens suspects d'indiscrétion. Le *Moniteur* ne tarda pas à publier la note suivante : « Un « certain nombre d'agences secrètes, de correspondances politiques « s'étaient depuis longtemps formées sous les inspirations des anciens « partis, et de ces centres de diffamation et d'anarchie, partaient tous les « jours par des voies détournées, ces odieux et infâmes libelles qui désho- « norent une partie de la presse étrangère, et qui tendaient à appeler le « mépris de l'Europe sur le gouvernement que la France s'est librement « choisi. Le gouvernement ne pouvait tolérer un pareil scandale; des me- « sures d'intérêt public seront prises pour y mettre un terme. »

La principale de ces mesures était l'ordre d'arrêter le 6 février 1853, à six heures du matin, MM. Charles de Saint-Priest, René de Rovigo, de La Pierre, Villemessant, Virmaître, Pagès-Duport, de Coetlogon, de Mirabeau, comme auteurs des correspondances signalées [1]. L'arrestation

---

[1]. Les agents chargés d'arrêter M. Charles de Saint-Priest s'adressèrent précisément à son père, qu'ils trouvèrent au lit. A cette question : Êtes-vous Charles de Saint-Priest? il répond : Oui, et je suis prêt à vous suivre. Il se lève, et pendant qu'il s'habille il dit quel-

de ces écrivains, tous connus pour professer des opinions favorables à la légitimité, les fouilles brutalement pratiquées dans leurs papiers, la saisie de leurs lettres, même de celles qui étaient tout à fait étrangères à la politique, firent voir à la presse légitimiste, un peu trop empressée à venir en aide au gouvernement, toutes les fois qu'il sévissait contre la démocratie, que l'arbitraire se retourne bientôt contre ceux qui l'approuvent quand il atteint les autres. Les journaux de la légitimité subirent à leur tour, de la part des feuilles officieuses, les injures qu'ils n'épargnaient pas à la presse démocratique.

Le *Pays* du 8 février 1853 contenait ce passage à l'adresse des partisans du comte de Chambord : « Depuis quelque temps surtout, les nations « étrangères sont inondées des inventions les plus monstrueuses, écrites et « répétées dans un style qui rappelle celui du *Père Duchêne* et du *Journal de la canaille*. Le gouvernement pouvait-il laisser traîner dans « la boue de la calomnie la souveraineté nationale dont il est la repré-« sentation ? » Le *Constitutionnel* ne se montra pas moins irrité : « On « pousse maintenant à la guerre comme il y a deux ans on poussait à « l'anarchie, avec l'espoir de ramasser une couronne dans la honte d'une « invasion, ne comptant plus la ramasser dans le sang d'une révolution. »

L'*Union* répondait avec indignation aux journaux officieux : « Com-« ment les écrivains d'une certaine presse ne rougissent-ils pas de « prévenir l'esprit public contre des détenus muets et sans défense? « L'instruction est à peine commencée, vous n'en connaissez pas les « éléments. Sur quoi repose la prévention? Vous l'ignorez; et, dans cette « ignorance, avec une coupable légèreté, vous bâtissez l'échafaudage d'une « propagande clandestine; vous parlez de coup redoutable porté à l'au-« torité ; vous osez prononcer ces mots terribles d'agitation, de com-« plots, de conspirateurs! Bien plus, vous présentez ces inconnus comme « formant une ligue d'ennemis du bien public, obéissant à un concert « qui révèle l'action des anciens partis et dont les effets aboutissent à « une panique universelle. Voilà ce que du fond de votre cabinet, et sans « péril de la contradiction, vous ne craignez pas de dénoncer à des mil-« liers de lecteurs! Ce rôle usurpé d'accusateur public est un scandale « qui soulève l'indignation. On ne voit ici que la violence et le mépris des « droits les plus élémentaires de l'humanité. »

ques mots en langue étrangère à son domestique, qui a le temps de prévenir M. Charles de Saint-Priest. MM. de Mirabeau frères appartenaient l'un au camp légitimiste, l'autre au camp bonapartiste. La police arrêta le second au lieu du premier. M. de Saint-Priest père fut mis en liberté le même jour.

Le rédacteur de l'*Union* oubliait, en écrivant ces lignes, qu'il eût été facile de remettre sous ses yeux, vingt passages de ce journal contre le parti républicain, non moins violents et non moins injustes que ceux qui soulevaient son indignation.

Le gouvernement, ne voulant pas avoir l'air de frapper uniquement sur les journalistes légitimistes, mit la main sur MM. Chatard et Charreau père, de l'*Estafette*, Théodore Pelloquet, du *National*, Venet, Monselet, Vergniaud, Étienne Gérard, appartenant à divers journaux, et sur quelques correspondants italiens ou allemands. Un Polonais, M. Tanski, ancien rédacteur du *Journal des Débats*, qui avait reçu des lettres de grande naturalisation de M. Guizot et qui devait plus tard être mis à la tête du bureau de police de l'armée de Crimée, fut également incarcéré. M. Walewski et M. de Rotschild le réclamèrent vainement ; il resta plusieurs jours en prison, ainsi que M. Monselet [1].

---

[1]. M. Charles Monselet adressa la lettre suivante au rédacteur de l'*Assemblée nationale* :

« Paris, 12 février 1853.

« Monsieur,

« Les motifs de mon arrestation ont été diversement interprétés ; je tiens à rétablir les faits.

« Je dînais dimanche dernier chez un de mes amis, en compagnie de plusieurs personnes estimables, lorsque, vers le milieu du dessert, un commissaire de police se présenta escorté de ses agents.

« Le commissaire de police procéda séance tenante à une perquisition minutieuse. Il trouva chez mon ami deux pistolets en mauvais état, un fusil sans batterie, des brochures politiques et une statuette de la Liberté, petit module.

« Lorsque des personnes que je connais pour être parfaitement honorables m'invitent à dîner, je n'ai pas l'habitude de m'enquérir si elles sont ou non bonapartistes. On m'a prouvé que c'était un tort.

« En dépit du mince résultat de la saisie, nous fûmes conduits à la préfecture de police. Nous y passâmes la nuit dans un parloir dallé. Le lendemain matin, M. Boudrot, commissaire des délégations, me conduisit en voiture à mon domicile, afin que j'y fusse témoin des recherches que l'on voulait faire. Décidément, moi, l'auteur de dix ouvrages réactionnaires, j'étais suspect de démagogie.

« Les premiers objets qui frappèrent la vue du commissaire furent une copie du *Dernier appel des victimes de la Terreur*, de Charles Muller, et le portrait de Guétry. Sur le bureau étaient éparpillées des épreuves de l'*Histoire du tribunal révolutionnaire*, et les lecteurs de l'*Assemblée nationale* savent l'esprit qui a dicté cette histoire.

« Cela n'empêcha pas M. le commissaire de se livrer à des recherches minutieuses qui amenèrent la découverte d'une lettre de M. Lamoricière me remerciant d'un article publié par moi dans la *Revue de Paris*, et d'une foule de lettres autographes signées : Cuvillier Fleury, Sainte-Beuve, Arsène Houssaye, Philarète Chasles, etc.

« Ces deux heures de remue-ménage passées, je crus à ma mise en liberté immédiate, d'autant que j'avais écrit le matin, à M. le préfet de police, pour me réclamer de sa bienveillance très connue et lui offrir les plus honorables cautions. Il faut croire que la bienveillance de M. le préfet a été empêchée dans cette circonstance, car, incarcéré le dimanche, je ne suis sorti que le vendredi soir de la Conciergerie, après une instruction de cinq minutes.

« J'ai appris que les conspirateurs mes coaccusés avaient été mis en liberté le même jour.

« Je n'ai rien à ajouter, monsieur, à la narration de cet événement singulier, auquel j'accorderais volontiers le nom de mystification, si les temps prêtaient davantage à la plaisanterie.

« Recevez, monsieur le rédacteur, mes compliments empressés.

« Ch. Monselet. »

Fig. 35. — Rôle de M. Louis Veuillot dans le journalisme (page 198).

MM. Aubertin, de Chantelauze, Virmaître, Planhol et Flandrin, traduits en police correctionnelle, subirent une condamnation dont le ministère public et les condamnés en appelèrent; le jugement soulevait en effet une question de la plus haute importance. Le préfet de police a-t-il le droit sans limite, de saisir et d'arrêter les lettres? Le tribunal de première instance avait répondu : oui; la Cour infirma sa sentence sur ce point, et dans les considérants de son arrêt elle restreignit le droit du préfet de police au flagrant délit, à charge pour lui d'en prévenir la justice.

Une presse française dont nous devons raconter les vicissitudes s'était formée à Bruxelles et à Londres. Le *Bulletin français* et la *Nation* avaient paru à Bruxelles. Le *Bulletin français* était rédigé par M. Alexandre Thomas, ancien professeur de l'Universisé, démissionnaire pour refus de serment, rédacteur de la *Revue des Deux-Mondes*, et M. d'Haussonville; ces deux écrivains avaient quitté la France après le coup d'État, et leur journal, très ouvertement orléaniste, excitait au plus haut degré les susceptibilités et les alarmes du gouvernement impérial. Le *Bulletin français*, tiré à un nombre considérable d'exemplaires, défiait toutes les saisies de la police, grâce aux précautions de l'éditeur, qui faisait circuler son journal en l'intercalant dans d'autres publications, notamment dans la *Belgique communale*. M. Quinette, ministre de France à Bruxelles, reçut l'ordre d'exiger la suppression ou tout au moins la suspension du journal orléaniste. « On ne saurait objecter, « disait M. Quinette à l'appui de sa demande, que la législation en vigueur « en Belgique ne permet pas la suspension d'un journal imprimé et édité « par des nationaux; car évidemment il ne s'agit pas ici d'une feuille pério- « dique destinée à la Belgique, mais d'un pamphlet que son titre dénonce « comme une œuvre étrangère, et dont le contenu doit être exclusivement « attribué à des plumes françaises. » M. Tesch, ministre de la justice, en transmettant cette lettre au procureur général et en lui demandant son avis sur les mesures à prendre, ajoutait que quels que fussent les rédacteurs, les éditeurs et les imprimeurs d'un journal, il ne se croyait pas autorisé à procéder contre eux préventivement ou par voie administrative.

M. d'Haussonville, ancien chargé d'affaires de France en Belgique, connaissait la plupart des hommes politiques de ce pays. M. Rogier, ministre de l'intérieur, ne lui cacha pas qu'il serait peut-être contraint de l'expulser du territoire belge. M. de Bassano, devenu ambassadeur de France à Bruxelles, se montrait en effet plus pressant encore que son prédécesseur M. Quinette. Il écrivait le 14 février 1852 au ministre « pour provoquer des poursuites immédiates » contre le septième numéro du *Bulletin français* daté du 12 février. Le gouvernement belge ne manquait pas dans ce moment de bonnes raisons pour redouter le mécontentement du gouvernement français. Il se rappelait ce passage du rapport adressé par Saint-Arnaud au président de la République le 25 décembre 1851 : « La sixième division militaire est celle de Strasbourg, destinée par sa force et sa position à ne changer jamais *tant que les frontières ne changeront pas*. » La crainte d'une invasion française n'était pas encore calmée. Le ministre de la justice belge découvrit donc une loi de 1816, dirigée contre les rédacteurs du *Nain jaune*, et qui parut applicable aux rédacteurs du *Bulletin français*. MM. Alexandre Thomas, d'Haussonville et Tardieu, sténographes du *Moniteur*, furent traduits devant le jury. MM. Berryer et Odilon-Barrot, autorisés par le président de la cour d'assises de Bruxelles, devaient défendre les accusés; mais, avertis qu'en venant en Belgique ils s'exposaient à ne plus rentrer en France, ils restèrent à Paris. Leur éloquence n'était pas du reste indispensable aux accusés, certains d'avance d'un acquittement. Le séjour de la Belgique fut interdit administrativement à MM. d'Haussonville et Thomas; mais le *Bulletin français* reparut à Londres sous le nom de *Nouveau Bulletin français*.

M. Callet, ex-représentant, et M. Campan, rédacteur du *Courrier de la Gironde*, proscrits tous les deux comme orléanistes, publièrent à Bruxelles un grand nombre de brochures.

La *Nation* parut pendant près de deux ans.

Les proscrits de la Restauration ne voulurent pas demander un asile à la perfide Albion, à l'implacable ennemie de la France et de la révolution. Les proscrits de 1848 et de 1851, un peu affranchis de ces préjugés, ne craignirent pas de chercher à Londres un refuge que Bruxelles leur refusait quelquefois. Une vingtaine de réfugiés de Juin, parmi lesquels Ledru-Rollin, Mazzini, Delescluze, etc., se réunirent à Londres pour fonder le *Proscrit, journal de la république universelle*, paraissant tous les mois, par livraisons de 48 pages in-8°. Le premier numéro, portant la date du 1er juillet 1850, débutait par un manifeste de Ledru-Rollin [1],

---

1. AU PEUPLE.

« Peuple, ceux qui te guident se trompent ou te trahissent.

« Ils se trompent, en demandant à l'habileté, au calcul, à l'inaction, le succès que tes ennemis n'attendent que de leur témérité.

qui est un des spécimens les plus complets que l'on puisse trouver de la phraséologie révolutionnaire de l'époque.

Un article de Mazzini suivait le manifeste de Ledru-Rollin. Voici sa conclusion : « Il faut que la démocratie européenne se constitue. Il faut « qu'à la ligue des pouvoirs corrompus ou mensongers vienne enfin s'op- « poser, dans sa réalité et dans sa puissance, la SAINTE-ALLIANCE « DES PEUPLES. Il faut poser en commun la première pierre du « temple sur le fronton duquel l'avenir inscrira : DIEU EST DIEU, ET

« Ils te trahissent, s'ils te disent qu'après avoir subi, sans protester, le plus monstrueux des attentats, tu te retrouveras vaillant et tout entier au jour du dernier péril, car il est plus facile de ne point accepter le joug que de le briser.

« L'audace, cette force des révolutions, elle qui t'a toujours fait victorieux, serait-elle passée de ton cœur au cœur de tes ennemis ?

« Écoute-les parler : ce n'est pas de soixante ans, c'est de six siècles que la France doit reculer ; ce qu'il leur faut, ce n'est même pas la monarchie bourgeoise, c'est la monarchie des bons vieux temps, avec son ignorance, ses superstitions, ses aristocraties insolentes, ses castes, ses extorsions, ses fureurs sanguinaires.

« Ainsi qu'à la veille de la Saint-Barthélemy, ils saluent tous les jours, dans leurs gazettes, la guerre civile comme la plus sainte de toutes les guerres, la plus agréable au Dieu des prêtres et des rois.

« Ils sanctifient l'épée, ils déifient la force.

« Étouffer la République, pour eux, n'est point assez ; il faut supprimer par le fer jusqu'au dernier des penseurs, des soldats de la révolution.

« Dans les vertiges de leur terreur, ils en arrivent, les insensés, jusqu'à rappeler de leurs vœux les atrocités salutaires de la sainte Inquisition, ses tourmenteurs et ses bûchers.

« Et c'est en présence de ces énormités sauvages, c'est pendant que la République, mortellement frappée, crie vengeance par toutes ses blessures, comme par autant de bouches sanglantes, qu'on t'énerve, qu'on t'assoupit, qu'on t'endort, sans se demander si la République agonisante sera encore debout à ton réveil !

« Ah ! combien ces conseils de la pusillanimité doivent peser à ton courage, et avec quelle anxiété ne dois-tu pas désirer d'entendre, au milieu de cette muette coalition de la peur, quelqu'une de ces voix inspirées qui te parlent le grand langage de la révolution !

« Peuple, te dirait-elle, plus de faiblesse, plus de repos ; la République est en danger ! « Partout la royauté l'a minée à l'intérieur, et l'étranger est à tes portes. Ils ne t'entretiennent « que du nombre de leurs soldats ; aie confiance dans le droit impérissable, dans le dévoue- « ment, dans l'idée, dans la foi de tes pères. Elle fut leur épée invisible, leur dieu des « armées, et tout se dissipa devant elle. »

« Eh bien ! cette rude parole du devoir, du sacrifice, puisqu'elle ne trouve plus d'apôtres officiels au sein de la patrie, nous essayerons, nous proscrits, de la faire pénétrer jusqu'à toi.

« Nos noms ne te sont point inconnus ; depuis vingt ans, ils ont été mêlés à toutes les luttes de la liberté.

« Notre politique à l'extérieur pourrait se résumer dans une date : c'est la guerre aux rois, la fraternité des peuples, la république universelle, la solidarité humaine. C'est la croisade de la délivrance et non la politique de la conquête ; il faut qu'on puisse répéter de la France d'aujourd'hui ce que Shakspeare lui-même disait si justement de celle du xiie siècle : « La France à qui la conscience a ceint l'armure et que le zèle et la charité « ont conduite sur les champs de bataille, comme le véritable soldat de Dieu ! »

« Au dedans, notre programme, c'est celui de la révolution, c'est celui des idées mûres et qui se peuvent appliquer demain ; c'est, en un mot, celui que, dans des temps meilleurs, la Montagne et la presse socialiste élaborèrent en commun ;

« *L'HUMANITÉ EST SON PROPHÈTE*. La victoire est à ce prix,
« l'initiative est à tous. »

Les rédacteurs du *Proscrit* se montrèrent très préoccupés d'abord de la crainte d'une invasion des armées de la Sainte-Alliance en France :
« L'invasion de la France est un fait menaçant, prochain, inévitable ; et
« cette invasion, appuyée par les factions royalistes, serait infailliblement
« victorieuse, si la France n'avait pour auxiliaire le ferment d'esprit répu-

« C'est la République, c'est-à-dire l'homme dans toute sa dignité et en possession de lui-même ; l'homme fort de la nourriture de l'esprit et de la nourriture du corps ;
« C'est le suffrage universel, direct, s'exerçant toujours, en révoquant le pouvoir à son gré ;
« C'est le droit au travail ;
« Le crédit ;
« L'association volontaire ;
« L'éducation gratuite et obligatoire ;
« L'établissement d'un impôt unique, proportionnel et progressif ;
« L'abolition de tout impôt indirect et de tout monopole.
« Peuple, ces biens, ils sont à toi si tu les veux, mais à quelles conditions ?
« A la condition de redevenir révolutionnaire et de ne plus te laisser aller aux utopies et aux vaines paroles. Crois-le bien : à chaque succession de temps sa tâche ; assez de solutions sont prêtes pour qu'on ne se lance pas, chimériquement, à la suite d'esprits orgueilleux et funestes, dans les champs de cet avenir qu'il n'est pas plus donné à notre faiblesse d'entraîner que de devancer.
« A la condition de ne plus compter que sur toi-même, de ne plus demander à tes directeurs, à tes chefs, ce que doivent suffire à te dicter ton intrépidité et ta conscience.
« Sois toujours prêt pour la défense de la République, comme les premiers chrétiens étaient toujours prêts pour la mort, et comme eux tu triompheras.
« La direction, au surplus, d'où pourrais-tu l'attendre ?
« De la presse ? Après t'avoir engagé, de loin, à la résistance, elle s'est rabattue sur le refus de l'impôt, puis sur la transformation de l'impôt, puis.... que sais-je ? Elle a peur.
« Les derniers représentants socialistes par toi nommés, ces hommes de feu qui devaient tout embraser, ces révélateurs de l'avenir, près de qui tout était obscurantisme et passé, ils ne se sont pas donné le temps de s'asseoir, de laisser sonner la douzième heure, que déjà ils avaient renié trois fois la Révolution et abdiqué entre les mains de la réaction.
« Et la Montagne, il faut bien lui dire ici ce que lui dira l'histoire. Elle s'est montrée indigne du grand nom dont ses ennemis l'avaient honorée. Dépourvue de mandat, elle a laissé mettre aux voix deux questions au-dessus de toutes les questions : la Constitution et le suffrage universel ; elle a donc, en votant, habilité, autant, qu'elle l'a pu, une majorité radicalement incapable, et légitimé l'usurpation. Puis, l'attentat commis, elle est demeurée sur ses sièges, comme s'il pouvait encore y avoir une opposition sérieuse, des garanties de droit là où ne règne plus que la force, et un peuple à représenter quand il a été mis au ban de la Constitution.
« Encore un coup, peuple, n'aie plus foi qu'en toi seul, mais aussi ne rends plus désormais personne responsable des lâchetés que tu pourrais commettre.
« Semblable à cet homme de guerre que Bossuet compare à un aigle qu'on voit toujours, soit qu'il vole au milieu des airs, soit qu'il se pose sur quelque rocher, porter de tous côtés des regards perçants et tomber si sûrement sur sa proie, qu'on ne peut éviter ses ongles non plus que ses yeux ; aussi vifs doivent être tes regards, aussi vite et impétueuse ton attaque, aussi fortes et inévitables tes redoutables mains.
« Pas de vaines terreurs ; que toutes tes forces demeurent entières pour les vrais périls ; mais aussi que tout soit prêt dans le cas suprême, et, comme dit le prophète : Que toutes les flèches soient aiguisées, que tous les arcs soient tendus !

« L. R. »

« blicain disséminé dans toute l'Europe. » Ils ne cessaient de demander que l'armement et les manœuvres de l'armée française fussent mis au niveau des progrès accomplis par les armées étrangères.

Ledru-Rollin, Mazzini et tous les rédacteurs du *Proscrit* étaient dans une disposition d'esprit qui ne leur permettait pas de s'apercevoir du vide et de l'incohérence de leurs manifestes. Les lire est une fatigue, les discuter une impossibilité.

Le *Proscrit* n'eut que deux numéros; il fut remplacé par la *Voix du proscrit, organe de la République universelle*, publiant un numéro par semaine. Ce journal débuta par un deuxième manifeste du Comité central démocratique européen, proposant un rapprochement, une fusion, entre les fractions du parti démocratique. De ce travail intérieur devait sortir un comité national; les délégués des comités nationaux constitueraient le comité central de la démocratie européenne.

Ces journaux de l'exil, pleins des passions que l'exil fait naître ou fortifie, débattaient avec violence les questions qui entretenaient depuis longtemps la discorde dans les rangs du parti républicain, et ils la rendaient plus visible. Ce parti était surtout divisé depuis la loi du 31 mai, sur la question de savoir s'il devait prendre part aux élections municipales, départementales et législatives qui se feraient sous l'empire de cette loi. La *Voix du proscrit* prêchait l'abstention : « Partout où il y a une élection à faire, les électeurs doivent s'abstenir de voter jusqu'au rétablissement absolu du suffrage universel. » Comme s'il ne valait pas mieux choisir des représentants capables de proposer ce rétablissement que de l'attendre d'une protestation muette.

La *Voix du proscrit* soutenait, en même temps que l'abstention électorale, la théorie du *gouvernement direct du peuple :*

« Le peuple exerçant sa souveraineté sans entrave, d'une *façon per-*
« *manente*, dans les assemblées électorales, dont la police a été réglée
« par la constitution de 1793;

« Ayant, aux termes de cette même constitution, l'*initiative* de toute
« loi qu'il juge utile;

« Votant expressément les *lois*, adoptant ou rejetant par oui ou par
« non les lois discutées et préparées par une assemblée de délégués;

« Une assemblée de délégués ou *commissaires nommés annuelle-*
« *ment*, préparant les lois, et pourvoyant par des *décrets* aux choses
« secondaires et de grande administration;

« Un président du pouvoir exécutif chargé de pourvoir à l'application

« de la loi, *président élu et toujours révocable* par la majorité
« de l'assemblée. »

Tel était le programme que ce journal proposait à la France à la veille du coup d'État.

« Tel est, ajoutait-il, l'étendard sous lequel tout démocrate, sans abdiquer ses croyances, peut se ranger et servir la République. Qu'il nous soit donc permis de faire un dernier et suprême appel à nos confrères des départements qui ne se sont point encore groupés autour de ce drapeau. »

M. Louis Blanc publiait aussi un journal à Londres, le *Monde nouveau*; des polémiques très violentes s'élevèrent non-seulement entre ces deux organes de l'émigration, mais entre eux et les journaux de l'opposition radicale à Paris. Ces guerres intestines affaiblissaient le parti républicain au moment où il avait le plus besoin d'union, c'est-à-dire à la veille même du coup d'Etat.

La *Voix du proscrit* fut remplacée le 29 novembre 1851 par le *Peuple, journal des proscrits de la République française*, journal hebdomadaire qui n'eut qu'un numéro. La disparition de ce journal ne rétablit pas la concorde parmi les proscrits à Londres; à défaut de journaux, ils fondèrent des sociétés rivales dans les commencements de l'été de 1852 : la *Commune révolutionnaire*, où dominait Félix Pyat, et la *Révolution*, qui reconnaissait pour chef, Ledru-Rollin.

Il n'y avait plus alors qu'un journal français en Angleterre : c'était l'*Homme*, journal fondé à Jersey par Ribeyrolles, ancien rédacteur en chef de la *Réforme*. Ce journal publia, au mois d'octobre 1855, une lettre sur le voyage de la reine d'Angleterre à Paris, dans laquelle Félix Pyat reprochait à S. M. Victoria d'avoir abjuré sa pudeur de femme en acceptant l'hospitalité de la famille impériale de France. Une protestation contre cette lettre est aussitôt placardée sur tous les murs de cette ville :
« Hommes de Jersey, vous qui vous vantez avec raison de votre loyauté,
« souffrirez-vous que la première dame du pays, votre reine bien-aimée,
« soit insultée impunément? » Les citoyens de Jersey, enflammés de colère et d'indignation, convoquent aussitôt un meeting dans lequel, tout en protestant du respect dû à l'hospitalité, ils demandent la suppression de l'*Homme*. Les journaux de Londres et le *Times* surtout sont furieux contre la lettre et contre son auteur : « Que le citoyen Pyat et ses
« amis se tiennent pour avertis, ou ils pourraient bien avoir à faire bien-
« tôt des complots démocratiques et sociaux sur quelque sol éloigné et
« plus sympathique. »

Fig. 36. — La liberté de la presse après le coup d'Etat.

Tandis que le *Times* lançait ainsi ses menaces contre les exilés, l'agitation redoublait à Jersey. Ribeyrolles et les collaborateurs de l'*Homme* étaient tous les jours désignés par des affiches à la vengeance populaire ; des rassemblements menaçants restaient en permanence devant les bureaux de ce journal. Un centenier avertit les réfugiés de ne sortir qu'armés. Le gouverneur de Jersey, cédant aux injonctions des membres d'un meeting important, dressa une liste d'expulsion composée de trente noms, sur laquelle se trouvaient ceux de Victor Hugo et de ses fils. Le ministre de l'intérieur, Georges Grey, confirma la sentence ; trente-trois réfugiés reçurent, vers la fin du mois d'octobre 1855, l'ordre de quitter immédiatement l'île. Beaucoup d'entre eux y gagnaient leur vie : MM. Deville et Barbier comme médecins, M. Amiel comme professeur de chimie ; M. Frank y avait ouvert un atelier de photographie.

L'expulsion brutale de Victor Hugo et des autres proscrits de Jersey fit grand bruit en Angleterre. Un meeting présidé par un membre du Parlement eut lieu à Londres pour protester contre la conduite du ministre de l'intérieur. Cobden, malade, s'excusa de ne pouvoir s'y rendre et déclara qu'il s'associait d'avance à ses résolutions. Le président du meeting rappela que l'Angleterre, après avoir accueilli Charles X, Louis-Napoléon, Louis-Philippe, n'avait aucune raison de refuser son hospitalité à des républicains ; la Turquie, ajouta-t-il, s'est honorée en refusant de livrer les réfugiés polonais, et cette noble conduite n'a pas été sans influence sur l'empressement du peuple anglais à prendre sa défense contre la Russie. L'expulsion, condamnée avec indignation par le meeting, fut maintenue par le gouvernement. Les réfugiés quittèrent Jersey le mercredi soir 18 octobre, en nombre et bien armés, car une troupe de gens porteurs de gourdins les attendait au passage. La police empêcha tout conflit. Tandis que les autres proscrits se dispersaient dans différentes directions, Victor Hugo, avec sa famille, se fixa à Guernesey : c'est là qu'il écrivit le fameux pamphlet *Napoléon le petit* et l'immortel livre intitulé *les Châtiments*.

La publication d'un manifeste démocratique, au plus fort même de l'affaire de Jersey, révéla une fois de plus au public les divisions intestines des proscrits. Ce manifeste portait les trois signatures de Ledru-Rollin, de Mazzini et de Kossuth. M. Louis Blanc se plaignit dans les journaux anglais qu'ils n'eussent pas consulté leurs amis avant de publier cette pièce. « Pourquoi révéler nos secrets ? Puisque vous l'avez fait, j'ai le « droit de vous dire mon avis. Il est bon d'organiser le parti républicain,

« mais sur l'unité des principes ; de quel droit êtes-vous ses chefs? Il faut
« pour s'entendre que l'on discute, surtout avec des hommes de nuances
« opposées ; Mazzini peut compter sur le concours des républicains pour
« délivrer l'Italie, mais les socialistes qu'il a calomniés ne lui permettront
« pas de se poser en arbitre des destinées de la France. »

Ces discussions, bien oubliées aujourd'hui et bien inutiles, trompaient du moins les ennuis de l'exil. L'Angleterre est d'ailleurs un pays libre de libres discussions, et son gouvernement, moins soumis que celui de la Belgique aux influences extérieures, pouvait se montrer plus tolérant envers les proscrits. L'opinion publique, quoique parfois peu indulgente pour eux, maintenait cependant le droit d'asile comme un honneur national et comme une tradition patriotique. Le gouvernement impérial de France essaya vainement, comme on l'a vu, de forcer l'Angleterre à le violer, il se crut même un moment sur le point de réussir, car ses instances répétées allèrent jusqu'à forcer le cabinet britannique à délibérer sur l'extradition de Ledru-Rollin, mais les ministres, même les plus prévenus en faveur de l'empire français, reculèrent devant cette honte, et le droit d'asile fut respecté.

CHAPITRE VI

LE CLERGÉ (1848-1857)

La monarchie de Juillet et l'Église. — La révolution de Février et l'Église. — Le bonapartisme et l'Église. — Mgr Sibour, archevêque de Paris. — L'abbé Gaume attaque les études classiques. — Mgr Dupanloup les défend. — Lutte entre l'archevêque de Paris et l'*Univers*. — L'encyclique du 24 mars 1853. — Défaite de l'archevêque de Paris. — Le pape viendra-t-il sacrer l'Empereur? — Conditions qu'il met à son voyage en France. — Les catholiques libéraux et les ultramontains. — Proclamation du dogme de l'Immaculée Conception. — Le sermon du R. P. Lacordaire à Saint-Roch. — Miracle de la Salette. — Fêtes en l'honneur de l'Immaculée-Conception. — La brochure *le Pape et le Congrès*. — Colère du pape. — Le *Constitutionnel* attaque la Société Saint-Vincent-de-Paul. — L'encyclique du 19 janvier. — Circulaire du ministre des cultes aux évêques. — L'évêque de Moulins condamné comme d'abus. — Lamoricière, commandant en chef de l'armée pontificale. — Procès du *Siècle* contre l'évêque d'Orléans.

Le gouvernement de Juillet, sans avoir été hostile à l'Église catholique, ne poussa jamais la déférence jusqu'à favoriser ses empiétements dans le domaine politique et civil. Aussi le vit-elle tomber sans regret et fit-elle bon accueil à la révolution de Février, qui respecta ses biens et protégea ses personnes. Les curés bénirent les arbres de liberté et prièrent pour la République. Le gouvernement du général Cavaignac, loin de surexciter l'antagonisme entre le pouvoir spirituel et le pouvoir temporel, parut vouloir prendre fait et cause pour le pape contre les républicains d'Italie. Cela explique l'adhésion que le haut clergé donna à la candidature du général Cavaignac. Mais le bas clergé, travaillé sourdement par les agents bonapartistes, qui exploitèrent le prestige du nom de Napoléon chez les paysans, provoqué aussi par les réactionaires de toutes couleurs, unis dans la haine de la République, suivit et seconda ce mouvement et conduisit les électeurs de la campagne au scrutin en les faisant voter pour Napoléon.

Louis-Napoléon, nommé président de la République, reçut les compliments du clergé. Le 8 janvier 1849, l'évêque de Nancy et de Toul, entre autres, lui écrivait que son élection était le résultat d'un décret providentiel, qu'il n'était pas seulement l'élu du peuple, qu'il était encore l'élu de la Providence. « C'est parce que vous avez reçu comme l'investiture « providentielle, dit-il, que la religion attend beaucoup de vous... Puisse « cette fille du ciel être dégagée, sous vos auspices, des entraves que le « despotisme monarchique et le despotisme révolutionnaire ont fait « peser sur elle. » Il considère l'action libre de l'Eglise comme le plus grand élément de force et de prospérité sociales : « C'est du fond de « mon cœur, monsieur le Président, que je vous offre, dans les limites de « mes attributions, mon loyal concours et celui du clergé de mon dio- « cèse, pour tout ce qui pourra contribuer à la paix, au bon ordre et à « la prospérité de la France. »

Ces flatteries ne devaient pas cesser pendant toute la durée d'un règne qui mit bien souvent presque aux prises l'Empire et le Sacerdoce, et qui ralluma le feu des querelles religieuses, qui paraissait éteint.

Un des premiers actes de l'auteur du coup d'Etat après sa victoire avait été de rendre au culte catholique l'église de Sainte-Geneviève, transformée en Panthéon. L'alliance entre le clergé et le bonapartisme s'était scellée par le *Te Deum* chanté à Notre-Dame par l'archevêque de Paris le lendemain du coup d'Etat. La discussion ne roulait plus sur la question de savoir si le pape peut commander et ordonner, soit en général, soit en particulier, sur les choses temporelles, ou bien si sa puissance sur les choses spirituelles est bornée par les canons des anciens conciles reçus en France; le clergé, qui, dans la déclaration de la Faculté de théologie de Paris en 1663, et par celle du clergé de France en 1682, avait traduit ce dernier principe en langage théologique, n'existait plus; ses successeurs s'éloignaient chaque jour davantage de ses idées. Quelques pauvres prêtres relégués dans d'obscurs presbytères de campagne, relisant l'histoire de l'Église, au moment de la révolution de Février, et voyant surgir le suffrage universel, se dirent peut-être que l'Église pourrait bien un jour reprendre pour règle ce précepte du temps des apôtres : « Celui qui commande à tous doit être élu par tous; » mais la majorité du clergé inclinait vers des doctrines contraires. Le Saint-Siège avait grandi par ses luttes avec l'Empire, par les services qu'il lui avait rendus et par la persécution dont il en avait été récompensé; l'ultramontanisme, représenté par de Maistre, de Bonald, Lamennais, avait fait de notables progrès sous la Restauration. L'Église, ébranlée par la révolution, privée des institutions qui lui servaient d'appui, devenue, de propriétaire riche et puissante, simple salariée de l'État, était poussée à chercher hors d'elle-même, la force qui lui manquait et à se fortifier par une alliance de plus en plus étroite avec Rome. Les catholiques français, éclairés par l'exemple de leurs coreligionnaires de Belgique, avaient compris la nécessité de lutter avec leurs ennemis sur le terrain de la liberté : c'est la liberté d'enseignement qui leur servit de mot d'ordre sous Louis-Philippe; le hasard leur donna à cette époque non pas peut-être un chef, mais ce qui vaut quelquefois mieux, un agitateur dans M. de Montalembert, pair de France héréditaire, qui avait trouvé une tribune à l'âge où la loi refusait aux roturiers même le droit d'être électeurs. M. de Montalembert commença sa carrière par une lutte en faveur de la liberté d'enseignement; ses efforts ne furent pas perdus; un parti catholique béni par Grégoire XVI et encouragé par M. Guizot, existait, grâce à lui, en France, à la fin du règne de Louis-Philippe. Le roi, en vieillissant, avait l'air de vouloir se convertir; M. de Salvandy, depuis longtemps converti, préparait un projet de loi sur l'enseignement dont les catholiques ne se montraient pas trop mécontents.

Quant à l'Église elle-même, une sourde guerre existait déjà entre l'*Univers* et l'épiscopat. Mgr Guibert, évêque de Viviers[1], adressa le premier une lettre pastorale au clergé de son diocèse, le 6 janvier 1845, « sur les ten-
« dances dangereuses d'un parti qui se forme dans l'Eglise de France
« contre l'autorité épiscopale. » L'*Univers*, au nom de l'*émancipation du clergé*, attaquait le *despotisme du clergé* et frayait ainsi la voie aux tentatives de la curie romaine pour absorber en elle l'autorité de l'épiscopat, tentatives que le succès devait couronner vingt-cinq ans plus

---

1. Aujourd'hui archevêque de Paris.

tard. La révolution de Février détourna l'attention publique de ces débats. Les catholiques saluèrent cette révolution avec enthousiasme ; elle ne s'était point, il est vrai, dès ses débuts, montrée anti-catholique, comme la Révolution de 1830; diverses écoles de philosophie avaient infusé du sang catholique dans les veines de la jeunesse. M. Buchez, passant, après la défaite du carbonarisme, des émotions de la lutte politique aux méditations de l'histoire, avait été ramené à la pensée chrétienne et au catholicisme par la lecture du *Nouveau Christianisme* de Saint-Simon. Dieu entre Jésus et Robespierre, telle était la trinité du nouveau révélateur ; il enseignait que tout le mouvement civilisateur qui aboutit à la Révolution française n'est qu'un développement de l'idée chrétienne et que, loin d'inaugurer une civilisation aussi distincte du christianisme que celui-ci l'était du paganisme et du judaïsme, la Révolution française n'est qu'une évolution du catholicisme. M. Frédéric Arnaud (de l'Ariège), dévoué comme Buchez à la révolution, s'était refait Gibelin pour imposer au pape la tâche d'assurer la liberté universelle. Les romantiques, quoique un peu revenus de leur ferveur pour le moyen-âge, gardaient au catholicisme un reste d'attachement; les souvenirs de l'Église constitutionnelle, un vieux ferment de jansénisme, poussaient encore les hommes de la révolution de Février vers le sanctuaire et leur faisaient croire que l'arbre de la liberté pousserait mieux, arrosé d'eau bénite. L'erreur des républicains ne fut pas de longue durée. Le clergé ne tarda pas de son côté à se tourner contre la République et à seconder les efforts des partisans de la candidature de M. Louis Bonaparte à la présidence. Les catholiques avec non moins d'ardeur travaillaient à son succès « M. de Montalembert eut « plusieurs entretiens avec le prince. Il stipulait là comme ailleurs pour « la liberté religieuse. Toutes les idées patriotiques et sages furent « agitées dans ces audiences confidentielles ; toutes les paroles utiles à la « France y furent prononcées ; tout ce qui pouvait naître des préoccupa- « tions du présent et de l'avenir s'y fit jour [1]. »

M. Louis Bonaparte, dès son avènement à la présidence de la République, témoigna clairement son intention de s'appuyer sur le clergé. En attendant l'expédition romaine, il donna au parti catholique un gage de son dévouement en retirant la loi déposée par M. Carnot sur l'instruction publique et en chargeant M. de Falloux d'en présenter une nouvelle. Le suffrage universel venait de révéler aux catholiques

---

1. De Falloux, *Le parti catholique*. Paris, 1856.

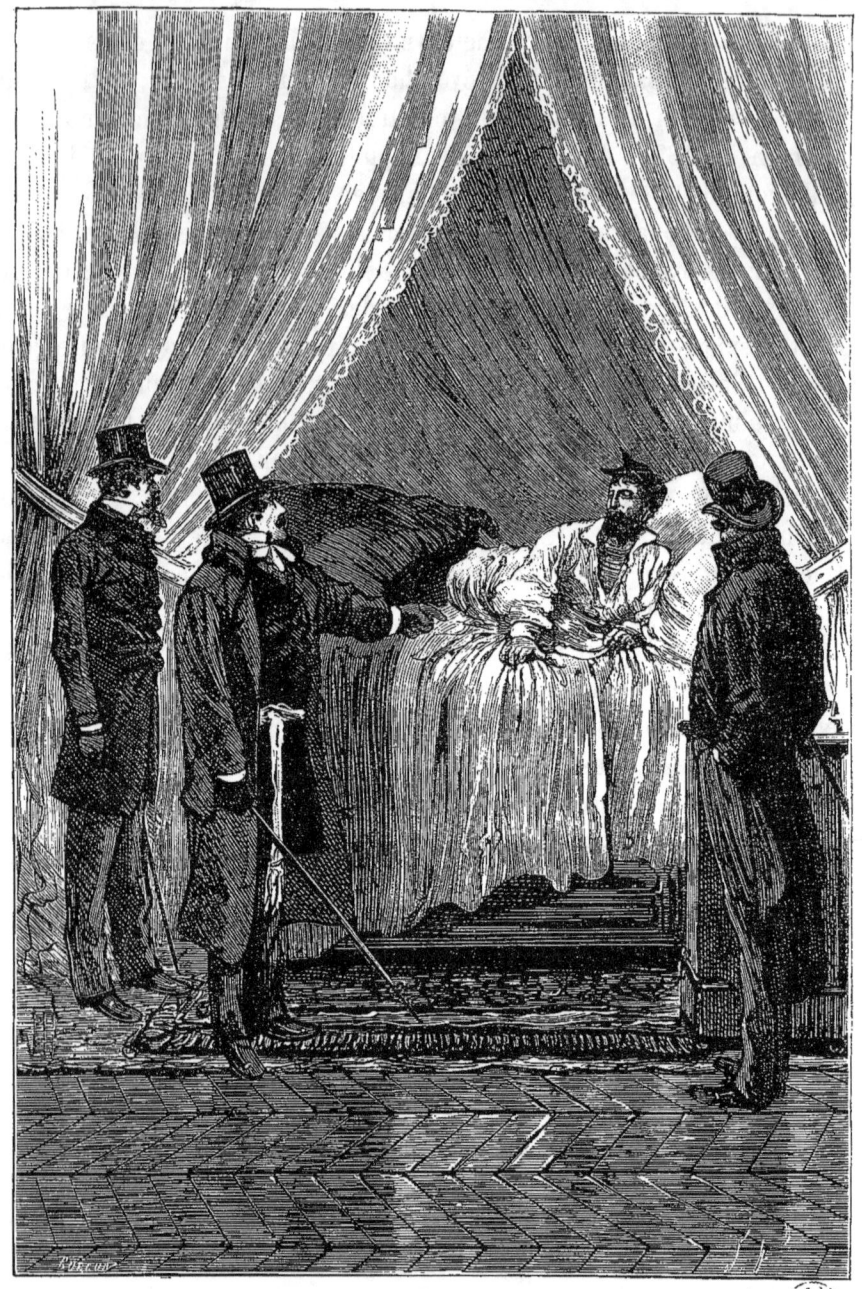

Fig. 37. — Les journalistes sont arrêtés à leur domicile.

leur puissance; ils avaient bien exercé une certaine influence sur les élections censitaires, où leurs voix pouvaient décider du résultat; mais qu'était ce faible appoint en comparaison des populations rurales marchant au scrutin précédées de leurs curés? Les libéraux orléanistes, état-major sans armée, durent prendre aussi pour mot d'ordre cette liberté d'enseignement à laquelle ils s'étaient montrés jusque-là si opposés. M. de Falloux, ministre de l'instruction publique, se chargea de faire passer dans la pratique ce principe reconnu théoriquement par la Constitution. M. de Falloux n'était pas homme à se contenter des expédients secondaires, à glisser en fraude quelques jésuites dans l'enseignement, sous le couvert ministériel, à autoriser quelques établissements catholiques; le *Moniteur* annonça la formation de deux commissions chargées de préparer une loi sur l'instruction publique :

« Les membres de la commission qui avaient professé de tout temps
« leurs convictions en faveur de la liberté d'enseignement étaient : M. l'abbé
« Dupanloup, M. l'abbé Sibour, MM. de Montalembert, de Corcelles, de
« Melun, de Riancey, Fresnau, Cochin, de Montreuil. L'Université était re-
« présentée dans cette commission par MM. Cousin, Saint-Marc Girardin,
« Dubois, Poulain de Bossay, Laurentie, directeur de l'*Union*, Roux-La-
« vergne, rédacteur de l'*Univers*. La partie flottante ou neutre de la com-
« mission, portant tour à tour son appoint à sa droite ou à sa gauche,
« comptait dans ses rangs MM. Freslon, ancien ministre de l'instruction
« publique sous le général Cavaignac; Janvier, conseiller d'État; Cuvier,
« pasteur protestant; Peupin, représentant du peuple; Michel et Bella-
« guet, chefs d'institution du département de la Seine.

« La présidence de la commission était réservée au ministre; la com-
« mission nomma M. Thiers vice-président. C'était lui en effet qui devait
« exercer et exerça réellement l'action la plus directe sur l'œuvre com-
« mune. Assidu à toutes les séances, ardent à toutes les enquêtes,
« M. Thiers déploya, durant trois mois, un infatigable dévouement, et la
« douleur patriotique, qui jaillit du fond de son âme, révélait un intime
« sentiment de l'état moral du pays.

« Assailli en sens contraire par les lumières de son grand esprit et par
« de chères et paternelles illusions, M. Cousin combattit souvent M. Thiers
« corps à corps; néanmoins, quand il s'agissait de sonder les plaies de la
« société moderne, nul ne le surpassa en fécondité d'aperçus et d'élo-
« quence. Il repoussait le mode, non le but; en dehors de la commis-

« sion, il faisait cause commune avec M. Thiers pour la défense du
« christianisme et pour la défense du Saint-Siège.

« M. Saint-Marc Girardin n'avait à vaincre ses antécédents ni lui-
« même : c'était le trait d'union de toutes les nuances difficiles à rappro-
« cher, et, quand l'esprit de conciliation eut besoin de l'esprit pratique, la
« délicatesse de ses inspirations ne fit jamais défaut [1]. »

Le parti catholique ne se sentait pas encore assez fort pour détruire
l'Université : « Substituer brusquement un clergé déshabitué d'enseigner,
« garrotté d'étroits liens, à une Université largement privilégiée, en pos-
« session de longues préparations; faire soudain apparaître une soutane
« partout où il y avait un frac, ce n'eût pas été seulement prendre la forme
« pour le fond, c'eût été constituer un mal énorme et certain, c'eût été
« faire calommier par une imitation trompeuse et informe, comme presque
« tout ce qui est improvisé, l'enseignement religieux tel qu'il peut être
« quand le temps et les vocations lui ont prêté leur force [2]. »

Le parti catholique se contenta pour le moment de modifier le conseil
de l'instruction publique, de créer un recteur et un conseil académique
par département. Trois archevêques ou évêques, désigné par leurs collègues, entrèrent dans le conseil de l'instruction publique; l'évêque ou
son délégué fit partie du conseil académique en même temps que le
préfet et les conseillers généraux; les grades cessèrent d'être rigoureusement exigibles pour les directeurs d'institutions, pour les collaborateurs
secondaires, notamment pour les surveillants. Les chefs de corporations
religieuses autorisées par l'État purent créer des instituteurs par lettre
d'obédience.

Ce projet de loi, qui assurait au clergé une si large part d'influence
sur l'instruction publique, ne suffisait pas à l'*Univers* : « Aucune solli-
« citation, quelque affectueuse qu'elle fût, aucune séparation, quelque
« douloureuse qu'elle dût être, n'eut le pouvoir de l'éclairer ou de le
« fléchir. En vain on essaya de lui soumettre les symptômes évidents du
« retour vers le catholicisme; en vain on le conjura de ne pas entraver
« par des contradictions de détail l'ensemble d'un mouvement réparateur;
« en vain on lui rappela que les tempéraments de la prudence consolident
« plus de victoires que les emportements n'en font gagner; toutes les ins-
« tances furent inutiles [3]. »

---

1. De Falloux, *Le parti catholique*. Paris, 1856.
2. De Falloux, *Le parti catholique*. Paris, 1856.
3. De Falloux, *Le parti catholique*. Paris, 1856.

Fig. 38. — Arrestation de M. Ch. Monselet (p. 216).

Le projet de loi parut devant l'Assemblée en novembre 1849, dans un moment où l'Assemblée, en proie à l'accès de réaction qui suivit le 13 juin, était encore agitée par le choix de la commission de permanence et par une crise ministérielle. Il s'agissait d'abord de vider la question du renvoi de la loi au Conseil d'État. L'Assemblée, malgré le rapporteur, décida que le renvoi aurait lieu. L'*Univers* se réjouit de ce vote autant que les journaux démocratiques.

M. de Parieu, ministre de l'instruction publique, présenta une loi provisoire sur l'enseignement, et la commission, profitant de l'excitation produite chez les membres de la majorité par quelques lettres d'instituteurs primaires habilement triées, obtint que la première délibération aurait lieu le 14 janvier 1850.

La loi avait contre elle, non seulement l'opposition, mais encore une fraction de la majorité composée de dissidents, du côté de M. Thiers, et de dissidents, du côté de M. de Montalembert. M. Thiers s'adressa pathétiquement aux catholiques de l'*Univers* et à ses propres amis : « On nous « reproche d'avoir substitué l'alliance à la lutte. Oui, messieurs, j'ai fait la « guerre et je l'ai aimée, mais je n'ai pas cru que la guerre fût la première « nécessité du pays. Au contraire, j'ai pensé qu'en présence du danger « commun, des circonstances si graves et si menaçantes où nous sommes, « et en présence aussi (pourquoi ne le dirais-je pas?) des dispositions que « je rencontrais chez des hommes que nous avions été habitués à regarder « comme des adversaires, le premier de nos devoirs était de répondre à « ces dispositions nouvelles, et c'est à cette pensée honorable que j'ai con-« sacré depuis un an toute l'activité et tout le dévouement de mon âme. » M. Thiers conjurait ses anciens amis de ne pas l'abandonner : « Main-« tenant je m'adresse plus particulièrement aux hommes qui m'ont suivi « dans ma carrière, qui ont partagé toutes mes opinions, que j'ai vus « quelquefois soucieux du projet que nous proposons, se demander, après « avoir entendu tant de fois que la conciliation était impossible, si elle « était possible en effet. Eh bien ! oui, messieurs, je crois à cette conci-« liation.... En présence des dangers qui menacent la société, j'ai tendu « la main à ceux que j'avais combattus. Ma main est dans la leur, elle y « restera, j'espère, pour la défense commune de cette société, qui peut être « indifférente à quelques-uns, mais qui nous touche profondément. »

La loi fut votée ; mais le clergé, au lieu de se montrer reconnaissant de ce vote à l'Assemblée, en donna tout le mérite à Louis Bonaparte, que les évêques avaient pris du reste depuis longtemps sous leur patronage.

Le président de la République ne traversait pas un diocèse sans que l'évêque ne s'empressât de venir le saluer « le sauveur de la société ». M. Louis Bonaparte ne perdait aucune occasion de prouver son dévouement aux intérêts de l'Eglise. Il lui avait rendu toute liberté pour la tenue des conciles provinciaux et pour l'établissement de nouvelles sociétés religieuses. L'Eglise comptait mille huit cent trente-six établissements religieux, parmi lesquels quatre-vingt-quinze congrégations de femmes à supérieure générale et deux cent vingt-quatre à supérieure locale : les premières avaient le droit de fonder des établissements sur toute l'étendue du territoire français, les secondes seulement dans la circonscription du diocèse ou des diocèses mentionnés dans le décret qui les a reconnues; cinq cents maisons religieuses étaient dispensées de la reconnaissance légale. Treize associations religieuses d'hommes voués à l'enseignement primaire tenaient 1749 écoles; les congrégations, depuis la loi du 15 mars 1850, avaient repris leur place dans l'enseignement secondaire; les jésuites dirigeaient 16 établissements libres, soutenus par les souscriptions, les offrandes, les dons volontaires des fidèles et des membres de la Compagnie elle-même. Le Père de Blacas donna une somme de 600 000 francs au collège de Sainte-Marie, à Toulouse; les dominicains ou frères prêcheurs, les bénédictins reprirent le cours de leurs anciens travaux dans l'enseignement ou dans la science.

Cinq congrégations pour la conversion des païens avaient leur principal point d'appui dans l'*Œuvre de la propagation de la foi*, établie à Lyon en 1822; un *Pater* et un *Ave* appliqués tous les matins à la conversion des gentils et cinq centimes par semaine font un membre de cette association et lui donnent droit à toutes les indulgences dont elle dispose; un percepteur reçoit les dons de dix membres, un autre percepteur est institué pour dix de ces dizaines, un troisième percepteur prend cette recette et la verse dans la caisse centrale; deux conseils, siégeant l'un à Paris, l'autre à Lyon, répartissent les fonds entre les congrégations. La recette totale s'élève à près de trois millions et demi, dont deux millions fournis par la France. De nombreuses associations laïques venaient au secours des associations religieuses. La société de Saint-Vincent de Paul, la plus puissante de toutes, avait pour but de ramener le pauvre à la pratique des devoirs religieux, de remplacer les unions illicites par le mariage, d'établir des écoles; le centre de cette société était à Paris, elle y comptait cinquante de ses conférences, son revenu dépassait 200 000 francs par an.

Fig. 39. — Pie IX fait alliance avec l'*Univers* et son rédacteur en chef M. Louis Veuillot (p. 251).

Le siège archiépiscopal de Paris était occupé alors par Mgr Sibour, ancien évêque de Digne. Un livre où il réclamait une plus grande indépendance pour les chapitres et pour le clergé inférieur l'avait désigné à l'attention du gouvernement du général Cavaignac. Son refus de se laisser porter en 1848 à l'Assemblée nationale par les électeurs des Basses-Alpes, afin de pouvoir se consacrer tout entier à ses fonctions épiscopales, indiquait peu de penchant de sa part à s'occuper de politique. Un fait nouveau ne tarda pas à confirmer cette appréciation. Le diocèse de Paris, sous l'active impulsion de son archevêque, donna le premier l'exemple de la tenue des conciles provinciaux. L'*Univers* se montra médiocrement satisfait de la renaissance de ces assemblées; il fixa la limite de leurs droits et déclara que leurs décrets n'avaient aucune autorité propre. Les Pères du concile exigèrent de l'auteur des articles, une déclaration en faveur de leurs droits; l'archevêque ne l'obtint qu'à grand'peine.

Un décret sur la conduite que le clergé devait tenir dans les affaires politiques fut l'acte le plus important du concile de Paris; Mgr Sibour lui donna une gravité particulière, en le publiant avec des commentaires dans son mandement du 24 août 1850, dirigé contre « l'invasion du laïcisme dans l'enseignement de l'Eglise et dans son gouvernement [1] ».

Mgr Sibour passait pour républicain et même pour socialiste, parce que, dans ses visites aux ateliers, il parlait de la transformation du prolétariat et prêchait la défense de la Constitution. Il avait cependant fait voter par le concile de Paris, un décret contre les *erreurs qui renversent les fondements de la justice et de la charité,* sorte de réponse aux théories socialistes de l'époque; Mgr Sibour, portant ce décret à la connaissance des prêtres de son diocèse dans son mandement de juin 1851, s'enhardit à proposer au nom de la religion, une alliance à la philosophie pour rétablir la morale et la société. Ce n'était pas trop, selon lui, de toutes les lumières réunies de la foi et de la science, « pour dissiper les épaisses ténèbres qui nous environnent, et nous faire sortir du dédale dans lequel nous nous trouvons enfermés ». Plus tard, il institua une fête conforme à cette pensée, la *fête des écoles;* chaque année, le dimanche qui précède l'Avent, le ministre de l'instruction publique et les principaux employés du ministère, les membres de l'Institut, les notabilités des sciences, des lettres et de l'enseignement, les professeurs, les élèves des écoles spéciales supérieures, les élèves les plus distingués des lycées et des insti-

---

1. Le concile de Rennes, présidé par Mgr Morlot, prit une décision semblable à celle du concile de Paris.

tutions publiques, les représentants de la presse, devaient être conviés à une messe après laquelle les membres de la réunion liraient des vers, prononceraient l'éloge d'un saint connu par sa science, et célébreraient dans un discours l'alliance entre la philosophie et la religion. Le programme de la première fête proposait un prix de 1000 francs à l'auteur du meilleur mémoire sur les rapports entre la science et la foi. Ce prix ne fut pas distribué, faute de concurrents. Le programme de la seconde fête des écoles portait comme sujet de prix pour l'année suivante : « De l'influence du christianisme sur le droit public européen. » La fête des écoles fut froide, malgré le *Te Deum*, la bénédiction du saint sacrement, le discours de Mgr Sibour sur saint Augustin, et la présence de M. Fortoul, ministre de l'instruction publique.

L'archevêque de Paris était donc un esprit libéral et généreux. Lorsque Venise expirante demanda le secours de la France, Mgr Sibour ne craignit pas d'ordonner des prières pour elle. Le bruit se répandit même, lors de la fuite du pape à Gaëte, qu'il lui avait écrit pour l'engager à renoncer à son pouvoir temporel. Un tel pasteur ne pouvait pas être du goût de l'*Univers*. Ce journal, non content d'annoncer comme vrais, des miracles sur lesquels l'Église ne s'était pas prononcée, crut devoir entreprendre l'apologie de l'Inquisition. Vainement l'archevêque manda-t-il le rédacteur et lui fit-il observer « avec l'autorité du pasteur et la charité du père, qu'une pareille polémique ne pouvait avoir que de funestes effets sur le troupeau confié à nos soins [1] ». Le rédacteur refusa de se rendre et « redoubla de violence ». Un livre approuvé par l'archevêque fut traité par l'*Univers* d'impie et de licencieux. Une condamnation suivit cet avertissement. M. Sibour accusait M. Veuillot de « livrer au mépris la gravité des études théologiques », de « railler avec un rire imité de Voltaire, les prêtres et les théologiens qui défendent l'Église ou les opinions libres dans l'Église », de « se livrer à de sarcastiques et scandaleuses déclamations contre la science et l'enseignement de la théologie ». Critique aveugle et passionnée, polémique violente et inique, ne reculant pas devant les calomnies honteuses, tels sont les termes dont le prélat se sert pour qualifier la rédaction de l'*Univers*[2]. Il en défend en conséquence la lecture à tous les ecclésiastiques de son diocèse.

Trouvant sans doute les noms de Maistre et de Bonald trop usés, l'*Uni*-

---

[1]. Avertissement au sujet de l'*Univers*.
[2]. Ordonnance de Mgr l'archevêque de Paris portant condamnation de l'*Univers*, 17 février 1853.

vers avait inscrit sur son drapeau le nom de M. Donoso Cortez, journaliste espagnol converti, député revenu des erreurs parlementaires, nommé marquis de Valdegamas et ministre d'Espagne à Paris par la reine Isabelle, auteur d'un livre de philosophie politique et religieuse dont tous les principes peuvent se résumer ainsi : Il n'y a d'autorité que dans l'Église, et de gouvernement logique que dans la théocratie; en politique comme en religion, tout découle du principe d'autorité; la liberté, fille de l'enfer et du péché originel, cause de tous les désordres qui ont ensanglanté la terre, mère du libéralisme, lequel a procréé le socialisme, est le fléau universel; dans la société, il n'y a pas de droits pour les citoyens, mais des devoirs, car, s'il existait des droits, on pourrait s'insurger pour se défendre, et se soustraire à l'obéissance due à toutes les puissances, depuis le pape souverain seigneur et les rois, jusqu'aux nobles et aux chefs. Si les sujets se révoltent contre les rois, l'Église les condamne; si les rois se révoltent contre l'Église, elle les dépose. L'Église, domptant ainsi la tyrannie et la révolte, devient l'arbitre du monde. Les théories de M. Donoso Cortez n'étaient au fond que celles de M. de Maistre gonflées d'emphase espagnole. L'*Univers*, qui avait trouvé une politique dans le livre de l'écrivain espagnol, essaya d'en tirer une littérature; il porta la discussion sur le terrain des livres et des méthodes, et parla de transformer l'éducation. Ce fut le signal d'une guerre si acharnée dans l'Église, que le pape lui-même dut intervenir et y mettre un terme.

La littérature du moyen âge convenait seule à la réforme proposée; l'abbé Gaume se chargea de le démontrer dans un livre intitulé *le Ver rongeur*. La littérature, d'après l'auteur, se partage en deux époques : l'une, la bonne, comprise entre la chute de Rome et la fin du moyen âge; l'autre, la mauvaise, commençant à la Renaissance et finissant à nos jours. L'abbé Gaume trouvait encore bien du paganisme chez les Pères de l'Église; depuis la Renaissance, n'y a-t-il pas du paganisme chez tous ceux qui ont écrit? Ce ver rongeur communique aux sociétés modernes la terrible maladie qui les fait périr. La Renaissance, en substituant le culte de l'antiquité classique, à l'étude de la littérature chrétienne du moyen âge, et en abandonnant saint Grégoire, saint Léon, saint Thomas et les latinistes du viiie siècle, bien supérieurs, malgré leurs barbarismes, à ceux du siècle d'Auguste, pour les remplacer dans les écoles par Virgile, Horace, Cicéron, Tite-Live, Tacite, rendra cette maladie inguérissable, si l'on ne se hâte de changer le système des études. L'Église parut surprise devant l'*ultimatum* brusquement posé par l'abbé Gaume et soutenu par l'*Univers*. Elle se vante souvent et se fait un titre d'honneur d'avoir propagé les études classiques par ses papes, ses cardinaux et ses corporations religieuses; il semblait dur à quelques prélats de renoncer pour elle à cette gloire. M. Dupanloup, membre du concile de Paris, en avait signé les *actes* et la *lettre synodale* dans laquelle se trouve la condamnation de la presse ultramontaine. Ce prélat, qui faisait jouer des tragédies grecques par les élèves de son petit séminaire d'Orléans, se jeta courageusement dans la polémique suscitée par le livre de M. Gaume, et publia le 30 mai 1852 un mandement conforme par le ton et par la vivacité à celui de M. Sibour : « Pauvres enfants! pauvres jeunes âmes! « quand vous vous éloignerez de nous, de grands périls vous attendent « dans une société où des *journalistes religieux* peuvent impunément « chaque jour vous offrir *contre vos pères dans la foi, contre vos* « *évêques* de pareilles leçons. » Il accusait les rédacteurs de l'*Univers* de manquer de gravité, de charité, de vérité, de bon sens, de justice. Il terminait en interdisant la lecture de ce journal aux curés de son diocèse.

Une grosse question se cachait dans la discussion sur l'enseignement classique. Il s'agissait de savoir, comme le disait fort bien M. Dupanloup, si le gouvernement des affaires de l'Église passerait aux journalistes, et s'il leur était permis de contredire l'enseignement épiscopal. Il semble que sur ce point, tous les évêques dussent être d'accord; cependant M. Dupanloup ne réunit en faveur de l'étude des classiques que quarante-cinq adhésions parmi ses collègues; les autres évêques se rangèrent plus ou moins ouvertement du côté de l'abbé Gaume; ceux-là même qui avaient la prétention de rester neutres dans la querelle laissaient échapper le secret de leurs préférences réelles [1].

---

1. L'évêque de Gap écrivait par exemple à l'évêque d'Orléans :

« Monseigneur,

« Je crois en Dieu, créateur de l'univers, mais je ne crois pas à la bonne foi de ceux qui veulent détruire l'*Univers*.

« Je crois en Jésus-Christ qui a établi son Église avec les docteurs chrétiens, mais non avec les doctes du paganisme.

« Je crois au Saint-Esprit qui a parlé par les prophéties et non par les sibylles.

« Je crois à la communion des saints, mais je ne veux pas être de celle du *Siècle*, des *Débats*, de la *Presse* et du *Charivari*.

« Je crois à la résurrection des morts, mais je crains beaucoup celle des gallicans et des parlementaires.

« Je crois à la vie éternelle, mais je ne veux pas de celle des Champs-Élysées, quelque belle que la fassent les poètes païens.

« C'est-à-dire, Monseigneur, que je suis pour l'adoption des auteurs chrétiens dans une juste proportion, sans renoncer aux chefs-d'œuvre de Rome et d'Athènes soigneusement expurgés de ce qu'ils ont trop souvent de contraire aux bonnes mœurs et à la foi catholique. »

La discorde était parmi les évêques ; Mgr Sibour, se voyant impuissant à la faire cesser, en appela au pape. L'archevêque de Paris répondit à ses adversaires : « Nous n'avons qu'un juge en dernier ressort des actes de « notre administration, le chef visible de l'Église, notre saint-père le « pape ; le recours à son tribunal est ouvert non seulement aux écrivains « du journal l'*Univers*, mais aussi à ceux de nos vénérables collègues « qui apprécieraient autrement que nous la situation qui nous est faite « par le présent acte de notre autorité. »

« Comprimée dans la société civile, avait dit M. Sibour dans une « lettre adressée aux journaux religieux, la démagogie a fait invasion « dans l'Église par le moyen d'une partie de la presse appelée catholique. « La démagogie dans l'Église, c'est le presbytérianisme et le laïcisme « voulant se substituer à l'épiscopat pour l'enseignement et pour le gou- « vernement des âmes. La démagogie tend au renversement de la consti- « tution de l'Église, et, sous le masque du plus grand dévouement au « Saint-Siège, elle attaque d'abord l'autorité épiscopale en attendant « l'heure de se tourner contre le Saint-Siège lui-même. »

Le Saint-Siège ne parut nullement effrayé de ce péril ; il n'y avait, en effet, pas plus de presbytériens dans le camp de l'*Univers* que de galli- cans dans celui de l'archevêque de Paris ; le temps n'était plus où Lamen- nais se plaignait avec tant d'amertume du gallicanisme épiscopal et où M. d'Astros, archevêque de Toulouse, dénonçait les doctrines de l'*Avenir*. Si de 1845 à 1853 la majorité des évêques français condamnait l'*Univers* avec Mgrs Sibour, Guibert et Dupanloup, non seulement pour ses procédés injurieux, mais encore pour ses doctrines fausses et subversives, trois évêques prirent sa défense : l'évêque d'Avignon, l'évêque de Châlons et l'évêque de Moulins. Des prêtres en grand nombre considéraient la suspension de l'*Univers* comme un malheur pour le catholicisme ; les curés s'inquiétaient de savoir s'ils pourraient lire ce journal ; l'évêque de Châlons leur répondit : « Vous me demandez si je trouve bon qu'on lise « l'*Univers*. A vous parler franchement, je n'ai pas de raison de le « trouver mauvais. Le rédacteur de ce journal est un homme de zèle et « de probité ; il est homme de foi et homme d'esprit. Cette qualité, qui le « rend supérieur à tels et tels qui courent la même carrière, n'est pas « propre à le leur faire aimer ; il y a de l'homme partout, et beaucoup. « Quant à moi, je suis abonné à l'*Univers*, et je continuerai à l'être ; « c'est vous dire assez qu'on peut en faire autant. Si l'on m'en demandait « la raison, je répondrais ou ne répondrais pas, n'ayant de compte à

« rendre qu'à Dieu, en de telles affaires, de mes actes et de mes actions. »
Accuser un archevêque, un collègue, un prêtre, de n'obéir dans une circonstance aussi grave, directement ou indirectement, qu'à la jalousie littéraire !

La querelle s'envenimait. M. de Dreux-Brézé, évêque de Moulins, publia une réfutation de la lettre de M. Sibour et un plaidoyer en faveur de l'*Univers*, à la grande surprise du public, qui se demandait comment un prélat légitimiste pouvait se faire le champion d'un journal auquel, d'après lui-même, on pouvait reprocher « d'accepter tous les événements avec trop de complaisance, d'acclamer avec excès l'autorité et la liberté selon le souffle du moment, de paraître convier le clergé à n'apprécier l'une et l'autre qu'au point de vue de son avantage, et de compromettre ainsi la dignité du prêtre devant la conscience publique. » M. de Dreux-Brézé, sans nier « les tristes habitudes de polémique de l'*Univers*, ni son fatal oubli du sens moral dans son acception la plus élevée, » ajoutait : « S'il tâche d'exercer une pression sur les évêques et de fomenter le presbytérianisme, au moins cela ne se produit pas à revers. » La suppression et même la suspension de ce journal seraient, aux yeux de M. de Dreux-Brézé, un malheur pour le catholicisme.

M. Sibour, en déférant au pape la lettre de M. de Dreux-Brézé, qui frappe de blâme une sentence rendue par un évêque dans l'exercice canonique de ses fonctions, éprouve, on le sent à son langage, une vive émotion : « Moi vivant, dit-il, la presse religieuse sera surveillée, et au « besoin réprimée par les armes dont je dispose, les armes spirituelles ; « elle restera dans son devoir, ou elle sortira du diocèse, elle ira chercher « ailleurs une juridiction plus complaisante pour prêcher le mépris de la « hiérarchie et faire la guerre à l'autorité que je tiens de la miséricorde « divine et de la grâce du Saint-Siège apostolique. »

Les rédacteurs de la feuille interdite, devançant l'archevêque de Paris, avaient soumis son mandement au pape ; la décision du Saint-Siège était attendue avec impatience : Pie IX hésitait. M. Salinis, évêque d'Amiens, ancien disciple de Lamennais, réussit à mettre fin aux hésitations du Saint-Père. Les ultramontains, sûrs du triomphe, répandaient déjà le bruit qu'un avertissement secret serait adressé à M. Sibour, et que cet avertissement serait rendu public s'il ne se soumettait pas tout de suite.

Une lettre encyclique du pape adressée aux cardinaux, archevêques et

Fig. 40. — La commission chargée de rédiger la nouvelle loi sur l'enseignement livre l'éducation des enfants au clergé.

évêques de France, et une autre lettre adressée à M. Veuillot par M. Fioramonti, secrétaire du pape, mirent fin au débat [1].

Le 7 avril 1853, l'*Univers* publiait la note suivante en tête de ses colonnes :

« Nous, Marie-Dominique-Auguste Sibour, par la miséricorde divine et par la grâce du Saint-Siège apostolique, archevêque de Paris ;

« Après avoir pris connaissance de la lettre encyclique adressée par notre saint-père Pie IX aux cardinaux, archevêques et évêques de France, sous la date du 21 mars 1853 ;

« Voulant mettre en pratique les conseils qui y sont contenus et entrer, pour notre part et sans réserve, dans les intentions du chef de l'Église ;

« Désirant contribuer par là à l'apaisement des discussions qui ont été soulevées dans ces derniers temps et réjouir le cœur du souverain pontife ;

« Nous levons spontanément les défenses portées dans notre ordonnance du 17 février. »

Les remarquables lettres pastorales de M. Guibert, évêque de Viviers, contre l'*Univers*, avaient fort diminué l'influence de ce journal ; l'archevêque de Paris eut le tort d'engager avec lui une lutte d'où il sortit vaincu. Les rédacteurs de l'*Univers* publièrent une déclaration relative à la levée de l'interdit épiscopal, dans laquelle, à travers une feinte modestie, perce l'accent du triomphe : « Cet acte nous impose une
« nouvelle et plus étroite obligation de n'user de la liberté qui nous est
« laissée que pour corriger dans notre œuvre ce qui a besoin d'être
« corrigé... Nous devons surtout nous attacher à éviter tout ce qui
« pourrait paraître contraire à cette modération chrétienne qui n'exclut
« pas la défense libre, franche, énergique de la vérité... Notre rédacteur
« en chef, M. Louis Veuillot, est encore à Rome ; mais les sentiments
« que nous exprimons furent toujours les siens, et, dans les lettres que

---

1. Voici le passage important de cette seconde lettre :
« Vous n'avez jamais rien mis au-dessus de la doctrine catholique ; vous vous êtes appliqué à donner sur les autres la prééminence aux institutions et aux statuts de l'Église romaine ; voilà pourquoi votre journal excite tant d'intérêt partout, et on le regarde comme très propre à traiter les choses qui doivent l'être dans le temps présent. Il n'est pas étonnant que des personnes qui tiennent fortement à certains principes, à certains usages, à certaines coutumes, soient d'un autre avis, et que, ne pouvant rejeter ouvertement les doctrines de votre journal, elles cherchent à voir s'ils n'auraient pas autre chose à reprendre que la vivacité de son langage et sa manière de l'exprimer. Les autres rédacteurs religieux vous attaquent avec une vivacité d'autant plus déplorable qu'elle retarde le mouvement de plus en plus marqué qui entraîne les populations vers l'obéissance et l'amour du Saint-Siège apostolique, et contrarie la nation, qui se fait manifestement remarquer par le vif désir de se voir unie par des liens plus étroits à la mère et maîtresse de toutes les Églises... Continuez, mais soyez prudent ; ceux qui vous attaquent finiront par reconnaître votre talent et votre zèle. »

« nous avons publiées récemment, il a déjà pris, en son nom et au nôtre, « les engagements que nous sommes heureux de renouveler aujour-« d'hui. »

Les rédacteurs de l'*Univers* se rendirent en corps à l'archevêché pour offrir leurs hommages respectueux à M. Sibour. L'archevêque de Paris dut se sentir profondément humilié de cette réconciliation : accuser les gens d'être scandaleux, impérieux, diffamateurs, et les embrasser pour obéir au pape, c'était le triomphe de la discipline ecclésiastique, mais non de la dignité épiscopale.

Le pape, en se rangeant du côté de l'*Univers* contre un évêque, avait pris une résolution grave. Les cardinaux italiens étaient trop fins, trop éclairés, pour se tromper sur le compte des rédacteurs de l'*Univers :* leur esprit devait répugner au ton, au langage de ce journal; mais l'Église ne parle pas uniquement aux gens lettrés, délicats, aux consciences scrupuleuses, aux esprits sérieux; elle a besoin de se faire écouter aussi de la plèbe ignorante et vulgaire, immense public qui demande prédication à sa taille. Les moines de tous les ordres catéchisaient autrefois ce public. L'Église cherchait à remplacer le moine par le journaliste, le sermon par l'article. A quoi bon combattre la philosophie? Ne vaut-il pas mieux turlupiner les philosophes? M. Veuillot et les rédacteurs de l'*Univers* remplaçaient pour l'Église les anciens sermonnaires de la borne et du carrefour.

Le Saint-Père demandait dans son encyclique qu'on encourageât les laïques à écrire pour la défense de la religion : « S'ils se trompent, qu'on les redresse avec douceur. » Les laïques répondirent en foule à cet appel. M. Sauzet, ancien ministre, ancien président de la Chambre des députés sous Louis-Philippe, demanda que le mariage civil et le mariage religieux fussent réciproquement obligatoires. C'était transporter le mariage et par conséquent la société dans la religion, et défaire l'œuvre de la révolution. M. Sauzet s'était, comme tant d'autres libéraux, réveillé au lendemain de la révolution de Février légitimiste et ultramontain ; sa proposition soulevait les questions les plus importantes : L'acte de mariage serait-il inscrit sur l'état civil au moment même de sa célébration? le bifferait-on s'il n'était pas suivi du mariage religieux? Après quel délai le mariage civil serait-il nul faute d'avoir été suivi de l'autre? Le mariage civil ne sera-t-il porté sur le registre qu'après preuve donnée de l'accomplissement du mariage religieux? Se marierait-on en deux fois, et la première serait-elle en quelque sorte provisoire? Le mariage, quelle que fût la solution donnée à ces questions, dépendait en réalité du prêtre, libre de ne pas admettre le mariage mixte et de refuser l'absolution au mari. M. Sauzet ne se préoccupait pas de savoir quel serait l'effet du mariage civil dans le cas où l'un des conjoints viendrait à mourir entre les deux mariages. L'essentiel était d'en finir avec une législation qui n'était aux yeux du parti clérical que la sanction du concubinage. Les exigences de ce parti ne se bornaient pas à la suppression du mariage civil; il voulait le droit exclusif pour le pape de désigner et de nommer les évêques, le retrait des articles organiques du Concordat, l'observation du dimanche; à ce prix, mais à ce prix seul, Pie IX consentirait à se rendre à Paris pour sacrer Napoléon III.

L'Empereur ne se montra pas moins bon catholique que le Président de la République. La guerre d'Orient qu'il méditait déjà était une guerre entreprise pour défendre la prépondérance catholique dans la Terre-Sainte. Il s'était confessé et il avait communié publiquement avant de se marier; l'Impératrice avait fait un vœu à la Vierge pour que son premier-né fût un garçon, et elle sollicitait le pape de lui faire l'honneur d'être son parrain. Il ne s'agissait pour le moment que d'obtenir de lui qu'il vînt sacrer un nouveau Ferdinand et une nouvelle Isabelle. Les cérémonies et les fêtes du mariage terminées, il fallait bien en trouver d'autres. Quel programme que celui d'un sacre? L'idée de renouveler le couronnement de Napoléon Ier à Notre-Dame, devait sourire à Napoléon III. Les choses d'apparat et de mise en scène ne déplaisaient pas non plus au pape. Il aurait bien volontiers consenti à la demande de Napoléon III, dût cette course ne lui rapporter, au lieu de la suppression des articles organiques, que le plaisir de traverser la France et de bénir Paris, si ses conseillers ordinaires n'étaient parvenus après beaucoup de peine à lui faire comprendre qu'un pape peut, à la rigueur, se déplacer pour sacrer un fondateur de dynastie, mais qu'un métropolitain suffit à couronner un empereur ordinaire. Le pape ne quitta donc pas Rome, et Paris dut renoncer au spectacle d'un sacre; il le comprit le jour où il lut dans le *Moniteur* un démenti fort sec donné à tous les bruits qui circulaient sur les prétendues modifications du Concordat.

Cela n'empêchait pas l'Empereur de seconder le clergé dans ses efforts pour tirer de jour en jour un meilleur parti de la loi de 1850, qui l'admet au partage du monopole universitaire, et de fortifier dans l'enseignement l'ascendant de l'esprit religieux, aux dépens de la philosophie. Aussi les marques d'intérêt données par le pape à l'Empire se succèdent sans interruption ; il se pose comme le parrain du nouveau régime et comme le parrain de son héritier ; il ordonne que le nom de l'Empereur figurera au canon de la messe à côté de celui du pape et de l'évêque, privilège exclusivement accordé autrefois aux empereurs d'Occident. Le clergé et le gouvernement vivaient donc en bonne intelligence dans ces premières années de l'Empire. Si quelques prêtres faisaient entendre un autre langage que celui de l'éloge, on leur imposait vite silence; la chaire était surveillée. Le Père Lacordaire prononça en 1853 devant le cardinal Donnet et devant l'archevêque de Paris, à Saint-Roch, un sermon qui contenait ces passages : « Il ne faut pas faire le mal pour que le bien en sorte, « quelque puissantes que soient les vues, quelque grand que puisse être « le résultat, même quand il s'agit de ce qui s'appelle sauver un pays... « Dieu permet qu'il y ait des empereurs et des bourreaux pour qu'il y ait « des saints et des martys.... » Les ministres se réunirent pour délibérer au sujet de ce discours ; le préfet de police se rendit par leur ordre à l'archevêché et interrogea M. Sibour. Le prélat convint que le Père Lacordaire avait pu, sans y songer, prononcer quelques mots dont l'esprit de parti pouvait s'emparer et quelques citations inopportunes. C'est tout ce qu'on put tirer de lui. Le Père Lacordaire, qui s'était retiré à Flavigny dans une maison de son ordre, déclara dans une lettre que la sténographie de son discours était inexacte. Le gouvernement se contenta de cette déclaration, et l'affaire n'eut pas d'autres suites.

La polémique entre le parti catholique libéral et le parti ultramontain devenait de plus en plus vive et de plus en plus passionnée. L'*Univers* réhabilitait arrogamment les institutions de l'Église, les plus contraires à l'esprit moderne : « Avec les ridicules idées de liberté et de respect des « opinions, avec l'opprobre public jeté sur l'Inquisition et la crainte de « la *faire revivre*, avec l'absence de foi et de règle dans les consciences, « peut-on supposer que les maires soupçonneront qu'ils ont en ce point « quelque devoir à remplir ? » Ainsi s'exprimait l'*Univers* au sujet du peu de zèle témoigné par les maires contre le colportage. Les catholiques libéraux auraient peut-être approuvé ce langage en 1849; mais, en 1853, les catholiques libéraux commençaient à trouver qu'il n'était pas bon de vanter l'Inquisition, non plus que la Saint-Barthélemy et la révocation de l'édit de Nantes. L'*Univers*, non content d'approuver ces deux crimes, attaqua ceux qui n'éprouvaient pas pour eux la même admiration que lui. On sait de quelle vénération les légitimistes entourent les parlements et leurs grands magistrats, les Lamoignon, les Malesherbes, etc. Quelle ne

dut pas être leur douleur en lisant dans l'*Univers* que, « si Louis XVI
« avait transformé en parlement, quelques compagnies de gardes fran-
« çaises, il en aurait reçu de meilleurs conseils que de tous ces robins
« entichés de leur importance et de leur popularité, » et que Louis XVI
était un roi auquel « les idées philosophiques avaient brouillé toute es-
« pèce d'idée de justice et de devoir ». L'*Union* s'étant avisée de dire
quelques mots en faveur du régime parlementaire, l'*Univers* lui répondit : « Si l'*Union* était catholique ou même honnêtement protestante,
« elle ne consacrerait pas ses apologies au système de gouvernement
« inauguré en 1814. Elle lutterait plutôt contre la pente qui y entraîne
« tant d'esprits aujourd'hui et qui en rend le retour trop facile ; car, pour
« le voir remis en pratique, il n'y aurait plus besoin d'un prince aussi
« profondément perverti de cœur et d'esprit que l'auteur de la Charte : il
« suffirait d'un prince faible. » L'*Univers*, en 1850, demandait qu'on
imposât d'autorité la fusion aux princes bannis ; en 1856, il traite cette
fusion « d'alchimie, de ridicule mixture », et il la flétrit comme « un acte
de scepticisme ».

Le réveil de la croyance au merveilleux coïncide toujours avec le réveil
d'un certain esprit religieux. Les tables tournantes, prises au sérieux
par quelques prélats, leur fournissent l'occasion de lancer des mandements pleins de considérations sur les bons et sur les mauvais esprits.
Les fidèles, prévenus que Satan a reparu sur la terre, se mettent à trembler ; les curés se lancent dans l'érudition. L'un d'eux écrit à l'*Univers*
que le trépied de Delphes était une table tournante et parlante :
« L'Écriture sainte a consacré cette expression pour nous raconter les
prouesses de l'esprit des ténèbres ; il nous tente en *tournant* autour de
nous, *circuit quærens quem devoret.* » Les démons ne sont pas,
heureusement, les seuls à faire des miracles. Deux enfants, Maximin
Giraud et Mélanie Mathieu, laissant leur troupeau sous la garde des
chiens, s'endorment par une chaude matinée du mois de septembre 1853,
au bord d'une fontaine sur la Salette, montagne des Alpes du Dau-
phiné ; tout à coup, ils sont réveillés par une dame dont la tête est surchargée d'une coiffure en pain de sucre ; une robe blanche bordée d'une
tenaille et d'un marteau, un sabot jaune frangé d'argent, et une écharpe
ornée d'une guirlande de roses forment son costume ; elle est chaussée
de souliers blancs à pompons. Cette dame dit au berger et à la bergère :
« Je suis la Vierge ; on danse trop, on ne va pas assez à la messe, on fait
« gras ; si cela continue, les pommes de terre, qui sont déjà passable-

« ment malades, périront tout à fait ; que ceux qui ont du blé ne le sèment
« pas, ou les insectes le mangeront ; une grande famine est prochaine,
« sans compter une mortalité générale ; les hommes feront pénitence par
« la faim, à moins qu'ils ne se convertissent ; alors les pierres se change-
« ront en blé, et l'on n'aura pas besoin de semer les pommes de terre pour
« les cueillir. » La Vierge, en quittant les enfants, leur communique un secret important, en leur recommandant de le faire passer à « son peuple ».

Les deux enfants racontent l'apparition au curé de leur village. Ce
dernier l'annonce à son évêque, qui fait part de ce miracle à quatre
cents religieuses en retraite annuelle à Corrène ; le bruit s'en répand de
paroisse en paroisse. Une première commission refuse de certifier le
miracle. Le pastoureau et la pastourelle sont mis au couvent. Maximin,
Vert-Vert en sabots, choyé, dorloté, seriné par les nonnes ; Mélanie, devenue l'objet d'une espèce de culte, ne tarissent pas en détails sur l'apparition. L'évêque de La Rochelle prend le miracle sous sa protection.
Le diocèse de Grenoble est partagé en deux camps : les incrédules,
rappelant le fameux secret dont la Mère de Dieu a fait part aux enfants,
demandent pourquoi ils ne le communiquent pas au peuple, comme la
Vierge leur en a donné l'ordre ; on leur répond que le pape doit en
avoir la primeur. Les enfants, sous la dictée du prêtre, écrivent séparément une lettre au Saint-Père ; le supérieur du séminaire, rapporteur
de la commission épiscopale pour l'examen du miracle, s'offre pour
porter les lettres à Rome. En vain plusieurs prêtres soumettent-ils leurs
doutes au pape au sujet de ce miracle, en vain lui font-ils remarquer
que plusieurs faux miracles ont été admis dans le diocèse ; que la grâce
ne produit pas le moindre effet sur Maximin et Mélanie, qui ne font que
se contredire ; que les relations adoptées dans les livres composés en
faveur de la Salette, ne sont point celles qui ont été données en principe ;
en vain les signataires de la protestation insistent-ils sur la rétractation
de l'un des enfants et sur l'impossibilité dans laquelle on a toujours été
de pouvoir faire concorder les faits racontés ; en vain prouvent-ils que
c'est par l'emploi de tous les moyens humains et de tous les genres de
propagande que la Salette s'est établie ; la cour romaine n'écoute que
le supérieur du petit séminaire de Grenoble. Cet ecclésiastique revient
de Rome avec des indulgences spéciales pour le pèlerinage de la Salette ;
l'évêque de Grenoble reconnaît la vérité de l'apparition, institue une dévotion particulière en son honneur, et fait bâtir un sanctuaire avec oratoire aux stations où se reposa la Vierge. Une source avait surgi là où

Fig. 41. — L'Empereur ne traversait pas un diocèse sans que l'évêque ne s'empressât de venir à la tête du clergé saluer le « Sauveur de la société ».

elle s'était arrêtée; cette eau miraculeuse, guérissant toutes les maladies, était rapidement devenue l'objet d'un commerce fructueux. L'anniversaire du miracle fut célébré en grande pompe. Les évêques publièrent des mandements et permirent de prêcher dans leurs diocèses l'apparition de Notre-Dame de la Salette. Aussi les miracles allèrent-ils se multipliant. L'évêque de Luçon avait, le premier, donné le signal de la propagande en leur faveur, en annonçant, sur l'autorité d'une visionnaire du département de Vaucluse, que les yeux d'une image de la Vierge remuaient, et que des villes et des provinces voisines on venait contempler ce miracle ; il durait pendant des mois entiers et faisait rentrer les spectateurs dans les voies du salut.

Un grand événement pendant ce temps-là allait avoir lieu dans l'Eglise. La chute d'Adam et le péché originel transmis à sa race et effacé par le baptême est un des dogmes essentiels du christianisme ; Marie, seule des filles d'Ève, a-t-elle été exempte du péché originel et conçue immaculée dans le sein de sa mère? L'Église catholique, en professant, au dire de plusieurs théologiens, cette croyance de temps immémorial, avait négligé d'en faire un de ces articles qu'un catholique est obligé de croire pour être sauvé. Le moment parut propice au pape pour transformer cette croyance en article de foi. Le pape, en vertu de son autorité apostolique et comme vicaire de Jésus-Christ, créerait-il et proclamerait-il *ex cathedrá* ce dogme réservé, mais non pas nouveau, parce que tout jugement dogmatique du pape ou de l'Eglise n'est que la déclaration de ce qui est contenu explicitement ou implicitement dans la doctrine de Jésus-Christ et des apôtres?

Le Saint-Père se décida, d'après les traditions de l'Église, à consulter tous les évêques de la catholicité, pour savoir si la naissance immaculée de la Vierge est une croyance universelle, et si l'on peut en faire une définition dogmatique. Deux évêques seulement répondirent d'une façon négative sur la question d'opportunité. Le 8 décembre 1854, le pape convoqua donc les évêques à Rome et définit en leur présence le dogme de l'Immaculée Conception. Les gallicans, en se soumettant à cette décision, considérèrent pourtant le procédé employé par Rome comme portant un nouveau coup à leurs doctrines, qui n'admettent point l'infaillibilité du pape et ne regardent ses décisions dogmatiques comme infaillibles que lorsqu'elles ont été acceptées par les évêques de la catholicité réunis en concile. Si les catholiques en masse respectèrent au fond la décision dogmatique de Pie IX, qui correspondait aux vieilles et chères croyances de l'Église, il y eut des dissidents de deux sortes : ceux qui désiraient ne rien changer à l'enseignement traditionnel de l'Église par une définition *ad hoc*, et ceux qui, au lieu d'exalter la Vierge, auraient voulu que son culte ne dépassât pas les bornes d'une saine théologie. Quelques prêtres allèrent jusqu'à protester [1].

La bulle relative au dogme de l'Immaculée Conception fut envoyée au Conseil d'État. Il s'agissait de savoir si sa publication serait autorisée en France. Une discussion fort vive s'engagea ; les avis furent partagés. M. Cormenin et M. Cornudet se déclarèrent pour l'incompétence du Conseil d'État, attendu qu'il s'agissait d'un dogme ; les trois autres membres de la section de l'instruction publique et des cultes se prononcèrent dans un sens contraire. Le président Bonjean et M. Boulay (de la Meurthe) défendirent la législation gallicane. La bulle fut autorisée.

La question de la liturgie ou des prières et des cérémonies en usage dans le culte public de l'Eglise passionnait les esprits dans le clergé. L'*Univers*, approuvé par Rome, avait déclaré une guerre acharnée aux liturgies particulières de l'Église de France, en opposition, selon lui, avec l'esprit et les canons de l'Église, bien que ces liturgies, surtout celles de Lyon et de Paris, eussent été au moins tolérées par les papes. La lutte entre les partisans des deux liturgies fut très vive, mais les liturgies des diocèses de France, calquées sur celles de Paris et de Lyon, cédèrent peu à peu la place à la liturgie romaine. Celle de Lyon fut sensiblement modifiée dans le sens romain, malgré les suppliques adressées au Saint-Père par le clergé lyonnais. En 1856, il ne restait plus en France que deux diocèses, Paris et Orléans, ayant conservé la liturgie de Paris, qui est regardée comme un chef-d'œuvre littéraire.

Les évêques n'avaient pas attendu le visa du Conseil d'État pour proclamer le dogme de l'Immaculée Conception dans leurs diocèses. Partout cette proclamation fut célébrée par des fêtes auxquelles le gouvernement tint à honneur de prendre part : illuminations, processions, cortèges, solennités musicales. Des vierges de carton-pierre furent installées à la place où devaient se dresser plus tard des statues de pierre que le gouvernement permettrait aux fidèles d'élever : promenades, clochers, places publiques, buttes, collines, montagnes, aucun lieu propice ne fut

---

1. L'abbé Laborde de Lectoure se rendit à Rome pour déposer aux pieds du Saint-Père sa protestation contre le nouveau dogme ; le lieutenant de police de conscience l'arrêta, fit des perquisitions chez lui, et saisit sa supplique au pape ; le tribunal de l'Inquisition lui donna vingt-quatre heures pour partir, et la gendarmerie le reconduisit à Civita-Vecchia.

négligé. L'Empereur, non content de fournir de sa cassette aux dépenses de tous ces monuments, décida qu'une partie des canons pris à Sébastopol serait fondue pour la statue de Notre-Dame du Puy. Cette statue, érigée sur le rocher de Corneille, devait par ses dimensions servir de pendant au saint Charles Borromée du lac Majeur, aux anciens colosses du forum de Néron et de Dioclétien, et porter jus-

Fig. 42. — Ledru-Rollin, Mazzini, Kossuth.

qu'aux nues le témoignage éclatant de l'alliance entre l'Empire et l'Église.

La guerre d'Italie menaça de la rompre. La brochure *le Pape et le Congrès*, qui semblait annoncer la fin du pouvoir temporel, ne fut publiée que pour flatter les instincts du protestantisme des Anglais et calmer leur mauvaise humeur au moment de l'annexion de la Savoie, etc. [1].

Le Saint-Père, en répondant aux félicitations qui lui étaient adressées par le général de Goyon, au nom des officiers de la division française en garnison à Rome, fit entendre ces paroles presque menaçantes :

« En nous prosternant aux pieds de ce Dieu qui fut, est et sera dans

---

1. Le traité de commerce fut une compensation plus sérieuse.

« l'éternité, nous le prions, dans l'humilité de notre cœur, de faire
« descendre abondamment ses grâces et ses lumières sur le chef auguste
« de cette armée et de cette nation, afin qu'éclairé de ces lumières, il
« puisse marcher sûrement dans sa route difficile et reconnaître encore
« la fausseté de certains principes qui ont été produits ces jours derniers
« dans un opuscule qu'on peut appeler un monument insigne d'hypo-
« crisie et un tissu ignoble de contradictions. Nous espérons qu'à l'aide
« de ces lumières, disons plus, nous sommes persuadé qu'avec l'aide
« de ces lumières il condamnera les principes contenus dans cet opus-
« cule; nous en sommes d'autant plus convaincu que nous possédons
« quelques pièces qu'il y a quelque temps, Sa Majesté eut la bonté
« de nous faire parvenir et qui sont une véritable condamnation de
« ces principes. C'est avec cette conviction que nous implorons Dieu
« pour qu'il répande ses bénédictions sur l'Empereur, sur son auguste
« compagne, sur le prince Impérial et sur toute la France. »

Une brochure née de l'inspiration impériale, traitée de monument insigne d'hypocrisie et de tissu ignoble de contradictions, il y avait de quoi se sentir blessé; mais l'Empereur jugea sans doute à propos de cacher son mécontentement, car le *Moniteur* se contenta de déclarer que cette allocution n'aurait peut-être pas été prononcée, si Sa Sainteté eût déjà reçu la lettre que S. M. l'Empereur lui avait adressée à la date du 31 décembre, lettre dont il donna le texte :

« Très Saint Père,

« La lettre que Votre Sainteté a bien voulu m'écrire le 2 décembre m'a vivement touché, et je répondrai avec une entière franchise à l'appel fait a ma loyauté.

« Une de mes plus vives préoccupations, pendant comme après la guerre, a été la situation des États de l'Église, et certes, parmi les raisons puissantes qui m'ont engagé à faire si promptement la paix, il faut compter la crainte de voir la révolution prendre tous les jours de plus grandes proportions. Les faits sont une logique inexorable, et, malgré la présence de mes troupes à Rome, je ne pouvais échapper à une certaine solidarité avec les effets du mouvement national provoqué en Italie par la lutte contre l'Autriche.

« La paix une fois conclue, je m'empressai d'écrire à Votre Sainteté pour vous soumettre les idées les plus propres, selon moi, à amener la pacification des Romagnes, et je crois encore que si, dès cette époque, Votre Sainteté eût consenti à une séparation administrative de ces provinces et à la nomination d'un gouverneur laïque, elles seraient rentrées sous son autorité. Malheureusement cela n'a pas eu lieu, et je me suis trouvé impuissant à arrêter l'établissement du nouveau régime. Mes efforts n'ont abouti qu'à empêcher l'insurrection de s'étendre, et la démission de Garibaldi a préservé les Marches d'Ancône d'une invasion certaine.

« Aujourd'hui, le congrès va se réunir. Les puissances ne sauraient méconnaître les droits incontestables du Saint-Siège sur les Légations; néanmoins, il est probable qu'elles seront d'avis de ne pas recourir à la violence pour les soumettre. Car, si cette soumission était obtenue à l'aide de forces étrangères, il faudrait encore occuper les Légations militairement pendant longtemps. Cette occupation entretiendrait les haines et les rancunes d'une grande portion du peuple italien, comme la jalousie des grandes puissances; ce serait donc perpétuer un état d'irritation, de malaise et de crainte.

« Que reste-t-il donc à faire? car enfin cette incertitude ne peut pas durer toujours. Après un examen sérieux des difficultés et des dangers que présentaient les diverses combinaisons, je le dis avec un regret sincère, et, quelque pénible que soit la solution, ce qui me paraîtrait le plus conforme aux véritables intérêts du Saint-Siège, ce serait de faire le sacrifice des provinces révoltées. Si le Saint-Père, pour le repos de l'Europe, renonçait à ces provinces qui, depuis cinquante ans, suscitent tant d'embarras à son gouvernement, et qu'en échange il demandât aux puissances de lui garantir la possession du reste, je ne doute pas du retour immédiat de l'ordre. Alors le Saint-Père assurerait à l'Italie reconnaissante la paix pendant de longues années, et au Saint-Siège la possession paisible des États de l'Église.

« Votre Sainteté, j'aime à le croire, ne se méprendra pas sur les sentiments qui m'animent; elle comprendra la difficulté de ma situation; elle interprétera avec bienveillance la franchise de mon langage, en se souvenant de tout ce que j'ai fait pour la religion catholique et pour son auguste chef.

« J'ai exprimé sans réserve toute ma pensée, et je l'ai cru indispensable avant le congrès; mais je prie Votre Sainteté, quelle que soit sa décision, de croire qu'elle ne changera en rien la ligne de conduite que j'ai toujours tenue à son égard.

« En remerciant Votre Sainteté de la bénédiction apostolique qu'elle a envoyée à l'Impératrice, au Prince Impérial et à moi, je lui renouvelle l'assurance de ma profonde vénération.

« De Votre Sainteté, votre dévot fils,

« NAPOLÉON.

« Palais des Tuileries, 31 décembre 1859. »

Céder quelque chose du pouvoir temporel! le pape n'en admettait pas même la pensée. Le parti clérical répondit à la proposition impériale en imprimant un redoublement de vigueur à l'agitation que depuis longtemps il avait organisée au moyen des journaux, des mandements et surtout des Sociétés religieuses de bienfaisance, à la tête desquelles marchait la Société de Saint-Vincent-de-Paul, dirigée par son comité central, siégeant à Paris et dirigeant à son tour neuf cents comités ou *conférences* dans les départements. Le *Constitutionnel* se chargea de donner un avertissement indirect à cette Société et aux autres Sociétés du même genre. « Si les associations, dit ce journal, cessaient « de rester sur le terrain charitable, si elles venaient à s'immiscer dans « les querelles des partis, on verrait alors surgir des questions de « légalité qu'il est prudent de laisser dormir. Il faudrait s'attendre par « suite à voir les journaux qui les ont toujours vues avec défiance, « *signaler leur illégalité et mettre le gouvernement en demeure* « *de faire respecter la loi.* » C'est ce que la presse cléricale ne manqua pas de faire.

« Est-ce que l'organisation de ces diverses sociétés ne donne pas à « réfléchir? demanda un de ses organes les plus répandus[1]. Quoi! pour « une seule Société neuf cents comités, trois en moyenne par arrondis- « sement administratif. Cinq cents à l'étranger, et tous relevant d'un « comité supérieur siégeant à Paris, qui sans doute relève lui-même du « sacré Collège! Jamais organisation plus complète et plus savante a-t- « elle existé? N'est-ce pas un second État dans l'État? Si nos popu- « lations n'étaient pas aussi sages, si heureusement elles n'étaient « pas indifférentes à toutes les indignations factices, est-ce qu'il n'y « aurait pas là un danger? Ce danger, nous l'avions déjà signalé il y a « plusieurs années; avions-nous tort? »

Les journaux cléricaux rendaient menace pour menace aux feuilles démocratiques : « Si, par malheur, les œuvres de charité recevaient « quelque atteinte; si la liberté du bien en souffrait, si les misères « immenses auxquelles se dévouent les associations charitables étaient « moins aisément et moins abondamment secourues, les pauvres sau- « raient à qui s'en prendre... au *Siècle*[2]. »

Le pouvoir temporel avait dans les salons et les académies des avocats illustres, mais impopulaires, qui le défendaient avec éclat, sans le servir. M. Villemain lança une brochure en son honneur. Le bruit courut que M. Thiers allait en faire autant. L'encyclique du 19 janvier vint redoubler tout à coup l'ardeur et le courage du parti clérical : c'était une très longue et très dure réponse à la lettre de l'Empereur du 31 décembre.

« PIE IX, PAPE

« Vénérables frères,

« Salut et bénédiction apostolique.

« Nous ne pouvons, par aucune parole, vous exprimer, vénérables frères, de quelle consolation et de quelle joie nous ont pénétré, au milieu de nos très grandes amertumes, le témoignage éclatant et admirable de votre foi, de votre piété, de votre dévouement, de la foi, de la piété, du dévouement des fidèles confiés à votre garde, envers nous et envers le Siège apostolique, et l'accord si unanime, le zèle si ardent, la persévérance à revendiquer les droits du Saint-Siège et à défendre la cause de la justice.

« Par notre lettre encyclique du 18 juin de l'année dernière, et par les deux allocutions que nous avons ensuite prononcées en consistoire, vous avez connu, l'âme remplie de douleur, de quels maux nous étions frappé et en avez gémi dans vos cœurs. Vous donc, vénérables frères, qui avez été appelés au partage de notre sollicitude et qui avez témoigné avec tant d'ardeur votre foi, votre constance et votre courage pour protéger la cause de la religion, de l'Église et de ce Siège apostolique, continuez

---

1. *Le Siècle*, 11 janvier.
2. *L'Union*.

Fig. 43. — Réception du général de Goyon par le pape (page 261).

à défendre cette cause avec encore plus de cœur et de zèle; enflammez chaque jour davantage les fidèles confiés à votre soin, afin que, sous votre conduite, ils ne cessent jamais d'employer tous leurs efforts, leur zèle et l'application de leur esprit à la défense de l'Église catholique et de ce Saint-Siège, ainsi qu'au maintien du pouvoir civil de ce même Siège et du patrimoine de Saint-Pierre, dont la conservation intéresse tous les catholiques.

« Nous vous demandons principalement et avec les plus vives instances, vénérables frères, de vouloir bien, en union avec nous, adresser sans relâche, ainsi que les fidèles confiés à votre soin, les prières les plus ferventes au Dieu très bon et très grand, pour qu'il commande aux vents et à la mer, qu'il nous assiste de son secours le plus efficace, qu'il assiste son Église, qu'il se lève et juge sa cause; pour que dans sa bonté il éclaire de sa grâce céleste tous les ennemis de l'Église et de ce Siège apostolique; enfin que par sa vertu toute-puissante il daigne les ramener dans les sentiers de la vérité, de la justice et du salut.

« Et afin que Dieu invoqué incline plus facilement son oreille à nos prières, aux vôtres et à celles de tous les fidèles, demandons d'abord, vénérables frères, les suffrages de l'immaculée et très sainte Mère de Dieu, la vierge Marie, qui est la mère très aimante de nous tous, notre espoir le plus fidèle, la protection efficace et la colonne de l'Église, et dont le patronage est le plus puissant auprès de Dieu.

« Implorons aussi les suffrages du bienheureux prince des apôtres que le Christ Notre-Seigneur a établi la pierre de son Église, contre laquelle les portes de l'enfer ne pourront jamais prévaloir; implorons également les suffrages de Paul, son frère dans l'apostolat, et enfin ceux de tous les saints qui règnent avec le Christ dans les cieux. Connaissant, vénérables frères, toute votre religion et le zèle sacerdotal qui vous distingue éminemment, nous ne doutons pas que vous ne vouliez vous conformer avec empressement à nos vœux et à nos demandes.

« Et, en attendant, pour gage de notre charité très ardente pour vous, nous vous accordons avec amour et du fond du cœur à vous-mêmes, vénérables frères, et à tous les clercs et fidèles laïques confiés aux soins de chacun de vous, la bénédiction apostolique, jointe au souhait de toute vraie félicité.

« Donné à Rome, près Saint-Pierre, le 19 janvier de l'an 1860, l'an quatorze de notre pontificat. »

Les journaux reçurent, le 30 janvier seulement, l'autorisation de publier ce document, arrivé en France depuis dix jours. Les évêques redoublèrent de mandements; les simples prêtres signèrent des lettres d'adhésion à l'encyclique. Le gouvernement répondit avec fracas à l'encyclique par la plume de M. Rouland. Le ministre de l'instruction publique adressa ensuite une circulaire à l'épiscopat, dans laquelle il demandait naïvement au pape, « sans cesser de croire que nous sommes « de bons catholiques, qu'il voulût bien, en sa qualité de souverain « d'un État italien, envisager les événements comme la Providence « elle-même les laisse se dérouler dans la longue histoire de l'huma- « nité. »

L'épiscopat accueillit avec dédain la circulaire ministérielle; quelle crainte le pouvoir séculier pouvait-il inspirer à l'épiscopat, lorsqu'on l'avait vu, le 6 août 1857, ne pouvoir opposer à l'évêque de Moulins, traduit devant le Conseil d'Etat, une déclaration d'abus[1], châtiment ridicule, qui ne l'empêcha pas de constituer son chapitre sans l'intervention civile et d'excommunier ceux qui soumettraient les affaires religieuses à la juridiction séculière? Le clergé inférieur redoubla d'ardeur et d'audace; non content d'injurier en chaire les ennemis du pouvoir temporel et de les vouer aux peines éternelles, il fit remonter ses anathèmes jusqu'au chef de l'État. Le ministre de l'intérieur, effrayé, s'empressa d'adresser, lui aussi, une circulaire aux préfets; les préfets, à leur tour, envoyèrent des circulaires aux sous-préfets, les sous-préfets aux maires; le ministre de la justice stimula en même temps le zèle des procureurs généraux. Tous les fonctionnaires furent prévenus d'avoir à se tenir sur leurs gardes contre les conspirations cléricales. La justice administrative ne cessa pas de sévir contre la presse religieuse; mais les avertissements, il faut lui rendre cette justice, ne parvinrent pas à l'intimider.

Nous allons assister maintenant à une longue série de combats, d'escarmouches, de taquineries entre le parti clérical et le gouvernement impérial. Le Saint-Père, ayant besoin d'argent, en demande-t-il aux capitalistes, les mandements se multiplient, les évêques prêchent l'emprunt romain comme un jubilé ou comme une distribution d'indulgences. Le gouvernement impérial, importuné de ce bruit, autorise les journaux à publier le compte rendu de la séance du Sénat dans laquelle M. Dupin aîné a fait le rapport d'une pétition relative à l'observation des lois sur les associations religieuses. La presse cléricale exhale-t-elle d'une façon un peu plus bruyante ses griefs, aussitôt la presse, délivrée du bâillon, signale le développement considérable pris par ces associations, qui possèdent déjà des propriétés immobilières dépassant 80 millions de revenus, soit plus de deux milliards de francs en capital, et qui ne se distinguent, comme le prouvent les nombreux procès jugés contre elles pendant les dernières années, ni par de bien vifs scrupules sur les moyens de s'approprier ces biens, ni par un bien grand caractère d'utilité. Nulle association religieuse ne peut, selon

---

[1]. Le département de l'Allier s'était ému, dans les premiers jours du mois de février 1857, de la suspension formelle du curé de Saint-Nicolas de Moulins et de la suspension conditionnelle de deux autres prêtres dirigeant des cures importantes. Le curé de Saint-Nicolas en appela au spirituel à l'archevêque de Sens, et au temporel devant le Conseil d'Etat. L'évêque de Moulins, non content de déclarer excommunié de plein droit tout prêtre qui en appellerait au pouvoir civil d'une décision épiscopale, se précautionnait habituellement de la démission préalable des curés et des doyens en même temps qu'il les instituait. Cela mettait en cause l'existence même du Concordat. M. Rouland le déféra d'office au Conseil d'Etat par voie d'appel comme d'abus.

les prescriptions de la loi, se former sans l'autorisation de l'État. Les associations religieuses s'en passent le plus souvent. Des milliers d'associations religieuses existent en France sans être autorisées ; des associations laïques pourraient-elles agir avec ce sans-façon?

Fig. 44. — La manie des tables tournantes avait envahi toutes les classes de la Société ; les membres du parti clérical n'étaient pas les moins empressés à se livrer à cet exercice.

Napoléon III avait encouragé le pape à former une armée, espérant qu'il lui demanderait un de ses généraux pour la commander. Le choix de Lamoricière, la composition de son état-major, le détrompèrent. Le comte de Chambord, toujours prudent et mesuré, avait beau recommander aux volontaires légitimistes de n'arborer d'autres couleurs que les couleurs pontificales. La cocarde blanche était par eux partout portée publiquement dans Rome. Le gouvernement impérial, se croyant menacé par une vaste conspiration légitimiste, redoubla de rigueur contre la presse de cette nuance, et de taquinerie contre le clergé ; le ministre de l'intérieur ordonna, par une circulaire aux préfets, d'appliquer aux mandements et aux lettres pastorales des évêques la loi générale prescrivant pour les imprimés la double formalité de la déclaration et du dépôt, et dans certains cas l'obligation du timbre. Cette loi recevait tous les jours une dérogation exceptionnelle en faveur des publications de l'autorité religieuse ; M. Billault ne s'en aperçut que lorsque le clergé se permit d'attaquer les brochures sur le pouvoir temporel sorties des officines officielles. Il jugea qu'il était temps alors de faire rentrer les évêques dans le droit commun et de distinguer entre les mandements en placard pour être affichés et lus dans les églises, et ceux qui, sous le format de la brochure, se mêlaient aux débats temporels. Les malheureux imprimeurs, comme si ce n'était pas assez des mille embûches des lois sur la presse, étaient chargés de faire la distinction : « C'est à eux que sont imposées les obligations du dépôt « et du timbre, c'est contre eux que serait dirigée la poursuite s'ils ne « les remplissaient pas. »

Le clergé, que l'attitude du gouvernement dans la polémique sur les associations religieuses aurait dû avertir de l'inutilité présente de ses tentatives pour en accroître le nombre, ne désespérait pas cependant de donner une organisation hiérarchique au denier de Saint-Pierre ; l'évêque d'Orléans avait même déjà tracé le plan d'une Société. M. Billault lui signifia par une note du *Moniteur* d'avoir à en déchirer les statuts.

Le *Siècle*, voyant l'administration sévir contre les feuilles religieuses, crut pouvoir en conclure qu'elle allait se relâcher de sa sévérité contre la presse dévouée à la libre pensée. M. Larroque, ancien recteur de l'Académie de Lyon, avait publié un livre intitulé : *Examen critique de la religion chrétienne ;* ce livre, imprimé à Bruxelles, saisi à Paris, avait été l'objet d'une ordonnance de non-lieu, attendu que, le fait de la publication en France n'apparaissant pas suffisamment prouvé, il n'y avait pas lieu à examiner si le délit d'attaque à un culte reconnu y était contenu. M. Louis Jourdan, en rendant compte de ce livre dans le *Siècle*, signala l'arrêt de la chambre des mises en accusation comme une preuve du rétablissement de la libre discussion. M. Billault lui prouva qu'il se trompait, en le frappant d'un avertissement motivé

sur les attaques contenues dans son article contre les principes fondamentaux du christianisme, attaques « plus coupables encore, propa-
« gées par la voie de la presse périodique, que lorsqu'elles se produisent
« dans des ouvrages qui, par leur forme et leur nature, ne s'adressent
« qu'à un nombre très limité de lecteurs. »

Le *Constitutionnel*, répondant à l'évêque d'Orléans, avait rappelé à ce prélat certains passages très hostiles au pouvoir temporel des papes, tirés des écrits de Mgr Rousseau, un de ses prédécesseurs au même siège. Le *Siècle* ne manqua pas de les reproduire. Mgr Dupanloup adressa au *Constitutionnel* une réponse dans laquelle les rédacteurs du *Siècle* étaient traités de gens sans honneur. Ces écrivains intentèrent à Mgr l'évêque d'Orléans un procès en calomnie; les arrière-neveux de Mgr Rousseau suivirent leur exemple. Ce double procès, qui passionnait le public, fut appelé le 15 mars devant la première chambre de la Cour impériale de Paris, sous la présidence de M. le premier président Devienne. M. le procureur général Chaix-d'Est-Ange devait porter la parole au nom du ministère public. M. Dupanloup avait confié sa défense à M⁰ˢ Berryer et Dufaure; la famille de M. Rousseau remit la sienne à Mᵉ Plocque, bâtonnier de l'ordre des avocats. Mᵉ Jules Favre étant obligé de partir pour Lyon, Mᵉ Senard resta seul chargé de soutenir la plainte du *Siècle*. Une foule considérable, au milieu de laquelle on remarquait M. de Montalembert, M. de Broglie fils, le général Oudinot, faisait queue dès huit heures du matin à la porte de la première chambre. Le prince Napoléon, le maréchal Magnan, M. de Royer, vice-président du sénat, M. Dupin, procureur général à la Cour de cassation, M. Benoît-Champy, président du tribunal de la Seine, eurent de la peine à trouver place dans la salle. L'affaire prit trois audiences; les journaux ne purent en rendre compte par deux motifs : d'abord, parce qu'il s'agissait d'un délit de diffamation, et ensuite parce que le délit avait été commis par la voie de la presse. Les débats ne répondirent point par leur vivacité à la curiosité générale. L'arrêt de la Cour débouta les rédacteurs du *Siècle* de leur plainte et déclara qu'il n'y avait pas lieu d'examiner celle des héritiers Rousseau, attendu que la diffamation contre la mémoire d'un mort ne constitue pas un délit prévu par la loi pénale. La loi de 1849, qui réglemente la répression en fait d'injure ou de diffamation, ne contient en effet aucune disposition relative à ce délit : elle définit la diffamation, l'imputation d'un fait portant atteinte à l'honneur d'une *personne*, mot qui, dans le langage du droit et du droit répressif, ne désigne jamais qu'une personne vivante. « Si les héritiers Rousseau, dit « l'arrêt, ont été blessés par la publication de documents appartenant « à la vie privée de leur parent, et qu'ils devaient croire à l'abri de « toute divulgation dans le dépôt où leur confiance les avait laissés ; « s'ils ont été cruellement troublés dans leurs sentiments de famille « par une discussion à la fois hautaine et ironique de souvenirs qu'ils « regardent comme placés sous la garde même de celui qui les a si « durement réveillés, ils sont forcés de reconnaître eux-mêmes que « ces violences, que les entraînements des passions politiques ou reli- « gieuses expliquent sans les justifier, n'étaient point dirigées contre « eux personnellement. »

L'évêque d'Orléans ayant répudié, par l'organe de son avocat, toute intention d'insulter à l'honneur des rédacteurs du *Siècle*, ces derniers n'interjetèrent pas appel, mais le procureur général près la Cour de cassation se pourvut dans l'intérêt de la loi.

L'année 1857 avait vu la résurrection de la grande aumônerie et son annexion à l'archevêché de Paris. La grande aumônerie désignait autrefois les évêques, les aumôniers de la flotte et de l'armée, et tenait en quelque sorte la feuille des bénéfices. Louis-Philippe, au moment de la rétablir, recula devant l'importance de ses attributions. La question fut reprise sous M. Sibour, et M. Morlot fut envoyé à Rome pour régler tout ce qui s'y rattachait. M. Morlot ne se doutait pas qu'il travaillait pour lui-même ; la grande aumônerie fut rétablie et annexée en quelque sorte à l'archevêché de Paris. Le titre de grand aumônier désigna une antique fonction purement honorifique et ne lui conférant nullement le droit d'intervenir comme autrefois dans les affaires des cultes, de la guerre et de la marine.

CHAPITRE VII

L'UNIVERSITÉ. — L'ACADÉMIE FRANÇAISE. — LES SALONS LA LITTÉRATURE. 1850-1857.

L'Université. — M. Fortoul, ministre de l'instruction publique. — Réforme de l'Université. — M. Dumas est nommé vice-président du Conseil général de l'instruction publique à la place de M. Thiers. — Suppression de l'enseignement philosophique dans les lycées. — La bifurcation. — Mort de M. Fortoul. — L'opposition à l'Académie. — Les partis à l'Académie. — Réception de MM. de Montalembert, Alfred de Musset, Dupanloup. — Le prix de morale partagé entre le Père Gratry et M. Jules Simon. — M. Berryer demande à ne pas faire la visite traditionnelle à l'Empereur. — Correspondance à ce sujet entre M. Berryer et M. Mocquard. — Séances secrètes de l'Académie. — Réception de M. de Broglie. — *Laboremus.* — M. de Sacy. — Mort de M. Molé. — M. de Falloux. — M. Guizot. — Son influence sur l'Académie. — Une nouvelle classe de l'Académie des sciences morales et politiques. — Dix académiciens par décret. — Le décret de réforme.

La suppression de l'Université était chose décidée dans la tête du dictateur ; on n'arracha son consentement à son maintien qu'à la condition de lui enlever tous ses privilèges et de changer son organisation. M. Fortoul était ministre de la marine, lorsqu'on vint le chercher le 3 décembre 1851, sur son banc de quart, pour le charger d'approprier l'Université à ses nouvelles destinées et pour l'organiser d'une façon conforme au jeu des institutions récentes. Il avait pour consigne de ne laisser subsister de l'ancienne Université que ce qui était indispensable pour prouver qu'elle n'était pas supprimée. M. Fortoul accepta cette tâche avec empressement. Un décret du 9 mars 1852 imposa le serment politique aux membres de l'Université et força ses professeurs les plus illustres, MM. Jules Simon, Barthélemy Saint-Hilaire, Vacherot, Michelet, à se retirer de l'enseignement, découronné par leur retraite. MM. Barni, Frédéric Morin, Challemel-Lacour, Eugène Despois, Auguste Morel, professeurs de l'enseignement secondaire, etc., donnèrent noblement leur démission. Le décret du 9 mars avait rassuré l'Université sur sa vie; mais à quel prix lui fut-il permis de la conserver? Au prix de tous ses privilèges.

Le ministre bouleversa ensuite le conseil de l'instruction publique. MM. Thiers, Beugnot, Orfila, Dubois, Cousin et Flourens en furent expulsés; M. Dumas en eut la vice-présidence à la place de M. Thiers; M. Désiré Nisard remplaça M. Saint-Marc Girardin comme secrétaire. M. Fortoul offrit à ce dernier l'inspection générale de l'enseignement des lettres; mais les plus pressantes sollicitations pour la lui faire accepter restèrent vaines. La section permanente du conseil général fut supprimée.

L'Université perdit la garantie de l'espèce d'inamovibilité dont elle jouissait, comme l'armée et comme la magistrature. Les facultés, le Collège de France, le Muséum d'histoire naturelle, l'École des langues orientales, le Bureau des longitudes, soumis, en vertu d'un décret du 5 mars 1852, à une réforme complète, au lieu de se recruter eux-mêmes comme autrefois, durent admettre parmi eux des professeurs et des membres nommés par l'État sur la présentation du ministre. Ce dernier, dans le cas de nominations à faire dans les établissements particuliers, put désormais joindre, aux deux candidats présentés par les professeurs et par les membres de la classe correspondante de l'Institut, un troisième candidat connu par ses travaux. Le ministre se réserva toutes les nominations dans l'enseignement secondaire, dans les écoles préparatoires de médecine et de pharmacie, ainsi que dans tous les établissements d'enseignement de l'État.

L'inspection générale fut réorganisée de façon à assurer la prépondérance du ministre dans tous les détails de l'administration; on augmenta le prix de la pension et de l'externat dans les lycées.

Un mois à peine après l'entrée de M. Fortoul au ministère de l'instruction publique, les études étaient bouleversées, des méthodes d'instruction uniquement destinées à détruire l'esprit d'opposition dans son germe remplacèrent les méthodes anciennes, propres seulement à susciter la discussion : la France n'avait plus besoin que de gens pratiques. Nous verrons plus tard l'Empire essayer de fonder l'enseignement professionnel, et les ministres envoyer en Allemagne, en Suisse, en Belgique, en Angleterre, en Ecosse, des professeurs chargés d'étudier l'organisation de cet enseignement. Lois, décrets, arrêtés se succéderont à partir de 1863 ; le vieux monastère de Cluny sera transformé en école normale pour les professeurs de l'enseignement professionnel ; les communes et les départements seront invités à y fonder des bourses, une agrégation spéciale pour les maîtres [1].

M. Fortoul, convaincu, en attendant, que ce qu'on enlève à l'étude des lettres profite à l'étude des sciences, et que ce qu'on ôte à l'étude des langues anciennes doit servir à l'étude des langues modernes, établit une séparation complète entre les études scientifiques et les études littéraires. L'enfant, après un premier cours élémentaire, devait choisir la division dans laquelle il voulait entrer ; c'est ce que M. Fortoul, dans son décret du 10 avril 1856, appela la bifurcation. La philosophie fut rayée du programme des études et remplacée par un cours de logique portant sur les méthodes et sur les procédés de l'esprit humain. M. Fortoul voulait faire des hommes sans leur apprendre ce que c'est que l'homme. L'enseignement religieux devint obligatoire pour tous les internes, à quelque classe qu'ils appartinssent ; le cours de religion devait avoir lieu une fois par semaine dans chaque division, durer une heure et donner lieu à des compositions. Des prix de dogme furent institués ; l'enseignement religieux devait être inspecté par l'évêque diocésain ou par ses délégués.

M. Fortoul, après avoir à moitié restauré l'enseignement de la théologie, porta sur l'École normale un regard investigateur : au lieu d'élèves pour l'agrégation, il aurait souhaité qu'on n'y formât que des professeurs ; le concours d'agrégation fut donc supprimé. Les études littéraires y occupaient à son gré une place trop exclusive, qui devait être partagée à l'avenir entre l'étude de la langue et celle de la littérature ; l'étude de la langue prenait le premier rang et devenait le fond même de l'enseigne-

---

[1]. On s'attendait à voir l'enseignement professionnel fleurir sous le souffle officiel ; il n'en fut rien. La création de cet enseignement eût exigé 50 millions. Quel est le ministre qui aurait pu se flatter de faire inscrire une somme pareille au budget ? Il fallut laisser l'enseignement professionnel cohabiter avec l'enseignement classique. Que devenait l'école de Cluny dès qu'on puisait des maîtres ailleurs ? Une solitude ; qui se soucierait de son agrégation ? Personne.

ment, les élèves n'apprenaient plus la grammaire à l'école, mais à la faculté. M. Fortoul ne pouvait laisser l'enseignement de la philosophie dans l'état où il se trouvait ; il le réforma d'après le principe consacré par le décret sur les lycées. Première année : révision et développement du cours de logique ; deuxième année : étude de l'histoire de la philosophie limitée aux époques classiques ; troisième année : étude et démonstration des points fondamentaux de la théodicée, de la morale et de l'esthétique. Les autres parties de l'enseignement de la philosophie furent éloignées de l'enseignement, comme vaines subtilités. L'infatigable réformateur ajouta un choix des Pères de l'Église et des morceaux tirés de Tertullien et d'Augustin à la liste des auteurs profanes, dont les textes furent scrupuleusement choisis ; une chaire nouvelle de langue et de littérature françaises au moyen âge fut créée ; la chaire de littérature prit le nom de chaire de langue et de littérature françaises modernes ; la chaire des langues et littératures de l'Europe méridionale fut réunie à celle des langues et littératures d'origine germanique.

La loi de 1850 n'avait été acceptée que comme une concession insuffisante par les catholiques. Ils trouvaient que cette loi laissait une part trop grande à l'intervention de l'État dans l'enseignement : l'État, selon eux, gouverne, mais n'enseigne pas. L'enseignement est l'affaire de l'Église, qui, grâce aux congrégations religieuses, peut satisfaire à toutes les nécessités de l'instruction publique. La liberté d'enseignement pour tous, hormis pour l'État, ajoutaient les catholiques, est le seul principe capable de rendre à la religion l'influence qui lui appartient et de purifier l'esprit de la France des illusions et des préjugés sans nombre que lui ont inculqués les professeurs de l'Université sur le xviiie siècle et la Révolution française. M. Fortoul, dans son rapport sur la situation de l'instruction publique en 1853, justifia le langage des catholiques par les accusations qu'il fit peser sur l'Université. Les doctrines détestables qui alarmaient justement l'Europe avaient, à l'entendre, des adhérents dans les écoles de l'État ; les facultés, sans lien entre elles et sans règle certaine, ne pouvaient pas utiliser le savoir des professeurs ; les chaires de Paris semblaient plutôt remplies pour la satisfaction de maîtres brillants que pour l'éducation régulière de la jeunesse. L'École normale, uniquement occupée de philosophie et d'histoire, négligeait la haute culture littéraire et oubliait les conditions laborieuses et modestes de l'art d'enseigner ; les concours d'agrégation, tournois ingénieux et brillants, sans utilité pratique, ne servaient qu'à gêner l'initiative du pouvoir,

Fig. 45. — Les méthodes d'enseignement sont bouleversées par M. Fortoul ; on a recours à des procédés destinés à détruire l'esprit d'opposition dans son germe et à former des générations dévouées à l'Empire.

de même que l'obligation de choisir certains titulaires sur une liste de candidats ; les règlements semblaient faits plutôt pour garantir la position du professeur que pour garantir l'État contre ses écarts ; le baccalauréat n'était plus qu'une simple formalité mnémotechnique et un commerce déshonoré par des fraudes sans répression. Le rapport de M. Fortoul était un véritable acte d'accusation contre l'Université.

Il est inutile de dire avec quel soin jaloux le personnel des instituteurs primaires fut épuré. Ces maîtres pouvaient rendre des services au gouvernement surtout pendant les élections ; aussi verrons-nous l'Empire s'occuper de leur sort, fonder des écoles et les traiter avec une considération intéressée, qui se traduisait par des faveurs d'apparat [1].

Le recrutement des corps enseignants par l'élection étant supprimé, et le droit de présentation réduit à l'état de formalité vaine, puisque le ministre n'est nullement tenu de s'y conformer, M. Fortoul s'arrogea les pouvoirs disciplinaires les plus étendus ; il nomma, révoqua, suspendit à tous les degrés de la hiérarchie et sur les plus futiles motifs ; un jour, il rendit un arrêté condamnant à la réprimande un professeur de la Faculté de Grenoble pour avoir publié dans un journal une pièce de vers dédiée à un autre poète [2]. L'Université était autrefois divisée en vingt-sept académies ; le recteur, assisté de deux ou trois inspecteurs, avait sous ses ordres plusieurs départements ; il était un personnage même à côté de l'évêque. M. de Parieu ne devait pas tarder à décider qu'il y aurait désormais autant d'académies que de départements [3] ; le recteur n'est plus qu'un petit fonctionnaire admis au bas bout de la table où siègent le préfet, les magistrats, les membres du clergé. L'Université était à peu près détruite. M. Fortoul, dans son discours au concours général, avait pu se féliciter d'avoir rétabli le *trivium* et le *quadrivium ;* comme au temps où la théologie était l'unique science d'où découlaient toutes les autres.

La bifurcation avait eu pour effet inévitable de détourner la moitié au moins de la jeunesse française des études philosophiques et littéraires. Le système et le ministre qui l'avait appliqué furent bientôt jugés. M. Fortoul, dans son passage au ministère, avait touché à tout, bouleversé tout, menacé tout ; sa mission était finie ; épuisé de fatigues, il mourut à Ems, le 7 juillet 1856, trop tôt pour voir crouler son œuvre.

---

1. Il faut ranger parmi ces faveurs, le voyage des maîtres d'école à Paris, aux frais de l'État, pendant l'exposition de 1867.
2. M. Philoxène Boyer, ancien professeur lui-même.
3. Une loi du 14 juin 1854 les réduit à 16.

M. Rouland, procureur général à la cour impériale de Paris, fut désigné à l'Empereur comme ministre de l'instruction publique par M. Chaix-d'Est-Ange, qui avait envie de sa place. Il entra en fonctions le 13 août 1856. La bifurcation fut remplacée par l'enseignement spécial, invention non moins fâcheuse. Un enseignement intermédiaire entre l'instruction primaire et l'instruction secondaire était sans contredit nécessaire, mais il fallait l'instituer au profit du peuple en le rendant gratuit. Le prix des collèges nouveaux était trop élevé pour le peuple, et l'enfant riche n'y recevait que des leçons médiocres et techniques. Il n'est pas même nécessaire d'être bachelier pour enseigner dans ces établissements.

Le Collège de France gardait encore ses franchises; elles inquiétaient le gouvernement. Un décret daté du camp de Châlons le 8 octobre 1857 les supprima. L'assemblée des professeurs perdit le droit presque absolu d'administration dont elle était investie : ordre et succession des cours, époque de leur ouverture et de leur clôture, l'assemblée réglait tout cela. Un administrateur nommé par le ministre de l'instruction publique était dorénavant chargé de ce soin. Le ministre avisait lorsqu'un cours devenait une occasion de plaintes ou de désordres ; il ne statuait dans les cas disciplinaires, sauf dans les cas urgents, qu'après avoir entendu le conseil des professeurs ; il nommait aux chaires vacantes sur la présentation du conseil, et aux suppléances dont l'institution n'est valable que pour un an.

L'asservissement de l'Université était complet : cependant elle se résignait à remplir son devoir sans élever de plaintes, en attendant des temps meilleurs.

L'idée de réunir les principaux hommes de lettres d'un pays en une sorte de corporation placée sous la protection de la couronne est vraiment monarchique; l'avantage qu'on en peut tirer pour l'ornement et pour l'éclat du trône n'échappa point à la sagacité du cardinal de Richelieu, lorsqu'il fonda l'Académie française, ni à celle de Louis XIV, qui en fut le second fondateur. Une institution qui faisait de lui le centre des beaux esprits, comme il était le centre des gentilshommes de son royaume, devait plaire à sa vanité ; la monarchie créait à chaque instant de nouveaux privilèges ; il semblait tout simple que la gloire littéraire émanât de la puissance royale et qu'il y eût des hommes de lettres du roi. Les gens de lettres au XVIIe siècle ne pouvaient se passer de la protection des grands ; le roi leur offrit la sienne, ils la préférèrent naturellement à

Fig. 46. — Basile se met en campagne pour entrer à l'Académie française.

celle des seigneurs. L'Académie française éleva en quelque sorte l'homme de lettres au grade de fonctionnaire ; l'académicien exerçait en effet une fonction, celle de contribuer à la formation et au progrès de la langue.

Une corporation comme l'Académie semble donc incompatible avec la société moderne ; mais les contradictions sont nombreuses dans cette société. L'Académie française est une de ces contradictions : abolie par la Convention, refondue, remaniée par le Directoire, refaite par l'Empire, elle est au nombre des institutions de l'ancien régime qui lui ont survécu et qui semblent devoir lui survivre longtemps encore ; elle eut ses périodes de grandeur et de décadence ; elle a servi quelquefois d'asile et de refuge à la liberté dans les temps où le despotisme imposait silence à la plume et à la parole ; elle n'a pas servi à grand'chose quand la nation eut une tribune et des journaux libres.

Le public s'occupait peu de l'Académie sous les règnes de Louis XVIII, de Charles X et de Louis-Philippe. Il y avait dans ce temps-là une tribune et une presse libres. Les romantiques lui redonnèrent un peu de vie en l'attaquant et en montrant en même temps le plus vif empressement à occuper ses fauteuils ; les chefs de la révolution poétique de 1830 s'imaginèrent qu'ils entraient à l'Académie en conquérants. Grande erreur : la seule manière de triompher des corporations, c'est de les dissoudre ; elles absorbent ceux auxquels elles ouvrent leurs rangs : le jour où M. Victor Hugo sollicita de l'Académie, l'honneur de l'admettre parmi ses membres, l'Académie triompha du romantisme. Elle serait retombée dans l'oubli après cette victoire, si, au milieu du silence qui se fit en France au lendemain du coup d'État, elle n'avait pas eu seule la possibilité de parler.

M. de Montalembert avait parlé à l'Assemblée législative d'un radeau sur lequel s'étaient réfugiés les royalistes ; l'Académie était un autre radeau du même genre : ses ennemis lui ont souvent reproché de ne pas choisir ses candidats parmi les gens uniquement voués à la profession des lettres. Il est facile en prenant, à toutes les époques, dans le théâtre, dans le roman, dans le feuilleton, les quarante auteurs les plus populaires, les plus connus par leur succès, de comprendre qu'il n'en saurait être autrement, et de se convaincre des incompatibilités morales qui existent entre la vie privée des écrivains et le titre d'académicien. Ce titre exige des conditions de mœurs, de caractère, de fortune, qui ne sont pas souvent réunies chez les hommes voués aux hasards et aux servitudes de la vie littéraire. Pourquoi d'ailleurs restreindre le domaine de la littérature ?

pourquoi se plaindre lorsque l'Académie nomme un prélat, un avocat, un savant, un orateur politique et même un grand seigneur ? L'éloquence de la chaire, du barreau et de la tribune ne fait-elle point partie de la littérature ? Les grands seigneurs ne représentent-ils pas cet esprit de conversation, dont les Français sont si fiers et qui, disent-ils, contribue tant à la popularité de la langue française en Europe ? Légitimistes, fusionnistes, orléanistes, les vieux partis s'étaient donc réfugiés à l'Académie. Leur premier acte fut l'élection de M. de Montalembert en remplacement de M. Droz, auteur de l'*Art d'être heureux* et d'une *Histoire de Louis XVI*. Belle occasion pour parler de la révolution et pour l'attaquer. M. de Montalembert ne manqua pas d'en profiter : il essaya de prouver dans son discours de réception que la révolution est incompatible avec le principe nouveau et le principe ancien, et qu'il faut en finir avec elle si l'on veut que la civilisation l'emporte sur la barbarie.

M. Alfred de Musset, reçu quelque temps après M. de Montalembert, n'était pas un homme d'opposition. Une pièce de vers signée de son nom, et intitulée le *Rêve d'Auguste,* en fournissait la preuve. Ce choix était une satisfaction donnée en même temps aux bonapartistes et à ceux qui pensent que l'Académie n'est faite que pour les gens de lettres. Le nouvel élu, dans son discours de réception, ne crut pas cependant devoir s'abstenir de politique. Il n'avait jamais connu son prédécesseur, M. Dupaty, et il s'en prit aux révolutions « qui brisent le commerce du monde et les relations aimables des gens d'esprit ». M. de Musset et M. Dupaty habitaient Paris tous les deux, ils étaient poètes tous les deux, ils vivaient tous les deux en dehors de la politique et des affaires : quel obstacle les révolutions pouvaient-elles donc avoir mis entre ces deux hommes ?

Ce fut du reste un piquant contraste de voir Alfred de Musset succédant à Dupaty, et l'auteur de *Rolla* faisant l'éloge de l'auteur des *Voitures versées*. Alfred de Musset eut l'air de réclamer l'indulgence pour sa jeunesse un peu turbulente, et de fournir en quelque sorte des explications sur sa présence au milieu des membres de l'illustre compagnie. Le bon goût défendait à M. Nisard, chargé en quelque sorte de recevoir ses soumissions, d'abuser de cette humilité et de transformer la séance de réception en classe et le récipiendaire en écolier qui reçoit une réprimande. Il signala cependant en pédant les écarts poétiques de l'auteur des *Contes d'Espagne et d'Italie*, et trouva moyen, à propos de *Mardoche*, de faire l'apothéose de Boileau et de parler des « doctrines sauvages de 1848 ». Il félicita ensuite M. de Musset de n'avoir pas voulu être autre chose qu'un homme de lettres, éloge difficile à comprendre. L'écrivain, qu'il soit poète, historien, philosophe, dramaturge, romancier,

Fig. 47. — M. Dupanloup, évêque d'Orléans.

journaliste, doit compte de sa pensée à un parti. Cette nécessité a donné à la littérature française son cachet particulier d'élévation et d'utilité pratique. Les gens de lettres n'auraient pas sans elle occupé depuis 1789 la première place dans le gouvernement. Le discours de M. Nisard n'était en définitive qu'une reproduction des articles de M. Sainte-Beuve, ne cessant de répéter aux gens de lettres : « Ne vous mêlez pas de politique », et jetant le cri d'alarme dans le *Constitutionnel* à propos du sujet de concours choisi par l'Académie : *L'éloquence parlementaire chez les Anglais.*

L'élection de Mgr Dupanloup, évêque d'Orléans, suivit celle d'Alfred de Musset. M. Cousin exerçait une grande influence sur l'Académie. Réconcilié sinon avec le christianisme, du moins avec l'Église, il croyait à la possibilité de l'alliance entre la philosophie et la religion ; l'idée de nouer cette alliance par l'élection d'un membre du clergé à l'Académie ne lui déplaisait pas. M. de Falloux, qui se mêlait de faire des académiciens en attendant de le devenir lui-même, mit en avant la candidature de M. Dupanloup : ils s'entendirent tous les deux, et M. Dupanloup fut admis. Il avait commencé sa carrière en 1825, sous les auspices de M. Feutrier, qui lui fit donner une place de vicaire à l'Assomption, alors une des paroisses les plus aristocratiques de Paris. Le catéchisme est après la confession le moyen qui assure le mieux l'influence du clergé sur les familles. Le prêtre, en préparant les enfants à la première communion, se met en communication avec les parents, et plus tard il renoue avec les jeunes gens les relations d'une sorte de paternité spirituelle. M. Dupanloup, grâce à ses fonctions de catéchiste, prit bientôt une telle prépondérance dans la paroisse, que le curé, jaloux, demanda le changement de son vicaire. M. Dupanloup, éloigné de l'Assomption et nommé chanoine honoraire, entra comme préfet des études au séminaire de Saint-Nicolas. M. Ollivier, curé de Saint-Roch et plus tard évêque d'Évreux, prélat gallican au point d'être menacé d'une déposition par les ultramontains, le prit en qualité de vicaire sur la recommandation de M. de Quélen. Il avait été désigné pour remplir les fonctions de confesseur du duc de Bordeaux ; la révolution de Juillet lui enleva son pénitent ; il se tint à l'écart et comme sous l'égide de M. de Quélen pendant les premières années du règne de Louis-Philippe.

L'abbé Dupanloup avait préparé à la première communion les petites-nièces du prince de Talleyrand. L'ancien évêque d'Autun ne recevait plus qu'un nombre très restreint d'amis. La vue d'un visage nouveau semblait lui être désagréable. L'étonnement fut donc très grand dans son entourage familier quand on apprit qu'il avait invité l'abbé Dupanloup à déjeuner. Ce dernier, quoique vivant dans des relations assez étroites avec plusieurs personnages du monde aristocratique, affectait d'éviter ces relations et de ne les accepter que comme un devoir inhérent à ses fonctions religieuses. Ce devoir rempli, il se dérobait à toutes les invitations. Il refusa donc celle du prince de Talleyrand. Ce dernier allait se mettre à table avec quelques convives lorsqu'il reçut le billet froid et respectueux contenant le refus de l'abbé. Talleyrand, après l'avoir lu, dit d'un ton bref : « Voilà un prêtre qui ne sait pas son métier. » Les convives se regardèrent ; un long silence suivit cette réflexion.

L'abbé Dupanloup, sollicité par les membres de la famille du prince, revint cependant à l'hôtel de la rue Saint-Florentin et figura bientôt parmi ses hôtes les plus assidus [1]. Personne ne se faisait illusion sur la cause des colloques fréquents entre le prince et l'abbé. Les grands seigneurs du xviiie siècle n'avaient aucune croyance religieuse ; mais, fidèles à un certain décorum, ils croyaient convenable et de bon goût de mourir en chrétiens après avoir vécu en philosophes. M. de Talleyrand n'entendait pas faire exception à la règle commune des gens de sa caste. Il choisit l'abbé Dupanloup pour remplir les dernières formalités de la vie avec un prêtre éclairé et de bon sens. M. de Talleyrand reçut de l'abbé Dupanloup, à qui il montra le bref du pape qui le relevait de ses vœux et qui sanctionnait son mariage, l'absolution et la communion avec l'indifférence de son caractère, de son âge et de sa maladie [2].

L'abbé Dupanloup avait été choisi comme grand vicaire par M. de Quélen. Le successeur de ce dernier, M. Affre, lui enleva ces fonctions en lui laissant le titre de vicaire général honoraire ; il fut appelé en 1841 à la chaire d'éloquence sacrée à la Faculté de théologie de Paris et profita de l'occasion pour lancer contre Voltaire une diatribe violente. Le ministre de l'instruction publique suspendit son cours. M. de Falloux, ministre légitimiste d'un gouvernement républicain présidé par un Bonaparte, vint, sept ans plus tard, chercher M. Dupanloup, son ami, au séminaire de Saint-Nicolas pour le nommer à l'évêché d'Orléans ; il devint bientôt dans cette ville riche et dévote un évêque selon Dieu, mais un peu aussi d'après Fénelon. M. de Salvandy, qui connaissait son faible, lui dit, en le recevant à l'Académie, qu'il s'était formé à l'école du cygne de Cambrai. M. Dupanloup était le premier ecclésiastique entré à l'Académie depuis la Restauration : défenseur ardent des classiques contre l'abbé Gaume, l'Académie crut probablement devoir le récompenser de son zèle.

1. Sa présence, ses entretiens intimes avec le maître de cette demeure, devinrent l'objet des plaisanteries et des sarcasmes de M. de Montrond, le familier du prince, qui affectait d'estropier le nom de l'abbé Dupanloup et de le changer en celui de Cantalou.
2. Il mourut le 17 mai 1838.

Son discours de réception se fit remarquer par un éloge éloquent des lettres anciennes : le *Siècle* le reproduisit tout entier.

L'élection de M. Dupanloup ne fut pas le seul gage donné par l'Académie à l'union tant prêchée par Mgr Sibour entre la religion et la philosophie : elle partagea ses palmes entre un ancien professeur de philosophie à la Sorbonne, M. Jules Simon, et le Père Gratry, appartenant à cette nouvelle école de l'Oratoire qui faisait sa part à la raison et qui, marchant sur les traces de saint Augustin, de saint Anselme, de saint Thomas, nourris eux-mêmes de Platon et d'Aristote, restait fidèle à l'école spiritualiste moderne de Descartes et de Leibnitz, de Bossuet et d'Euler. Le prêtre et le philosophe reçurent chacun un prix de 2500 francs : l'un pour son traité de la *Connaissance de Dieu*, l'autre pour son livre intitulé *le Devoir*. M. de Salvandy présidait la séance de la distribution des prix ; il annonça que, vu l'heure avancée, il supprimerait une partie de son discours, très virulent contre Voltaire. L'Académie l'avait prié de la passer sous silence ; elle eut de la peine à obtenir de lui ce sacrifice.

M. Berryer, nommé en 1854, fit quelque difficulté d'insérer dans son discours de réception l'éloge traditionnel du chef de l'État. Le célèbre orateur succédant à M. Henri de Saint-Priest, ancien pair de France, ne pouvait se dispenser de parler de la Restauration, du régime parlementaire, de la tribune, sujets délicats à traiter à cette époque. La réception de M. Berryer, retardée par les difficultés du sujet, finit pourtant par avoir lieu le 22 février 1855 ; toutes les notabilités du parti légitimiste y assistaient. M. Berryer, son cahier à la main, surpris de voir sa pensée présente sans qu'il l'eût appelée, et embarrassé de lire des phrases qui ne naissaient pas dans sa tête au moment où il les prononçait, resta fort au-dessous de lui-même.

L'Académie nomme ses membres ; mais, si son choix déplaît au chef du gouvernement, elle est obligée de recommencer l'élection. Ce *veto* s'exerce rarement, mais la tradition exige que le nouvel académicien, après sa réception, se rende auprès du chef de l'État pour le remercier d'avoir bien voulu lui donner l'estampille ; c'est en quelque sorte le quart d'heure de Rabelais des académiciens de l'opposition. M. Berryer, dans cette extrémité, écrivit à M. Mocquard, chef du cabinet de l'Empereur, pour lui demander de lui faire en quelque sorte crédit :

« Paris, 22 févrer 1855.

« Je fais appel aux souvenirs de mon ancien confrère, M. Mocquard, pour réclamer de lui un bon office. Je viens d'être reçu à l'Académie française. Il est d'usage à peu près

Fig. 48. — L'empereur fut très irrité d'apprendre que le pape avait choisi comme chef de son armée le général Lamoricière.

constant que chaque académicien aille présenter aux Tuileries son discours de réception. La situation particulière qui m'a été faite en décembre 1851, rend cette présentation tout à fait impossible de ma part.

« Je crois avoir acquis il y a quinze ans le droit de m'abstenir aujourd'hui d'une formalité dont l'accomplissement ne serait pas pénible pour moi seul. M. Mocquard sait que, par principe comme par caractère, j'ai autant de répugnance pour le bruit inutile et les vaines manifestations que pour un manque d'égards personnels ; je le prie donc de vouloir bien sans retard faire connaitre la détermination qu'un sentiment honorable m'impose.

Je prie M. Mocquard de recevoir les compliments de ma vieille confraternité.

« BERRYER,
« Avocat, ancien membre de l'Assemblée législative. »

M. Berryer ne se bornait pas à négliger l'observation d'une simple formalité, M. Mocquard le lui rappela :

« L'ancien confrère s'est empressé de se rendre à l'appel de M. Berryer ; la réponse suivante en est la preuve.

« L'Empereur regrette que dans M. Berryer les inspirations de l'homme politique l'aient emporté sur les *devoirs* de l'académicien. Sa présence aux Tuileries n'aurait pas causé l'embarras qu'il semble redouter. De la hauteur où elle est placée, Sa Majesté n'aurait vu dans l'élu de l'Académie que l'auteur et l'écrivain, dans l'adversaire d'aujourd'hui que le défenseur d'autrefois.

« M. Berryer est parfaitement libre d'obéir à ce que lui prescrit l'usage ou à ce que ses répugnances lui conseillent. »

M. Mocquard ajouta :

« L'ancien confrère est heureux, dans cette circonstance, d'avoir pu rendre à M. Berryer ce qu'il appelle, ce qu'il croit un bon office, et il lui offre les compliments sincères de sa vieille et cordiale confraternité. »

Cette affaire, considérée en dehors des personnes mêmes qu'elle mettait en jeu, avait son importance ; elle pouvait créer un précédent. L'Académie profiterait-elle de l'occasion pour rendre facultative une démarche qui jusqu'alors avait été considérée comme obligatoire ? Se partagerait-elle désormais en membres visitants et non visitants ? La docte compagnie tint à ce sujet plusieurs séances secrètes. M. Sainte-Beuve fit constater, dans le procès-verbal, qu'il protestait d'avance contre tous les précédents qu'on pourrait invoquer par suite de la conduite de M. Berryer ; M. Nisard reprocha fortement à M. de Salvandy d'avoir, dans cette circonstance, méconnu ses devoirs de directeur. M. de Salvandy répondit que la demande d'audience avait été adressée au grand chambellan dans les délais ordinaires, mais que, dans l'intervalle, M. Berryer avait jugé à propos de se soustraire à une obligation toujours respectée. Les académiciens timorés s'évertuèrent à montrer les dangers de l'Académie menacée d'une dissolution. Il y eut vote sur la question, et « l'Académie déclara qu'elle n'entendait pas considérer ce fait personnel et non approuvé comme l'abandon de l'usage qui est à la fois un privilège et un devoir dont elle s'honore ».

M. le duc de Broglie, ministre des affaires étrangères sous Louis-Philippe, orateur et publiciste distingué, n'était pas membre de l'Académie française. Celle-ci répara cet oubli dans les commencements de l'année 1856. Les journaux crièrent beaucoup contre cette élection et contre l'influence que le *parti des ducs* prenait à l'Académie, mais ils ne purent s'empêcher de louer son discours de réception [1], dont la péroraison produisit une très profonde impression sur l'auditoire. « L'empereur Sévère, « soldat porté au trône des Césars par la fortune, surpris par la mort à « York, lorsqu'il accourait des extrémités de l'Asie pour repousser une « invasion des Calédoniens, disait à l'ami qui, penché sur sa couche, sou-« tenait sa tête accablée : « J'ai été toutes choses et rien ne vaut : *omnia* « *fui et nihil expedit.* » Puis, voyant s'avancer le centurion qui, chaque « matin, venait lui demander le mot d'ordre, il se leva sur son séant et lui « dit d'une voix ferme : « *Laboremus :* travaillons. » Ce fut sa dernière « parole. — Que ce soit aussi la mienne en ce moment, que ce soit la « nôtre aussi longtemps qu'il sera donné à chacun de nous de vivre et « d'élever une voix entendue de notre pays : *Laboremus.* »

L'orateur avait malheureusement consacré une partie de son discours à la défense du 18 brumaire. L'Empereur s'en souvint et l'en félicita lorsqu'il vint, selon l'usage, le lui présenter. M. de Broglie essaya de faire des réserves et d'établir une différence entre le 18 brumaire et le 2 décembre. L'Empereur lui répondit : « L'histoire jugera qui, de nous deux, a raison. »

M. Ponsard, appelé à occuper le fauteuil de M. Baour-Lormian, appartenait de droit à l'Académie, par ses succès comme poète tragique. Républicain en 1848, il avait accepté au lendemain du coup d'État la place de bibliothécaire du Sénat, et il avait bientôt donné sa démission. Son discours de réception, lu le 22 décembre 1856, sans couleur politique tranchée, exprimait de fort nobles sentiments et contenait un éloge de Victor Hugo et de Lamartine.

M. Silvestre de Sacy, rédacteur du *Journal des Débats*, avait été élu

---

1. Avril 1856.

académicien dans le même scrutin que M. Dupanloup, en remplacement de M. Jay, rédacteur du *Constitutionnel*. M. de Sacy, dans ces temps heureux où les journalistes n'avaient pas de signature, mais où ils se faisaient un nom, aimait à se dérober, dans les vaporeux lointains de la politique. Détaché de toutes les ambitions terrestres, sans envie, sans autre passion que celle des livres et de l'ordre public, il vivait en sage, loin du bruit et de l'agitation. Le gouvernement constitutionnel dut lui faire violence pour attacher un bout de ruban rouge à sa boutonnière. M. de Sacy ne paraissait jamais dans les salons ministériels, encore moins à la cour. Des bureaux des *Débats* à sa cellule, en traversant la boutique des libraires, voilà sa vie; cénobite du journalisme, il dirigeait la conscience du parti conservateur, comme ces directeurs d'autrefois que leurs pénitents ne voyaient pas, et n'entretenaient que par correspondance. Cette existence, toute confite en littérature et en dévotion, touchait profondément les cœurs en faveur de cet homme de solitude et de renoncement. Défenseur de la monarchie constitutionnelle et de la liberté, il reçut de l'Académie la simple couronne de laurier à laquelle il avait droit; la presse fit taire ses divergences pour chanter son élection; le journalisme se sentit pour ainsi dire académicien en lui : c'est par là surtout, que sa réception fut une réception politique.

La mort de M. Molé en 1856 laissa un fauteuil vacant à l'Académie. M. Molé, jusqu'au 2 décembre, n'avait point passé pour un ennemi bien farouche du prince Louis-Napoléon ; le grand parti de l'ordre le soupçonnait même d'entretenir des relations assez intimes avec l'Élysée. Une réunion d'hommes politiques appartenant à ce parti eut lieu vers la fin du mois de novembre aux Tuileries, dans les appartements occupés par le général Changarnier, en qualité de commandant en chef de l'armée de Paris. Le général Changarnier aurait, s'il faut en croire le *Constitutionnel*, proposé d'arrêter le président, de le mettre à Vincennes, de fermer l'enceinte législative en prorogeant l'Assemblée à six mois, et de s'emparer de la dictature. Louis Bonaparte aurait été prévenu de ce projet, toujours au dire du *Constitutionnel*, par M. Molé en personne. M. Molé démentit ce journal avec indignation. Les membres de la commission de surveillance de l'Assemblée législative s'étaient pourtant plaints ouvertement, de ses rapports avec le président de la République. Quant à l'Académie, elle ne pouvait guère douter du bonapartisme de M. Molé en songeant à la verte semonce que M. de Vigny s'était attirée de sa part, le jour de sa réception, pour avoir critiqué l'Empire; les choses allèrent si loin, que le récipiendaire, justement blessé, refusa de se faire présenter au roi, suivant l'usage, par le confrère qui l'avait traité si peu convenablement.

M. Molé n'avait pas d'autre titre à l'Académie qu'un petit livre publié dans sa jeunesse sous ce titre : *Essais de morale et de politique ;* il serait resté le plus obscur des moralistes français sans la protection de Cambacérès et sans la faiblesse de Napoléon Ier pour les noms de l'ancien régime. A qui son héritage académique était-il destiné ? La presse démocratique s'indigna en entendant prononcer le nom de M. de Falloux. Elle avait pris l'Académie sous sa protection ; mais la candidature de M. de Falloux prouvait que sa protégée ne la payait que d'ingratitude. Le *Siècle* commença par contester les titres de noblesse du candidat ; s'il ne parvint pas à prouver qu'il descendait, comme on l'avait dit, d'un marchand de chandelles d'Angers, il fit rire le public en racontant comment son père, nommé comte par Charles X, quelques jours avant sa chute, avait prêté serment entre les mains de l'usurpateur Louis-Philippe Ier. Les amis de M. de Falloux répétaient qu'il s'était complétement retiré de la vie politique, et que, tout entier aux travaux de l'agriculture, il drainait ses champs, engraissait ses bestiaux, sans autre ambition que celle d'obtenir les couronnes du concours de Poissy ; on le trouvera certainement à la charrue, disaient-ils, le jour où on lui apportera la couronne académique. L'opinion publique ne se laissait pas persuader. La polémique des journaux démocratiques contre l'élection de M. de Falloux, devenait chaque jour plus ardente : entamée au moment où les représentants des puissances allaient se réunir à Paris pour mettre fin à la guerre d'Orient, elle partagea presque l'attention publique avec les délibérations du congrès.

Le grand protecteur de M. de Falloux à l'Académie, M. Guizot, avait transporté sur le terrain académique ses haines et ses rancunes contre la Révolution française ; il fit nommer M. de Falloux comme représentant de la fusion. La réception de ce dernier eut lieu le 26 mars 1857. Le fonds de son discours se composa d'attaques contre le dix-huitième siècle, Voltaire et la Révolution. La presse démocratique en était indignée outre mesure, car les hommes vraiment libéraux n'attachaient qu'une importance relative aux séances de l'Académie. Quant au gouvernement, il se consolait des épigrammes et des allusions qui pleuvaient sur lui aux jours de réception, en songeant qu'elles lui permettaient de se glorifier à peu de frais de la liberté de parole qu'il laissait à ses ennemis. L'opposition de l'Académie française n'était pas pourtant sans lui causer quelques ennuis. L'Académie avait été plus d'une fois avertie qu'elle finirait par obliger le gouvernement à prendre des mesures contre elle. M. Fortoul tenait suspendu sur sa tête un règlement menaçant. Il s'en prit d'abord à l'Académie des sciences morales et politiques.

Napoléon Ier, qui n'aimait pas, comme on sait, les idéologues, avait supprimé, le 3 pluviôse an XI, la classe de l'Institut dite des sciences morales et politiques, où ils s'étaient réfugiés ; M. Guizot eut la fantaisie, en 1832, de proposer à Louis-Philippe de la rétablir ; le roi répondit : « Elle sera utile, pourvu qu'elle ne soit pas pressée de se faire écouter, et qu'ailleurs on ne fasse pas trop de bruit. » Mais comment reconstituer cette Académie ? Louis-Philippe n'eût pas consenti à instituer des académiciens de droit divin ; heureusement, à cette époque, tous les membres de la classe supprimée n'étaient pas morts : Daunou, Garat, Lacuée, Cessac, Merlin, Pastoret, Reinhart, Rœderer, Sieyès, Talleyrand, Destutt de Tracy, de Gérando vivaient encore ; ces douze personnages pouvaient former le noyau de l'institution, il ne s'agissait plus que de la compléter. Le gouvernement eut la pensée de porter à vingt le nombre des membres de l'Académie restaurée, en leur adjoignant huit membres de l'Institut connus par des ouvrages relatifs aux sciences morales et politiques. Réunis aux douze premiers membres, les huit autres auraient complété par voie d'élection le nombre de trente ; mais le choix de ces nouveaux académiciens imposait à la puissance royale la nécessité de l'arbitraire. Il lui sembla plus convenable de charger les douze académiciens survivants de désigner quatre nouveaux membres pris dans l'Institut : désignés par leurs pairs, leur élection aurait une sorte de régularité. Les choses se passèrent ainsi. L'Académie, constituée au nombre de seize membres, en nomma sept autres, et elle choisit ensuite, sauf l'approbation du roi, un secrétaire perpétuel.

Ce précédent fut invoqué lorsque le second Empire, considérant comme des injures personnelles certains choix faits par l'Académie des sciences morales, essaya de s'y former une majorité en créant une nouvelle section dite de politique, d'administration et de finances, dont personne ne voyait bien la nécessité, et dont les membres nommés par décrets furent : MM. d'Audiffret, Barthe, Bineau [1], Pierre Clément, Cormenin, Gréterin, Laferrière, Armand Lefebvre, Mesnard, général Pelet. Les membres de

---

1. Il fut le seul à refuser.

l'Académie française furent par là prévenus qu'il dépendait de l'Empereur de créer des fauteuils d'académicien, et de ne pas trop faire de l'opposition à l'avenir, attendu que rien n'était plus facile que de trouver des gens se passant fort bien du suffrage des autres académiciens pour siéger à côté d'eux et pensant que, pour le titre de membre de l'Académie française, l'investiture impériale vaut bien celle du scrutin.

L'avertissement était d'autant plus grave que les journaux étrangers annonçaient la prochaine publication au *Moniteur* d'un décret ainsi conçu :

« Considérant que le chiffre des membres de notre Académie française
« n'est plus en rapport avec le chiffre de la population, et que la diffusion
« des lumières a augmenté le nombre des gens qui s'occupent de littéra-
« ture, avons arrêté et arrêtons ce qui suit :

« 1° Le nombre des membres de notre Académie est porté de quarante
« à cinquante.

« 2° Sont nommés membres de l'Académie française : MM. Théophile
« Gautier, Achille Jubinal, Granier de Cassagnac, Amédée Thierry,
« Arthur de La Guéronnière, etc. »

Louis XVIII, en expulsant Sieyès, Cambacérès, Regnault Saint-Jean d'Angely, Lucien Bonaparte, Fontanes, Étienne, Rœderer, Arnault, Maret, Maury, de l'Académie, l'avait bien réduite à trente membres; mais quand la *Quotidienne* lui conseilla, en pourvoyant aux vacances, d'augmenter le nombre des fauteuils : « Quoi! répondit-il, on ne dirait plus les Quarante? » il refusa. M. Fortoul, ministre de l'instruction publique, ayant les Académies dans son département, n'avait pas de pareils scrupules; d'ailleurs il n'aimait pas l'Institut, où il n'obtint une place [1] qu'après de longues sollicitations et de pénibles manœuvres. Il s'était souvent demandé dans ses moments de mauvaise humeur, si son organisation était bien conforme à la pensée du règne et s'il avait été mis en rapport comme toutes les autres forces enseignantes avec les nouvelles institutions. N'y avait-il pas là quelque fissure par où les mauvaises doctrines pouvaient se glisser dans la société? Avant de résoudre la question, il chercha par quels moyens on pourrait rattacher les membres de l'Institut au nouveau gouvernement. Il songea à porter à six mille francs le traitement annuel des académiciens et d'augmenter l'indemnité des rédacteurs du *Journal des savants* dans une proportion

---

[1]. A l'Académie des inscriptions et belles-lettres.

Fig. 49. — La charité des fidèles ne suffisant plus à payer les frais de toutes les églises qu'on était en train de bâtir, on imagina un moyen d'avoir l'argent des profanes : des loteries furent organisées ; les curés traitèrent avec les fermiers d'annonces des journaux politiques pour le placement des billets.

semblable. Séduire les gens par l'appât de l'argent, c'était mal comprendre l'esprit des académiciens et les sentiments qui guident les écrivains dignes de ce nom. « On voit bien, répondit M. Biot à M. Fortoul, qui lui parlait de ces projets, que les ministres ont envie d'être de l'Académie et les chambellans aussi. »

Le ministre, voyant qu'il ne parviendrait pas aisément à transformer la majorité des membres de l'Institut, en bonapartistes, se décida à le réorganiser et ne renonça pas à son plan de mettre en harmonie le régime intérieur de l'Institut, avec les institutions nouvelles; il fit paraître le 13 juillet 1855 un décret dont on peut résumer ainsi les dispositions principales : Les cinq Académies se réuniront en séance publique et générale le jour de la Saint-Napoléon ; le ministre de l'instruction publique réglera lui-même l'ordre et l'époque des séances publiques particulières à chacune des cinq Académies; la police des séances lui appartiendra; les bibliothécaires, les employés des Académies forment un nombreux personnel; le gouvernement s'en réserve le choix. L'Institut n'était plus qu'un collège de fonctionnaires. Avoir la police des séances, c'était pour le gouvernement se charger de la distribution des billets et *faire sa salle* d'avance, comme certains directeurs de spectacle. Le ministre ne reculait pas devant cette interprétation ; le scandale de certaines séances où l'Académie et l'auditoire avaient poussé l'esprit d'opposition presque jusqu'à la sédition, exigeait, selon lui, que ces précautions fussent prises ; les avantages dont jouissent les employés ne doivent pas servir à encourager l'esprit de faction.

L'œil du ministre réformateur n'avait pu voir sans en être ébloui le chiffre des sommes destinées aux prix annuels de l'Académie. Quel chagrin pour lui de songer que tout cet or s'en allait, par des canaux souterrains, féconder les travaux des écrivains de l'opposition ; s'il était impossible de mettre la main sur ces prix, ne pouvait-on au moins associer le gouvernement à leur distribution? M. Fortoul chercha un moyen pour cela, et, n'en trouvant pas, il se rejeta sur l'idée de faire faire par l'État une concurrence aux Académies sur le terrain des encouragements à donner aux sciences et aux lettres. Le gouvernement institua donc un prix de 20 000 francs décerné dans les trois ans, par les cinq Académies, à l'ouvrage ou à la découverte qu'elles jugeraient le plus propre à honorer le peuple français.

Le décret du 13 juillet 1855 ne contenait aucune disposition nouvelle relative au nombre des membres de l'Académie ; mais il supprimait plusieurs de ses prérogatives. Le bureau de l'Académie, composé de MM. de Noailles, Dupanloup et Villemain, se rendit aux Tuileries pour remettre à l'Empereur un mémoire renfermant de respectueuses observations au sujet de ce décret [1]. M. de Noailles fit remarquer au chef de l'État que la mission du bureau était de défendre le passé et le présent de l'institution académique, et que les privilèges de leurs prédécesseurs formaient un héritage qu'ils devaient transmettre intact à leurs successeurs. L'Empereur répondit que, loin de vouloir diminuer l'Académie, il songeait à en augmenter l'éclat [2], mais que, en laissant de côté des choix qu'il ne voulait pas contrôler, on lui avait dit que l'Académie avait apporté de fâcheuses préférences politiques dans la distribution des prix. Etait-ce une allusion au prix décerné au *Devoir*, par M. Jules Simon, ancien membre de la Constituante et du Conseil d'État de la République, professeur de l'Université, démissionnaire par refus de serment?

L'élection du Père Lacordaire à l'Académie fit encore plus de bruit que celle de M. de Falloux et devint, au milieu de ces luttes, un événement politique. La passion des honneurs littéraires, des distinctions académiques, survit à tout dans l'âme des Français; elle trouble le prêtre à l'autel et le moine au fond de sa cellule. Entré au cloître sans pour cela renoncer au monde, le Père Lacordaire avait porté un moment la rosette de représentant sur sa robe de dominicain; il voulut l'orner des palmes vertes de l'académicien, au risque d'être obligé de solliciter le suffrage d'un athée déclaré comme M. Prosper Mérimée [3], ou d'un hérétique comme M. Guizot, que l'ordre des Dominicains aurait fait brûler il y a cinq siècles. Un moine obligé de se rendre chez chaque académicien pour solliciter son suffrage, vantant à tel auteur dramatique le succès de ses pièces, félicitant tel romancier de l'excellent style de sa dernière production; quel étrange métier pour un dominicain, vicaire général de la province de France! Quelques journaux doutaient encore de sa candidature, lorsque M. de Marcellus, honoré aux dernières élections académiques du plus grand nombre de suffrages après l'élu, déclara qu'il aurait lutté contre tout autre rival, mais qu'il se reprocherait d'enlever

1. M. Prosper Mérimée lui avait fait comprendre qu'il n'avait aucun intérêt à se brouiller avec une corporation littéraire encore puissante.
2. Le projet de M. Fortoul n'eut pas de suite. Le gouvernement confirma les employés de l'Académie dans leurs postes, pour leur prouver sans doute que, ayant le droit de les confirmer, il avait également celui de les destituer.
3. Voir la brochure bien connue des amateurs de curiosités littéraires, et qui a pour titre *H. D.* Elle contient la biographie d'Henri Beyle, plus connu sous le pseudonyme de Stendhal.

un seul vote à l'éloquent et catholique orateur. « J'aurais bien mal pro-
« fité, ajoute-t-il, de ses enseignements, si je ne savais pas immoler,
« même ma plus chère ambition, à l'éclat et à l'attrait que ses saintes
« prédications et ses excellents écrits peuvent recevoir encore de la cou-
« ronne académique. »

Les journaux démocratiques et les journaux cléricaux débattaient avec ardeur cette candidature. Les premiers reprochaient au Père Lacordaire d'être prêtre ; plus que prêtre, moine ; plus que moine, dominicain ; les seconds répondaient : « Qu'importe ! cela ne l'empêche pas d'être un
« partisan ardent, trop ardent peut-être, de la liberté, car on l'a accusé de
« se montrer républicain parfois et même un peu socialiste. C'est comme
« représentant des idées libérales que l'Académie le nommera. Ceux qui
« l'attaquent se font les auxiliaires du pouvoir. » — « Le Père Lacor-
« daire n'est ni un républicain ni un socialiste, reprenaient les journaux
« libres penseurs, nous en avons pour garants M. le comte de Marcellus,
« M. le comte de Falloux et M. le comte de Montalembert. Ils ne sont pas
« gens à laisser leur patronage s'égarer sur un démagogue. Le Père
« Lacordaire est-il ce qu'on nomme un libéral ? Pas davantage. Que les
« Dominicains aient changé à leur avantage depuis saint Dominique,
« nous voulons bien le croire, mais qu'ils se soient convertis à la liberté,
« c'est autre chose. N'y aurait-il pas ici quelque confusion, par hasard ?
« Le mot de liberté a-t-il réellement la même signification pour un domi-
« nicain que pour nous ? »

L'opposition de l'Académie trouvait un écho dans les salons, dont l'importance grandit dans les pays où il n'y a ni tribune ni presse libres. Les salons parlent quand tout le monde se tait, et il est impossible de leur imposer silence. Le second Empire avait hérité de la haine du premier contre les salons et heureusement aussi de son impuissance à les punir. La police hasardait bien un avertissement à tel ou tel personnage dans le salon duquel on tenait, selon les rapports, des propos offensants contre le chef de l'État, mais les choses n'allaient jamais plus loin. La tendance des salons à dédaigner ce qui ne vient pas d'eux et à régenter l'opinion publique l'indispose plus souvent contre eux ; mais cette fois l'opinion publique, parfaitement d'accord avec les salons, rendait leur opposition d'autant plus désagréable à la cour qu'elle ne pouvait l'empêcher.

L'Empire, brouillé avec l'Université, avec l'Académie et avec les salons, vivait-il en meilleure intelligence avec la littérature ?

MM. Sainte-Beuve, Désiré Nisard, Alfred de Musset, Prosper Mérimée,

Émile Augier, Théophile Gautier, seuls parmi les hommes de lettres entourés de quelque renommée, osaient se montrer partisans d'un régime hostile aux lettres par essence.

M. Alfret de Musset, esprit flottant, cœur indécis, après avoir chanté la naissance du comte de Paris, racontait les rêves d'Auguste ; Émile Augier, petit-fils de Pigauld-Lebrun, le secrétaire et l'ami de Jérôme Bonaparte, roi de Westphalie, suivait une tradition de famille en se ralliant à l'Empire.

M. Théophile Gautier, incapable d'aucune idée et d'aucune conviction politique, obéissait, en se rangeant parmi les écrivains du bonapartisme, à cette théorie commode que les hommes de talent sont faits pour vivre grassement aux dépens de tous les gouvernements.

M. Sainte-Beuve, ami de Carrel et rédacteur du *National*, avait bientôt cessé de se plaire dans les rangs de la démocratie. Le gouvernement de Juillet lui offrit la croix d'honneur et une place de bibliothécaire qu'il accepta, mais en homme qui ne se croit point payé à son prix, qui proteste intérieurement et qui attend l'occasion de dire leur fait à ceux qui l'ont marchandé. La révolution de Février lui aurait peut-être moins déplu si, ravivant en lui le souvenir et peut-être le remords de sa défection républicaine, elle n'eût quelque peu jeté le trouble dans sa conscience ; le séjour de Paris ne pouvait que lui être désagréable ; il fit semblant de se croire persécuté et partit pour la Belgique. Il revint de l'exil à l'appel du docteur Véron, directeur du *Constitutionnel*, pour se porter avec lui au secours de la société, de la famille et de la religion menacées. M. Sainte-Beuve, devenu rédacteur du *Constitutionnel* et bonapartiste, reparut sous les traits d'un de ces *ultra* de la Restauration, qui s'en prenaient non seulement à l'athéisme et à l'irréligion, mais même à un certain libéralisme innocent et platonique ; on le vit signaler comme un délit social la publication de livres dans le genre des *Ruines* et du *Catéchisme de la loi naturelle* de Volney. Un jour vint même où la liberté de conscience telle que l'entendaient Marguerite de Navarre, Lhospital et Bayle lui parut incompatible avec l'existence d'un gouvernement stable. Il approuva toutes les réformes de M. Fortoul et surtout la bifurcation ; mais sa tâche de prédilection fut surtout de rendre aux académiciens, aux tribunes de salon, à tous les écrivains de l'opposition, les piqûres qu'ils n'épargnaient pas au gouvernement.

Les anciens amis de M. Sainte-Beuve, gens d'esprit et d'expérience indulgente, connaissant son caractère facile aux rancunes, patient aux vengeances, prompt aux changements, ne s'étonnèrent point de sa métamorphose et s'amusèrent de ses attaques contre l'opposition de l'Académie française dont il faisait partie, contre les salons de la monarchie de Juillet dont il avait été le protégé. Mais le cœur généreux de la jeunesse s'indigna en voyant M. Sainte-Beuve se séparer, au lendemain de leur défaite, des hommes avec lesquels il avait passé sa jeunesse, le meilleur temps de la vie, et traiter leur fidélité au passé de voile transparent dont se couvrent les envieux, les jaloux, les détracteurs du temps présent. M. Sainte-Beuve cherchait à se rendre utile à l'Empire en vue d'une récompense qu'il désirait ardemment et qui ne lui fut accordée que bien longtemps après. Il adressa à l'Empereur une note au sujet des encouragements à donner aux gens de lettres pour relever le niveau littéraire des écrivains du second Empire [1]. M. Sainte-Beuve avait été

---

1. Le gouvernement de l'Empereur n'est pas de ceux qui craignent d'avoir affaire à la démocratie, sous quelque forme qu'elle se présente, parce que ce gouvernement a la puissance et le secret de l'élever et de l'organiser.

La littérature en France est aussi une démocratie, elle l'est devenue. La très grande majorité des gens de lettres sont des travailleurs, des ouvriers d'une certaine condition, vivant de leur plume. On n'entend parler ici ni des lettrés qui appartiennent à l'Institut, ni de ceux qui font partie des Académies, mais de la très grande majorité des écrivains, composant ce qu'on appelle la PRESSE LITTÉRAIRE.

Cette littérature, jusqu'ici, a toujours été abandonnée à elle-même, et elle s'en est mal trouvée : la société aussi s'en est mal trouvée. Sous la Restauration, cette littérature était encore contenue par des doctrines et des espèces de principes ; sous le régime des dix-huit années, elle n'a plus rien eu qui la contînt, et le désir du gain, joint au besoin de faire du bruit, a produit beaucoup d'œuvres qui ont contribué à la dissolution des pouvoirs publics et des idées.

Il s'est établi une sorte de préjugé qu'on ne peut diriger cette sorte de littérature vague : c'est une bohème qu'on laisse errer.

Au contraire, rien n'est plus facile que d'y influer efficacement, sinon de la diriger.

Dans l'absence totale de parti pris, dans l'état de dissémination et de dispersion complète où en est cette littérature, la moindre attraction venue du centre la ferait rentrer et se mouvoir dans l'orbite des choses régulières, du moins quant à son ensemble.

Cette littérature est assez fidèlement représentée par la Société dite DES GENS DE LETTRES. Cette Société, dans laquelle est admis, moyennant la plus modique cotisation, quiconque a publié un volume, se compose de la presque totalité des gens de lettres en activité.

La Société des gens de lettres est régie par un Comité qui, jusqu'ici, n'a guère eu à s'occuper que des questions d'intérêts matériels, industriels, relatifs à la littérature, et aussi des soins de bienfaisance envers les confrères nécessiteux dont elle vient à connaître le malheur. Par cela seul que le Comité se compose de gens de lettres plus en renom, ou ayant assez de loisir pour veiller aux intérêts généraux, il offre des garanties, et il en offrirait autant que l'on pourrait désirer.

La Société des auteurs dramatiques, qui diffère par son titre de la Société des gens de lettres, n'en est guère qu'une branche plus spéciale et développée. Les deux Sociétés pourraient être considérées comme étant comprises dans la dénomination générale.

Si le regard de l'Empereur se portait sur cette classe de travailleurs appelés les gens de lettres, comme il s'est porté sur d'autres classes d'ouvriers et de travailleurs, cette supériorité souveraine à qui la France doit tant trouverait sans nul doute des moyens d'organisation relative et appropriée.

On ne peut que tâtonner en attendant. — Et d'abord comme, dans les infortunes et les

nommé à la chaire de poésie latine au Collège de France ; les étudiants se portèrent en masse à son cours le jour de l'ouverture et l'empêchè-

misères des gens de lettres, l'amour-propre et la mauvaise honte jouent un grand rôle, comme ce sont les plus honteux et les plus fiers de tous les pauvres honteux, on voit combien un intérêt direct, un bienfait direct, régulier, dont l'origine remonterait à l'Empereur et ne remonterait qu'à lui, dont le mode de distribution aurait été réglé ou approuvé par lui, honorerait et relèverait ceux qui en seraient les objets, en même temps que tous les autres membres en ressentiraient une vraie reconnaissance.

Et, quant à la direction morale à indiquer aux travaux de l'esprit, il suffirait peut-être d'une fondation annuelle par laquelle on proposerait des sujets à traiter, soit pour la poésie, soit pour la prose, des sujets nationaux, actuels, pas trop curieux ni trop érudits, mais conformes à la vie et aux instincts de la société moderne. Une commission nommée chaque année pourrait désigner ces sujets proposés à l'émulation de tous.

Louis XIV logeait son Académie française au Louvre. Pourquoi la représentation nouvelle de la littérature n'aurait-elle pas l'honneur d'une pareille hospitalité et n'obtiendrait-elle pas une des nouvelles salles de ce grand palais? Rien n'avertit une littérature d'être digne, sérieuse, honnête, comme de sentir qu'on a l'œil sur elle et qu'elle est l'objet d'une haute attention.

Les corps académiques actuels, par la manière dont ils sont composés et dont ils se recrutent, sont voués pour longtemps peut-être à la bouderie ou à une médiocre action publique. S'ils s'obstinaient à rester en retard sur la société et à fermer les yeux à ce qui est, une telle institution élevée tout en face les vieillirait vite, et dans tous les cas elle les avertirait.

A un ordre social nouveau il faut des fondations nouvelles et qui en reçoivent l'esprit. Qu'il y ait l'Académie du suffrage universel. L'honneur serait non d'y être admis, mais d'y être couronné.

Les beaux esprits pourraient sourire d'abord, comme ils sourient de tout en France; mais la France n'est pas dans quelques salons, et les travailleurs, dans quelque ordre qu'ils soient, sont trop occupés pour sourire : ils sont sérieux et seraient reconnaissants. L'ancienne Académie ne relevait que du roi : c'était son privilège et sa noblesse; il serait bon que la nouvelle institution ne relevât aussi que de l'Empereur, le plus directement possible et avec le moins d'intermédiaires.

Le ministère de l'instruction publique est trop voué à la littérature savante, classique et universitaire pour être un intermédiaire tout à fait approprié.

Le ministère de l'intérieur est occupé de trop de choses administratives, politiques.

Ce serait du ministère même de la Maison de l'Empereur, et, s'il était possible, de la personne même du prince que relèverait l'institution littéraire. Une audience par année suffirait à consacrer et à maintenir le lien d'honneur qui flatterait et attacherait les amours-propres bien placés et toujours voisins du cœur.

On ne fait en tout ceci que balbutier. La pensée napoléonienne, si elle daigne s'arrêter un instant sur cette question, saura y mettre ce cachet qu'elle met à tout. Coordonner en un mot la littérature avec tout l'ensemble des institutions de l'Empire, et faire que cette seule chose ne reste pas livrée au pur hasard, voilà le point précis.

Et le moment est propice entre tous, l'à-propos est unique. Si l'on a attendu jusqu'à ce jour, il semble que ce retard même ait été une sagesse, afin de mieux faire et d'agir en pleine lumière et en toute sérénité. Un enfant désiré de la France vient de naître; une paix qui doit être glorieuse, pour répondre à une si noble guerre, vient couronner tous les souhaits et ouvrir une ère illimitée d'espérances.

Il y a comme des soleils de printemps pour les nations. Quelque chose est dans l'air qui adoucit, qui rallie et oblige tout bon Français à sentir que la France n'a jamais été dans une plus large voie de prospérité et de grandeur. Ce que l'armée, ce que l'industrie, ce que les serviteurs de la France et les travailleurs de tout genre ont obtenu de l'attention magnanime du prince, que la littérature sente qu'elle l'obtient aussi à son tour; et ces gens de lettres, qui hier encore se décourageaient ou se dispersaient au hasard en laissant s'égarer leur talent, deviendront véritablement alors des serviteurs de la France, des travailleurs utiles et dignes. (Extrait des *Papiers des Tuileries*.)

Fig. 50. — Le gouvernement impérial, très mécontent de l'opposition qui lui était faite à l'Académie française, se prépare à rendre un décret qui mette à la raison les opposants et qui brise à l'avenir toute velléité d'opposition.

rent de parler. M. Sainte-Beuve accepta la condamnation et donna sa démission.

M. Nisard, quelques années plus tard, en 1855, reçut une leçon pareille. Tour à tour républicain, orléaniste, impérialiste, comme M. Sainte-Beuve, ses travaux sur les poètes latins de la décadence lui valurent la place de maître des conférences à l'École normale pour la littérature française. Le retentissement donné par la polémique des journaux à son article sur la *littérature facile* rendit son nom presque célèbre et le fit député de la Côte-d'Or, professeur d'éloquence latine au Collège de France, chef du secrétariat au ministère de l'instruction publique, maître des requêtes et chef de la division des sciences et des arts. M. Nisard perdit tout cela en février. Ayant bien vite fait acte d'adhésion à l'Empire et proclamé dans les journaux son dévouement au nouveau maître, M. Fortoul lui donna comme première récompense l'inspection générale de l'enseignement supérieur, puis la chaire d'éloquence française à la Sorbonne, vacante par la mise à la retraite de M. Villemain. M. Nisard n'était pas homme à refuser son concours à l'œuvre réparatrice du ministère de l'instruction publique, et, s'il regretta quelque chose, ce fut de n'être pas chargé de l'accomplir lui-même. La jeunesse lui reprochait d'avoir déclaré en pleine Sorbonne, le jour où M. Duruy soutenait sa thèse de doctorat, qu'il y a deux morales, l'une bonne pour le vulgaire, l'autre à l'usage des hommes politiques et des faiseurs de coups d'État. M. Nisard s'est défendu depuis d'avoir jamais professé une pareille doctrine. Mais, dans les premiers moments, les étudiants, sans attendre la justification de M. Nisard, et profitant de cette occasion pour protester contre les palinodies honteuses dont ils étaient journellement témoins, se rendirent à son cours et le sifflèrent. Les sergents de ville ayant opéré des arrestations, un procès eut lieu, à la suite duquel les étudiants Roland [1], Rogeard [2], Lefort et plusieurs autres furent condamnés à l'amende et à la prison.

1. Fils de madame Pauline Roland.
2. Auteur des *Propos de Labienus*.

CHAPITRE VIII

1857

Assassinat de l'archevêque de Paris. — L'assassin est un prêtre interdit nommé Verger. — Condamnation à mort et exécution de Verger. — Complot de Tibaldi. — Affaire de Neuchâtel. — Mort de Béranger. — Ses obsèques. — Voyage de l'Empereur et de l'Impératrice à Osborne. — Création de la médaille de Sainte-Hélène. — Inauguration du Louvre. — Voyage de l'Empereur à Stuttgard. — Mort du général Cavaignac. — Crise financière. — Etat des esprits.

L'année 1857 débuta par l'assassinat de l'archevêque de Paris. M. Sibour recevait depuis quelque temps des lettres anonymes. La veille du jour de l'an, répondant aux félicitations du clergé, il avait fait allusion aux menaces qu'elles contenaient ; de sombres pressentiments l'agitaient au moment d'inaugurer à l'église Saint-Étienne du Mont, la neuvaine de Sainte-Geneviève, qui commence le 3 janvier.

Les cérémonies venaient de finir ; quatre heures et demie sonnaient. L'archevêque, sortant du chœur pour passer dans la sacristie, est arrêté par un homme qui écarte sa chape et le frappe d'un coup de couteau au cœur en criant : A bas les déesses ! L'abbé Surat, grand vicaire du diocèse, accourt pour repousser l'assassin ; une dame est légèrement blessée en essayant de retenir son bras.

L'auteur du crime était un prêtre interdit, nommé Verger, natif de Neuilly, attaché à la paroisse de Saint-Germain-l'Auxerrois et ancien porte-croix de la chapelle impériale. Il s'était servi d'un couteau catalan acheté quelques jours auparavant chez un coutelier de la rue Dauphine. L'ornement brodé et passementé de l'archevêque aurait amorti le coup, mais au centre était une place unie ; c'est là que Verger avait frappé.

Conduit à la Conciergerie, ses premiers mots en arrivant furent : « Donnez-moi à manger ; je suis à jeun depuis ce matin. — Pourquoi, lui demanda le procureur impérial, n'avez-vous pas mangé ? — Afin que ma main ne tremblât pas. — Comment avez-vous pu commettre ce crime ? — La faute en est au célibat des prêtres ; pourquoi ne voulez-vous pas qu'ils se marient ? » Interrogé sur ce cri : A bas les déesses ! il répondit qu'il s'adressait à l'Immaculée Conception, contre laquelle il avait prêché, et à la confrérie des Génovéfains. « J'ai prévenu tout le monde, parquet, police, de mon projet de tuer Sibour ! » avait-il dit à la mairie du Panthéon, où il avait été d'abord transféré et où il subit divers interrogatoires du préfet de police, du procureur général, du procureur impérial et d'un aide de camp de l'Empereur. Ses réponses incohérentes se terminaient pas des menaces ; il répétait sans cesse : « Ce n'est pas la fin ! ce n'est pas la fin ! »

La vie de Verger explique le mélange d'incohérence et de cynisme dont il ne cessa de faire preuve à partir de son arrestation. Élevé par le curé de Saint-Germain-l'Auxerrois, il répond à ses bienfaits par la plus complète ingratitude ; renvoyé du séminaire de Saint-Nicolas du Chardonnet, puis vicaire à Meaux, collaborateur du cardinal Wiseman pour répandre le catholicisme en Angleterre, curé de Cerris, il consacre une brochure à la défense d'une empoisonneuse condamnée à Melun et injurie les juges de cette femme. Une instruction à ce sujet est commencée, la justice n'y donne pas suite, mais les supérieurs de Verger le frappent d'interdiction ; il se donne alors en spectacle sur l'escalier de l'église de la Madeleine, à Paris, avec un écriteau sur la poitrine portant ces mots : « J'ai faim et ils ne m'ont pas nourri. J'ai froid et ils ne m'ont pas vêtu. Prêtre interdit. » M. Sibour, après avoir retiré l'interdiction qui pesait sur Verger, se vit forcé, en présence de ces excentricités, de la rétablir. Le malheureux, sachant cette punition définitive, s'était vengé.

Verger se pourvut contre l'arrêt de la Chambre des mises en accusation, qui le déférait à la cour d'assises, dans l'espoir de faire remettre les débats à la deuxième quinzaine de janvier; mais la Cour de cassation, délibérant sur-le-champ, prononça le rejet du pourvoi. Le public, en se présentant le jour de l'ouverture des débats pour occuper la partie de la salle qui lui est ordinairement réservée, la trouva remplie par des personnes munies de billets de faveur. Le nombre des banquettes était doublé et le banc des accusés envahi ; nul ne pouvait circuler dans l'intérieur du palais s'il n'était muni d'une carte ; des agents postés à chaque porte du prétoire plaçaient les arrivants selon la couleur de leur carte, comme au théâtre. La foule était déjà énorme à huit heures, et la Cour n'entrait en séance qu'à dix heures et demie : l'ambassadeur turc, le secrétaire des commandements de l'Impératrice, des chambellans, le prince Murat, des actrices, des femmes galantes, attendaient que le spectacle commençât.

Triste spectacle ! Un petit homme, malingre, assis non loin d'une serviette renfermant les pièces à conviction, l'étole, le surplis tachés de sang, examine les documents de la procédure et de ses mains couvertes de gants de coton blanc les remet à l'avocat qui a été nommé d'office, M. Nogent Saint-Laurens. Verger a la parole. Tantôt se plaignant d'être une victime de l'inquisition papale et de l'inquisition judiciaire qui refuse d'admettre la liste de ses témoins, tantôt protestant contre les coups qu'il a reçus au moment de son arrestation et contre les deux sous que lui a coûtés sa chaise à l'église de Saint-Étienne du Mont, il laisse échapper de sa bouche un torrent de plaintes absurdes, d'idées sans suite et de menaces incohérentes. Le vicaire de Saint-Germain-l'Auxerrois, sur lequel l'accusé a fait peser les plus ignobles calomnies, prête le serment légal de dire la vérité. La colère de Verger déborde en écoutant sa déposition ; il se démène, il trépigne, il écume ; les gendarmes sont obligés de l'emporter hors de la salle ; il crie : « Peuple, défends-moi ! » Des voix lui répondent du fond de l'auditoire : Assassin ! calomniateur !

Le procureur général menace Verger, qu'on vient de ramener, de continuer les débats hors de sa présence ; il réplique : « Je m'en moque ! » Le ministère public ne crut pas nécessaire de prononcer un réquisitoire. M. Nogent Saint-Laurens invoqua en faveur de son client la circonstance atténuante de la folie ; le jury, après le résumé du président Delangle, déclara l'accusé coupable sans circonstances atténuantes, et la Cour prononça contre lui la peine de mort. Verger se pourvut à la fois en cassation et en grâce.

La porte de la Conciergerie donnant sur la cour du Mai s'ouvrit le lendemain devant un homme maigre, pâle, les yeux hagards, vêtu de la veste jaune de la prison, et conduit par les gardiens vers la voiture cellulaire; cet homme, c'était Verger. En voyant les curieux rassemblés dans la cour, il devient livide et fait un pas en arrière; il croit qu'on le mène à l'échafaud. Les gardiens le rassurent; il fait mettre sous ses bras attachés les quatre cahiers de papiers noircis par lui dans sa prison : « C'est pour mon frère, dit-il; cela vaut un million ! » Plusieurs personnes s'adressèrent à ce malheureux pour lui demander des autographes.

Le directeur de la Roquette, en faisant mettre la camisole de force à Verger, permit qu'on lui laissât la main droite libre pour écrire. Le condamné comptait que la peine de mort serait commuée pour lui, d'après ses expressions, en un exil honorable. « Vous n'avez pas le droit de me tuer, cria-t-il, quand on lui eut annoncé la terrible nouvelle; accordez-moi une heure seulement, je me défendrai! » Il se cramponnait en même temps à son lit; les gardiens l'habillèrent de force. Après avoir subi la toilette dans un état complet de prostration, il parut plus résigné en marchant à l'échafaud; il cria sur la plate-forme, en baisant le crucifix : Vive le Dieu d'amour! vive Notre-Seigneur Jésus-Christ! Un instant après, sa tête tomba [1]. La justice des hommes était-elle bien satisfaite d'avoir versé le sang de cet halluciné ?

Le complot de Tibaldi et les élections préoccupèrent ensuite l'attention publique à un plus haut degré que la question de Neuchâtel, à laquelle pourtant le roi de Prusse attachait une importance plus grande qu'on ne le soupçonnait.

Le pays de Neuchâtel, à la fois canton suisse et principauté prussienne par suite des traités de Vienne, avait brisé en 1848 les liens qui le rattachaient à la Prusse. Le parti royaliste prussien, croyant le moment venu de prendre une revanche, avait essayé le 3 septembre 1856 de s'emparer de Neuchâtel et d'y rétablir l'ancien état de choses. L'insurrection ayant été battue, ses chefs, pris les armes à la main, furent traduits devant les tribunaux.

[1]. Les ultramontains laissèrent entrevoir dans leurs appréciations de ce procès que la mort de M. Sibour était le châtiment de son opposition au dogme de l'Immaculée Conception. L'archevêque de Paris avait en effet adressé au pape une note contre ce dogme, que le cardinal Gousset lui fit la malice de publier dans un livre sur cette matière. La préoccupation de la lutte sourde qui existait entre lui et les ultramontains parut presque, dans l'agonie de l'archevêque de Paris : les quatre dernières lignes écrites par lui du presbytère de Saint-Étienne du Mont sont adressées à l'abbé Cognat, rédacteur de l'*Ami de la religion*. Dans ces lignes, il le prie de voir M. Dufaure, afin que celui-ci prenne en main sa défense contre l'*Univers* dans le procès intenté par ce journal à l'auteur de la brochure *L'Univers jugé par lui-même*.

Le gouvernement prussien consentait à renoncer à sa suprématie sur Neuchâtel, mais à une condition, l'élargissement sans jugement des détenus neuchâtelois. Le Conseil fédéral répondit qu'il amnistierait les détenus si la Prusse s'engageait d'avance à ratifier l'indépendance de Neuchâtel.

Napoléon III avait confidentiellement engagé le général Dufour à user de son influence sur le gouvernement fédéral pour le pousser à un arrangement. Le général Dufour, ayant fait connaître ces ouvertures au Conseil fédéral, fut envoyé en mission extraordinaire en France. Il avait pour instructions d'accorder l'amnistie, en échange d'une renonciation sans aucune réserve impliquant une dépendance quelconque du canton de Neuchâtel à l'égard de l'étranger.

La mission du général Dufour échoua, et la Prusse s'adressa directement au Conseil fédéral; son ministre en Suisse reçut l'ordre d'exiger d'abord l'élargissement des prisonniers, en ajoutant que la Prusse était prête à entrer ensuite en négociations. Le refus d'acquiescer à cette proposition ayant amené une rupture de rapports diplomatiques entre la Prusse et la Suisse, les deux gouvernements se livrèrent à des préparatifs militaires. Le gouvernement impérial se montrait donc, comme les autres puissances, favorable à la Prusse. Le Conseil fédéral, voyant son isolement, envoya en France le docteur Kern, porteur d'une note déclarant qu'il était prêt à demander la suppression de la procédure contre les insurgés de Neuchâtel, s'il recevait du gouvernement français l'assurance que l'arrangement auquel Napoléon III promettait de prêter ses bons offices ne contiendrait aucune clause incompatible avec l'indépendance absolue de Neuchâtel.

Les plénipotentiaires signataires du protocole de Londres s'assemblèrent à Paris le 5 mars 1857, pour travailler à cet arrangement, et commencèrent par formuler le vœu au nom de l'Europe que le roi de Prusse voulût bien céder ses droits sur Neuchâtel; le roi de Prusse y consentit, à condition que ses héritiers et successeurs conserveraient le titre de prince de Neuchâtel et de comte de Valengin, qu'il recevrait une indemnité de deux millions, que les biens sécularisés en 1848 seraient rendus à l'Église, et que la Constitution de Neuchâtel serait révisée dans un délai qui permît aux royalistes compromis dans l'insurrection de rentrer dans leur pays pour exercer leurs droits. La Suisse refusait d'insérer la clause relative au titre de prince de Neuchâtel dans le traité, mais elle l'admettait dans un protocole, en repoussant toutes les autres demandes.

Fig. 51. — Le Père Lacordaire se porte candidat à l'Académie française et ne craint pas d'aller frapper à la porte d'un athée déclaré comme M. P. Mérimée ou d'un hérétique comme M. Guizot, que l'ordre des Dominicains aurait fait brûler il y a cinq siècles.

LIV. 118   II. — 40

Les plénipotentiaires, faisant ce qu'on appelle une cotte mal taillée, réduisirent l'indemnité d'un million, laissèrent à l'État les biens de l'Église, à l'Église les revenus de ses biens, et repoussèrent tout ajournement à la Constitution. Le Conseil fédéral s'empressa d'accepter ; le roi de Prusse, satisfait de voir le principe de l'indemnité reconnu, refusa d'en toucher le montant ; il se contenta de voir son titre de prince de Neuchâtel figurer dans les protocoles de la conférence. L'Empereur des Français put se réjouir d'avoir joué, encore une fois, le rôle d'arbitre.

La révolte des Cipayes dans les Indes et la mort de Béranger avaient suivi de près la conclusion de l'affaire de Neuchâtel et les élections générales.

Béranger était de ce XVIIIe siècle où, depuis la publication de l'*Émile*, on cherchait à faire des hommes plus que des savants ; Rousseau avait ressuscité le respect et l'amour de l'enfance, si méconnus par l'ancien régime, et créé le dévouement à l'instruction et à l'éducation des enfants. Jusqu'au moment où l'État mit aux mains de l'Université le monopole de l'instruction publique, les tentatives de solution du difficile problème de l'éducation des enfants et des jeunes gens furent dues à ses disciples. M. Ballue de Bellenglise, membre de l'Assemblée législative, établit à Péronne des écoles gratuites sur un plan où l'on sent tout de suite la pensée de Rousseau. L'école était modelée sur la commune et sur l'État. Les élèves choisissaient parmi eux des juges, des membres du district, un maire, des officiers municipaux, un juge de paix. Deux fois par semaine, ils formaient un club dont les séances étaient publiques et auxquelles assistaient les habitants de Péronne. On a dit que l'homme tout entier est en germe dans l'enfance ; il y a des exceptions. Qui retrouverait, par exemple, dans l'homme ennemi du bruit, de l'éclat, que la France a connu, le jeune Béranger, président du club de son école, haranguant les conventionnels de passage à Péronne, prononçant des discours de sa composition dans les cérémonies publiques, où, par suite d'une mesure excellente, les écoles primaires avaient leur place marquée, rédigeant même, dans les grandes circonstances, des adresses à la Convention ?

Le tribun de douze ans, devenu chef d'une maison de banque à dix-sept ans, empruntait de l'argent à 3 pour 100 par mois et le faisait valoir avec bénéfice. C'était le moment de la dépréciation complète des assignats ; le numéraire avait alors une valeur énorme ; des gens de toute sorte se mêlaient de commerce ; beaucoup d'anciens nobles cherchaient dans les opérations de banque une compensation aux pertes éprouvées pendant les dernières années. La contre-révolution faisait des affaires pour payer ses conspirations. Le père de Béranger, grand partisan de l'ancien régime, entiché même de noblesse au point de joindre la particule à son nom, de parler de ses parchemins et d'avoir chez lui son arbre généalogique, était le banquier et même un peu le complice des royalistes. Le jeune Béranger, pour obéir aux ordres paternels, dut souvent porter aux conspirateurs l'argent arrivé de Londres.

Philosophe précoce, déjà mûri à dix-huit ans par l'expérience, il observait, du haut de son comptoir de banquier, cette société bizarre, où tant d'éléments opposés s'amalgamaient dans une fermentation commune, où deux courants contraires s'entre-choquaient avant de se confondre ; époque d'insouciance et de calcul, de colère et d'apaisement, pendant laquelle le père de Béranger, ruiné par suite de ses menées légitimistes, se vit réduit à tenir un cabinet de lecture au coin de la rue Saint-Nicaise. Plus d'une fois, le futur chansonnier du *Marquis de Carabas* et de la *Marquise de Pretintailles* s'assit à la modeste table paternelle, à côté de marquis et de comtesses qui ne savaient où trouver un dîner, et qui devaient plus tard se refaire des privations du Directoire avec le milliard d'indemnité de la Restauration. Béranger regagnait son logis, lorsque l'explosion de la machine infernale eut lieu : deux minutes plus tôt, il était tué. Le hasard ne fut pas cette fois du côté des Bourbons ; il sauva en même temps l'homme qui allait les remplacer sur le trône et celui qui devait achever de détruire leur prestige en France.

Béranger vit le 18 brumaire et la chute de la République avec tristesse. « Bien moins homme de doctrine qu'homme d'instinct et de sen« timent, dit-il dans sa biographie, je suis de nature républicaine. Je « donnai des larmes à la République, non de ces larmes écrites avec « points d'exclamation, comme les poètes en prodiguent tant, mais de « celles qu'une âme qui respire l'indépendance ne verse que trop réel« lement sur les plaies faites à la patrie et à la liberté. » Les premières années de l'Empire nous montrent Béranger dans les appréhensions continuelles de l'homme qui n'a point satisfait à la loi sur le recrutement, ne dormant que d'un œil, craignant sans cesse d'être surpris au gîte, chassé, relancé par les limiers de la police. Sa calvitie précoce, son air maladif et vieux avant l'âge, le sauvèrent des gendarmes ; il n'avait qu'à les saluer : son front dénudé lui servait de certificat.

Béranger, tiré de la misère par Lucien Bonaparte et nommé à un modeste emploi, grâce aux sollicitations d'Arnault, vécut modeste et ignoré au milieu de quelques amis obscurs comme lui, jusqu'en 1813, époque à laquelle sa réputation commença : le *Sénateur*, le *Petit homme gris*, les *Gueux*, le *Roi d'Yvetot,* copiés à la main, avaient révélé au public l'existence du chansonnier. Son nom n'était plus inconnu lorsqu'arriva la chute de l'Empire. Les hommes qui ont vécu sous la Restauration n'oublieront pas l'effet des premières chansons de Béranger. Faut-il en maudire l'auteur aujourd'hui, parce qu'elles ont contribué au rétablissement de l'Empire en créant la légende napoléonienne ? Malédiction puérile, qui devrait s'étendre à presque tous les poètes de son temps. Ils sont rares les républicains âgés de cinquante ans qui, à un moment de leur carrière, n'ont pas partagé les sentiments de Béranger. S'il n'a point fait, comme beaucoup d'eux, un *meâ culpâ* éclatant de son admiration pour Napoléon Ier, jamais il ne voulut voir Napoléon III. L'Impératrice lui fit une visite et lui écrivit plusieurs fois ; Béranger reçut ces avances avec la politesse due à une femme, lors même qu'elle n'obéît qu'à un mot d'ordre, car il savait bien que le monde blasé, désœuvré, sans opinion, où la jeunesse de l'Impératrice s'était écoulée, ne le connaissait point, et que le monde où elle fut plus tard appelée à vivre le détestait ; elle-même, Espagnole et dévote, ne devait guère l'aimer ; mais la femme de l'Empereur ne pouvait rester en froideur avec cette gloire. Elle envoya donc plusieurs fois prendre des nouvelles de Béranger pendant sa maladie ; elle lui offrit un bois de lit machiné avec des ressorts épargnant toute espèce de mouvement au malade, et construit sur le modèle du lit préparé pour elle avant ses couches. Le jour de la mort du chansonnier, elle devait se rendre au théâtre de la Porte-Saint-Martin ; le régisseur, au lever du rideau, vint annoncer au public que Sa Majesté n'assisterait pas à la représentation et qu'elle désirait que sa loge restât vide pendant le spectacle.

Béranger répétait souvent à ses amis : « Mon vœu le plus cher est de « mourir tout entier ; mais, si je perds mes facultés par la maladie ou « par l'âge, vous connaissez les idées que j'ai professées toute ma vie, c'est « à vous à veiller sur moi. » Les amis de Béranger n'eurent pas besoin de remplir ce devoir. Le poète avait encore toute son intelligence quand le curé de la paroisse vint le voir ; il le reçut en voisin. Le curé le bénit en partant : « Et moi aussi, je vous bénis, priez pour moi, je vais prier pour vous... Nous avons pris une voie différente pour arriver au même but, voilà tout. » Telles furent les dernières paroles adressées à l'homme d'Eglise par le chantre du *Dieu des bonnes gens*.

Le 15 juillet, les journaux du soir publièrent la note suivante qui leur avait été adressée par le ministère :

« La France vient de faire une perte douloureuse : Béranger a succombé
« aujourd'hui à une longue et pénible maladie. L'Empereur, voulant
« honorer la mémoire de ce poète national, dont les œuvres ont si puis-
« samment contribué à maintenir le culte des sentiments patriotiques en
« France et à populariser la gloire de l'Empire, a décidé que les frais
« de ses funérailles seraient faits par la liste civile impériale. »

Une proclamation du préfet de police suivit cette note.

« OBSÈQUES DE BÉRANGER.

» La France vient de perdre son poète national !

» Le gouvernement de l'Empereur a voulu que des honneurs publics fussent rendus à la mémoire de Béranger; ce pieux hommage était dû au poète dont les chants consacrés au culte de la patrie ont aidé à perpétuer dans le cœur du peuple le souvenir des gloires impériales.

» J'apprends que des hommes de parti ne voient dans cette triste solennité qu'une occasion de renouveler des discordes qui, dans d'autres temps, ont signalé de semblables cérémonies.

» Le gouvernement ne souffrira pas qu'une manifestation tumultueuse se substitue au deuil respectueux et patriotique qui doit présider aux funérailles de Béranger.

» D'un autre côté, la volonté du défunt s'est manifestée par ces touchantes paroles :

» Quant à mes obsèques, si vous pouvez éviter le bruit public, faites-le, je vous prie, » mon cher Perrotin. J'ai horreur pour les amis que je perds, du bruit de la foule et des » discours à leur enterrement. Si le mien peut se faire sans public, ce sera un de mes » vœux accomplis. »

» Il a donc été résolu, d'accord avec l'exécuteur testamentaire, que le cortège funèbre se composera exclusivement des députations officielles et des personnes munies de lettres de convocation.

» J'invite les populations à se conformer à ces prescriptions. Des mesures sont prises pour que la volonté du gouvernement et celle du défunt soient rigoureusement et religieusement respectées.

» *Le sénateur, préfet de police,*
» Piétri.

»Paris, 16 juillet 1857. »

L'Empire essayait de confisquer à son profit la gloire de Béranger; mais grâce à la présence de MM. Lamartine, Thiers, Mignet, Alfred de Vigny, Auguste Barbier, etc., la tentative resta vaine. Le gouvernement, pour justifier sa conduite et pour fournir un prétexte à ses précautions, parlait de projets de trouble dont le parti républicain n'avait pas même la pensée. Le peuple se contenta de sourire tristement à l'appareil officiel de ce convoi menteur. MM. Perrotin et Benjamin Antier, les plus vieux amis de Béranger, un ouvrier imprimeur et un sous-chef de musique, ses cousins, conduisaient le deuil. Une voiture de la cour, occupée par M. de Cotte, aide de camp de l'Empereur, suivait le corbillard. Les boulevards étaient gardés par des forces considérables, ainsi que les rues aboutissantes. Le peuple fut éloigné du cortège de Béranger comme il l'avait été de celui de Lamennais. Cependant le préfet de police, qui, cette fois encore, s'était chargé de diriger le convoi, n'osa pas lui faire traverser la place de la Bastille. Le corps de Béranger, conduit au Père-Lachaise, fut descendu dans le caveau de Manuel au milieu des larmes de quelques amis.

La popularité sans nuage de Béranger avait été quelque peu obscurcie dans les derniers temps de sa vie. Il s'en consolait en songeant qu'on lui rendrait justice après sa mort. En effet, si le talent, rehaussé par la simplicité de la vie et par la générosité du cœur, mérite le respect des hommes, la renommée de Béranger est destinée à grandir. Homme d'opinion et non de parti, maître de sa destinée, obstiné à repousser la fortune et, ce qui est plus rare en France, les honneurs, Béranger vit naître trois gouvernements de qui il aurait pu tout obtenir, la monarchie de Louis-Philippe, la République de février, le second Empire. Il ne leur demanda rien, pas même un ruban; il ne fut ni chevalier de la Légion d'honneur, ni membre de l'Académie française, dans les rangs de laquelle il aurait pu cependant prendre place, présenté par Chateaubriand.

Les mois de juillet et d'août 1857 s'écoulèrent, pour la cour, en voyages. La médaille de Sainte-Hélène, instituée le 13 du mois d'août, continua la série des mesures petites ou grandes destinées à raviver les souvenirs du premier Empire. Le lendemain eut lieu l'inauguration du Louvre.

Lorsqu'en 1564 Pierre Lescot, architecte de Henri II, continuait sur les fondations du vieux Louvre de Philippe-Auguste l'élégant Louvre commencé par François Ier, et lorsqu'en même temps Philibert Delorme construisait les Tuileries pour Catherine de Médicis, ces deux architectes, élevant deux palais, sans parenté de plan ni de style, sans rapport d'aile ni de niveau, ne se doutaient pas qu'ils seraient un jour réunis. Cette réunion, décrétée par la République, avait été accomplie en quatre ans, du moins à l'extérieur, car rien n'était terminé à l'intérieur, et la cérémonie de l'inauguration se fit dans la salle placée au-dessus de la galerie du rez-de-chaussée et décorée provisoirement : tentures en toile, moulures en grisaille, faux plafond en toile et en verre dépoli, murs en tapisserie de Beauvais, deux trônes de bois doré sous une estrade à draperie de velours rouge à crépines d'or, telle était la mise en scène. L'Empereur, l'Impératrice, le prince Jérôme, le prince Napoléon, la princesse Mathilde étaient présents.

Les dignitaires ayant pris place, M. Fould prononça un discours assez terne sur la mort de MM. Visconti et Simart, qui avaient présidé aux premiers travaux du Louvre; pas un mot sur la pensée intime du monument. Une de ces interminables distributions de récompenses dont l'Empire a tant abusé suivit le discours. Un banquet, offert dans la même salle aux architectes, sculpteurs, entrepreneurs et ouvriers, termina la fête. Le monument était ce qu'il pouvait être après les études précipitées, les erreurs corrigées, les raccords improvisés, les oppositions de style dont il portait les traces. M. Lefuel, successeur de M. Visconti, architecte de l'Empereur, avait modifié le plan général; les incertitudes, les repentirs, le défaut de symétrie, le décousu, les erreurs de goût se trahissaient partout dans les détails et dans l'ensemble, mais il fallait faire vite, et, dans quatre ans, 436 280 mètres de superficie avaient été couverts de bâtisses. L'Empire pouvait loger dans le même édifice les chefs-d'œuvre de l'art, le surintendant des beaux-arts, ses soldats, ses écuries et ses cuisines.

L'Empereur et l'Impératrice firent dans les premiers jours d'août à la reine d'Angleterre, en résidence à Osborne, une visite coïncidant avec l'annonce de certains dissentiments survenus entre les cabinets de Londres et de Paris au sujet des affaires d'Orient. Un mois après, Napoléon III partait pour Stuttgard, où se trouvait le czar de Russie. Les ministres des affaires étrangères de France et de Russie, MM. Walewski et Gortschakoff, accompagnaient leurs souverains. Rien ne transpira cependant sur les causes et les résultats de cette entrevue, bientôt suivie d'une rencontre à Weymar entre le czar et l'empereur d'Autriche; le roi de Prusse l'avait préparée. Elle amena un rapprochement entre les deux cours de Vienne et de Saint-Pétersbourg, en froideur depuis les difficultés soulevées en 1856 par la question de Belgrade. Le prince Napoléon, qui au mois de mai avait visité les cours de Dresde et de Berlin, se rendit dans le mois d'août en Savoie, pour complimenter au nom de l'Empereur le roi de Sardaigne, qui s'était rendu à Modane pour assister à l'explosion de la première mine du tunnel du Mont-Cenis.

L'année 1857 touchait à sa fin, lorsque la nouvelle de la mort du général Cavaignac se répandit dans Paris.

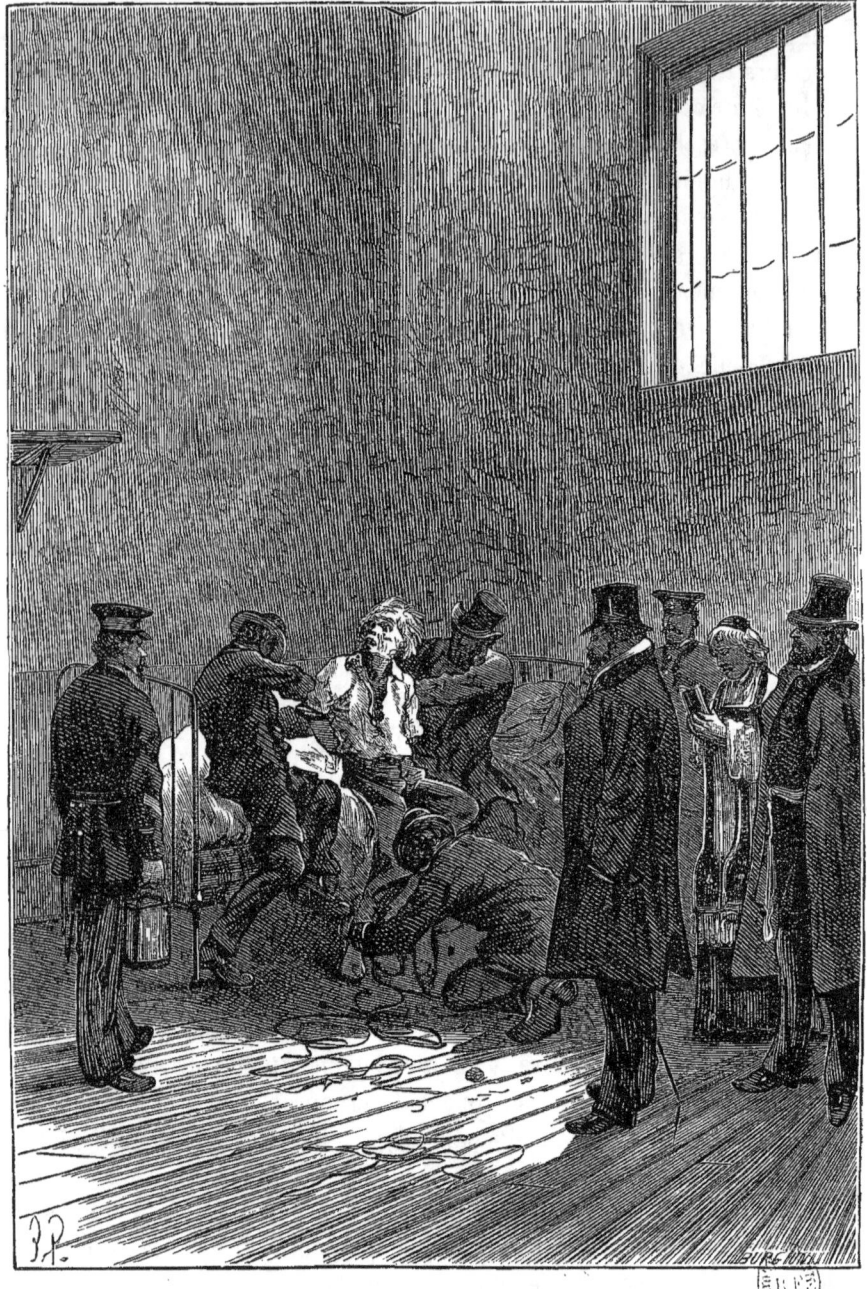

Fig. 52. — Verger, le jour de son exécution est habillé de force par les gardiens.

Cavaignac était atteint depuis quelques années d'une maladie de cœur qu'il savait mortelle [1].

Il vivait au fond du département de la Sarthe, dans sa propriété d'Ourne, commune de Flée; un matin, il se promenait un fusil à la main dans son jardin, lorsque, se sentant pris d'un violent mal de tête, il remet son fusil à son garde; ses jambes fléchissent. Conduit et soutenu par le garde et par un de ses serviteurs jusqu'à un fauteuil qui se trouvait dans le vestibule de sa maison, il s'assied en poussant un soupir. Ce fut le dernier [2].

Le général Cavaignac était mort de la blessure faite à la liberté le 2 décembre. Homme de cœur, c'était par le cœur qu'il devait périr [3].

Paris vit passer son cercueil avec une émotion respectueuse; une simple couronne d'immortelles y eût été mieux placée que les insignes militaires de son grade. Le citoyen avait fait oublier le soldat. Cavaignac fut véritablement citoyen, lorsque, au lendemain des journées de juin, placé entre sa conscience et son ambition, il n'obéit qu'à sa conscience en repoussant la dictature. La France estimera peut-être un jour ce genre d'héroïsme à sa juste valeur.

Eugène Cavaignac fut enterré au cimetière Montmartre, dans le même tombeau que son frère Godefroy. Il n'y eut pas de discours prononcé. Le gouvernement confisqua son oraison funèbre, comme il avait confisqué celles de Marast, de Lamennais et de Béranger; les journaux officieux balbutièrent quelques mots d'éloges qu'il aurait méprisés, et le *Consti-*

---

1. « Je vous suppose, écrivait-il à un de ses amis (M. Sénard) quelques jours avant sa mort, partageant comme toujours votre temps entre le palais et Saint-Cloud; moi, mon cher, je ne me partage pas, je me pelotonne et ratatine au contraire dans un coin de la Sarthe, où je me suis arrangé un gourbi, tâchant d'oublier que je passe ma vie à étouffer et à palpiter, et m'apercevant qu'il n'y a rien de moins grand qu'un gros cœur. »

2. Mme Cavaignac accourt; quelques amis prévenus dans le voisinage se rendent à son appel; l'embarcadère du chemin de fer n'est pas éloigné d'Ourne, mais le chef de gare ne peut accorder de train spécial sans une autorisation de Paris. Le télégraphe fonctionne, l'autorisation arrive, et la courageuse veuve, plaçant le cadavre de son mari entre elle et son fils, arrive à Paris, où elle dit à son enfant : « Embrasse une dernière fois ton père. »

3. Personne ne poussa plus loin que lui la fierté et le désintéressement. Lorsque les affaires commerciales de son beau-père, banquier à Paris, s'embarrassèrent, il voulut que la dot de sa femme fît retour aux créanciers. Un matin, deux personnes demandent à le voir pour une affaire importante; il quitte les amis qui devaient partager son déjeuner et entre dans son salon. « Général, lui dit l'un des deux visiteurs, je me nomme Dupoty; compagnon des luttes de votre frère, je lui ai prêté trente-cinq mille francs pour soutenir la *Réforme*. Il devait me les rendre à la mort de sa mère; voici X... que vous connaissez et qui vous certifiera la vérité de mes paroles. » Le général Cavaignac se lève, ouvre son secrétaire et en tire trente-cinq billets de mille francs, qu'il remet à Dupoty. C'était le produit de la vente récente d'une maison à Bordeaux. Il ne lui restait plus rien de l'héritage maternel.

tutionnel se crut habile en plaçant le fier et honnête soldat républicain, le prisonnier de décembre, à côté des généraux d'Afrique « de la génération brillante des Saint-Arnaud, des Canrobert, etc. »

Les hôtes royaux et princiers ne manquèrent pas plus cette année que les précédentes aux Tuileries. Le roi de Bavière, le grand-duc Constantin, le grand-duc de Hesse, le duc de Cambridge, le vladike du Monténégro visitèrent la cour impériale. Les journaux officieux firent surtout remarquer la présence à Paris du grand-duc Constantin, qu'ils représentaient comme le chef du parti qui avait le plus poussé à la continuation de la lutte après la prise de Sébastopol.

L'éclat des fêtes données à ces voyageurs n'empêchait pas les rentes françaises de baisser de 5 à 6 francs et les actions des principales compagnies de chemins de fer de subir une dépréciation de 20 à 25 pour 100. *La Patrie*, journal officieux, jugea la situation assez alarmante pour proposer le cours forcé des billets de banque, comme en 1848. Un avertissement donné à *la Patrie* fut pour elle le fruit de ce conseil. Il fallait que l'Empereur prît la parole dans une lettre datée de Compiègne, le 11 novembre, et adressée à M. Magne, ministre des finances. La crise n'en continua pas moins à nuire aux intérêts et à troubler les esprits. Au milieu des ténèbres profondes qui enveloppaient les affaires extérieures, les imaginations fermentaient ; ne sachant rien, on supposait tout. La *Presse* parlait de vagues frémissements dans l'opinion publique et entendait une voix qui disait aux peuples : « Levez-vous et marchez ! » Une suspension de deux mois fut la réponse du gouvernement à l'article de M. Peyrat.

Les embarras financiers, dont tout le monde se ressentait plus ou moins, n'arrêtaient pas le torrent des plaisirs. La société de l'Empire, tout entière à ses jouissances, semblait ignorer qu'il y eût dans le monde autre chose que le bal, le jeu et la table. Le préfet de police adressa pour la forme des circulaires aux cercles pour les exhorter à modérer le jeu de leurs habitués ; l'or inondait chaque soir les tapis verts ; des loteries redoublaient les effets du jeu. Le clergé les patronnait avec ardeur.

La charité des fidèles ne suffisant plus à payer les frais de toutes les églises qu'on était en train de bâtir, on imagina un moyen d'avoir l'argent des profanes. Des billets de loterie donnant droit à une pendule ou à une messe pour vingt sous, s'étalèrent à la vitrine des coiffeurs et des bureaux de tabac, à côté des billets du bal Mabille. La presse est sans contredit une invention de Satan, mais les journaux dénoncés tous les matins au prône étaient des auxiliaires indispensables pour le placement des billets de loterie. Les curés traitèrent avec les fermiers d'annonces. Les billets se placèrent, l'église se bâtit, la passion du jeu se mêlant ainsi aux sentiments les plus respectables et les plus délicats de l'âme.

Conduire un cotillon, voir des jambes de femmes au théâtre, telle était la vie de la jeunesse élégante et riche de l'époque. Ce qui restait à la société de son ancienne activité intellectuelle se résumait dans une sorte de curiosité banale effleurant et confondant les hommes et les choses, le ministre et le comédien, la grande dame et la courtisane, et ne se complaisant qu'aux détails puérils de la chronique. La princesse de Lieven est morte, personne ne parle de son rôle politique, mais chacun raconte qu'elle a légué en mourant un carrosse et deux chevaux à M. Guizot. Eugène Sue, de Musset, Gustave Planche disparaissent dans l'année, la chronique laisse de côté leurs œuvres pour apprendre au public que le premier ne dînait jamais qu'en manchettes, que le second ne se procurait l'ivresse qui lui était devenue nécessaire que par un terrible mélange d'absinthe et de bière, que le troisième enfin ne se lavait pas les mains. Les défauts et les vices des hommes illustres intéressent seuls le public; leur talent est oublié. Les sociétés sans opinion et sans croyance sont toujours hypocrites. La société de l'Empire affichait la dévotion. Malheur à ceux qui ne suivaient pas exactement les pratiques de l'Église! M. Viellard, sénateur et ami particulier de l'Empereur, meurt; on trouve dans son testament une clause qui défend de porter son corps à l'église. Le chambellan ou l'aide de camp envoyé par l'Empereur pour assister aux funérailles se retire et déclare qu'il ne suivra pas le mort au cimetière. Voilà où en était la France.

CHAPITRE IX

ÉLECTIONS GÉNÉRALES DE 1857

Recensement électoral. — Senatus-consulte sur les circonscriptions. — Les anciens députés réélus par l'influence du gouvernement. — Parodie du suffrage à deux degrés. — Circulaires des préfets. — La presse officieuse s'acharne sur les candidats indépendants. — Les candidats de l'Empereur. — Attitude des partis. — Le refus de serment. — Candidatures de MM. Emile Ollivier et Darimon. — Rivalités entre les comités. — Les deux listes de candidats. — M. Garnier-Pagès et M. Emile Ollivier. — L'abstention n'est pas populaire. — Les légitimistes et les orléanistes. — Perquisitions chez M. Garnier-Pagès. — Avertissement au *Siècle*. — Le gouvernement est battu à Paris. — Les élections complémentaires. — Les candidats. — M. Ernest Picard et M. Jules Favre sont élus.

Pendant que Paris assistait aux fêtes données au grand-duc Constantin et à Maximilien II, roi de Bavière, des préoccupations, plus dignes de la capitale d'un grand peuple, allaient remplacer ces distractions vaines. Le décret de dissolution du Corps législatif, le décret de convocation des collèges électoraux pour le 21 du mois de juin, et le décret déterminant les circonscriptions électorales, parurent le 29 mai au *Moniteur*.

Chaque département, d'après la constitution, a un député à nommer à raison de 35 000 électeurs. Les départements où le chiffre de l'excédant atteint 35 000, choisissent un député de plus. Ce système avait porté le nombre des députés en 1852 à 261. Le dernier recensement électoral donnait un député de plus aux départements de la Seine et de la Loire, mais il en enlevait un à neuf départements. Un projet de loi fut présenté au Corps législatif pour réduire la fraction de 35 000 à 17 000 ; mais le gouvernement, effrayé bientôt à l'idée de faire trancher une question constitutionnelle par le pouvoir parlementaire, remplaça ce projet de loi par un sénatus-consulte portant : « Il y aura un député au Corps légis- « latif à raison de 35 000 électeurs. Néanmoins, il est attribué un député « de plus à chacun des départements dans lesquels le nombre excédant « des électeurs dépasse 17 000. » Un décret fixa le nombre des députés à élire à 267.

M. Billault, ministre de l'intérieur, était fermement résolu à suivre les errements de son prédécesseur, M. de Persigny [1]. La fameuse circulaire sur les élections des 28 et 29 février 1852 lui servit de modèle [2]. Le ministre déclara que, « sauf quelques exceptions commandées par des « nécessités spéciales, le gouvernement considérait comme juste et poli- « tique de présenter à la réélection tous les membres d'une assemblée « qui avait si bien secondé l'Empereur et servi le pays. » Il voulait bien

---

1. Au mois de juillet 1852, M. Chasseloup-Laubat se présente comme conseiller général pour le canton de Marennes, dans la Charente-Inférieure ; le préfet adresse cette proclamation aux électeurs :

« Électeurs,

« Déjà vous devez l'avoir pressenti, l'attitude, les actes et le langage de M. le comte de Chasseloup-Laubat, dans la dernière session du Corps législatif, n'ont pas justifié la confiance du gouvernement. Ces actes et ce langage n'ont malheureusement que trop prêté le flanc à de regrettables équivoques et servi même, à l'insu de leur auteur, de nouvel et dangereux stimulant aux funestes passions qui rêvent le bouleversement de la société.

« Électeurs de Marennes ! vous êtes sincèrement, sans arrière-pensée ni détours, dévoués au Prince-président et à la cause que vous savez très bien n'être au fond que celle de l'ordre social en France. Dans les circonstances graves où nous sommes encore, je dois vous prémunir contre un choix qui ne serait pas d'accord avec vos véritables sentiments. »

2. « La nouvelle constitution ne permet plus sans doute ces vaines agitations parlementaires qui ont si longtemps paralysé les forces du pays ; mais il ne suffit pas d'avoir rendu ce régime impuissant à faire le mal, il faut rendre le gouvernement puissant à faire le bien. Comme c'est évidemment la volonté du peuple d'achever ce qu'il a commencé, il faut que le peuple soit mis en mesure de discerner quels sont les ennemis du gouvernement qu'il vient de fonder.

« En conséquence, monsieur le préfet, prenez des mesures pour faire connaître aux électeurs de chaque circonscription de votre département, par l'intermédiaire des divers agents de l'administration, par toutes les voies que vous jugerez convenables, selon l'esprit des localités, et au besoin par des proclamations affichées dans les communes, celui que le gouvernement de Louis-Napoléon juge le plus propre à l'aider dans son œuvre réparatrice. » (Circulaire Persigny pour les élections des 28 et 29 février 1852.)

permettre cependant à d'autres candidatures de se produire. Mais si « les « ennemis de la paix publique croyaient trouver dans cette latitude l'occa- « sion d'une protestation sérieuse contre nos institutions, s'ils tentaient « d'en faire un instrument de trouble ou de scandale, vous connaissez vos « devoirs, monsieur le préfet, et la justice saurait aussi sévèrement rem- « plir les siens ; mais ces excès ne se produiront pas : vinssent-ils à se pro- « duire, la répression n'en portera aucune atteinte à la liberté du suffrage « universel ; trois fois sacré par lui, l'Empereur l'invoque avec confiance. »

Cette circulaire, pleine de menaces, se terminait par un appel énergique « aux loyaux travailleurs des campagnes et aux intelligents ouvriers de nos villes ». Surtout, disait M. Billault, pas d'abstention ! et il recommande aux préfets de pousser les électeurs au scrutin, afin de « noyer dans une immense manifestation populaire l'imperceptible minorité des partis hostiles ».

Le nouveau Corps législatif allait donc, comme le précédent, être choisi par les préfets et nommé par les électeurs. Cette parodie du suffrage à deux degrés étaient la loi même du gouvernement impérial, qui, représentant la volonté personnelle d'un homme, n'acceptait que l'apparence du contrôle législatif exercé par des députés fonctionnaires.

La terreur dans laquelle vivaient les populations depuis le coup d'État donnait beau jeu au gouvernement ; ses préfets étaient d'ailleurs décidés à employer tous les moyens pour assurer le triomphe de leurs candidats. M. de Lowasy de Lonwy, préfet des Deux-Sèvres, écrit aux fonctionnaires de son département : « Imposez silence aux adversaires s'il s'en rencontre ; empêchez énergiquement leurs manœuvres. »

M. Sencier, préfet de la Somme, impose lui aussi le silence aux adversaires de l'administration, mais d'une façon indirecte, en défendant de distribuer des bulletins dans les cabarets.

M. Ponsard, préfet de Saône-et-Loire, va plus loin : il interdit la publication et l'affichage des circulaires et professions de foi du candidat non officiel. Ce candidat était précisément son prédécesseur dans l'administration du département, un préfet du coup d'État, M. de Romand. L'*urne du bien* et l'*urne du mal*, voilà comment un préfet désigne les urnes où les électeurs du gouvernement et ceux de l'opposition déposent leur vote.

M. E. Le Roy, préfet de la Seine-Inférieure, « devançant l'opinion publique », explique aux maires la nature de leurs devoirs en matière d'élection :

Fig. 53. — Enterrement de Béranger.

« Le devoir de l'administration, à tous les degrés de la hiérarchie, est tracé. Il faut laisser à l'élection une liberté complète, mais il faut aussi éclairer et diriger l'esprit des populations. « Il vous appartient, monsieur
« le maire, d'aider dans ces limites le zèle des électeurs de votre com-
« mune. Rappelez-leur combien il importe que ce nouvel exercice de
« leurs droits de citoyens consacre une fois de plus leur étroite union
« avec la politique impériale. Engagez-les à se rendre tous au scrutin
« et à y déposer le témoignage de leur sympathie pour les hommes
« honorables présentés à leur choix par l'administration. Elle a la cons-
« cience de servir les intérêts de la population en appelant sur ces can-
« didats la préférence des électeurs, et par cette déclaration franche elle
« entend favoriser, comme elle espère devancer la véritable expression
« de l'opinion publique. »

La circulaire de M. Tonnet, préfet du Calvados, contient cette phrase significative : « Dans cette grande manifestation de l'opinion publique,
« c'est un devoir pour chacun de nous d'apporter dans l'urne notre bul-
« letin de vote. C'est un témoignage de reconnaissance que nous devons
« au gouvernement de l'Empereur, et, s'il m'était permis de mêler à ces
« sentiments l'expression de l'estime que vous portez à mon administra-
« tion, je serais heureux d'en avoir la mesure par votre empressement à
« répondre à mon appel. »

M. Remacle, préfet du Tarn, donne aux sous-préfets et maires les instructions suivantes : « Vous mettrez un soin particulier à presser les
« électeurs, principalement dans les campagnes, de se rendre au scrutin.
« Pleins de confiance dans l'élu de la nation et témoins de sa sollicitude
« pour toutes les classes de citoyens, ils s'en remettront volontiers à lui
« du soin de tous leurs intérêts. Montrez-leur qu'il s'agit du fonctionne-
« ment régulier de la constitution que l'Empereur lui-même nous a
« donnée ; qu'en allant nommer leurs députés ils feront preuve d'attache-
« ment aux institutions impériales; qu'il s'agit d'une grande manifesta-
« tion populaire servant à faire ressortir l'insigne faiblesse des partis hos-
« tiles, s'ils osent se produire, et que toute hésitation doit cesser devant
« ce grand but politique à atteindre. »

M. le préfet des Deux-Sèvres recommande l'unité du vote, gage de l'unité de sentiments : « Imposez silence aux adversaires, s'il s'en ren-
« contre ; empêchez énergiquement leurs manœuvres. Excitez ceux qui
« voudraient s'abstenir ; rappelez-leur que le temps n'est pas encore bien
« loin où ils tremblaient pour leurs intérêts les plus chers. Rassurés

« aujourd'hui, voudraient-ils risquer de ralentir les progrès de la politi-
« que glorieuse et réparatrice de Napoléon III ? Ingrats et imprudents ! Ils
« seraient les premiers à gémir et à regretter. »

M. le préfet de la Nièvre, en recommandant aux maires de la 1re circonscription électorale la candidature de M. le général baron Petiet, député sortant, leur trace ces règles de conduite : « Aucun comité élec-
« toral, aucune réunion spéciale ne doivent être tolérés. La liberté du
« suffrage universel n'a pas besoin de ces moyens pour s'exercer avec
« sincérité. »

M. Belurgey de Granville, préfet de l'Aube, s'adresse en ces termes à ses agents : « Pour nous, fonctionnaires publics, à quelque degré de la
« hiérarchie que nous soyons placés, nous n'oublierons pas que l'auto-
« rité et la légitime influence que donnent les fonctions que nous tenons
« de la confiance du gouvernement doivent tout entières être consacrées
« à faire prévaloir ses décisions et à faire respecter les lois. Dans cette
« ligne de conduite, toute simple et toute loyale, aucun fonctionnaire,
« aucun agent de l'administration, j'en suis convaincu, ne fera défaut. »

M. Boulon de Rouvre, préfet des Vosges, apprécie ainsi la candidature extra-officielle de M. Buffet : « L'ex-ministre se plaint d'être signalé aux
« électeurs comme sollicitant les suffrages pour faire de l'opposition à
« celui qui fut son bienfaiteur. Il ne nie pas qu'il est l'adversaire du gou-
« vernement impérial. Il prend même soin, par des attaques plus vio-
« lentes et plus injustes que celles contenues dans sa circulaire du 14 de
« ce mois, de mieux indiquer les sentiments haineux qui l'ont déter-
« miné à se mettre sur les rangs pour la députation. *Il nie donc les*
« *bienfaits dont il a été comblé par le chef de l'État.* Les élec-
« teurs des arrondissements de Mirecourt et de Neufchâteau sont appelés
« à décider si l'homme qui manifeste sa reconnaissance de cette manière
« mérite leur confiance. Ils n'hésiteront pas à donner une leçon sévère
« à M. Buffet. »

De nombreux journaux, entretenus par les subventions et par les annonces judiciaires, servent d'auxiliaires aux préfets. Les uns, comme le *Journal du Tarn*, célèbrent la grandeur de la candidature officielle :
« Ce qui assure le succès des honorables candidats, ce qui donnera un
« grand éclat à leur triomphe, c'est la désignation que le gouvernement
« a faite d'eux pour les circonscriptions dans lesquelles ils se présentent.
« A leurs titres personnels viennent se joindre, dès ce moment, ceux que
« le gouvernement lui-même présente à la confiance et à la reconnaissance

« du pays. Représentants de sa cause, ils reçoivent de lui leur principale
« force. Ils deviennent ses hommes, et les suffrages de ses amis, c'est-à-
« dire des amis de l'ordre, leur appartiennent tous sans exception. »

Le *Mémorial de la Creuse* fait valoir l'influence du candidat officiel :
« Nos lecteurs apprendront avec plaisir que, sur la recommandation
« de M. Sallandrouze de Lamornaix, S. Exc. M. le ministre des cultes
« vient d'accorder un secours de 3000 francs à l'école chrétienne com-
« munale de notre ville... Nous avons la douce assurance que M. Sallan-
« drouze de Lamornaix, notre député, qui connaît et sait si bien servir les
« intérêts des arrondissements qu'il représente, recevra dans quelques
« jours, de la part de ses concitoyens, un nouveau et éclatant témoi-
« gnage de confiance, d'estime et d'affection. »

Le *Napoléonien*, seul journal désigné pour l'insertion des annonces légales et judiciaires de l'arrondissement de Troyes, — tel est son titre, — trace ce portrait flatteur du candidat qui se présente avec l'appui de M. le préfet : « *De mœurs faciles*, d'un abord accessible à tous,
« M. Moreau ne sera jamais plus heureux que lorsqu'il pourra se faire,
« auprès du gouvernement, l'interprète de ses compatriotes. Son mandat
« lui sera rendu par sa position indépendante, les fonctions qu'il a rem-
« plies, ses relations de famille et la haute confiance dont l'honore l'Em-
« pereur... »

Le *Var* est le plus ingénieux et le plus fécond avocat pour M. Les-cuyer d'Attainville : « La même activité que M. d'Attainville a déployée
« dans les questions de l'embranchement de Draguignan et de la route de
« Vence, il va la mettre au service des intérêts de ce canton qui attend
« avec anxiété la solution des affaires relatives aux chemins du Muy à
« Sainte-Maxime, et de Sainte-Maxime à Roquebrune. L'opposition du
« génie pèse sur ces voies de communication projetées, mais nous espé-
« rons qu'avec un tel avocat l'intérêt des populations finira par triom-
« pher. »

Une loterie a été tirée à Angoulême : la *Charente napoléonienne* saisit habilement cette occasion pour faire l'éloge de M. le général Gellibert des Seguins, candidat de l'administration : « Trois mille trois cents
« billets ont été pris et deux cent vingt-trois lots tirés. Le beau lot donné
« par S. M. l'Empereur a été gagné par l'honorable général Gellibert des
« Seguins, qui a représenté la Charente avec tant de dignité, et qui a su,
« pendant le cours de son existence parlementaire, acquérir de beaux
« droits aux suffrages des électeurs. »

Les journaux subventionnés ne se contentent pas de chanter les louanges des candidats officiels, ils combattent à outrance les autres. La *Franche-Comté* dit que M. de Montalembert, en se présentant de nouveau aux élections, se résigne « à avoir contre lui les campagnes et le clergé ». M. de Montalembert réplique qu'il ne renonce point à l'appui « des honnêtes gens, sans distinction entre les villes et les campagnes, « entre les prêtres et les laïques. »

La *Franche-Comté* répond avec indignation :

« Tant que le député du Doubs a défendu, avec le talent que chacun « se plaît à lui reconnaître, le grand principe d'autorité, ses commet- « tants l'ont applaudi et lui ont maintenu leur confiance ; mais, depuis « qu'aux yeux du clergé catholique il s'est fait le chef d'une petite Église « et qu'aux yeux des habitants des campagnes il s'est montré l'adversaire « du gouvernement de celui qu'ils ont acclamé comme le sauveur et la « gloire de la France, à quel titre M. de Montalembert pourrait-il reven- « diquer leurs suffrages ? M. de Montalembert ne doit compter qu'à lui- « même et à l'histoire des errements de sa vie politique. Mais nous « dirons aux électeurs : Votre ancien député a perdu la confiance de « l'Empereur ; voyez si vous voulez lui conserver la vôtre. Il s'est posé « en adversaire déclaré de ces institutions que vous avez fondées, de cet « ordre de choses que vous avez fait, de ce gouvernement que vous « aimez, parce qu'il est votre œuvre, parce qu'il répond essentiellement « à vos instincts et à vos besoins, parce qu'enfin il a porté la France au « plus haut degré de prospérité et de grandeur ; voyez si vous voulez vous « déjuger. »

M. J. Brame, candidat dans le département du Nord, a commis l'imprudence de se dire « indépendant » ; le *Mémorial de Lille* trouve l'épithète surannée et impliquant une *antithèse injurieuse* pour son concurrent et pour le gouvernement qui propose celui-ci aux suffrages des électeurs. Le *Mémorial de Lille* n'admet pas qu'un candidat veuille même causer un déplaisir au gouvernement. Voici le dilemme dans lequel il place M. Brame : « En résumé, ou M. J. Brame est un « adversaire de la politique impériale, et il ne doit pas être nommé par « une population intelligente, laborieuse, dévouée, qui a si grand intérêt « à ce que l'avenir soit calme pour permettre à l'Empereur d'achever son « œuvre ; ou bien M. Jules Brame a la même foi politique que M. Th. « Descat, et il ne devrait pas jeter la division parmi les électeurs, provo- « quer un acte qui, en même temps qu'il serait empreint d'ingratitude

« envers un député qui a fait son devoir, ressemblerait à une tentative
« d'opposition et apporterait, sinon une entrave, au moins un déplaisir
« au gouvernement de l'Empereur. »

M. Louis Bazile, député sortant pour les arrondissements réunis de Châtillon et de Semur (Côte-d'Or), a pour concurrent M. L. Philippon de Larrey. Le *Moniteur de la Côte-d'Or* ne publie point la circulaire électorale de ce dernier, mais il la critique vivement. Deux choses dans cette circulaire ont le privilège de l'indigner :

« M. Philippon désirerait, dit-il, que le gouvernement rendît de l'ini-
« tiative aux mandataires du pays et ouvrît un champ plus large à la
« discussion. C'est-à-dire que M. Philippon voudrait nous replacer pré-
« cisément dans la situation périlleuse d'où le 2 décembre nous a si heu-
« reusement fait sortir..... Tout le monde a déjà remarqué que M. Phi-
« lippon garde un silence absolu sur les institutions impériales, qu'il
« n'exprime pas la moindre adhésion à ces institutions qui ont rendu à
« la France sa force, sa gloire, sa grandeur et sa prospérité. Les élec-
« teurs qui connaissent M. Philippon sauront parfaitement ce que veut
« dire ce silence intentionnel.... »

M. de Romand dit dans sa circulaire aux électeurs de Saône-et-Loire :
« Je me suis assuré depuis longtemps de l'agrément du gouvernement
« de l'Empereur, en ce qui concerne mon entrée au Corps législatif. »
Et plus loin : « J'ai prévenu de mes intentions le gouvernement de l'Em-
« pereur, ainsi que M. le préfet du département. »

Le *Journal de Saône-et-Loire* s'élève contre cette affirmation :
« Il est vrai que M. le baron de Romand se garde bien de dire quel
« accueil ont reçu ses dernières ouvertures, et nous comprenons fort
« bien sa réserve. Mais que lui importe que son nom n'ait pas été l'objet
« d'une désignation officielle? Il s'en console aisément, et, à l'aide d'une
« interprétation ingénieuse, il trouve le moyen de donner au langage de
« M. le ministre de l'intérieur un sens favorable à ses vœux..... »

Le *Périgord* insère la note suivante : « Le gouvernement dément
« formellement l'assertion que M. Gibiat s'est permis d'insérer dans sa
« lettre aux électeurs, en affirmant qu'*il se présente* à leurs suffrages
« *avec l'autorisation du gouvernement.* Sa candidature est, au con-
« traire, complètement désavouée. » M. E. Gibiat renonce alors à la candidature pour ne pas engager ses amis dans une voie qui *pourrait devenir périlleuse pour eux.*

Le *Courrier de La Rochelle* dit le vrai mot sur le rôle de la presse

en ce moment : « La presse départementale étant condamnée à se
« mouvoir dans un cadre si restreint qu'elle craint à chaque instant de
« se heurter contre un danger imprévu, son rôle se réduit à exposer
« simplement les faits. »

Les préfets ne sont pas seuls à imposer leurs candidats aux électeurs. L'Empereur a aussi les siens. Voici la lettre qu'il adresse à un de ses protégés :

« AU BARON MARIANI.

« Mon cher commandant,

« Le ministre de l'intérieur a dû vous dire que j'avais décidé que vous seriez en Corse le candidat du gouvernement. Vous pouvez donc le proclamer hautement, car je serai très heureux que la confiance des électeurs vous amène à la Chambre. Croyez à mes sentiments d'amitié.
« NAPOLÉON.

« Tuileries, le 7 mai 1857. »

Le parti catholique soutint quelques candidats isolés. Les légitimistes purs et les orléanistes restèrent sous leur tente ; les républicains étaient divisés : les uns voulaient nommer des députés qui prêteraient serment et qui siégeraient à la Chambre ; les autres exigeaient que les élus refusassent le serment constitutionnel ; une troisième fraction, la moins nombreuse de toutes, était pour l'abstention complète. Les républicains proscrits, consultés sur le parti à prendre définitivement, donnèrent gain de cause aux partisans du refus de serment, à la condition de le motiver publiquement :

« Que les élus du peuple, dit M. Louis Blanc, ne se bornent pas au
« refus du serment. Ce qu'il faut, c'est un refus motivé de telle sorte qu'on
« y entende vibrer ce grand cri qu'a retenu au fond des consciences le
« succès prolongé de l'attentat par où la liberté de la tribune et celle de
« la presse ont péri ; interrompus, que les élus de la nation insistent ;
« menacés, qu'ils résistent, jusqu'à ce que la force brutale, intervenant,
« les empoigne. »

Ce système d'opposition dramatique, impossible à appliquer, ne pouvait pas être du goût de l'homme pratique et positif qui dirigeait alors le *Siècle ;* M. Havin voulait opposer des candidats sérieux aux candidats officiels, mais où les trouver? Voilà ce que demandait à tout le monde le directeur du *Siècle*, dont la vie s'était passée dans l'ancienne Chambre des députés, qui en connaissait admirablement le personnel,

Fig. 54. — L'élection des Cinq.

mais dont l'horizon ne s'étendait pas au delà de la salle du Palais-Bourbon. M. Havin, qui, dans les circonstances les plus délicates, aurait fait autrefois le choix le plus prompt et le plus sûr du meilleur candidat pour une commission importante, pour des fonctions au bureau de la Chambre, et même pour une combinaison ministérielle, ne savait en dehors du monde parlementaire sur qui fixer son attention. Heureusement il avait un goût naturel pour la jeunesse; il savait interroger les gens compétents, et se faire une idée juste des hommes par ce qu'on lui en disait.

M. de Benazé, ancien maire du Ier arrondissement sous la République, membre du conseil de surveillance du *Siècle*, homme d'esprit et de bon sens, très ferme dans ses opinions républicaines, exerçait une notable influence sur la direction politique de ce journal. M. de Benazé aimait à s'entourer de jeunes écrivains et de jeunes avocats amis de ses fils. Parmi ces jeunes gens promis tous à un brillant avenir figuraient MM. Émile Durier, Émile Ollivier, Hérold, Ernest Picard, etc. M. de Benazé ouvrit même à ce dernier les portes du conseil de surveillance du *Siècle*; il proposa ensuite de présenter MM. Émile Ollivier et Darimon comme candidats à la députation.

Le gouvernement provisoire de 1848 s'était fait représenter dans les départements par des hommes jeunes pour la plupart plutôt que nouveaux. M. Émile Ollivier, le plus jeune et le plus inconnu de tous, sortait à peine de l'École de droit.

Le jeune Émile Ollivier, dans toute la ferveur de ses vingt ans et de son enthousiasme républicain, remplit ses fonctions en apôtre plutôt qu'en proconsul : avocat débutant, prompt aux harangues et aux allocutions, s'il parla plus qu'il n'agit, il parla du moins avec la douceur et l'onction d'un Chaumette. Ce jeune homme attendri, larmoyant, sermonneur, donnant la main aux républicains rectilignes de la veille et souriant aux républicains douteux du lendemain, devint bientôt suspect aux uns et aux autres. Marseille eut ses journées de juin, de même que Paris et Lyon. M. Émile Ollivier, accusé par les vaincus de trahison et par les vainqueurs de connivence avec l'émeute, passa de la préfecture des Bouches-du-Rhône à celle de la Haute-Marne. M. Ollivier accepta philosophiquement sa disgrâce et garda son poste après l'avènement de M. Louis Bonaparte à la présidence, jusqu'au jour où M. Léon Faucher, exécuteur des hautes œuvres du parti de l'ordre, le frappa de destitution. L'ex-préfet de la Haute-Marne revint à Paris et reprit la robe d'avocat.

Les clients n'affluaient pas dans son cabinet. Les avoués, effrayés de sa réputation de républicain, n'osaient pas lui confier des affaires à plaider ; il fut obligé de donner des répétitions de droit pour vivre.

M. Darimon, ancien rédacteur du *Peuple* et ami de Proudhon, fort éloigné par conséquent de représenter les doctrines politiques et économiques du *Siècle*, se rapprochait de lui, et c'était l'important pour le moment, par son intention de remplir son mandat de député s'il lui était confié. On comptait beaucoup sur les suffrages des ouvriers pour réaliser ce résultat.

La candidature de M. Émile Ollivier, quoiqu'il fût pour le moment ardent abstentionniste [1], fils de proscrit et homme de Février, semblait devoir soulever une assez vive opposition dans le comité central, soit pressentiment chez quelques-uns de ses membres, soit que la recommandation du *Siècle* ne leur parût pas une garantie suffisante. On parlait peu de la candidature de M. Darimon.

Le comité électoral républicain se réunissait chez un des avocats les plus distingués de Paris, M. Desmarest. Il se composait de MM. Amiel, chef d'institution; F. Arnaud (de l'Ariège), Jules Bastide, Bethmont, Buchez, Carnot, le général Eugène Cavaignac, Ed. Charton, A. Corbon, Degousée, Jean Reynaud, Jules Simon, F. Sain, anciens représentants du peuple; Degouve-Denuncques, ancien préfet; Hippolyte Duboy, avocat à la Cour de cassation; L. Laurent Pichat, directeur de la *Revue de Paris;* Armand Lefrançois, secrétaire du comité de rédaction de la *Revue de Paris;* Frédéric Morin; Eugène Pelletan, hommes de lettres; E. Vacherot, ancien directeur de l'École normale.

Les fonctions de secrétaire étaient remplies par M. Ferdinand Hérold, un des principaux avocats à la Cour de cassation, fils de l'illustre auteur de *Zampa* et du *Pré-aux-Clercs*, et par M. Lefrançois.

Plusieurs citoyens, sans faire précisément partie du comité, MM. Guinard et Labélonye entre autres, suivaient avec assiduité ses séances. M. Havin, directeur politique du *Siècle*, MM. de Bénazé et Picard, membres du conseil de surveillance de ce journal, M. Dumont, rédacteur en chef de l'*Estafette*, M. Félix Mornand, rédacteur en chef du

---

1. Un des rédacteurs du *Siècle*, candidat lui-même dans un département du Midi, rencontra M. Ollivier à la porte du cabinet de M. Havin : « Eh bien, lui dit-il, vous voilà donc candidat? — Jamais, répondit avec animation M. Emile Ollivier, je ne saurais accepter un rôle dans cette comédie qui se joue au Palais-Bourbon, et je vous engage à suivre mon exemple. » Le collaborateur du *Siècle* apprit, une heure après, que l'ardent partisan de l'abstention, séduit par l'éloquence de M. Havin, acceptait la candidature.

Journal de Paris; M. Darimon, rédacteur de la *Presse*, y assistaient en qualité de représentants du journalisme.

Les deux tendances entre lesquelles le parti démocratique était partagé, l'abstention et l'action, divisaient également le comité, et chacune d'elles s'appuyait sur des journaux, la première sur l'*Estafette* et le *Courrier de Paris,* la seconde sur le *Siècle* et sur la *Presse.*

Les membres du comité, les journalistes, plusieurs démocrates furent convoqués pour le 9 juin, à l'effet de fixer définitivement la liste des candidats, œuvre difficile, car il ne s'agissait pas seulement de se mettre d'accord sur des noms, mais encore de réunir en un seul faisceau des hommes divisés sur le sens à donner à l'élection, dont les uns voulaient faire une simple protestation, et les autres une entrée sérieuse dans la vie politique.

M. Jean Reynaud était proposé pour la première circonscription, en même temps que M. Edouard Laboulaye, professeur au Collège de France. Les adversaires de ce dernier invoquaient contre lui sa qualité de fonctionnaire; ses amis repoussaient cette qualification et faisaient valoir l'appui du *Journal des Débats*, qui publierait la liste des candidats de l'opposition. Dans le cas où le nom de M. Laboulaye y figurerait, il fut convenu que l'adoption de la candidature de M. Laboulaye serait subordonnée à l'engagement pris par M. Berlin de publier la liste des candidats. L'opinion générale du comité fut de présenter le général Cavaignac dans la 3ᵉ circonscription, où il avait été nommé en 1852. M. Havin réclama cette circonscription pour son propre compte, en faisant remarquer que c'était dans ce quartier que le *Siècle* avait le plus d'abonnés. Cette exigence était d'autant moins justifiable que M. Havin flottait incertain, ne sachant quelle résolution prendre devant l'opposition que rencontrait sa candidature de la part du conseil de surveillance du *Siècle*, qui y voyait un danger pour ce journal.

La 3ᵉ circonscription fut maintenue au général Cavaignac. M. Garnier-Pagès, après bien des oppositions et des discussions, eut la 4ᵉ; M. Carnot, la 5ᵉ, M. Jules Goudchaux la 6ᵉ, M. Jules Simon la 7ᵉ, M. Jules Bastide la 8ᵉ. Ce dernier hésitant à donner son acceptation, parce qu'il ne trouvait pas la liste suffisamment homogène, et d'un autre côté le *Siècle* et la *Presse* paraissant préférer la candidature de M. Vavin à la sienne, on convint de mettre M. Vavin à la 8ᵉ; M. Jean Reynaud ou M. Bastide serait alors placé à la 7ᵉ. On était toujours sûr d'avoir un candidat, parce que M. Jean Reynaud s'était purement et simplement mis à la disposition du comité sans tenir à une circonscription plutôt qu'à une autre. M. Ferdinand de Lasteyrie était présenté dans la 9° circonscription.

M. Havin déclara qu'il lui paraissait de bonne politique de porter dans la 10° M. Émile Ollivier, fils d'un proscrit et jeune homme d'un grand avenir; un autre membre, en approuvant cette pensée, mit en avant le nom de François-Victor Hugo. Une longue discussion s'engagea sur les deux candidats. La majorité convenait qu'Ollivier avait une certaine valeur politique; quelques membres, M. Bastide entre autres, ne dissimulaient pas leur défiance contre lui. Le principal argument en faveur de F.-V. Hugo était l'immense popularité de son père. M. Guinard et M. Hérold soutinrent chaleureusement la candidature Ollivier. Cavaignac partit avant le vote sans exprimer d'opinion, les journalistes s'abstinrent. M. Ollivier obtint onze voix et F.-V. Hugo dix. M. Hérold inscrivit aussitôt le nom de M. Émile Ollivier sur la liste du comité comme candidat dans la 10° circonscription.

Les membres de la réunion se séparèrent tard, persuadés que la liste serait publiée par le *Siècle* et par la *Presse*, le lendemain. Mais l'intention de M. Émile Ollivier depuis qu'il s'était décidé à prêter le serment n'était nullement de faire une campagne inutile et comme une espèce de stage électoral en se présentant dans une circonscription plus que douteuse; il ne se contentait pas d'un succès moral, d'une belle minorité de consolation, il voulait la majorité. Il lui fallait une circonscription où la victoire fût à peu près certaine, et il refusait de se laisser porter dans la 10° circonscription, qui lui paraissait trop mauvaise. Le *Siècle* et la *Presse*, se soumettant aux exigences de M. Émile Ollivier, publièrent le 11 juin la liste suivante, entièrement différente de celle du comité :

1re circonscription, Laboulaye; 2e, Bethmont; 3e, Cavaignac; 4e, É. Ollivier; 5e, Carnot; 6e, Goudchaux; 7e, Darimon; 8e, Vavin; 9e, Ferd. de Lasteyrie; 10e, Reynaud.

M. Garnier-Pagès se trouvait exclu de la liste. Le comité se réunit le 12 au matin, au milieu de la plus vive agitation. MM. Goudchaux, Bethmont et Carnot, portés à la fois par les journaux et par le comité, étaient présents, ainsi que Cavaignac; ils se déclarèrent solidaires du comité. M. Reynaud, porté à la 10° circonscription par le *Siècle*, repoussa cette candidature. Le comité résolut de publier la liste arrêtée en présence des journalistes, en la complétant seulement par les circonscriptions dont les candidats n'avaient pas été définitivement choisis. M. Jean Reynaud fut désigné comme candidat dans la 1re circonscription à la place de M. Laboulaye, M. Bastide dans la 7e au lieu de M. Darimon, Jules Simon dans la 8e en remplacement de M. Vavin. Le comité, qui ne pouvait cependant se méprendre sur l'attitude de M. Émile Ollivier, crut devoir le maintenir sur la liste, parce qu'il avait été adopté dans la séance du 9, sans condition résolutoire, à la différence de MM. Laboulaye et Vavin. La liste fut donc dressée et signée des citoyens présents.

Le comité, en permanence, ne tarda pas à savoir que M. Émile Ollivier, porté par le *Siècle* à la 4e circonscription, ne signerait pas de bulletin pour la 10e. M. Eugène Pelletan fut proposé pour le remplacer et adopté à l'unanimité. La liste fut envoyée aux journaux le *Courrier de Paris* et l'*Estafette*.

Elle se composait des noms suivants : 1° J. Reynaud, 2° Bethmont, 3° Cavaignac, 4 Garnier-Pagès, 5° Carnot, 6° Goudchaux, 7° Bastide, 8° J. Simon, 9° F. de Lasteyrie, 10e Pelletan.

Le comité publia dans l'*Estafette* un récit de ce qui s'était passé. Une correspondance s'engagea entre MM. Emile Ollivier et Garnier-Pagès au sujet de la 4e circonscription, qu'ils se disputaient tous les deux. Voici la curieuse lettre écrite par le premier au second :

« Mon cher Garnier-Pagès,

« Je fais appel à votre cœur ; nos deux noms sont un des principaux obstacles à l'unité.

« Je vous sacrifierais sans hésiter le mien, si je n'étais engagé avec le *Siècle* et la *Presse* avant la publication de la liste du comité. Je ne puis manquer à ma parole. Du reste, ma retraite ne terminerait rien.

« Votre retraite, au contraire, change les termes de la question, ménage tous les amours propres, me permet de vous *imiter*. Ensuite tous les deux réunis nous tenterons une fusion entre les deux listes, et, après l'exemple que nous aurons donné, personne n'osera résister à notre action.

« La force de notre idée a toujours été dans le désintéressement et le sacrifice.

« Donnons-en un exemple.

« Ce qui se passe à Paris en ce moment est l'objet des entretiens de l'Europe ; nos ennemis se réjouissent de nos discordes. Je vous en prie, je vous en conjure, au nom de la mémoire de votre frère, au nom de nos proscrits, au nom de tous ceux qui souffrent, qui pleurent pour la vérité, faisons cesser ce spectacle.

« Vous êtes naturellement à la hauteur de tout ce qui est magnanime. Vous proposer une bonne action, c'est être sûr qu'elle sera accomplie. Je ne vous supplie plus, je vous remercie.

« D'ailleurs, croyez-moi, notre Montaigne l'a dit : il est des défaites triomphantes à l'envi des victoires.

« A vous de cœur !

« ÉMILE OLLIVIER.

« Samedi, 13 juin 1857. »

M. Garnier-Pagès ne pouvait se désister sans consulter le comité.

Ce dernier, irrité de la conduite du *Siècle* et de la *Presse*, exigea de M. Garnier-Pagès qu'il maintînt sa candidature, ce qu'il fit dans la lettre suivante :

« Mon cher monsieur Ollivier,

« Vous vous méprenez étrangement sur la situation.

« Dans le comité, malgré un premier refus, j'ai été désigné comme candidat de la quatrième circonscription, parce qu'elle comprend l'arrondissement habité par des commerçants au milieu desquels j'ai passé ma vie entière. Sur la proposition de M. Havin, vous avez, après débats, été accepté pour la dixième circonscription.

« Voilà les faits ! ils sont bien simples,

« Maintenant, que penseriez-vous de moi si, transportant ma candidature de la circonscription indiquée par le comité, je la posais contre un de mes amis porté sur la même liste?

« Jugez-en vous-même ; vous diriez, certes, que j'ai commis un acte de félonie envers vous !

« Eh bien ! voilà ce que l'on veut vous pousser à faire pour servir des amours-propres que je n'ai jamais cherché à froisser ou des rancunes que je n'ai jamais méritées.

« Croyez-moi, c'est mal débuter dans la vie politique. Je vous plains sincèrement de vous voir perdre l'avenir brillant qui sourit à votre talent.

« Je vous le dis pour vous et non pour moi ; car, dans les circonstances actuelles, je n'ai accepté la candidature que comme un lourd fardeau et comme un devoir à remplir, devant lequel je ne puis, ni ne dois, ni ne veux reculer.

Croyez à mes sentiments affectueux.

« Garnier-Pagès.

« Paris, 16 juin 1857. »

Les électeurs parisiens auraient dans d'autres temps donné raison à M. Garnier-Pagès, mais il se présentait à eux sous la bannière abstentionniste, et ils repoussaient l'abstention, sous quelque forme que ce fût. Plusieurs d'entre eux se rendirent chez Cavaignac pour savoir à quoi s'en tenir sur ses intentions relativement au serment : il refusa de répondre, laissant chacun libre de voter ou de ne pas voter pour lui. La presse officieuse exploita ce silence, qui plaçait Cavaignac dans une assez fausse position et qui faillit le faire échouer.

Quelques hommes marquants du parti républicain essayaient vainement de rétablir la paix entre le *Siècle* et le comité. M. Garnier-Pagès offrit de prendre pour arbitres M. Ledru-Rollin et les comités des exilés à Londres et à Bruxelles. La proposition fut acceptée. M. Garnier-Pagès était à Londres le lendemain matin, et le surlendemain à Bruxelles. Le mercredi 17, il rentrait dans Paris porteur d'une lettre de M. Ledru-Rollin, à laquelle avaient adhéré les républicains de Belgique. Cette lettre se prononçait sans hésitation en faveur de la candidature unique dans chaque circonscription. La question était de savoir lequel des deux partis s'effacerait devant l'autre, mais aucun d'eux ne voulut céder.

Les élections menaçaient d'être une guerre civile entre le parti républicain plutôt qu'une bataille contre le gouvernement. La presse orléaniste et légitimiste, qui aurait dû cacher ces divisions, mettait au contraire à les dévoiler le plus singulier empressement. Il semblait qu'il s'agît beaucoup moins pour ces journaux de défendre la liberté électorale que d'accuser les faiblesses de l'opposition. « Les légitimistes, répondit la

Fig. 55. — Attentat d'Orsini.

Gazette de France à un journal étranger qui s'étonnait de sa conduite, combattent la révolution dans toutes ses manifestations et dans toutes ses formes. Voilà tout. »

Le scrutin allait s'ouvrir ; les électeurs reçurent la lettre suivante :

« PRÉFECTURE DU DÉPARTEMENT DE LA SEINE.

« Paris, 21 juin 1857.

» Monsieur,

« Les élections des députés au Corps législatif ont commencé ce matin.

« Chacun est libre d'user ou de ne pas user du droit que la Constitution lui confère; mais alors que certains partis érigent l'abstension en système, beaucoup d'électeurs regretteraient peut-être de s'y trouver associés involontairement par suite d'un oubli ou de quelque préoccupation d'affaires.

« Je prends donc la liberté de vous rappeler que le scrutin restera ouvert demain lundi, de huit heures du matin à quatre heures du soir.

« Recevez, monsieur, l'assurance de ma considération distinguée.

« *Le préfet de la Seine,*
» G.-H. HAUSSMANN. »

Le gouvernement ne se contentait pas de pousser ses partisans au scrutin, il en écartait ses ennemis. Le dimanche matin, premier jour de l'élection, M. Garnier-Pagès, sortant avec M. Jean Reynaud de chez M. Carnot, rue du Cirque, pour se rendre dans une réunion d'électeurs, fut abordé par trois messieurs qui déclarèrent avoir une communication importante à lui faire et qui le prièrent de monter dans un fiacre. Ces messieurs étaient un commissaire de police, le secrétaire général de la préfecture de police et le secrétaire particulier du préfet. Ils annoncèrent à M. Garnier-Pagès qu'ils étaient porteurs d'un mandat de perquisition. « En ce cas, répondit-il, vous pouvez vous rendre chez moi; j'ai une course pressée à faire; je vous rejoindrai aussitôt après. » Le commissaire reprit : « Notre mandat est également un mandat d'amener, vous n'êtes plus libre, remettez-moi votre portefeuille. »

La voiture partit et s'arrêta un quart d'heure après rue Chaptal, devant la maison de M. Garnier-Pagès. La perquisition opérée par les agents de la police resta sans résultat. Les correspondances relatives aux élections avaient été mises en lieu de sûreté. Les agents de la préfecture de police rendirent à M. Garnier-Pagès sa liberté. Il exprima le désir d'être conduit chez le préfet de police pour lui demander l'explication de son étrange mesure. M. Piétri se retrancha derrière l'obéissance qu'il devait aux ordres de ses supérieurs [1]. Le bruit de l'arresta-

---

[1]. Une autre perquisition eut lieu le lendemain des élections chez M. Desmarest, avocat au barreau de Paris, chez lequel était établi le siège du comité électoral. Le gouvernement espérait cette fois mettre la main sur les lettres et les listes électorales; il ne fut pas plus heureux que chez M. Garnier-Pagès. Ce dernier reçut une assignation pour comparaître devant le juge d'instruction; mais, après un premier interrogatoire, l'affaire en resta là.

tion de M. Garnier-Pagès se répandit dans Paris. Il n'était point fait pour rassurer les électeurs. Le *Siècle* avait été frappé d'un avertissement, le 18, en pleine agitation électorale. Le gouvernement ne voulait pas tolérer qu'il se posât comme l'unique représentant des principes de 89. « Déjà atteint par deux avertissements, il pourrait être suspendu, « aux termes de la loi ; mais le gouvernement, qui a laissé à la lutte « électorale la plus grande latitude, ne veut pas frapper, aux derniers « jours de cette lutte même, l'un des organes les plus vifs, les plus agis-« sants d'une opposition dont l'opinion publique appréciera la portée. »

Cet avertissement n'en était pas moins une menace redoutable. Le *Siècle* ne s'effraya pas cependant, et, la veille de l'élection, il publia en faveur de la candidature de M. Émile Ollivier un article suivi de quelques lignes très chaudes de M. Ernest Picard. L'article du *Siècle* se terminait par ces paroles significatives :

« N'était-ce pas un devoir de préférer ce nom ? Ceux qui l'ont exclu « de leur liste ne se sont pas sans doute rappelé les rapports qu'il avait « avec les souffrances de l'exil ; autrement, ils l'eussent recommandé plus « que tout autre aux électeurs de Paris, comme pouvant leur servir à « adoucir de trop longues peines ; qu'il aille, c'est notre vœu le plus « cher, porter au dehors souvenir et consolation. »

Le gouvernement l'emporta dans la 1re, la 2e, la 8e, la 9e et la 10e circonscription. M. Carnot fut nommé dans la 5e, M. Goudchaux dans la 6e. Dans la 4e, la 3e et la 8e, il y eut ballottage entre le général Cavaignac et M. Germain Thibault, entre MM. Ollivier et Varin, entre MM. Darimon et Lanquetin. Les trois candidats opposants furent élus. Paris, en nommant M. Émile Ollivier, ancien commissaire de la République, fils d'un proscrit, dont la candidature était présentée par le *Siècle* comme une consolation à l'exil, inaugurait donc cette série de choix empreints d'une hostilité particulière, qui à chaque élection est comme sa protestation individuelle contre le coup d'État.

Les élections de 1857 laissèrent subsister dans le parti républicain à Paris un ferment de discorde qui fit encore sentir son influence sur les élections suivantes. Les républicains des départements restèrent en dehors de ces luttes. Leur action ne fut pas très sensible dans les élections. Comment auraient-ils pu lutter sans liberté de la presse, sans droit de réunion, contre les forces du gouvernement : télégrammes des ministères, circulaires des préfets, allocutions des juges de paix, menaces des maires, des commissaires de police et des gardes champêtres, arrestations illégales des citoyens, urnes à doubles clefs, violations des urnes, soupières, boîtes, vases et engins de toute sorte à contenir les votes, la pratique générale de tous ces moyens de fausser le suffrage n'avait rien à craindre de la publicité ; les citoyens, en présence des décrets qui mettaient leur liberté individuelle à la merci de l'autorité, et la presse, menacée par le régime des avertissements, étaient sobres de plaintes et de réflexions. Le gouvernement, libre de tout contrôle, joignant la force à l'arbitraire, pouvait se livrer, sans crainte de rencontrer de résistance sérieuse, à cette parodie de l'élection. L'opposition parvint à grand'peine à faire passer six ou sept candidats à Paris, Lyon, Bordeaux et Lille ; mais l'écrasante majorité obtenue par le gouvernement fut due surtout aux votes des campagnes. Les villes avaient montré moins d'obéissance aux préfets; un nombre considérable de voix et souvent la majorité attestaient la résistance des grands centres de population à s'abandonner à la direction des autorités de l'Empire ; aussi peut-on dire que les élections de 1857, malgré leur résultat favorable au gouvernement, donnèrent le signal du réveil de l'opinion publique.

MM. le général Cavaignac, Goudchaux et Carnot ne devaient pas tarder à devenir démissionnaires par refus de serment. Il fallait les remplacer. Le gouvernement convoqua les électeurs le 29 avril, au moment où l'application de la loi de sûreté générale couvrait la France de deuil. Un comité, composé de MM. Hénon, Darimon, Havin, directeur politique du *Siècle*, Nefftzer, rédacteur en chef de la *Presse*, Émile Ollivier, Émile Durier, Philis, Ernest Picard, s'occupa du choix des candidats. Les noms de MM. Havin, Jules Favre et Alphonse Peyrat furent mis en avant. La candidature de M. Peyrat était, dans les circonstances actuelles, un hommage au journalisme et une leçon au pouvoir, qui avait frappé l'année précédente la *Presse*, dont il était alors le rédacteur en chef, d'une suspension de deux mois. M. Émile Durier, chargé d'inviter M. Peyrat à une réunion électorale chez M. Émile Ollivier, le trouva décidé à décliner d'avance toute candidature. Il consentit néanmoins à se rendre à la réunion qui eut lieu le jour même où expirait le délai pour le dépôt de la déclaration légale. Une décision devenait urgente. M. Peyrat persista dans son refus ; le comité attendait avec impatience l'arrivée de M. Havin. « Messieurs, dit ce dernier en entrant, je vous apporte une
« mauvaise nouvelle : le conseil de surveillance du *Siècle* trouve que ma
« candidature dépasse la mesure de l'opposition que ce journal croit pou-
« voir en ce moment faire au gouvernement. Je me soumets à son appré-

« ciation, et j'en suis d'autant plus fâché que la députation de Paris aurait
« été le couronnement de ma carrière. »

Que faire? M. Jules Favre, obligé de soutenir un procès à Rouen, était parti en laissant à M. Ernest Picard sa déclaration en blanc, et en lui recommandant de n'en faire usage qu'après avoir pris l'avis de quelques hommes politiques qu'il lui désigna. M. Picard les consulta; ils déclarèrent à l'unanimité que l'élection de l'avocat d'Orsini était un acte qui devait faire renoncer tous les électeurs à l'abstention : la déclaration de M. Jules Favre fut déposée. Le comité fit en même temps des démarches pressantes et longtemps infructueuses pour décider M. Liouville, ancien bâtonnier de l'ordre des avocats, à remplacer M. Havin. M. Liouville ne se décida que sur les instances de M. Émile Ollivier et de M. Picard, son secrétaire. M. Peyrat restait à remplacer : le nom de M. Ernest Picard avait été prononcé, ses amis le poussaient vivement à se mettre sur les rangs, il résistait par modestie. « Je ne suis pas assez connu, disait-il; ma candidature va paraître ridicule. » Comme il se sentait assez de talent pour justifier bientôt les prétentions de ses amis pour lui, ceux-ci n'eurent pas de peine à triompher de ses scrupules. Le conseil de surveillance du *Siècle*, dont M. Picard était membre, ayant déclaré à l'unanimité la candidature du directeur politique du journal périlleuse pour ses intérêts, ne trouvait pas non plus que la candidature d'un de ses membres fût sans danger. Le jeune candidat ne crut point devoir s'arrêter devant les observations de ses collègues. Le *Siècle* publia cependant son nom, en même temps que celui des autres candidats de l'opposition, en tête de ses colonnes, mais à la condition qu'il donnerait sa démission de membre du conseil de surveillance. M. Liouville, qui ne voulut pas même se donner la peine de faire une profession de foi, n'échoua qu'à quelques centaines de voix. M. Picard passa le 10 mai 1858, au second tour de scrutin. M. Jules Favre fut nommé au premier tour. Paris, en élisant le défenseur d'Orsini, resta fidèle à ce système d'hostilité qui lui avait fait choisir le général Cavaignac pour protester contre le 2 décembre, et M. Émile Ollivier pour consoler l'exil. La capitale de la France prouvait ainsi qu'elle avait pu subir le coup d'État, mais qu'elle n'acceptait pas le gouvernement qui en était sorti.

CHAPITRE X

ORSINI (1858)

Réception du corps diplomatique aux Tuileries, le 1ᵉʳ janvier 1858. — Discours du nonce. — Réponse de l'Empereur. — Tranquillité des esprits. — Attentat d'Orsini. — Antécédents de l'auteur de l'attentat. — Orsini en Angleterre. — Fabrication des bombes. — Orsini et Pieri à Paris. — La police aurait pu les arrêter. — Orsini fixe le jour de l'attentat au 14 janvier. — Arrestation de Pieri. — Elle ne change rien aux dispositions ordinaires de la police. — L'Empereur et l'Impératrice arrivent à l'Opéra. — Triple explosion sur le passage de leur voiture. — Le bruit de l'attentat se répand dans la salle. — Accueil fait par le public à l'Empereur. — Retour de l'Empereur et de l'Impératrice aux Tuileries. — Arrestation des auteurs de l'attentat. — Leur procès. — Lettre d'Orsini à l'Empereur. — A-t-il jamais été sérieusement question de faire grâce à Orsini? — Testament d'Orsini. — Dernière lettre d'Orsini à l'Empereur. — Exécution d'Orsini.

Le 1ᵉʳ janvier 1858, l'Empereur répondit au nonce chargé de lui présenter les souhaits du corps diplomatique : « Je suis toujours heureux de recevoir les vœux du corps diplomatique. J'aime à croire que l'année qui s'ouvre, comme celle qui vient de finir, verra se raffermir encore l'union entre les souverains et la concorde entre les peuples. Je vous remercie de vos souhaits. » L'Empereur, s'approchant ensuite de lord Cowley, lui serra la main, ainsi qu'à l'ambassadeur de Russie, et il passa sans leur adresser la parole devant les ambassadeurs de Turquie et d'Autriche. Comme il suffisait, pour rassurer l'opinion publique sur le maintien de la paix, que le gouvernement parût en bonne entente avec l'Angleterre et avec la Russie, la froideur témoignée à la Turquie et à l'Autriche passa inaperçue. La situation du gouvernement à l'extérieur ne causait donc aucune inquiétude à l'opinion ; quant à sa situation intérieure, les dernières élections lui avaient donné une majorité considérable ; rien ne semblait donc entraver la marche du pays dans la voie des affaires, la seule ouverte à son activité, lorsqu'un terrible événement vint lui montrer sur quelles frêles bases reposaient sa fortune et sa tranquillité.

Le 14 janvier, une brillante illumination de la façade de l'Opéra annonçait que l'Empereur assisterait au spectacle [1]. Les voitures de la cour débouchèrent vers huit heures et demie du boulevard dans la rue Le Peletier. La première contenait un chambellan et deux aides de camp ; la seconde, l'Empereur, l'Impératrice et le général Roguet. Le bruit des roues et des pieds des chevaux durait encore lorsqu'une explosion un peu sourde et étouffée, bien que violente, se fit entendre. Tous les becs de gaz s'éteignirent à la fois ; cinq ou six secondes après, nouvelle explosion, et, au bout d'un intervalle de temps à peine appréciable, troisième détonation.

L'explosion avait porté la mort dans les rangs de l'escorte de l'Empeur et de la foule pressée aux abords de l'Opéra. L'extinction subite du gaz par l'effet même de l'explosion redoubla l'épouvante générale ; on crut que les assassins allaient continuer leur œuvre de destruction dans les ténèbres ; mais bientôt la lumière reparut et vint éclairer une scène de désolation : des morts, des blessés, des chevaux, des débris de voiture couvraient le sol ensanglanté [2].

Cependant un garçon d'hôtel avait ramassé rue Rossini une sorte de poire de métal armée de capsules. L'officier de paix qui avait arrêté Pieri fit connaître cette arrestation. On fouilla le prisonnier et on le trouva porteur d'armes et d'un petit cylindre de fer qu'il recommanda de ne manier qu'avec les plus grandes précautions. On tenait, à n'en pas douter, un des assassins. On fut bientôt sur la trace de ses complices.

Pendant qu'on se livrait aux perquisitions dans le quartier, un jeune

---

1. On donnait une représentation au bénéfice du chanteur Massel.
2. Le nombre des personnes atteintes s'élevait à 141. Un projectile avait traversé le chapeau de l'Empereur, dont le nez était légèrement écorché par un éclat de vitre ; le général Roguet, son aide de camp, était blessé.

homme [1] était entré après l'attentat dans la salle du restaurant Broggie, rue Le Peletier, n° 19, où il se lamenta avec une véhémence telle sur les conséquences que pouvait avoir l'attentat, que les garçons de l'établissement, étonnés de l'exagération de son désespoir, en conçurent des soupçons ; ils les communiquèrent à un sergent de ville, qui l'arrêta. Dans son interrogatoire, il déclara se nommer Swiney et être le domestique d'un Anglais nommé Alsopp et demeurant 10, rue du Mont-Thabor. C'est ainsi que la police mit la main sur le principal auteur du crime.

Pieri avait déclaré dans son interrogatoire qu'il logeait rue Montmartre, à l'hôtel de France et de Champagne, avec un autre individu nommé de Silva. La police, qui se livrait à des perquisitions, avait pénétré la veille dans la chambre de cet homme et, le trouvant au lit, l'avait laissé libre, après avoir lu le passeport dont il était muni. Le lendemain matin, les agents de police revinrent et l'arrêtèrent. On avait les quatre coupables ; il ne restait plus qu'à découvrir leur identité. Un passant avait offert son bras à un blessé pour le conduire de chez le pharmacien de la rue Rossini à une station de voitures sur le boulevard. Ce passant fut retrouvé et confronté avec Alsopp, qu'il reconnut. Un pistolet avait été trouvé à côté de la bombe ramassée par le garçon d'hôtel. L'armurier Devismes reconnut également Alsopp, dont Swiney donna le véritable nom.

L'auteur principal du crime s'appelait Félice Orsini ; les autres étaient Pieri, Rudio et Gomez. Italiens tous les quatre, les hasards de la vie les avaient mis en rapport. Fils d'un père tombé en 1831 sous la balle d'un soldat pontifical dans cette insurrection de la Romagne à laquelle prirent part les fils de Louis Bonaparte, il entra de bonne heure dans les conspirations du parti national. Prisonnier en 1839 dans la citadelle de Civita-Castellano, et condamné aux galères à perpétuité, il fut amnistié en 1846 et erra dans toute l'Italie jusqu'en 1848. Nommé membre de la Constituante romaine, envoyé en qualité de commissaire extraordinaire à Ancône, il souleva les Marches contre les Autrichiens, qui le prirent et l'enfermèrent dans la citadelle de Mantoue ; il en sortit par une évasion qui semble tenir du prodige. Fixé en 1855 à Londres, où il faisait des conférences publiques sur l'Italie, il y revit Mazzini ; mais ses relations avec lui cessèrent bientôt, à la suite de dissentiments politiques.

Orsini travaillait à ses Mémoires, et, dans les derniers mois de 1857, il semblait uniquement occupé de la correction des épreuves de cet ouvrage

---

1. C'était Gomez, soupçonné plus tard de trahison par ses complices.

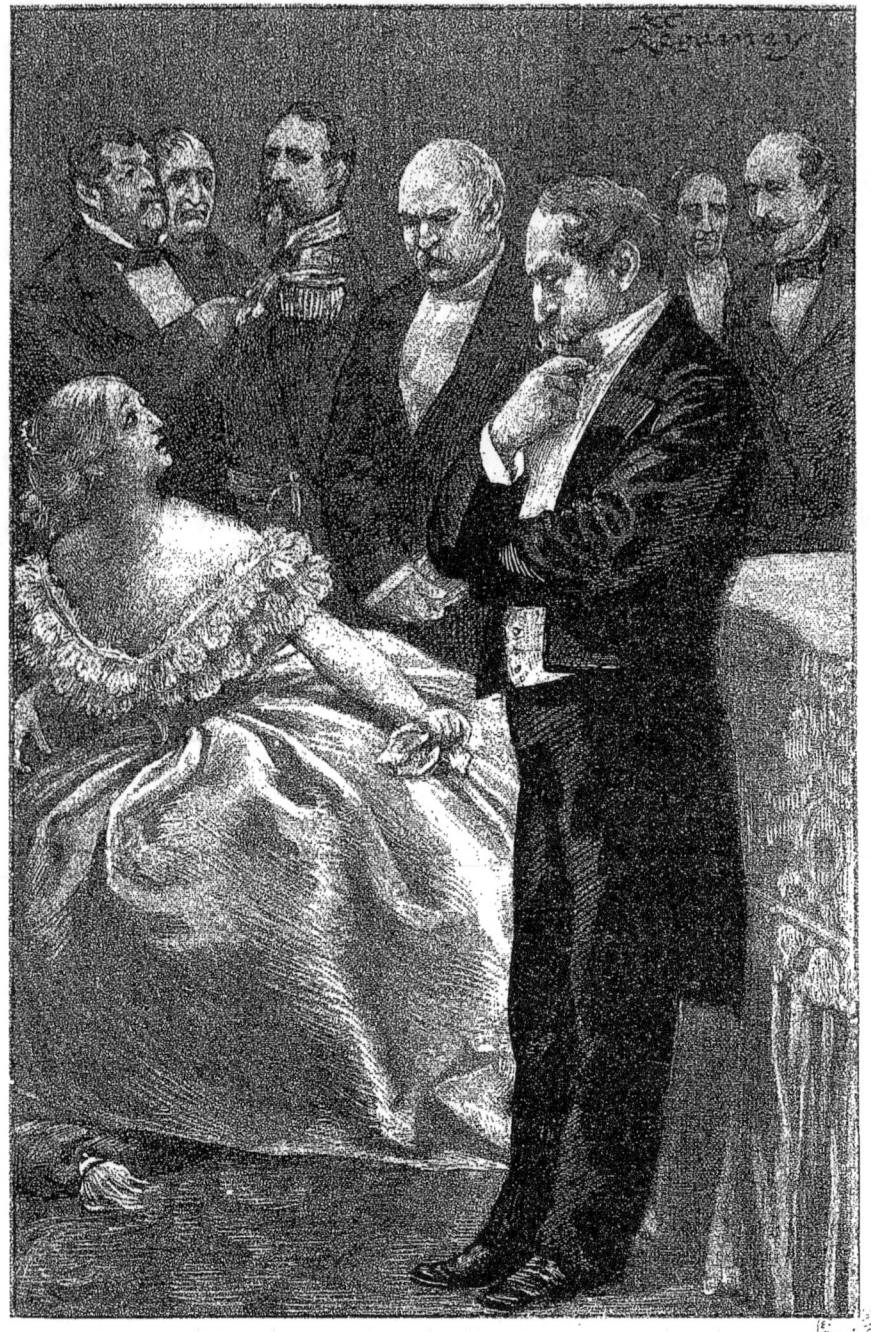

Fig 56. — L'Impératrice, revenant de l'Opéra après l'attentat d'Orsini, accuse le Préfet de police de n'avoir pas su prendre les précautions nécessaires pour la garder.

et de la fondation à Londres d'un journal destiné à combattre les idées et la politique de Mazzini; mais « une crise commerciale sévit en Angleterre, « écrit-il le 16 novembre 1857 à un de ses amis; la Banque a été autorisée « à émettre de nouveaux billets, le cours forcé est prévu, les faillites se « succèdent sans interruption, on ne trouve d'argent nulle part (*non si* « *trova danaro di sorta*). » Impossible de publier son journal. Quant au voyage qu'il projetait aux États-Unis, Orsini l'ajourne, car la situation de ce pays est encore moins brillante que celle de l'Angleterre; en attendant, il continue à voyager. Une idée fixe l'obsédait, celle de rendre l'indépendance à sa patrie. Napoléon III était à ses yeux le seul souverain en mesure de délivrer l'Italie; il ne cessa de porter sur lui des regards pleins d'espérance; mais, au lieu de l'alliance qu'il rêvait entre Napoléon III et les révolutionnaires, voyant se resserrer chaque jour les liens qui unissaient le neveu de l'Empereur au parti conservateur, il commença à se dire : « Il faut supprimer cet obstacle, » et il en chercha les moyens. Quelques réfugiés avaient été poursuivis et condamnés à Bruxelles en 1854 pour avoir fabriqué des bombes d'un genre particulier. Ces bombes restèrent exposées dans une collection scientifique où Orsini les vit. Il résolut d'en fabriquer sur ce modèle.

Orsini était en relation avec un réfugié italien nommé Pieri, qui s'occupait de recueillir l'argent des souscriptions pour ses conférences; il lui fit des ouvertures; Pieri les accueillit avec empressement; le seul moyen d'opérer un changement en Italie étant de faire une révolution en France, la mort de l'Empereur devenait nécessaire. Résolus de le frapper, ils cherchèrent des complices, et ils parlèrent de leur projet à un certain Allsop, dont la femme tenait à Londres un magasin de modes important, et au docteur Simon Bernard, dit Bernard le Clubiste, compatriote d'Alibaud et de Barbès, ancien chirurgien de marine, ancien rédacteur du journal républicain *l'Indépendance des Pyrénées-Orientales,* réfugié en Angleterre [1], pour se soustraire à la nécessité de subir d'innombrables condamnations politiques. Orsini leur parla de la fabrication des bombes qui avaient frappé sa vue. Allsop [2] en reçut le modèle et se chargea

---

[1]. Le docteur Simon Bernard est présenté dans l'acte d'accusation comme l'âme du complot du 14 janvier. Il se sauva la nuit de l'événement par la barrière de la Villette, sous un costume de prêtre. Le gouvernement impérial réclama vainement son extradition du gouvernement anglais, qui voulut lui-même le juger. Simon Bernard fut acquitté.

[2]. La police, qui cherchait Allsop en même temps que Simon Bernard, ne put découvrir sa trace. Il ne figura point au procès.

de le transmettre à un ingénieur de Birmingham avec les instructions suivantes :

« Faire une boule en fer fondu de la meilleure et de la plus dure qua-
« lité, de la dimension exacte du grand modèle; les trous devant être
« faits de la même dimension et dans la même direction, le haut devant
« être fait avec les mêmes matériaux et arrangé de manière à visser
« parfaitement dessus et à s'adapter très fortement; une grosse vis pour
« le haut devra être faite de manière à s'adapter très exactement et très
« fortement, et faire saillie d'un quart à l'intérieur et à l'extérieur d'une
« petite rainure, afin de permettre de la visser très fortement, attendu
« que la rainure ne se projettera qu'au-dessous de la convexité. Les
« petites vis devront être également adaptées avec beaucoup de netteté
« et faire saillie d'un quart environ à l'intérieur. L'extérieur devra être
« pareil au modèle; toutes les petites vis devront être perforées exacte-
« ment comme celle qui a été envoyée et adaptées avec grande préci-
« sion et serrées fortement. On devra faire exactement de même pour
« le petit modèle; deux de chaque.

« N. B. Les modèles devront être conservés soigneusement et renvoyés.

« Trois douzaines de vis en plus pour chaque trou.

« Vis ou cheminées semblables à celles des fusils. »

Les bombes furent commandées à M. Taylor, à Birmingham, le 5 février 1857; cet industriel en fabriqua cinq ou six [1]; Orsini se procura ensuite à Londres la poudre fulminante destinée à les charger, et les capsules pour les faire éclater; transportées en Belgique par Pieri, elles furent remises à Bruxelles à un garçon du *Café suisse*, qui se chargea de les transporter à Paris sans se douter le moins du monde de leur destination.

Les allées et venues incessantes de ces individus au logis d'Orsini n'éveillèrent nullement l'attention de la police, fait d'autant plus sur-prenant que M. de Morny, dans son discours d'ouverture du Corps législatif, avait dit que le gouvernement savait que les sociétés secrètes des départements s'attendaient à assister, vers le milieu du mois de janvier, à une catastrophe dont la personne du souverain serait victime et que

---

1. Orsini affirme n'en avoir jamais eu que cinq en sa possession et n'avoir pas jeté la sienne. Blessé par l'explosion des deux premières bombes, aveuglé par le sang qui coulait de sa blessure, il déposa la bombe dont il était porteur au coin d'une borne de la rue Rossini, du côté des numéros impairs, entre les rues Drouot et Lafitte.

suivrait un mouvement révolutionnaire. Le *Moniteur*, en outre, a déclaré, après l'attentat, que, depuis le mois de juin précédent, le gouvernement surveillait la fabrication en Angleterre de bombes d'un genre nouveau, destinées à être jetées sous la voiture impériale ; une dépêche télégraphique du ministre de France en Belgique avait prévenu le ministre de l'intérieur que le nommé Pieri se rendait à Paris, avec un autre individu, dans l'intention de tuer l'Empereur. Le préfet de police aurait donc dû prescrire au chef de la police municipale de se livrer à d'actives recherches pour opérer l'arrestation de Pieri, recherches d'autant plus faciles que l'officier de paix, chargé de la surveillance des logements garnis et des réfugiés politiques, connaissait Pieri, qui avait sa femme et son fils à Paris : l'une habitait la rue du Champ-d'Asile, à Montrouge ; l'autre était en apprentissage place Dauphine. La prévision naturelle que Pieri viendrait les voir aurait dû engager la police à établir autour de ces demeures une surveillance particulière. Elle n'y songea pas.

Pieri et Gomez, partis de Londres le 6 janvier, arrivèrent à Calais à une heure et demie du matin ; ils quittèrent immédiatement cette ville pour aller à Lille, où Gomez attendit le retour de Pieri, qui s'était rendu à Bruxelles. Les deux voyageurs étaient le 8 janvier à Paris. Pieri descendit rue Montmartre, n° 132, à l'hôtel de France et de Champagne. Il ne prit d'autre précaution que celle de changer son nom de Joseph-André Pieri en celui de Joseph-Andreas Pierey ; loin de se cacher, il dînait tous les jours à table d'hôte, prolongeait la conversation après le dîner, lisait les journaux dans la salle commune, fréquentait les cafés, les promenades, les théâtres, allait voir sa femme et son fils absolument comme s'il n'eût pas été placé sous la surveillance spéciale de la police.

Orsini arriva de Londres à Paris le 12 décembre, portant dans son sac de nuit les capsules et la poudre fulminante enveloppée de papiers et de chiffons qu'il mouillait de temps en temps. Il descendit à l'hôtel de Lille et d'Albion, rue Saint-Honoré. Les cinq bombes, déposées par le garçon de café de Bruxelles à cette adresse, restèrent pendant longtemps exposées en quelque sorte sur un divan dans l'antichambre de l'hôtel, pendant les trois jours qu'il y demeura.

Se donnant pour un Anglais, il s'installa rue du Mont-Thabor, n° 10, dans un appartement garni où il reçut bientôt les fréquentes visites d'un soi-disant Allemand nommé Pierey ; il prit pour domestique un nommé

Gomez, se disant parent de Pierey, et Rudio, qui se disait ancien commis voyageur.

Si la police s'était présentée chez Orsini dans l'après-midi du 14 janvier, elle l'aurait trouvé, la montre et le thermomètre à la main, faisant sécher près du feu la poudre dont il chargeait ses bombes [1]; une étincelle pouvait le faire sauter, ainsi que toute la maison; Orsini, aidé par Gomez, termina enfin l'opération du chargement des bombes, et il les boucha avec les vis adaptées à la partie supérieure de chaque projectile. Pieri et Rudio arrivèrent sur ces entrefaites. Orsini remit une bombe à chacun d'eux; il en garda deux. Il pouvait être huit heures du soir lorsqu'ils sortirent pour se rendre à l'Opéra. Pieri marchait en avant et entra le premier dans la rue Le Peletier. Les agents de police l'avertirent plusieurs fois de quitter le trottoir, interdit pour le moment à la circulation; il ne tint nul compte de ces avertissements; un agent, le heurtant à dessein, crut sentir sous son coude quelque chose ayant la forme d'une crosse de pistolet. L'officier de paix, averti, accourut aussitôt et reconnut Pieri qu'il fit arrêter.

Orsini et Rudio, parvenus au n° 21, s'arrêtèrent devant cette maison, derrière la foule, attendant l'arrivée de l'Empereur.

Les quatre brigades des agents de la police politique, la brigade du service de sûreté, la brigade des garnis, reçoivent l'ordre, lorsque l'Empereur se rend au théâtre, de se trouver à la descente de voiture. Le chef de la police municipale fait inscrire, sur un carré de papier, l'heure et le lieu où les brigades doivent se trouver; les chefs de brigade signent ce papier et partent pour l'endroit indiqué; leur consigne est de placer les agents devant la foule. Ces précautions, bonnes en temps ordinaire, ne suffisaient plus, depuis que les bruits d'attentat avaient pris un caractère plus positif; l'arrestation seule de Pieri, sur lequel on avait trouvé un poignard, un revolver et une bombe, auraient dû d'ailleurs conseiller d'autres mesures; il fallait faire évacuer la rue Le Peletier, refouler la foule dans les rues adjacentes; le temps ne manquait pas pour cela. Pieri avait été arrêté vingt-cinq minutes avant l'arrivée de l'Empereur et l'explosion de la première bombe.

La triple détonation des bombes avait semé une vague épouvante dans

---

1. Orsini avait-il eu, comme l'a dit l'acte d'accusation, des relations avec un professeur de chimie? est-il l'inventeur de la poudre fulminante, ou bien est-ce Allsop qui l'a fabriquée? Ces points n'ont jamais été bien éclaircis. Il est probable cependant qu'Orsini eut connaissance de certaines expériences sur la poudre fulminante, faites à Bruxelles par un réfugié français, et qu'il en savait le maniement.

la salle de l'Opéra. Les spectateurs s'interrogeaient mutuellement du regard ; on parlait d'une explosion de gaz, mais une autre crainte faisait redouter un autre malheur. Il y eut un moment d'anxiété terrible pour les fonctionnaires, les agioteurs, les gens d'affaires de tous les genres, qui représentaient la société nouvelle et dont la fortune était si étroitement liée à celle de l'Empire. Lorsque l'Empereur et l'Impératrice parurent dans la loge impériale, la salle éclata en applaudissements et en cris de joie.

Les grandes nouvelles se transmettent d'une extrémité à l'autre de Paris comme par un fluide mystérieux. Un quart d'heure s'était à peine écoulé depuis l'attentat, et déjà une foule immense couvrait les boulevards depuis la rue Montmartre jusqu'à la Chaussée-d'Antin. Ni bruit ni tumulte dans cette masse sérieuse et attentive. Les détails de l'attentat n'étaient pas encore bien connus. L'incertitude, plus que tout autre sentiment, se lisait sur les visages. Que serait-il arrivé si la bombe destinée à Napoléon III l'avait frappé mortellement ? Un seul cri serait certainement parti des rangs serrés de ce peuple : Vive la République ! Il aurait fallu le réprimer à la minute et l'éteindre dans le sang de vingt mille hommes, ou se résigner à l'entendre répéter dans tout Paris ; mais l'Empereur était sauvé, le peuple se tut : vers minuit, un bruit de chevaux et d'armes retentit du côté de l'Opéra ; la voiture impériale, entourée d'une forte escorte, suivit le boulevard, illuminé jusqu'à l'entrée de la rue de la Paix, entre une double haie de spectateurs curieux et silencieux. L'Empereur et l'Impératrice rentraient aux Tuileries ; la foule regagnait les faubourgs.

Le prince Jérôme était au Théâtre-Lyrique. Le prince Napoléon donnait une soirée, à laquelle assistaient la princesse Mathilde et le prince Murat. Mlle Plessy, actrice du Théâtre-Français, jouait devant les invités le proverbe d'Alfred de Vigny : *Quitte pour la peur*. Ils coururent à l'Opéra. La nouvelle de l'attentat parvint à M. de Morny au Cirque : arrivé au château et admis tout de suite en présence de l'Empereur et de l'Impératrice, il les trouva furieux et donnant un libre cours aux émotions qu'ils avaient été obligés de contenir pendant si longtemps. L'Impératrice, éplorée, accusait le préfet de police, qui la gardait si mal. L'Empereur, appuyé sur le rebord de son lit, réfléchissait profondément. Au bout de quelques minutes, il dit au chef de son cabinet, M. Mocquard : « Qu'on aille me chercher le dossier du procès de la machine infer- « nale. »

Personne ne pouvait dire encore quels étaient les auteurs de l'attentat, et déjà, comme le premier Consul à l'époque de l'attentat de la machine infernale, on se préparait à accuser les républicains du crime de la rue Le Peletier. Le lendemain, l'Empereur voulut visiter le lieu de l'attentat, après avoir reçu les félicitations du corps diplomatique et des grands corps de l'État. Les journaux officieux tenaient le langage le plus menaçant pour l'Angleterre et demandaient la transportation immédiate de Mazzini en Amérique. Les mesures les plus violentes à l'intérieur, convocation de la haute Cour, interdiction de la vente des journaux, obligation à leurs rédacteurs de prêter serment de fidélité à l'Empereur, suppression de l'Institut, étaient annoncées.

Les auteurs de l'attentat n'avaient pas tardé, grâce aux révélations de Rudio, à être placés sous la main de la justice. M. Jules Favre avait reçu d'Orsini une lettre qui le priait de se charger de sa défense; mais ayant trouvé dans le dossier de l'accusé deux lettres destinées, l'une à Berryer, l'autre à M. Lachaud, prouvant qu'il avait aussi songé à les choisir pour défenseurs, il hésita un moment à l'accepter comme client. La façon dont le crime avait été exécuté lui répugnait d'ailleurs autant que le crime lui-même ; tant de vies sacrifiées pour en atteindre une seule ! Il finit cependant par consentir, « à l'assister à l'heure « suprême, non pour présenter une inutile défense, non pour le glorifier, « mais pour faire luire sur son âme immortelle un rayon de cette vérité « qui peut protéger sa mémoire contre des accusations imméritées. »

Orsini et ses complices comparurent le 25 février devant la Cour d'assises, présidée par M. Delangle, premier président de la Cour impériale ; M. Chaix d'Est-Ange occupait le siège du ministère public ; Orsini, s'insinuant dans le cœur de ses juges par sa grâce italienne, par l'aisance et la douceur de ses manières, et les dominant par sa fermeté sans forfanterie, et par sa présence d'esprit exempte de finesse, dirigea en quelque sorte les débats; singulier produit de la vieille civilisation italienne et de la civilisation moderne, homme du moyen âge et de l'ère actuelle, tribun et diplomate, Rienzi et Machiavel, à la fois moitié condottiere, moitié prêtre, Orsini, sans se draper dans son crime, le portait fièrement et parvenait à le faire oublier parfois. Assassin par patriotisme, il faisait moins horreur que pitié. M. Chaix d'Est-Ange n'était pas de taille à se mesurer avec un tel crime et un tel criminel : il se montra faible et déclamateur dans son réquisitoire. M° Jules Favre prononça un admirable plaidoyer, qui cependant, selon

Fig. 57. — M. de Morny apprend au cirque la nouvelle de l'attentat d'Orsini.

le vœu de l'accusé, n'était pas une défense, et dont voici la dernière partie :

« Faudra-t-il parler plus longuement des réticences dans lesquelles Orsini a cru devoir envelopper ses explications, des contradictions, des dénégations contenues dans ses interrogatoires? Quoi! messieurs, est-ce qu'il est ici douteux pour personne que cet infortuné offre sa tête en expiation de son crime? Il a nié d'abord, il est vrai, son forfait; mais en face d'accusés qui niaient comme lui, il ne voulait pas les compromettre; ils avaient nié, il les a suivi dans cette voie. Vous voulez qu'il ait eu peur? Oh! non, non, vous ne le croyez pas! Enfin, voici le jour de la justice, le jour où il se trouve en face du jury, c'est en ce moment qu'il doit vous apporter et qu'il apporte ses dernières explications. Eh bien? dissimule-t-il, et dans ses justifications entendez-vous une seule parole de forfanterie ou de faiblesse? Encore une fois il avoue franchement, courageusement, et sa faute et ses desseins. Le voici donc, messieurs, devant vous, prêt à mourir... mais désireux encore que son sang soit utile à la cause de l'indépendance italienne; il a formulé ce vœu dans un testament suprême, dans un écrit que du fond de son cachot il adresse à l'Empereur. Vous allez voir de nouveau, messieurs les jurés, dans ce document que je dois vous lire, après en avoir obtenu la permission de celui-là même à qui il a été adressé, se révéler la pensée de toute la vie d'Orsini.

« A NAPOLÉON III, EMPEREUR DES FRANÇAIS.

« Les dépositions que j'ai faites contre moi-même dans le procès politique intenté
« à l'occasion de l'attentat du 14 janvier sont suffisantes pour m'envoyer à la mort et je la
« subirai sans demander grâce, tant parce que je ne m'humilierai jamais devant celui
« qui a tué la liberté naissssante de ma malheureuse patrie, que parce que, dans la si-
« tuation où je me trouve, la mort est pour moi un bienfait.
« Près de la fin de ma carrière, je veux tenter un dernier effort pour venir en aide à
« l'Italie, dont l'indépendance m'a fait jusqu'à ce jour traverser tous les périls, aller au-
« devant de tous les sacrifices. Elle fut l'objet constant de toutes mes affections, et c'est
« cette dernière pensée que je veux déposer dans les paroles que j'adresse à Votre Majesté.
« Pour maintenir l'équilibre actuel de l'Europe, il faut rendre l'Italie indépendante ou
« resserrer les chaînes sous lesquelles l'Autriche la tient en esclavage. Demanderai-je
« pour sa délivrance que le sang des Français soit répandu pour les Italiens? Non, je ne
« vais pas jusque-là. L'Italie demande que la France n'intervienne pas contre elle ; elle
« demande que la France ne permette pas à l'Allemagne d'appuyer l'Autriche dans les
« luttes qui peut-être vont bientôt s'engager. Or c'est précisément ce que Votre Majesté
« peut faire, si elle le veut; de cette volonté donc dépend le bien-être ou le malheur de
« ma patrie, la vie ou la mort d'une nation à qui l'Europe est en grande partie redevable
« de sa civilisation.
« Telle est la prière que de mon cachot j'ose adresser à Votre Majesté, ne désespérant
« pas que ma faible voix ne soit entendue. J'adjure Votre Majesté de rendre à l'Italie
« l'indépendance que ses enfants ont perdue en 1849 par la faute même des Français.
« Que Votre Majesté se rappelle que les Italiens, au milieu desquels était mon père,
« versèrent avec joie leur sang pour Napoléon le Grand partout où il lui plut de les
« conduire; qu'elle se rappelle qu'ils lui furent fidèles jusqu'à sa chute; qu'elle se rap-
« pelle que tant que l'Italie ne sera pas indépendante la tranquillité de l'Europe et celle
« de Votre Majesté ne seront qu'une chimère.
« Que Votre Majesté ne repousse pas le vœu suprême d'un patriote sur les marches
« de l'échafaud; qu'elle délivre ma patrie, et les bénédictions de vingt-cinq millions de
« citoyens la suivront dans la postérité.
                                                          Signé : FELICE ORSINI.
« De la prison de Mazas, le 15 février 1858. »

« Telle est, messieurs, la dernière parole de cet homme qui se résigne à son sort. Elle est, vous le voyez, conséquente avec tous les actes de sa vie.

« Cependant, je le reconnais, c'est une sorte de témérité de sa part de s'adresser à celui-là même qu'il voulait détruire comme un obstacle à la réalisation de ses desseins; mais encore une fois, toujours fidèle à la conviction, à la passion de toute sa vie, il ne veut pas que son sang versé soit inutile à son pays. Oui, messieurs les jurés, Orsini engagé dans l'entreprise qu'il a tentée et dans laquelle il a échoué grâce à Dieu, s'incline; il ignore, il va mourir!... Du bord de la tombe il adresse cette solennelle prière à celui contre lequel il n'a eu aucun sentiment de haine personnelle, à celui qui fut l'ennemi de son pays, mais qui peut en être le sauveur. Prince, vous vous glorifiez d'être sorti des entrailles du peuple, venez au secours des nationalités opprimées, secourez un peuple ami de la France, relevez le drapeau de l'indépendance italienne que votre vaillant prédécesseur avait restaurée! Prince, ne souffrez pas que cette contrée si belle, si noble, si infortunée, soit éternellement la proie des enfants du Nord qui l'étreignent; ne vous laissez pas prendre aux démonstrations hypocrites des vieilles royautés qui vous trompent! Prince, les racines de votre maison sont dans la souche révolutionnaire, soyez assez fort pour rendre à l'Italie l'indépendance et la liberté, soyez grand et magnanime, et vous serez invulnérable! »

« Voilà, messieurs les jurés, ses paroles; il ne m'appartient pas de les commenter, je n'en ai ni la puissance ni la liberté; mais, ces paroles dernières d'Orsini vous disent clairement et la pensée et le but de son acte. J'ai fini, messieurs, ma tâche est terminée. Vous n'aviez pas besoin des adjurations de M. le procureur général pour faire votre devoir sans passion comme sans faiblesse. Mais Dieu qui nous jugera tous, Dieu devant qui les grands de ce monde, dépouillés du cortège de leurs courtisans et de leurs flatteurs, apparaissent tels qu'ils sont, Dieu qui seul mesure l'étendue de nos fautes, la force des entraînements qui nous égarent et l'expiation qui les efface, Dieu prononcera son arrêt après le vôtre, et peut-être ne refusera-t-il pas un pardon que les hommes auront cru impossible sur la terre. »

Les trois accusés Orsini, Pieri et Rudio furent condamnés à mort le 26 février et signèrent le lendemain matin leur pourvoi en cassation. « Si je signe ce pourvoi, dit Orsini, ce n'est pas par faiblesse, mais pour « avoir le temps de régler quelques intérêts de famille; car je ne me fais « pas illusion, il y aurait des moyens de cassation gros comme les tours « de Notre-Dame qu'on ne les verrait pas. » Les condamnés, transportés à la Roquette, furent placés séparément dans une de ces chambres qu'on nomme « chambres des morts ». Mis chacun dans un fiacre où se trouvaient trois agents du service de sûreté, ils ne se virent ni à leur départ de la Conciergerie, ni à leur arrivée à la Roquette. Rudio manifesta, en entrant dans cette prison, une grande satisfaction, espérant qu'on lui retirerait la camisole de force. Pieri montra, en prison comme aux débats, un grand penchant au verbiage. Orsini, calme et poli avec tous, ne fit entendre ni plainte, ni récrimination, ni regret, ni repentir.

Son défenseur voulut lui faire ses adieux. Il le trouva, dans la prison comme sur les bancs de la cour d'assises, calme, souriant, résigné.

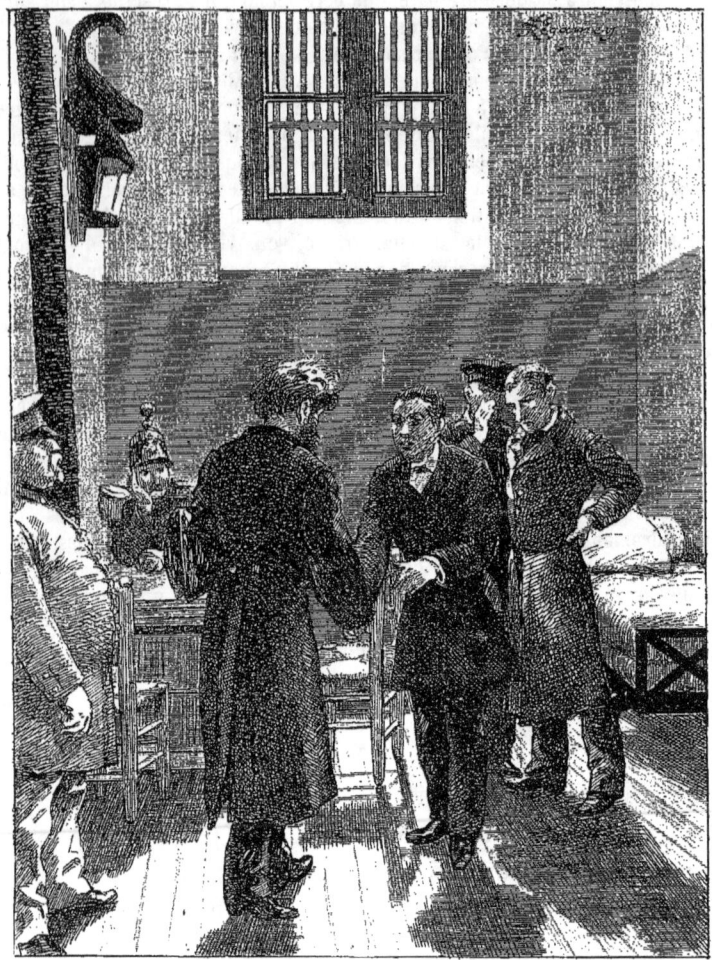

Fig. 58. — M. Jules Favre allant visiter Orsini dans sa prison.

M. Jules Favre, craignant de se laisser aller à l'attendrissement, abrégea sa visite.

Orsini s'est souvenu de lui dans son testament.

« Près de finir mes jours, j'écris de ma propre main les suivantes dispositions que je veux qui soient exécutées exactement et qu'elles aient force d'acte de ma volonté libre et indépendante :
« 1º Je veux que M. Enrico Cernuschi (de Milan), Italien, demeurant à Paris [1], retire mon argent qui m'a été saisi à l'instant de mon arrestation [2], et qui est déposé près le

---

1. « Avec la coopération de M. de Lasalle, directeur de la prison de la Roquette, si ses fonctions le lui permettent. »   FELICE ORSINI.
2. « Plus les objets existants. »   FELICE ORSINI.

procureur général de la Seine, en leur laissant préalablement les frais du procès qui me regardent.

« 2º Je veux que l'argent qui reste, prélevés les frais susnommés, il en dispose ainsi qu'il suit :

« A. Il achètera une montre d'or et une chaîne d'or pour donner un souvenir à M. Jules Favre, avocat, qui m'a défendu. Le tout de la valeur de 800 francs au moins (huit cents francs). Sur la montre il fera graver les mots suivants : « Felice Orsini, à M. Jules Favre, « souvenir. »

« B. Je veux que mon cadavre soit mis dans une caisse en bois ordinaire et qu'il soit envoyé à Londres, parce que je veux être enterré dans le cimetière où se trouvent les dépouilles du patriote italien Ugo Foscolo et mis à son côté. — M. Cernuschi fera les frais nécessaires avec l'argent susnommé, etc., etc.

« C. Une fois accomplis tous ces frais, l'argent qui reste, je veux qu'il soit envoyé à mon oncle Orso Orsini ou à mon frère Leonida Orsini, tous deux demeurant ensemble à Imola, États romains (Italie); lesquels en devront disposer seulement à profit de mes deux petites filles Ernestina et Ida Orsini, demeurantes à Nice, États sardes (Italie).

« 3º J'autorise T. D. P. Hodge (de Glastonbury near Bath-Somersetshire), en Angleterre, de retirer près de soi ma fille aînée Ernestina Orsini, née à Nice-Maritime, États sardes (Italie), le 9 avril 1852 et demeurant dans la même ville.

« 4º J'autorise M. Peter Stuart, de Liverpool (Angleterre), de retirer près de soi ma seconde fille Ida Orsini, née à Nice-Maritime, le 12 mars 1853 et demeurant avec l'aînée dans la même ville.

« 5º Je recommande avec tout mon cœur à mes amis intimes T. D. P. Hodge (de Glastonbury) et à Peter Stuart (de Liverpool) mes deux petites filles susnommées, afin que l'éducation qu'elles recevront soit tout à fait conforme aux principes de l'honnêteté, de la vraie vertu, de la sagesse et du vrai amour de la patrie.

« 6º Je veux que tous mes effets de vestaire, de livres, etc., existant près de M. Lasalle, directeur de la Roquette, soient envoyés à miss Elisa Cheney (de Londres), demeurant à Londres — Angleterre, Nº 2, Grafton street. Aland Road Kensith New Town — Nº 10. — Londres. Miss Elisa Cheney en disposera selon sa volonté libre et indépendante, ainsi que des autres effets que je lui ai déjà laissés avant mon arrestation et pendant mon emprisonnement. Tout ce que j'ai fait pour elle, ce n'est qu'un très humble et très petit souvenir pour la bonté et le dévouement extrêmes qu'elle m'a portés en toute circonstance. Je recommande à mes amis d'Angleterre cette demoiselle honnête et vertueuse.

« 7º Je veux, en dernier lieu, que M. Enrico Cernuschi susnommé soit l'exécuteur des dispositions ci-énoncées à Paris, et, quant à celles qui doivent être exécutées en Angleterre, qu'il ait la coopération de M. Vincenzo Caldesi de Faenza, États romains (Italie), demeurant à Londres.

« Le tout écrit de ma propre main.

« Felice Orsini. »

« Prison de la Roquette ou Dépôt des condamnés, 10 mars 1858. »

La lettre citée par M. Jules Favre dans son plaidoyer avait été publiée. Orsini se montra très reconnaissant de cette publicité. Il en remercia l'Empereur le jour même où la Cour de cassation rejeta son pourvoi, le 9 mars.

« A S. M. NAPOLÉON III, EMPEREUR DES FRANÇAIS.

« Sire,

« L'autorisation donnée par Votre Majesté Impériale à l'impression de ma lettre du 11 février est une preuve de sa générosité. Elle me montre que les vœux qui y sont exprimés en faveur de ma patrie trouvent un écho dans son cœur. Les sentiments de sympathie de Votre Majesté pour l'Italie ne sont pas pour moi un mince réconfort au moment de mourir.

« Bientôt je ne serai plus. Je déclare, avant de rendre le dernier souffle vital, que l'assassinat, de quelque prétexte qu'il se couvre, n'entre pas dans mes principes, bien que par une fatale aberration d'esprit j'aie organisé l'attentat du 14 janvier. Non, l'assassinat politique ne fut jamais mon système, et je l'ai combattu au péril de ma vie par mes écrits et par les actes de ma vie politique.

« Que mes compatriotes au lieu de compter sur ce moyen de l'assassinat, apprennent de la bouche d'un patriote prêt à mourir, que leur abnégation, leur dévouement, leur union, leur vertu, peuvent seuls assurer la délivrance de l'Italie, la rendre libre, indépendante et digne de la gloire de nos aïeux.

« Je vais mourir avec calme et je veux qu'aucune tache ne souille ma mémoire.

« Quant aux victimes du 14 janvier, je leur offre mon sang en sacrifice, et je prie que les Italiens devenus indépendants dédommagent un jour ceux qui en auront souffert.

« Que Votre Majesté me permette en finissant de lui demander grâce de la vie non pour moi, mais pour ceux de mes complices condamnés à mort.

« Je suis, avec le plus profond respect,

« De Votre Majesté Impériale,
« Felice Orsini [1].

« De la prison de la Roquette, 9 mars 1858. »

Orsini ne signa pas de recours en grâce, mais la clémence régalienne n'a pas besoin d'être provoquée pour venir trouver un condamné dans son cachot. M. Jules Favre, subitement atteint d'une maladie qui mit ses jours en péril, trouva des forces pour écrire à l'Empereur une lettre dans laquelle il faisait valoir les raisons qui pouvaient militer en faveur de la grâce de son client. Cette lettre n'a jamais reçu de réponse. Le conseil des ministres, sous la présidence de l'Empereur, s'occupa de la question de commutation de peine ; elle était encore l'objet de ses délibérations le 12 mars au matin. M. Piétri était, assure-t-on, d'avis d'accorder la grâce. Les adversaires de la clémence exhumèrent des Archives une lettre du Premier Consul écrite à l'occasion de la condamnation des accusés de la machine infernale de la rue Saint-Nicaise : « ... Si ma personne seule eût été en danger, disait Bonaparte et si autour de moi ne fussent pas tombées autant de victimes, je n'aurais pas hésité à faire grâce... » Le crime du 14 janvier avait fait lui aussi trop de victimes. Napoléon III ne crut pas pouvoir accorder la vie à son principal auteur ;

---

1. L'Empereur fit remettre les papiers d'Orsini à M. de Villamerina, ministre de Sardaigne, en le chargeant de les envoyer à M. de Cavour, à Turin. M. de Cavour fit publier dans la *Gazette officielle* les papiers, y compris le testament encore inédit, suivis d'une note constatant le repentir du condamné, et le conseil donné par lui de se livrer à la « confiance à une auguste volonté propice à l'Italie ».

Un mois après, M. de Cavour recevait communication d'un plan d'alliance entre la France et le Piémont avec toutes ses conditions, dans lesquelles figurait le mariage du prince Napoléon avec la fille de Victor-Emmanuel (*Le Comte de Cavour, étude de politique nationale et parlementaire*, par M. Saint-René Taillandier, *Revue des Deux-Mondes*, 1876).

Rudio seul devint l'objet de la clémence impériale. La peine de mort fut commuée pour lui en celle des travaux forcés à perpétuité.

La foule, depuis que le rejet du pourvoi d'Orsini était connu, stationnait toutes les nuits sur la place de la Roquette, où devait avoir lieu l'exécution ; les étudiants étaient fort nombreux dans cette foule impatiente. Enfin le 12 mars on apprit que l'ordre était donné de procéder à l'exécution d'Orsini le lendemain ; les curieux, dès onze heures du soir, s'acheminèrent vers le lieu du supplice. L'échafaud fut dressé à deux heures du matin. A quatre heures du matin, un bataillon de ligne et un bataillon de gardes de Paris balayèrent la place ; bientôt arrivèrent plusieurs escadrons de cavalerie fournis par le 3e hussards, la gendarmerie de la Seine et des gardes de Paris à cheval. Un général de division commandait ces troupes. La foule, refoulée à 100 mètres au moins des abords de la place, se dispersa dans les rues Basfroid, Saint-Maur et de la Roquette. Cinquante mille personnes étaient accourues pour assister à ce spectacle; mille à peine purent le voir.

Le directeur de la prison de la Roquette, accompagné des aumôniers de cette maison et de ceux de la Conciergerie, se rendit à cinq heures trois quarts aux cellules des condamnés ; Orsini dormait d'un sommeil paisible et léger ; il se leva et dit : « Je suis prêt. » Pieri s'écria en se réveillant en sursaut : « Ah ! ah ! c'est aujourd'hui jour de barbe ; me voilà ! » Les deux condamnés, conduits à la chapelle, y restèrent environ une demi-heure ; à sept heures moins un quart, ils entrèrent dans l'avant-greffe, où se fait la toilette. Pieri demanda du café ; on lui en servit. Comme il portait les cheveux très ras, on n'eut pas de peine à les lui couper ; sa chemise et son gilet de flanelle rouge furent échancrés par derrière. « Ne me serrez pas tant, dit-il, pendant qu'on le liait, je ne veux pas me sauver... vous me faites mal. » Il aperçut, en se retournant, Orsini, qu'il n'avait pas vu depuis la cour d'assises : « Eh bien, c'est aujourd'hui ! Chantons un air patriotique. » Orsini lui recommanda le calme. « Oh ! du calme, j'en ai ; mais je veux chanter. » L'un des aides de l'exécuteur s'étant baissé pour lui retirer ses bas, Pieri lui dit : « Heureusement, je me suis lavé les pieds. » Quand on lui jeta le voile noir sur la tête, il ajouta : « Je vais ressembler à une vieille coquette. »

Orsini ne demanda rien ; pendant tout le temps que durèrent les apprêts du supplice, il conserva sa fierté calme, son sourire gracieux ; on eût dit un homme du monde au milieu d'un salon. Il s'entretint avec

Fig. 59. — Orsini et Pieri sortant de la Roquette pour monter à l'échafaud.

M. le directeur de la prison et avec MM. les aumôniers, mais a voix basse.

Pieri, avant de partir, voulut embrasser le brigadier préposé à sa garde. Les deux condamnés se mirent ensuite en marche, le voile noir sur la tête et pieds nus. Pieri s'appuyait sur l'un des aumôniers. L'exécuteur des hautes œuvres de Rouen marchait à sa droite ; l'exécuteur des hautes œuvres de Paris se tenait à côté d'Orsini.

Pieri, au moment de franchir le seuil de la prison, entonne ce refrain populaire :

> Mourir pour la patrie
> C'est le sort le plus beau,
> Le plus digne d'envie....

Sa voix est tellement forte que, malgré la pièce d'étoffe de laine noire qui retombe sur sa bouche, on peut l'entendre facilement. Les patients montent d'un pas ferme les degrés de l'échafaud. Un huissier de la Cour lit à haute voix l'arrêt qui les condamne à la peine des parricides. L'exécuteur s'empare de Pieri, qui pousse le cri : « Vive l'Italie ! Vive la République ! » Orsini, en se livrant à l'exécuteur, crie : « Vive l'Italie ! Vive la France ! »

Au moment où le couteau tomba, tous les fronts se découvrirent et saluèrent celui qui savait mourir.

A sept heures dix minutes, tout était fini. Les journaux reçurent l'ordre de garder le silence le plus absolu sur cette exécution. Ils obéirent ; mais le public, averti par un secret instinct, ne s'y trompa point : il comprit vaguement que ce qui s'était passé sur la place de la Roquette n'était que le dénouement matériel du drame, et qu'il avait assisté au châtiment d'un crime qui devait laisser des traces dans l'esprit de celui qui avait failli en être la victime, et peser sur ses résolutions.

CHAPITRE XI

MINISTÈRE ESPINASSE

Attitude du gouvernement après l'attentat d'Orsini. — Suppression de la *Revue de Paris* et du *Spectateur*. — Création des grands commandements. — L'Impératrice est désignée régente. — Formation du conseil privé. — Adresses des colonels. — Menaces contre l'Angleterre. — Motion de M. Milner-Gibson au Parlement anglais. — Démission de lord Palmerston. — Le général Espinasse, ministre de l'intérieur et de la sûreté générale. — Les deux terreurs de 1858. — Circulaire sur les établissements de bienfaisance. — Elle cause la chute d'Espinasse. — M. Delangle le remplace. — Le prince Napoléon, ministre de l'Algérie et des colonies. — Voyage à Cherbourg. — Discours de Rennes. — Session des conseils généraux. — Procès de M. de Montalembert. — Mort de la duchesse d'Orléans. — L'opinion commence à éprouver de nouvelles inquiétudes sur le maintien de la paix.

Les premiers coups du gouvernement après l'attentat portèrent sur la presse. Le *Spectateur* [1] et la *Revue de Paris* [2] furent supprimés le 18 janvier. Tous les journaux avaient témoigné spontanément leur indignation contre l'attentat d'Orsini; M. Granier de Cassagnac dénonça dans le *Constitutionnel* les hommes de parti qui gardaient le silence. Ces hommes de parti n'étaient pas tous, à ce qu'il paraît, dans la presse, car les feuilles officielles menaçaient l'Institut d'une dissolution par décret.

Le gouvernement, afin de mieux pourvoir à sa sécurité intérieure, divisa par un décret du 27 janvier le territoire militaire de l'Empire en cinq grands commandements, confiés à des maréchaux de France, et ayant leurs sièges à Paris, Nancy, Lyon, Toulouse et Tours.

---

1. Ancienne *Assemblée nationale*.
2. Elle avait pour directeurs MM. Laurent Pichat et Maxime du Camp.

Si l'Empereur eût été tué le 14 janvier, à quelles mains le pouvoir eût-il été confié? Le sénatus-consulte du 17 juillet 1856 ne conférait la régence à l'Impératrice, ou, à son défaut, aux princes français, que si l'Empereur n'en avait autrement disposé par acte public ou secret. Napoléon III dissipa l'incertitude que cet article laissait planer sur la régence en la conférant expressément, par lettres patentes du 1er février 1858, à l'Impératrice et, à défaut de l'Impératrice, aux princes français suivant l'ordre de l'hérédité à la couronne. Un décret impérial de la même date constitua un conseil privé qui, avec l'adjonction des deux princes français les plus proches par ordre de l'hérédité, deviendrait conseil de régence par le seul fait de l'avènement de l'Empereur mineur, si, à ce moment, l'Empereur n'en avait pas institué un autre par acte public. L'archevêque de Paris, M. Morlot, le maréchal Pélissier, le président du sénat, Troplong, MM. Fould, Baroche, de Morny, de Persigny, furent nommés membres du conseil privé. Le prince Jérôme Napoléon reçut en même temps l'autorisation d'assister aux conseils ordinaires et extraordinaires des ministres de l'Empire, avec droit de les présider pendant les absences de l'Empereur.

Le corps diplomatique et les grands corps de l'État avaient été reçus le 16 janvier en audience solennelle aux Tuileries. Les présidents du Sénat, du Conseil d'État, du Corps législatif dénoncèrent avec une indignation véhémente l'hospitalité accordée en certains pays aux fauteurs d'attentats. Les adresses des corps constitués de Paris et des départements succédèrent aux discours; le *Moniteur* en fut inondé; celles des colonels de l'armée se firent remarquer par un langage des plus menaçants contre l'Angleterre.

M. Walewski, ministre des affaires étrangères, adressa sans perdre de temps, le 20 janvier, à M. de Persigny, ambassadeur de France à Londres, une dépêche sur la question des réfugiés qui contenait ces accusations : « C'est en Angleterre que Pianori a formé le dessein
« d'attaquer l'Empereur; c'est de Londres que, dans une affaire dont
« le souvenir est encore frais, Mazzini, Ledru-Rollin et Campanella
« ont dirigé les sicaires dont ils avaient armé les mains. C'est là aussi
« que les auteurs de la conspiration ont préparé à leur aise les moyens
« d'action... » M. Walewski voulait bien reconnaître que l'Angleterre avait horreur de ces tentatives et que l'hospitalité voulait être respectée; mais il s'étonnait en même temps que le gouvernement britannique pût hésiter à donner à la France des garanties de sécurité qu'aucun

État ne saurait refuser à un État voisin. Quelles étaient ces garanties? M. Walewski ne voulait pas les indiquer; il s'en rapportait à la loyauté du cabinet anglais, lequel se trouvait dans une situation des plus délicates, placé entre le vieil attachement des Anglais pour les lois qui assurent le respect de l'hospitalité nationale, et les exigences du gouvernement impérial, rendues plus dures encore par le ton menaçant avec lequel il les avait formulées. Lord Palmerston se résigna enfin à présenter un bill de nature à rassurer Napoléon III.

Le premier ministre, en soumettant ce bill à la Chambre, fit remarquer, au milieu des applaudissements, qu'il ne s'agissait pas de prendre des mesures pour expulser les étrangers sur un simple soupçon; n'importe quel gouvernement reculerait devant cette proposition, et le Parlement ne la sanctionnerait pas. Cependant, ajouta-t-il, puisque les légistes reconnaissent qu'il y a des modifications utiles à faire au code criminel, il serait absurde de reculer devant la crainte d'avoir l'air de céder à la pression des adresses de divers corps militaires français; le gouvernement de Sa Majesté ayant d'ailleurs informé celui de France du fâcheux effet de ces menaces, M. Walewski a chargé M. de Persigny de déclarer que leur insertion n'eut lieu au *Moniteur* que par suite d'une inadvertance.

La modification proposée par lord Palmerston à l'ancienne législation anglaise assimilait le complot pour assassinat à la félonie et le punissait de la *penal servitude* pour un temps variant depuis cinq ans jusqu'à la perpétuité; la loi s'appliquera aux étrangers et aux Anglais, que le complot ait été dirigé contre un Anglais ou contre un étranger. Lord Russell combattit le bill avec ardeur et fit remarquer que si le gouvernement français voulait obtenir l'expulsion des réfugiés et empêcher, comme il disait, qu'on ne continuât à prêcher ouvertement à Londres l'assassinat de l'Empereur, l'ancienne législation suffisait et qu'il fallait tout simplement poursuivre les délinquants. Lord Russell, pour prouver que la loi permettait cette poursuite, cita l'exemple de lord Hawkesbury, qui fit mettre en jugement Peltier, accusé d'avoir conseillé l'assassinat du premier consul Bonaparte et d'avoir insulté le gouvernement d'une nation amie. La première lecture du bill fut adoptée, malgré lord Russell; mais M. Milner-Gibson, à la deuxième lecture, présenta une motion qui, en exprimant le regret que le complot eût été préparé en Angleterre, se plaignait que « le gouvernement anglais, avant d'inviter la Chambre à modifier la « loi, n'eût pas cru devoir faire une réponse à la menaçante dépêche du « gouvernement français en date du 20 janvier 1858. » Cette dépêche avait vivement ému l'opinion en Angleterre. De nombreux meetings s'étaient formés pour protester contre toute concession aux exigences du gouvernement français et contre toute atteinte portée au droit d'asile dont la vieille Angleterre est à bon droit si fière. La Chambre, qui partageait les sentiments de la nation, adopta la motion de M. Milner-Gibson, et le ministère Palmerston se retira. Voilà tout le fruit que le gouvernement impérial, qui se flattait de forcer l'Angleterre à déporter Mazzini en Amérique, recueillit des demandes de M. Walewski.

En France, M. Billault, ministre de l'intérieur, s'empressa, après l'attentat du 14 janvier, de réorganiser la police et de la concentrer dans s s mains; l'Empereur ne pouvait goûter ces projets, car on parlait comme d'une chose certaine du rétablissement du ministère de la police, dont le portefeuille devait être confié au général Niel. M. Billault donna sa démission le 6 février. M. Piétri quitta également la préfecture de police. Quel serait le successeur de M. Billault? M. Rouland, ministre de l'instruction publique, M. Laity, un des conspirateurs de Strasbourg, ou M. de Royer, ministre de la justice? Pendant que les nouvellistes discutaient les chances de ces trois candidats, l'Empereur avait fixé son choix sur le général Espinasse, un de ses aides de camp.

Le général Espinasse était un homme de quarante ans environ, né dans le Midi, d'une physionomie vulgaire et d'une intelligence nulle, sorti avec un assez mauvais numéro de l'école militaire de Saint-Cyr; lieutenant au 47e de ligne, quand ce régiment fut appelé d'Algérie en France, il obtint de passer dans la légion étrangère, ce qui lui permit de rester en Afrique, où les occasions d'avancer se présentent fréquemment. La légion étrangère fit dans l'Aurès une expédition commandée par le duc d'Aumale. Le capitaine Espinasse, placé au combat de Mediounez à la tête d'une compagnie de l'extrême arrière-garde, attaqué par les Kabyles, blessé de trois coups de feu, allait périr abandonné par ses soldats, lorsque le duc d'Aumale courut à son secours et le sauva. Le duc d'Aumale s'attacha au capitaine Espinasse, en raison du service qu'il lui avait rendu, et le capitaine Espinasse sut exploiter ce sentiment naturel aux âmes généreuses. Militaire brave, mais ignorant, incapable de s'intéresser aux questions politiques, économiques, ethnographiques et sociales soulevées par la colonisation, ne connaissant ni les besoins, ni les mœurs, ni la langue des Arabes, il serait resté longtemps capitaine si le duc d'Aumale ne l'avait fait nommer chef de bataillon aux zouaves en 1845. Le commandant Espinasse, après la révolution de Février, chercha un appui auprès du général Cavaignac; n'obtenant rien de lui, il se rejeta du côté du prince Louis Bonaparte, qui, une fois président, le nomma lieutenant-colonel. Le colonel Espinasse commanda une colonne au siège de Rome et revint en Afrique, où M. Fleury, chargé de recruter des complices au coup d'État, entra en relations avec lui. L'expédition de Kabylie s'organisait à cette époque, dans l'intention de fournir à quelques officiers dévoués à la fortune du président Bonaparte l'occasion de faire parler d'eux. Le lieutenant-colonel Espinasse en fit partie; la campagne terminée, il fut nommé colonel dans la promotion où figuraient Saint-Arnaud comme général de division, et Marulaz comme général de brigade. M. Fleury n'avait trouvé dans tout le corps expéditionnaire que ces trois officiers décidés à signer le pacte avec le futur dictateur. Ils furent tous les trois pourvus de commandements à Paris.

Le colonel Espinasse reçut le commandement du 42ᵉ de ligne. Ce régiment tenait garnison à Boulogne, à Saint-Omer et dans quelques places du département du Pas-de-Calais, lors de l'échauffourée du prince Napoléon à Boulogne. Le colonel Husson, qui le commandait à cette époque, passait pour secrètement favorable à la conspiration; le lieutenant Aladenize, qui en faisait partie, servait dans ce régiment; d'autres officiers n'attendaient que le succès pour se prononcer. Ce régiment était désigné d'avance pour prendre une part importante à l'exécution du coup d'État de 1851. C'est à sa tête qu'Espinasse occupa l'Assemblée nationale, exploit qui lui valut la place d'aide de camp du prince à 30 000 francs d'appointements par an et le grade de général de brigade, malgré la loi sur l'avancement, qui exige deux années du grade inférieur en temps de paix et une année en temps de guerre. Espinasse était colonel depuis sept mois à peine [1].

Le général Espinasse, nommé après le coup d'État l'un des trois commissaires chargés de réviser les dossiers des citoyens condamnés par les commissions mixtes, prononça deux ou trois cents commutations de peine sur quinze mille; son rapport, rédigé par Granier de Cassagnac, injurieux et violent contre les victimes, froissa le sentiment public, même au milieu de la prostration dans laquelle la France se trouvait plongée. Le général Espinasse, envoyé en Algérie avec la mission de provoquer des demandes en grâce de la part des quinze mille transportés entassés dans des cabanons malsains, s'y montra vindicatif et cruel, sans obtenir

---

1. Le même homme, quinze jours avant le coup d'État, écrivait au duc d'Aumale une lettre dans laquelle Louis Bonaparte était traité d'aventurier.

Fig. 60. — Exécution de la loi de sûreté générale.

des républicains autre chose que le mépris de ses promesses et de ses menaces. C'est à cet homme vulgaire, à ce soldat brutal, que l'Empereur eut l'idée de remettre l'administration intérieure de l'Empire, et la vie et la fortune des trente-six millions de Français auxquels s'appliquait la loi de sûreté générale.

Espinasse était de service aux Tuileries, lorsque son maître lui demanda si, dans le cas où il lui offrirait le ministère de l'intérieur, il accepterait ce poste; Espinasse répondit qu'il obéirait toujours aux ordres de l'Empereur. Un quart d'heure après, le décret qui le nommait ministre de l'intérieur et de la *sûreté générale* était signé, et Espinasse passa du salon des aides de camp, à l'hôtel du ministère.

Son premier soin fut de mander tous les préfets à Paris. Il reçut chacun d'eux en audience particulière. Voici le dialogue qui s'échangeait entre ces fonctionnaires et le général Espinasse : « Vous êtes préfet? — Oui, Excellence. — De quel département? — De la Sarthe[1]. — Ah! vous êtes préfet de la Sarthe (il consultait une liste où les départements étaient inscrits avec des chiffres en regard), la Sarthe, *tant* d'arrestations. — Mais, monsieur le ministre, qui faut-il arrêter? — Qui vous voudrez, je vous ai donné le nombre, le reste vous regarde. »

L'affaire d'Orsini avait prouvé, de la façon la plus irréfragable, que la France était restée complètement étrangère à l'attentat du 14 janvier. Les vrais coupables punis, le gouvernement aurait dû, semblait-il, se tenir pour satisfait; mais la demande faite par l'Empereur du dossier du procès de la machine infernale, en rentrant aux Tuileries après l'attentat, indiquait que les traditions et la politique du Consulat et de l'Empire seraient suivies, et que Napoléon III profiterait de l'occasion pour frapper les républicains, comme le premier consul Bonaparte profita du complot légitimiste de la rue Saint-Nicaise pour déporter les débris du parti de la Révolution. La loi de sûreté générale lui en fournissait les moyens. Le Sénat ne s'opposa nullement, comme on le pense bien, à la promulgation de la loi, et un décret impérial du 27 février 1858 la rendit exécutoire sur toute l'étendue de l'empire français. Les prisons cependant étaient pleines avant le décret et même avant la présentation de la loi. Les membres restants du *comité de résistance*, Louis Combes, Eugène Fombertaux, Frédéric Gérard, Chardon, Goudounèche, G. Tilliers et quelques autres, furent désignés les premiers à la police, à Paris. Frédéric Gérard,

---

1. Ou tout autre nom.

employé au ministère de la guerre, naturaliste distingué, était mort, lorsque les agents se présentèrent pour l'arracher à sa famille, encore en deuil de sa perte. Fonbertaux fut emporté par la voiture cellulaire sans avoir pu dire adieu à sa femme ; M. Goudounèche, maître de pension, ancien rédacteur en chef de journal *l'Avenir*, subit le même sort; M. Georges Tilliers, homme de lettres, traîné de prison en prison, tondu, rasé, jeté à la Roquette, attendit, au milieu des condamnés dont il portait le costume, le départ de onze forçats avec lesquels il fut conduit à Marseille. Sa mère et sa fiancée étaient, pendant ce temps-là, jetées dans une prison de Nevers. M. Benjamin Gastineau, rédacteur en chef du *Guetteur de Saint-Quentin*, et plusieurs autres journalistes des départements furent arrêtés et prirent également le chemin de Marseille et de l'Afrique.

Le 24 février, entre minuit et deux heures du matin, dans toutes les parties de la France, au nord et au sud, à l'est et à l'ouest, la police se présente dans certaines maisons : « Ouvrez au nom de la loi ! — Qui êtes-vous ? — La police. — Que me voulez-vous ? — Te conduire à Cayenne et à Lambessa. — Pourquoi ? — Parce qu'un Italien nommé Orsini a tiré sur l'Empereur, et parce que vous êtes républicain. »

« Et vous, qui êtes-vous ? — La fille de celui que vous demandez. Il est mort depuis deux ans. Mon mari ? il est dans une maison de fou. Mon frère ? il est aux États-Unis. Mon autre frère ? il est encore en Afrique, où vous l'avez transporté en 1852. — Ton père est mort ? Ce n'est pas vrai, puisqu'il est sur la liste. Viens avec nous, il nous faut quelqu'un de ce nom. Laissez là vos enfants, vos affections, votre ménage, vos occupations ; suivez-nous au cachot et en Afrique [1]. »

Le préfet, dans chaque département, prenait au hasard le nombre d'individus fixé par ordre ministériel. Plusieurs s'y prirent à deux fois pour compléter leur liste, grâce aux dénonciations des gens poussés par la haine ou par l'intérêt personnel : il y a eu deux terreurs, la première du 24 au 26 février, la seconde après cette époque. Leur étendue dépendait du caractère du préfet. M. Pougeard-Dulimbert, préfet du Gard, avait pris une part cruelle au coup d'État, comme préfet des Pyrénées-Orientales [2]. Promu à la préfecture du Gard, il reçut comme tous

---

1. *Les suspects* en 1858, par E. Tenot et A. Dubost.
2. La femme d'un insurgé, mère depuis huit jours, ne voulait pas révéler la retraite de son mari ; elle fut sans son enfant mise au cachot, où la fièvre de lait la prit ; un citoyen, espérant exciter la pitié du préfet pour cette malheureuse, lui dit qu'elle se mourait et que ses seins allaient éclater : « *C'est ce qu'il faut*, répondit-il, *son secret sortira par là.* »

ses collègues, après l'attentat d'Orsini, un paquet de lettres de cachet signées en blanc ; comme il ne se souciait pas de se mettre mal avec la bourgeoisie nîmoise, il choisit ses premières victimes parmi les citoyens plus obscurs. Mais les bonapartistes n'étaient pas contents. La transportation, l'exil et l'emprisonnement d'un certain nombre de citoyens à la tête de positions importantes auraient créé des vides qu'ils auraient pu remplir. Parmi ces citoyens figurait un condamné de 1852, rentré au bout de trois ans sur la foi d'un sauf-conduit et devenu depuis deux ans, à la suite de sacrifices d'argent très importants, agent général de la *Compagnie du Phénix*, poste qui lui donnait par an près de 30 000 francs de bénéfices et dont le portefeuille, propriété du titulaire, valait plus 150 000 francs. Le préfet promettait depuis longtemps une place de receveur particulier au maire de Nîmes, qui invoquait de grands services, entre autres celui d'avoir accepté la mairie, dont personne ne voulait. Le gouvernement l'avait décoré, c'est vrai! mais cela rapporte peu. La place d'agent général de la *Compagnie générale du Phénix* valait mieux. Il voulait l'avoir. Le titulaire[1] fut envoyé en Afrique. La Compagnie confisqua son portefeuille et en nantit gratuitement son successeur, le maire de Nîmes ; quoique des négociants très honorables se fussent engagés, s'ils étaient choisis à la place de l'ancien titulaire, de verser entre ses mains des sommes variant de soixante à cent mille francs.

---

1. M. Eugène Ducamp, deux mois après la première razzia du général Espinasse, le 21 avril, vers midi, se promenant sur le boulevard, devant la porte de ses bureaux, à Nîmes, fut accosté par un individu, qui lui dit de la part de M. le préfet que celui-ci désirait lui parler. Arrivé à la préfecture, il se trouva en présence non du préfet, mais du commissaire central : « Vous me voyez navré, lui dit ce fonctionnaire; j'ai une bien triste mission à remplir; chargé de veiller sur votre conduite, je ne puis que vous en louer, mais il faut que quelque mauvais drôle vous ait dénoncé, et je suis obligé de vous arrêter. »

Le commissaire fit emmener le prisonnier par quatre sergents de ville, après lui avoir remis sa lettre de cachet signée : Espinasse, et portant la date de Paris 21 avril, le jour même où cette scène se passait; c'était donc une pièce signée en blanc, oubliée au fond d'un tiroir et exhumée sans motif politique.

Les gardiens attendaient à la geôle. Ils invitèrent M. Ducamp à déposer tout ce qu'il avait sur lui, sa montre, ses clefs, son argent, et, comme l'un d'eux mettait brutalement la main sur lui pour le fouiller, il fit involontairement un geste de dégoût et un mouvement en arrière... « Oh! oh! mon petit, dit le principal gardien, c'est comme ça! allons! allons! apportez les petites machines, nous allons apprendre à ce monsieur qu'il n'est pas le maître ici. » Les gardiens lui mettent les fers aux mains; un des bracelets qu'on lui passe étreignant trop un de ses poignets, il en fait l'observation. « Tu t'y feras, mon bonhomme, ça prête! d'ailleurs ça fait entrer l'amitié. »

M. Ducamp fut entraîné et jeté dans un cachot en contre-bas de deux marches. En jetant les yeux autour de lui, il aperçut un vase cylindrique de terre grossière de 50 centimètres de haut, et une paillasse immonde, éventrée en plusieurs endroits, grabat du crime et de la misère, d'où s'échappait une paille concassée et pulvérulente. Un peu avant la nuit, on glissa près du baquet, par la porte entrebâillée, une casserole où nageaient

La Compagnie prit pour prétexte que le gouvernement voulait un homme sûr dans le poste important par le grand nombre des agents qui en dépendent.

« Le corps social est rongé par une vermine dont il faut coûte que
« coûte se débarrasser, écrivait le 15 février l'Empereur à son ministre
« de l'intérieur ; il y a aussi des préfets qu'il faut renvoyer, malgré leurs
« protecteurs ; je compte pour cela sur votre zèle : ne cherchez pas, par
« une modération hors de saison, à rassurer ceux qui vous ont vu venir
« au ministère avec effroi. Il faut qu'on vous craigne ; sans cela, votre
« nomination n'aurait pas de raison d'être. » Le général Espinasse avait fidèlement exécuté la consigne, il avait parfaitement justifié les craintes de ceux qui l'avaient vu venir au ministère avec effroi ; il s'était fait craindre, et, quand, à ce mérite de s'être montré un véritable épouvantail, il put joindre celui d'avoir mené à bonne fin les élections pour le renouvellement de la deuxième série des conseils généraux, fixées au 12 et au 13 juin, il s'imagina être devenu le ministère indispensable. M. Fould vit malheureusement, dans la conversion des biens immobiliers des établissements de bienfaisance en rentes sur l'Etat, une grande conception financière ; le ministre de l'intérieur fut invité à signer une circulaire pour recommander aux intéressés cette opération. Ces propriétés, d'une valeur de 500 millions de francs environ, ne produisaient

---

quelques légumes et une cuiller de bois. Soutenu par la fièvre, il allait dans l'ombre le long du mur, comptant les heures une à une. Deux heures du matin sonnèrent ; il entendit passer un camion ou quelque chariot lourdement chargé ; il songea tout de suite aux voitures cellulaires. Des pas se firent entendre dans le corridor, sa porte s'ouvrit ; le gardien-chef, une lanterne à la main, pénétra dans le cachot entre deux soldats la baïonnette en avant, et dit : « Levez-vous ! vous allez partir. » Quatre gendarmes le conduisirent à la gare ; deux brigades, l'arme au poing, se promenaient le long de l'esplanade et de l'avenue ; à six heures du matin, il descendait à Marseille, et, une demi-heure après, il entra dans le préau de la maison d'arrêt, à sept heures. On lui mit les menottes, et, par les rues étroites et noires du vieux Marseille, on les dirigea tout droit sur le port de la Joliette ; au débouché d'un carrefour, ils rejoignirent quinze individus enchaînés conduits par une brigade baïonnette au bout du fusil ; c'était le convoi ; autrefois on disait : la *chaîne*.

Un bateau à vapeur ses feux allumés n'attendait plus que le convoi pour partir ; le troisième jour à l'aube il touchait à Stora. Un groupe de transportés attendait dans cette dernière ville de Bône à Alger, *le Titan*. Les prisonniers furent mis à la broche sur le pont, c'est-à-dire enchaînés l'un à l'autre, et maintenus par une tringle de fer passée dans les anneaux de la chaîne, infamie inscrite injustement par les transportés au compte du commandant du *Titan*, qui obéit à un ordre ajouté en marge par le contre-amiral Fourrichon, commandant la marine à Alger, ancien gouverneur de Cayenne. Le frère de M. Ducamp servait comme lieutenant de vaisseau sous les ordres de cet officier général. Voulant demander la grâce de son frère à l'Empereur, il sollicita un congé pour affaires de famille. M. Fourrichon lui répondit : « Je sais pourquoi vous voulez ce congé, vous ne l'aurez pas. »

M. Ducamp, rentré en France après l'amnistie, fut nommé conseiller général du département. Il est député aujourd'hui.

en moyenne qu'un revenu de 2 1/2 pour 100 aux institutions de charité ; elles s'en contentaient, la perspective de changer les biens fonds des hospices en rentes sur l'État, dont la valeur était si susceptible de changement, les émut. Les membres des commissions des hospices et des bureaux de bienfaisance envoyèrent en grand nombre leur démission ; le clergé, intéressé à ce que rien ne fût changé dans l'administration financière des établissements charitables, se plaignit vivement. Le gouvernement comprit qu'il avait fait une faute.

Le général Espinasse reçut l'ordre de donner sa démission et de reprendre sa place aux Tuileries sur le banc des aides de camp de service. Ce changement ne fut pas du goût du ministre disgracié. Le général Espinasse s'était pris au sérieux comme homme politique : puisque l'Empereur voulait persévérer dans les principes d'autorité vigilante qui faisaient la force de son gouvernement, tout en relâchant dans une juste mesure ce qu'une situation exceptionnelle avait peut-être un peu trop tendu, il ne comprenait pas qu'on pût confier le soin de relâcher les rênes « à un autre qu'à l'homme que l'on sait capable au besoin « de les resserrer d'une main vigoureuse. Ecarter cet homme, c'est « jeter à l'inquiétude publique un nouvel aliment, c'est la justifier par « une apparence de versatilité et de faiblesse, sans contenter ceux qui « au fond visent au renversement des institutions impériales »[1] ; l'Empereur passa sur cet inconvénient, enleva les rênes au général Espinasse et les remit à M. Delangle, premier président de la Cour d'appel.

Un décret du 24 juin créa le ministère de l'Algérie et des colonies, qui fut confié au prince Napoléon. C'était la réalisation d'une idée du règne de Louis-Philippe, que la nomination du duc d'Aumale comme gouverneur général fit abandonner.

Le gouvernement, depuis la retraite d'Espinasse, semblait prendre une allure plus calme, lorsque le bruit courut que le *Siècle*, frappé de plusieurs avertissements, allait avoir le même sort que le *Spectateur* et la *Revue de Paris;* le parti clérical ne se lassait pas de demander sa suppression. Ce parti, vivement soutenu par l'Impératrice, allait-il cette fois l'emporter ? Il y avait de graves raisons de le craindre. L'existence de plus de mille personnes dépendait du *Siècle;* la propriété de ce journal représentait une somme considérable, répartie entre un très grand nombre d'actionnaires, presque tous petits bourgeois, marchands et artisans. Les

---

1. *Lettre du général Espinasse à l'Empereur*, juin 1858. Papiers des Tuileries

membres du conseil de surveillance se demandèrent si leur devoir n'était pas de faire tous les efforts compatibles avec la dignité et l'honneur pour sauver leur propriété, et ils chargèrent M. Havin de proposer au gouvernement un arrangement en vertu duquel la rédaction et le conseil de surveillance du *Siècle* se retireraient, à la condition que la menace de suppression ne fût suivie d'aucun effet.

M. Havin écrivit donc au grand chambellan une lettre pour solliciter une audience de l'Empereur. La réponse du grand chambellan fut que M. Havin était invité à se rendre tout de suite aux Tuileries.

M. Havin avait siégé sur le même banc que le représentant Louis Bonaparte à l'Assemblée constituante. M. Viellard, son *alter ego* dans l'administration du département de la Manche, resserra les relations entre le futur président de la République et le vice-président de l'Assemblée nationale. Le directeur politique du *Siècle*, en se retrouvant devant son ancien collègue, lui exposa la situation périlleuse dans laquelle ce journal se trouvait placé. Il ajouta qu'il ne pouvait pas croire que l'intention de l'Empereur fût de supprimer purement et simplement une propriété nécessaire à l'existence de tant de familles, mais que les cléricaux annonçaient hautement sa suppression inévitable. L'Empereur, continua M. Havin, doit savoir si ces prédictions sont fondées et si la politique du *Siècle* constitue un danger pour son gouvernement; ne trouverait-il pas convenable dans ce cas de donner aux administrateurs de ce journal le temps nécessaire pour permettre à la propriété de passer entre les mains d'hommes nouveaux et sans engagement qui leur permît de mieux conformer la polémique du *Siècle* aux nécessités de la situation?

L'Empereur répondit qu'il ne se passait guère, en effet, de jour sans que, d'un côté ou de l'autre, on ne lui demandât la suppression du *Siècle*, mais que, quant à lui, il n'avait aucun parti pris contre ce journal et qu'il l'engageait seulement à ne pas trop donner prise aux accusations de ses ennemis. Le *Siècle* était sauvé pour cette fois; mais le parti clérical, si persistant dans ses haines et si puissamment secondé par l'Impératrice, ne prendrait-il pas un jour sa revanche? M. Havin emporta ce doute et cette crainte de son entretien avec l'Empereur; heureusement, l'idée d'une guerre en Italie commençait à germer dans la tête de Napoléon III; il allait bientôt avoir besoin du *Siècle*.

L'inquiétude, diminuée à l'intérieur, redoublait, en attendant, sur les questions extérieures. L'alliance anglaise semblait compromise depuis l'insertion des adresses des colonels au *Moniteur*. Elle rassurait trop

Fig. 61. — Visite de M. Havin à l'Empereur.

les intérêts industriels et commerciaux pour que le gouvernement ne fît pas tous ses efforts pour rassurer l'opinion sur son maintien. Le maréchal Pélissier avait été nommé, le 23 mars, ambassadeur en Angleterre. La présence à Londres du vainqueur de Malakoff, rappelant les souvenirs d'une guerre glorieusement terminée par les armées des deux pays, pouvait contribuer à leur rapprochement; assez froidement accueilli à son début, lui-même en convient [1], il vit la froideur générale cesser quand le *Moniteur* eut déclaré que la France ne préparait pas d'armement extraordinaire; l'Empereur invita la reine d'Angleterre à l'inauguration des travaux du port de Cherbourg et de cette statue de Napoléon Ier que l'artiste avait tourné du côté de l'Angleterre avec un geste menaçant; mais Napoléon III, en faisant tomber les voiles qui la couvraient, prononça un discours des plus pacifiques; les gens d'affaires respirèrent, les fonds montèrent à la Bourse de Paris.

L'Empereur et l'Impératrice, après les fêtes de Cherbourg, visitèrent une partie de la Bretagne et firent un pèlerinage à Sainte-Anne-d'Auray. L'Empereur s'arrêta à Rennes, où, à la suite d'un banquet municipal, il fit, dans un discours non moins pacifique que celui de Cherbourg, l'éloge du peuple de la Bretagne « catholique, monarchique et soldat ». Le couple impérial était de retour à Saint-Cloud le 21 août. La session des conseils généraux s'ouvrit le 23; elle fournit à M. de Persigny, président du conseil général de la Loire, l'occasion de prononcer un discours où il renchérit sur les bons sentiments de son maître en faveur de l'Angleterre.

L'Empire, après le 14 janvier, s'était retrempé à sa source, la violence. Allait-il détendre ses ressorts et tenter de se raffermir par la douceur? Le procès intenté à M. de Montalembert répond à cette question. M. de Montalembert avait publié, dans le *Correspondant* du 25 octobre 1858, un article intitulé : *Un débat sur l'Inde au Parlement anglais*. Cet article était une réponse indirecte à certains catholiques qui avaient pris parti pour les fanatiques Indiens, à l'époque de la révolte des Cipayes, en même temps qu'un parallèle entre le gouvernement libre de l'Angleterre et le gouvernement de la France. Le parquet releva dans cet article les délits d'excitation à la haine et au mépris des citoyens entre eux, d'attaque au respect dû aux lois, d'attaque aux droits et à l'autorité que l'Empereur tient de la Constitution et du suffrage universel, d'excitation à

---

1. Première dépêche du maréchal : « Reçu à Londres avec respect, mais sans enthousiasme. »

la haine et au mépris du gouvernement. M. de Montalembert et M. Douniol, gérant du *Correspondant*, furent donc cités à comparaître, le 17 novembre 1858, devant la sixième chambre du tribunal de première instance de la Seine, jugeant en police correctionnelle. Mᵉ Berryer, défenseur de M. de Montalembert, demanda et obtint la remise de l'affaire à huitaine, c'est-à-dire au 24 novembre.

Dès le matin de ce jour, des groupes de curieux stationnaient aux abords du Palais de justice. La salle d'audience est bientôt envahie par les privilégiés, porteurs de cartes, par les magistrats et les avocats; MM. Villemain, le duc de Broglie, Odilon Barrot, lord Howden, M. et Mme Bocher, Mme de Montalembert, un grand nombre d'anciens députés et de notabilités administratives assistent aux débats. MM. de Montalembert et Douniol sont assis à côté de leurs avocats, Mᵉ Berryer et Mᵉ Dufaure. Le siège du ministère public est occupé par M. le procureur impérial Cordoën, assisté de M. le substitut Ducreux. L'audience s'ouvre à midi.

M. le président Berthelin, s'adressant à l'auditoire : « Je préviens les « assistants que toute marque d'approbation ou d'improbation est sévè- « rement interdite, qu'elle serait réprimée immédiatement, et que nous « saurions, pour cela, faire usage de la force dont nous disposons. » S'adressant ensuite à M. Douniol, il rappelle les divers chefs de la prévention.

L'interrogatoire de M. de Montalembert commence.

« D. Comte de Montalembert, quel est votre prénom?
« R. Charles.
« D. Votre profession?
« R. Ancien pair de France, membre de l'Académie française. »

Monsieur le président rappelle à M. de Montalembert qu'il est poursuivi pour avoir contrevenu aux lois des 11 août 1848 et 17 juillet 1849 sur la presse. M. de Montalembert répond qu'il n'a jamais eu l'intention d'attaquer des lois par lui votées, et qu'en écrivant son article il s'est borné à constater des faits, sans aucune arrière-pensée d'injure ou de dénigrement. Le président lui fait observer qu'il est précisément poursuivi pour avoir constaté de prétendus faits, et qu'il aggraverait sa situation en renouvelant publiquement à l'audience le délit qui lui est reproché. M. de Montalembert ajoute qu'il ne peut pas mentir à sa conscience en niant, par exemple, que la France ne soit pas aussi libre que le Canada. Le président reprend son interrogatoire :

« D. Vous avez, dans un des passages incriminés, divisé la société française en deux camps : l'élite des *honnêtes gens*, dans laquelle vous vous rangez, et les *lâches*, c'est-à-dire, suivant vous, les huit millions de Français qui ne partagent pas votre manière de voir?

« R. Il a toujours été permis de dire qu'il y a dans le monde des honnêtes gens et des lâches; je n'ai désigné personne individuellement.

« D. Vous connaissez mieux que personne la valeur des mots, et si, dans un salon,

Fig. 62. — Le prince Napoléon, ministre de l'Algérie et des colonies.

vous divisiez ceux qui s'y trouvent en lâches et honnêtes gens, croyez-vous que ceux que vous désigneriez comme des lâches ne se trouveraient pas outragés?

« R. Si je disais qu'il y a de par le monde des lâches et que quelqu'un me répondit : Vous parlez de moi; je lui dirais : J'en suis fâché pour vous, mais vous vous désignez vous-même.

« D. Au début de votre article, vous nous comparez à ces soldats vaincus dont parle Horace : *Suave mari magno turbantibus æquora ventis.....* »

M. Villemain, en entendant attribuer à Horace un passage de Lucrèce, ne put retenir une exclamation. « Sergents de ville, s'écria le président, veillez, et expulsez la personne qui troublerait l'audience. »

M. Cordoën, procureur impérial, bon administrateur de parquet, orateur nul, traita l'article du *Correspondant* d'œuvre « impie et antifrançaise ». Il fit ensuite la leçon au prévenu. « Ce qui vous porte,
« monsieur, à attaquer la dynastie, c'est l'orgueil, ce sentiment qui fait
« que les hommes qui s'éloignent du pouvoir deviennent les ennemis de
« l'autorité; ce que vous auriez dû emprunter à l'Angleterre, c'est son
« respect pour la loi et pour l'autorité. Vous vous prétendez privé de
« liberté en France, vous vous trouvez enchaîné, bâillonné par les lois :
« eh bien! je vous dirai, moi, que la France ne craint pas la comparaison
« avec l'Angleterre : elle a la liberté de la presse, la liberté d'enseigne-
« ment, la liberté de conscience, l'égalité civile, l'inamovibilité de la
« magistrature, un corps électif nommé par le suffrage universel, et, quoi
« que vous en disiez, j'affirme que je vis sous un gouvernement libre. »
M. Cordoën, après cette solennelle affirmation de la liberté française, et comme pour mieux la constater, invoqua l'enthousiasme spontané des populations sur le passage de l'Empereur. « Ce spectacle, ajouta-t-il en
« s'adressant une dernière fois à M. de Montalembert, est un spectacle plus
« grand que celui des meetings anglais. » M. de Montalembert et son défenseur, M⁰ Berryer, méritaient un adversaire plus éloquent.

M⁰ Berryer répondit au réquisitoire :

« D'abord, peut-on faire un reproche à M. de Montalembert d'avoir rappelé qu'en France le journaliste, l'écrivain, l'éditeur lui-même ne doit jamais se départir de la *salutaire terreur d'un avertissement*.

« En vérité, messieurs, je me demande comment il y aurait là un délit; *l'avertissement est légal*, l'administration peut dire à chaque instant à l'écrivain : Je vous avertis une fois, *deux fois*, et, faites-y bien attention, à la troisième fois *je vous supprime*, j'anéantis votre journal, la pensée même de votre propriété ne m'arrêtera pas; c'est donc un avertissement salutaire que celui qui peut prévenir une pareille suppression, et le mot salutaire est juste.

« Mais pour qui sait les choses, — et ici il faut dire toute ma pensée, car dans un débat judiciaire on ne peut parler à demi-mots et à voix basse, comme on le ferait dans la chambre d'un malade, le bâillon officiel, c'est autre chose que l'avertissement légal; il n'y a pas un journal qui n'ait reçu, à certain jour, la visite d'un monsieur en habit noir, ayant quelquefois l'apparence d'un homme respectable, et qui, envoyé par ordre officiel, vient, sous forme d'invitation, dire au gérant ou à l'éditeur : Dans tel procès vous ne parlerez pas de ceci, dans telle discussion vous ne répondrez pas à telle attaque; vous voudrez bien ne pas reproduire telle pièce..... Il y a même des fêtes dont on avertit de ne pas parler. »

M. le président interrompit l'orateur :

— Maître Berryer, vous parliez tout à l'heure de la chambre d'un malade, vous vous trompez; mais, maintenant, vous vous croyez à la tribune, vous vous êtes défendu de la pensée d'attaquer les lois, et c'est précisément ce que vous alliez faire.

« M⁰ Berryer : C'est précisément ce que je n'allais pas faire (*rires prolongés*), car le bâillon officiel qui intervient pour empêcher le journaliste de s'aventurer sur un terrain périlleux, ce n'est pas l'*avertissement légal*, c'est l'avertissement administratif, avertissement qui, lui aussi, quoique illégal, doit inspirer de salutaires craintes. Et cet avertissement, on peut bien, sans crainte d'être accusé d'attaquer les lois, l'appeler *bâillon*. Ce n'est pas là l'attaque à une loi, c'est au plus la censure de certains actes de l'administration, censure qui, aux termes mêmes des lois que vous invoquez, est expressément autorisée. »

M⁰ Berryer termina ainsi sa plaidoirie :

« M. de Montalembert a obéi à une double inspiration : il a voulu exprimer son regret des libertés perdues et protester énergiquement contre les écrivains soi-disant religieux, soi-disant catholiques, qui, méconnaissant tous les principes de la religion, de l'humanité et de l'honneur, ne craignaient pas d'insulter l'Angleterre et d'applaudir aux massacres de Delhi et de Cawnpore.

« En glorifiant l'Angleterre, M. de Montalembert n'a commis aucun délit, on le reconnaît; et, quant au contraste mis en relief par l'écrit incriminé entre les institutions des deux pays, M. de Montalembert ne l'a pas cherché, il l'a trouvé. Dire que ce contraste doit cesser, le désirer, l'espérer, ce n'est pas insulter la France, c'est l'honorer.

« Quant aux lois que vous invoquez, elles ont été faites pour défendre les institutions que M. de Montalembert défend et regrette; vous ne voudrez donc pas les lui appliquer, et vous ne le pouvez pas, car en matière pénale on ne procède pas par analogie.

« Ah! messieurs, ne nous faites pas un crime de nos légitimes regrets. Nous vieillissons, nous n'avons plus qu'une chaleur qui s'éteint, laissez-nous mourir tranquilles et fidèles! Nous sommes assez malheureux de voir notre cause, notre sainte et glorieuse cause, trahie, vaincue, reniée, insultée; laissez-nous croire que nous pouvons lui garder, au fond de nos cœurs, un inviolable attachement, laissez-nous le penser, laissez-nous le dire! Laissez-nous garder et rappeler le souvenir de ces grands combats de la parole qui nous ont fait connaître, qui nous ont fait aimer les généreuses institutions que nous avons défendues, que nous défendrons toujours, et auxquelles nous serons fidèles jusqu'à notre dernière heure. »

M. le président Berthelin fit précéder le prononcé du jugement de cette allocution : « Audienciers, faites entrer les sergents de ville (une escouade de quinze sergents de ville est introduite dans la salle d'audience). Gardes, surveillez attentivement le public, et, si le moindre signe d'approbation ou d'improbation se fait entendre, saisissez immédiatement l'interrupteur et amenez-le à la barre. Le tribunal statuera. »

M. le président lut ensuite, au milieu d'un profond silence, le jugement qui condamnait.

La peine de six mois de prison infligée à M. de Montalembert était dure. Heureusement ses amis apprirent, quelques jours après le procès, par l'*Indépendance belge*, qu'il ne la subirait pas. L'archevêque de Paris, d'après ce journal, sollicitait sa grâce auprès de l'Impératrice et se croyait sûr de l'obtenir. M. de Montalembert écrivit aussitôt la lettre suivante au prélat :

« Paris, le 29 novembre 1858.

« A S. ÉM. LE CARDINAL-ARCHEVÊQUE DE PARIS

« Monseigneur,

« Le numéro de l'*Indépendance belge*, arrivé aujourd'hui à Paris, annonce que Votre Éminence, après avoir déjà fait diverses démarches dans mon intérêt, se proposerait d'intervenir auprès de l'Impératrice, à l'effet d'obtenir remise de la peine qui vient d'être prononcée contre moi.

« Je sais qu'il ne faut pas attacher une foi entière à des assertions de cette nature; mais l'immense publicité dont jouit le journal qui la contient, l'émotion que cette nouvelle a produite chez mes amis, tout me fait un devoir de signaler ce langage à Votre Éminence et de protester, au besoin, contre les intentions qu'il suppose.

« Fier et honoré d'une condamnation qui constate ma fidélité aux principes politiques de ma vie entière, et qui vient si à propos pour justifier aux yeux de l'Europe tout ce que j'ai dit ou pensé sur la condition actuelle de la France, je n'ai en ce moment d'autre ambition que de laisser à mes juges la responsabilité de leurs actes. Je ne pourrais donc regarder que comme une véritable injure la moindre faveur émanée du pouvoir impérial.

« Au milieu des variations dont j'ai été témoin et des épreuves dont j'ai été victime, mon honneur est resté intact; c'est pour le préserver de toute atteinte, même apparente, que je me permets d'exprimer à Votre Éminence une inquiétude, peut-être superflue, mais profondément légitime.

« J'ai l'honneur d'être, Monseigneur, avec un profond respect, de Votre Éminence, le très humble et très obéissant serviteur.

« Ch. de Montalembert. »

L'archevêque de Paris répondit qu'il n'avait jamais eu l'intention que lui attribuait l'*Indépendance*. M. de Montalembert s'apprêtait à se présenter devant la Chambre des appels, lorsque le *Moniteur* du 2 décembre publia cette note :

« S. M. l'Empereur, à l'occasion du 2 décembre, a fait grâce à M. le comte de Montalembert de la peine prononcée contre lui. »

M. de Montalembert s'empressa d'écrire au rédacteur en chef de la feuille officielle :

« Paris, 2 décembre 1858.

« Monsieur le rédacteur,

« Le *Moniteur* de ce matin contient, dans sa partie non officielle, une nouvelle que j'apprends en le lisant. Il s'exprime ainsi :

« S. M. l'Empereur, à l'occasion du 2 décembre, a fait grâce à M. le comte de Montalembert de la peine prononcée contre lui. »

Fig. 63. — Fêtes de Cherbourg. Les vieux de la vieille défilent devant la statue de Napoléon Ier (page 387).

« Condamné le 24 novembre, j'ai interjeté appel de la sentence prononcée contre moi.

« Aucun pouvoir en France n'a eu, jusqu'à présent, le droit de faire remise d'une peine qui n'est pas définitive.

« Je suis de ceux qui croient encore au droit et qui n'acceptent pas de grâce.

« Je vous prie, et au besoin je vous requiers de vouloir bien insérer cette lettre dans votre prochain numéro.

« Agréez, etc.

« Ch. de Montalembert. »

La note de *Moniteur* parut d'abord une spirituelle vengeance. La réflexion corrigea bientôt cette impression. Un gouvernement ne déploie pas inutilement l'appareil de la justice, il ne met pas ses organes en mouvement pour les faire servir à une malice. La grâce d'ailleurs met obstacle aux effets de la condamnation, mais elle ne la supprime pas. Le jugement subsiste. M. de Montalembert, dispensé de la prison et de l'amende, n'en restait pas moins sous le coup de la loi de sûreté générale; il figurait dans la catégorie de ceux qu'on pouvait envoyer à Cayenne ou à Lambessa.

M. de Montalembert, assisté de Mᵉ Berryer, avait lui-même fait enregistrer son appel du jugement correctionnel. Cet appel vint devant la Cour impériale, présidée par M. Perrot de Chezelles; M. le conseiller Treilhard fit le rapport de l'affaire; M. Chaix d'Est-Ange, procureur général, prononça le réquisitoire. Avocat brillant, spirituel, lettré, M. Chaix d'Est-Ange fut toujours possédé du démon de la politique. Député insignifiant sous Louis-Philippe, il comprit que sa médiocrité trouverait mieux sa place sous l'Empire : il se rallia. Lorsque M. Fortoul mourut, on lui chercha un successeur. M. Chaix d'Est-Ange eut l'occasion de parler de M. Rouland à l'Empereur et de le proposer comme ministre de l'instruction publique. Cette proposition fut acceptée; M. Chaix d'Est-Ange n'eut pas de peine à obtenir sa place de procureur général. Moins ferme que M. Rouland, un peu plus éloquent que M. Vaïsse, il montra qu'un avocat mordant peut n'être qu'un filandreux orateur de parquet; aussi faible sur son siège de magistrat que sur son banc de député, il s'acquitta du travail de sa charge sans la remplir. M. de Montalembert, ancien *témoin* du président de la République, se posant en ennemi de l'Empereur, prêtait le flanc à l'attaque. M. Chaix d'Est-Ange manqua de vigueur et fournit à l'accusé une occasion qu'il cherchait depuis longtemps d'expliquer sa conduite à l'époque du coup d'État, Mᵉ Berryer lui servit d'interprète :

« Arrive le 2 décembre 1851. Le 2 décembre, quelle a été la conduite de M. de Montalembert? La voici : il faut des explications entières.

« M. de Montalembert faisait partie d'une réunion de représentants qu'on appelait le *Cercle des Pyramides*, et il la présidait.

« Le 2 décembre, paraît une proclamation du président contenant ces mots : « Mon devoir est de maintenir la République.....; ma cause est celle de la France régénérée en 1789; » mais contenant encore bien d'autres choses. A la nouvelle de la violation de la constitution, la majorité des représentants se réunit à la mairie du Xe arrondissement. Là, sur ma propre motion, la déchéance du président de la République est prononcée; injonction est faite à la haute Cour de justice de procéder contre lui comme prévenu du crime de haute trahison.

« De son côté, M. de Montalembert apprend l'arrestation de 240 de ses collègues, les violences qui ont été exercées; aussitôt, il se rend au lieu des séances de la réunion qu'il préside, et là, il propose une protestation et la signe comme président de la réunion de la rue des Pyramides. La protestation, la voici :

M. *le président* : Me Berryer, il me semble que ce que vous dites là est inutile à la défense.

Me *Berryer* : Je vous demande pardon, monsieur le président; je défends un homme politique que l'on accuse d'être inconséquent avec lui-même; et je ne sache pas que, pour un homme à qui l'on vient dire qu'il a désiré, prôné et voté un gouvernement, il ne soit pas d'un besoin impérieux de mettre en lumière ses véritables actes.

M. *le président* : Vous croyez donc la lecture de cet acte bien nécessaire?

Me *Berryer* : Je la crois indispensable.

M. *le président* : Eh bien, alors, faites-la rapidement.

Me *Berryer* : Très rapidement. Voici la protestation :

« *Dans l'impossibilité de se réunir au palais de l'Assemblée, les soussignés, représentants*
« *du peuple à l'Assemblée législative, déclarent protester contre la dissolution de l'Assemblée*
« *nationale et contre sa dispersion par la violence.*
« *Fait à Paris, le 2 décembre 1851, à deux heures après midi.*

« Ch. de Montalembert, Léon Faucher, etc. »

« Il y a soixante signatures. Cette protestation est un acte public. Elle a été portée au président de l'Assemblée, M. Dupin. M. Dupin en a accusé réception par une lettre que j'ai entre les mains et dont voici le texte :

« *Mon cher collègue, selon votre désir, j'ai fait effectuer le dépôt de votre protestation, qui*
« *demeurera jointe à la mienne dans les archives de l'Assemblée. Mon frère a aussi adhéré.*
Rires prolongés.)

« Dupin. » (*Les rires redoublent.*)

« Une commission consultative est nommée par le dictateur. Le nom de M. de Montalembert y est porté avec plusieurs autres. Voici la lettre que les élus ont adressée au rédacteur du *Moniteur*, le 3 décembre 1851 [1], dont l'insertion a été refusée, mais dont les signatures que voici sur l'original garantissent l'authenticité :

« Monsieur le rédacteur,

« Dans votre numéro de ce matin, vous annoncez que nous sommes appelés à faire
« partie d'une commission consultative créée par un décret d'hier.
« Nous vous prions de vouloir bien faire savoir à vos lecteurs que, en présence de
« l'injuste et douloureuse incarcération d'un si grand nombre de nos collègues et amis,
« nous n'acceptons pas ces fonctions.
« Aux termes de la loi, nous vous demandons l'insertion de cette lettre.
« Agréez, etc. »

(*Suivent les signatures.*)

---

1. L'insertion de cette lettre a été refusée par ordre des ministres réunis en conseil.

« Voilà pour les journées du 2 et du 3 décembre. Postérieurement, M. de Montalembert écrit une lettre publique, en date du 12 décembre, lettre qui a eu du retentissement et qui, en effet, comme l'a dit M. le procureur général, a pour but d'engager à voter pour le président de la République, à l'occasion du plébiscite qui allait être soumis au suffrage universel. Dans cette lettre, il examine trois questions : Faut-il voter contre? Faut-il s'abstenir? Faut-il voter pour? M. de Montalembert, le 12 décembre, croit que, vu les circonstances, il n'y a pas d'autre parti à prendre que de voter pour le président

Fig. 64. — Victoria, reine d'Angleterre.

de la République. « Je me dispense d'examiner, dit-il, si le coup d'État, que chacun
« prévoyait, pouvait être exécuté dans un autre moment et par un autre mode. Il me
« faudrait, pour cela, remonter aux causes qui l'ont amené, et juger des personnes qui
« ne peuvent aujourd'hui me répondre. » — Plus loin, il examine les différents partis :
voter contre, c'est inutile; s'abstenir, ce serait renoncer à sa qualité de citoyen : « Voter
« pour Louis-Napoléon, ce n'est pas approuver ce qu'il a fait; c'est choisir entre lui et
« la ruine totale de la France..... Ce n'est pas sanctionner d'avance les erreurs ou les
« fautes que pourra commettre un gouvernement, faillible comme toutes les puissances
« d'ici-bas..... Remarquez bien que je ne prêche ni la confiance absolue, ni le dévoue-
« ment illimité; je ne me donne sans réserve à personne. » — Voilà la lettre de M. de

Montalembert, voilà son adhésion. Le vote du 20 décembre a lieu : il ne s'agit pas de critiquer ; mais il faut bien rappeler quels sont les actes qui suivent immédiatement le 20 décembre. M. de Montalembert a le droit de protester contre l'inconséquence dont vous l'accusez.

« Que voit-il? Quelques jours après, un décret d'omnipotence qui exporte, qui expatrie, qui chasse de France quatre-vingts citoyens des plus distingués, et parmi eux ces illustres généraux à qui la capitale devait de n'avoir pas été livrée au pillage et de n'être pas devenue un monceau de décombres.

« A ce décret que voit-il succéder? Le 22 janvier 1852, le décret relatif aux biens de la maison d'Orléans, un décret qui porte atteinte au principe de la propriété. M. de Montalembert le considère comme la violation d'un droit fondamental de la société.

« *M. le président* : M° Berryer, vous ne pouvez pas attaquer un acte souverain.

« *M° Berryer* : Je n'attaque en aucune manière ; je dis seulement que cet acte a dû être jugé ainsi par un homme qui croyait qu'il y avait là une confiscation. La pensée de M. de Montalembert était celle de M. le procureur général ; pas de vous, monsieur le procureur général, mais de l'autre qu'on a restitué à la cour de cassation. (*Nouveau mouvement.*) Voici en quels termes (je ne lirai pas cette lettre en entier) M. Dupin s'exprimait : « En ce moment, au point de vue du droit civil, du droit privé, de l'équité na-
« turelle et de toutes les notions chrétiennes du juste et de l'injuste, que je nourris dans
« mon âme depuis plus de cinquante ans, comme jurisconsulte et comme magistrat,
« j'éprouve le besoin de me démettre de mes fonctions de procureur général. » (*La voix de l'orateur est couverte par les éclats de rire de l'auditoire.*)

« Voilà l'impression de M. Dupin ; c'est aussi celle de M. de Montalembert : le même jour, il avait protesté aussi publiquement qu'il l'avait pu en quittant la commission consultative ; le *Moniteur* le constate.

« Ensuite est venu le *décret organique de la presse* du 17 janvier 1852. C'est la loi : il ne s'agit pas de la discuter. Mais ne perdons pas de vue les impressions qui ont dû dominer l'âme de M. de Montalembert, surtout en présence des dispositions de l'article 32 de cette loi. C'est sous l'empire de ces impressions qu'il s'est séparé de vous. Il n'y a plus à lui opposer sa conduite au 2 décembre : c'est un reproche injuste à l'aide duquel on s'efforce de diminuer son caractère. C'est à cela que j'ai voulu répondre ; je crois l'avoir fait. »

M. de Montalembert, par l'éclat de ses terreurs, par ses déclamations contre la presse, contre les réunions publiques, par l'exagération de son langage sur les dangers que le socialisme faisait courir à la France, par son alliance avec M. Louis-Napoléon Bonaparte, avait contribué au coup d'Etat d'une façon indirecte, mais réelle. Il le sentait, et il ne perdait pas une occasion de marquer le changement survenu dans ses sentiments. Le gouvernement, en lui cherchant en quelque sorte une querelle personnelle, lui permit, sinon de se disculper entièrement de toute complicité dans l'avènement de l'Empire, du moins de proclamer de la façon la plus éclatante sa rupture avec lui.

Un autre bénéfice de ce procès, pour M. de Montalembert, fut de n'être plus exposé à être envoyé à Lambessa et à Cayenne, car la cour, amendant l'arrêt du tribunal, ne visa pas l'article 1er du 27 juillet 1849, qui l'assujettissait à l'application de la loi de sûreté générale.

L'Empereur, condamné de son côté à la clémence, fit insérer une seconde note dans le *Moniteur* :

« L'Empereur, renouvelant sa première décision, a fait remise à M. le comte de Montalembert des peines définitivement prononcées contre lui par l'arrêt de la cour impériale de Paris du 21 décembre 1858.

« Sa Majesté a également fait remise à M. Douniol, gérant du *Correspondant*, de la peine d'emprisonnement prononcée contre lui par le jugement du 24 novembre. »

L'effet de ce procès fut grand, surtout à l'étranger. L'écho des débats ne put s'étendre et se prolonger en France. Le décret organique du 15 février 1852 interdisait aux journaux la reproduction des procès de presse; la sentence seule pouvait être publiée.

N'oublions pas de mentionner, en terminant ce chapitre, un événement qui causa plus d'émotion chez quelques personnes que dans le public, quoiqu'il pût exercer une influence réelle sur les événements. La mort, le 17 mai, avait enlevé la duchesse d'Orléans à ses enfants et à ses amis [1]. Les craintes de guerre avec l'Angleterre, les suites du procès Orsini avaient bien vite fait oublier cette mort; mais, si les craintes de guerre avec l'Angleterre n'existaient plus, d'autres commençaient à les remplacer, et les esprits s'occupaient avec inquiétude des rapports entre Paris et Vienne.

---

1. La duchesse d'Orléans passa l'hiver de 1856 en Italie. Le printemps la ramena en Angleterre. Elle y vécut pendant un an encore, au milieu des soins minutieux que sa faible santé rendait toujours nécessaires. Le 9 mai, elle fut prise de quintes de toux suivies de syncopes et de crises nerveuses; personne n'eut l'idée d'un danger pour elle, et elle moins que personne. Sa conversation n'avait rien perdu de sa vivacité ordinaire, elle augmentait quand ses fils entraient dans sa chambre. Le médecin la suppliait de ne pas tant leur parler : « Laissez-moi au moins les regarder, » lui dit-elle.

Le 17 mai, elle resta quelque temps sans connaissance à la suite de suffocations et de faiblesses. Le médecin s'approcha d'elle pour lui tâter le pouls. S'étonnant de tant de soins : « Vous me croyez donc bien malade? » dit-elle. M. Guéneau de Mussy éluda la question et reprit : « Et vous, madame, comment vous trouvez-vous? — Mais pas mal. Je voudrais me reposer. »

M. Guéneau de Mussy, retiré dans la pièce voisine, écrivait des billets pour donner des nouvelles de la malade. Le silence était si profond, qu'une amie, restée près de la porte, fut traversée d'un pressentiment. « Il me semble qu'on est bien silencieux ici, » dit-elle à M. de Mussy. Il rentra dans la chambre de la princesse, jeta un regard sur elle, et sortit en levant les bras au ciel. Le passage d'une vie à l'autre avait été si doux, que les deux femmes restées près de son lit, les yeux fixés sur elle, n'avaient pas aperçu une altération dans ses traits, un changement dans sa physionomie; seulement son visage, sur lequel était revenue la jeunesse presque enfantine, avait pris une blancheur plus mate. La tolérance de l'évêque catholique permit de la déposer dans la chapelle de Weydbrige, entre la duchesse de Nemours et Louis-Philippe. Elle demande dans son testament de reposer, plus tard, dans la chapelle mortuaire de Dreux auprès de son mari [*].

[*] *Madame la duchesse d'Orléans.*

CHAPITRE XII

COMMENCEMENT DE LA GUERRE D'ITALIE

(1859)

Situation morale de l'Empire. — Il est obligé de *faire quelque chose*. — Il se décide à faire la guerre. — Il hésite entre une guerre en faveur de la Pologne et une guerre en faveur de l'Italie. — Cause de son irrésolution. — Il se décide pour la guerre italienne. — La Sardaigne et l'Italie. — M. de Cavour. — Il est mandé à Plombières. — La réception du 1er janvier. — Mariage du prince Napoléon avec la princesse de Savoie. — Paris et la France apprennent qu'une nouvelle guerre est probable. — Situation de l'Italie. — Les duchés. — Naples. — Le muratisme. — Le gouvernement cherche à tromper l'opinion publique sur le maintien de la paix. — Note du *Moniteur*. — Le Congrès. — Alarmes de M. de Cavour. Préparatifs de guerre. — Formation de l'armée. — L'opinion publique et la guerre. — L'Impératrice est déclarée régente. — Ultimatum de l'Autriche.

L'Empire, maître de l'administration, du budget, de l'armée, du clergé, du Corps législatif et du Sénat, arbitre souverain de la presse, armé d'une loi qui lui permettait d'envoyer quiconque lui déplaisait à Cayenne ou à Lambessa, n'avait jamais paru plus fort et plus assuré de sa durée. Mais ce n'était là qu'une apparence ; en réalité, il était toujours inquiet du lendemain et tourmenté de l'impuissance de vivre par lui-même. Il se sentait encore une fois acculé à la nécessité de *faire quelque chose* pour tirer la France de ce silence mystérieux, de ce calme menaçant qui sont le résultat et en même temps l'effroi de la tyrannie. Ce *quelque chose*, c'était la guerre. L'Empire avait entrepris l'expédition de Crimée pour faire oublier à la France la campagne de Décembre et à l'armée ses anciens chefs. Une nouvelle guerre devenait nécessaire

Fig. 65. — M. de Cavour.

pour lui faire oublier la liberté. L'Empereur, jetant un regard sur la carte de l'Europe, y chercha le théâtre d'un nouveau drame militaire. La Pologne et l'Italie lui parurent deux terrains propices. Lequel choisirait-il ? Au printemps de l'année 1855, il semblait décidé à pousser vigoureusement la guerre contre la Russie et à l'attaquer par son côté le plus vulnérable, la Pologne. La guerre de Crimée ne passionnait pas l'opinion. L'Empereur comprit qu'il fallait en modifier le caractère et lui donner un double but : rendre à la fois leur indépendance à la Turquie et à la Pologne. M. de Persigny, son ambassadeur à Londres, reçut donc l'ordre de sonder le gouvernement anglais pour savoir s'il se prêterait, en ce qui concerne la Pologne, à une revendication de ces traités de 1815 qu'il devait refuser de reconnaître six ans plus tard. Les ouvertures de M. de Persigny restèrent sans résultat. Les négociations s'étant ouvertes à la mort de Nicolas, l'Empereur s'efforça de faire comprendre dans les articles du traité, le rétablissement du royaume de Pologne dans les conditions stipulées par les traités de Vienne, qu'il invoquait alors sans cette répugnance qu'il prétendait éprouver contre eux en 1863 ; l'Angleterre refusa encore une fois de s'associer à cette tentative; piqué contre son alliée, pressé d'ailleurs d'escompter la prise de Sébastopol, il se rapprocha de la Russie. L'Empereur, après avoir poussé si vivement à la guerre contre cette nation, se montra dans le congrès très amical pour son ancienne ennemie, tandis que l'Angleterre, si lente à se mettre en campagne, se tourna contre la Russie et seconda les exigences de l'Autriche, qui, sans avoir rien fait, voulait tout avoir. Le rapprochement entre la France et la Russie l'inquiétait cependant au point qu'elle se décida à parler à son tour du rétablissement de la Pologne. L'Autriche, en se joignant à elle, aurait servi ses propres intérêts plus qu'elle ne le supposait; elle ne le fit pas; c'est alors que la question italienne fut posée.

Napoléon III, craignant l'hostilité du parti clérical, tout prêt à se rallier à l'idée d'une guerre en faveur de la Pologne, hésita longtemps avant de s'engager sur le terrain de l'Italie, espérant que la Russie consentirait à faire quelque chose en faveur de la Pologne. La froideur avec laquelle ses ouvertures à ce sujet furent reçues à Stuttgart par Alexandre II le désabusa sans troubler sa bonne intelligence avec le Czar. La France et la Russie, entraînant la Prusse avec elles, votèrent ensemble contre l'Angleterre et l'Autriche dans toutes les conférences pendant les quatre années qui succédèrent à la guerre de Crimée. L'Empereur, grâce à l'appui de la Russie et de la Prusse, put mener à bonne fin l'union administrative des provinces danubiennes, prélude de l'union complète opérée par le suffrage populaire, premier essai d'une politique qui devait être imitée bientôt dans d'autres pays. L'union des provinces danubiennes fut un vrai coup de théâtre. Napoléon III, après avoir sacrifié tant d'hommes et tant de millions pour maintenir l'intégrité de l'Empire ottoman, devenait le défenseur de ses vassaux révoltés ; et il envoyait le 13 août 1858 les vaisseaux *l'Algésiras* et *l'Impétueuse* dans les eaux de Raguse pour protéger le prince de Montenegro, et favorisait en Servie un changement de dynastie contraire aux vœux de la Porte.

Napoléon III devait dire bientôt à M. de Cavour : « Il n'y a que trois hommes en Europe, nous deux et un troisième que je ne nommerai pas [1]. » M. de Cavour méritait cet éloge. Véritable dictateur de la Sardaigne, il dirigeait tout, l'intérieur et l'extérieur, et subordonnait tout à ce but : la guerre contre l'Autriche. Vaisseaux, artillerie, fortifications, argent, tout est prêt; M. de Cavour, ministre des finances, y a pourvu. L'opinion publique a-t-elle besoin d'être excitée, les lettres de Joseph de Maistre, brûlantes de patriotisme et de haine contre l'Autriche, sont publiées par les soins de M. de Cavour, ministre de l'intérieur. Il donne à la cause de l'indépendance italienne deux appuis : le sentiment monarchique se confiant à la révolution, et la révolution donnant la main à la monarchie par sentiment national. Turin est devenu la ville sacrée de la péninsule; tous les peuples de l'Italie ont les yeux sur elle. Il fallait cependant au Piémont des alliés pour mener à bonne fin l'œuvre de la rédemption de l'Italie; où en trouver? L'Angleterre était sympathique au Piémont constitutionnel; des réformes intérieures dans les autres Etats de la péninsule lui paraissaient désirables, mais elle ne songeait nullement à porter une main novatrice sur l'édifice politique fondé par les traités de 1815. En ce qui touche la Prusse et la Russie, le courageux petit royaume ne pouvait guère compter sur elles, quoiqu'il les caressât toutes deux et qu'il eût accordé à la Russie le droit de stationnement sur la rade de Villafranca, dans les eaux de la Méditerranée. La France seule lui promettait une alliance, mais c'était une alliance soumise à la volonté incertaine de son souverain, c'est-à-dire fragile. « Rassurez-vous, avait dit Napoléon III à M. de Cavour en 1856, j'ai dans l'idée que la paix qui vient d'être signée ne durera pas longtemps. » Ces paroles étaient pour le ministre piémontais pleines de promesses et d'espérances. Il en attendait l'effet, lorsque la nouvelle de l'attentat d'Orsini tomba sur lui comme un coup de foudre. Quel effet cet attentat commis par un Italien allait-il produire sur Napoléon III, déjà peut-être ébranlé dans ses projets par la froideur de l'Angleterre? Cavour n'ignorait pas le parti que

---

1. Les événements ont fait dire qu'il s'agissait de M. de Bismarck, que l'Empereur aurait eu l'occasion de voir à Baden, mais il est peu probable que M. de Bismarck ait fait à cette époque une si vive impression sur Napoléon III.

les ennemis de l'Italie tiraient de cet événement auprès de Napoléon III. Le nonce l'avait présenté comme le produit direct des doctrines de Cavour. L'Autriche demandait si le moment n'était pas venu de s'entendre pour forcer le Piémont à mettre un terme aux menaces des réfugiés. L'Empereur, sans s'expliquer, commença par exiger du Piémont une loi contre les réfugiés, semblable à celle dont la présentation venait de causer la chute de lord Palmerston. Il parlait d'une loi contre la presse. C'était presque un coup d'Etat que la diplomatie officielle imposait au Piémont. La diplomatie officieuse et intime, qui joua toujours un si grand rôle au milieu des complications italiennes, se mit de la partie; les deux souverains échangèrent des lettres. Napoléon III, comme on l'a vu par l'envoi des papiers d'Orsini à M. de Cavour, commençait à se faire une idée plus nette des causes et des conséquences de l'attentat dirigé contre lui. Cavour commençait à se rassurer, lorsque, vers le mois de mai, il reçut d'un de ses amis qui était également ami du prince Napoléon, un plan d'alliance entre la France et le Piémont, et un projet de mariage entre le prince Napoléon et la fille aînée de Victor-Emmanuel. Qu'y avait-il de sérieux dans cette lettre? M. Constantin Negre, son secrétaire, se rendit à Paris pour le savoir. Rien n'était plus sérieux, mais rien ne se pouvait traiter que dans une entrevue secrète. Un ami de l'Empereur [1], qui faisait un voyage de plaisir en Italie, en régla tous les détails à Turin. Le lieu du rendez-vous fut fixé à Plombières.

M. de Cavour dut se résigner à présenter la loi contre la presse. Cette loi ne fut pas votée sans de vives et pénibles discussions.

M. de Cavour, qui était allé en Suisse, se rendit par un détour à Plombières, où il arriva le 20 juillet, avec un passeport portant un nom supposé. Les détails exacts de la conférence qui eut lieu entre Napoléon III et le ministre italien resteront probablement toujours secrets; mais les clauses de la convention conclue entre la France et le Piémont sont connues, sauf celle qui déterminait le lieu et le prétexte de la rupture avec l'Autriche : la création d'un royaume d'Italie du Nord, s'étendant jusqu'à l'Adriatique et comprenant les duchés de Parme et de Modène, et la Toscane agrandie de la portion des États pontificaux située au versant des Apennins en échange de Nice et de la Savoie, tel était le fonds de cette convention. M. de Cavour se hâta de rentrer à Turin, afin d'en préparer l'exécution. Le reste de l'année s'écoula pour le Piémont en préparatifs militaires.

1. Le docteur Conneau.

M. de Cavour ne pouvait cacher longtemps sa présence à Plombières. Il en partit et se dirigea sur Baden, comme s'il continuait un voyage d'agrément. Il y rencontra le prince-régent de Prusse, dont il eut une audience et qui s'étonna de le trouver si peu révolutionnaire dans la

Fig. 66. — La duchesse d'Orléans, morte à Claremont, le 17 mai 1858.

conversation. Revenu en Piémont, l'automne fut consacré par lui à la rédaction et à la négociation du traité d'alliance offensive et défensive entre la France et le Piémont, auquel Napoléon III cherchait même des alliés. Le marquis Pepoli, allié à la famille Bonaparte et à la famille du prince de Hohenzollern, récemment placé à la tête du cabinet par le prince-régent de Prusse, se rendit à Berlin, avec la mission de détacher la Prusse de l'Autriche en ouvrant à son ambition les plus brillantes perspectives d'agrandissement. Le prince de Hohenzollern se tint sur la réserve et se renferma dans le respect des traités.

Le 1er janvier 1859, un ancien officier autrichien, connu dans le monde du jockey-club[1], parut à midi sur le boulevard des Italiens, devant le passage de l'Opéra, où se réunissent les courtiers marrons de la Bourse, et donna l'ordre à l'un d'eux de vendre pour son compte une certaine quantité de rente. Les financiers du passage de l'Opéra, qui connaissaient ses relations avec la diplomatie, accoururent et lui demandèrent quelle nouvelle lui faisait croire à la baisse; il parla; une espèce de scène venait de se passer pendant la réception aux Tuileries entre l'Empereur et l'ambassadeur d'Autriche, scène dont il tenait, ajouta-t-il, le récit de la bouche même de M. de Hubner. La nouvelle se répandit dans Paris, et de là dans la France entière, qui, réveillée brusquement de sa quiétude, se trouva en présence d'une déclaration de guerre à laquelle personne ne s'attendait. Les alarmes étaient d'autant plus grandes que le *Moniteur* gardait le silence sur l'incident de la réception officielle du 1er janvier. Le 4 seulement, on lut dans le *Constitutionnel* la note suivante :

« A la réception du Corps diplomatique aux Tuileries le 1er janvier, l'Empereur a adressé à M. de Hubner, ambassadeur d'Autriche, des paroles qui, commentées dans le public, ont produit une certaine émotion. Nous sommes en mesure de reproduire textuellement le langage de Sa Majesté :

« Je regrette que nos relations avec votre gouvernement ne soient pas aussi bonnes « que par le passé. Je vous prie de dire à l'empereur que mes sentiments personnels « pour lui ne sont pas changés. »

Ces lignes officieuses impressionnèrent si vivement l'opinion, que le gouvernement jugea nécessaire d'en combattre l'effet par cette note du *Moniteur* :

« Depuis quelques jours, l'opinion publique est agitée par des bruits alarmants, auxquels il est du devoir du gouvernement de mettre un terme, en déclarant que rien dans nos relations diplomatiques n'autorise les craintes que ces bruits tendent à faire naître. »

La cause du refroidissement survenu dans les relations entre Paris et Vienne, c'était l'Italie; personne n'en doutait; cependant la presse of-

---

1. Le major Frazer.

ficieuse, obéissant à un mot d'ordre et cherchant à donner le change, attribuait ce refroidissement aux affaires des principautés danubiennes et à celles de Servie.

La note suivante, insérée au *Moniteur*, démentait cette tactique; elle était un indice certain de graves et prochains événements en Italie :

« Par décret impérial en date du 12 janvier 1859, M. Rouher, ministre de l'agriculture, du commerce et des travaux publics, est chargé de l'intérim du ministère de l'Algérie pendant l'absence de S. A. I. le prince Napoléon.

« *Paris*, 13 *janvier*. — Le prince Napoléon est parti ce soir pour Turin. L'absence de Son Altesse impériale sera de peu de durée. »

Le *Constitutionnel* ajoutait que le prince Napoléon allait épouser la fille de Victor-Emmanuel, et que les fiançailles du prince seraient célébrées à Turin [1] le 27 janvier. Le roi de Sardaigne, en annonçant l'union prochaine de sa fille aux députations des deux Chambres qui venaient le 13 janvier lui présenter l'adresse en réponse au discours du trône, termina son discours par ces paroles significatives : « L'année commence bien; j'espère qu'elle se terminera mieux encore; cette alliance pourra devenir une source d'avantages pour les éventualités futures. »

Le ministère de l'intérieur en France faisait, pendant ce temps-là, interdire la distribution de l'*Indépendance belge*, parce que ce journal persistait dans ses assertions relatives à l'existence d'un traité offensif et défensif entre la France et le Piémont. Ces mesures n'empêchaient pas le public de se dire que le roi de Sardaigne n'aurait pas consenti à s'allier à la famille Bonaparte sans un intérêt pressant, celui de s'assurer un auxiliaire contre l'Autriche. La signature du contrat de mariage de la princesse Clotilde avait été précédée en effet de la signature du traité annoncé par l'*Indépendance belge*. Le mariage fut célébré le 30 janvier à Turin. Les deux époux arrivèrent le 3 février à Paris, où l'Empereur et l'Impératrice les attendaient aux Tuileries [2].

La guerre contre l'Autriche n'était pas vue d'un bon œil dans les régions élevées de la société. Les partisans de l'ancien régime, les légitimistes de toutes les nuances, les cléricaux, les conservateurs timorés, criaient aussi haut que les financiers agioteurs et les banquiers; plusieurs

---

1. Le général Niel, aide-de-camp de l'Empereur, avait été chargé de faire la demande.
2. La politique seule ne fit pas ce mariage. L'Impératrice, toujours tourmentée de l'idée de n'être qu'une parvenue, poussait son mari à faire conclure ce mariage qui la relevait elle-même, en faisant entrer son cousin dans une des maisons les plus anciennes de l'Europe.

chambres de commerce parlaient déjà de se réunir pour rédiger des adresses contraires à la politique du gouvernement en faveur de l'Italie. Le gouvernement coupa court à ces manifestations pacifiques; mais en même temps, pour tenir la balance et laisser les esprits en suspens, il frappa d'un avertissement le journal *la Presse*, à cause d'un article belliqueux sur la crise italienne, « considérant qu'une telle polémique est de nature à jeter dans les esprits des inquiétudes mal fondées ».

Les torys avaient remplacé les wighs au pouvoir en Angleterre; l'Italie ne perdait pas grand'chose au change. Lord Palmerston ne montrait plus, depuis quelque temps, que de l'aigreur au Piémont; lord Derby se tint sur la réserve. Le commerce de Gênes était si convaincu pourtant de l'hostilité de l'Angleterre, qu'au mois de mars 1859 on n'aurait pas trouvé un armateur, capable de freter un navire à destination pour Liverpool. Le bruit d'un congrès commençait à circuler et à défrayer les conversations à Turin ; M. de Cavour était plus inquiet qu'il ne voulait le paraître. « Nous avons été amenés peu à peu, écrivait-il à un de ses amis, « à entreprendre une œuvre pleine de gloire et de justice, mais excessi- « vement périlleuse. Nous n'avons pas assez tenu compte de l'égoïsme « développé dans les sociétés modernes par les intérêts matériels. Malgré « cet obstacle, j'espère que nous réussirons. L'Italie est mûre : l'expé- « rience acquise en 1848 a porté ses fruits. Il n'y a plus ni Guelfes ni « Gibelins. Sauf quelques exceptions insignifiantes, des Alpes à l'Adria- « tique il n'y a qu'un drapeau : celui de Victor-Emmanuel [1]. »

Il semblait que l'Autriche eût eu un moment l'intention de se rendre l'opinion publique plus favorable en Italie, par l'envoi de l'archiduc Maximilien en Lombardie, avec la mission d'administrer ce pays dans des conditions plus libérales que par le passé. L'archiduc fut rappelé ; l'Autriche prit à tâche de précipiter ses préparatifs militaires et de les étaler avec une puérile et dangereuse ostentation. La diplomatie voulait évidemment la paix. On eût dit que l'Autriche cherchait à empêcher le succès de ses efforts. Ceux de l'Angleterre étaient vifs et réitérés ; mais à Vienne on lui répondait : arrêtez le Piémont, c'est lui qui arme. A Turin, on la renvoyait à Vienne. La Prusse la secondait peu, la Russie pas du tout. La rancune de celle-ci contre l'Autriche n'était point calmée, et elle était dans les premiers temps de la lune de miel avec l'empire. La Russie pouvait seule par son appui permettre à la guerre de garder un carac-

---

1. Lettre écrite par M. de Cavour à M. W. de La Rive, 20 mars 1859.

Fig. 67. — Réception du 1er janvier 1858. L'Empereur adresse à M. de Hubner, ambassadeur d'Autriche, des paroles qui sont considérées comme une déclaration de guerre (page 406).

tère local. S'y prêterait-elle? On pouvait le croire. L'Angleterre, de plus en plus alarmée, envoya lord Cowley à Vienne, avec la mission difficile de trouver un arrangement de nature à empêcher une rupture entre l'Autriche et le Piémont, par conséquent entre l'Autriche et la France. Évacuation des États romains par les troupes françaises et autrichiennes ; renonciation, par l'Autriche, aux traités signés avec les princes italiens et à l'occupation de leurs États ; préparation des réformes sollicitées par les peuples italiens, tels étaient les points sur lesquels portaient les négociations des diplomates anglais. L'Autriche demanda si ces concessions lui assureraient la garantie de ses possessions en Italie. L'Angleterre demanda des éclaircissements à la Sardaigne. M. de Cavour répondit que les dangers d'une guerre ou d'une révolution ne pouvaient être conjurés momentanément que par la création d'un gouvernement national séparé pour la Lombardie et pour la Vénétie, la cessation de l'occupation des Romagnes, la reconnaissance du principe de non-intervention, l'établissement, à Modène et à Parme, d'institutions analogues à celles du Piémont, le rétablissement de la constitution en Toscane. M. de Cavour ajoutait : « Puisse l'Angleterre obtenir la « réalisation de ces conditions ! L'Italie, soulagée et pacifiée, la bénira, et « la Sardaigne, qui a tant de fois invoqué son concours et son aide en « faveur de ses concitoyens malheureux, lui vouera une reconnaissance « impérissable. »

L'Angleterre ne pouvait plus se faire illusion sur le succès de la mission de lord Cowley. La guerre était imminente. La presse anglaise accusait l'Empereur de se livrer à des armements considérables et d'entretenir l'effervescence des esprits en Italie. Le *Moniteur* du 5 mars 1859 répondit à ces accusations :

« L'Empereur n'a rien à cacher, rien à désavouer, soit dans ses préoccupations, soit dans ses alliances. L'intérêt français domine sa politique et justifie sa vigilance.

« En face des inquiétudes mal fondées, nous aimons à le croire, qui ont ému le Piémont, l'Empereur a promis au roi de Sardaigne de le défendre contre tout acte agressif de l'Autriche ; il n'a promis rien de plus, et l'on sait qu'il tiendra parole.

« Sont-ce là des rêves de guerres ? Depuis quand n'est-il plus conforme aux règles de la prudence de prévoir les difficultés plus ou moins prochaines et d'en peser les conséquences ?

« Nous venons d'indiquer ce qu'il y a de réel dans les pensées, dans les devoirs et dans les dispositions de l'Empereur ; tout ce que les exagérations de la presse y ont ajouté est *imagination, mensonge et délire.* »

La note s'élevait en termes non moins violents contre les auteurs de « rumeurs vagues et absurdes » signalant l'imminence de la guerre :

« Qui donc peut avoir le droit d'égarer aussi outrageusement les esprits,
« d'alarmer aussi gratuitement les intérêts? Qui pourrait montrer les élé-
« ments, si menus qu'on le veuille, de ces accusations générales que la
« malveillance invente, que la crédulité colporte et que la sottise accepte? »
La note officielle ajoutait qu'il était impossible à un homme de bon sens
de croire à la guerre, en présence des faits les plus propres à « rassurer
« les esprits sincères et à faire justice des allégations des hommes inté-
« ressés à jeter du doute sur les pensées les plus loyales et des nuages
« sur les situations les plus claires ».

Lord Cowley cependant cherchait toujours à Vienne la possibilité d'un arrangement, lorsque tout à coup, le 20 mars, le prince Gortschakoff, répondant aux désirs secrets de Napoléon III, invoqua le vœu exprimé par les plénipotentiaires du Congrès de Paris que les États entre lesquels s'élèverait un dissentiment sérieux acceptassent la médiation d'une puissance amie avant d'en venir aux armes. Il proposait un congrès. Personne en Angleterre ne doutait que cette proposition n'eût été suggérée au Czar par Napoléon III. Elle l'accepta cependant, ainsi que la Prusse.

C'était un coup porté au Piémont, d'autant plus que M. Walewski, ministre des affaires étrangères, tenait un langage peu amical à son envoyé. Victor-Emmanuel prit la plume et écrivit à Napoléon III, dont la réponse fut d'envoyer immédiatement Cavour à Paris. Il s'y rendit le 25 mars.

L'Autriche, le 22 mars 1859, consentit à se rendre au congrès, à la condition qu'il y aurait désarmement préalable de la part du Piémont. L'Angleterre insistait auprès de Napoléon III pour qu'il engageât le Piémont à se résigner à cette condition. Napoléon III consentit à prêter ses bons offices pour amener le désarmement, à condition que le Piémont et tous les autres États italiens feraient partie du congrès.

La première entrevue de M. de Cavour avec M. Walewski laissa le ministre italien à peu près convaincu qu'il ne pouvait plus compter sur son ancien allié. Il trouva l'Empereur lui-même plus cordial que son représentant. Napoléon III, placé entre le parti clérical, qui travaillait pour l'Autriche, et le prince Napoléon, qui le poussait vers l'Italie, flottait indécis; mais des raisons puissantes tirées de ses traditions de famille, de ses souvenirs de jeunesse, des craintes personnelles que l'affaire d'Orsini avait fait naître en lui, devaient finir par triompher de ses indécisions; le congrès, en attendant, était la grosse affaire. L'Autriche voulait non seulement en exclure le Piémont, mais encore le forcer à désarmer tout de suite. C'eût été un Novarre diplomatique, plus désastreux moralement que le premier. Il se refusait à le subir. L'Angleterre eut recours à un expédient, et la France se chargea de l'imposer. Il s'agissait d'admettre le Piémont avec tous les autres Etats italiens au congrès et de leur faire accepter le désarmement général. L'honneur du Piémont était sauf; mais que devenait sa mission de résurrection de l'indépendance nationale? Elle était ajournée, sinon finie. M. de Cavour se résigna donc à envoyer son adhésion, qui fort heureusement dépendait de celle de l'Autriche. Soit qu'elle vît dans cette proposition un prétexte pour gagner du temps, soit qu'elle se crût en mesure de porter la première des coups décisifs à l'ennemi, l'Autriche, quoiqu'elle eût échoué dans sa tentative d'amener la Prusse et l'Allemagne sur le Rhin, envoyait le 23 avril le baron Kellersperg à Turin, porteur de la sommation de désarmement.

L'Italie tout entière poussa un cri de satisfaction et de délivrance; ses souverains seuls se montrèrent inquiets. Le grand-duc de Toscane, Léopold II, redoutait non seulement la liberté, mais encore le mouvement; son idéal eût été de régner dans les limbes. Les Toscans faisaient de l'opposition à son gouvernement, en applaudissant les tragédies de Nicolini et en payant les amendes d'un imprimeur condamné pour avoir publié les *Histoires* de Fra Paolo Sarpi sans autorisation de la censure ecclésiastique. Le grand-duc, au moment de l'algarade impériale à M. de Hubner, s'était rendu à Naples, sous le prétexte d'assister au prochain mariage du duc de Calabre, mais en réalité pour s'entendre avec Ferdinand II et avec Pie IX, qu'il vit à Rome en passant. Léopold II, en rentrant dans ses États, le 19 février, ne put empêcher les volontaires de s'enrôler en foule dans l'armée du Piémont. Les fils des plus illustres familles partirent. La perspective d'un congrès provoqua la rédaction d'un Mémoire adressé par les notables toscans aux futurs plénipotentiaires pour demander des institutions représentatives. Le congrès n'eut pas lieu, mais les espérances qu'il avait fait naître subsistèrent, et, le 24 avril, une vive agitation se manifesta dans Florence, lorsque les habitants apprirent que le grand-duc, invité à s'allier à la France et au Piémont, avait répondu qu'il voulait garder la neutralité. L'agitation grandissant, l'archiduc Charles, second fils de Léopold II, commandant l'artillerie toscane, convoqua, le 27 avril, les officiers de ce corps, au fort du Belvédère, et leur proposa de bombarder la ville. Les officiers refusèrent d'obéir et s'emparèrent de la forteresse. L'archiduc demanda s'il était prisonnier. « Nullement; partez, et conseillez à votre père de s'allier avec le Piémont : il en est temps encore. » Le grand-duc, pendant ce temps-là, faisait arborer le drapeau tricolore au balcon du palais Pitti. Quelques jours plus tard, le peuple lui demanda son abdication. Il fit ses paquets, signa une protestation contre les faits accomplis, et prit la route de Bologne. Le roi de Naples, alors fort malade, dit, en apprenant sa fuite : « C'est la seconde fois qu'il quitte Florence, il n'y rentrera plus. »

La duchesse-régente de Parme, sœur du comte de Chambord, avait livré depuis longtemps son duché à l'Autriche, qui, non contente d'augmenter la garnison de Parme et de la forteresse, fit de la ville une espèce de camp retranché. François V, duc de Modène, régnait ; mais un major autrichien gouvernait. Carrare, capitale du duché, comptait 18 000 habitants : 100 étaient aux galères, 800 en prison, 4 ou 500 en exil ; les autres vivaient sous la loi martiale. François V était un idiot cruel : ni commerce ni chemins dans ses États, mais des impôts écrasants et la bastonnade en permanence. Revenu de Vienne avec le grade de lieutenant général autrichien, il s'amusait à passer des revues, ce qui n'empêchait pas ses soldats de déserter tous les jours en Piémont. Ceux qui lui restaient fidèles s'amusaient à faire feu dans les rues sur les gens qui chantaient des chansons patriotiques. Le duc avait pris d'avance ses précautions pour s'enfuir ; il en profita au premier signal de danger ; il partit en emportant en Vénétie les richesses du trésor, l'or, l'argent, les pierreries de la couronne, les pierres et médailles des musées, les manuscrits des bibliothèques. Il se fit même suivre de 80 prisonniers politiques, écroués par son ordre dans les cachots de Mantoue.

Le modèle et l'exemple de tous ces souverains était Ferdinand II de Naples ; né dans l'exil, il n'entendit parler à son retour que de prison, de galères, de confiscation, d'exil, de vengeance. Son précepteur fut un prêtre désigné par le prince de Canosa, qui ne lui inspira guère les goûts d'un savant et d'un lettré ; il n'eut que ceux d'un caporal aimant les casernes, les parades, l'exercice, les menus détails de la vie militaire. Son précepteur lui avait par exemple inspiré une haute idée de la puissance absolue de la royauté. Le testament de son père contenait des legs en grand nombre et des dispositions gênantes ; il n'hésita pas à le déchirer. Une volonté sans scrupule, jointe à un bonheur constant, exerce toujours une grande influence sur un peuple aussi ignorant que le peuple napolitain.

Le Napolitain a un heureux naturel, mais son ignorance rend quelquefois très dangereux ce bohème, ce lazzarone traditionnel, cet être insouciant, partageant son temps entre l'Église et Polichinelle, dînant d'une pastèque, soupant d'une tarentelle et dormant à la belle étoile. Il déploya contre les partisans et les défenseurs de la République Parthénopéenne une grande férocité. Depuis cinquante ans, qu'avait-on fait pour ce peuple, pour secouer son ignorance et ses haillons ? Rien. Le lazzarone, enfoncé dans la paresse et dans le vice, n'avait pas cessé d'être une espèce de sauvage prêt à se ruer, au premier signal, contre ceux que le pouvoir leur désignerait.

Un édifice enfumé, sale, sombre, à la fois tribunal, prison et bazar, s'élevait près de la *Porta Capuana*, au centre d'un des quartiers les plus pauvres et les plus populeux de Naples; les hommes d'affaires, les plaideurs, les marchands de cornes en corail, de tabatières en laves, étourdissaient le passant de leurs offres bruyantes; ici les mendiants criaient, là les sbires poussaient un prisonnier qui se lamentait. C'était la prison de la *Vicaria*. Cimarosa expia dans un des cachots de cette prison le crime d'avoir composé la musique d'un hymne à la liberté. Le savant Dolomieu, en noircissant un peu d'eau avec les résidus de sa lampe, y écrivit sur les marges d'un livre de chasse, le seul qu'on voulut lui laisser, son *Traité de minéralogie*. Les arrêts de mort des victimes de toutes les réactions : 1789, 1815, 1820, 1848, ont retenti sous les voûtes sombres de la Vicaria. Là siégeait la commission des *bastonnades*, là un tribunal secret prononçait la sentence et la faisait exécuter sous ses yeux.

M. Gladstone avait révolté la conscience de l'Europe en publiant sa brochure sur les prisons de Naples. Les défenseurs de Ferdinand II avaient beau contester telle ou telle assertion, tel ou tel détail contenu dans cette brochure; les hommes de cœur avaient le droit d'accuser le roi de Naples de forfaire à sa mission en abrutissant des milliers d'âmes, en tenant dans l'ignorance un peuple dont l'éducation lui était confiée, en profanant la morale chrétienne et la dignité humaine par l'emploi des châtiments qui sont un attentat à toutes les deux.

La bourgeoisie napolitaine, menacée dans sa vie et dans ses biens par la convoitise et le fanatisme de la populace, comprimée par la plus ombrageuse des tyrannies, était cependant libérale et voulait une constitution, ou, à défaut de constitution, un despotisme éclairé qui la protégeât dans sa personne et dans ses biens contre les persécutions de la police et les coups de main du lazzaronisme. La république de 1799, si généreuse et si pure, vivait encore dans quelques souvenirs; les républicains, sans être en mesure de dominer la situation, pouvaient influer sur elle; la promptitude avec laquelle s'est développé plus tard le parti démocratique à Naples a prouvé sa vitalité latente : ce parti acceptait d'ailleurs alors la monarchie de Savoie. Le muratisme comptait fort peu de partisans à Naples, malgré les efforts de ses agents. Les libéraux, sans méconnaître les services matériels (routes, canaux, monuments) rendus au pays par la royauté de Joachim Ier, savaient par expérience que le despotisme bourbonien avait trouvé ses plus habiles et ses plus impitoyables auxiliaires chez les muratistes. Le fils de Joachim Ier ne désespérait pas cependant de reconquérir la couronne de son père; il répandait dans Naples des brochures en sa faveur en attendant que l'Italie l'appelât [1].

Les puissances avaient plusieurs fois demandé au roi de Naples d'adoucir les rigueurs d'une administration plus propre à enflammer les passions révolutionnaires qu'à les éteindre. Il ne cessa de répondre à ces exhortations sur un ton que l'Autriche dut calmer plus d'une fois, car il ne lui convenait pas qu'on mît le feu aux poudres. Ferdinand II venait de marier son fils. Le mariage avait eu lieu à Bari, sur la côte de l'Adriatique; le roi, obligé par suite d'un accident de voiture de marcher quatre heures à pied dans la neige, tomba malade le 9 janvier 1859. La reine, pour le décider à quitter Bari, où il ne pouvait trouver aucun secours, fut obligée de recourir à un moine renommé par sa fervente piété; débarqué à Portici, il se renferma dans son palais de Caserte avec ses médecins, mais il était atteint mortellement. Les nouvelles de la haute Italie lui donnèrent le coup de grâce. Il ordonna de signifier sa neutralité aux puissances et de destituer un employé dont le fils était allé comme volontaire rejoindre Garibaldi. Il mourut le 22 mai 1859, au milieu des intrigues de ses courtisans pour assurer la couronne au comte de Trani, son fils aîné du second lit. L'héritier légitime fut cependant reconnu et monta sur le trône.

Si l'Autriche comptait trouver des alliés dans les souverains italiens, l'expérience allait bien vite la détromper.

---

1. Lucien Murat écrit à son neveu :

« Puisqu'il me semble comme à toi que je suis la seule solution possible, je me suis interdit toute initiative.

« Bien fou celui qui croirait que, pour être né seulement sur les marches du trône, la couronne lui appartient, et considère l'héritage de tout un peuple comme sa propriété, de la même manière qu'un simple particulier hériterait d'un troupeau.

« Que l'Italie m'appelle, et je serai fier de la servir. J'ajouterai même qu'elle n'en trouvera pas d'autres qui la serviront mieux que moi.

« Ses ennemis sont les miens, et il y a un compte bien terrible à régler entre nous. Mais, si l'Italie faisait un autre choix, je ne ferais pas moins de vœux pour elle, et, pour l'aider à réussir, je donnerais jusqu'à la dernière goutte de mon sang.

« Bienheureux celui qui sera l'élu de l'Italie : la mission est bien facile. Contiens-toi, et souviens-toi de cette vérité qui, pour être ancienne, n'en est pas moins bonne : Noblesse oblige. « LUCIEN MURAT. »

CHAPITRE XIII

MAGENTA

L'Autriche refuse d'accepter le désarmement simultané. — La guerre est déclarée. — Formation de l'armée française. — Départ de l'Empereur pour l'Italie au milieu des acclamations populaires. — Confusion et désordre de nos premières opérations. — Faute et indécision de Giulay, qui donne à l'armée piémontaise le temps de s'abriter sous Alexandrie et à l'armée française celui d'arriver. — Combat de Montebello. — Lenteur des opérations. — Combat de Palestro. — Marche des Autrichiens et des Français. — Combat de Turbigo. — Bataille de Magenta. — Entrée des Français à Milan.

Les événements s'étaient donc arrangés au gré de l'homme d'Etat prévoyant et hardi qui les avait préparés. L'Italie et Napoléon III allaient jouer ensemble une grande partie ; il s'agissait pour l'un de son trône, pour l'autre de son indépendance. L'émotion était grande des deux côtés des Alpes, lorsque les premiers régiments français débouchèrent sur la place du château à Turin. Le *Moniteur* avait publié deux jours auparavant la répartition des forces militaires de l'Empire.

Le maréchal Magnan restait commandant de l'armée de Paris, et le maréchal de Castellane de celle de Lyon.

Le maréchal Pélissier, duc de Malakoff, était placé à la tête de l'armée d'observation, avec son quartier général à Nancy.

L'armée des Alpes, sous les ordres de l'Empereur, formait quatre corps d'armée, dont le premier était commandé par le maréchal Baraguay-d'Hilliers, le second par le général de division de Mac-Mahon, le troisième par le maréchal Canrobert, et le quatrième par le général de division Niel, aide de camp de l'Empereur. Le général Regnault de Saint-Jean-d'Angély gardait le commandement de la garde. Quant au prince Napoléon, il commandait un corps destiné à opérer isolément.

Les 1er et 2e corps s'embarquèrent à Marseille, à Toulon et à Alger; les 3e et 4e franchirent le mont Cenis et le col de Genèvre. Tout cela se fit dans une confusion surprenante [1] et qui devait se prolonger [2].

Les Autrichiens, qui avaient déjà passé la frontière, allaient probablement marcher sur Turin et tout faire pour empêcher la jonction des deux armées. C'est, du moins, ce que tout le monde croyait. Mais le gouvernement de Vienne, qui avait paru si résolu avant d'entrer en campagne, hésita tout à coup et fut presque intimidé au dernier moment. Les armées alliées eurent le temps de se joindre, et Turin était sauvé, au moment où l'Empereur annonça dans une proclamation l'ouverture des hostilités à la France :

« Français !

« L'Autriche, en faisant entrer son armée sur le territoire du roi de Sardaigne, notre allié, nous déclare la guerre. Elle viole ainsi les traités, la justice, et menace nos frontières. Toutes les grandes puissances ont protesté contre cette agression. Le Piémont ayant accepté les conditions qui devaient assurer la paix, on se demande quelle peut être la raison de cette invasion soudaine : c'est que l'Autriche a amené les choses à cette extrémité, qu'il faut qu'elle domine jusqu'aux Alpes, ou que l'Italie soit libre jusqu'à l'Adriatique ; car, dans ce pays, tout coin de terre demeuré indépendant est un danger pour son pouvoir.

1. Napoléon devait le constater lui-même dans sa proclamation datée du quartier général de Milan, 8 juin ;

« Soldats,

« Il y a un mois, *confiant* dans les efforts de la diplomatie, j'espérais encore la paix lorsque tout à coup l'invasion du Piémont par les troupes autrichiennes nous appela aux armes. NOUS N'ÉTIONS PAS PRÊTS. LES HOMMES, LES CHEVAUX, LE MATÉRIEL, LES APPROVISIONNEMENTS MANQUAIENT, et nous devions, pour secourir nos alliés, déboucher à la hâte, par petites fractions, au delà des Alpes, devant un ennemi redoutable et PRÉPARÉ DE LONGUE MAIN, etc., etc.

« NAPOLÉON. »

Ne semble-t-il pas qu'on assiste aux débuts de la guerre de 1870?

2. Le gouvernement piémontais était chargé jusqu'à une certaine date du mois de mai de pourvoir à tous les besoins de l'armée française. L'intendance n'avait rien préparé pour remplir ses engagements à la date fixée. Il fallut que M. de Cavour y pourvût de Turin.

« Jusqu'ici, la modération a été la règle de ma conduite : maintenant, l'énergie devient mon premier devoir.

« Que la France s'arme et dise résolument à l'Europe : Je ne veux pas de conquête, mais je veux maintenir sans faiblesse ma politique nationale et traditionnelle ; j'observe les traités, à condition qu'on ne les violera pas contre moi ; je respecte le territoire et les droits des puissances neutres, mais j'avoue hautement ma sympathie pour un peuple dont l'histoire se confond avec la nôtre et qui gémit sous l'oppression étrangère.

« La France a montré sa haine contre l'anarchie ; elle a voulu me donner un pouvoir assez fort pour réduire à l'impuissance les fauteurs de désordre et les hommes incorrigibles de ces anciens partis qu'on voit sans cesse pactiser avec nos ennemis ; mais elle n'a pas pour cela abdiqué son rôle civilisateur. Ses alliés naturels ont toujours été ceux qui veulent l'amélioration de l'humanité, et, quand elle tire l'épée, ce n'est point pour dominer, mais pour affranchir.

« Le but de cette guerre est donc de rendre l'Italie à elle-même, non de la faire changer de maître, et nous aurons à nos frontières un peuple ami qui nous devra son indépendance.

« Nous n'allons pas en Italie fomenter le désordre, ni ébranler le pouvoir du Saint-Père, que nous avons replacé sur le trône, mais le soustraire à cette pression étrangère qui s'appesantit sur toute la Péninsule, contribuer à y fonder l'ordre sur des intérêts légitimes satisfaits.

« Nous allons enfin sur cette terre classique, illustrée par tant de victoires, retrouver les traces de nos pères ; Dieu fasse que nous soyons dignes d'eux !

« Je vais bientôt me mettre à la tête de l'armée. Je laisse en France l'Impératrice et mon fils. Secondée par l'expérience et les lumières du dernier frère de l'Empereur, elle saura se montrer à la hauteur de sa mission.

« Je les confie à la valeur de l'armée qui reste en France pour veiller sur nos frontières, comme pour protéger le foyer domestique ; je les confie au patriotisme de la garde nationale ; je les confie enfin au peuple entier, qui les entourera de cet amour et de ce dévouement dont je reçois chaque jour tant de preuves.

« Courage donc, et union ! Notre pays va encore montrer au monde qu'il n'a pas dégénéré. La Providence bénira nos efforts ; car elle est sainte aux yeux de Dieu la cause qui s'appuie sur la justice, l'humanité, l'amour de la patrie et de l'indépendance.

« NAPOLÉON.

« Palais des Tuileries, 3 mai 1859. »

L'Empereur, avant son départ, crut devoir modifier son ministère. Le duc de Padoue, sénateur, fut appelé à l'intérieur à la place de M. Delangle, qui passa à la justice. Le maréchal Randon prit le ministère de la guerre. L'Impératrice était nommée régente. Une cérémonie religieuse devait avoir lieu le 10 mai, jour fixé pour le départ de l'Empereur, dans la vieille cathédrale de Paris ; elle fut contremandée ; la foule qui se pressait dès le matin sur le parvis en fut pour ses frais d'attente. La famille impériale entendit la messe à midi, dans la chapelle des Tuileries. Les ministres se réunirent à cinq heures dans les salons du palais, ainsi que les membres du conseil privé. L'Empereur, en petite tenue de général de division, coiffé d'un képi, leur fit ses adieux. A cinq heures et demie, il monta dans une calèche découverte où l'Impératrice prit place auprès de lui. La population était très émue. Sur tout le parcours des Tuileries à la gare de Lyon, elle ne cessa de saluer de ses acclamations l'impérial cortège, qui avait peine à se frayer passage et qui marchait au pas. Il y avait du monde à toutes les fenêtres et sur les toits ; les drapeaux de France et de Sardaigne ornaient presque toutes les façades des maisons. Le prince Jérôme, le prince Napoléon, la princesse Clotilde, le préfet de la Seine et le préfet de police, le maréchal Magnan, le général Lawœstine, plusieurs sénateurs, députés, conseillers d'État, les membres du conseil d'administration du chemin de fer, reçurent l'Empereur à la gare. Il partit à six heures dix minutes, après avoir embrassé les princes de sa famille et serré la main des principaux dignitaires.

L'Empereur, en débarquant à Gênes le 12 mai, lança son premier ordre du jour à l'armée :

« Soldats !

« Je viens me mettre à votre tête pour vous conduire au combat. Nous allons seconder la lutte d'un peuple revendiquant son indépendance et le soustraire à l'oppression étrangère. C'est une cause sainte, qui a les sympathies du monde civilisé.

« Je n'ai pas besoin de stimuler votre ardeur : chaque étape vous rappellera une victoire. Dans la voie sacrée de l'ancienne Rome, les inscriptions se pressaient sur le marbre pour rappeler au peuple ses hauts faits ; de même aujourd'hui, en passant par Mondovi, Marengo, Lodi, Castiglione, Arcole, Rivoli, vous marcherez dans une autre voie sacrée, au milieu de ces glorieux souvenirs.

« Conservez cette discipline sévère qui est l'honneur de l'armée. Ici, ne l'oubliez pas, il n'y a d'ennemis que ceux qui se battent contre vous. Dans la bataille, demeurez compacts et n'abandonnez pas vos rangs pour courir en avant. Défiez-vous d'un trop grand élan, c'est la seule chose que je redoute.

« Les nouvelles armes de précision ne sont dangereuses que de loin. Elles n'empêcheront pas la baïonnette d'être, comme autrefois, l'arme terrible de l'infanterie française.

« Soldats ! faisons tous notre devoir, et mettons en Dieu notre confiance. La patrie attend beaucoup de vous. Déjà d'un bout de la France à l'autre retentissent ces paroles d'un heureux augure : « La nouvelle armée d'Italie sera digne de sa sœur aînée. »

« NAPOLÉON.

« Gênes, 12 mai. »

L'armée autrichienne, réunie le long du Tessin et du Pô, pouvait entrer en campagne, marcher droit sur Turin et écraser l'armée piémontaise bien avant l'arrivée des Français. Le général en chef autrichien se contenta d'une simple démonstration sur la rive piémontaise. Il repassa ensuite le Pô, en se repliant sur le Tessin, pour se concentrer dans une attitude purement défensive, ce qui permit à l'armée piémontaise de s'abriter sous Alexandrie, en attendant l'arrivée de l'armée française.

Victor-Emmanuel mit le 2 mai son armée en mouvement ; elle comprenait cinq divisions d'infanterie de 13 000 hommes ; deux bataillons de bersagliers, un régiment de cavalerie, trois batteries d'artillerie de 6 canons, et une compagnie de sapeurs étaient joints à chaque division. Le

Fig. 68. — Fuite du duc de Modène.

roi, ayant le général Della Roca comme chef d'état-major et le général La Marmora pour lieutenant, commandait en chef ses troupes, échelonnées depuis Casale jusqu'à Alexandrie et depuis cette forteresse jusqu'à Tortone et Novi.

Giulay, pendant ce temps-là, montrait une grande indécision. Tournerait-il ses forces principales vers le pays qui s'étend entre Casale et

Alexandrie? Il courait risque de se heurter à plusieurs forteresses. Persisterait-il dans un mouvement menaçant contre Turin? Il s'exposait à être assailli sur son aile gauche et à voir ses communications avec l'armée principale interceptées. Au lieu de marcher au début sur Turin ou sur Alexandrie, en prenant possession du chemin de fer, et d'essayer de battre les Français débouchant par le défilé de Novi, et les Sardes séparés du reste de l'armée alliée, il perdit son temps en démonstrations qui ne pouvaient que trahir son incertitude.

Le 3° et le 4° corps de l'armée française, descendant du mont Cenis et du mont Genèvre, marchaient sur Turin par la vallée de Dora-Riparia; le premier et le second corps, la garde impériale et le matériel de l'armée, débarqués à Gênes, traversaient les Apennins et occupaient la vallée de la Scrivia. Le quartier général français était à Alexandrie, où l'armée s'était concentrée [1].

Les Autrichiens poussaient leurs patrouilles jusqu'aux villages de Montebello et de Casteggio. Le général Forey, à la tête de deux bataillons d'infanterie et de deux escadrons piémontais, quitta le 17 Casteggio pour explorer le terrain; les routes qui conduisent à Stradella et Casatica furent barricadées par ses ordres, et Montebello ainsi que Casteggio mis en état de défense.

Les rapports reçus par Giulay lui faisaient croire que les Français avaient l'intention de se porter avec des forces considérables sur Plaisance. Il se décida enfin à tâter son adversaire et poussa une forte reconnaissance sur la rive droite du Pô. C'est à Montebello, entre les hauteurs de Casteggio formant un des contreforts des Apennins et la plaine du Pô, qu'il devait rencontrer l'ennemi.

Les barbares avaient pénétré plus d'une fois en Italie par cette vallée. Une grande route, l'ancienne voie Emilienne, et un chemin de fer la parcourent. La route, en quittant Genestrello, laisse les montagnes sur sa gauche et traverse un cours d'eau. C'est là que le combat allait s'engager. Giulay avait dirigé le 20 mai sur Casteggio le 9° corps d'armée commandé par le général Stadion, fort de 22 000 hommes, avec 7 batteries et 6 escadrons de cavalerie. La division Urban, s'avançant sur la route de Stradella et Voghera, flanquée à gauche jusqu'à Casatica par deux brigades, formait le centre de la ligne d'attaque; une autre brigade, sous le commandement du prince

---

1. Napoléon III trouva dans la maison où il reçut l'hospitalité la carte sur laquelle Bonaparte traça, dit-on, le plan de la bataille de Marengo.

de Hesse [1], s'étendait à droite. Deux bataillons et demi avec l'artillerie composaient la réserve.

Les Autrichiens, à onze heures du matin, tombent à l'improviste sur les avant-postes piémontais établis entre Montebello et Casteggio, les repoussent et s'emparent de Casteggio, que les alliés n'ont pas occupé : l'avant-garde d'Urban pousse, sans trouver de résistance, une pointe sur Montebello ; la cavalerie s'avance jusqu'à Genestrello, d'où les Autrichiens essayent de déloger les Français. Le général Forey, averti de leur approche, part de Voghera à la tête de deux bataillons du 74°; le reste de sa division le rejoint rapidement. Il place ses bataillons à droite et à gauche de la route de Voghera à Montebello, à la hauteur du ruisseau de Fossagazzo, l'un couvrant la chaussée à la Cassina-Nuova, l'autre appuyant le 84° régiment; deux pièces sur le pont du ruisseau prennent la route en enfilade. Une vive fusillade s'engage aussitôt sur toute la ligne entre les tirailleurs des deux troupes.

L'avantage semble d'abord du côté des Autrichiens, qui emportent Genestrello : leurs colonnes débouchent déjà de ce hameau ; le feu des deux pièces françaises les arrête ; l'artillerie autrichienne riposte, les combattants maintiennent leurs positions, les forces sont à peu près égales ; mais, vers une heure et demie, le reste de la division Forey débouche par la route de Voghera. Les Français, formés sur deux colonnes, se jettent sur l'ennemi qui résiste énergiquement aux forces supérieures qui l'attaquent ; menacé sur sa droite et tourné sur sa gauche, il se retire en combattant sur Montebello. Les Français, maîtres de Genestrello, tournent vers quatre heures et demie leurs efforts contre ce village, où les Autrichiens se sont retranchés ; les Français l'enlèvent maison par maison ; le général Beuret est tué par un coup de feu. Les Autrichiens, après une résistance opiniâtre, se fortifient dans le cimetière ; ils sont enfin forcés de l'abandonner ; les Français reprennent leurs positions de la veille, abandonnant Montebello, comme un point trop avancé et trop rapproché des forces ennemies.

Les Autrichiens avaient combattu avec la plus grande bravoure ; mais leur but, qui consistait à reconnaître les forces et la position de l'ennemi, était manqué. Giulay, en voyant l'opiniâtreté des alliés à défendre leurs positions en avant de Voghera, crut qu'ils voulaient pousser leurs attaques vers Plaisance ; il fit rapprocher du Pô une division du 3° corps d'armée

---

[1]. Ce prince est un des généraux autrichiens qui se distinguèrent le plus pendant la guerre.

pour empêcher l'ennemi de franchir ce fleuve au-dessus de l'embouchure du Tessin.

La campagne était commencée depuis vingt jours. Bonaparte, en 1796, avait en moins de temps enlevé les trente lieues de montagnes presque inaccessibles qui ferment la rivière de Gênes à l'Occident, forcé le défilé des Apennins, battu les Piémontais et les Autrichiens, et ouvert les plaines du Piémont et de la Lombardie à son armée. Le neveu ne montrait pas la même promptitude de décision, que l'oncle. Des deux côtés d'ailleurs, la lenteur était égale, et l'indécision des généraux faisait à chaque instant varier les ordres de bataille.

Vingt-trois jours s'écoulèrent depuis le 23 avril, date de l'ouverture des hostilités, sans attaque entre deux armées qui se touchaient presque. Cette inaction, si contraire au tempérament des soldats français, était due à l'absence d'un plan de campagne.

Cependant l'abandon de Verceil par les Autrichiens indiquait clairement que leur intention n'était pas de disputer à l'ennemi le passage du Pô, mais de l'arrêter au passage de la Sesia, et au besoin de couvrir la route de Milan, en se repliant derrière le Tessin et en occupant le fort triangle formé par le Gravellone, la Polésine et le Pô. Giulay, en portant sa ligne de bataille sur la rive gauche du Tessin, surprit l'état-major français, qui essaya de lui faire prendre le change par une feinte attaque du défilé de Stradella, clef de la route de Plaisance; mais toutes les feintes manœuvres ne pouvaient guère l'alarmer depuis son changement de ligne.

Le premier corps d'armée française, après le combat brillant mais sans grand résultat stratégique de Montebello, occupa ce village ainsi que Casteggio et les hauteurs qui le dominent; le 2e corps se porta sur Voghera; le 3e corps, abandonnant Tortone, conserva son quartier général à Ponte Curone et occupa Castelmoro. Les 1er et 2e corps tinrent la route de Pavie et les crêtes qui bordent au nord-est la Scrivia. Le rappel de la division d'Autemarre de Bobbio, l'occupation de Verceil par les Piémontais, la concentration de leur armée sur la droite de la Sésia, les mouvements incessants de troupes sur le chemin de fer d'Alexandrie à Casale, et de Casale à Verceil, enfin l'expédition de Garibaldi étaient des mesures peu propres à persuader aux Autrichiens que les alliés voulaient attaquer leur gauche; elles pouvaient tout au plus les faire hésiter sur la question de savoir si c'était leur droite ou leur gauche qui allait être débordée sur Novare ou sur Mortara.

Fig. 69. — Victor-Emmanuel.

Le général de Mac-Mahon reçut l'ordre de feindre de jeter un pont sur le Pô pour faire croire à l'ennemi que la ligne de Pavie était menacée. Les travaux commencèrent le 27 mai. Deux ponts de chevalets furent bientôt construits, pendant que les officiers du génie exploraient les passages de la Sésia et choisissaient entre Prarolo et Palestro un point propre à l'établissement d'un pont véritable, auquel le gué d'Albano, à 10 kilomètres de Verceil, devait servir d'auxiliaire.

Garibaldi, pendant que ces mouvements étaient en train de s'accomplir, surveillait le passage du Pô à Ponte-Srura et la route de Casale à Turin [1].

Les Autrichiens s'étaient rapprochés de la ligne du Tessin, resserrant leur front de bataille et reportant leur aile droite plus en arrière; il ne restait à Novare qu'un détachement du 7e corps qui couvrait la route de Milan, ayant ses avant-postes sur l'Agogna. L'armée sarde, moins la 5e division laissée à la défense de la rive droite du Pô à Casale, s'ébranla le 30 mai pour se rendre de Verceil à Palestro et assurer le passage de la Sesia à l'armée française. Cette rivière est guéable, mais souvent les grandes pluies la font monter considérablement; son étroite vallée, couverte de forêts, de saussaies, de canaux, de rivières barrées par des digues, des chemins, des fossés, forme un labyrinthe au milieu duquel s'élèvent les villages de Casalina, Vinzaglio, Confienzia et le gros bourg

[1]. Garibaldi avait été appelé à Turin par Cavour, vers le milieu d'avril 1859. Ces deux hommes, visant au même but, mais divisés sur les moyens de l'atteindre, séparés par la naissance, par le caractère, par l'éducation, avaient plus d'estime que de goût l'un pour l'autre. Garibaldi pourtant se rendit avec empressement à l'appel du ministre. Le jour commençait à peine à naître lorsqu'il entra sous la voûte du palais de *Piazza-Castello*. Le chef républicain, introduit dans la chambre rouge où le roi l'avait déjà reçu plus d'une fois, se trouva en présence de Victor-Emmanuel, de Cavour et de Farini.

Cavour entama le premier la conversation : « Eh bien, général, le jour si longtemps attendu est arrivé; la patience du comte de Buol est presque épuisée; nous avons besoin de vous! »

Garibaldi répondit : « Je suis toujours prêt à servir mon pays, mais quel est votre plan? Allez-vous attaquer l'Autriche avec la force irrésistible d'une insurrection nationale? — Je n'ai pas, reprit Cavour, une foi aussi grande que vous dans l'efficacité d'une insurrection populaire pour vaincre les armées de l'Autriche; notre armée régulière est trop faible pour lutter contre les 200 000 hommes que nos ennemis ont à la frontière; nous avons dû nous ménager l'appui d'un allié puissant. Les paroles adressées par l'empereur des Français à l'ambassadeur autrichien, le 1er janvier, vous disent assez quel est cet allié. » Garibaldi répliqua : « L'Italie se bat; mon premier devoir est de lui offrir mon épée : mon cri de ralliement sera désormais l'unité de l'Italie sous la royauté constitutionnelle de Victor-Emmanuel; mais n'oubliez pas que l'aide de l'étranger coûte toujours très cher. Je souhaite que l'homme qui nous a promis son secours puisse racheter le 2 décembre aux yeux de la postérité en contribuant à rendre à l'Italie son indépendance. »

Le roi répondit à Garibaldi : « Napoléon III a toujours eu le désir de s'associer à cette œuvre. Aurais-je sans cela consenti au mariage de ma fille avec son cousin? »

de Palestro, qui commande la plaine environnante. Les Autrichiens y avaient concentré de grands moyens de défense : les hauteurs étaient couronnées d'un parapet garni de deux canons qui barraient le passage de la Sesia et la route de Verceil. Des créneaux couronnaient les premières maisons du village; une ligne de tirailleurs se dissimulait derrière le rideau des arbres; les petits ponts servant de passage sur les canaux d'irrigation étaient gardés.

Les Piémontais commencent, le 30 mai, de grand matin, à franchir le fleuve, sur deux ponts de chevalets, près de Verceil ; le passage est terminé à midi. Le roi Victor-Emmanuel marche avec la 4° division, commandée par le général Cialdini, sur Palestro, qui est la clef de la position; les 3°, 2° et 1°° divisions, ayant à leurs têtes les généraux Durando, Fanti et Mollard, se dirigent l'une sur Vinzaglio, les deux autres sur Confienzia; la 4° division, malgré les tirailleurs embusqués derrière les arbres ou cachés dans les hautes herbes, franchit successivement les canaux, déloge les défenseurs des maisons et s'empare de la grande route de Palestro et de l'église. Les Autrichiens, retranchés dans le cimetière, battent en retraite, pas à pas, en combattant avec acharnement de maison en maison

Pendant que la 4° division piémontaise se battait à Palestro, une colonne ennemie, forte de trois compagnies et 2 pièces d'artillerie, détachée de Robbio pour soutenir les défenseurs de Palestro, en attaquant le flanc gauche des assaillants, parvient à Vinzaglio, où elle rencontre la division Durando, qui vient de chasser les Autrichiens du village ; le commandant autrichien, après une lutte très vive, se retire en bon ordre vers Palestro qu'il croit encore au pouvoir des siens ; arrivé à proximité du village, et entouré par les Piémontais, il parvient à se dégager et à s'ouvrir un passage sur Robbio, en abandonnant ses deux pièces de canon et un grand nombre de prisonniers.

La 2° division piémontaise avait aussi passé la Sesia ; elle traversait Bergo-Verceil, lorsqu'elle se trouve en face d'un corps de cavalerie autrichienne arrivant en reconnaissance par la route de Novare. L'artillerie piémontaise tire quelques volées de mitraille sur l'ennemi qui disparaît; la 2° division continue sa marche en deux colonnes sur les hauteurs de Catalina : l'une prenant la direction de Vinzaglio pour se relier à la 3° division, et l'autre se portant sur le village de Confienzia, que l'ennemi vient d'abandonner.

Giulay, à la suite de ce combat du 30, porta son quartier général à Mortara, et dans la soirée il se rendit à Robbio, afin de se concerter avec le général Zobbel sur les moyens de reprendre les positions perdues. Le général Zobbel n'avait que quatre brigades, formant un total de 18 000 hommes environ à mettre en ligne contre un ennemi supérieur en nombre, car l'armée piémontaise se trouvait déjà réunie sur la rive gauche de la Sesia. Palestro, défendu par la 4ᵉ division piémontaise, forte de 11 000 à 12 000 hommes appuyés à des retranchements et couverts par le 3ᵉ régiment des zouaves français, était capable de résister à des forces plus imposantes. Les Autrichiens n'hésitent cependant pas à l'attaquer ; ils commencent le feu le 31 à six heures du matin ; leur avant-garde enlève les avant-postes piémontais et atteint les premières maisons de Palestro ; là, elle est obligée de reculer jusqu'au cimetière, entraînant dans ce reflux la colonne qui s'avance derrière elle. Les Piémontais, lancés sur l'ennemi, sont arrêtés par la réserve. Une brigade autrichienne venant de Confienza sans rencontrer d'obstacles tourne à gauche vers Palestro ; l'artillerie des alliés l'arrête. Une autre brigade, accourue en suivant la berge étroite de la rivière, traverse le canal, passe à gué la Sesia et ouvre bientôt le feu sur Palestro. Les chasseurs autrichiens poussent hardiment en avant et chassent les Piémontais de la Cassina di San Pietro. Enhardis par ce premier succès, ils s'avancent vers Palestro par le pont du canal, mais ils sont canonnés par une batterie française établie sur la rive gauche de la Sesia ; le 3ᵉ zouaves, dont jusque-là les blés et une allée de peupliers ont dissimulé la présence, paraît sur le champ de bataille et attaque le flanc gauche des assaillants : une batterie autrichienne, favorablement placée sur la hauteur, tire sur eux ; ils s'avancent l'arme au bras, sans brûler une amorce, et jonchent la terre de leurs morts ; un canal les sépare de l'artillerie ennemie ; ils se jettent à l'eau, franchissent cet obstacle, courent sur la batterie et tuent les canonniers sur leurs pièces.

Les Autrichiens essayent de résister de nouveau jusqu'à l'arrivée de leur brigade de réserve. Les Piémontais, joints aux zouaves, les repoussent. Un nouveau combat s'engage derrière le pont jeté sur la Bridda, défendu par deux pièces de canon et par une ferme ; mais bientôt les défenseurs de cette position, refoulés par les alliés après une vigoureuse résistance, se retirent en désordre, poursuivis la baïonnette aux reins jusqu'au canal dans lequel ils sont précipités ; les canonniers se sauvent avec leurs chevaux et abandonnent leurs pièces ; le bataillon des chasseurs tyroliens se fait cependant admirer par le calme et le sang-froid avec lesquels il couvre la retraite sur Rivoltella.

Trois colonnes autrichiennes, coucourant simultanément à la même attaque, avaient été battues chacune isolément par un ennemi qui, à la supériorité du nombre, joignait la force de la position. La quatrième colonne, forte de quatre bataillons seulement qui se trouvaient en réserve, entre à son tour en action contre 14 000 hommes fiers de leurs succès.

Le général Zobbel avait pris position à la Cassina di San Pietro ; il s'élance de là sur les Piémontais et les fait reculer jusque dans les vignes et les vergers qui garnissent les approches de Palestro. Le général Zobbel, s'apercevant que, malgré cet avantage, toute tentative pour reprendre l'offensive est inutile, se retire sur Confienza, en se repliant d'abord sur Robbio. Le général Renault porte alors deux de ses bataillons en avant de Palestro, sur la gauche de la grande route conduisant à Robbio, et laisse en arrière de Palestro le reste de ses troupes. La 2ᵉ brigade de la division Trochu garde le pont sur la Sesia ; la 1ʳᵉ brigade se retire derrière la position occupée le matin par les zouaves. La division Bourbaki couvre les ponts en deçà de la Sesia ; l'artillerie de cette division canonne les colonnes ennemies en les prenant à revers, tandis que l'artillerie de la division Trochu les prend de front ; le 3ᵉ corps contribua ainsi pour sa part au succès de la journée. Les Autrichiens, restés sur la rive gauche du Pô, à Robbio, à Mortara, à Novare, se retirent le 2 juin derrière le Tessin, en faisant sauter le pont de San Martino, et se concentrent autour de Rosale, où Giulay fixa son quartier général [1].

Le mouvement de concentration des alliés entre Alexandrie et Voghera s'était heureusement accompli ; grâce à la victoire de Palestro [2], l'armée piémontaise, rassemblée sur la rive gauche de la Sesia, à deux étapes de Casale, s'était portée sur la rive gauche sans éveiller l'attention de l'ennemi ; l'armée française, de son côté, s'était déployée entre Alexandrie et Voghera, en quatre jours de marche ; elle avait passé par Casale sur la rive droite du Pô, puis sur la rive de la Sesia ; 160 000 Franco-Piémontais s'y trouvèrent un moment réunis. Cette masse, épar

---

1. Le lendemain du combat de Palestro, un sous-lieutenant du régiment de cavalerie de Nice se présenta devant le colonel français Chabrol, chargé d'escorter les prisonniers autrichiens à Verceil. La présence de ce jeune officier, grand, mince, d'une tournure élégante, parlant le français le plus pur, étonna le colonel, qui ne put s'empêcher de lui demander quel était son pays. « Je suis Français, répondit-il, je suis de Chartres. — Comment êtes-vous venu de la Beauce servir en Sardaigne ? » L'officier reprit en riant : « Mon nom est de Chartres ; je suis le second fils du duc d'Orléans. »

2. Les combats de Palestro firent le plus grand honneur à l'armée sarde, commandée par Victor-Emmanuel, qui se tint toujours au plus fort de la bataille, et au 3ᵉ régiment de zouaves. Les correspondants de journaux racontèrent qu'après la victoire le roi de Sardaigne avait été reçu zouave. Le fait est que, dans un grand nombre de lithographies de l'époque, on voit Victor-Emmanuel revêtu de l'uniforme de ce corps.

pillée sur la longue ligne de Turin à Gênes passant par Casale, Alexandrie, Valenza et Voghera, s'était, en dix jours, rassemblée tout entière sur la Sesia, en franchissant deux fleuves en présence de l'ennemi.

Le général Giulay, après le combat de Palestro, franchit de nouveau le Tessin. L'armée française, sans interrompre sa marche sur la rive droite du Pô, entre à Novare, où le quartier général s'établit le 1er juin ; le 2, elle se dirige sur le Tessin ; la division Espinasse occupe Trécate. La division Camou, des voltigeurs de la garde, gagne Robbio, sur la rive gauche du Tessin : elle avait reçu l'ordre le 1er juin de franchir cette rivière en face de Turbigo, village situé à 9 kilomètres du pont de Buffalora, et de protéger l'établissement d'un pont de bateaux qui doit servir, le lendemain, pour le passage du 2e corps d'armée.

Cinq batteries et un équipage de pont, précédés par un escadron de cavalerie, suivent la division Camou, qui arrive à Turbigo sans avoir rencontré d'ennemis, et place aussitôt en batterie 12 pièces d'artillerie de la garde sur les hauteurs, à gauche de la grande route, et 12 pièces sur la rive basse pour obtenir des feux rasants. Cette artillerie bat les abords du point choisi pour l'établissement du pont. Quatre compagnies de chasseurs à pied de la garde, destinées à couvrir la jetée du pont dont les premiers travaux s'exécutent avec rapidité passent le Tessin. Une tête de pont est bientôt prête et armée de 2 pièces. Le lendemain, à deux heures du matin, la brigade Manèque, avec une batterie, occupe le village de Turbigo ; la brigade Decaen opère des reconnaissances sur la rive droite du Tessin. La construction du pont sur ce fleuve étant achevée, le 2e corps se met en marche pour le franchir le 3 juin, à cinq heures ; la 3e division doit rallier à Turbigo la 1re division venant de Novare. Le général de Mac-Mahon, qui, avec son état-major, précède la 1re division pour reconnaître le terrain, atteint à trois heures le campement de la brigade Decaen ; il se rend à Turbigo pour recevoir les rapports du général Camou, mis sous ses ordres. L'ennemi ne s'est montré nulle part. Le général de Mac-Mahon, suivi de son état-major, se rend à Robecchietto.

Ce village, placé sur la rive gauche du Tessin, à 2 kilomètres de Turbigo, s'élève sur un monticule qui domine de 13 à 20 mètres la vallée du Tessin ; deux routes praticables pour l'artillerie conduisent de Turbigo à Robecchietto : l'une aboutit à la partie sud du village, l'autre à l'ouest. La route qui conduit à Buffalora et à Magenta se dirige vers l'est. Le général de Mac-Mahon, du haut d'une éminence d'où il pouvait embrasser une grande étendue de terre, aperçut sur cette route une division autrichienne déjà parvenue à l'entrée du village, d'où le général La Motte-Rouge reçut l'ordre de la déloger; le général La Motte-Rouge n'avait à sa disposition que le 3ᵉ régiment de tirailleurs algériens, qui, formé en colonne, court tête baissée sur le village et force l'ennemi à la retraite. Le 45ᵉ régiment appuie le mouvement des Algériens; le 65ᵉ, qui traverse en ce moment le pont du canal, reçoit l'ordre, dès qu'il aura débouché sur le plateau, de se former à gauche de la 1ʳᵉ brigade pour couvrir le flanc des colonnes d'attaque. La 1ʳᵉ brigade de la 2ᵉ division, sortie de Galliate, s'approche du défilé qui conduit au pont; la 2ᵉ brigade de cette division ne doit quitter Trécate que lorsqu'elle aura été relevée dans ses positions par les grenadiers de la garde. Les Autrichiens, au nombre de quatre bataillons et de deux escadrons de hussards avec 4 pièces, prennent position à 300 mètres environ en arrière de Robecchietto et ouvrent les premiers le feu avec leur artillerie. Les Français ripostent; le combat se prolonge sans résultat des deux côtés; le général autrichien, s'apercevant que des colonnes ennemies débouchent du pont de Buffalora, se retire laissant une pièce démontée au pouvoir des Français. Le 45ᵉ de ligne va s'élancer à la poursuite de l'ennemi, lorsque tout à coup deux escadrons de hussards servant d'éclaireurs à la colonne mobile du général Urban se montrent sur la gauche. Un bataillon français du 65ᵉ, avec 2 pièces, se porte en avant et leur fait rebrousser chemin. Un détachement de chasseurs tyroliens qui cherche à enlever le pont sur le canal de navigation est repoussé par le 2ᵉ voltigeurs de la garde; à cinq heures, ces divers combats sont terminés, et l'armée alliée peut s'établir à cheval sur le Tessin et prendre sa ligne de bataille.

Le 4 juin, le 2ᵉ corps, renforcé par la division des voltigeurs de la garde impériale et suivi de l'armée sarde, quitta Turbigo pour se diriger sur Buffalora et Magenta, tandis que la division des grenadiers de la garde impériale allait s'emparer de la tête du pont de Buffalora, sur la rive gauche du Tessin. Le 3ᵉ corps doit passer ce fleuve à Buffalora; le 4ᵉ corps devra bivouaquer à Trecate; le 1ᵉʳ corps s'établira dans les fortes positions d'Olengo, de la Bicoque de Castellazzo et de la Cavalotta. L'extrême droite de ce corps, appuyée à l'Agogna, sera couverte par la division Desvaux. La division de cavalerie du général Partouneaux soutiendra la gauche du 1ᵉʳ corps en la ralliant au 4ᵉ. La ligne de bataille est donc celle d'Olengo à Magenta, perpendiculaire à la ligne de bataille des Autrichiens, ce qui place la droite des Français dans une position assez difficile.

Fig. 70. — Les chefs de corps de l'armée française.

Canrobert.
Napoléon III.
Niel.
Prince Napoléon.
Regnault de Saint-Jean-d'Angély.
Baraguay-d'Hilliers.
Mac-Mahon.

La division Urban formait, à Gallerate et à Varese, l'extrême droite des Autrichiens ; la division Clam-Gallas, renforcée de quatre bataillons et de deux batteries, occupait Magenta ; une brigade était restée à Turbigo, après avoir détaché quelques bataillons à la tête du pont de San Martino, armée de grosses pièces. Cette tête de pont fut évacuée dans la nuit du 2 au 3. Les Autrichiens firent sauter le pont de Bussoletta ; deux arches seulement furent renversées par l'explosion ; elles avaient, en tombant l'une sur l'autre, donné aux voûtes une pente oblique qui permettait de les franchir. La position du général Clam-Gallas pouvait donc être attaquée de front et de flanc par le pont de Bussoletta.

Le 2e corps d'armée autrichien, déjà sur la rive gauche du Tessin, marchait vers Magenta pour soutenir Clam-Gallas. La division Reischach reçut l'ordre de se porter aussi en avant que possible. La cavalerie de réserve, au bruit du canon, prit la route de Magenta. Le quartier général autrichien, qui s'était transporté, pendant le combat de Robecchietto, de Belguardo à Rosale, où se rendit aussi le feld-maréchal Hess, récemment arrivé de Vienne, où l'on commençait à être assez mécontent de Giulay, fut le soir même transféré à Abbiategrasso. Les 2e, 7e et 3e corps d'armée, ainsi que la cavalerie formant une seule colonne, passèrent le Tessin sur le pont de Vigevano. Le 8e corps fut retardé dans sa marche sur Binasco par la nécessité de laisser défiler un grand transport de blessés, l'artillerie de réserve de l'armée, les équipages de pont, les voitures et le 5e corps. Tous les mouvements de marche de l'armée autrichienne étant finis dans la nuit du 3 au 4 juin, elle se trouva placée ainsi : 1er et 2e corps, à Magenta et dans les environs ; le 3e corps, à Abbiategrasso ; le 5e corps, à Fallavecchia, entre Rosale et Coronate ; le 8e corps, à Belguardo et vers Binasco ; le 9e corps, en route vers Pavie ; la cavalerie de réserve, à Corbetta. Il y avait autour de Magenta 41 000 hommes ; autour d'Abbiategrasso, 17 000 hommes ; en arrière de Fallavecchia, 47 000 hommes ; derrière Pavie, 21 000 hommes ; à Varèse, Urban avec 11 000 hommes ; à Milan, une division du 1er corps, 13 000 : total 160 000 hommes. Ces troupes, qui venaient de faire de longues marches, eurent un jour de repos. Celles qui devaient s'opposer aux alliés sur la gauche du Tessin, distribuées depuis Magenta jusqu'à Belguardo, occupant une étendue directe de sept lieues, n'avaient besoin que d'une heure de marche pour se concentrer.

La ligne de bataille des Autrichiens se développait sur les hauteurs qui dominent la route de Buffalora à Milan, formant comme un arc de cercle dont cette route était la corde, ayant à sa gauche Ponte Vecchio di Magenta, le centre à Ponte Nuovo di Magenta, et la droite au village de Buffalora bâti sur les deux rives du *Naviglio grande*, éloigné environ de 1500 mètres du pont de Buffalora, construit sur le Tessin. Leur ligne de défense était couverte par le *Naviglio grande*, canal dérivé du Tessin, large de 30 pieds et profond de 5 à 6 pieds, coulant à mi-côte entre deux rives escarpées, et franchissable sur trois ponts, vis-à-vis des villages de Buffalora, Magenta et Robecchio.

Les bords du *Naviglio* s'élèvent de 5 à 6 pieds au-dessus du terrain : leurs pentes escarpées sont de 25 à 30 pieds de hauteur, couvertes de bois et maçonnées en plusieurs endroits. Des chemins bien entretenus courent sur les bords et traversent la ligne du chemin de fer, presque à fleur d'eau, sur des ponts formant comme des portes au-dessous desquelles passe la voie ferrée partant du pont de Buffalora. Cette voie se prolonge à droite en décrivant une courbe presque insensible vers les hauteurs qu'elle franchit à environ 600 mètres de Ponte Nuovo di Magenta. Ce hameau est donc le point d'intersection du canal et de la grande route de Milan; il se compose de quatre fermes situées sur les deux côtés du canal et de la route.

Le pont du chemin de fer s'élève à 400 mètres environ en aval de Ponte Nuovo. Le hameau de Ponte Vecchio di Magenta est bâti sur les deux bords du canal en aval, à 1200 mètres environ de Ponte Nuovo di Magenta. Robecco est situé à environ 3200 mètres plus loin. Magenta se trouve sur la route de Buffalora à Milan, à la distance d'environ trois lieues de cette ville, et à 2300 mètres environ de Ponte Nuovo di Magenta.

Le village de Magenta est accessible de tous les côtés; le mouvement prononcé des Français qui s'avancent par la route de Milan et par la ligne du chemin de fer, partant du pont du Tessin, fait de ce village la clef de la position des Autrichiens et leur point de ralliement.

Le terrain compris entre Ponte Nuovo di Magenta et le chemin de fer est coupé de rivières. L'espace entre la position des Autrichiens, les routes de Milan et le canal du *Naviglio grande* est couvert de haies, de broussailles épaisses, de bouquets d'arbres, de vignes, de mûriers, de prés et de rizières; des courants d'eau et des fossés profonds le traversent. L'infanterie aurait de la peine à surmonter les obstacles de ce terrain, et il est presque impossible à l'artillerie et à la cavalerie de s'y mouvoir.

Les Autrichiens ont joint à ces obstacles naturels la fortification des bâtiments de la station du chemin de fer et de la douane, et deux banquettes, l'une en avant, l'autre en arrière du pont de Magenta, pour défendre l'approche du canal ; deux traverses avec parapet s'élèvent sur la ligne du chemin de fer, aux deux points où cette ligne se voûte pour laisser passer deux courants d'eau. Une redoute, défendue par des abatis, commande la ligne du chemin de fer, à l'endroit où il s'encaisse entre les hauteurs précédant le *Naviglio grande*.

Le comte Clam-Gallas, commandant le 1ᵉʳ corps d'armée autrichienne, avait sous ses ordres 13 000 hommes de son corps et tout le 2ᵉ corps, fort de 17 000. Il distribua ses troupes de la façon suivante : une brigade derrière le *Naviglio*, établie solidement aux ponts de la route et du chemin de fer sur le canal; trois brigades à Magenta, une brigade à Robecco, avec ses avant-postes à Ponte Vecchio di Magenta et sur trois autres points voisins. Cette position, jointe à leur nombre, assurait aux Autrichiens un grand avantage sur la partie de l'armée alliée qui se trouvait séparée par le Tessin du reste de l'armée, divisée elle-même, sur la route de Novare à Buffalora, en plusieurs tronçons se livrant à des marches et à des contre-marches pour se rejoindre.

Les Autrichiens, en repassant sur la rive gauche du Tessin, avaient vainement cherché, comme nous venons de le voir, à faire sauter le pont de Buffalora. Le génie français put aisément le rendre praticable en posant sur les arches endommagées un tablier factice ; à côté de ce pont stable, il construisit un autre pont de bateaux sur lequel la brigade des grenadiers de la garde, commandée par le général Wimpffen, franchit le Tessin à huit heures du matin avec 2 pièces de canon, et prit possession à droite et à gauche de la route de Milan. Le général Clam, à la nouvelle de l'approche des Français, pourvut à la défense des ponts du chemin de fer et de la route de Milan à Ponte Nuovo di Magenta ; un bataillon occupa le retranchement situé en avant du chemin de fer ; quelques pièces furent mises en batterie de façon à enfiler la route ; un autre bataillon prit place, comme réserve, derrière le retranchement ; une ligne épaisse de tirailleurs occupa le remblai qui longe le *Naviglio* ; le reste de la brigade se tint en réserve derrière le canal. Une brigade de soutien se mit à cheval sur la route et le chemin de fer, à demi-distance entre le canal et Magenta ; une demi-brigade resta comme réserve générale à Magenta.

La brigade Wimpffen, parvenue à mi-chemin des maisons de Ponte

Nuovo di Magenta, après avoir engagé le feu entre ses tirailleurs et les avant-postes ennemis, se retira pour prendre position à 500 mètres en avant du pont de Buffalora. La 1re brigade de la division Mellinet s'établit derrière ce pont; le 3e corps français, au lieu de se diriger sur Turbigo, reçut l'ordre de passer le Tessin au pont de Buffalora, et l'armée sarde celui de hâter sa marche pour rejoindre le 2e corps.

L'armée française, avant de s'engager, voulait attendre des renforts afin de concourir à l'attaque générale en même temps que la colonne venant de Turbigo. La division de La Motte-Rouge quitta Robecchietto le 4 juin à neuf heures et demie du matin et se dirigea vers Valeggio. Le 7e chasseurs éclairait la marche de cette division; le général de Mac-Mahon marchait en tête de sa colonne; la 2e division du 2e corps d'armée se dirigeait vers le même village. La division Camou suivait les traces de la division La Motte-Rouge.

Les 2e et 3e divisions sardes, arrivées le 3 juin au soir à Galliate, où elles avaient passé la nuit, franchirent le lendemain vers midi le Tessin à Turbigo; la 2e division se mit en marche vers Magenta; la 1re et la 4e divisions prirent position à Galliate. Le général Clam-Gallas avait disposé ses troupes, comme on l'a vu, derrière le canal avec le front vers l'ouest, mais il allait être attaqué aussi vers le nord. La colonne de droite de la division La Motte-Rouge traversant Induma et Cuggione sans rencontrer d'ennemis, elle se dirige vers Casale et Rubone; les avant-postes autrichiens, après avoir échangé quelques coups de fusil avec les tirailleurs algériens, se replient en combattant sur Buffalora par Bernate; les Algériens se lancent au pas de course sur ce village et l'enlèvent.

Les Autrichiens se rallient, à 2 kilomètres environ, aux premières maisons de Buffalora, mais le 2e corps ne se trouve point encore en posture de seconder l'attaque de Buffalora. Le général de Mac-Mahon s'aperçoit qu'il a devant lui des colonnes considérables s'étendant de Cuggione à Magenta et pouvant l'accabler et le séparer de la division Espinasse. Il fait cesser l'attaque sur Buffalora et masse la 1re division par bataillons entre les deux cassines de Velegio et de Malassella, où Mac-Mahon attend qu'Espinasse se mette en ligne avec la 1re division et que les voltigeurs de la garde accourent se ranger derrière la 1re division.

L'État-major est établi sur le pont de Buffalora. Les décharges réitérées de l'artillerie et la vive fusillade du côté du village de Casale faisant supposer que le général de Mac-Mahon est là avec son corps d'armée, ordre est donné à la division Mellinet d'attaquer la position occupée par l'ennemi en avant de Ponte di Magenta, afin d'appuyer l'attaque de Mac-Mahon. Les 3ᵉ et 4ᵉ corps hâtent leur marche. La brigade Wimpffen, laissée en avant du pont de Buffalora, sur la rive gauche du Tessin, s'ébranle à dix heures ; le 3ᵉ grenadiers suit la route à droite ; le 2ᵉ grenadiers, éclairé par des compagnies de zouaves, marche à gauche ; quatre pièces sont en batterie sur la route ; trois compagnies de zouaves forment la réserve, pendant que le 1ᵉʳ grenadiers observe le flanc droit par lequel une attaque est possible. Le 3ᵉ grenadiers surmonte tous les obstacles du terrain sous le feu de l'ennemi ; il s'avance vers le mamelon sur lequel s'élève la redoute de Monte Rotondo. Arrêté un moment par les ravages que fait dans ses rangs le feu de l'artillerie, il revient à la charge et s'empare de la redoute. Les Autrichiens en se retirant veulent mettre le feu aux mines préparées sous les ponts du canal ; mais le sergent qui s'approche la mèche à la main est tué. Les grenadiers s'avancent alors sur la droite de la redoute dans la direction de Ponte Vecchio di Magenta ; là, ils se trouvent en face de forces considérables échelonnées le long du *Naviglio grande*. Les trois compagnies de zouaves accourent ; l'ennemi est sur le point de s'emparer du pont du chemin de fer et d'écraser les grenadiers qui en défendent la chaussée. Les zouaves vont être repoussés par la supériorité du nombre, lorsque le 3ᵉ bataillon des grenadiers et les zouaves de la brigade Cler arrivent. Les Français, traversant le canal, malgré des obstacles de toute nature et le feu meurtrier de l'ennemi, occupent les maisons qui défendent les abords de Ponte Nuovo. Ils vont franchir le *Naviglio grande*. Le général Clam-Gallas, les voyant approcher de Casale et redoutant leur double attaque, adresse un rapport sur la situation à Giulay, à Abbiategrasso. Le général en chef autrichien ordonne aussitôt à une division du 7ᵉ corps de marcher sur Magenta, au 3ᵉ corps de se diriger sur Robecco, et à une autre division du 7ᵉ corps de se rendre de Castelletto par Albairate à Cosbella ; les 5ᵉ et 8ᵉ corps devront hâter leur marche pour arriver à Robecco. Une grande bataille va donc s'engager là où il semblait n'y avoir de prétexte que pour un combat d'avant-garde. Si Giulay, au lieu d'envoyer toutes ses troupes à Magenta, où elles ne pouvaient arriver que tard, avait fait retirer celles de Clam-Gallas en livrant de petits combats derrière le *Naviglio grande*, les Français se seraient trouvés en présence de toute l'armée autrichienne réunie dans une belle et forte position sur le flanc de la route de Milan [1] ;

---

1. *Histoire inédite de la guerre de 1859 en Italie*, par le général Jérôme Ulloa.

mais nous occupions déjà la rive gauche du *Naviglio*, lorsque vers deux heures Giulay parut sur le champ de bataille. Il fait avancer une brigade de réserve vers Marcallo, où vient d'arriver le 2ᵉ corps d'armée français, puis il se rend à Robecco pour diriger les préparatifs d'une attaque contre le flanc droit de la division des grenadiers de la garde, qui de Ponte Nuovo di Buffalora s'est, comme on l'a vu plus haut, avancée vers le *Naviglio;* les grenadiers et les zouaves courent grand risque d'être enveloppés; quelques pelotons de chasseurs à cheval sont les seules forces qu'on puisse envoyer à leur secours. Cette petite troupe, lancée vigoureusement par le général Cassagnolles contre les colonnes ennemies, exécute quelques charges brillantes, mais infructueuses.

Les grenadiers de la brigade du général Wimpffen se portent en avant pour contenir l'ennemi, quatre pièces d'artillerie placées en même temps sur la route lancent des volées de mitraille qui font de grands ravages dans les rangs des Autrichiens; ceux-ci ne tardent pas à répondre à ce feu avec un nombre égal de pièces, le combat devient aussi sérieux sur la gauche que sur la droite; les grenadiers de la garde sont menacés d'être débordés par un ennemi supérieur en nombre; des ordres pressants détachent du 4ᵉ corps la division Vinoy, qui s'élance au pas de course vers le pont de Buffalora. La première division du 3ᵉ corps, commandée par le général Renault, hâte aussi sa marche; une brigade de cette division, arrivée vers trois heures et demie au pont de Buffalora, se jette sur la droite pour appuyer le général Wimpffen. Le général Picard, qui la commande, arrive à temps pour dégager les grenadiers. Le régiment autrichien Archiduc-Sigismond se replie lentement sur les contreforts qui séparent Ponte Vecchio des rizières; les Autrichiens, barricadés dans ce village, dirigent une fusillade des plus vives sur les troupes du général Picard, qui, à la tête de sa brigade, se jette sur le village et s'en empare. L'ennemi laisse entre ses mains un grand nombre de prisonniers; mais il rompt le pont, s'embusque dans les maisons de la rive gauche du canal et de là dirige une vive fusillade sur les Français qui occupent l'autre partie du village.

Les Autrichiens font de nouveaux efforts pour reprendre la rive droite du *Naviglio*. Le général Reischach, à peine arrivé avec sa division à Magenta, se porte à la tête de la brigade Gablenz vers Ponte Nuovo par la route de Milan, se jette sur les Français, les repousse sur le pont et leur prend un canon. Le général Cler est tué à la tête de ses grenadiers, et les Autrichiens réoccupent les maisons sur le canal sans pouvoir

Fig. 71. — Attaque de Ponte-Nuovo à Magenta

franchir le canal lui-même. Le général Lebzeltern, à peine suivi par deux bataillons, s'était dirigé sur Buffalora peu de temps après le départ de Gablenz; arrivé près du village, il fait attaquer par un de ses bataillons les maisons défendues par les Français. Lebzeltern est blessé en conduisant l'attaque; les Autrichiens essayent de la renouveler; ils sont repoussés une seconde fois.

Le 3e corps de l'armée autrichienne s'avance sur Robecco. Le prince Schwartzenberg, à la tête d'une brigade du 2e corps, qui se trouve à Robecco, se porte au delà de Ponte Vecchio sur la rive ouest du canal vers le flanc des Français, pour couper la division des grenadiers et la repousser entre le Tessin et le *Naviglio;* mais tous ses efforts sont vains. Le général Picard conserve Ponte Vecchio. La position des Français n'en est pas moins critique; toutes les oreilles sont tendues pour savoir si le canon de Mac-Mahon ne se fait pas entendre sur la gauche. Les renforts du 4e corps n'arrivent pas; le 3e corps rencontre de grandes difficultés dans sa marche, sur la grande route entièrement couverte par l'artillerie et les équipages militaires; Canrobert n'atteint le pont de San Martino qu'à quatre heures; les généraux demandent des renforts de tous côtés, les Autrichiens s'avancent en grandes masses sur la route de Milan et menacent de forcer le passage du canal; leur 3° corps est à Robecco, prêt à pousser en avant. La brigade Hartung se porte sur la rive ouest du *Naviglio* vers Ponte Vecchio; la brigade Durrfeld, à gauche, se dirige par Carpenzago vers San Damiano, et la brigade Wetzlar gagne du terrain dans la vallée même; le général Ramming déborde Ponte Vecchio et se met en communication avec l'aile gauche de la division Reischach. Le général Hartung déloge les quelques bataillons de la brigade Picard de leur position.

Le général Picard se précipite en vain avec le reste de sa brigade pour les soutenir; il est forcé de céder le terrain; voyant que le général Wimpffen court de nouveau risque d'être enveloppé, il fait de grands efforts et reprend le village de Ponte Vecchio, qu'il est bientôt obligé d'abandonner. L'ennemi le déborde; il va être coupé de la brigade Wimpffen, lorsque le colonel du 90° de ligne prend position à la tête de deux bataillons de son régiment entre le canal et Ponte Vecchio et tombe frappé de cinq balles en repoussant une colonne ennemie; les Autrichiens, massant de grandes forces sur la droite des Français, tâchent de rejeter la division Mellinet et la brigade Picard au delà du pont de Buffalora sur la rive droite du Tessin. Ces troupes opposent une résistance héroïque à l'ennemi sur le *Naviglio ;* le salut de l'armée dépend de la possession de ce cours d'eau. Les renforts ne paraissent pas; il y a là un moment d'angoisse mortelle; enfin les voici! il est cinq heures et demie.

La division du 4ᵉ corps, commandée par le général Vinoy, paraît la première sur le champ de bataille; le général Niel, commandant le 4ᵉ corps, détache deux bataillons de la brigade de Martimprey, chargés de chasser les Autrichiens de la ferme qu'ils occupent; le reste de la brigade vole au secours de Wimpffen et de Picard. La brigade Charrière, de la même division, débouche du pont de Buffalora et se porte sur le canal. La lutte se soutient donc à Ponte Vecchio, à la redoute et à Ponte Nuovo. Le maréchal Canrobert, du 3ᵉ corps, rejoint la brigade Picard, qui se bat depuis quatre heures. Le général Vinoy s'empare de la partie du village de Ponte Vecchio située sur la gauche du canal et fait 200 prisonniers à l'ennemi; l'autre partie du village sur la rive droite résiste à toutes ses attaques. Sa position n'est pas sans danger, à cause du peu de troupes dont il dispose; impossible de rallier la brigade de Martimprey, qui marche dans la direction de Magenta; le général Vinoy demande des secours : la brigade Jaurès, de la division Renault, du 3ᵉ corps d'armée, arrive à six heures; les détachements du 3ᵉ corps autrichien se retirent sur tous les points. Quelques bataillons français, au moment où ils sortent de Ponte Vecchio, sont chargés par trois escadrons du régiment des hussards du roi de Prusse, venant de Carpenzago [1]. Le maréchal Canrobert et les officiers de son état-major, entraînés dans la bagarre, mettent le sabre à la main; les hussards autrichiens, après avoir poursuivi l'ennemi jusqu'au canal, essuient en revenant sur leurs pas le feu des Français logés dans les maisons du village. Cette charge brillante permet à deux régiments d'infanterie de se retirer sans être attaqués. Au même instant, de sourdes et lointaines détonations se font entendre, un cri s'échappe de toutes les poitrines : c'est le canon de Mac-Mahon!

Ce général était en avant de Cuggione au moment où la division Espinasse entrait en ligne avec la division La Motte-Rouge, qui avait pour mission d'enlever le village de Buffalora, qu'on supposait occupé par l'ennemi. La division Camou se porta en avant pour remplir l'espace entre les deux divisions du 2ᵉ corps et le 7ᵉ régiment de cavalerie augmenté de deux escadrons du 4ᵉ régiment de chasseurs placé à sa gauche. Le général de Mac-Mahon marcha dans cet ordre de bataille

---

[1]. La cavalerie autrichienne appliquait les nouvelles méthodes dont on riait alors dans nos états-majors. On les enseigne dans l'armée française depuis un an.

MARCHE DE MAC-MAHON

contre la droite des Autrichiens. Giulay n'avait pu d'abord lui opposer qu'une brigade, qui, placée devant Marcallo, ne retarda pas longtemps le mouvement du général Espinasse. Recueillant ensuite quelques détachements épars, il les envoya sur le champ de bataille. Le général Gablenz prit le commandement de deux brigades en remplacement du général Reischach blessé. La lutte sur le point de s'engager du côté du nord à Magenta allait décider du sort de la bataille.

Fig. 72. — La bataille de Montebello.

La 1re division de La Motte-Rouge, soutenue par deux bataillons en réserve, s'avance contre Buffalora; mais l'ennemi vient d'abandonner le village en rompant le pont qui relie les premières habitations à celles qui sont placées sur l'autre rive du canal. Le 2e grenadiers de la garde impériale occupait ces maisons, n'ayant pu passer sur l'autre rive du canal, défendue par des forces supérieures; mais, après la retraite des Autrichiens, il franchit le canal sur une passerelle construite à la hâte et rejoint le reste de la division Mellinet, qui occupe Ponte di Magenta.

Le 73ᵉ traverse à son tour le canal; la division La Motte-Rouge, trouvant Buffalora aux mains des Français, se porte en convergeant sur la route de Buffalora à Magenta. La tête de cette division engage la lutte avec l'ennemi solidement retranché dans la Cassina Nuova. Cette ferme est enlevée après un rude combat : 6 à 700 Autrichiens mettent bas les armes. Le général de Mac-Mahon s'avance toujours de l'autre côté. La division Espinasse est arrivée jusqu'à Marcallo sans rencontrer d'ennemis; mais, au sortir de ce bourg, le 71ᵉ se trouve en présence des Autrichiens. Le général Espinasse, chassant l'ennemi des maisons qui ont vue sur la route qu'il occupe, se porte à la tête de la brigade Cassagne sur la droite dans la direction de Gustafama et rejette l'ennemi sur Magenta; Mac-Mahon, attaquant alors l'ennemi avec toutes ses forces, pousse après une série de combats sur Magenta avec ses trois divisions réunies.

Giulay avait rassemblé dans ce village tous les détachements des différentes brigades encore en état de combattre; il n'avait, en fait de troupes fraîches, qu'une division arrivée à quatre heures. Mac-Mahon donne l'ordre de prendre Magenta. La division Espinasse l'aborde par la droite; la division La Motte-Rouge appuie cette attaque en se tenant en réserve sur la gauche. L'artillerie suit pour protéger les mouvements dans toutes les directions. Les assaillants s'ébranlent tous à la fois; un feu très vif d'artillerie et de mousqueterie les reçoit à l'entrée du village; il faut pour s'en emparer prendre d'abord la gare du chemin de fer. Le général La Motte-Rouge dirige ses attaques sur ce point; bientôt la mêlée devient générale, on combat à la droite, au centre, à la gauche, sur toute la ligne; les Français sont déjà parvenus à la hauteur du chemin de fer; ils menacent le centre du village sur lequel Mac-Mahon dirige tous ses efforts. Les combattants des deux côtés rivalisent de bravoure; le général Espinasse franchit la chaussée du chemin de fer et s'avance vers la rue qui conduit à Magenta; l'entrée de cette rue est défendue par deux pièces et par une grande maison à plusieurs étages que les chasseurs tyroliens occupent.

Les Français forcent l'entrée de Magenta et s'emparent de la grande maison; le général Espinasse est tué d'un coup de feu. Le général Castagny s'engage résolument avec sa brigade dans le village et en déloge les Autrichiens de maison en maison. La résistance de l'ennemi est aussi opiniâtre sur les autres points du village : la brigade Gault, laissée à la garde de Marcallo, est rappelée à Magenta; suivie des 1ᵉʳ et 2ᵉ régiments, elle franchit la chaussée du chemin de fer et rejoint la brigade Castagny à la droite du village. Le général de Martimprey, cherchant à rallier le 2ᵉ corps, s'est engagé à la tête de deux bataillons du 52ᵉ de ligne sur la route de Magenta; il rencontre l'ennemi et s'empare d'une ferme, où il essaye de résister à des forces supérieures; n'y pouvant réussir, il parvient à rejoindre la division La Motte-Rouge.

Cette division, après s'être emparée de la gare du chemin de fer, se porte en avant. Une partie des troupes qui la composent, franchissant la voie ferrée, se met à cheval sur la route de Milan. L'autre partie, sous les ordres du général Polhès, déloge les Autrichiens de l'église de Magenta. Le général Auger, commandant l'artillerie, place en batterie 30 pièces, qui couvrent le village de leurs boulets. Les Autrichiens, débordés de tous côtés, se retirent lentement en défendant les maisons une à une et le terrain pied à pied. Une batterie de fusées couvre leur retraite. Magenta est enfin au pouvoir des Français à sept heures et demie.

Le terrain avait permis aux Français de déployer leurs qualités naturelles. Il ne se prêtait qu'à des rencontres isolées, dans lesquelles, plus agiles de corps, plus prompts d'intelligence que les Autrichiens, ils devaient avoir l'avantage sur eux. Du reste, les Autrichiens, accourus à la hâte pour disputer aux alliés le passage du Tessin, pas plus que les alliés, ne s'attendaient à une grande bataille; celle de Magenta fut pour ainsi dire improvisée. L'armée française, grâce à sa vigueur à maintenir l'offensive malgré les pertes très graves subies par sa droite, et grâce à l'heureuse inspiration du général de Mac-Mahon [1], restait victorieuse; mais la victoire lui avait été très disputée, et peut-être lui aurait-elle échappé sans la lenteur de Giulay à renforcer sa droite à Magenta et à faire entrer en ligne les troupes appartenant aux 3ᵉ, 7ᵉ et 5ᵉ corps d'armée. Giulay avait commis trois grandes fautes depuis l'ouverture des hostilités: la première en n'attaquant pas l'armée piémontaise à son entrée en campagne, la seconde en ne profitant pas de l'imprudence des alliés le 2 juin, lorsqu'ils abandonnèrent leur ligne de défense et de retraite, défendue seulement par une partie du 1ᵉʳ corps français; la troisième en laissant les Français passer tranquillement sur la rive gauche du Tessin. Cela avait commencé à lui faire perdre la confiance des troupes; sa défaite la lui enlevait entièrement. Cependant les champs de Magenta, théâtre d'engagements acharnés, d'alternatives de succès et d'échecs,

---

[1]. L'Empereur, deux jours après le combat, apprit lui-même au général de Mac-Mahon qu'il le nommait maréchal de France et duc de Magenta. Le général Regnault de Saint-Jean-d'Angely, commandant la garde impériale, reçut également le bâton de maréchal.

jonchés de morts et de blessés [1], n'auraient peut-être prêté leur nom qu'à une journée indécise si les Autrichiens n'avaient quitté le lendemain le champ de bataille, sur lequel ils avaient couché; les vainqueurs ne les gênèrent nullement dans leur retraite. La nécessité de donner du repos aux troupes n'explique pas seule cette inaction, car l'armée piémontaise et un corps d'armée français n'avaient pas été engagés dans la lutte; mais l'armée française, encore disloquée, avait ses différents corps séparés par le *Naviglio* et le Tessin; un succès des Autrichiens sur un point quelconque de sa position pouvait la compromettre tout entière. Ils se concentrèrent donc au lieu de poursuivre l'ennemi, qui se retira derrière le Tessin et ensuite derrière le Mincio en abandonnant Milan, où le maréchal de Mac-Mahon entra le 7 juin à la tête du 2ᵉ corps, au milieu des acclamations d'une population ivre de joie. L'Empereur et le roi de Sardaigne y entrèrent le lendemain.

1. Les Français comptaient, officiers, morts ou blessés, 246; hommes, morts ou blessés, 3463; disparus, 73; deux généraux, Espinasse et Cler, tués. Les Autrichiens avaient perdu 245 officiers, tués ou blessés; 3432 hommes, tués ou blessés, et 6000 disparus.

CHAPITRE XIV

SOLFERINO — FIN DE LA GUERRE D'ITALIE

Retraite des Autrichiens derrière le Mincio. — Ils construisent des ouvrages de campagne à Melegnano. — Importance de cette position pour la sûreté des Français sur le Tessin. — Combat de Melegnano. — Prise de ce village. — Les Autrichiens se concentrent derrière le Mincio. — L'échiquier de l'armée autrichienne. — Incertitudes au quartier général français et autrichien sur les mouvements de l'ennemi. — Ascension aérostatique de Godard. — Bataille de Solferino. — Entrevue à Villafranca entre Napoléon III et François-Joseph. — Préliminaires de Villafranca. — M. de Cavour au quartier général. — Il quitte le ministère. — Rentrée de l'Empereur à Paris. — Son discours aux grands corps de l'État. — Retour des troupes.

L'armée française établit, le 8 juin, ses bivouacs sur les remparts de Milan, près de la porte de Pavie. Le 1ᵉʳ corps, ayant quitté les campements en avant de Buffalora, porta son quartier général à San Pietro l'Olmo. Le 1ᵉʳ corps se rendit le 8 juin à San Donato et prit position sur la route de Melegnano[1] à San Donato, afin d'intercepter la marche des Autrichiens qui se retiraient sur Lodi.

La brigade Roden, appartenant à la division d'arrière-garde Berger, du 8ᵉ corps d'armée autrichien, s'était arrêtée à Melegnano et y élevait des ouvrages de campagne. Il fallait déloger les Autrichiens de leur position

---

[1]. Appelé également Marignano. C'est Marignan où François Iᵉʳ livra bataille aux Suisses.

sur le canal autour de Milan en les rejetant au delà de l'Adda, si l'on ne voulait pas que la bataille de Magenta restât, pour les alliés, une journée brillante, mais stérile. Tant que les Autrichiens se maintiendront en force sur la route de Milan à Lodi, les alliés ne seront pas en sûreté dans leurs positions sur la gauche du Tessin.

Le 2ᵉ corps marche sur San Giuliano; il doit, parvenu à ce village, se jeter sur la gauche pour tourner la droite de Melegnano, rejoindre la route de Cassano à Lodi, et s'y établir en coupant la ligne de l'ennemi. Le général Forey, avec la 1ʳᵉ division du 1ᵉʳ corps, prit la droite de la chaussée pour tourner la position des Autrichiens et concourir à l'attaque principale. La 2ᵉ division, commandée par le général de Ladmirault, se porta dans la direction de la ferme de San Brera, pour attaquer la gauche de l'ennemi, pendant que la division du général Bazaine le prendrait de front.

Les Autrichiens, retranchés dans Melegnano, occupaient solidement le vieux château, les maisons et les rues barricadées, l'entrée de la ville défendue par une batterie de quatre pièces de canon couvertes par un épaulement, et le cimetière dont les murs étaient crénelés.

La 3ᵉ division du 1ᵉʳ corps, commandée par le général Bazaine, s'avançant par la grande chaussée de la route sur Melegnano, attaqua hardiment ce village. Elle soutenait seule, depuis plusieurs heures, un combat très vif, lorsque le général Forey, avec la 1ʳᵉ division du même corps d'armée, se porta rapidement jusqu'à Pedriana et ouvrit le feu de deux batteries de douze pièces qui prenaient en écharpe Melegnano. Le général de Ladmirault, à la tête de la 2ᵉ division, s'était joint à l'attaque de la 3ᵉ déjà bien éprouvée par le feu de l'ennemi. La 2ᵉ brigade de cette division, placée en seconde ligne derrière la 1ʳᵉ brigade, et obligée de parcourir un plus long chemin, marchait dans la direction de Carpianello et de San Brera. Le général de Ladmirault en tête de la 1ʳᵉ brigade suivit jusqu'à San Giuliano les traces de la 1ʳᵉ division du 2ᵉ corps et se dirigea ensuite à gauche vers San Brera. Son artillerie, franchissant les obstacles accumulés sur sa route, traversée par de larges cours d'eau, avait atteint San Brera. Il courut à travers les vergers, les jardins et les champs placés sur le flanc gauche de Melegnano, au secours de la 3ᵉ division, chassa l'ennemi d'une ferme située sur la crête d'un plateau, et déborda ainsi l'attaque du centre. Une partie de l'infanterie passa ensuite le Lambro au moyen d'une écluse à San Brera, se glissa le long du ruisseau jusqu'à Melegnano, surprit un bataillon autrichien près du pont, le mit en fuite et s'empara de six pièces d'artillerie. La division Bazaine parvint, pendant ce temps-là malgré ses pertes, à forcer de l'autre côté l'entrée de Melegnano et à refouler de tous côtés les Autrichiens, qui se retirèrent en se défendant jusqu'au vieux château situé au milieu du village et aux abords du pont conduisant sur la route de Lodi.

La 2ᵉ brigade autrichienne, placée derrière Melegnano, se porte en avant pour protéger la retraite des défenseurs de ce village. Un bataillon de cette brigade charge les Français à la baïonnette et reprend le pont. Le général autrichien Bauer, quoique blessé, opère sa retraite sur la rive gauche du Lambro. La lutte continue encore dans les rues; un violent orage éclate tout à coup et paralyse le feu des deux côtés; l'orage calmé, les Autrichiens, en sortant du village, accablent la portion de la 2ᵉ division arrêtée sur le Lambro; une batterie de la 2ᵉ division du 2ᵉ corps d'armée français canonne les détachements ennemis qui défilent à sa portée. Ce corps d'armée, arrivé plus tôt, aurait rendu impossible la retraite de l'ennemi sur Lodi. Melegnano restait en notre pouvoir. Les pertes des deux côtés, en morts ou blessés, étaient très grandes. Les Autrichiens laissèrent une pièce de canon au pouvoir des Français.

« La Providence, avait dit Napoléon III aux Milanais, favorise quelque« fois les peuples en leur donnant l'occasion de grandir tout à coup; mais « c'est à la condition qu'ils sachent en profiter. Profitez donc de la for« tune qui s'offre à vous!... unissez-vous dans un seul but, celui de l'af« franchissement de votre pays. Organisez-vous militairement. Volez sous « les drapeaux du roi Victor-Emmanuel, et, animés du feu sacré de la « patrie, ne soyez aujourd'hui que soldats; demain, vous serez citoyens « libres d'un grand pays. » L'Italie avait répondu à cet appel et se soulevait à chaque victoire. C'était le programme « Libre des Alpes à l'Adriatique, » qui se réalisait, et cela précisément faisait naître, dans certains esprits, des ombrages et des craintes qu'ils s'efforçaient de faire partager à l'Empereur, qui, selon son habitude, ne laissait rien paraître de ses impressions. On était à la veille de Solferino.

L'armée autrichienne avait successivement abandonné les lignes du Pô, du Tessin et de l'Adda pour se concentrer derrière le Mincio. Les alliés s'affaiblissaient en s'éloignant de leur ligne d'opération et en s'élargissant, tandis que les Autrichiens resserraient leurs forces; mais, autant les Autrichiens dans leur retraite avaient intérêt à éviter toute espèce d'engagement sérieux, autant les alliés auraient dû se montrer empressés de mettre obstacle à leurs mouvements rétrogrades. La maxime de faire un pont d'or à l'ennemi qui se sauve n'est pas toujours vraie, et dans ce cas, elle était mal appliquée. Précisément, parce que les Autrichiens voulaient éviter la bataille pour la livrer ensuite dans des conditions meilleures; il fallait les obliger à une lutte incessante. Ce ne fut pourtant que huit jours après la bataille de Magenta que les Français, voyant que la retraite de l'ennemi sur le Mincio laissait libre leur flanc droit, se portèrent sur Brescia, où Napoléon III et Victor-Emmanuel entrèrent le 18, par la route de Milan.

Les différents corps de l'armée autrichienne s'exerçaient chaque année en reproduisant sur le terrain même le simulacre des opérations de guerre du temps de la Révolution française. Ces leçons allaient-elles recevoir une éclatante application? La position des deux armées permit bientôt de croire qu'une grande bataille ne tarderait pas à se livrer dans ces lieux célèbres où, dans la campagne de 1796, s'étaient livrés les combats de Lonato et de Castiglione. L'Empereur François-Joseph, qui venait de prendre le commandement en chef de son armée, était parti de Vérone le 18 juin, se dirigeant sur Lonato, pour passer ses troupes en revue. Les deux empereurs étaient en présence.

La marche en avant des alliés s'opérait à petites journées; les divers corps s'avançaient resserrés l'un contre l'autre, toujours prêts à former leur ligne de bataille défensive. Lenteur bien différente des marches hardies et des conceptions rapides des généraux du temps de la République, où la vapeur, les chemins de fer, les télégraphes électriques ne servaient cependant pas d'auxiliaire à la tactique, et où les chefs, avec des soldats mal payés, mal habillés, mal chaussés, obtenaient cependant des résultats prodigieux par leur importance et par leur promptitude, tandis que les généraux modernes, après une campagne signalée par tant de combats meurtriers et par une sanglante bataille, n'avaient réalisé que des avantages stratégiques presque insignifiants en comparaison des efforts tentés et du sang versé.

La lenteur des Français peut, du reste, s'expliquer par les résultats si chèrement achetés de la bataille de Magenta, par la forte résistance qu'ils avaient rencontrée à Melegnano en attaquant seulement une partie de l'armée autrichienne et par la crainte de s'engager au milieu des masses ennemies et de s'éloigner de leur centre d'approvisionnement. La Lombardie renfermait plus de 300 000 combattants des deux côtés, masse énorme et sans exemple dans l'histoire des guerres d'Italie. Les ressources fournies par les plus grandes villes de cette province, la plus riche de la

Fig. 73. — Passage du Tessin près de Turbigo.

Péninsule, suffisaient à peine à la nourriture du soldat pendant une journée ; l'administration des vivres se trouvait souvent dans la nécessité d'envoyer chercher du pain jusqu'à dix lieues à la ronde ; il fallait donc ralentir les opérations militaires, afin de donner aux fournisseurs de l'armée le temps de remplir leur mission.

Les Autrichiens, en voyant trois corps d'armée français massés autour de Melegnano, avaient pu leur prêter deux projets : l'un consistant à suivre la ligne d'opération de Lodi à Pizzighetone, Crémone, Goïto, Mantoue, pour bloquer cette place, prendre Legnano et, après avoir franchi l'Addige, attaquer Vérone par les deux rives de cette rivière ; l'autre à forcer le passage du Mincio à Goïto, d'y construire une double tête de pont, de descendre à Volta et à Brescia pour franchir le haut Mincio, ensuite attaquer Peschiera et enlever les hauteurs de Vérone. Les Français, par cette manœuvre, évitaient la plaine de Medola, située au pied de Castenedolo, où l'ennemi, avec sa nombreuse et belle cavalerie, pouvait tenter le sort d'une bataille avec chance de succès. Mais une fois les alliés massés autour de Brescia, et Cialdini ainsi que Garibaldi détachés pour fermer les débouchés du Tyrol, nul ne pouvait se tromper sur le véritable objectif de guerre des Français : c'était le camp retranché de Vérone et Peschiera qu'ils voulaient attaquer après avoir forcé le passage du Mincio.

Le désir de livrer bataille sur un échiquier connu, avait surtout motivé la retraite des Autrichiens derrière ce fleuve. Les Français, maîtres de Milan et arrivés sur la Chiese, devaient-ils marcher en avant avec circonspection, prêts à provoquer la bataille ou à l'accepter, ou attendre l'attaque de l'ennemi dans les campements de Brescia? Les commandants des divers corps d'armée se réunirent sous la présidence de l'Empereur, le soir du 19 juin, pour discuter sur la suite des opérations. Attendre l'ennemi, c'était s'exposer à perdre le fruit de la bataille de Magenta. Les Français résolurent de se porter en avant.

Le 4ᵉ corps, qui formait l'extrême droite, après avoir franchi la Chiese sur un pont de bateaux, s'établit au delà de cette rivière, à Carpenedolo. Les divisions de cavalerie des généraux Desvaux et Partouneaux, l'une du 1ᵉʳ corps et l'autre du 3ᵉ, mises sous le commandement du général Niel, restèrent devant Carpenedolo, pour éclairer le pays. Le 3ᵉ corps établit ses bivouacs à Mezzano, en deçà de la Chiese, éclairant surtout la position du côté de Mantoue. Le 2ᵉ corps, après avoir traversé la Chiese sur deux ponts laissés par les Autrichiens, se porta en avant sur les routes de Lonato, Castiglione et Goïto ; le 1ᵉʳ corps resta en deçà de la Chiese, en suivant d'abord le chemin de Lonato. La garde impériale occupait la route de Castenedolo sur la droite du 2ᵉ corps.

L'armée piémontaise s'était portée au delà de la Chiese; le 2ᵉ corps à Castiglione : la garde impériale l'avait remplacée à Montechiaro, résidence du quartier général.

Les alliés, depuis le 21 et le 22 juin, restèrent dans leurs positions, retenus par leur incertitude sur les projets de l'ennemi. Des reconnaissances poussées sur la route de Goïto par un capitaine à la tête de quarante chevaux, révélèrent l'existence des avant-postes autrichiens au delà de Ceresara; Napoléon III, espérant avoir des renseignements plus précis par le moyen des ascensions aérostatiques, envoya M. Godard au maréchal de Mac-Mahon, à Castiglione. Cet aéronaute fit diverses ascensions; mais il ne découvrit rien. Le 1ᵉʳ corps quitta cependant, le 23 juin, sa position, et traversa la Chiese pour se poster entre Lonato et Castiglione, reliant ainsi par sa gauche l'armée française à l'armée sarde, qui formait l'extrême gauche. Celle-ci était ainsi répartie : la 1ʳᵉ et la 2ᵉ division sur les hauteurs qui dominent Lonato, Desenzano et Rivoltella ; la 3ᵉ au delà de Lonato sur la route de Peschiera; la division de cavalerie en arrière de Lonato.

Les Autrichiens, réunis derrière le Mincio au nombre de 250 000 hommes empruntés en partie aux garnisons du quadrilatère, ne paraissaient pas se douter que l'armée alliée eût quitté la Chiese et occupaient le terrain montueux au sud du lac de Garde, leur arrière-garde appuyée sur la Chiese. En cas d'attaque, ils pouvaient se développer sur les coteaux entre Lonato et Vella. Leur état-major était partagé entre ces deux plans : prendre l'offensive sur cet excellent échiquier de guerre ou bien continuer la retraite, laisser l'armée se reposer, se renforcer derrière le Mincio, reprendre ensuite l'offensive et rejeter les alliés au delà de la Chiese. Le feld-maréchal, mis à la tête de la chancellerie impériale, avec le général Ramming pour sous-chef d'état-major, inclinait vers ce dernier plan. L'empereur d'Autriche, qui avait pris, le 16 juin, le commandement en chef, donna, le même jour, l'ordre d'arrêter la marche et de réunir tous les détachements échelonnés, de sorte que l'armée pût occuper, le 19, la ligne de Lonato à Acqua Fredda. Mais une partie des troupes avait déjà gagné le Mincio ; la difficulté des approvisionnements sur un terrain déjà épuisé, les dangers auxquels les différents détachements, retournant sur la Chiese, auraient été exposés, toutes ces considérations durent empêcher

Fig. 74. — État-major de l'armée autrichienne.
Giulay.   L'empereur François-Joseph.
Hess.   Schlick.

le retour offensif des Autrichiens ; leurs différents corps d'armée restèrent donc ainsi distribués : le 7ᵉ corps à Lonato, le 1ᵉʳ et la division de cavalerie à Essente, le 8ᵉ à Castiglione. Ces troupes avaient leurs avant-postes sur la Chiese ; le 5ᵉ était à Volta, le 3ᵉ à Evoïto, le 2ᵉ à Castelvecchio, à l'ouest de Mantoue. L'armée autrichienne, pour passer de la défensive à l'offensive, eût été obligée de faire un changement de front sur l'aile gauche, Lonato formant le point de pivot.

La retraite des Autrichiens sur le Mincio continua le 21 et le 22 ; la rive droite du Pô fut abandonnée ; les deux brigades de garnison d'Ancône et de Bologne se retirèrent derrière le Pô. Les derniers détachements autrichiens franchirent ce fleuve le 24 juin. L'empereur d'Autriche réunit dans le quadrilatère presque toutes les forces dont il pouvait disposer.

Le 23 juin on avait reçu au quartier général français des rapports annonçant que les Autrichiens se trouvaient sur la gauche du Mincio, ayant même abandonné la position qu'ils occupaient sur la droite de cette rivière. Il fut donc décidé que l'armée tout entière marcherait en avant. Rencontrerait-elle l'ennemi au delà de la Chiese ou sur les bords du Mincio ? Serait-elle attaquée dans sa marche ou dans la nouvelle position qu'elle allait occuper ? Graves sujets de préoccupation pour Napoléon III, chargé de la responsabilité du commandement, plutôt que du commandement lui-même. L'heure approchait de la grande bataille qui devait décider des destinées de l'Italie et peut-être du second empire français. Car l'Empereur avait commis un grand acte de témérité en s'engageant dans une guerre européenne avec un seul allié, le Piémont, qui ne possédait ni armée de réserve, ni arsenaux ; il pouvait, il est vrai, appeler les populations italiennes à son aide ; mais agir ainsi, c'était faire appel à la guerre révolutionnaire. Napoléon III, ne pouvant s'y résoudre, devait donc se résigner, s'il perdait une grande bataille, à soutenir seul la lutte contre un ennemi enhardi par sa victoire et disposant de grandes ressources de guerre amassées dans son quadrilatère ; il y avait là de quoi le faire réfléchir, lorsqu'il se trouva tout à coup, sans s'en douter, le 23 juin au matin, en face de 160 000 Autrichiens munis de 650 pièces de canon.

Les deux armées prirent leur ligne de bataille à la fin de la journée ; les bagages et les approvisionnements défilaient encore à la nuit close par les ponts sur le Mincio. Les Autrichiens avaient leur droite et leur centre appuyés à d'excellentes positions défensives ; leur gauche occupait, dans la plaine, une position très favorable à l'offensive. L'empereur d'Autriche crut le moment venu d'attaquer, avec l'aile droite et le centre de son armée, les campements des alliés établis sur la Chiese et de les rejeter au delà de la Chiese jusqu'aux montagnes ; il espérait qu'une partie seulement de l'armée alliée aurait passé la Chiese. Il se trompa sur ce point ; mais ne se trompait-il pas aussi en croyant possible d'envelopper, avec 160 000 hommes, 151 000 vaillants soldats.

La Chiese et le Mincio versent leurs eaux au sud dans le Pô, et baignent des deux côtés, une zone de terrain de 13 milles de largeur, dont un tiers se compose d'une suite non interrompue de collines, de mamelons et de contre-forts ; le reste forme une magnifique plaine couverte de vignes, de mûriers, de maïs, de jardins potagers, de prairies entrecoupées de massifs d'arbres. Ces collines s'élèvent et s'abaissent de Volta jusqu'à Lonato. Elles décrivent, en passant par Castiglione, comme un arc de cercle adossé à la plaine ; des bourgs clair-semés s'élèvent sur ces collines ou à leurs pieds. Le village de Solferino domine cette chaîne de collines avec son donjon appelé l'espion de l'Italie (la *spia d'Italia*), parce que la vue embrasse, de son sommet, un horizon qui s'étend jusqu'aux Alpes et jusqu'à la mer. Un château, entouré de cyprès et de murs, s'élève au nord de Solferino, non loin du cimetière, ceint lui aussi de murailles. Plusieurs chemins conduisent à Solferino ; le moins escarpé de tous est celui qui monte par Castiglione et redescend vers San Cassiano. Un autre plus abrupt effleure la dernière pente du cimetière : l'église de la Madonna della Scoperta se dresse près de ce sentier. Un troisième chemin longe au midi les hauteurs de la colline, d'où se détachent comme des rameaux Fenile della grota et Fenile delle fontane. Ces hauteurs, du côté du couchant, font face à Castiglione, et du côté du levant aux petites collines de Cavriana. Le sol est entrecoupé de ravins ; les troupes sont obligées de se frayer un passage à travers les mûriers et les vignes entrelacés ; de grands fossés et de longues murailles peu élevées mais très larges servent de limites aux fermes. Le plateau de San Martino, que l'on aperçoit de loin, est seul assez large pour qu'un corps d'armée puisse y manœuvrer. Ce plateau est entouré au couchant et au nord d'escarpements assez semblables à des bastions. La route qui, de Rivoltella, coupe le chemin de fer de Peschiera, est d'une pente très raide ; de nombreuses petites fermes couvrent des coteaux couronnés de pins. San Martino est une position très forte. Une vallée, s'ouvrant au midi de Solferino, va se perdre dans des marécages ; au pied des collines, les grandes routes de Castiglione et de Carpenedolo qui, par Giudizzolo et Medole, mènent au pont de Goïto sur le Mincio, partent de cette

L'ARMÉE FRANCO-ITALIENNE COMMENCE L'ATTAQUE

vallée. Le carré compris entre Pozzolengo, Volta, Medole et Rivoltella forme à peu près le même terrain où fut livrée, en 1796, la bataille de Castiglione. Les Français et les Autrichiens allaient se rencontrer une seconde fois, mais à l'improviste, dans ce champ clos, et y engager la bataille de Solferino.

L'armée alliée s'ébranla le 24 à la pointe du jour.

Le maréchal Baraguey d'Hilliers, prévenu la veille que l'ennemi occu-

Fig. 75. — Palestro. Attaque du pont sur la Bridda.

pait Solferino et chargé d'attaquer le village, partit à trois heures du matin. La 1ʳᵉ division, destinée à appuyer la droite de la 2ᵉ, se mit en route à quatre heures, se dirigeant par Castiglione ; la 3ᵉ division devait marcher sur les traces de la 1ʳᵉ et ne quitter qu'à six heures du matin.

Le 3ᵉ corps autrichien, à la nouvelle de l'approche des Français, avait occupé le bord ouest de Solferino. La brigade qui venait de s'opposer à la marche de Forey formait l'avant-garde : elle se dirige sur Monte-Mezzano, petite hauteur à l'ouest de Solferino, où elle doit être appuyée à sa droite par une brigade, établie sur le mont Carnol. Le bataillon des chasseurs de cette brigade est envoyé à Contrada San Martino et à Pagliote di Solferino. La brigade Pucher est développée en face de Monte Fenile. Il faut enlever ces positions pour atteindre Solferino.

Les Français, du haut du Monte Fenile, ouvrent le feu contre les contre-forts de Solferino et contre l'artillerie autrichienne qui en couvre les abords. La brigade Dieu, de la division Forey, quoique appuyée par cette batterie, ne réussit pas à gagner la hauteur qui en est la plus voisine, vers l'est. La division de Ladmirault, formée sur trois colonnes, entre en ligne avec la division Forey. Les colonnes de droite et de gauche se montrent sur le flanc de la position; celle du centre, avec 4 pièces, soutient cette attaque. Ces troupes ne peuvent pas aborder les contreforts supérieurs de Solferino; elles sont repoussées avec de grandes pertes. Le 2ᵉ corps d'armée ne fait pas de progrès. Le 3ᵉ corps, parti de Castiglione à trois heures du matin sur la route de Castiglione à Giudizzolo, se heurte avec les Autrichiens en marche par la même route de Giudizzolo à Castiglione. L'avant-garde est aussi arrêtée aux abords de la Casa Marino, ferme considérable, située sur le chemin de Medole à Solferino, un peu au-dessus du point d'intersection de cette voie avec la grande route qui conduit de Castiglione à Mantoue.

Les avant-postes du 3ᵉ corps autrichien occupant la ligne entre Casa Marino et le village de Giudizzolo, la fusillade s'engage à cinq heures du matin. Le 2ᵉ corps français se déploie en bataille sans pousser en avant.

Le maréchal de Mac-Mahon envoie un aide de camp au quartier général pour l'avertir qu'il se trouve en face de l'armée ennemie occupant la ligne de Solferino à Cavriana. Seul, séparé des 3ᵉ et 4ᵉ corps, dont il n'a pas de nouvelles, il n'ose pas engager le combat; il reste en place, en attendant les ordres du quartier général et des nouvelles du 4ᵉ corps, qui doit couvrir son flanc droit. Ce corps, parti de Carpenedolo à trois heures du matin, suivait la route de Carpenedolo à Medole; les deux divisions de cavalerie Desvaux et Partouneaux, sous les ordres du général Niel, avaient pris la grande route de Castiglione à Goïto qui touche à Giudizzolo, après avoir traversé une plaine de 3 à 4 kilomètres de largeur. Niel s'avançait sur une seule colonne, ayant son artillerie entre la 2ᵉ et la 3ᵉ division.

La pointe de l'avant-garde de ce corps, composée de deux escadrons de chasseurs à cheval, rencontre, à deux heures passées, un fort détachement de uhlans sur la hauteur, près d'une ferme placée sur la route, à peu de distance de Medole ; aussitôt le combat s'engage entre les deux avant-gardes ; bientôt, l'ennemi se replie en bon ordre sur le village de Medole, occupé par deux bataillons d'infanterie, par une brigade de dragons et par quatre escadrons de hussards, établis dans le cimetière de Medole. La 1re division française marche formée sur trois colonnes dont deux, au delà des deux canaux qui bordent la route, doivent tourner la droite et la gauche de la position ennemie, tandis que la 3e avec son artillerie va l'attaquer par la route principale. Mais les Autrichiens, trop faibles pour résister à des forces si supérieures, battent en retraite. Medole, 2 canons et 900 prisonniers sont, à sept heures du matin, au pouvoir des Français.

Le général autrichien Schafftogsch, commandant le 6e corps, informé de la présence de Français du côté de Medole, dirige deux brigades vers le point menacé, laissant la troisième en réserve à Giudizzolo. La brigade de la division Creneville, qui a déjà deux de ses bataillons à Medole et un détachement à Casa Marino, est portée sur ce dernier point ; une autre brigade de la même division s'avance en seconde ligne pour la soutenir, et la brigade de cavalerie est formée en colonne prête à appuyer et à rallier les escadrons de la brigade qui couvre son flanc droit dans la plaine.

Le maréchal Canrobert, commandant le 3e corps français, devait établir ses campements à Medole ; mais, pour éviter de se jeter sur le 4e corps, au lieu de prendre la route de Carpenedolo, il suit le chemin beaucoup plus long d'Acqua Fredda et Castel Goffredo. Le 3e corps ayant franchi la Chiese, près du village de Visano, au sud de Mezzano, se met donc en marche à deux heures et demie du matin ; arrivé près de Castel Goffredo, il est arrêté par un régiment de hussards autrichiens qui occupe cette petite ville, entourée d'une muraille et dont les portes sont barricadées. Les Français cependant y pénètrent, en chassent l'ennemi et poursuivent leur marche pour appuyer le 4e corps, dont la division de Luzy, après avoir enlevé Medole, est menacée dans son mouvement du côté de la route de Ceresara.

Les trois divisions piémontaises sont à l'extrême gauche du front de marche de l'armée alliée. Ces divisions, précédées par leurs avant-gardes respectives, éclairent la zone de terrain comprise entre le lac de Garde et Pozzolengo, dans la direction de Peschiera. La première division, général Durando, s'avance par Castel Venzago sur Madonna della Scoperta et gagne Pozzolengo, où est fixé le rendez-vous général. La 2e division marche vers Solferino pour lier l'armée piémontaise au corps de Baraguey d'Hilliers ; les 3e et 4e divisions, poussant des reconnaissances sur tout le pays qui se trouve entre le lac de Garde et la chaussée du chemin de fer de Venise, se dirigent par la route de Rivoltella sur Pozzolengo.

La Madonna della Scoperta, sur laquelle marchent les Piémontais, est une église entourée de bâtiments ; ils y parviennent à sept heures et demie, et ils en chassent les Autrichiens ; mais une brigade du 5e corps autrichien, qui se trouve au pied du Monte Croce, à 1600 mètres environ de Solferino, se porte en avant pour les déloger à leur tour. Cette brigade, retardée dans sa marche par les cours d'eau, rejoint la 2e brigade de la 2e division du même corps. Les Autrichiens attaquent avec vigueur les Piémontais et les rejettent jusqu'à *Fenile Vecchio*, au carrefour de la cassino Rondato. Pendant ce temps, l'avant-garde de la 5e division piémontaise du général Cucchiari, forte d'un bataillon de bersagliers, de deux escadrons de chevau-légers et de deux pièces d'artillerie, laisse sur la droite les hauteurs de San Martino, et s'avance par la Strada Lugana, vers Pozzolengo, refoulant les avant-postes du 8e corps autrichien.

Benedeck avait éparpillé 25 000 hommes sur une grande étendue de terrain. Des six brigades dont il disposait, il en avait détaché deux, faute dont l'ennemi ne sut pas profiter. Après avoir repoussé l'avant-garde de la 5e division piémontaise, il menaçait de lui couper la retraite, lorsque le général Mollard, à la tête de la 3e division piémontaise, accourt au bruit du canon, par la Strada Lugana, menaçant à son tour le flanc droit des Autrichiens. La 1re brigade de sa division attaque à neuf heures les hauteurs de San Martino. Les Piémontais montent à l'assaut deux fois, et deux fois ils sont repoussés par des forces supérieures ; Mollard se retire enfin sur la route de Rivoltella. Les Autrichiens le poursuivent et s'emparent des cassines situées devant leur front. La 5e division, accélérant sa marche, arrive de Rivoltella sur le champ de bataille ; la brigade Mollard revient à la charge ; mais elle perd bientôt les positions qu'elle a reconquises ; les Piémontais battent en retraite jusqu'à Rivoltella, où ils se rallient autour de la 2e brigade de la division Mollard. Quelques détachements piémontais, qui n'ont pas conservé le meilleur ordre dans la retraite, reculent jusqu'à San Zeno. Les troupes fatiguées avaient besoin de repos ; le général Mollard, avec une seule brigade fraîche, ne voulut pas renouveler l'attaque. Pendant que se livrent ces combats partiels, les deux aides de camp des maréchaux de Mac-Mahon et Baraguey d'Hilliers annoncent au quartier général que l'ennemi déploie de fortes colonnes sur les hauteurs de Solferino et de Cavriana.

L'Empereur s'était rendu dès sept heures du matin avec son état-

Fig. 76. — Mort du général Espinasse à Magenta.

major et sa garde de Montechiaro à Castiglione. Tous les corps d'armée se trouvant en marche à une grande distance les uns des autres, il était urgent de les rallier, afin qu'ils pussent se soutenir mutuellement. La cavalerie de la garde impériale, destinée comme réserve à couvrir, dans la plaine, la droite du 2ᵉ corps découverte par l'absence du 4ᵉ corps, avait été mise sous le commandement de Mac-Mahon. Le 3ᵉ corps reçut l'ordre d'appuyer le 4ᵉ corps et de se garder à droite contre un corps autrichien qui, d'après les avis reçus, doit se porter de Mantoue sur Azola ; la 2ᵉ division piémontaise quitte la route de Solferino pour soutenir les 3ᵉ et 5ᵉ divisions battues à San Martino. La situation des alliés n'est pas brillante. Les Piémontais, à leur gauche, sont dispersés et maltraités. Au centre, Baraguey d'Hilliers, séparé par une grande distance de l'armée piémontaise, a son flanc gauche découvert et son flanc droit menacé par l'ennemi, qui occupe, avec des forces considérables, la vaste étendue de Solferino à Giudizzolo ; son front de bataille est engagé en face de la formidable position de Solferino. Le 2ᵉ corps, déployé perpendiculairement à la route de Castiglione à Goïto, et isolé, doit empêcher l'ennemi de s'avancer par les intervalles qui le séparent sur la gauche du 1ᵉʳ corps et sur la droite du 4ᵉ, qui ne peut encore déboucher dans la plaine de Medole. Le sort de la bataille dépend du résultat de l'attaque de Solferino.

Les Français dirigent leurs efforts sur ce point. Le général Forey reçoit l'ordre de s'avancer avec deux brigades contre le village de Solferino. La division des voltigeurs de la garde, général Camou, doit appuyer son attaque. L'artillerie de la garde va prendre position à 300 mètres de l'ennemi. La garde impériale entre en ligne à onze heures avec la division Forey. Cette double attaque, soutenue par le feu d'une batterie de l'artillerie de réserve du 1ᵉʳ corps et de deux pièces de bataille placées sur le Monte Fenile, doit décider du succès au centre de la ligne.

L'empereur d'Autriche, dès le commencement de l'action, avait quitté son quartier général pour se rendre à Volta, où il reçut la nouvelle du choc des Français contre Solferino ; il avait donné, à neuf heures et demie, les ordres suivants : La 2ᵉ armée, commandée par le général Schlick, défendra Solferino aussi longtemps que possible ; le 8ᵉ corps, après avoir repoussé les Piémontais sur le lac de Garde, enverra des détachements pour soutenir le 3ᵉ corps. La 1ʳᵉ armée continuera son mouvement comme il lui a été prescrit et dégagera le centre attaqué par l'ennemi. La division de cavalerie de réserve Mensdorf est chargée de soutenir la 1ʳᵉ armée pendant sa marche.

Cette armée devait donc se porter en avant et atteindre Carpenedolo ; le 1ᵉʳ corps de la 1ʳᵉ armée était déjà en marche vers Solferino. La 1ʳᵉ division du 7ᵉ corps se porta en avant pour soutenir le 5ᵉ corps ; la 2ᵉ division du même corps, qui n'avait pas encore fait sa soupe, suivit la 1ʳᵉ.

Revenons maintenant à Solferino, contre lequel gronde le canon du Monte Fenile. La 2ᵉ brigade de la division Forey se porte rapidement en avant pour gagner la hauteur la plus voisine vers l'est de ce village, mais elle est repoussée par une forte colonne autrichienne qui débouche de la plaine boisée sur la droite de la position. La brigade française, accablée par la supériorité du nombre, est soutenue par le général Manèque, qui, à la tête de trois bataillons des voltigeurs de la garde, repousse l'ennemi jusqu'au pied du Monte Sacro, où la lutte devient plus acharnée. La 2ᵉ brigade de la division Forey cherche à tourner le flanc droit de la tour de Solferino, mais le feu de mousqueterie et de mitraille de l'ennemi fait au milieu d'elle de cruels ravages.

La division de Ladmirault, à son tour, s'est portée à l'assaut du cimetière et du château défendus par deux brigades. Les Français sont disposés en colonnes : le général Douay à droite, le général Négrier à gauche. Un escadron du 2ᵉ chasseurs, en profitant des inégalités du terrain pour masquer sa faiblesse, couvre le flanc gauche de l'attaque pour empêcher l'ennemi de se jeter dans l'intervalle qui sépare l'armée piémontaise du 1ᵉʳ corps. Ces colonnes rencontrent la plus vive résistance ; le général de Ladmirault, en atteignant les premiers retranchements de l'ennemi, est blessé à l'épaule par une balle ; il reste à son poste et lance contre l'ennemi sa réserve, forte de quatre bataillons ; une seconde balle l'atteint : le 1ᵉʳ régiment des zouaves appuie la droite de la 2ᵉ division, mais tous les efforts des assaillants s'épuisent contre les feux croisés du mamelon des Cyprès et du cimetière et contre les difficultés du terrain. Le maréchal Baraguey d'Hilliers appelle vainement au secours de cette attaque une grande partie de la division Bazaine.

Les Autrichiens, décimés et accablés de fatigue, après une lutte de six heures, attendaient avec impatience le 1ᵉʳ corps, qui n'arrivait pas. Le comte Stadion retira ses troupes des retranchements de Solferino et confia la garde du château, de la tour et du cimetière à sa brigade de réserve et à des détachements de renfort envoyés par le général Zobel.

Le maréchal Baraguey d'Hilliers, convaincu qu'il ne mènera son attaque à bonne fin qu'en tournant la position, tente de s'emparer de la tour de Solferino et du mont des Cyprès ; de là, il prendra l'église et le cimetière à revers. Les troupes gravissent les collines sous une grêle de projectiles, pendant qu'une batterie de la garde, dirigée par le général Lebœuf, prend position avec l'artillerie du 1ᵉʳ corps sur le point très exposé où se joignent le Monte Carnal et le Monte Mezzana. Cette artillerie bat le cimetière, le château de Solferino et le mamelon aux Cyprès, où les Autrichiens ont également placé de l'artillerie ; l'ennemi résiste bravement, mais les Français redoublent d'énergie et se rendent enfin maîtres du mamelon des Cyprès, ainsi que du mur qui relie ces hauteurs.

Tandis que le 1er corps français est engagé à Solferino, le 2e corps lutte avec le 1er corps autrichien, commandé par le général Clam-Gallas. Les Autrichiens occupent la position de San Cassiano et Cavriana, et menacent d'isoler le maréchal de Mac-Mahon. Heureusement, le succès obtenu à Solferino va permettre de le dégager. Les grenadiers du général Mellinet remplissent l'intervalle qui sépare le 1er corps du 2e ; mais le général Manèque et la batterie de la garde dirigée par le général Lebœuf, se trouvant à Monte Sacro en face de forces supérieures, ont besoin d'être secourus. Les grenadiers accourent sur ce point. Le général Manèque, à l'arrivée de ce renfort, se jette avec ses voltigeurs sur l'ennemi et le chasse de la position de Casal del Monte. Il se maintient sur le plateau de Monte Sacro ; la brigade des grenadiers est chargée de soutenir la gauche du 2e corps. Le général Noël, qui commande cette brigade, se porte sur le village de San Cassiano. Le maréchal de Mac-Mahon, grâce à ces puissants renforts, peut non seulement contenir l'ennemi, mais encore prendre l'offensive.

Pendant que les troupes de Baraguey d'Hilliers se groupent sur les hauteurs de Solferino, le général Decaen se porte perpendiculairement à la route de Mantoue, et le maréchal de Mac-Mahon s'avance ensuite jusqu'au camp de Medole, plaine d'une lieue carrée ; il se place sur les deux côtés en ligne avec la 2e division, la droite dans la direction de Medole couverte par un pli de terrain qui la met à l'abri de l'artillerie ennemie. La 2e brigade se tient en réserve derrière Casa Marino, reliant le 1er corps au 2e ; 24 pièces d'artillerie, qui battent le camp de Medole, sont placées devant le front de l'infanterie. Les deux divisions de cavalerie Partouneaux et Desvaux, à peine arrivées avec leurs deux batteries, sont placées de façon à occuper l'espace libre entre Medole et Monte Medilano. La division Partouneaux, à la gauche de la 2e division du 4e corps, général Vinoy, est masquée par les bois de Medole. La division Desvaux est déployée entre la route de Giudizzolo et les bois.

La brigade Hartung, du 5e corps autrichien, venant de Giudizzolo, à neuf heures du matin, par la route de Mantoue, s'avance vers Casa Marino. Les Autrichiens mettent en batterie leur artillerie à 1000 ou

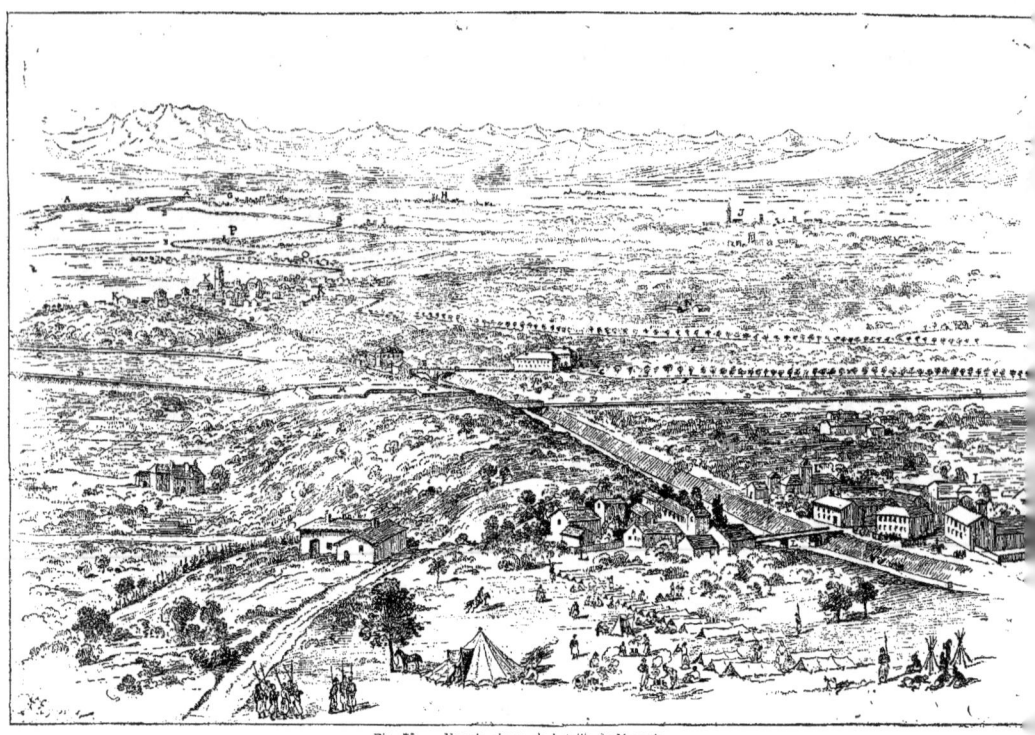

Fig. 77. — Vue du champ de bataille de Magenta.
A. Le Tessin. — B. Le Naviglio-Grande. — C. Route de Novare à Milan. — D. Voie du chemin de fer. — E. Ponte Nuovo di Magenta. — F. Pont du chemin de fer. — G. Turbigo. — H. Robechetto. — I. Castelleto. — J. Cuggione. — K. Buffalora. — L. Ponte Vecchio di Magenta. — M. Redoute. — N. Casa Nuova. — O. Bernote. — P. Rubono.

2000 mètres du front de bataille du 2ᵉ corps, et ouvrent un feu très vif. Le maréchal de Mac-Mahon fait avancer les quatre batteries de la 1ʳᵉ et de la 2ᵉ division de son corps et les batteries à cheval de la garde qui se sont jointes à son artillerie : leur feu prend en écharpe l'artillerie autrichienne, inférieure en nombre, et l'oblige à chercher une nouvelle position en arrière. Mac-Mahon, protégé pendant ce temps-là par le feu de son artillerie, conservait sa position sans pouvoir secourir le 1ᵉʳ corps à Solferino, ayant son flanc gauche découvert et menacé par la division de cavalerie du général Mensdorff.

Six escadrons de hussards tentent, vers huit heures, de tourner la gauche de Mac-Mahon; ils rejettent devant eux les patrouilles de cavalerie française, chargent à la hauteur de Casa Marino les bataillons de la division Decaen, refoulent un bataillon de chasseurs français, poussent en avant, et, rencontrant un détachement de cavalerie de la garde impériale, ils le repoussent en désordre sur la grande route de Castiglione.

Le 2ᵉ corps attendait l'entrée en ligne du 4ᵉ corps ; pour hâter sa jonction au premier, Mac-Mahon reçoit l'ordre d'opérer un mouvement de conversion à gauche; il fait en même temps remplir, par la division de cavalerie de la garde, le vide que le 2ᵉ corps laisse sur la droite. Cette division n'avait quitté Castenedolo qu'à huit heures, retardée, comme on vient de le voir, dans sa marche par les hussards autrichiens ; elle arrivait cependant à temps sur le champ de bataille.

Mac-Mahon, averti que le général Niel est en mesure de se porter sur Cavriana, prend l'offensive en faisant avancer la 1ʳᵉ division vers Solferino pour opérer sa jonction avec la brigade des grenadiers, restée devant San Cassiano. La 2ᵉ division, commandée par le général Decaen, doit suivre le mouvement. La division La Motte-Rouge, couverte par les tirailleurs algériens, tourne à droite San Cassiano et Cavriana, où il y a des forces considérables. Un combat acharné se livre sur ce point. Les Algériens se sont déjà emparés d'une redoute sur le premier mamelon de Monte Fontana; mais le prince de Hesse, retardé dans sa marche par les équipages et les voitures qui encombrent la route, vient d'entrer en ligne avec sa division. Etabli dans une position défendue par une suite de mamelons, il résiste intrépidement aux Français, repousse leur première attaque, et, se repliant sur la crête, il se porte en avant, à la tête de deux brigades, et reprend la redoute occupée par les tirailleurs algériens. Les Français reviennent à la charge et s'emparent du mamelon Fontana, qui retombe une seconde fois aux mains des Autrichiens.

Le prince de Hesse continue sa marche sur San Cassiano ; les grenadiers de la garde et l'artillerie accourent de Solferino. Le général d'artillerie Sevelinge prend en écharpe et d'enfilade la route de Cavriana. Quatre pièces sont portées à bras au sommet du mont Fontana, quatre autres sur le flanc de la colline. Cette artillerie ouvre un feu très vif, auquel l'artillerie autrichienne, d'une portée inférieure, répond faiblement.

L'empereur d'Autriche, conservant encore l'espoir de la victoire même après la perte de ses positions de Solferino, donne l'ordre de rassembler toutes les troupes de la 2ᵉ armée en état de combattre sur les hauteurs de Cavriana. Il espère qu'un succès dans la plaine changera le sort du combat. Le 7ᵉ corps est intact : une brigade du 3ᵉ corps et la division de cavalerie de Mensdorff, formant un total d'environ 24 000 hommes, établies dans une bonne position, peuvent encore lutter contre les 34 000 Français appartenant au 2ᵉ corps d'armée et à la garde impériale. Pendant que François-Joseph se livre à ses espérances, revenons au 4ᵉ corps, laissé au delà de Medole.

La tête des colonnes du 3ᵉ corps d'armée autrichienne avait paru à Medole à neuf heures et demie du matin. Le général Luzy, commandant la 3ᵉ division, serré de près par une division autrichienne, envoya aussitôt demander des renforts au maréchal Canrobert, qui donna l'ordre à deux brigades de la division Renault de soutenir la droite du 4ᵉ corps, et qui, croyant, sur de fausses informations fournies par l'Empereur, qu'un corps ennemi, fort de 20 à 30 000 hommes, est sorti de la place de Mantoue, ordonne à la 2ᵉ et à la 3ᵉ division encore échelonnées sur la Chiese de se tenir prêtes à repousser l'ennemi. La division du général de Luzy venait de soutenir des combats acharnés au moment où la division Renault, marchant par la route de Medole, se portait en avant, dans la direction de Rebecco.

L'empereur François-Joseph, de la hauteur de Cavriana, où il s'est rendu à dix heures, s'aperçoit que le mouvement du général Wimpffen par Medole sur Carpenedolo a complètement séparé la 1ʳᵉ armée de la 2ᵉ ; il lui ordonne de se diriger, avec le gros de ses forces, sur Castiglione à cheval sur la grande route pour faire échouer l'attaque de l'ennemi sur ce point. Le 11ᵉ corps se trouvant vers midi à la hauteur de Giudizzolo, deux de ses brigades sont dirigées sur Rebecco pour soutenir le 9ᵉ corps, et deux autres pour servir de réserve au 3ᵉ corps ; au nord de la route, une cinquième brigade forme réserve générale. La division autrichienne Creneville se retire devant Canrobert, après avoir échangé

Fig. 78. — Charge des chasseurs d'Afrique à Solferino.

quelques coups de canon avec l'artillerie du général Renault, montrant ainsi qu'elle renonce au projet de tourner l'extrême droite du 4° corps pour rompre la gauche en attaquant la division Vinoy, postée, au sortir de Medole, dans la direction de Casanuova sur la route de Mantoue, à 2 kilomètres de Giudizzolo. Cette division, dans sa marche pour joindre la route de Castiglione à Goïto, d'où elle doit prendre à droite pour se rendre à Giudizzolo, rencontre la division Crenneville; un combat acharné

Fig. 79. — Cavriana vu de Solferino.
A. Cavriana. — B. Mantoue. — D. Giudizzolo. — E. Mont Fontana.

s'engage. Le général Niel craignant, s'il s'avance dans la plaine, d'être accablé par les fortes colonnes d'infanterie et de cavalerie autrichiennes, appuyées par une nombreuse artillerie, ordonne au général Vinoy de se rapprocher du 2° corps ; le général de Failly et le général Vinoy entrent en ligne. Le général Niel fait, en même temps, demander pour la seconde fois des secours au maréchal Canrobert [1].

[1]. Le refus du maréchal Canrobert de marcher sur Rebecco à trois heures donna lieu entre lui et le maréchal Niel à une correspondance qui, sans l'intervention personnelle de

Le 9ᵉ corps autrichien, appuyé à la ferme de Casanuova, sur la lisière du bois, prend en ce moment l'offensive. Il s'avance vers Medole, mais il est repoussé par la division de Luzy. Deux brigades autrichiennes attaquent la division Vinoy, qui, protégée par les batteries de réserve, se maintient en position. L'infanterie et la cavalerie autrichiennes, décimées par l'artillerie française, se retirent. La brigade Hartung, du 3ᵉ corps autrichien, arrive sur le champ de bataille et tente en vain de réoccuper la ferme de Casanuova ; la division Vinoy se porte en avant et cherche à se rapprocher de Castiglione à Giudizzolo. Il est midi ; les deux divisions de cavalerie Desvaux et Partouneaux, débouchant dans la plaine, les deux batteries de ces divisions se joignent à l'artillerie du général Soleille. Les attaques du 9ᵉ corps autrichien contre Casanuova étaient manquées. Ce corps avait trop éparpillé ses forces pour réussir dans le dessein de s'en emparer.

Pendant que le général Vinoy prend position à Casanuova, le général Douay s'empare de Rebecco ; mais il s'épuise à s'y maintenir contre les attaques continuelles de l'ennemi renforcé. Le général Niel envoie au secours du général Douay une demi-brigade de la division Vinoy : les Autrichiens se jettent entre ces deux généraux, lorsque, vers dix heures, apparaît la tête de la division de Failly. Le 2ᵉ et le 4ᵉ corps, avec 3500 chevaux des deux divisions de cavalerie, forment une masse de 44 000 hommes.

Les 3ᵉ, 9ᵉ et 11ᵉ corps autrichiens et la division de cavalerie Mensdorff, qui leur étaient opposés, comptaient 65 000 hommes ; mais le 9ᵉ corps et une brigade du 3ᵉ combattaient seuls ; le reste se trouvait encore en arrière. Les Français, attaqués par des forces supérieures en nombre, conservent bravement leurs positions autour de Casanuova, dont ils ont fait le pivot de leur position. Le 4ᵉ corps lutte pendant plusieurs heures, perdant et regagnant du terrain. Le général Douay, grièvement blessé à Rebecco, a dû quitter le commandement ; sa brigade a été repoussée du village ; mais, bientôt renforcée de quatre bataillons de la division de Luzy, elle reprend la position.

La division Renault, du 3ᵉ corps, vient d'arriver à Rebecco ; trois bataillons de cette division sont destinés à renforcer la position. Le maréchal

---

l'Empereur, se serait terminée par un duel. Le maréchal Canrobert, atteignant Medole de bonne heure et aidant Niel au début de l'action, aurait pu couper l'aile gauche des Autrichiens et changer leur défaite en une déroute complète. Son indécision, fatale à l'Italie comme elle l'avait été à la France en Crimée, rendit possible et presque nécessaire le compromis de Villafranca, où il fut nommé maréchal.

Canrobert, ne voyant pas paraître d'ennemis sur sa droite, envoie enfin au général Niel la 1re brigade de la division Trochu, commandée par le général Bataille.

Ces renforts de troupes fraîches permirent au général Niel de pousser, dans la direction de Giudizzolo, une partie des divisions de Luzy et de Failly. Ces troupes se trouvent en face de forces supérieures : le général Trochu se porte en avant pour les soutenir. Le général Mensdorff reprend l'offensive à trois heures et demie. Il fait avancer ses forces sur trois colonnes : l'une, par la route de Giudizzolo à Castiglione ; l'autre, par celle qui mène à Rebecco ; la troisième, par un chemin creux entre ces deux points. Le flanc gauche du général Trochu est menacé par une colonne de cavalerie qui couvre la marche d'une forte colonne d'infanterie hongroise. Le général Desvaux charge l'ennemi qui, formé en carrés, repousse son attaque. Les Français reviennent à la charge ; mais la mitraille et la mousqueterie ennemies font des ravages dans les deux lignes de la division française ; un orage mêlé de grêle, d'éclairs et de tonnerre, suivi d'une pluie torrentielle, met fin au combat.

Le général Wimpffen tente de nouveau de chasser le général Vinoy de la ferme de Casanuova ; il pousse en avant les réserves des 3e, 9e et 10e corps, et il fait converger sur ce lieu le feu de plusieurs batteries de canons et de fusées. Les Autrichiens, sous la protection de ce feu, se lancent à l'assaut et arrivent jusqu'au mur même de la ferme. Le prince de Windischgraetz dirige l'attaque à la tête de son régiment ; son cheval est tué, et deux balles le renversent lui-même, ainsi que son lieutenant-colonel. Les Autrichiens continuent l'assaut. La position des Français va devenir périlleuse, lorsque trois bataillons arrivent à leur secours, attaquent le flanc de l'infanterie autrichienne et la forcent à la retraite.

Il était quatre heures.

Le général Wimpffen, ayant employé ses dernières réserves, bat en retraite sous la protection du 11e corps, et, pendant l'effroyable ouragan dont nous venons de parler, avant même que le maréchal Canrobert eût déployé toutes ses forces, Niel était sauvé grâce à l'héroïsme de ses soldats, mais au prix de 5000 hommes morts ou blessés.

L'empereur d'Autriche, au milieu de ses troupes, soutient encore à Cavriana l'honneur de ses armes : son centre enfoncé, sa droite menacée, sa position n'est plus tenable ; il faut qu'il se retire sur le Mincio. La retraite dépendait de la bravoure de la division Hesse, chargée de défendre le terrain de Cavriana jusqu'à Volta. Il était trois heures et demie lorsque la 2ᵉ armée se mit en retraite vers Volta ; Mac-Mahon, poussant ses attaques avec une grande vivacité, avait ordonné au général La Motte-Rouge de soutenir, avec la brigade de réserve, la colonne composée des tirailleurs algériens et des brigades des grenadiers qui venaient d'être repoussées par le prince de Hesse. La 2ᵉ division suit le mouvement : cette division appuyait, avec la première colonne, la droite de la 2ᵉ division, et se reliait, avec ses deux autres colonnes, à la division de cavalerie Desvaux. Les Autrichiens, ne pouvant résister à l'impétuosité d'attaques toujours renouvelées, se retirent au delà de la crête du mont Fontana et gagnent le vallon en avant de Cavriana. Pendant que le général La Motte-Rouge prend position sur les crêtes du mont Fontana, la division Decaen chasse l'ennemi des fermes qui se trouvent devant elle dans la plaine. Une colonne de cavalerie autrichienne qui menaçait de tourner la droite est chargée en flanc par le général Cassagnolles ; les Autrichiens sont refoulés, Cavriana est au pouvoir des Français.

La lutte entre les Piémontais et les Autrichiens continue pendant ce temps là ; Benedeck n'a pas quitté la position de San Martino, et le général Gaal tient encore à Madonna della Scoperta. Ce général avait tenté un mouvement contre les Piémontais, qui cherchaient à se mettre en communication avec l'aile gauche du 1ᵉʳ corps français dans la direction du nord. Le maréchal Baraguey d'Hilliers, s'apercevant que Gaal va tourner l'armée piémontaise et ne pouvant l'arrêter avec de l'infanterie, vu la distance qui les sépare, donne l'ordre au général Forgeot de diriger contre l'ennemi le feu de son artillerie. Six pièces placées à la Contrada San Martino prennent les colonnes ennemies de flanc et les forcent à rebrousser chemin. Gaal quitte la position de la Madonna della Scoperta.

Le roi Victor-Emmanuel attend la division française qui devait l'aider à renouveler les attaques (cette division, partie de Lonato à onze heures, ne put prendre part à la lutte que vers quatre heures et demie, lorsque déjà la journée était décidée en faveur des Français). Le général Fanti, 2ᵉ division, lance la brigade Piémont dans la direction de Pozzolengo pour soutenir le général Durando. La 2ᵉ brigade est dirigée vers San Martino pour appuyer la 5ᵉ division, général Cucchiari, et la 3ᵉ, général Mollard. Cette brigade et les 5ᵉ et 3ᵉ divisions, protégées par le feu de quatre batteries, abordent les hauteurs de San Martino sous une grêle de balles, les enlèvent avec une grande bravoure. Le général Mollard occupe les cassines, derrière lesquelles il prend position et où il tient ferme malgré tous les efforts que fait l'ennemi pour le déloger. La 1ʳᵉ division, commandée par le général Durando, s'est aussi avancée dans la direction de San Martino, mais elle a rencontré l'ennemi et n'a pu arriver au lieu de sa destination. La 1ʳᵉ brigade de la division Fanti, avec le bataillon des bersagliers, s'avance vers Pozzolengo et bat l'ennemi posté sur le mont Fenile. Le général Fanti avait fait mettre en batterie sur le mont San Giovanni quatre obusiers qui, prenant par derrière les défenseurs de San Martino, contribuèrent au succès du général Mollard. Benedeck, qui a reçu l'ordre de se retirer, quitte successivement toutes ses positions. Son arrière-garde tient bon jusqu'à neuf heures du soir. Fier d'avoir défendu la position de San Martino pendant toute la journée, il se retire en bon ordre après avoir fait éprouver des pertes sensibles aux Piémontais.

Le 7ᵉ corps de la 2ᵉ armée, destiné à couvrir la retraite des Autrichiens et les détachements des différents corps sous les ordres du général Clam-Gallas, à Volta, sont rassemblés au pont de Valeggio : les Autrichiens jettent un pont de bateaux sur le Mincio, à la hauteur de Campagnola. Deux brigades de la division du prince de Hesse se sont dirigées sur Volta, d'où elles facilitent le passage à l'artillerie par Borghetto et Valeggio ; la 2ᵉ armée se trouva ainsi le lendemain sur la rive gauche du Mincio. La 1ʳᵉ armée, qui avait à parcourir un chemin plus long, put néanmoins transporter toutes ses troupes et son matériel de guerre au delà du fleuve avec un ordre parfait : son arrière-garde occupa Giudizzolo jusqu'à dix heures du soir et commença seulement alors la retraite sans être inquiétée. Le quartier général de la 1ʳᵉ armée fut établi à Goïto, celui de la 2ᵉ à Valeggio, le quartier impérial à Villafranca ; le commandant du 2ᵉ corps d'armée autrichienne s'était, le 24, porté en avant; mais, apprenant que l'avant-garde de la division d'Autemarre se trouvait à Piadena, il entra dans Mantoue.

Les Français victorieux bivouaquèrent sur le champ de bataille couvert de cadavres d'hommes et de chevaux, de corps mutilés, de membres épars, de débris d'armes rougies de sang; les routes, les fossés, les ravins, les prés jonchés de morts, les champs ravagés, les haies renversées, les murs des maisons des villages percés par les boulets et prêts à s'écrouler, un espace de plus de 20 kilomètres retentissant du cri des mourants et des blessés demandant du secours, voilà le spectacle qu'éclaira le soleil du lendemain. L'ensevelissement des morts dura trois jours et trois nuits.

Il faut, dit-on, se garder de la furie française : mais, si l'on arrête son premier élan, il est facile de la dompter; c'est autre chose avec les Allemands : manquant d'entrain dans l'attaque, ils sont inébranlables dans la résistance. La bataille de Solferino dément ces prétendus axiomes. Les 2ᵉ et 4ᵉ corps français résistèrent à des forces très supérieures avec une ténacité admirable. A la ferme de Casanuova et à Rebecco, ils restèrent immobiles et imperturbables comme s'ils avaient pris racine dans le sol. L'attitude des Autrichiens à Casanuova, à Rebecco, à Monte Fontana, à San Martino, les charges de la division Hesse, les attaques du 35ᵉ régiment sous les ordres du prince Windischgraetz, et les brillantes charges du régiment des hussards, commandé par le colonel Edelsheim, prouvèrent que les Allemands savaient, eux aussi, être impétueux et brillants. Les Piémontais ne démentirent pas leur vieille renommée de vaillants soldats. Quant aux généraux en chef et aux autres généraux on ne peut pas dire que des deux côtés ils aient montré un bien grand génie militaire; les deux armées s'étaient, comme on l'a vu, trouvées à l'improviste en face l'une de l'autre. L'armée française, obligée d'accepter la bataille de Solferino, remporta la victoire, grâce à une élasticité que l'armée autrichienne n'avait pas au même degré. Chez cette dernière, les commandants des différents corps, dépendant des généraux en chef des grandes armées, n'osaient rien faire sans leurs ordres; quoique l'attaque eût commencé de très bon matin, les corps ne reçurent leurs instructions particulières qu'à dix heures; le 5ᵉ et le 8ᵉ corps, attaqués l'un à Solferino et l'autre à Madonna della Scoperta et à San Martino, furent seuls sérieusement engagés jusqu'à cette heure. L'armée autrichienne dut à l'intrépidité du 5ᵉ corps, sous les ordres du général comte Stadion, de n'avoir pas subi une défaite plus complète. Le succès de ce corps jusqu'à deux heures resta infructueux à cause de la lenteur du 1ᵉʳ et du 7ᵉ corps appelés à son secours, et à cause de l'échec de la 1ʳᵉ armée, qui, malgré sa grande supériorité numérique (65 000 hommes), ne parvint à entamer aucun des deux corps français isolés qui lui étaient opposés.

Les Piémontais, à l'arrivée de la 1ʳᵉ division sur le champ de bataille vers une heure, pouvaient réunir 22 000 hommes environ et se jeter sur les 18 000 Autrichiens de San Martino, mais ils se fractionnèrent dans l'attaque, et Benedeck put les repousser successivement. L'avantage des Autrichiens à San Martino et leur vaillante résistance à Solferino auraient peut-être changé le sort de la journée s'ils avaient manœuvré au centre et à leur gauche avec plus d'ensemble et en masse. Le général Schlich, qui avait eu l'idée d'envelopper le flanc gauche de Mac-Mahon, n'employa pour cette manœuvre décisive que six escadrons de hussards. Cette ma-

Fig. 80. — Assaut des hauteurs de Solferino.

nœuvre, exécutée par toute la division de cavalerie de Mensdorff, appuyée par des batteries d'artillerie à cheval, pouvait compromettre Mac-Mahon et délivrer Solferino.

Le 1ᵉʳ corps d'armée, chargé d'appuyer le 5ᵉ, ne prit aucune part à la bataille; le 7ᵉ corps, qui devait également soutenir le comte Stadion, arriva tard à son poste et se trouva partagé en deux divisions, l'une en arrière de Solferino, l'autre à San Cassiano. Pendant l'attaque de Solferino les 3ᵉ, 9ᵉ et 11ᵉ corps et la cavalerie de Mensdorff ne parvinrent pas à déloger le 4ᵉ corps français. Les Autrichiens, selon leur habitude, combattaient en fractions de la force d'une brigade, tandis que les Français agissaient presque toujours par divisions s'appuyant entre elles. L'artillerie autrichienne, malgré sa supériorité numérique, se trouva toujours inférieure en nombre dans les combats partiels. Les Autrichiens n'employèrent pas de grandes masses dans les attaques, ils négligèrent de réunir de grosses réserves, de sorte que lorsque la 1ʳᵉ armée commença son mouvement de conversion pour tourner l'aile droite des Français dans la plaine, il était déjà trop tard, car le 2ᵉ corps, resté sur la défensive à Casa Marino, s'était porté en avant et se trouvait en communication avec le 4ᵉ corps et celui-ci avec le 3ᵉ. Plus de 30 000 Français se montrant en ligne, Wimpffen ne pouvait plus réussir dans sa manœuvre tournante. S'il eût agi dès le commencement de la journée selon son inspiration et d'après les conditions du combat, il aurait pu, profitant de sa supériorité numérique et de sa belle et nombreuse cavalerie, envelopper le 4ᵉ corps qui se trouvait isolé et battre le 2ᵉ et le 3ᵉ; mais il voulut attendre les ordres du quartier impérial. Ces ordres arrivèrent tard, et la gauche des Autrichiens perdit l'occasion. Une autre faute des Autrichiens fut aussi de n'avoir pas organisé une forte réserve pour l'engager utilement sur les points décisifs et au moment opportun. Le général Hesse avait conseillé de donner cette destination aux 6ᵉ et 10ᵉ corps. Cette réserve aurait pesé d'un grand poids dans la balance des forces qui luttèrent avec des chances égales pendant plusieurs heures.

La victoire nous restait; mais après Solferino, comme après Magenta, nous ne nous étions pas trouvés en mesure de poursuivre l'ennemi; cependant l'espoir d'atteindre le but fixé par la proclamation de Napoléon III au commencement de la campagne animait tous les cœurs. La lutte allait recommencer; telle était la conviction générale. L'enthousiasme patriotique des Italiens était à son comble. La Toscane, les duchés de Parme et de Modène abandonnés par leurs ducs, les Romagnes demandaient à se réunir au reste de l'Italie sous le sceptre de la maison de Savoie. Une note, insérée dans le *Moniteur* du 23 juin, avait bien essayé de refroidir cet élan, et de couper court aux annexions qui avaient lieu tous les jours au profit du Piémont, mais que pouvaient les notes du *Moniteur* en face du programme contenu dans la proclamation de Milan? D'ailleurs, devant Peschiera, Vérone, Venise, tout n'était-il pas prêt pour l'action? L'Italie allait surgir tout entière et mettre fin elle-même aux annexions.

Si M. de Cavour, deux jours après Solferino, avait trouvé l'Empereur très dégoûté des querelles de ses généraux, profondément impressionné par les horribles scènes de guerre qu'il voyait pour la première fois de sa vie, il l'avait trouvé également fier et enchanté de la gloire militaire que la France venait d'obtenir, et désireux de profiter de ses avantages. L'Empereur avait même donné à entendre au ministre piémontais que, pour assurer la défaite totale de l'ennemi, il n'hésiterait pas à faire appel aux Hongrois. M. de Cavour était donc revenu plein d'espoir du quartier général. « Quand comptez-vous aller à Mantoue embrasser votre famille? dit-il à un de ses compatriotes correspondant du *Daily News* [1]. — Vous en savez le jour mieux que moi, répondit celui-ci. — Eh bien, je fixe votre entrée solennelle à Mantoue le 1ᵉʳ août, car je ne partage nullement l'opinion générale sur la difficulté d'entrer dans Vérone; qu'un corps français débarque sur les côtes de la Dalmatie et le quadrilatère sera bientôt pris. »

Les officiers les plus distingués de l'émigration hongroise avaient déjà obtenu la permission de suivre l'état-major des armées alliées; leurs allées et venues continuelles entre Turin et le quartier général, la présentation de Kossuth à Napoléon III par le sénateur Pietri, et par-dessus tout les ordres donnés à la flotte française dans l'Adriatique, faisaient croire qu'un mouvement ne tarderait pas à éclater sur le Danube. L'Autriche semblait toucher à sa perte, et l'Italie à une délivrance complète. Tout à coup de vagues inquiétudes se mêlèrent à ces espérances. Les sceptiques remarquaient que depuis le passage du Mincio les armées alliées n'avaient pas montré l'activité exigée par les circonstances et que leurs chefs ne s'empressaient guère de profiter de la désorganisation complète dans laquelle se trouvait l'armée autrichienne. L'Empereur supportait difficilement les fatigues de la guerre et les émotions du champ de bataille; les défiances de l'ambition du Piémont excitées en lui à chaque victoire,

---

1. M Arrivabene, plus tard membre du parlement italien.

la nouvelle de l'entrée en ligne de la Prusse prêchaient dans l'esprit de l'Empereur en faveur d'une transaction qui fait toujours honneur au vainqueur. Il avait renvoyé à Vérone un certain nombre de prisonniers. François-Joseph expédia au quartier général un parlementaire pour proposer un échange plus complet. Le général Fleury partit le 6 juillet pour Vérone; il était porteur d'une proposition d'armistice. Les officiers français

Fig. 81. — Les voltigeurs mettent sac à terre avant d'attaquer les hauteurs de Solferino.

et italiens se refusaient d'autant plus à y croire, que de grands mouvements de troupes s'effectuaient sur la route de Valeggio; le corps du maréchal Canrobert s'était déjà formé en ligne de bataille dans la plaine; on apprit le lendemain que ce bruit était vrai, et qu'une suspension d'armes jusqu'au 15 avait été signée. L'Empereur l'annonça à l'armée. Au moment où s'opéraient ces mouvements sur la route de Valeggio, le général Fleury recevait de François-Joseph l'acceptation de l'armistice proposé par Napoléon III et réglait les conditions d'une entrevue entre les deux souverains.

Napoléon III et François-Joseph se rencontrèrent le 11 à Villafranca. Cette entrevue dura un peu moins d'une heure; la conversation eut lieu en italien et en allemand. Rien ne fut écrit. L'encrier et le papier, après le départ des deux interlocuteurs, étaient intacts sur la table où on les avait placés et où on les montre encore aux voyageurs; l'empereur d'Autriche, s'il faut s'en rapporter à une brochure publiée sous l'inspiration du cabinet de Vienne[1], n'eut qu'à faire appel aux intérêts dynastiques de son vainqueur pour en obtenir tout ce qu'il pouvait souhaiter. « Vous et moi, lui dit-il, nous sommes deux pères; préoccupons-nous moins de nos intérêts personnels que de l'avenir de nos héritiers, et nous tomberons facilement d'accord : quant à moi, je vous en donne l'assurance la plus solennelle, je ne me prêterai jamais à aucune coalition destinée à faciliter un changement de dynastie en France. » Les *Préliminaires de Villafranca*, signés le 11 juillet, prouvèrent que François-Joseph avait touché la corde sensible. Les deux souverains, en vertu de cette convention, s'engageaient à favoriser la création d'une confédération italienne sous la présidence honoraire du Saint-Père. L'empereur d'Autriche cédait à l'empereur des Français ses droits sur la Lombardie, à l'exception des forteresses de Mantoue et de Peschiera. L'empereur des Français devait remettre les territoires cédés au roi de Sardaigne, et la Vénétie devait faire partie de la confédération italienne, tout en restant sous le sceptre de l'empereur d'Autriche. Le grand-duc de Toscane et le duc de Modène rentreraient dans leurs États en donnant une amnistie générale, et les deux empereurs devaient demander au Saint-Père d'introduire dans ses États des réformes indispensables.

Napoléon III avait agi sans consulter son allié; ce ne fut que le 8 juillet que Cavour apprit à Turin qu'il était question d'une suspension d'armes. Il crut d'abord qu'il ne s'agissait que d'assurer aux troupes le temps de repos dont elles avaient grand besoin. Un courrier français qui se rendait à Paris, rencontrant un courrier piémontais à la gare de Turin, lui fit part de ce qui se passait au quartier général; M. de Cavour en fut informé par lui : il partit aussitôt pour Monzanbano avec son secrétaire M. Nigra. Les deux voyageurs trouvèrent le chemin de fer coupé à Dezenzano, et le pays en fermentation : des groupes animés, s'entretenant à voix haute des événements du jour, couvraient la place publique; le café dans lequel les deux voyageurs entrèrent en attendant une voiture de poste reten-

---

1. *La paix de Villafranca*, par le chevalier Debrauz.

tissait d'injures et de malédictions contre l'empereur des Français; l'un l'accusait de trahison; l'autre s'écriait que cette triste fin de la guerre avait été prédite par Mazzini, quelques semaines auparavant, dans son journal. Ces discussions passionnées permettaient à M. de Cavour de juger de l'effet que la brusque conclusion de la paix allait produire et du danger qui pouvait en résulter pour son gouvernement.

M. de Cavour, après de longues recherches, put enfin trouver une voiture délabrée qui le conduisit au quartier général. Les officiers qui le virent descendre de la *timonella* eurent de la peine à le reconnaître, tant sa figure si ouverte et bienveillante avait une expression de mauvaise humeur et de dureté; il répondit à peine à leurs saluts, demanda brusquement où était le roi, et se dirigea vers la *Casa Melchiori* où il logeait. Victor-Emmanuel apprit à son ministre que le sacrifice était consommé. M. de Cavour, ne pouvant se contenir à cette nouvelle, laissa échapper des mots très irrévérencieux pour l'empereur des Français et même pour le roi de Sardaigne. « L'Italie, trahie et blessée dans sa dignité, il ne restait plus à Victor-Emmanuel que deux partis à prendre, s'écria-t-il, rejeter les propositions de paix en retirant son armée de Lombardie ou abdiquer. » Une patriotique colère arrachait seule ces paroles à Cavour. Victor-Emmanuel ne pouvait pas faire autre chose que ce qu'il avait fait, mais le ministre était plus libre que le roi de quitter sa place. Il remit donc sa démission à Victor-Emmanuel.

M. de Cavour sortit exaspéré de la *Casa Melchiori;* le général La Marmora et M. Nigra essayaient en vain de le calmer. Des officiers et des correspondants de journaux, profitant du moment où il buvait un verre d'eau dans un café, s'approchèrent pour avoir des nouvelles. M. Nigra se penchant à l'oreille du correspondant du *Daily News*, lui dit : « Vous pouvez écrire en Angleterre que le comte de Cavour n'est plus le conseiller de la couronne, et que Rattazzi ne tardera pas être chargé de former un ministère. » Une voiture stationnait devant le café. Le ministre y remonta sans prononcer une parole et donna de la main le signal au cocher. La voiture partit au milieu des cris de : « Vive Cavour! » Une heure plus tard, quatre voitures, dans lesquelles se trouvaient Napoléon III, le prince Napoléon et leur suite, arrivaient à la résidence du roi de Piémont. Victor-Emmanuel reçut ses hôtes à la porte de la villa et les conduisit dans la salle où le couvert était mis. La figure de l'Empereur n'indiquait, comme d'habitude, aucune émotion; le prince Napoléon parlait avec volubilité aux généraux sardes; Victor-Emmanuel gardait le silence en s'efforçant de paraître empressé. Une politesse sèche et froide remplaçait déjà la cordialité qui avait existé jusqu'alors dans les rapports entre les officiers des deux nations : ils se parlaient encore ; quelques jours plus tard, ils ne se saluèrent plus.

Le lendemain, 12 juillet, Napoléon III essaya d'expliquer à l'armée le démenti qu'il se donnait à lui-même en faisant la paix sans avoir rempli les conditions de son programme :

« Soldats !

« Les bases de la paix sont arrêtées avec l'empereur d'Autriche. Le but principal de la guerre est atteint, l'Italie va devenir pour la première fois une nation. Une confédération de tous les États de l'Italie, sous la présidence honoraire du Saint-Père, réunira en un faisceau les membres d'une même famille ; la Vénitie reste, il est vrai, sous le sceptre de l'Autriche : elle sera néanmoins une province italienne faisant partie de la confédération.

« La réunion de la Lombardie au Piémont nous crée de ce côté des Alpes un allié puissant qui nous devra son indépendance. Les gouvernements restés en dehors du mouvement ou rappelés dans leurs possessions comprendront la nécessité des réformes salutaires. Une amnistie générale fera disparaître les traces des discordes civiles. L'Italie, désormais maîtresse de ses destinées, n'aura plus qu'à s'en prendre à elle-même si elle ne progresse pas régulièrement dans l'ordre et la liberté.

« Vous allez bientôt retourner en France ; la patrie reconnaissante accueillera avec transport ces soldats qui ont porté si haut la gloire de nos armes à Montebello, à Palestro, à Turbigo, à Magenta et à Solferino, qui, en deux mois, ont affranchi le Piémont et la Lombardie, et ne se sont arrêtés que parce que la lutte allait prendre des proportions qui n'étaient plus en rapport avec les intérêts que la France avait dans cette guerre formidable.

« Soyez donc fiers de vos succès, fiers des résultats obtenus, fiers surtout d'être les enfants bien-aimés de cette France qui sera toujours la grande nation, tant qu'elle aura un cœur pour comprendre les nobles causes et des hommes comme vous pour les défendre.

« Au quartier impérial de Valeggio, le 12 juillet 1859. »

L'Empereur, laissant le commandement de l'armée au maréchal Vaillant, partit le même jour pour la France. Le 17, il était de retour à Saint-Cloud, et le lendemain de son arrivée aux Tuileries, en recevant les grands corps de l'État, il leur adressa ce discours :

« Messieurs,

« En me retrouvant au milieu de vous, qui, pendant mon absence, avez entouré l'Impératrice et mon fils de tant de dévouement, j'éprouve le besoin de vous remercier d'abord, et ensuite de vous expliquer quel a été le mobile de ma conduite.

« Lorsque, après une heureuse campagne de deux mois, les armées française et sarde arrivèrent sous les murs de Vérone, la lutte allait inévitablement changer de nature, tant sous le rapport militaire que sous le rapport politique. J'étais fatalement obligé d'attaquer de front un ennemi retranché derrière de grandes forteresses, protégé contre toute diversion sur ses flancs par la neutralité des territoires qui l'entouraient, et, en commençant la longue et stérile guerre des sièges, je trouvais en face l'Europe en armes, prête, soit à disputer nos succès, soit à aggraver nos revers.

« Néanmoins, la difficulté de l'entreprise n'aurait ni ébranlé ma résolution, ni arrêté l'élan de mon armée, si les moyens n'eussent pas été hors de proportion avec les résultats à attendre, il fallait se résoudre alors à accepter la lutte sur le Rhin comme sur l'Adige. Il fallait partout franchement se fortifier du concours de la révolution. Il fallait

Fig. 82. — Sitôt prise, la ferme de Casa Nuova est mise en état de défense par le génie.

répandre encore un sang précieux qui n'avait que trop coulé déjà ; en un mot, pour triompher, il fallait risquer ce qu'il n'est permis à aucun souverain de mettre en jeu que pour l'indépendance de son pays.

« Si je me suis arrêté, ce n'est donc pas par lassitude ou par épuisement, ni par abandon de la noble cause que je voulais servir, mais parce que dans mon cœur quelque chose parlait plus haut encore : l'intérêt de la France.

« Croyez-vous donc qu'il ne m'en ait pas coûté de mettre un frein à l'ardeur de ces soldats qui, exaltés par la victoire, ne demandaient qu'à marcher en avant ?

« Croyez-vous qu'il ne m'en ait pas coûté de retrancher ouvertement devant l'Europe de mon programme le territoire qui s'étend du Mincio à l'Adriatique ?

« Croyez-vous qu'il ne m'en ait pas coûté de voir dans des cœurs honnêtes de nobles illusions se détruire, de patriotiques espérances s'évanouir ?

« Pour servir l'indépendance italienne, j'ai fait la guerre contre le gré de l'Europe ; dès que les destinées de mon pays ont pu être en péril, j'ai fait la paix.

« Est-ce à dire maintenant que nos efforts et nos sacrifices aient été en pure perte ? Non. Ainsi que je l'ai dit dans les adieux à mes soldats, nous avons droit d'être fiers de cette courte campagne. En quatre combats et deux batailles, une armée nombreuse, qui ne le cède à aucune en organisation et en bravoure, a été vaincue. Le roi de Piémont, appelé jadis le gardien des Alpes, a vu son pays délivré de l'invasion et la frontière de ses États portée du Tessin au Mincio. L'idée d'une nationalité italienne est admise par ceux qui la combattaient le plus. Tous les souverains de la Péninsule comprennent enfin le besoin impérieux de réformes salutaires.

« Ainsi, après avoir donné une nouvelle preuve de la puissance militaire de la France, la paix que je viens de conclure sera féconde en heureux résultats ; l'avenir les révélera chaque jour davantage pour le bonheur de l'Italie, l'influence de la France, le repos de l'Europe. »

Ce discours est plein de l'embarras dans lequel se trouvait Napoléon III pour justifier sa conduite. La paix surprit en effet la France autant que l'Italie, et l'Empereur donnait de médiocres raisons pour la justifier. Ne savait-il pas, avant de commencer la guerre, qu'il serait obligé de compter avec la révolution ? Les mouvements de l'Allemagne étaient-ils plus menaçants après Solferino qu'après Magenta ? Aucune réponse satisfaisante ne pouvait être faite à ces interrogations. Quelle preuve l'Empereur pouvait-il donner à l'appui de cette assurance que tous les souverains de la Péninsule comprenaient le besoin impérieux de réformes salutaires ? Le contraire était évident. Quoique l'Empereur eût répondu au corps diplomatique, admis le 21 à lui présenter ses félicitations, qu'il comptait sur la durée de la paix, le sentiment public ne prit point le change, et les doutes à ce sujet redoublèrent dans tous les esprits, au moment même où l'armée opérait son retour en France. Elle fit son entrée triomphale à Paris le 14 août. Les maréchaux, les généraux et les principaux officiers supérieurs de l'armée d'Italie, furent réunis par l'Empereur dans un banquet aux Tuileries. Des banquets eurent lieu également dans les casernes, et le lendemain le silence commença à se faire sur les exploits de Napoléon III, comme il s'était fait sur les prouesses de l'armée de Crimée.

CHAPITRE XV

L'AMNISTIE

L'amnistie. — Victor Hugo, Edgar Quinet, Louis Blanc, Charras la repoussent. — Discussion à ce sujet entre Louis Blanc et Félix Pyat. — Ledru-Rollin est favorable à l'acceptation. — Les amnisties partielles. — Les grâces. —Amnistie à la presse. — Fondation de l'*Opinion nationale*. — Session des conseils généraux. — Situation de l'Italie. — Signature du traité de Zurich. — Brouille entre le clergé et l'Empire. — La brochure *Le Pape et le Congrès*. — Inquiétudes de la Bourse. — Marasme des affaires. — Le général Cousin Montauban est nommé au commandement de l'expédition de Chine.

Le gouvernement impérial, dominateur absolu de la France, vainqueur dans deux grandes campagnes, visant à une sorte d'autocratie européenne, restaurateur de la liberté des peuples, ne pouvait pas avoir l'air de trembler devant quelques républicains. L'amnistie lui fournissait d'ailleurs le moyen de joindre la popularité intérieure, qui lui manquait, au prestige extérieur qu'il croyait avoir conquis pour jamais. Le *Moniteur* publia, le 15 août 1859, jour de la fête de l'Empereur, le décret suivant :

« NAPOLÉON,

« Par la grâce de Dieu et la volonté nationale empereur des Français,
« A tous présents et à venir, salut.
« Avons décrété et décrétons ce qui suit :
« ART. 1er. — Amnistie pleine et entière est accordée à tous les individus qui ont été condamnés pour crimes et délits politiques, ou qui ont été l'objet de mesures de sûreté générale.

« Art. 2. — Notre garde des sceaux, ministre de la justice, et notre ministre de l'intérieur, sont chargés de l'exécution des présentes.

« Fait au palais des Tuileries, le 16 août 1859.

« NAPOLÉON.

« Par l'Empereur :

« *Le garde des sceaux, ministre secrétaire d'État au département de la justice,*

« DELANGLE.

« *Le ministre secrétaire d'État au département de l'intérieur,*

« DUC DE PADOUE. »

Deux ou trois amnisties partielles avaient été accordées depuis le 2 décembre, sans compter les grâces individuelles demandées par des tiers. Le docteur Véron sollicita celle d'Eugène Sue[1], et le poète Jasmin celle de son compatriote M. Baze. Il l'obtint. Mais l'ancien questeur de l'Assemblée nationale la repoussa. Le décret qui l'autorisait à rentrer n'en parut pas moins au *Moniteur*.

Barbès, détenu à Belle-Isle, écrivit à un de ses amis, le 18 septembre 1854 au moment où l'on commençait à parler de la guerre de Crimée : « Je « suis bien heureux aussi de te voir dans les sentiments que tu m'exprimes. « Si tu es affecté de chauvinisme parce que tu ne fais pas de vœux pour « les Russes, je suis encore plus chauvin que toi, car j'ambitionne des vic- « toires pour nos Français. Oui! oui! qu'ils se battent bien, à bas les « Cosaques, et ce sera autant de gagné pour la cause de la civilisation « et du monde! Comme toi, j'aurais désiré que nous n'eussions pas la « guerre; mais, puisque l'épée est tirée, il est nécessaire qu'elle ne rentre « pas dans le fourreau sans gloire. Cette gloire profitera à la nation, qui « en a besoin, plus qu'à personne. Depuis Waterloo, nous sommes les « vaincus de l'Europe, et, pour faire quelque chose de bon même chez « nous, je crois qu'il est utile de montrer aux étrangers que nous savons « manger de la poudre. Je plains notre parti s'il en est qui pensent autre- « ment. Hélas! il ne nous manquait plus que de perdre le sens moral, « après avoir perdu tant d'autres choses. »

Cette lettre ayant passé par hasard sous les yeux de M. Balestrino, chef de la police municipale, il la montra à M. Pietri, préfet de police, qui la fit voir à l'Empereur. Napoléon III écrivit immédiatement au ministre de l'intérieur :

« Saint-Cloud, 3 octobre.

« Monsieur le ministre,

« On me communique l'extrait suivant d'une lettre de Barbès. Un prisonnier qui conserve, malgré de longues souffrances, de si patriotiques sentiments, ne peut pas, sous

---

1. Eugène Sue lui écrivit publiquement de cesser ses démarches.

mon règne, rester en prison. Faites-le donc mettre en liberté sur-le-champ et sans condition.

« Sur ce, je prie Dieu qu'il vous ait en sa sainte garde !

« NAPOLÉON. »

Barbès, blessé que l'homme du coup d'État prétendît lui infliger sa clémence, répondit au *Moniteur* :

« Monsieur le directeur,

« J'arrive à Paris, je prends la plume, et je vous prie d'insérer bien vite cette note dans votre journal.

« Un ordre dont je n'examine pas les motifs, car je n'ai pas l'habitude de désigner les sentiments de mes ennemis, a été donné au directeur de la maison de détention de Belle-Isle.

« Au reçu de cette nouvelle, j'ai frémi d'une indicible douleur de vaincu, et j'ai refusé tant que je l'ai pu, pendant deux jours, de quitter ma prison.

« Je viens ici pour parler de plus près et mieux me faire entendre. Qu'importe à qui n'a pas droit sur moi que j'aime ou que je n'aime pas mon pays ?

« Oui ! la lettre qu'on a lue est de moi, et la grandeur de la France a été, depuis que j'ai eu une pensée, ma religion.

« Mais, encore un coup, qu'importe à qui vit hors de ma foi et de ma loi que mon cœur ait ces sentiments ? Décembre n'est-il pas là et, pour toujours, un abîme entre moi et celui qui l'a fait ?

« A part donc ma dignité personnelle blessée, mon devoir de loyal ennemi est de déclarer, à tous et chacun ici, que je repousse de toutes mes forces la mesure prise à mon endroit.

« Je vais passer à Paris un jour pour qu'on ait le temps de me remettre en prison, et, ce délai passé, je vais de moi-même chercher l'exil.

« A. BARBÈS. »

Cette lettre parut dans le journal officiel, suivie de la note suivante : « Barbès proteste contre l'acte de clémence dont il a été l'objet : il ne le comprend pas. »

Les républicains proscrits se demandèrent à la nouvelle de l'amnistie générale de 1859 : « Faut-il l'accepter, au risque de donner à l'homme du 2 décembre le droit de dire qu'il a pardonné à ses ennemis, et que ceux-ci, convaincus de leur impuissance, sont rentrés comme des brebis égarées au bercail ; ou bien la repousser au nom du droit et de la justice ? » Les lettres qui suivent répondent à cette question :

« A LOUIS BONAPARTE

« Vous décrétez une amnistie ; vous pardonnez à ces milliers de citoyens depuis si longtemps jetés par vous sur la terre étrangère, par vous tenus à la chaîne sous le climat meurtrier de l'Afrique, dans les marais empestés de Cayenne.

« Ils défendaient contre vous la Constitution issue du suffrage libre et universel, cette Constitution qui avait reçu votre serment solennel de fidélité et que vous avez trahie.

« C'est pour cela que vous les avez frappés naguère.

« Maintenant, vous les amnistiez. Le criminel pardonne à ses victimes ; vous deviez emprunter ce nouveau trait aux Césars de Rome dégénérée. Devant l'opinion publique, devant l'histoire, je ne veux pas me prêter à ce perfide changement de rôle. A qui viola la loi il n'appartient pas de faire grâce à qui la défendit.

« Votre amnistie est un outrage à ceux qu'elle atteint ; elle cache un piège, un guet-apens, comme chacune de vos paroles, comme chacun de vos serments ; cela ne me touche pas.

« Mais le représentant du peuple que vous avez violenté, emprisonné, banni ; l'officier que vous avez spolié, moi que vous avez persécuté jusque sur la terre d'exil je le déclare, je ne vous amnistie pas. Je ne vous pardonne pas la mort de quinze mille Français massacrés en décembre, dévorés par vos prisons et vos bagnes, par les misères et les chagrins de l'exil. Je ne vous pardonne pas l'attentat à la Constitution que vous aviez jurée, la destruction de la République qui vous avait rendu la patrie.

« Enfin, je ne vous pardonne pas d'avoir déshonoré le suffrage universel par la fraude et la terreur, d'avoir asservi et systématiquement démoralisé mon pays.

« Certes, loin de la famille, loin de la patrie, la vie a bien des amertumes ; mais, dans la servitude, elle serait plus amère encore.

« Le jour où la liberté, le droit, la justice, ces augustes proscrits, rentreront en France pour vous infliger le plus mérité des châtiments, j'y rentrerai. Ce jour-là est lent à venir, mais il viendra ; et je sais attendre.

« CHARRAS.

« Zurich, 21 août 1859. »

« A MONSIEUR LE RÉDACTEUR DU NATIONAL [1].

« Monsieur le rédacteur,

« C'est au nom de huit années d'exil que je vous prie de vouloir bien insérer les lignes ci-jointes dans votre estimable journal.

« Agréez, monsieur, l'expression de ma considération la plus distinguée.

« EDGAR QUINET.

« Je ne suis ni un accusé ni un condamné ; je suis un proscrit. J'ai été arraché de mon pays par la force, pour être resté fidèle à la loi, au mandat que je tenais de mes concitoyens.

« Ceux qui ont besoin d'être amnistiés, ce ne sont pas les défenseurs des lois ; ce sont ceux qui les renversent. On n'amnistie pas le droit et la justice.

« Je ne reconnais à personne le droit de me proscrire, de me rappeler à son gré dans mon pays, sauf à me proscrire encore. Je ne puis me prêter à ce jeu, où se perd et s'avilit la nature humaine.

« En rentrant aujourd'hui dans mon pays, je devrais renoncer à le servir, puisque mes mains seraient liées.

« Les exilés, pour rentrer dans leur pays, n'ont besoin du consentement de personne ; ils ont pour eux la loi ; ils sont seuls juges du moment où il leur conviendra de retrouver une patrie que nul n'a eu le droit de leur ôter.

« La loi a été proscrite avec eux ; elle doit être rétablie avec eux. Est-ce leur rendre une patrie que leur accorder, au lieu de la France qu'ils ont connue, une France sans droit, sans dignité possible, sans sécurité, dépouillée, par la violence et par la ruse, de tout ce qu'elles ont pu lui enlever ?

« Si tant d'années souffertes par nous d'exils, de transportations, de déportations et de mort ne doivent pas être perdues pour la justice et pour l'humanité, je réclame, avant

---

1. Journal de Genève.

tout, pour la France, au nom de tant de tortures injustement subies, les réparations suivantes :

« Je demande que les garanties ordinaires chez les peuples modernes soient rétablies pour les Français ; que nul ne puisse être enlevé et séquestré par voie administrative, ni banni, ni transporté soit en Afrique, soit à Cayenne, ni expulsé de son pays, sans un jugement régulier et décision du jury ; que la publicité des débats ne soit plus interdite ; que les condamnations prononcées par les tribunaux ne puissent plus être changées et aggravées par l'arbitraire ; que la peine de deux années de détention ne puisse plus être transformée en un bannissement perpétuel, c'est-à-dire, le plus souvent, en peine de mort ; que les biens confisqués soient rendus à leurs légitimes propriétaires ; et, comme garantie qui renferme toutes les autres, que la liberté de la tribune et celle de la presse soient restituées à la nation.

« Quant au droit de proscription, je demande qu'il soit considéré comme nul et non avenu, n'ayant jamais existé, n'ayant pu ni ne pouvant donner aucun titre légal ni pouvoir quelconque contre ceux auxquels il a été ou serait appliqué.

« Tel est, en effet, le seul moyen de fermer la porte à l'ère des proscriptions dans laquelle le monde est rentré. Car, si l'on est quitte envers l'humanité pour rappeler de l'exil, après dix ou vingt ans, ceux qui survivent ; si l'on ne tient aucun compte des morts que ceux-ci laissent après eux, ni de ceux que la souffrance a minés et qui ne reviennent dans leur pays que pour y mourir ; si la violence n'est plus prise au sérieux par les hommes ; si elle n'entraîne, contre celui qui l'exerce, aucune conséquence ; si elle ne réveille aucune idée de justice ni de réparation ; si, au contraire, tout doit se changer en reconnaissance, qui voudra, à l'avenir, s'abstenir d'une violence heureuse ?

« C'est donc l'ère des proscriptions indéfinie qui est consacrée ; et, chacun faisant à son tour ce qui a été admis par celui qui a précédé, tout changement, tout renouvellement de parti sera marqué par l'expulsion de tous les partis contraires.

« Voilà la perversion absolue de la conscience humaine qu'il s'agit d'empêcher ; et, puisque l'Europe, même libre, se tait, puisqu'elle semble accepter le droit de proscription, comme autorisé par le succès et entré dans les mœurs, c'est au proscrit de revendiquer la justice, de faire parler la conscience, non à son profit, mais à celui des autres.

« Je ne veux pas que des proscripteurs d'aujourd'hui soient les proscrits de demain.

« Je ne veux pas que la France et le monde retombent dans cette ère où chaque parti, à son avènement, expulse, bannit, extirpe en masse les partis opposés.

« Je ne veux pas que ce gouffre déjà si profond se creuse davantage, de manière à engloutir tout ce qui reste du droit parmi les hommes.

« Voilà pourquoi, moi proscrit, je proteste, pour aujourd'hui et pour demain et pour tous les temps à venir, contre ce droit de proscrire qui est le contraire du droit et ne peut rien fonder.

« La conscience d'un homme semble, en ce moment, bien peu de chose ; mais peut-être le moment viendra où l'on trouvera bon de se rappeler que des exilés ont emporté et gardé le droit avec eux, et que toute justice n'est pas encore morte sur la terre.

« Edgar Quinet.

« Veytaux (Suisse), 30 août 1859. »

« A M. LE RÉDACTEUR DU TIMES

« Monsieur,

« Je pensais que le silence du mépris eût été notre meilleure réponse à la mesure qui vient d'être prise par le gouvernement du 2 décembre au sujet des Français réfugiés à l'étranger ; les faux rapports publiés par certains journaux à mon égard m'obligent à une explication.

« Mon vœu le plus cher est de rentrer en France, je ne me préoccupe pas du nom que les Bonaparte, avec tant de mauvais goût, donnent à leur acte. Quoiqu'ils aient écrit

Amnistie sur la porte, la trouvant ouverte je passerais, s'il était possible de passer avec sécurité. Je n'ai pas la prétention d'être un *émigré*, ni un martyr imaginaire ; d'un autre côté, je ne veux pas être un *transporté* volontaire.

« Grâce au respect de soi-même, manifesté par le peuple anglais, nous pouvons maintenir et nous maintenons dans le monde le drapeau de la république française. Les décembristes, désespérant de pouvoir étouffer notre voix ici, cherchent à nous tendre un piège pour nous bâillonner. Là est le véritable but de cette mesure, car personne ne peut leur attribuer des motifs généreux. C'est un nouveau piège tendu par des hommes experts en *coups de Jarnac*. Quelle confiance peut-on placer dans leur décret? Sera-t-il plus sacré à leurs yeux qu'un serment? Quelle garantie peut-on trouver dans la parole de leur chef? Cet homme sans principes n'a-t-il pas violé les engagements les plus solennels et n'a-t-il pas trahi tout le monde? M. Bonaparte n'est pas un *gentleman* (homme d'honneur); sa parole a moins de poids qu'une feuille morte entraînée dans la boue à tous les vents. Nous ne pouvons nous fier à lui ni à ses complices. Des hommes qui peuvent se jouer des engagements qu'ils ont pris ne se considéreront jamais comme liés par quelques mots insérés dans le *Moniteur*, un journal désigné par l'Europe comme le *menteur* depuis qu'il est dans leurs mains.

« Nous ne pouvons jamais oublier le 2 décembre, l'hypocrisie, la lâcheté et le massacre de ce temps; nous ne pouvons jamais oublier que les exécrables auteurs de ces attentats ont dit, en les commettant, que tout était *pour sauver la République en danger.* Ce serait folie à nous de nous livrer à des ennemis qui trempent leurs mains dans le sang, le mensonge et le parjure. Entre nous et l'Empire, il n'y a pas de communauté possible, car l'Empire, c'est le crime.

« Pour ma part, j'attendrai, pour rentrer dans mon pays à mes risques et périls, le moment où je pourrai aider à y rétablir, avec la République, le règne des lois et de la liberté.

« Puisque j'ai pris la plume, permettez-moi de protester contre ces expressions d'*amnistie*, de *pardon*, de *clémence*, etc., que je trouve même dans des journaux anglais. M. Bonaparte n'a pas plus qualité pour nous accorder une amnistie, qu'il n'en a jamais eu pour nous envoyer en exil. Il serait absurde de lui reconnaître ce droit. Le pouvoir qu'il possède, il le possède par le vol; par conséquent, il ne l'a pas. Fortifiez et développez ce pouvoir comme vous voudrez, il ne ressemblera jamais qu'à la force de l'assassin. Un assassin peut vous arracher la vie; il ne peut vous condamner à mort. Pourquoi alors nous parler de *pardon*? Toutes les notions de bien et de mal, de justices et d'injustice, ont-elles péri dans le naufrage de la République française? Depuis quand les violateurs de la loi sont-ils autorisés à pardonner à ses défenseurs?

« Le décret de M. Bonaparte est un tissu d'immoralités. Lui, nous donner l'amnistie! Comment le pourrait-il? Il est sous le poids d'une accusation de la haute cour de justice de France, du 2 décembre 1851, qui le renvoie devant les tribunaux pour crime de haute trahison. Il est vrai que des soldats, conduits par des généraux tarés, ont jeté les juges dehors; mais ce fut un acte de force brutale qui ne peut altérer des principes éternels. Aussitôt que l'autorité de la loi sera rétablie dans notre pays, le premier gendarme venu le mettra en prison pour être jugé. Les droits, la justice sont inaltérables. J'attends avec confiance leur exercice.

« Je suis, monsieur, votre très obéissant serviteur.

« Victor Schœlcher.

« Londres, 2 septembre 1859. »

« A MONSIEUR LE RÉDACTEUR DU NATIONAL

« Monsieur,

« Serait-ce trop réclamer de votre obligeance, dans le but de mettre fin aux questions qui me sont adressées de divers côtés, que de vous prier de vouloir bien reproduire dans votre journal les lignes suivantes?

Fig. 83. — L'artillerie de la garde à Solferino.

« J'ai eu une foi trop vive en mon pays, pour ne pas préférer l'exil au spectacle de sa dégradation. A ceux qui me demandent si je rentrerai en France par une porte rouverte par l'homme du 2 décembre, je réponds : Jamais!

« CLÉMENT THOMAS.

« Moestroff, 9 septembre 1859. »

A MONSIEUR LE RÉDACTEUR DE LA REVUE DE NAMUR

« Monsieur le rédacteur,

« Je vous remercie des termes obligeants dans lesquels vous avez bien voulu parler de moi, à propos de l'amnistie. Je vous sais gré surtout d'avoir rappelé à vos lecteurs que l'*outrage aux mœurs* pour lequel on affecte aujourd'hui, dans les journaux des départements, au ministère de l'intérieur à Paris, et à l'étranger dans les bureaux d'ambassade, de dire que j'ai été condamné, n'est rien de plus que la publication d'un gros livre dans lequel j'ai cru prouver que l'Eglise n'entend rien à la morale, et que, par son dogme, par sa casuistique et par son culte, elle la corrompt. C'est même à la fausse doctrine de l'Eglise qu'il faut, selon moi, attribuer les honteux excès dans lesquels nous voyons tomber à chaque instant les membres du clergé, tant régulier que séculier.

« Malheureusement, je suis obligé de rectifier vos paroles en ce qui concerne ma prochaine rentrée en France. Le décret d'amnistie ne m'est point applicable, attendu que le caractère de cette amnistie est essentiellement politique, et que, depuis la loi du 25 février 1852, les délits de presse, ou commis par la voie de la presse, ne sont plus que des délits ordinaires, lesquels ne tombent pas dans les termes du décret. La note du *Moniteur*, qui a étendu le bénéfice de l'amnistie aux journaux frappés d'avertissements ou de condamnations, ne m'est pas applicable non plus, puisque, d'après la loi précitée, cette note ne peut constituer qu'une exception et que l'exception confirme la règle.

« Comme tout le monde, j'ai cru sur la foi de quelques journaux belges qui se sont empressés de publier des catégories d'amnistiés, parmi lesquels figurait mon nom, j'ai cru, dis-je, un moment que j'étais compris dans l'amnistie. Il m'a suffi de jeter les yeux sur les textes du *Moniteur* pour me détromper : je n'ai pas eu besoin pour cela, comme on l'a écrit, d'envoyer ma femme en consultation ou sollicitation à Paris.

« Vous dirai-je maintenant, monsieur le rédacteur, ma pensée sur cette amnistie, à propos de laquelle on a fait tant de suppositions et jusqu'à des protestations? Toute chose se définit par ce qu'elle contient et par ce qu'elle ne contient pas. Que le vainqueur de Solferino et de Magenta amnistie les ennemis de son pouvoir, cela s'explique : il se juge trop haut désormais, trop bien assis, pour avoir à les craindre, de près ni de loin; mais qu'en même temps le pacificateur de Villafranca ait cru devoir laisser là où ils sont les ennemis condamnés de l'Eglise, on le comprend encore mieux. Tranquille sur l'avenir de sa dynastie, Napoléon III est loin d'être aussi rassuré sur la solidité du Saint-Siège et la perpétuité de l'Eglise; et c'est pour cela que nous nous trouvons exclus de l'amnistie, M. Erdan, M. de La Châtre, moi et bien d'autres.

« Peut-être que je me trompe, peut-être que les intentions de l'Empereur n'ont pas été comprises, et que le rédacteur du décret, par sottise ou méchanceté, aura jugé à propos de ne faire les choses qu'à moitié. Je voudrais qu'il en fût ainsi. Je voudrais savoir si Napoléon III se figure qu'il a vaincu pour deux, pour l'Eglise et pour lui. J'aurais le plaisir, je l'avoue, d'aller voir si la France est aussi jésuite et encapuchonnée qu'on le suppose; oui, j'irais au risque de me voir condamner de nouveau *pour outrages aux mœurs*.

« Je suis, avec la plus parfaite considération, monsieur le rédacteur,

« Votre très humble et obligé.
« P. J. PROUDHON.

« Bruxelles, 27 août 1859. »

L'*Union commerciale* d'Anvers publia cette déclaration :

« Le *Moniteur* vient de nous apporter la fameuse AMNISTIE SANS CONDITIONS, annoncée il y a deux ou trois jours, par l'*Indépendance*.

« Vous me connaissez assez, j'espère, mon cher ami, pour être d'avance certain que, *sans conditions* comme avec conditions, moi, ancien représentant du peuple à l'Assemblé violée par le coup d'État, je n'accepterai pas, à la face du monde, pour moi et pour le corps illustre dont j'ai fait partie, le *pardon* de l'auteur même du coup d'État. Avec Dante, mon illustre prédécesseur dans l'exil, je dis :

« Moi ! je consentirais à être reçu en grâce comme un enfant! Je pourrais rendre hom-
« mage à ceux qui m'ont offensé, comme s'ils avaient bien mérité de moi! Ce n'est pas
« par ce chemin que je veux rentrer dans ma patrie... Si je ne rentre pas par un autre
« chemin, je ne rentrerai jamais. Eh quoi ! le soleil et les étoiles ne se voient-ils pas de
« toute la terre ? Ne pourrai-je méditer, sous toute zone du ciel, la douce vérité ? Non,
« et, je l'espère, le pain même ne me manquera pas. »

« Qu'importe, cher ami, qu'on ne me demande pas, comme à lui, une sorte d'amende honorable? N'est-ce pas la plus réelle et la plus grave d'accepter un *pardon* pour le devoir accompli, la liberté et le droit de la patrie défendus? N'est-ce pas la plus réelle et la plus grave de reconnaître un tel pouvoir, en se résignant à vivre sous son administration et sous sa loi ; à être coudoyé par ses agents, les plus hauts comme les plus humbles; à répondre à l'occasion à leur appel; à s'éloigner sur leur ordre? Dieu me garde d'agir ainsi! Je ne sais ce que feront mes compagnons ; comment ils envisageront la question. Des cœurs droits, des consciences loyales, peuvent errer; mais plus nombreux seraient ceux qui, par leur rentrée en France, *amnistieraient* involontairement le 2 décembre, consacreraient et excuseraient l'oubli de ce grand attentat, trop oublié ou trop excusé déjà, plus je regarderais comme une obligation rigoureuse de continuer, autant qu'il est en moi, par la renonciation volontaire à la patrie, la protestation du droit contre le fait.

« UN ANCIEN REPRÉSENTANT DU PEUPLE [1]. »

Ces protestations suffisant à la sauvegarde du principe, il était inutile d'imposer l'exil à tous les amnistiés, de les séparer de leurs familles, de leurs amis, de leurs intérêts, pour un temps d'une durée indéterminée. M. Louis Blanc émit donc l'idée de diviser les proscrits en deux catégories : l'une restant comme une revendication vivante à la frontière, l'autre rentrant dans la patrie commune pour y continuer la lutte du parti républicain contre l'Empire. « Louis Bonaparte ayant étouffé la voix de la
« France, il est intéressé à l'étouffer au delà des frontières. On ne fut
« jamais tyran à demi. Un cri d'enfant fait tressaillir le démon du silence ;
« la lueur d'une lampe lointaine fatigue les yeux du hibou. Quelle vic-
« toire pour l'Empire s'il était parvenu à nous mettre, à nous aussi, un
« bâillon à la bouche, et à éteindre jusqu'aux flambeaux portés sur le sol
« étranger par des mains françaises? Il fallait donc déjouer ces projets
« trop faciles à deviner; il fallait enlever à Louis Bonaparte la tentation
« de frapper ceux qui rentraient, en leur conservant des défenseurs dans

[1]. A. Madier de Montjau aîné.

« ceux qui ne rentraient pas, et en ôtant à l'homme qui allait disposer de
« leur sort l'espoir d'arriver par leur destruction à l'anéantissement du
« parti tout entier. »

Félix Pyat, au nom de la *Commune révolutionnaire*, s'était associé aux protestations de ses compagnons d'exil. Ces protestations semblaient unanimes, lorsqu'une lettre parut tout à coup dans le *Courrier de l'Europe* à l'adresse de Louis Blanc, dans laquelle Félix Pyat, revenant sur la question de l'amnistie, exprimait ses regrets que M. Louis Blanc, nommé naguère en même temps que Victor Hugo, et cinq autres citoyens dont lui Pyat faisait partie, membre d'un comité d'union pour les proscrits, n'ait pu s'aboucher et s'entendre avec ses collègues sur une déclaration commune. Félix Pyat ajoutait qu'il se voyait forcé de lui donner publiquement les motifs qui avaient fait adopter aux membres du comité d'union une décision différente de la sienne :

« Les proscrits français ayant le pouvoir comme le droit d'être en France, serviront-ils mieux la France en Angleterre? serviront-ils plus utilement et plus dignement la liberté dehors que dedans? Le différend n'est que là; n'exagérons ni en plus ni en moins l'influence des proscrits. Vous dites qu'ils l'exerceront mieux de loin. Nous disons, nous, s'ils en ont une, ils l'exerceront mieux de près. Nous disons : l'amnistie est un moyen pour l'Empire. Pourquoi ne serait-elle pas un moyen pour la liberté? Pourquoi rejeter ce moyen d'avance, sans savoir s'il n'aura pas son jour et son heure d'opportunité? Pourquoi nous engager d'abord et quand même à ne pas l'employer? Pourquoi nous refermer volontairement le passage? Pourquoi nous condamner à l'impuissance, quelles que soient l'occasion, la convenance, l'utilité, la nécessité d'agir? Ce n'est pas le tout que de mépriser l'ennemi en perspective, ce n'est pas le tout que de protester en hommes dignes et libres, ce n'est pas le tout que d'écrire en anglais pour la France, qui lit peu, même le français, et qui ne lit jamais qu'avec la permission de l'autorité. Pourquoi donc réduire *à priori* les restes du parti à rien, tous les hommes d'action à néant? »

Il y avait beaucoup de vrai là dedans.

Une discussion dont il n'était pas facile de saisir le sens et l'utilité, et à laquelle se mêlèrent bientôt des récriminations personnelles, s'engagea entre les deux exilés : Félix Pyat reconnaissait comme Louis Blanc que le droit d'amnistier les victimes ne saurait appartenir au persécuteur et qu'il est bon de le dire très haut; Louis Blanc, de son côté, admettait comme Félix Pyat que le droit des proscrits de rentrer en France quand ils le jugeraient à propos restait entier, et que ceux-là mêmes qui faisaient entendre les plus vives protestations contre l'amnistie se réservaient de revenir dans leur patrie, aussitôt qu'ils pourraient y rentrer en citoyens en vertu de leur droit, et pour faire leur devoir. La discussion roulait évidemment sur des arguties; mais la conscience, lors même qu'elle se crée des scrupules exagérés, mérite le respect de tous. Il est permis cependant, sans adresser aucun reproche à ceux qui repoussaient alors l'amnistie, de leur rappeler l'exemple des conventionnels bannis par la Restauration, qui, moins subtils que leurs descendants, aussitôt la porte de la patrie entr'ouverte même par des amnisties partielles, se précipitaient pour y entrer.

Ledru-Rollin, à qui seul il était interdit de profiter du bénéfice de l'amnistie, exhortait dans une lettre au *Daily News*, avec beaucoup de bon sens politique, les autres à en user :

« A M. LE RÉDACTEUR DU DAILY NEWS

« Monsieur,

« Quand j'ai reçu la première nouvelle de l'amnistie, ma pensée a aussitôt embrassé les climats meurtriers de la Guyane et de l'Afrique, qui ne garderont déjà que trop de tombes, et je me suis écrié : « Enfin ! » et je me suis réjoui sincèrement ; ensuite, je me suis dit que pour un grand parti, il y a quelque chose de moins stérile que l'indignation mentale et le dédain ; ce sont les actes.

« Pourquoi donc renoncer à ces actes, à cette activité, quand ils sont possibles ? Bannis sans droit, rappelés sans droit, par la seule force, chacun de nous, dans mon opinion, a à se faire cette question : « Est-il probable que j'agirai plus utilement, que je servirai « mieux notre cause, si, au lieu de protester, je m'empresse de mettre à profit un fait « existant, ou si, du moins, je me réserve la faculté d'en profiter, à mon jour et à mon « heure, suivant l'occasion ? »

« Telle était, à mon avis, la conduite la plus pratique, par conséquent la plus politique à tenir ; c'est pourquoi mon avis a toujours été contraire à toute protestation, chaque fois que, des diverses régions de la proscription, mes amis m'ont fait l'honneur de me le demander.

« En cela, pour ce qui me regarde, il me semble que j'ai suivi une heureuse inspiration. Il se trouve que toute espèce de protestation de ma part aurait été non seulement inopportune, mais encore ridicule, puisque les portes de la France, rouvertes pour tous, devaient rester fermées pour moi, le gouvernement déclarant que je ne suis pas compris dans l'amnistie.

« Non pas cependant que je sois nominativement exclu, c'eût été un appel à la sympathie publique ; je suis exclu sans bruit, jésuitiquement, à l'aide d'une de ces distractions inattendues, que Tartuffe aurait enviées. On refuse simplement de me considérer comme un condamné politique, je ne suis qu'un meurtrier ordinaire. O hypocrites ! si le piège est, au premier abord, trop grossier pour tromper personne, il révèle du moins un caractère odieux de plus, de cette persécution par contumace soulevée contre moi, il y a quelque deux ans, et dont le sens véritable a paru alors inexplicable à bien des gens. « Pourquoi, se demandait-on, le condamner deux fois à la même peine ? »

« En fait, on ne cherchait pas à me condamner d'une façon plus grave, mais on voulait me condamner sous un chef différent, afin, d'abord, de me dépouiller, si c'était possible, de mon droit de refuge et, à tout hasard, de m'exclure, sans même mentionner mon nom, d'une amnistie générale tôt ou tard inévitable.

« Je ne veux pas revenir sur cette énormité légale ; le sentiment public l'a condamnée. A quoi servirait-il, d'ailleurs, de rappeler, pour la plus grande confusion des cours judiciaires de France, qu'un homme que je n'avais jamais vu, un homme dont j'ignorais même le nom, un homme qui n'était pas même capable d'articuler mon nom à moi, ayant déclaré qu'il croyait m'avoir vu dans un certain endroit, d'où j'étais parti sans même avoir prononcé un seul mot, cela a été jugé suffisant pour me frapper comme un de ses complices? Il est vrai que, pour ce service, il n'a pas tardé à obtenir son pardon.

« Je le répète, il serait inutile d'insister plus longtemps sur ce grotesque et misérable mensonge, auquel personne n'a cru, pas même le cabinet anglais de cette époque. Certes, il semblait tout disposé à me livrer; nous étions, à ce moment, dans les plus beaux jours des concessions et de l'alliance. Néanmoins, les ministres ont depuis reconnu publiquement, par l'organe de lord Clarendon, que les allégations portées contre moi étaient d'une nature si futile, que l'extradition ne pouvait qu'être refusée péremptoirement.

« Tels sont les faits fondamentaux de la cause.

« Quant à son caractère au point de vue juridique, j'ai été mis en accusation pour complot ayant pour objet un attentat contre le chef d'un État.

« Or, en vertu de la loi française, un complot indique nécessairement un délit politique.

« Un attentat implique également de toute nécessité un crime politique, les deux mots ayant été spécialement introduits dans le langage de la jurisprudence pour mieux désigner un crime d'un caractère exceptionnel et public.

« C'est même par le fait de la fiction politique la plus forcée, la plus outrageusement impudente qui se puisse imaginer, que ce crime (un attentat) a été élevé, dans l'échelle des pénalités, aux proportions d'un parricide. L'homme du 2 décembre, un père de ses sujets! Ah! certes, ce n'est pas la nature, c'est la politique seule qui est capable de se livrer à d'aussi monstrueuses assimilations.

« Permettez-moi d'ajouter que la déportation, la peine même qui m'a été infligée, est une pénalité exclusivement politique.

« Donc l'accusation et la pénalité caractérisant clairement l'offense, un pareil crime, en supposant qu'il eût jamais existé, n'était jamais et ne pouvait jamais être qu'un crime politique.

« Je défie tous les jurisconsultes français de dénier l'exactitude de cette conclusion, sans même en excepter ceux qui ont, à force de bassesses, déshonoré ce titre respectable, les Dupin, les Baroche, les Troplong.

« Maintenant, la fraude étant dévoilée, que reste-t-il en réalité? Deux ennemis politiques, face à face, dont l'un juge utile de frapper l'autre d'ostracisme.

« C'est bel et bon. Mais cette haine si grossièrement envenimée contre un homme ne s'égare-t-elle pas quelque peu et ne manque-t-elle pas d'habileté?

« Lui, qui se proclame assis d'une manière inébranlable sur son trône, qui a l'audace de bâtir en granit et en porphyre le mausolée de sa dynastie; lui, qui surtout prétend aire trembler l'Europe devant lui, joue-t-il un jeu bien habile, en paraissant trembler au seul prononcé de mon nom? L'opinion publique décidera.

« Quant à moi, si ce n'était l'impuissance à laquelle je suis réduit pour servir la cause de la liberté, je n'ai pas l'occasion de me plaindre de ce nouveau coup. J'ai servi à M. Bonaparte la même politique qu'il m'applique, avec cette différence cependant que j'ai agi ouvertement, franchement, sans organiser la fausseté en système, et sans mettre en œuvre les plus perfides machinations.

« Ministre de l'intérieur, j'ai ordonné que M. Bonaparte fût appréhendé au corps, comme hors la loi;

« Membre du gouvernement provisoire, j'ai voté contre le rappel des lois qui bannissaient sa famille;

« Membre de la commission exécutive, j'ai été chargé de défendre devant l'Assemblée le maintien de ses lois;

« Et j'ai rempli cette tâche avec ardeur, parce que je sentais qu'il était nécessaire de protéger les masses contre leurs impressions erronées; parce que je prévoyais que le peuple, à peine émancipé, ne tarderait pas, sous le charme décevant de la tradition, à être plongé de nouveau dans la servitude du premier Empire. L'histoire dira si j'avais tort.

« Il est une chose, en tout cas, que j'ai le droit d'affirmer, parce qu'elle est attestée par l'évidence manifeste : si M. Bonaparte avait été tenu loin de la France, si tout espoir de retour lui avait été fermé pour jamais, il n'aurait pas eu le loisir ni les moyens de préparer, de concert avec le parti réactionnaire, ces sanglantes et néfastes journées de juin 1848, qui ont été le tombeau de la République.

« Si cette force a constamment agi, pour le mal et la tyrannie, d'une façon lente, patiente et incessante, pourquoi alors, nous qui n'avons en vue que le bien public et le triomphe de la liberté, nous priverions-nous de nos moyens d'agir?

« N'oublions pas que tout républicain qui revient en France sans s'être dégradé est, en dépit de tout, un foyer rayonnant de lumière et un soldat prêt pour le jour prochain.

« J'ai l'honneur, etc.

« LEDRU-ROLLIN.

« Londres, 14 septembre 1859. »

La grande majorité des proscrits suivit ces conseils et rentra en France. L'histoire doit leur rendre cette justice que, dans un long exil, ils ont fait honneur à leur parti et à leur patrie. Le séjour de tant d'hommes intelligents n'a pas été inutile aux pays où ils ont trouvé un asile, à la Belgique surtout, qui gardera longtemps les traces de l'enseignement des Bancel, des Madier de Montjau, des Deschanel, des Challemel-Lacour, et à l'Angleterre même, qui choisit dans les rangs de la proscription des professeurs comme Esquiros, Savoye, Valentin, Cassal, etc., qui firent des cours dans plusieurs de ses établissements d'instruction publique. Tous nos proscrits, ouvriers, commerçants, hommes de lettres, dans la mesure de leurs forces, ont satisfait à la grande loi du travail. Victor Hugo a composé dans l'exil le livre des *Châtiments*, les *Contemplations*, la *Légende des siècles*, les *Misérables;* Ledru-Rollin, un livre plus éloquent que vrai, la *Décadence de l'Angleterre;* Schœlcher, l'*Histoire de la terreur bonapartiste*, émouvant récit des tortures infligées aux victimes du 2 décembre dans les prisons et sur les pontons de Bonaparte; Eugène Sue, l'*Histoire d'une famille du peuple;* Edgar Quinet, *la Révolution*; Charras, *la Campagne de* 1813 *et Waterloo;* Marc Dufraisse, *le Droit de paix et de guerre*. D'autres, comme le journaliste Ribeyrolles, comme le professeur de philosophie Amédée Jacques, comme Rozier, le poète de l'Aveyron, ont été empêchés par la mort d'achever leurs œuvres commencées. Honneur à leur mémoire et à celle de tous ceux qui ont succombé loin de leur patrie, victimes du bonapartisme !

Un décret publié le 16 août annula les avertissements donnés aux journaux; M. de La Guéronnière, ancien journaliste, fut nommé directeur de la presse au ministère de l'intérieur. Les feuilles belges introduites en France avec l'autorisation du gouvernement virent, on ne sait trop pourquoi, dans cette nomination le présage de prochaines modifications dans le régime de la presse, et même de la suppression du décret du 17 février 1852. Les journaux français, espérant que le gouvernement allait les soustraire à la juridiction administrative, traitèrent naïvement la question de savoir lequel valait mieux du jury ou du tribunal correctionnel pour juger les délits de presse. Le *Moniteur* souffla bientôt sur ces illusions en publiant une circulaire de M. le duc de Padoue, ministre de l'intérieur, aux préfets, traçant à ces fonctionnaires les règles de conduite à tenir à l'égard des journaux. Le gouvernement ne songeait pas le moins du monde à modifier la législation en vigueur. L'effet de cette circulaire ne paraissant pas suffisant, une note fort sèche, corroborée

Fig. 84. — Les proscrits refusant l'amnistie.

par plusieurs avertissements, « prévint loyalement les journaux que le gouvernement était décidé à ne plus tolérer des excès de polémique qui ne pouvaient être considérés que comme des manœuvres de partis ». Les journaux se le tinrent pour dit et rentrèrent dans leur mutisme ordinaire.

Le gouvernement impérial ne borna pas sa générosité à l'amnistie pour la presse : un nouveau journal reçut l'autorisation de paraître. M. Adolphe Guéroult, ancien saint-simonien, ancien rédacteur du *Temps*, du *Journal des débats*, de la *République*, de la *Presse*, homme de talent, socialiste pratique, croyant, comme tous les saint-simoniens, plutôt aux intérêts qu'aux idées, indifférent à la forme des gouvernements et aux programmes des partis, les avait servis tous parce que, d'après sa doctrine, ils ont tous raison d'être, et qu'il n'en est pas un seul dont on ne puisse tirer quelque chose dans l'intérêt général. M. A. Guéroult voulut fonder un journal pour défendre la politique de l'Empire démocratique, opposant à la vieille Europe le principe des nationalités, ébranlant le vieux catholicisme par la ruine du pouvoir temporel des papes. Obtenir l'autorisation de créer un nouvel organe de publicité, c'était, même pour un homme pouvant compter sur les protections du prince Napoléon, chose difficile. Les efforts de M. Adolphe Guéroult auprès des ministres restèrent longtemps infructueux; il s'adressa à l'Empereur, et il en obtint une audience. Napoléon III lui témoigna sa satisfaction de la politique de la *Presse*, dont il était le rédacteur principal pendant la guerre d'Italie, en lui reprochant seulement « d'avoir quelquefois trop tôt démasqué les batteries ». M. Adolphe Guéroult reçut en même temps la promesse formelle que l'autorisation de fonder un journal lui serait accordée. Restait à obtenir, des bureaux de la presse au ministère de l'intérieur, l'accomplissement des formalités nécessaires pour la publication. Les bureaux traînèrent les choses en longueur; il fallut leur forcer la main pour avoir l'autorisation [1].

L'Empereur et l'Impératrice avaient quitté Paris depuis le 17 août pour se rendre à Biarritz, lorsque les conseils généraux se réunirent le 22 août. Ils votèrent tous des adresses de félicitations à l'Empereur au sujet de la guerre d'Italie qu'ils avaient désapprouvée. Le *Moniteur* publia les discours de ceux de leurs présidents qui par leurs relations avec le gouvernement passaient pour être initiés à sa politique. M. de Morny, président du Conseil général du Puy-de-Dôme, déclara que l'Empire était plus que jamais pour la paix; que l'Empereur savait tout le prix de l'alliance anglaise, et qu'il entendait la maintenir. Une pareille affirmation, dans un moment où le langage de la presse britannique contre la politique impériale commençait à effrayer le commerce et l'industrie par sa violence, ne pouvait manquer d'être bien accueillie de la Bourse, qui applaudit avec enthousiasme la fin de ce discours annonçant l'intention bien arrêtée de l'Empereur de « lancer la France dans les travaux de la paix ».

Les esprits cependant avaient de la peine à se rassurer. Le langage

---

1. L'Impératrice ne voyait pas d'un bon œil la faveur accordée à un homme hostile au parti clérical et dévoué aux intérêts du prince Napoléon. Elle lutta pour faire retirer l'autorisation. L'*Opinion nationale* finit pourtant par paraître le 10 septembre, avec une sorte de dédicace au prince Jérôme.

hostile des journaux anglais, celui non moins irritant des journaux officieux français donnaient d'autant plus à réfléchir que Napoléon III envoyait un corps d'armée pour châtier les tribus marocaines sur les frontières de l'Algérie et encourageait l'Espagne dans ses préparatifs d'expédition contre le sultan de Maroc, qui avait insulté son pavillon. Le cabinet de Londres ne pouvait voir d'un œil indifférent cette double expédition contre un souverain son allié, ni les prétentions de l'Espagne à s'établir en face de Gibraltar, dans un pays uni par d'étroites relations de commerce avec l'Angleterre. Le ministère britannique cherchait donc à susciter des obstacles à la politique impériale en soutenant la politique d'annexion en Italie, et en pesant de toute son influence sur les ministres du sultan, dans l'intention d'entraver le percement de l'isthme de Suez, entrepris par M. de Lesseps sous le patronage du vice-roi d'Égypte. Les affaires d'Italie étaient loin de prendre une tournure satisfaisante.

Les plénipotentiaires de la France, de l'Autriche et de la Sardaigne s'étaient réunis le 8 août à Zurich, pour convertir les préliminaires de Villafranca en traité de paix définitif. Les négociations se traînaient péniblement. L'Italie n'avait nulle envie de signer un traité qui menaçait de briser l'œuvre de sa délivrance. Une confédération présidée par le pape, comptant parmi ses membres l'empereur d'Autriche, resté maître de la Vénétie, et les archiducs rétablis sur leur trône, c'était un mince résultat des efforts et des sacrifices du peuple français et du peuple italien. La péninsule, encore frémissante de la guerre et menacée dans son développement, sentit dès lors le besoin de se concentrer et de s'unir. Le roi de Sardaigne se serait peut-être contenté, en attendant mieux, de fonder un royaume puissant dans la vallée du Pô, mais l'Italie voulait autre chose. M. de Cavour, un moment abattu, le sentit et laissa Napoléon III signer un traité inexécutable, en disant : « Je l'ai fait se jeter à l'eau, il faudra bien qu'il nage. »

Les Italiens, à peine débarrassés de l'étranger, étaient, en vertu du traité de Zurich, obligés de lui tendre la main, de s'unir avec lui et de compter pour la défense de leur indépendance sur des princes qui avaient combattu contre elle, c'était trop leur demander : la confédération se rompait avant d'avoir existé. Napoléon III le voyait bien, mais il craignait de se brouiller avec les légitimistes et les cléricaux. De là ces conseils donnés en sachant bien qu'ils ne seraient pas suivis ; ces avances, tantôt à l'Église, tantôt à la révolution, dont la révolution et l'Église se méfiaient également ; ces instructions écrites démentant les instructions verbales ; ces attestations publiques, contredites par les assertions secrètes ; de là cette politique incertaine, indécise, ne sachant où elle veut aller, s'opposant à tout sans rien empêcher, politique de mensonge et de duplicité dont aucun gouvernement n'avait donné l'exemple depuis le premier Empire. La nouvelle d'un congrès pour régler les affaires d'Italie fut accueillie avec colère par le parti clérical, qui s'attendait à y voir triompher la solution proposée dans la brochure *le Pape et le Congrès*, écrite par M. de La Guéronnière sous l'inspiration de l'Empereur. L'*Univers* et l'évêque d'Orléans protestèrent avec violence contre cette brochure qui concluait à l'affranchissement des Romagnes et à des changements dans les institutions politiques des États romains. L'épiscopat français s'associa tout entier à la protestation de Mgr Dupanloup. L'Empereur, à son retour de Biarritz, complimenté par l'archevêque de Bordeaux, dont il traversait la ville, essaya sans succès de défendre sa politique. La colère causée par le congrès grandissait en même temps qu'on perdait l'espoir de le réunir.

La longueur des transactions était augmentée par le conflit judiciaire entre les agents de change et les courtiers marrons vulgairement appelés *coulissiers* et par le maintien des tourniquets payants placés par la ville à l'entrée de la Bourse, à la grande indignation des agioteurs. Les coulissiers, frappés d'interdiction par les tribunaux, demandaient la révision de la loi conférant un privilège aux agents de change. Le gouvernement tenta de mettre fin à cette lutte par le décret du 13 novembre qui permit aux agents de change de s'adjoindre deux commis sous le nom d'*assesseurs*. Ce décret et les modifications introduites par le syndicat de la corporation des agents de change dans le régime des liquidations, des primes, et des courtages, ne satisfirent personne.

La situation des affaires extérieures n'en restait pas moins la principale préoccupation de l'opinion publique : le gouvernement impérial, qui cherchait depuis quelque temps une diversion à cette inquiétude des esprits, crut la trouver dans une incartade du gouvernement chinois. L'entrée du fleuve Peï-ho ayant été refusée aux ministres de France et d'Angleterre envoyés à Pékin pour échanger les ratifications du traité de 1858, l'escadre anglaise, à laquelle s'était joint le navire français *Ducheyla*, avait vainement essayé de forcer le passage. Le gouvernement impérial s'empressa de prendre pour lui la moitié de l'offense et d'annoncer qu'il allait se concerter avec l'Angleterre pour obtenir des Chinois la réparation de l'insulte faite aux deux nations. Une expédition contre la Chine devait entraîner des dépenses considérables ; mais les hommes d'affaires ne regardaient pas à l'argent pour rétablir l'entente entre l'Angleterre et l'Empire. Deux nations unies sur mer pouvaient-elles se faire la guerre sur terre? La Bourse hâtait donc de tous ses vœux la fin des préparatifs de l'expédition, qui plus d'une fois parut ajournée, à la grande terreur des financiers. Le 13 novembre, la nomination officielle du général Cousin-Montauban au commandement de l'expédition calma leurs appréhensions sans les faire cesser. L'année 1859, si brillante un moment, finissait sous d'assez tristes auspices.

FIN DU DEUXIÈME VOLUME

TABLE DES MATIÈRES

CHAPITRE PREMIER. — La première législature de l'Empire (1852-1857). — La Constitution du 14 janvier 1852. — Attributions du Sénat. — Son président est choisi à chaque session par le chef de l'État. — Les généraux sont en majorité au Sénat. — L'organisation du Conseil d'État. — Il prend une part plus grande au pouvoir législatif que le Corps législatif lui-même. — Le vice-président du Conseil d'État entre au Conseil des ministres. — M. Baroche, vice-président du Conseil d'État. — Le Prince-président fait enlever la tribune de la Chambre des députés. — Le nombre des députés est réduit à 261. — Le Corps législatif est en réalité formé par l'Empereur. — Les ministres sont exclus par la Constitution du Corps législatif. — Le parti républicain s'abstient en général dans le élections législatives. — Composition du Corps législatif. — Installation des grands corps de l'État. — Discours du Prince-président. — 29 mars 1852, ouverture de la session du Sénat. — Discours du président Jérôme Bonaparte. — Discours de M. Billault, président du Corps législatif. — Premières discussions. — Rapport de M. Troplong sur les modifications à faire à la Constitution. — L'Empereur prendra le nom de Napoléon III. — Le sénatus-consulte fixe les conditions de l'hérédité. — Le sénatus-consulte rétablissant l'Empire est adopté à l'unanimité moins une voix. — Liste civile et dotation de la famille impériale. — La dignité de sénateur et le mandat de député cessent d'être gratuits. — L'Empereur a le droit de fixer les tarifs par décret. — Nouveau mode de présentation du budget. — Le règlement du Corps législatif approprié à la Constitution impériale. — Inauguration des grands corps de l'État du nouvel Empire. — Discours de l'Empereur. — Discussion du budget. — Révision des articles 86 et 87 du Code pénal. — Session de 1854. — Mesure pour obvier à la cherté du blé. — La Caisse de la boulangerie. — L'Empereur annonce la guerre d'Orient. — Vote d'un emprunt par souscription publique. — Abolition de la mort civile. — Les bagnes et la transportation. — Modification dans un sens restrictif de la loi de 1850 sur l'instruction primaire. — Nouvelles sévérités dans la législation du livret. — Présentation du budget. — Discussion sur la subvention des théâtres. — Demande en autorisation de poursuites de M. de Montalembert. — Lettre de M. de Montalembert. — La Chambre accorde l'autorisation de poursuites. — Session de 1855. — Loi sur le recrutement. — Conditions de l'exonération. — Caisse de dotation de l'armée. — La loi municipale. — Le rapport sur le budget de 1856. — L'emprunt du gouvernement ottoman. — L'impôt sur les chiens. — M. de Morny devient président du Corps législatif. — Naissance du prince Impérial. — M. Fould annonce la signature de la paix. — Lutte entre le libre échange et la protection. — Discussion sur les sucres. — La question des bulletins électoraux. — Le tarif des lettres et la taxe des imprimés. — Emprunt de 50 millions par le département de la Seine. — Loi sur les sociétés en commandite. — Session de 1856. — Dotation du maréchal Pélissier. — Le nouveau Code militaire. — R nouvellement du privilège de la Banque de France. — Les paquebots transatlantiques. — Rapport sur le budget de 1858. — Vote d'un droit de transmission des titres et valeurs. — Le chemin de fer le Grand Central. — La loi du contingent. — Publicité incomplète des débats du Corps législatif. — Inexpérience des conseillers d'État. — Le sénatus-consulte sous la régence. — Le Sénat se réunira-t-il de droit après la mort de l'Empereur?... 1

CHAPITRE II. — LES PREMIÈRES ANNÉES DE L'EMPIRE. — Prise de possession de la Nouvelle-Calédonie. — L'emprunt de 950 millions par souscription publique. — Avances de l'Empereur à l'Angleterre. — Rétablissement de la garde impériale. — Visite de l'Empereur à Londres. — Visite de la reine Victoria à Paris. — Rentrée des troupes de Crimée. — La fièvre de l'agiotage. — Fluctuations soudaines des fonds publics. — Ses dangers. — Cupidité universelle. — Le gouvernement a l'air de combattre cette cupidité. — Lettres de l'Empereur à M. Ponsard et à M. Oscar de Vallée. — La spéculation et l'agiotage redoublent d'ardeur. — Embarras généraux du commerce et de l'industrie. — La Banque de France élève son escompte à 6 pour 100. — Insuffisance de la récolte en céréales. — Crise monétaire et financière. — Enchérissement des substances alimentaires. — Souffrances des classes bourgeoises et des classes pauvres. — Crise des loyers. — Avènement de M. Haussmann à la préfecture de la Seine. — Voyage de l'Empereur dans les départements. — Paris césarien. — Corruption des mœurs. — Affluence des princes étrangers dans la capitale. — Baptême du Prince impérial. — L'impératrice reçoit la rose d'or. — Les inondations............... 85

CHAPITRE III. — LES PROCÈS POLITIQUES. — Mort et convoi de Lamennais. — Défense aux journaux de publier l'heure des funérailles. — Les proscrits s'organisent en Comité. — Manifeste du *Comité révolutionnaire*. — Manifeste de la société *La Révolution*. — Manifeste du Comité Jersey. — Erreur de ces Comités. — Le complot de Lille. — Le complot de la *Reine Blanche*. — La machine infernale de Marseille. — La société des *Invisibles*. — Nouvelles arrestations à Paris. — Complot de la *Commune révolutionnaire*. — Plaidoirie de Jules Favre. — Interdiction du compte-rendu des débats. — Les prévenus sont tous condamnés. — !Affaire de l'Hippodrome. — Complot de l'Opéra-Comique. — Procès des accusés. — Ce procès est suivi d'arrestations dans les départements et à Paris. — Procès de la *Commune révolutionnaire*. — Attentat de Pianori. — Procès et exécution de Pianori. — Arrestation de Tibaldi. — Mazzini et Ledru-Rollin sont condamnés à mort.. 104

CHAPITRE IV. — LA LÉGITIMITÉ. — L'ORLÉANISME. — LA FUSION. — Le parti légitimiste. — Manifeste de Wiesbaden. — Le duc de Lévis, le duc des Cars, le marquis de Pastoret, le général de Saint-Priest, Berryer, désignés comme ses mandataires par le comte de Chambord. — Manifeste du comte de Chambord. — La majorité du parti légitimiste se rallie à l'Empire. — Défection de MM. de La Rochejacquelein, de Mouchy, de Pastoret. — Mesures du gouvernement français contre les correspondants légitimistes. — Arrestations de MM. de Saint-Priest, René de Rovigo, de La Pierre, Villemessant, Virmaître, Aubertin, de Coetlogon, de Mirabeau. — Le gouvernement, pour tenir la balance égale entre les partis, fait arrêter MM. Théodore Pelloquet, Eugène Chatard, Charles Monselet, Vergniaud, Charreau père, Étienne, Gérard. — Procès des *Correspondants*. — Poursuites contre les légitimistes dans les départements. — Le complot de Vincennes. — La *Ligue fédérale*. — Décadence du parti légitimiste. — Le Jockey-Club et la légitimité. — Le comte de Chambord et le Crédit foncier. — Les légitimistes et la Russie. — L'orléanisme et la légitimité. — Les orléanistes et les républicains. — Le stathoudérat. — Procès du *Bulletin français* à Bruxelles. — Les décrets du 22 janvier au Conseil d'État. — Démission de M. Reverchon, conseiller d'État. — Procès de M. Bocher. — La fusion. — Son origine. — Entrevue entre le comte de Chambord et le duc de Nemours à Vienne. — Brochures bonapartistes contre la fusion. — M. Troplong descend dans la lice. — La reine Marie-Amélie et le comte de Chambord à Nervi. — La fusion est rompue. — La duchesse d'Orléans s'y dit toujours opposée.. 148

TABLE DES MATIÈRES

CHAPITRE V. — LE JOURNALISME. — La presse devant l'opinion publique. — La presse anglaise et la presse française. — Causes du peu de sympathie d'une partie du public français pour la presse. — La presse à bon marché. — L'annonce et la presse. — Conséquences de la réforme de M. de Girardin. — M. Charles Duveyrier. — Il fonde la régie-générale des annonces. — Le roman feuilleton. — La presse au lendemain du coup d'État. — La nouvelle législation sur la presse. — Précautions prises par le gouvernement contre les journaux français et étrangers. — Les journaux autorisés. — Journaux du gouvernement. — M. Mirès achète le *Constitutionnel* et à M. de Morny et à M. Véron leur part de gérance du *Constitutionnel* au prix de douze cent mille francs. — Effet produit sur le public par l'énormité de cette somme. — M. Arthur de La Guéronnière, désigné par M. Mirès, est agréé par le gouvernement comme directeur politique du *Constitutionnel* et du *Pays*. — M. Arthur de La Guéronnière. — La *Patrie*. — M. Delamarre, rédacteur en chef de la *Patrie*. — Journaux de l'opposition. — Le *Siècle*. — M. Havin, directeur politique du *Siècle*. — Le *Journal des Débats*. — MM. Armand Bertin, Saint-Marc Girardin, de Sacy. — *L'Assemblée nationale*. — La *Gazette de France*, M. Lourdoueix. — *L'Union*. M. Laurentie. — Journaux religieux : l'*Univers*, M. Veuillot. — Situation spéciale de la *Presse*. M. Émile de Girardin. — Les avertissements. — Les journaux ministériels n'en sont pas exempts. — Le journalisme sous le régime administratif. — Le *Figaro*, M. de Villemessant. — Rôle de la chronique et de la presse cléricale. — M. de Villemessant et M. Louis Veuillot. — Hypocrisie du gouvernement à l'égard de la presse. — Les avertissements. — Arrestation des correspondants légitimistes. — Le journalisme réfugié. — *Le Bulletin français*. — *La Nation*. — *Le Proscrit*. — *Le Nouveau-Monde*. — *L'Homme*... 177

CHAPITRE VI. — LE CLERGÉ (1848-1857). — La monarchie de Juillet et l'Église. — La révolution de Février et l'Église. — Le bonapartisme et l'Église. — Mgr Sibour, archevêque de Paris. — L'abbé Gaume attaque les études classiques. — Mgr Dupanloup les défend. — Lutte entre l'archevêque de Paris et l'*Univers*. — L'encyclique du 24 mars 1853. — Défaite de l'archevêque de Paris. — Le pape viendra-t-il sacrer l'Empereur? — — Conditions qu'il met à son voyage en France. — Les catholiques libéraux et les ultramontains. — Proclamation du dogme de l'Immaculée-Conception. — Le sermon du R. P. Lacordaire à Saint-Roch. — Miracle de la Salette. — Fêtes en l'honneur de l'Immaculée-Conception. — La brochure *le Pape et le Congrès*. — Colère du pape. — Le *Constitutionnel* attaque la Société Saint-Vincent-de-Paul — L'encyclique du 19 janvier. — Circulaire du ministre des cultes aux évêques. — L'évêque de Moulins condamné comme d'abus. — Lamoricière, commandant en chef de l'armée pontificale. — Procès du *Siècle* contre l'évêque d'Orléans... 229

CHAPITRE VII. — L'UNIVERSITÉ. — L'ACADÉMIE FRANÇAISE. — LES SALONS. — LA LITTÉRATURE (1850-1857). — L'Université. — M. Fortoul, ministre de l'instruction publique. — Réforme de l'Université. — M. Dumas est nommé vice-président du Conseil général de l'instruction publique à la place de M. Thiers. — Suppression de l'enseignement philosophique dans les lycées. — La bifurcation. — Mort de M. Fortoul. — L'opposition à l'Académie. — Les partis à l'Académie. — Réception de MM. de Montalembert, Alfred de Musset, Dupanloup. — Le prix de morale partagé entre le Père Gratry et M. Jules Simon. — M. Berryer demande à ne pas faire la visite traditionnelle à l'Empereur. — Correspondance à ce sujet entre M. Berryer et M. Mocquard. — Séances secrètes de l'Académie. — Réception de M. de Broglie. — *Laboremus*. — M. de Sacy. — Mort de M. Molé. — M. de Falloux. — M. Guizot. — Son influence sur l'Académie. — Une nouvelle classe de l'Académie des sciences morales et politiques. — Dix académiciens par décret. — Le décret de réforme... 273

CHAPITRE VIII. — 1857. — Assassinat de l'archevêque de Paris. — L'assassin est un prêtre interdit nommé Verger. — Condamnation à mort et exécution de Verger. —

LIV. 143   II. — 65

Complot de Tibaldi. — Affaire de Neuchâtel. — Mort de Béranger. — Ses obsèques. — Voyage de l'Empereur et de l'Impératrice à Osborne. — Création de la médaille de Sainte-Hélène. — Inauguration du Louvre. — Voyage de l'Empereur à Stuttgard. — Mort du général Cavaignac. — Crise financière. — Etat des esprits............ 308

CHAPITRE IX. — Élections générales de 1857. — Recensement électoral. — Senatus-consulte sur les circonscriptions. — Les anciens députés réélus par l'influence du gouvernement. — Parodie du suffrage à deux degrés. — Circulaires des préfets. — La presse officieuse s'acharne sur les candidats indépendants. — Les candidats de l'Empereur. — Attitude des partis. — Le refus de serment. — Candidatures de MM. Emile Ollivier et Darimon. — Rivalités entre les comités. — Les deux listes de candidats. — M. Garnier-Pagès et M. Emile Ollivier. — L'abstention n'est pas populaire. — Les légitimistes et les orléanistes. — Perquisitions chez M. Garnier-Pagès. — Avertissement au *Siècle*. — Le gouvernement est battu à Paris. — Les élections complémentaires. — Les candidats. — M. Ernest Picard et M. Jules Favre sont élus..... 326

CHAPITRE X. — Orsini (1858). — Réception du corps diplomatique aux Tuileries, le 1er janvier 1858. — Discours du nonce. — Réponse de l'Empereur. — Tranquillité des esprits. — Attentat d'Orsini. — Antécédents de l'auteur de l'attentat. — Orsini en Angleterre. — Fabrication des bombes. — Orsini et Pieri à Paris. — La police aurait pu les arrêter. — Orsini fixe le jour de l'attentat au 14 janvier. — Arrestation de Pieri. — Elle ne change rien aux dispositions ordinaires de la police. — L'Empereur et l'Impératrice arrivent à l'Opéra. — Triple explosion sur le passage de leur voiture. — Le bruit de l'attentat se répand dans la salle. — Accueil fait par le public à l'Empereur. — Retour de l'Empereur et de l'Impératrice aux Tuileries. — Arrestation des auteurs de l'attentat. — Leur procès. — Lettre d'Orsini à l'Empereur. — A-t-il jamais été sérieusement question de faire grâce à Orsini? — Testament d'Orsini. — Dernière lettre d'Orsini à l'Empereur. — Exécution d'Orsini..................................... 350

CHAPITRE XI. — Ministère Espinasse. — Attitude du gouvernement après l'attentat d'Orsini. — Suppression de la *Revue de Paris* et du *Spectateur*. — Création des grands commandements. — L'Impératrice est désignée régente. — Formation du conseil privé. — Adresses des colonels. — Menaces contre l'Angleterre. — Motion de M. Milner-Gibson au Parlement anglais. — Démission de lord Palmerston. — Le général Espinasse, ministre de l'intérieur et de la sûreté générale. — Les deux terreurs de 1858. — Circulaire sur les établissements de bienfaisance. — Elle cause la chute d'Espinasse. — M. Delangle le remplace. — Le prince Napoléon, ministre de l'Algérie et des colonies. — Voyage à Cherbourg. — Discours de Rennes. — Session des conseils généraux. — Procès de M. de Montalembert. — Mort de la duchesse d'Orléans. — L'opinion commence à éprouver de nouvelles inquiétudes sur le maintien de la paix.......... 372

CHAPITRE XII. — Commencement de la guerre d'Italie (1859). — Situation morale de l'Empire. — Il est obligé de *faire quelque chose*. — Il se décide à faire la guerre. — Il hésite entre une guerre en faveur de la Pologne et une guerre en faveur de l'Italie. — Cause de son irrésolution. — Il se décide pour la guerre italienne. — La Sardaigne et l'Italie. — M. de Cavour. — Il est mandé à Plombières. — La réception du 1er janvier. — Mariage du prince Napoléon avec la princesse de Savoie. — Paris et la France apprennent qu'une nouvelle guerre est probable. — Situation de l'Italie. — Les duchés. — Naples. — Le muratisme. — Le gouvernement cherche à tromper l'opinion publique sur le maintien de la paix. — Note du *Moniteur*. — Le Congrès. — Alarmes de M. de Cavour. — Préparatifs de guerre. — Formation de l'armée. — L'opinion publique et la guerre. — L'Impératrice est déclarée régente. — Ultimatum de l'Autriche.. 400

CHAPITRE XIII. — Magenta. — L'Autriche refuse d'accepter le désarmement simultané. — La guerre est déclarée. — Formation de l'armée française. — Départ de l'Empereur pour l'Italie au milieu des acclamations populaires. — Confusion et désordre de nos premières opérations. — Faute et indécision de Giulay, qui donne à l'armée piémontaise le temps de s'abriter sous Alexandrie et à l'armée française celui d'arriver. — Combat de Montebello. — Lenteur des opérations. — Combat de Palestro. — Marche des Autrichiens et des Français. — Combat de Turbigo. — Bataille de Magenta. — Entrée des Français à Milan.. 417

CHAPITRE XIV. — Solferino. — Fin de la guerre d'Italie. — Retraite des Autrichiens derrière le Mincio. — Ils construisent des ouvrages de campagne à Melegnano. — Importance de cette position pour la sûreté des Français sur le Tessin. — Combat de Melegnano. — Prise de ce village. — Les Autrichiens se concentrent derrière le Mincio. — L'échiquier de l'armée autrichienne. — Incertitudes au quartier général français et autrichien sur les mouvements de l'ennemi. — Ascension aérostatique de Godard. — Bataille de Solferino. — L'amnistie. — Entrevue à Villafranca entre Napoléon III et François-Joseph. — Préliminaires de Villafranca. — M. de Cavour au quartier général. — Il quitte le ministère. — Rentrée de l'Empereur à Paris. — Son discours aux grands corps de l'État. — Retour des troupes... 449

CHAPITRE XV. — L'amnistie. — L'amnistie. — Victor Hugo, Edgar Quinet, Louis Blanc, Charras la repoussent. — Discussion à ce sujet entre Louis Blanc et Félix Pyat. — Ledru-Rollin est favorable à l'acceptation. — Les amnisties partielles. — Les grâces. — Amnistie à la presse. — Fondation de l'*Opinion nationale*. — Session des conseils généraux. — Situation de l'Italie. — Signature du traité de Zurich. — Brouille entre le clergé et l'Empire. — La brochure *Le Pape et le Congrès*. — Inquiétudes de la Bourse. — Marasme des affaires. — Le général Cousin Montauban est nommé au commandement de l'expédition de Chine... 491

FIN DE LA TABLE DES MATIÈRES DU TOME DEUXIÈME.

Coulommiers. — Typographie Paul BRODARD

www.ingramcontent.com/pod-product-compliance
Lightning Source LLC
Chambersburg PA
CBHW071609230426
43669CB00012B/1882